INHALT

TEXT UND ÜBERSETZUNG

ANHANG

I

NATURPHILOSOPHISCHE MEDIZIN:

Die theoretische Auseinandersetzung
um τέχνη und φύσις

ΠΕΡΙ ΑΕΡΩΝ, ΥΔΑΤΩΝ, ΤΟΠΩΝ

1. (1) Ἰητρικὴν ὅστις βούλεται ὀρθῶς ζητεῖν, τάδε χρὴ
ποιεῖν· πρῶτον μὲν ἐνθυμεῖσθαι τὰς ὥρας τοῦ ἔτεος,
ὅ τι δύναται ἀπεργάζεσθαι ἑκάστη· οὐ γὰρ ἐοίκασιν
ἀλλήλῃσιν οὐδέν, ἀλλὰ πολὺ διαφέρουσιν αὐταί
τε ἑωυτέων καὶ ἐν τῇσι μεταβολῇσιν· (2) ἔπειτα δὲ τὰ
πνεύματα τὰ θερμά τε καὶ τὰ ψυχρά, μάλιστα μὲν τὰ
κοινὰ πᾶσιν ἀνθρώποισιν, ἔπειτα δὲ καὶ τὰ ἐν ἑκάστῃ
χώρῃ ἐπιχώρια ἐόντα. Δεῖ δὲ καὶ τῶν ὑδάτων ἐνθυ-
μεῖσθαι τὰς δυνάμιας· ὥσπερ γὰρ ἐν τῷ στόματι
διαφέρουσι καὶ ἐν τῷ σταθμῷ, οὕτω καὶ ἡ δύναμις
διαφέρει πολὺ ἑκάστου. (3) Ὥστε ἐς πόλιν ἐπειδὰν
ἀφίκηταί τις ἧς ἄπειρός ἐστι, διαφροντίσαι χρὴ τὴν
θέσιν αὐτῆς, ὅκως κεῖται καὶ πρὸς τὰ πνεύματα καὶ
πρὸς τὰς ἀνατολὰς τοῦ ἡλίου· οὐ γὰρ τωὐτὸ δύναται
ἥτις πρὸς βορέην κεῖται καὶ ἥτις πρὸς νότον, οὐδ᾽
ἥτις πρὸς ἥλιον ἀνίσχοντα οὐδ᾽ ἥτις πρὸς δύνοντα.
(4) Ταῦτα δὲ χρὴ ἐνθυμεῖσθαι ὡς κάλλιστα, καὶ τῶν
ὑδάτων πέρι ὡς ἔχουσι, καὶ πότερον ἑλώδεσι χρέον-
ται καὶ μαλακοῖσιν ἢ σκληροῖσί τε καὶ ἐκ μετεώρων
καὶ ἐκ πετρωδέων εἴτε ἁλυκοῖσί τε καὶ ἀτεράμνοισι.
(5) Καὶ τὴν γῆν, πότερον ψιλή τε καὶ ἄνυδρος ἢ δα-
σεῖα καὶ ἔφυδρος καὶ εἴτε ἐν κοίλῳ ἐστὶ καὶ πνιγηρή
εἴτε μετέωρος καὶ ψυχρή. Καὶ τὴν δίαιταν τῶν ἀν-
θρώπων ὁκοίῃ ἥδονται, πότερον φιλοπόται καὶ
ἀριστηταὶ καὶ ἀταλαίπωροι ἢ φιλογυμνασταί τε καὶ
φιλόπονοι καὶ ἐδωδοὶ καὶ ἄποτοι. |

ÜBER DIE UMWELT
(Über Winde, Wasser und Örtlichkeiten)

1. (1) Wer die Heilkunst angemessen untersuchen will, muß folgendes tun: Zuerst muß er die Jahreszeiten berücksichtigen und erwägen, was jede für eine Wirkung haben kann; denn sie sind sich keineswegs ähnlich, sondern unterscheiden sich sehr, sowohl untereinander als auch im Übergang von einer zur anderen. (2) Des weiteren die warmen und kalten Winde, vor allem diejenigen, die allen Menschen gemeinsam sind, ferner diejenigen, die in jeder Region ortsüblich sind. Schließlich muß man auch die Wirkungsweisen der Wasserarten bedenken. Denn wie sich die einzelnen Arten von Wasser in Geschmack und Gewicht unterscheiden, so ist auch ihre Wirksamkeit grundverschieden. (3) Daher muß derjenige, der in eine Stadt kommt, die er nicht kennt, sorgfältig deren Lage untersuchen, wie sie hinsichtlich der Winde und des Sonnenaufgangs gelegen ist; denn in der Stadt, die den Nordwinden ausgesetzt ist, herrschen nicht dieselben Bedingungen wie in der, die den Südwinden zugewandt ist, und in jener, die zum Sonnenaufgang hin liegt, nicht dieselben wie in der, die dem Sonnenuntergang zugewandt ist. (4) Dies muß so weit wie möglich berücksichtigt werden, ebenso, was das Wasser betrifft, wie dieses beschaffen ist, und vor allem ob sie (die Bewohner) sumpfiges und weiches Wasser verwenden oder hartes, das von den Höhen und aus den Felsen kommt, oder salziges und schweres. (5) Auch den Boden muß man berücksichtigen, ob er kahl und wasserlos ist oder bewachsen und wasserreich und ob er in einer Niederung liegt, wo es stickend heiß ist, oder auf der Höhe, wo es kalt ist. Auch die Lebensweise der Menschen ist zu bedenken, worüber sie sich freuen, ob sie das Trinken lieben, täglich eine zweite Mahlzeit zu sich nehmen und sich körperlich nicht betätigen oder ob sie die Leibesübungen lieben, arbeitsam sind, große Esser und mäßige Trinker.

2. (1) Καὶ ἀπὸ τούτων χρὴ ἐνθυμεῖσθαι ἕκαστα. Εἰ   14
γὰρ ταῦτα εἰδείη τις καλῶς, μάλιστα μὲν πάντα, εἰ δὲ
μή, τά γε πλεῖστα, οὐκ ἂν αὐτὸν λανθάνοι ἐς πόλιν
ἀφικνεόμενον ἧς ἂν ἄπειρος ᾖ οὔτε νοσήματα ἐπι-
χώρια οὔτε τῶν κοιλιῶν ἡ φύσις ὁκοίη τίς ἐστιν, ὥστε
μὴ ἀπορεῖσθαι ἐν τῇ θεραπείῃ τῶν νούσων μηδὲ δια-
μαρτάνειν· ἃ εἰκός ἐστι γίνεσθαι, ἢν μή τις ταῦτα
πρότερον εἰδὼς προφροντίσῃ περὶ ἑκάστου. (2) Τοῦ
δὲ χρόνου προϊόντος καὶ τοῦ ἐνιαυτοῦ λέγοι ἂν
ὁκόσα τε νοσήματα μέλλει πάγκοινα τὴν πόλιν κα-
τασχήσειν ἢ θέρεος ἢ χειμῶνος ὅσα τε ἴδια ἑκάστῳ
κίνδυνος γίνεσθαι ἐκ μεταβολῆς τῆς διαίτης. Εἰδὼς
γὰρ τῶν ὡρέων τὰς μεταβολὰς καὶ τῶν ἄστρων ἐπι-
τολάς τε καὶ δύσιας κατότι ἕκαστον τούτων γίνεται
προειδείη ἂν τὸ ἔτος ὁκοῖόν τι μέλλει γίνεσθαι.
Οὕτως ἄν τις ἐρευνώμενος καὶ προγινώσκων τοὺς
καιροὺς μάλιστ᾽ ἂν εἰδείη περὶ ἑκάστου καὶ τὰ πλεῖ-
στα τυγχάνοι τῆς ὑγιείης καὶ κατ᾽ ὀρθὸν φέροιτο οὐκ
ἐλάχιστα ἐν τῇ τέχνῃ. (3) Εἰ δὲ δοκέοι τις ταῦτα με-
τεωρολόγα εἶναι, εἰ ⟨μὴ⟩ μετασταίη τῆς γνώμης,
μάθοι ἂν ὅτι οὐκ ἐλάχιστον μέρος συμβάλλεται
ἀστρονομίη ἐς ἰητρικήν, ἀλλὰ πάνυ πλεῖστον· ἅμα
γὰρ τῇσιν ὥρῃσι καὶ αἱ κοιλίαι μεταβάλλουσι τοῖσιν
ἀνθρώποισιν.

3. (1) Ὅκως δὲ χρὴ ἕκαστα τῶν προειρημένων
σκοπεῖν καὶ βασανίζειν, ἐγὼ φράσω σαφέως. Ἥτις
μὲν πόλις πρὸς τὰ πνεύματα κεῖται τὰ θερμά – ταῦτα
δ᾽ ἐστὶ μεταξὺ τῆς τε χειμερινῆς ἀνα|τολῆς τοῦ ἡλίου   16
καὶ τῶν δυσμέων τῶν χειμερινῶν – καὶ αὐτῇ ταῦτα
τὰ πνεύματά ἐστι ξύννομα, τῶν δὲ ἀπὸ τῶν ἄρκτων

2. (1) Von diesen Punkten ausgehend, muß man jeden einzelnen Fall erwägen. Denn wenn man diese Voraussetzungen gut kennt, vor allem wenn man sie alle kennt – oder wenn man wenigstens die meisten kennt –, dann werden, sobald man in eine Stadt kommt, über die man nicht Bescheid weiß, weder die einheimischen Krankheiten verborgen bleiben noch der natürliche Zustand der Hohlräume des Körpers, so daß man bei der Behandlung der Krankheiten weder in Verlegenheit geraten noch einen Fehlschlag erleiden wird, was aber wahrscheinlich dann eintreten wird, wenn man es zuvor nicht weiß und nicht in jedem einzelnen Fall im voraus bedenkt. (2) Wenn Zeit und Jahr voranschreiten, wird man sagen können, welche allgemeinen Krankheiten die Stadt voraussichtlich im Sommer oder im Winter heimsuchen werden und welche speziellen Krankheiten für jeden einzelnen infolge der Änderung seiner Lebensweise gefährlich werden. Denn wenn man den Wandel der Jahreszeiten, das Auf- und Untergehen der Gestirne kennt und weiß, wie jeder dieser Vorgänge abläuft, dann wird man auch voraussehen können, wie das Jahr beschaffen sein wird. Führt man auf diese Weise seine Untersuchungen durch und sieht den rechten Zeitpunkt voraus, wird man jeden einzelnen Fall am besten erkennen, am häufigsten eine Heilung erreichen und in dieser Kunst auf dem rechten Weg nicht wenig vorankommen. (3) Wenn aber jemand meint, daß dies Meteorologie sei, muß er gar nicht erst seine Meinung ändern, er wird dennoch erfahren, daß die Astronomie nicht zum geringen Teil, sondern sogar in sehr bedeutendem Maße zur Heilkunst beiträgt. Denn zugleich mit den Jahreszeiten wandelt sich auch der Zustand der Hohlräume des Körpers bei den Menschen.

3. (1) Wie man jeden einzelnen der oben vorgebrachten Punkte untersuchen und prüfen muß, werde ich genau darlegen. In der Stadt, die den warmen Winden zugewandt liegt – das heißt zwischen dem winterlichen Sonnenaufgang und dem winterlichen Sonnenuntergang – und in der diese Winde üblich sind, während sie Schutz vor den Nordwinden bietet, in dieser Stadt ist Wasser

πνευμάτων σκέπη, ἐν ταύτῃ τῇ πόλει [ἐστὶ] τά τε
ὕδατα πολλὰ καὶ ὑφαλυκὰ ἀνάγκη εἶναι καὶ
μετέωρα, τοῦ μὲν θέρεος θερμά, τοῦ δὲ χειμῶνος
ψυχρά· (2) τούς τε ἀνθρώπους τὰς κεφαλὰς ὑγρὰς
ἔχειν καὶ φλεγματώδεας, τάς τε κοιλίας αὐτῶν πυκνὰ
ἐκταράσσεσθαι ἀπὸ τῆς κεφαλῆς τοῦ φλέγματος
ἐπικαταρρέοντος, τά τε εἴδεα ἐπὶ τὸ πλῆθος αὐτῶν
ἀτονώτερα εἶναι, ἐσθίειν δ᾽ οὐκ ἀγαθοὺς εἶναι οὐδὲ
πίνειν· ὁκόσοι μὲν γὰρ κεφαλὰς ἀσθενέας ἔχουσιν,
οὐκ ἂν εἴησαν ἀγαθοὶ | πίνειν· ἡ γὰρ κραιπάλη   18
μᾶλλον πιέζει. (3) Νοσήματά τε τάδε ἐπιχώρια εἶναι·
πρῶτον μὲν τὰς γυναῖκας νοσερὰς καὶ ῥοώδεας εἶ-
ναι· ἔπειτα πολλὰς ἀτόκους ὑπὸ νούσου καὶ οὐ φύσει
τιτρώσκεσθαί τε πυκνά· τοῖσί τε παιδίοισιν ἐπιπίπτειν
σπασμοὺς καὶ ἄσθματα καὶ ἃ νομίζουσι τὸ παιδίον
ποιεῖν καὶ ἱερὴν νοῦσον εἶναι, τοῖσι δὲ ἀνδράσι δυσ-
εντερίας καὶ διαρροίας καὶ ἠπιάλους καὶ πυρετοὺς
πολυχρονίους χειμερινοὺς καὶ ἐπινυκτίδας πολλὰς
καὶ αἱμορροΐδας ἐν τῇ ἕδρῃ. (4) Πλευρίτιδες δὲ
καὶ περιπλευμονίαι καὶ καῦσοι καὶ ὁκόσα ὀξέα
νοσήματα νομίζονται οὐκ ἐγγίνονται τὰ πολλά· οὐ
γὰρ οἷόν τε, ὅκου ἂν κοιλίαι ὑγραὶ ἔωσι, τὰς νούσους
ταύτας ἰσχύειν· ὀφθαλμίαι τε ἐγγίνονται ὑγραὶ καὶ
οὐ χαλεπαί, ὀλιγοχρόνιοι, ἢν μή τι κατάσχῃ νόσημα
πάγκοινον ἐκ μεταβολῆς μεγάλης. Καὶ ὁκόταν τὰ
πεντήκοντα ἔτεα ὑπερβάλλωσι, κατάρροοι ἐπιγενό-
μενοι ἐκ τοῦ ἐγκεφάλου παραπληκτικοὺς ποιέουσι
τοὺς ἀνθρώπους, ὁκόταν ἐξαίφνης ἡλιωθέωσι τὴν
κεφαλὴν ἢ ῥιγώσωσι· (5) ταῦτα μὲν τὰ νοσήματα
αὐτοῖσιν ἐπιχώριά ἐστι· χωρὶς δέ, ἤν τι πάγκοινον
κατάσχῃ νόσημα ἐκ μεταβολῆς τῶν ὡρέων, καὶ
τούτου μετέχουσιν.

4. (1) Ὁκόσαι δ᾽ ἀντικέονται τούτων πρὸς τὰ πνεύ-
ματα τὰ ψυχρὰ τὰ μεταξὺ τῶν δυσμέων τῶν θερι-

notwendigerweise häufig zu finden; es ist etwas salzig, befindet sich nahe der Oberfläche und ist im Sommer warm, im Winter aber kalt. (2) Die Menschen haben Köpfe, die feucht sind und voller Phlegma; die Hohlräume des Körpers werden häufig durch das aus dem Kopf herabfließende Phlegma in Mitleidenschaft gezogen, ihr körperlicher Zustand ist meistens eher schlaff, und sie sind weder im Essen noch im Trinken tüchtig. Denn wer einen schwachen Kopf hat, kann nicht tüchtig im Trinken sein. Ihm wird nämlich der Rausch stärker zusetzen. (3) Folgende Krankheiten sind ortsüblich: Zunächst sind die Frauen kränklich und zu Flüssen neigend. Dann sind viele wegen ihrer Krankheit, aber nicht von Natur aus, unfruchtbar und erleiden häufig Fehlgeburten. Bei den Kindern treten Krämpfe und Atemnot auf sowie Erscheinungen, die, wie man glaubt, die »Kinderkrankheit« hervorrufen und die man als »heilige Krankheit« bezeichnet, bei den Männern Ruhr, Durchfall, epiales Fieber (Fieber mit Schüttelfrost), langwieriges Fieber im Winter, nächtlicher Hautausschlag (Nachtblattern) in großem Umfang und Hämorrhoiden im Gesäß. (4) Rippenfell- und Lungenentzündung, brennendes Fieber und die Krankheiten, die man als akute Krankheiten bezeichnet, entstehen dagegen in der Regel nicht. Denn wenn die Hohlräume des Körpers feucht sind, können diese Krankheiten nicht stark sein. Wässrige Augenkrankheiten treten auf, die aber nicht gefährlich sind und nur von kurzer Dauer, wenn nicht irgendeine allgemeine Krankheit aufgrund eines großen (jahreszeitlichen) Wechsels ausbricht. Sobald aber die Bewohner das 50. Lebensjahr überschreiten, verursachen ihnen Abflüsse aus dem Gehirn halbseitige Lähmungen, wenn plötzlich der Kopf der Sonne oder der Kälte ausgesetzt wird. (5) Dies sind die ortsüblichen Krankheiten bei diesen Menschen. Abgesehen davon leiden sie, wenn aufgrund des jahreszeitlichen Wechsels irgendeine allgemeine Krankheit ausbricht, auch an dieser.

4. (1) Was die Städte betrifft, die den kalten Winden zugewandt liegen, das heißt zwischen dem Sommeruntergang

νῶν τοῦ ἡλίου καὶ τῆς ἀνατολῆς τῆς θερινῆς, καὶ
αὐτῇσι ταῦτα τὰ πνεύματα ἐπιχώριά ἐστι, τοῦ δὲ
νότου καὶ τῶν θερμῶν πνευμάτων σκέπη, ὧδε ἔχει
περὶ τῶν πόλεων τούτων. (2) Πρῶτον μὲν τὰ ὕδατα
σκληρά τε καὶ ψυχρὰ ὡς ἐπὶ τὸ πλῆθος γλυκέα τε,
τοὺς δὲ ἀνθρώπους ἐντόνους τε καὶ σκελιφροὺς
ἀνάγκη | εἶναι τούς τε πλείους τὰς κοιλίας ἀτεράμ- 20
νους ἔχειν καὶ σκληρὰς τὰς κάτω, τὰς δὲ ἄνω
εὐροωτέρας· χολώδεάς τε μᾶλλον ἢ φλεγματίας εἶ-
ναι. Τὰς δὲ κεφαλὰς ὑγιηρὰς ἔχουσι καὶ σκληρὰς·
ῥηγματίαι τέ εἰσιν ἐπὶ τὸ πλῆθος. (3) Νοσεύματα δὲ
αὐτοῖσιν ἐπιδημεῖ τάδε· πλευρίτιδές τε πολλαὶ αἵ τε
ὀξεῖαι νομιζόμεναι νοῦσοι· ἀνάγκη δὲ ὧδε ἔχειν
ὁκόταν αἱ κοιλίαι σκληραὶ ἔωσιν· ἔμπυοί τε πολλοὶ
γίνονται ἀπὸ πάσης προφάσιος· τούτου δὲ αἴτιόν
ἐστι τοῦ σώματος ἡ ἔντασις καὶ ἡ σκληρότης τῆς
κοιλίης· ἡ γὰρ ξηρότης ῥηγματίας ποιεῖ εἶναι καὶ τοῦ
ὕδατος ἡ ψυχρότης. Ἐδωδοὺς δὲ ἀνάγκη τὰς
τοιαύτας φύσιας εἶναι καὶ οὐ πολυπότας· οὐ γὰρ οἷόν
τε ἅμα πολυβόρους τε εἶναι καὶ πολυπότας. Ὀφ-
θαλμίας τε γίνεσθαι μὲν διὰ χρόνου, γίνεσθαι δὲ
σκληρὰς καὶ ἰσχυράς, καὶ εὐθέως ῥήγνυσθαι τὰ ὄμ-
ματα· αἱμορροίας δὲ ἐκ τῶν ῥινῶν τοῖσι νεωτέροισι
τριήκοντα ἐτέων γίνεσθαι ἰσχυρὰς τοῦ θέρεος· τά τε
ἱερὰ νοσεύματα καλεύμενα, ὀλίγα μὲν ταῦτα, ἰσχυρὰ
δέ. Μακροβίους δὲ τοὺς ἀνθρώπους τούτους μᾶλλον
εἰκὸς εἶναι τῶν ἑτέρων, τά τε ἕλκεα οὐ φλεγματώδεα
ἐγγίνεσθαι οὐδὲ ἀγριοῦσθαι, τά τε ἤθεα ἀγριώτερα
ἢ ἡμε|ρώτερα. (4) Τοῖσι μὲν ἀνδράσι ταῦτα τὰ 22
νοσήματα ἐπιχώριά ἐστι, καὶ χωρὶς ἤν τι πάγκοινον
κατάσχῃ ἐκ μεταβολῆς τῶν ὡρέων. Τῇσι δὲ γυναιξί·
πρῶτον μὲν στέριφαι πολλαὶ γίνονται διὰ τὰ ὕδατα
ἐόντα σκληρά τε καὶ ἀτέραμνα καὶ ψυχρά· αἱ γὰρ
καθάρσιες οὐκ ἐπιγίνονται τῶν ἐπιμηνίων ἐπιτήδειαι,

der Sonne und ihrem Sommeraufgang, und in denen diese Winde üblich sind, während sie vom Südwind und den warmen Winden geschützt sind, so verhält es sich dort folgendermaßen: (2) Als erstes ist das Wasser hart und in den meisten Fällen kalt sowie süß. Die Menschen besitzen notwendigerweise straffe und trockene Körper; die Hohlräume des Körpers sind in den meisten Fällen im unteren Teil hart und verstopft, im oberen Teil aber leichtflüssiger; sie haben mehr Galle als Phlegma. Sie besitzen gesunde und harte Köpfe und leiden meist an Rupturen. (3) Bei den Krankheiten, die bei ihnen verbreitet sind, handelt es sich um folgende: Rippenfellentzündungen in großer Zahl und die sogenannten akuten Krankheiten. Dies muß notwendigerweise dann der Fall sein, wenn die Hohlräume des Körpers hart sind. Bei jeder Gelegenheit entstehen Eiteransammlungen (Empyeme) in großer Zahl. Grund dafür ist die Spannung des Körpers und die Härte der Hohlräume; denn die Trockenheit bewirkt die Rupturen ebenso wie die Kälte des Wassers. Notwendigerweise sind solche Naturen starke Esser, aber keine großen Trinker; denn es ist nicht möglich, starker Esser und großer Trinker zugleich zu sein. Augenkrankheiten treten von Zeit zu Zeit auf, die trocken und heftig sind, und es kommt zu plötzlichen Rupturen an den Augen. Nasenbluten tritt bei denen auf, die jünger als 30 Jahre alt sind, besonders stark im Sommer. Die sogenannte heilige Krankheit tritt selten auf, aber wenn, dann heftig. Es ist folgerichtig, daß diese Menschen langlebiger sind als die anderen, daß sich die Wunden nicht entzünden und verschlimmern und daß ihre Lebensweise eher wild als sanft ist. (4) Dies also sind die bei den Männern üblichen Krankheiten, abgesehen von durch jahreszeitlichen Wechsel bedingte Allgemeinerkrankungen. Was dagegen die Frauen betrifft, so werden erstens viele unfruchtbar aufgrund des Wassers, das hart, unbekömmlich und kalt ist; denn ihre monatlichen Reinigungen erfolgen nicht in zuträglicher Weise, sondern nur in geringem

ἀλλὰ ὀλίγαι καὶ πονηραί. Ἔπειτα τίκτουσι χαλεπῶς
τιτρώσκουσί τε οὐ σφόδρα. Ὁκόταν δὲ τέκωσι,
τὰ παιδία ἀδύνατοι τρέφειν εἰσί· τὸ γὰρ γάλα
ἀποσβέννυται ἀπὸ τῶν ὑδάτων τῆς σκληρότητος
καὶ ἀτεραμνίης· φθίσιές τε γίνονται συχναὶ ἀπὸ
τῶν τοκετῶν· ὑπὸ γὰρ βίης ῥήγματα ἴσχουσι καὶ
σπάσματα. (5) Τοῖσί τε παιδίοισιν ὕδρωπες ἐγγίνοντ-
αι ἐν τοῖσιν ὄρχεσιν ἕως μικρὰ ᾖ, ἔπειτα προϊούσης
τῆς ἡλικίης ἀφανίζονται· ἡβῶσί τε ὀψὲ ἐν ταύτῃ τῇ
πόλει. Περὶ μὲν οὖν τῶν θερμῶν πνευμάτων καὶ τῶν
ψυχρῶν καὶ τῶν πόλεων τούτων ὧδε ἔχει ὡς
προείρηται.

5. (1) Ὁκόσαι δὲ κέονται πρὸς τὰ πνεύματα τὰ
μεταξὺ τῶν θερινῶν ἀνατολέων τοῦ ἡλίου καὶ τῶν
χειμερινῶν καὶ ὁκόσαι τὸ ἐναντίον τούτων, ὧδε ἔχει
περὶ αὐτῶν. (2) Ὁκόσαι μὲν πρὸς τὰς ἀνατολὰς
τοῦ ἡλίου κέονται, ταύτας εἰκὸς εἶναι ὑγιεινοτέρας
τῶν πρὸς τὰς ἄρκτους ἐστραμμένων καὶ τῶν πρὸς
τὰ θερμὰ πνεύματα, ἢν καὶ στάδιον τὸ μεταξὺ ᾖ.
(3) Πρῶτον μὲν γὰρ μετριώτερον ἔχει τὸ θερμὸν καὶ
τὸ ψυχρόν· ἔπειτα τὰ ὕδατα ὁκόσα πρὸς τὰς τοῦ
ἡλίου ἀνατολάς ἐστι, πάντα λαμπρά τε εἶναι ἀνάγκη
καὶ εὐώδεα καὶ μαλακὰ ἤέρα τε μὴ ἐγγίνεσθαι ἐν
ταύτῃ τῇ πόλει· ὁ γὰρ ἥλιος κωλύει ἀνίσχων καὶ
καταλάμπων· τὸ γὰρ ἑωθινὸν ἑκάστοτε αὐτὸς ὁ
ἠὴρ ἐπέχει ὡς ἐπὶ τὸ πολύ. (4) Τά τε εἴδεα τῶν
ἀν|θρώπων εὔχροά τε καὶ ἀνθηρά ἐστι μᾶλλον, ἢν 24
μή τις νοῦσος ἄλλη κωλύῃ· λαμπρόφωνοί τε οἱ
ἄνθρωποι ὀργήν τε καὶ ξύνεσιν βελτίους εἰσὶ τῶν
πρὸς βορέην, εἴπερ καὶ τὰ ἄλλα τὰ ἐμφυόμενα
ἀμείνω ἐστίν. (5) Ἔοικέ τε μάλιστα ἡ οὕτω κειμένη
πόλις ἦρι κατὰ τὴν μετριότητα τοῦ θερμοῦ καὶ τοῦ
ψυχροῦ· τά τε νοσεύματα ἐλάσσω μὲν γίνεται καὶ
ἀσθενέστερα, ἔοικε δὲ τοῖσιν ἐν τῇσι πόλεσι γι-

Umfang und unter Schmerzen. Des weiteren gebären sie nur unter Schwierigkeiten, erleiden aber nicht sehr häufig Fehlgeburten. Wenn sie schließlich geboren haben, sind sie nicht in der Lage, die Kinder zu stillen; denn die Milch versiegt wegen der Härte und Unbekömmlichkeit des Wassers. Häufig kommt es infolge der Entbindungen zu Schwindsucht; denn wegen der Anstrengung erleiden sie Rupturen und Krämpfe. (5) Bei den Kindern endlich tritt Wassersucht in den Hoden auf, solange sie klein sind; diese verschwindet, wenn sie älter werden. Erst spät kommen sie in dieser Stadt in die Pubertät. Mit den warmen Winden, den kalten Winden und diesen Städten verhält es sich also so, wie zuvor gesagt worden ist.

5. (1) Bezüglich der Städte, die den Winden zugewandt liegen, die aus der Richtung zwischen Sommer- und Winteraufgang der Sonne wehen, und bezüglich der Städte, die ihnen entgegengesetzt liegen, verhält es sich folgendermaßen: (2) Diejenigen, die zum Sonnenaufgang hin liegen, sind verständlicherweise gesünder als diejenigen, die nach Norden offen liegen, oder diejenigen, die den warmen Winden zugewandt sind, und wären sie auch nur ein Stadion voneinander entfernt. (3) Denn zunächst einmal ist die Wärme und die Kälte gemäßigter. Dann ist notwendigerweise das gesamte Wasser, das dem Sonnenaufgang zugewandt ist, klar, wohlriechend, weich, und Nebel entsteht nicht in dieser Stadt; denn die Sonne verhindert dies, weil sie schon beim Aufgehen strahlt. Ansonsten hielte sich der Nebel von selbst jeden Morgen lange. (4) Das Aussehen der Menschen ist, was die Hautfarbe betrifft, gesünder und frischer als anderswo, wenn sie nicht im übrigen irgendeine Krankheit behindert. Die Menschen haben klare Stimmen und sind vom Charakter und vom Verstand her besser als die in denjenigen Städten, die dem Nordwind ausgesetzt sind, wie auch alles andere, was hier wächst, besser ist. (5) Die so gelegene Stadt ist wegen der maßvollen Wärme und Kälte am ehesten dem Frühling ähnlich. Und Krankheiten treten weniger häufig und schwächer auf und gleichen den Krank-

νομένοισι νοσεύμασι τῇσι πρὸς τὰ θερμὰ πνεύματα
ἐστραμμένῃσιν. Αἵ τε γυναῖκες αὐτόθι ἀρικύμονές
εἰσι σφόδρα καὶ τίκτουσι ῥηϊδίως. Περὶ μὲν τούτων
ὧδε ἔχει.

6. (1) Ὁκόσαι δὲ πρὸς τὰς δύσιας κέονται καὶ
αὐτῇσίν ἐστι σκέπη τῶν πνευμάτων τῶν ἀπὸ τῆς ἠοῦς
πνεόντων τά τε θερμὰ πνεύματα παραρρεῖ καὶ τὰ
ψυχρὰ ἀπὸ τῶν ἄρκτων, ἀνάγκη ταύτας τὰς πόλιας
θέσιν κεῖσθαι νοσερωτάτην. (2) Πρῶτον μὲν γὰρ τὰ
ὕδατα οὐ λαμπρά· αἴτιον δὲ ὅτι ὁ ἠὴρ τὸ ἑωθινὸν
κατέχει ὡς ἐπὶ τὸ πολύ, ὅστις τῷ ὕδατι ἐγκατα-
μιγνύμενος τὸ λαμπρὸν ἀφανίζει· ὁ γὰρ ἥλιος πρὶν
ἄνω ἀρθῆναι οὐκ ἐπιλάμπει. Τοῦ δὲ θέρεος ἕωθεν
μὲν αὖραι ψυχραὶ πνέουσι καὶ δρόσοι πίπτουσι, τὸ
δὲ λοιπὸν ἥλιος ἐγκαταδύνων ὥστε μάλιστα διέψει
τοὺς ἀνθρώπους· (3) διὸ καὶ ἀχρόους τε εἰκὸς εἶναι
καὶ ἀρρώστους τῶν τε νοσευμάτων πάντων μετέχειν
μέρος τῶν προειρημένων· οὐδὲν αὐτοῖσιν ἀποκέκρι-
ται. Βαρυφώνους τε εἰ|κὸς εἶναι καὶ βραγχώδεας διὰ   26
τὸν ἠέρα, ὅτι ἀκάθαρτος ὡς ἐπὶ τὸ πολὺ αὐτόθι γίνε-
ται καὶ νοτώδης· οὔτε γὰρ ὑπὸ τῶν βορείων ἐκκρίνε-
ται σφόδρα· οὐ γὰρ προσέχουσι τὰ πνεύματα· ἅ τε
προσέχουσιν αὐτῇσι καὶ προσκέονται, ὑδατεινότατά
ἐστιν· ἐπεὶ ⟨τοιαῦτα⟩ τὰ ἐπὶ τῆς ἑσπέρης πνεύματα.
(4) Ἔοικέ τε μετοπώρῳ μάλιστα ἡ θέσις ἡ τοιαύτη τῆς
πόλιος κατὰ τὰς τῆς ἡμέρης μεταβολάς, ὅτι πολὺ τὸ
μέσον γίνεται τοῦ τε ἑωθινοῦ καὶ τοῦ πρὸς τὴν
δείλην. Περὶ μὲν πνευμάτων ἅ τέ ἐστιν ἐπιτήδεια καὶ
ἀνεπιτήδεια ὧδε ἔχει.

7. (1) Περὶ δὲ τῶν λοιπῶν ὑδάτων βούλομαι
διηγήσασθαι ἅ τέ ἐστι νοσώδεα καὶ ἃ ὑγιεινότατα
καὶ ὁκόσα ἀφ᾽ ὕδατος κακὰ εἰκὸς γίνεσθαι καὶ
ὅσα ἀγαθά· πλεῖστον γὰρ μέρος ξυμβάλλεται ἐς τὴν
ὑγιείην. (2) Ὁκόσα μὲν οὖν ἐστιν ἑλώδεα καὶ στάσιμα

heiten, die in denjenigen Städten entstehen, die den warmen Winden zugewandt sind. Die Frauen schließlich sind hier sehr fruchtbar und gebären leicht. So verhält es sich mit diesen Städten.

6. (1) Die Städte, die nach dem Sonnenuntergang liegen, die vor den aus Osten wehenden Winden geschützt sind und an denen die warmen Winde sowie die kalten aus dem Norden vorbeiwehen, haben notwendigerweise die ungesündeste Lage. (2) Denn zunächst einmal ist das Wasser nicht klar. Grund dafür ist der Nebel, der sich am Morgen lange hält, so daß er sich unter das Wasser mischt und ihm die Klarheit nimmt; denn die Sonne strahlt dort nicht ein, bevor sie hochsteht. Im Sommer wehen am Morgen kalte Lüfte, und Tau fällt herab, während am Rest des Tages die sinkende Sonne die Menschen besonders stark siedet. (3) Deshalb ist es verständlich, daß sie blaß und schwächlich sind und an all den Krankheiten Anteil haben, die zuvor erwähnt worden sind. Keine ist für sie kennzeichnend. Es ist üblich, daß sie tiefe Stimmen besitzen und heiser sind infolge des Nebels, weil er sich dort unrein und von südlicher Feuchte lange hält. Denn er wird von den Nordwinden kaum gereinigt; die Winde kommen nämlich nicht dorthin. Die Winde, die in diese Städte gelangen und zu diesen Städten gehören, sind die feuchtesten, da es die sind, die aus dem Westen kommen. (4) Eine derartige Lage der Stadt ähnelt wegen der Veränderungen im Laufe des Tages am meisten dem Herbst, da zwischen Morgen und Nachmittag ein großer Unterschied besteht. So verhält es sich mit den Winden, die nützlich, und denjenigen, die schädlich sind.

7. (1) Im übrigen will ich nun das Wasser ausführlich behandeln, welches Wasser ungesund und welches sehr gesund ist, was an Schlimmem normalerweise vom Wasser herrührt und was an Gutem. Denn das Wasser trägt zu einem sehr großen Teil zur Gesundheit bei. (2) Das sumpfige Wasser, das stehende

καὶ λιμναῖα, ταῦτα ἀνάγκη τοῦ μὲν θέρεος εἶναι
θερμὰ καὶ παχέα καὶ ὀδμὴν ἔχοντα, ἅτε οὐκ
ἀπόρρυτα ἐόντα, ἀλλὰ τοῦ τε ὀμβρίου ὕδατος ἐπι-
τρεφομένου αἰεὶ νέου τοῦ τε ἡλίου καίοντος ἀνάγκη
ἄχροά τε εἶναι καὶ πονηρὰ καὶ χολώδεα· τοῦ δὲ χει-
μῶνος παγετώδεά τε καὶ ψυχρὰ καὶ τεθολωμένα ὑπό
τε χιόνος καὶ παγετῶν, ὥστε φλεγματωδέστατα εἶναι
καὶ βραγχωδέστατα. (3) Τοῖσι δὲ πίνουσι σπλῆνας
μὲν ἀεὶ μεγάλους εἶναι καὶ μεμυωμένους καὶ τὰς
γαστέρας σκληράς τε καὶ λεπτὰς καὶ θερμάς, τοὺς δὲ
ὤμους καὶ τὰς κληῖδας καὶ τὸ πρόσωπον καταλε-
λεπτύνθαι καὶ κατισχάνθαι· ἐς γὰρ τὸν σπλῆνα αἱ
σάρκες ξυντήκονται· διότι ἰσχνοί | εἰσιν· ἐδωδούς τε 28
εἶναι τοὺς τοιούτους καὶ διψηρούς· τάς τε κοιλίας
ξηροτάτας [τε] καὶ τὰς ἄνω καὶ τὰς κάτω ἔχειν, ὥστε
τῶν φαρμάκων ἰσχυροτέρων δεῖσθαι. Τοῦτο μὲν τὸ
νόσημα αὐτοῖσι ξύντροφόν ἐστι καὶ θέρεος καὶ
χειμῶνος· (4) πρὸς δὲ τούτοισιν οἱ ὕδρωπες [τε] καὶ
πλεῖστοι γίνονται καὶ θανατωδέστατοι· τοῦ γὰρ
θέρεος δυσεντερίαι τε πολλαὶ ἐμπίπτουσι καὶ διάρ-
ροιαι καὶ πυρετοὶ τεταρταῖοι πολυχρόνιοι· ταῦτα δὲ
τὰ νοσεύματα μηκυνθέντα τὰς τοιαύτας φύσιας ἐς
ὕδρωπας καθίστησι καὶ ἀποκτείνει. Ταῦτα μὲν
αὐτοῖσι τοῦ θέρεος γίνεται. (5) Τοῦ δὲ χειμῶνος τοῖσι
νεωτέροισι μὲν περιπλευμονίαι τε καὶ μανιώδεα νο-
σεύματα, τοῖσι δὲ πρεσβυτέροισι καῦσοι διὰ τὴν τῆς
κοιλίης σκληρότητα. (6) Τῆσι δὲ γυναιξὶν οἰδήματα
ἐγγίνεται καὶ φλέγμα λευκὸν καὶ ἐν γαστρὶ ἴσχουσι
μόλις καὶ τίκτουσι χαλεπῶς· μεγάλα τε τὰ ἔμβρυα καὶ
οἰδέοντα, ἔπειτα ἐν τῆσι τροφῆσι φθινώδεά τε καὶ
πονηρὰ γίνεται· ἥ τε κάθαρσις τῆσι γυναιξὶν οὐκ
ἐπιγίνεται χρηστὴ μετὰ τὸν τόκον. (7) Τοῖσι δὲ
παιδίοισι κῆλαι ἐπιγίνονται μάλιστα καὶ τοῖσιν
ἀνδράσι κιρσοὶ καὶ ἕλκεα ἐν τῆσι κνήμῃσιν, ὥστε τὰς

Wasser und das Wasser aus Teichen ist notwendigerweise im Sommer warm, dickflüssig und übelriechend, weil es nicht abfließt. Da es durch Regenwasser immer neu ergänzt wird und die Sonne darauf brennt, muß es notwendigerweise seine Farbe verloren haben, schlecht und galleanregend sein. Im Winter aber ist es gefroren, kalt und getrübt von Schnee und Frost, so daß es sehr phlegmaanregend (schleimanregend) ist und große Heiserkeit hervorruft. (3) Bei denjenigen, die es trinken, ist die Milz immer groß und verhärtet, der Bauch ist hart, dünn und warm, die Schultern, die Schlüsselbeine und das Gesicht sind ausgemergelt und abgemagert; denn das Fleisch wird zugunsten der Milz verzehrt. Deswegen sind diese Menschen mager. Solche Menschen sind ausgehungert und durstig; sie haben sehr trockene Hohlräume des Körpers, sowohl im unteren als auch im oberen Teil, so daß sie stärkere Heilmittel brauchen. Denn diese Krankheit schleppen sie sommers wie winters mit sich. (4) Darüber hinaus tritt bei ihnen sehr häufig die Wassersucht auf, und sie ist besonders tödlich. Im Sommer entstehen oft Ruhr (Dysenterie), Durchfall (Diarrhoe) und Quartanafieber von langer Dauer. Diese Krankheiten führen, wenn sie sich in die Länge ziehen, bei Menschen dieser Konstitution zur Wassersucht und zum Tode. Dies sind die Krankheiten, die bei ihnen im Sommer auftreten. (5) Im Winter sind es bei den jüngeren Leuten Lungenentzündungen und manische Krankheiten, bei den älteren Brennfieber auf Grund der Härte der Hohlräume des Körpers. (6) Bei den Frauen entstehen Schwellungen und die weiße Schleimkrankheit; sie empfangen nur mit Mühe und gebären schwer. Die Neugeborenen sind groß und aufgeschwollen. Die ganze Stillzeit hindurch sind sie schwindsüchtig und kränklich. Die Reinigung bei den Frauen nach der Geburt erfolgt nicht gut. (7) Bei den Kindern entstehen vor allem Leistenbrüche und bei den Männern Krampfadern und Geschwüre an den Beinen, so daß die

τοιαύτας φύσιας οὐχ οἷόν τε μακροβίους εἶναι, ἀλλὰ προγηράσκειν τοῦ χρόνου τοῦ ἱκνευμένου. (8) Ἔτι δὲ αἱ γυναῖκες δοκέουσιν ἔχειν ἐν γαστρί, καὶ ὁκόταν ὁ τόκος ᾖ, ἀφανίζεται τὸ πλήρωμα τῆς γαστρός· τοῦτο δὲ γίνεται [ὑπὸ ὑδέρου] ὁκόταν ὑδρωπιήσωσιν αἱ ὑστέραι. (9) Τὰ μὲν τοιαῦτα ὕδατα νομίζω μοχθηρὰ εἶναι πρὸς ἅπαν χρῆμα.

Δεύτερα δὲ ὅσων εἶεν αἱ πηγαὶ ἐκ πετρέων – σκληρὰ γὰρ ἀνάγκη εἶναι – ἢ ἐκ γῆς, ὅκου θερμὰ | ὕδατά ἐστιν ἢ σίδηρος γίνεται ἢ χαλκὸς ἢ ἄργυρος ἢ χρυσὸς ἢ θεῖον ἢ στυπτηρίη ἢ ἄσθαλτον ἢ νίτρον· ταῦτα γὰρ πάντα ὑπὸ βίης γίνονται τοῦ θερμοῦ. Οὐ τοίνυν οἷόν τε ἐκ τοιαύτης γῆς ὕδατα ἀγαθὰ γίνεσθαι, ἀλλὰ σκληρά τε καὶ καυσώδεα διουρεῖν τε χαλεπὰ καὶ πρὸς τὴν διαχώρησιν ἐναντία εἶναι. (10) Ἄριστα δὲ ὁκόσα ἐκ μετεώρων χωρίων ῥέει καὶ λόφων γεηρῶν· αὐτά τε γάρ ἐστι γλυκέα καὶ λευκὰ καὶ τὸν οἶνον φέρειν ὀλίγον οἷά τέ ἐστι· τὸν δὲ χειμῶνα θερμὰ γίνεται, τοῦ δὲ θέρεος ψυχρά· οὕτω γὰρ ἂν εἴη ἐκ βαθυτάτων πηγέων. Μάλιστα δὲ ἐπαινέω ὧν τὰ ῥεύματα πρὸς τὰς ἀνατολὰς τοῦ ἡλίου ἐρρώγασι, καὶ μᾶλλον πρὸς τὰς θερινάς· ἀνάγκη γὰρ λαμπρότερα εἶναι καὶ εὐώδεα καὶ κοῦφα. (11) Ὁκόσα δέ ἐστιν ἁλυκὰ καὶ ἀτέραμνα καὶ σκληρά, ταῦτα μὲν πάντα πίνειν οὐκ ἀγαθά, εἰσὶ δ' ἔνιαι φύσιες καὶ νοσεύματα ἐς ἃ ἐπιτήδειά ἐστι τὰ τοιαῦτα ὕδατα πινόμενα, περὶ ὧν φράσω αὐτίκα. Ἔχει δὲ καὶ περὶ τούτων ὧδε· ὁκόσων μὲν αἱ πηγαὶ πρὸς τὰς ἀνατολὰς ἔχουσι, ταῦτα μὲν ἄριστα αὐτὰ ἑωυτῶν ἐστι· δεύτερα δὲ [τῶν] τὰ μεταξὺ τῶν θερινῶν ἀνατολέων ἐστὶ τοῦ ἡλίου καὶ δύσεως, καὶ μᾶλλον τὰ πρὸς τὰς ἀνατολάς· τρίτα δὲ τὰ μεταξὺ τῶν δυσμέων τῶν θερινῶν καὶ τῶν χειμερινῶν· φαυλότατα δὲ τὰ πρὸς τὸν νότον τὰ μεταξὺ τῆς χειμερινῆς ἀνατολῆς καὶ δύσιος, καὶ ταῦτα

Menschen mit solcher Konstitution nicht lange leben können, sondern vor der üblichen Zeit altern. (8) Ferner glauben die Frauen, schwanger zu sein, und wenn der Zeitpunkt der Geburt da ist, verschwindet die Schwellung des Leibes; dies geschieht, wenn die Gebärmutter wassersüchtig (voller Wasser) ist. (9) Was solches Wasser betrifft, so halte ich es in jeder Verwendung für schlecht.

Das zweite ist das Quellwasser, das aus dem Felsen kommt – dieses ist von Natur aus hart – oder das aus der Erde stammt, in der warmes Wasser vorkommt oder Eisen oder Kupfer oder Silber oder Gold oder Schwefel oder Alaun oder Bitumen oder Natron; all dies nämlich entsteht durch die Kraft der Wärme. Deshalb ist es nicht möglich, daß das Wasser, das aus einem solchen Boden stammt, gut ist, sondern es ist hart, erhitzend, schwer abzulassen und den Stuhlgang hemmend. (10) Das beste Wasser ist das, das von den Höhen herabfließt und aus den Erdhügeln kommt. Denn es ist von sich heraus süß und klar, und es braucht nur mit wenig Wein vermischt zu werden. Während des Winters ist es warm, im Sommer aber kalt. Denn so ist es, wenn es aus sehr tiefen Quellen kommt. Ich lobe besonders das Wasser, das in Richtung auf den Sonnenaufgang hervorsprudelt, besonders in Richtung auf den sommerlichen Sonnenaufgang. Denn es ist notwendigerweise klarer, wohlriechend und leicht. (11) Das Wasser, das salzig, schwerverträglich und hart ist, läßt sich insgesamt schlecht trinken; es gibt aber einige Körperzustände und Krankheiten, zu deren Behandlung es nützlich ist, solches Wasser zu trinken, worüber ich gleich noch sprechen werde. Folgendermaßen verhält es sich also mit diesem Wasser: Das Wasser, dessen Quellen dem Sonnenaufgang zugewandt liegen, ist von sich selbst her das beste. An zweiter Stelle kommt das Wasser, das in der Richtung zwischen dem sommerlichen Sonnenaufgang und dem Sommersonnenuntergang hervortritt, wobei das dem Sonnenaufgang zugewandte besser ist. An dritter Stelle steht das Wasser, das zwischen dem sommerlichen Sonnenuntergang und dem Son-

τοῖσι μὲν νοτίοισι πάνυ πονηρά, τοῖσι δὲ βορείοισιν ἀμείνω. (12) Τούτοισι δὲ πρέπει ὧδε χρῆσθαι· | ὅστις ₃₂ μὲν ὑγιαίνει τε καὶ ἔρρωται, μηδὲν διακρίνειν, ἀλλὰ πίνειν αἰεὶ τὸ παρεόν· ὅστις δὲ νούσου εἵνεκα βούλεται τὸ ἐπιτηδειότατον πίνειν, ὧδε ἂν ποιέων μάλιστα τυγχάνοι τῆς ὑγιείης· ὁκόσων μὲν αἱ κοιλίαι σκληραί εἰσι καὶ ξυγκαίειν ἀγαθαί [εἶναι], τούτοισι μὲν τὰ γλυκύτατα ξυμφέρει καὶ κουφότατα καὶ λαμπρότατα· ὁκόσων δὲ μαλακαὶ αἱ νηδύες καὶ ὑγραί εἰσι καὶ φλεγματώδεις, τούτοισι δὲ τὰ σκληρότατα καὶ ἀτεραμνότατα καὶ τὰ ὑφαλυκά· οὕτω γὰρ ἂν ξηραίνοινῑτο μάλιστα. (13) Ὁκόσα γὰρ ὕδατά ἐστιν ἕψειν ἄριστα καὶ τακερώτατα, ταῦτα καὶ τὴν κοιλίην διαλύειν εἰκὸς μάλιστα καὶ διατήκειν· ὁκόσα δέ ἐστιν ἀτέραμνα καὶ σκληρὰ καὶ ἥκιστα ἕψειν ἀγαθά, ταῦτα δὲ ξυνίστησι μάλιστα τὰς κοιλίας καὶ ξηραίνει. Ἀλλὰ γὰρ ἐψευσμένοι εἰσὶν οἱ ἄνθρωποι τῶν ἁλμυρῶν ὑδάτων πέρι δι᾽ ἀπειρίην, κατότι νομίζεται διαχωρητικὰ εἶναι τὰ ἁλυκά· τὰ δὲ ἐναντιώτατά ἐστι πρὸς τὴν διαχώρησιν· ἀτέραμνα γὰρ καὶ ἀνέψανα, ὥστε καὶ τὴν κοιλίην ὑπ᾽ αὐτῶν στύφεσθαι μᾶλλον ἢ τήκεσθαι. Καὶ περὶ μὲν τῶν πηγαίων ὑδάτων ὧδε ἔχει.

8. (1) Περὶ δὲ τῶν ὀμβρίων καὶ ὁκόσα ἀπὸ χιόνος φράσω ὅκως ἔχει. (2) Τὰ μὲν ὄμβρια κουφότατα καὶ γλυκύτατά ἐστι καὶ λεπτότατα καὶ λαμπρότατα. Τήν τε γὰρ ἀρχὴν ὁ ἥλιος ἀνάγει καὶ ἀναρπάζει τοῦ ὕδατος τό τε λεπτότατον καὶ κουφότατον. (3) Δῆλον δὲ οἱ ἅλες ποιέουσι· τὸ μὲν γὰρ ἁλμυρὸν λείπεται αὐτοῦ ὑπὸ πάχεος καὶ βάρεος καὶ γίνεται ἅλες, τὸ δὲ λεπτότατον ὁ ἥλιος ἀναρπάζει ὑπὸ κουφότητος. Ἀνάγει δὲ τὸ τοιοῦτο οὐκ ἀπὸ τῶν ὑδάτων μοῦνον τῶν |

nenuntergang im Winter entspringt. Das minderwertigste Wasser ist das dem Süden zugewandte, das zwischen dem winterlichen Sonnenaufgang und Sonnenuntergang vorkommt. Dieses ist beim Vorherrschen von Südwinden ganz und gar schlecht, besser dagegen bei Nordwinden. (12) Auf die folgende Weise soll man dieses Wasser verwenden: Wer gesund und kräftig ist, wird nicht wählerisch sein, sondern immer das vorhandene Wasser trinken. Wer aber wegen einer Krankheit das am besten geeignete Wasser trinken will, wird, wenn er folgendermaßen handelt, am ehesten gesund werden: Diejenigen, deren Leibesinnere hart und geeignet ist, (die Nahrung) zu verbrennen, für die ist das süßeste, leichteste und klarste Wasser vorteilhaft. Für diejenigen aber, deren Leib weich, feucht und voller Phlegma ist, für die ist das härteste, am schwersten verdauliche und leicht salzige Wasser vorteilhaft. Denn so kann der Leib am besten austrocknen. (13) Das Wasser, das am besten kocht und schmilzt, lockert normalerweise auch den Leib am besten und läßt ihn schmelzen; dasjenige aber, das schwerverträglich und hart ist und am wenigsten gut kocht, ist dasjenige, das die Hohlräume des Körpers am besten verstopft und austrocknet. Aber die Menschen sind aus Unwissenheit bezüglich des salzigen Wassers im Irrtum, weil sie glauben, daß salziges Wasser abführend ist. Es ist aber der Verdauung genau entgegenwirkend; denn es ist schwer verdaulich und schwer kochend, so daß auch die Hohlräume des Körpers unter seiner Wirkung mehr verstopft als geschmolzen werden. So verhält es sich also mit dem Quellwasser.

8. (1) Ich werde nun darlegen, wie es mit dem Regen- und Schneewasser steht. (2) Das Regenwasser ist das leichteste, süßeste, feinste und klarste. Denn am Anfang zieht die Sonne das Dünnste und Leichteste vom Wasser an und trägt es hinauf. (3) Die Salzablagerungen machen es deutlich; denn der salzige Teil des Wassers bleibt aufgrund seiner Dichte und seines Gewichtes zurück und wird zu Salz, den feinsten Teil aber zieht aufgrund seiner Leichtigkeit die Sonne an. Sie zieht diesen Bestandteil nicht nur aus dem Wasser der Seen, sondern auch aus dem Meer und

λιμναίων, ἀλλὰ καὶ ἀπὸ τῆς θαλάσσης καὶ ἐξ 34
ἁπάντων ἐν ὁκόσοισιν ὑγρόν τι ἔνεστιν· ἔνεστι δὲ
ἐν παντὶ χρήματι. (4) Καὶ ἐξ αὐτῶν τῶν ἀνθρώπων
ἄγει τὸ λεπτότατον τῆς ἰκμάδος καὶ κουφότατον.
Τεκμήριον δὲ μέγιστον· ὅταν ⟨γὰρ⟩ ἄνθρωπος ἐν
ἡλίῳ βαδίζῃ ἢ καθίζῃ ἱμάτιον ἔχων, ὁκόσα μὲν τοῦ
χρωτὸς ὁ ἥλιος ἐφορᾷ, οὐχ ἱδρώῃ ἄν· ὁ γὰρ ἥλιος
ἀναρπάζει τὸ προφαινόμενον τοῦ ἱδρῶτος· ὁκόσα
δὲ ὑπὸ τοῦ ἱματίου ἐσκέπασται ἢ ὑπ' ἄλλου του,
ἱδροῖ· ἐξάγεται μὲν γὰρ ὑπὸ τοῦ ἡλίου καὶ βιάζεται,
σῴζεται δὲ ὑπὸ τῆς σκέπης, ὥστε μὴ ἀφανίζεσθαι
ὑπὸ τοῦ ἡλίου· ὁκόταν δὲ ἐς σκιὴν ἀφίκηται, ἅπαν
τὸ σῶμα ὁμοίως ἱδίει· οὐ γὰρ ἔτι ὁ ἥλιος ἐπιλάμπει.
(5) Διὰ ταῦτα δὲ καὶ σήπεται τῶν ὑδάτων τάχιστα
πάντων καὶ ὀδμὴν ἴσχει πονηρὴν τὸ ὄμβριον, ὅτι
ἀπὸ πλείστων ξυνῆκται καὶ ξυμμέμικται, ὥστε
σήπεσθαι τάχιστα. (6) Ἔτι δὲ πρὸς τούτοισιν,
ἐπειδὰν ἁρπασθῇ καὶ μετεωρισθῇ περιφερόμενον
καὶ καταμεμιγμένον ἐς τὸν ἠέρα, τὸ μὲν θολερὸν
αὐτοῦ καὶ νυκτοειδὲς ἐκκρίνεται καὶ ἐξίσταται
καὶ γίνεται ἠὴρ καὶ ὀμίχλη, τὸ δὲ λαμπρότατον
καὶ κουφότατον αὐτοῦ λείπεται καὶ γλυκαίνεται
ὑπὸ τοῦ ἡλίου καιόμενόν τε καὶ ἑψόμενον· γίνεται
δὲ καὶ τἆλλα πάντα τὰ ἑψόμενα αἰεὶ γλυκέα.
(7) Ἕως μὲν οὖν διεσκεδασμένον ᾖ καὶ μήπω
ξυνεστήκῃ, φέρεται μετέωρον. Ὁκόταν δέ κου
ἀθροισθῇ καὶ ξυστραφῇ ἐς τὸ αὐτὸ ὑπὸ
ἀνέμων ἀλλήλοισιν ἐναντιωθέντων ἐξαίφνης, τότε
καταρρήγνυται ᾗ ἂν τύχῃ πλεῖστον ξυστραφέν.
Τότε γὰρ ἐοικὸς τοῦτο μᾶλλον γίνεσθαι, ὁκόταν
τὰ νέφεα [μὴ] ὑπὸ ἀνέμου ⟨σύ⟩στασιν ἔχοντα
ὡρμημένα ἐόντα καὶ χωρέοντα ἐξαίφνης ἀντικόψῃ
πνεῦμα ἐναντίον καὶ ἕτερα νέφεα. Ἐνταῦθα
⟨τὰ⟩ μὲν πρῶτα αὐτοῦ | ξυστρέφεται, τὰ δὲ 36

aus allem, in dem irgendwelche Feuchtigkeit enthalten ist, und diese Feuchtigkeit ist in allem. (4) Auch aus den Menschen selbst zieht die Sonne den feinsten und leichtesten Teil der Feuchtigkeit. Der beste Beweis ist folgender: Wenn ein Mensch mit einem Gewand bekleidet in der Sonne einherschreitet oder in der Sonne sitzt, dann wird derjenige Teil des Körpers, auf den die Sonne scheint, nicht schwitzen; denn die Sonne zieht den Schweiß an, sobald er zum Vorschein kommt. An den Stellen aber, die von dem Gewand oder von irgend etwas anderem bedeckt sind, schwitzt er; denn obwohl der Schweiß, durch die Sonne gezwungen, austritt, wird er von der Bedeckung des Körpers zurückgehalten, so daß er unter der Wirkung der Sonne nicht verschwindet. Wenn der Mensch sich aber in den Schatten begibt, schwitzt er am ganzen Körper gleichermaßen; denn die Sonne bescheint ihn nicht weiter. (5) Deswegen auch fault am schnellsten von allem Wasser das Regenwasser und nimmt einen üblen Geruch an, weil es von sehr vielen Seiten zusammenkommt und gemischt wird, so daß es sehr schnell fault. (6) Darüber hinaus: Wenn das Wasser angezogen und in die Höhe gehoben wird, wobei es umhertransportiert wird und sich mit der Luft mischt, dann wird das Trübe und Dunkle in ihm abgetrennt und ausgesondert, und es entstehen Nebel und Dunst; der klarste und leichteste Teil aber bleibt an Ort und Stelle und wird süß, weil er von der Sonne geröstet und gekocht wird; denn auch alles andere, was gekocht wird, wird stets süß. (7) Solange dieser Teil nun zerstreut und noch nicht kondensiert ist, wird er nach oben getragen. Wenn er sich aber irgendwo sammelt und von den Winden, die plötzlich einander entgegenwehen, an einem Ort zusammengedrängt wird, dann stürzt dieser Teil an derjenigen Stelle herab, an der er gerade am meisten zusammengedrängt ist. Dies geschieht nämlich normalerweise besonders dann, wenn die Wolken infolge des Windes zusammengedrängt worden sind und ein ihnen entgegengesetzter Wind sowie andere Wolken ihrer Bewegung und ihrem Voranschreiten plötzlich Widerstand entgegenstellen. Dann werden die ersten Wolken

ὄπισθεν ἐπιφέρεται [τε] καὶ οὕτω παχύνεται καὶ
μελαίνεται καὶ ξυστρέφεται ἐς τὸ αὐτό· καὶ ὑπὸ
βάρεος καταρρήγνυται, καὶ ὄμβροι γίνονται.
(8) Ταῦτα μέν ἐστιν ἄριστα κατὰ τὸ εἰκός· δεῖται
δὲ ἀφέψεσθαι καὶ ἀποσήπεσθαι· εἰ δὲ μή, ὀδμὴν
ἴσχει πονηρήν, καὶ βράγχοι καὶ βῆχες καὶ βαρυφωνίη
τοῖσι πίνουσι προσίσταται. (9) Τὰ δὲ ἀπὸ χιόνος
καὶ κρυστάλλων πονηρὰ πάντα. Ὁκόταν γὰρ ἅπαξ
παγῇ, οὐκέτι ἐς τὴν ἀρχαίην φύσιν καθίσταται, ἀλλὰ
τὸ μὲν αὐτοῦ λαμπρὸν καὶ κοῦφον καὶ γλυκὺ
ἐκπήγνυται καὶ ἀφανίζεται, τὸ δὲ θολωδέστατον καὶ
σταθμωδέστατον λείπεται. (10) Γνοίης δ᾽ ἂν ὧδε· εἰ
γὰρ βούλει, ὅταν ᾖ χειμών, ἐς ἀγγεῖον μέτρῳ ἐγχέας
ὕδωρ θεῖναι ἐς τὴν αἰθρίην, ἵνα πήξεται μάλιστα,
ἔπειτα τῇ ὑστεραίῃ ἐσενεγκὼν ἐς ἀλέην, ὅπου
χαλάσει μάλιστα ὁ παγετός, ὁκόταν δὲ λυθῇ,
ἀναμετρεῖν τὸ ὕδωρ, εὑρήσεις ἔλασσον συχνῷ.
(11) Τοῦτο τεκμήριον, ὅτι ὑπὸ τῆς πήξιος ἀφανίζεται
καὶ ἀναξηραίνεται τὸ κουφότατον καὶ λεπτότατον,
οὐ γὰρ τὸ βαρύτατον καὶ παχύτατον· οὐ γὰρ ἂν
δύναιτο. Ταύτῃ οὖν νομίζω πονηρότατα ταῦτα
τὰ ὕδατα εἶναι τὰ ἀπὸ χιόνος καὶ κρυστάλλου καὶ
τὰ τούτοισιν ἑπόμενα πρὸς ἅπαντα χρήματα. Περὶ
μὲν οὖν ὀμβρίων ὑδάτων καὶ τῶν ἀπὸ χιόνος καὶ
κρυστάλλων οὕτως ἔχει.

9. (1) Λιθιῶσι δὲ μάλιστα ἄνθρωποι καὶ ὑπὸ
νεφριτίδων καὶ στραγγουρίης ἁλίσκονται καὶ
ἰσχιάδων, καὶ κῆλαι γίνονται, ὅκου ὕδατα πίνου-
σι παντοδαπώτατα καὶ ἀπὸ ποταμῶν μεγάλων
ἐς οὓς ποταμοὶ ἕτεροι ἐμβάλλουσι, καὶ ἀπὸ
λίμνης ἐς ἣν ῥεύματα πολλὰ καὶ παντοδαπὰ
ἀφικνεῦνται, καὶ ὁκόσοι ὕδασιν ἐπακτοῖσι | χρέον-
ται διὰ μακροῦ ἀγομένοισι καὶ μὴ ἐκ βραχέος. ³⁸

an Ort und Stelle zusammengedrängt, die dahinter folgenden sto-
ßen daran, verdichten sich infolgedessen, werden schwarz und
drängen sich an ein- und derselben Stelle zusammen; infolge des
Gewichtes stürzt dann das Wasser herab, und Regen entsteht.
(8) Dies ist also aller Wahrscheinlichkeit nach das beste Wasser.
Es will aber abgekocht und von Fäulnis gereinigt sein; andernfalls
nimmt es einen widerlichen Geruch an und verursacht bei den
Trinkenden Heiserkeit, Husten und Krächzen. (9) Das aus dem
Schnee und dem Eis stammende Wasser ist insgesamt schlecht;
denn wenn es einmal gefroren ist, kehrt es nicht mehr in den alten
Zustand zurück, sondern das Klare, Leichte und Süße in ihm ent-
weicht während des Gefrierens und verschwindet, während die
trübsten und schwersten Bestandteile bleiben. (10) Man kann dies
folgendermaßen verdeutlichen: Wenn man im Winter mit Hilfe ei-
nes Meßbechers Wasser in ein Gefäß füllt und es dorthin ins Freie
stellt, wo es am leichtesten gefriert, und wenn man dann das Was-
ser am nächsten Tag, nachdem man es in die Wärme hineingetra-
gen hat, wo das Eis am schnellsten schmilzt, noch einmal, sobald
das Eis aufgelöst ist, mißt, dann wird man erkennen, daß es be-
trächtlich weniger geworden ist. (11) Dies beweist, daß aufgrund
des Gefrierens die leichtesten und feinsten Bestandteile verschwin-
den und austrocknen, nicht freilich die schwersten und dicksten;
denn diese könnten das nicht. Deswegen also glaube ich, daß die-
ses Wasser, das vom Schnee und Eis herrührt, ebenso wie das die-
sem dann verwandte Wasser in jeder Verwendung sehr schlecht
ist. So verhält es sich also mit dem Regen-, Schnee- und Eiswasser.

9. (1) An jenen Orten leiden die Menschen sehr häufig an Stei-
nen, werden von Nierenkrankheiten (Nephritiden), von Harn-
zwang (Strangurie) und von Hüftschmerz (Ischias) befallen und
erleiden Leistenbrüche, wo man sehr unterschiedliches Was-
ser trinkt, sei es, daß es aus den großen Flüssen kommt, in die wie-
derum andere Flüsse münden, oder daß es aus einem See stammt,
in den viele und verschiedenartige Wasserzuflüsse gelangen, oder
wenn man herbeigeleitetes Wasser verwendet, das von weither

(2) Οὐ γὰρ οἶόν τε ἕτερον ἑτέρῳ ἐοικέναι ὕδωρ, ἀλλὰ τὰ μὲν γλυκέα εἶναι, τὰ δὲ ἁλυκά τε καὶ στυπτηριώδεα, τὰ δὲ ἀπὸ θερμῶν ῥέειν· ξυμμισγόμενα δὲ ταῦτα ἐς ταὐτὸν ἀλλήλοισι στασιάζει⟨ν⟩, καὶ κρατεῖν ἀεὶ τὸ ἰσχυρότατον· ἰσχύει δὲ οὐκ ἀεὶ τωὐτό, ἀλλὰ ἄλλοτε ἄλλο κατὰ τὰ πνεύματα· τῷ μὲν γὰρ βορέης τὴν ἰσχὺν παρέχεται, τῷ δὲ ὁ νότος, καὶ τῶν λοιπῶν πέρι ωὑτὸς λόγος. Ὑφίστασθαι οὖν τοῖσι τοιούτοισιν ἀνάγκη ἐν τοῖσιν ἀγγείοισιν ἰλὺν καὶ ψάμμον. Καὶ ἀπὸ τούτων πινομένων τὰ νοσήματα γίνεται τὰ προειρημένα. (3) Ὅτι δὲ οὐχ ἅπασιν ἑξῆς, φράσω. Ὁκόσων μὲν ἥ τε κοιλίη εὔροός τε καὶ ὑγιηρή ἐστι καὶ ἡ κύστις μὴ πυρετώδης μηδὲ ὁ στόμαχος τῆς κύστιος ξυμπέφρακται λίην, οὗτοι μὲν διουρεῦσι ῥηϊδίως καὶ ἐν τῇ κύστει οὐδὲν ξυστρέφεται· (4) ὁκόσων δὲ ἂν ἡ κοιλίη πυρετώδης ᾖ, ἀνάγκη καὶ τὴν κύστιν τωὐτὸ πάσχειν· ὁκόταν γὰρ θερμανθῇ μᾶλλον τῆς φύσιος, ἐφλέγμηνεν αὐτῆς ὁ στόμαχος· ὁκόταν δὲ ταῦτα πάθῃ, τὸ οὖρον οὐκ ἀφίησιν, ἀλλ᾽ ἐν ἑωυτῇ ξυνέψει καὶ συγκαίει, καὶ τὸ μὲν λεπτότατον αὐτοῦ καὶ τὸ καθαρώτατον διεῖ καὶ ἐξουρεῖται, τὸ δὲ παχύτατον καὶ θολωδέστατον ξυστρέφεται καὶ συμπήγνυται· τὸ μὲν πρῶτον μικρόν, ἔπειτα μεῖζον γίνεται· κυλινδεύμενον γὰρ ὑπὸ τοῦ οὔρου, ὅ τι ἂν ξυνίστηται παχύ, ξυναρμόζει πρὸς ἑωυτὸ καὶ οὕτως αὔξεταί τε καὶ πωροῦται. Καὶ ὁκόταν οὐρῇ, πρὸς τὸν στόμαχον τῆς κύστιος προσπίπτει ὑπὸ τοῦ οὔρου βιαζόμενον καὶ κωλύει οὐρεῖν καὶ ὀδύνην παρέχει ἰσχυρήν· ὥστε τὰ αἰδοῖα τρίβουσι καὶ ἕλκουσι τὰ παιδία τὰ λιθιῶντα· δοκεῖ γὰρ αὐτοῖσι τὸ αἴτιον ἐνταῦθα εἶναι τῆς οὐρήσιος. (5) Τεκμήριον δὲ ὅτι οὕτως ἔχει· τὸ γὰρ οὖρον λαμπρότατον οὐρέουσιν οἱ λιθιῶντες, ὅτι | τὸ παχύτατον καὶ θολωδέστατον 40

und nicht über kurze Distanz herangeführt wird. (2) Denn es kann nicht sein, daß ein Wasser dem anderen ähnlich ist, sondern das eine ist süß, das andere salzig und alaunhaltig, wieder anderes fließt aus warmen Quellen. Wenn diese Wasser sich am gleichen Ort vermischen, geraten sie untereinander in Aufruhr, und das stärkste wird immer siegen. Stark ist aber nicht immer dasselbe Wasser, sondern bald das eine, bald das andere, entsprechend den Winden. Bald verschafft dem einen der Nordwind die Stärke, bald dem anderen der Südwind, und ebenso verläuft es bei den übrigen Winden. Es ist demnach unvermeidlich, daß durch Wasser dieser Art Schlamm und Sand in den Gefäßen abgelagert wird. Und wenn man von diesem Wasser trinkt, entstehen die zuvor genannten Krankheiten. (3) Daß sie aber nicht unterschiedslos alle Menschen befallen, werde ich darlegen. Diejenigen, deren Bauch gutfließend (gut verdauend) und gesund ist, deren Blase sich nicht entzündet und deren Blasenhals nicht zu sehr verengt ist, die urinieren leicht, und in ihrer Blase setzen sich keine Ablagerungen ab. (4) Bei denjenigen aber, deren Bauch entzündet ist, befindet sich die Blase notwendigerweise im selben Zustand. Denn wenn sie mehr als von Natur aus üblich erhitzt worden ist, entzündet sich ihr Hals. Wenn sie sich in diesem Zustand befindet, sondert sie keinen Harn ab, sondern verkocht ihn und verbrennt ihn in sich selbst; der dünnste Teil davon und der reinste geht hindurch und wird ausgeschieden, der dickste und trübste Teil aber verdichtet und verfestigt sich. Zuerst entsteht eine kleine, dann eine größere Masse. Diese nimmt, von dem Harn hin und her gewälzt, alles in sich auf, was dick zusammengeballt ist, wächst auf diese Weise und verhärtet sich. Und wenn man Wasser lassen will, wird diese Masse durch den Harn gegen den Blasenhals gedrückt, verhindert damit das Wasserlassen und ruft einen starken Schmerz hervor. Daher reiben die Knaben, die an Steinen leiden, ihre Schamteile und ziehen an ihnen. Denn die Ursache für das Wasserlassen scheint ihnen dort zu liegen. (5) Daß es sich so verhält, läßt sich folgendermaßen beweisen: Diejenigen, die an Steinen leiden,

αὐτοῦ μένει καὶ συστρέφεται. Τὰ μὲν πλεῖστα οὕτω
λιθιᾷ· γίνεται δὲ πῶρος καὶ ἀπὸ τοῦ γάλακτος, ἢν μὴ
ὑγιηρὸν ᾖ, ἀλλὰ θερμόν τε λίην καὶ χολῶδες· τὴν γὰρ
κοιλίην διαθερμαίνει καὶ τὴν κύστιν, ὥστε τὸ οὖρον
ξυγκαιόμενον ταὐτὰ πάσχειν. Καί φημι ἄμεινον εἶναι
τοῖσι παιδίοισι τὸν οἶνον ὡς ὑδαρέστατον διδόναι·
ἧσσον γὰρ τὰς φλέβας ξυγκαίει καὶ συναυαίνει.
(6) Τοῖσι δὲ θήλεσι λίθοι οὐ γίνονται ὁμοίως· ὁ γὰρ
οὐρη|τὴρ βραχύς ἐστιν ὁ τῆς κύστιος καὶ εὐρύς, ὥστε 42
βιάζεται τὸ οὖρον ῥηϊδίως· οὔτε γὰρ τῇ χειρὶ τρίβει
τὸ αἰδοῖον ὥσπερ τὸ ἄρσεν, οὔτε ἅπτεται τοῦ
οὐρητῆρος· ἐς γὰρ τὰ αἰδοῖα ξυντέτρηνται – οἱ δ'
ἄνδρες οὐκ εὐθὺ τέτρηνται· διότι καὶ οἱ οὐρητῆρες
οὐκ εὐρεῖς –, καὶ πίνουσι πλεῖον ἢ οἱ παῖδες. Περὶ μὲν
οὖν τούτων ὧδε ἔχει ἢ ὅτι τούτων ἐγγύτατα.

10. (1) Περὶ δὲ τῶν ὡρέων ὧδε ἄν τις ἐνθυμεύμενος
διαγινώσκοι ὁκοῖόν τι μέλλει ἔσεσθαι τὸ ἔτος, εἴτε
νοσερὸν εἴτε ὑγιηρόν. (2) Ἢν μὲν γὰρ κατὰ λόγον
γένηται τὰ σημεῖα ἐπὶ τοῖσιν ἄστροισι δύνουσί τε
καὶ ἐπιτέλλουσιν ἔν τε τῷ μετοπώρῳ ὕδατα γένηται
καὶ ὁ χειμὼν μέτριος καὶ μήτε λίην εὔδιος μήτε
ὑπερβάλλων τὸν καιρὸν τῷ ψύχει ἔν τε τῷ ἦρι ὕδατα
γένηται ὡραῖα καὶ ἐν τῷ θέρει, οὕτω τὸ ἔτος ὑγιεινό-
τατον εἰκὸς εἶναι. (3) Ἢν δὲ ὁ μὲν χειμὼν αὐχμηρὸς
καὶ βόρειος γένηται, τὸ δὲ ἦρ ἔπομβρον καὶ νότιον,
ἀνάγκη τὸ θέρος πυρετῶδες γίνεσθαι καὶ ὀφθαλμίας
καὶ δυσεντερίας ἐμποιεῖν. Ὁκόταν γὰρ τὸ πνῖγος
ἐπιγένηται ἐξαίφνης, τῆς τε γῆς ὑγρῆς ἐούσης ὑπὸ
τῶν ὄμβρων τῶν ἠ|ρινῶν καὶ ὑπὸ τοῦ νότου, ἀνάγκη 44
διπλόον τὸ καῦμα εἶναι ἀπό τε τῆς γῆς διαβρόχου
ἐούσης καὶ θερμῆς καὶ ὑπὸ τοῦ ἡλίου καίοντος, τῶν

scheiden sehr klaren Urin aus, weil die dichtesten und trübsten Teile davon zurückbleiben und sich zusammenballen. In den meisten Fällen entsteht so die Steinkrankheit. Aber auch aus Milch kann ein Stein entstehen, wenn sie nicht gesund ist, sondern zu warm und gallehaltig; denn sie erhitzt die Hohlräume des Körpers und die Blase, so daß mit dem Harn, der miterhitzt worden ist, dasselbe geschieht. Und ich sage, es ist besser, den Kindern den Wein so weit wie möglich mit Wasser vermischt zu geben; denn so erhitzt er die Adern weniger und trocknet sie weniger aus. (6) Bei den Mädchen entstehen Steine nicht so leicht; denn die Harnröhre der Blase ist kurz und breit, so daß der Harn leicht hindurchgedrückt wird. So kommt es, daß das Mädchen nicht wie der Junge mit dem Finger die Scham reibt und auch nicht die Harnröhre betastet; denn diese ist mit den Schamteilen direkt verbunden – bei den Männern dagegen verläuft die Harnröhre nicht in einer Geraden; deswegen ist ihre Harnröhre auch nicht weit – außerdem trinken die Mädchen mehr als die Jungen. Damit verhält es sich also so oder so ähnlich.

10. (1) Was die Jahreszeiten betrifft, so wird man, wenn man darüber Erwägungen anstellt, folgendermaßen unterscheiden können, wie das Jahr werden wird, ungesund oder gesund: (2) Wenn die Zeichen beim Untergehen und Aufgehen der Sterne normal sind, im Herbst der Regen kommt, der Winter gemäßigt ist, weder zu mild, noch das rechte Maß an Kälte übertrifft, wenn im Frühling ein der Jahreszeit angemessener Regen fällt und ebenso im Sommer, dann ist das Jahr natürlich sehr gesund. (3) Wenn aber der Winter trocken ist und Nordwind vorherrscht, der Frühling sehr regnerisch und vom Südwind geprägt ist, muß der Sommer notwendig Fiebererkrankungen bringen sowie Augenkrankheiten und Ruhr hervorrufen. Denn wenn plötzlich drückende Hitze hereinbricht, die Erde aber aufgrund der Regenfälle im Frühjahr und aufgrund des Südwindes feucht ist, dann entsteht notwendigerweise eine zweifache Hitze, zum einen nämlich ausgehend von der feuchten und warmen Erde,

τε κοιλιῶν μὴ ξυνεστηκυιῶν τοῖσιν ἀνθρώποισι μήτε
τοῦ ἐγκεφάλου ἀνεξηρασμένου – οὐ γὰρ οἷόν τε τοῦ
ἦρος τοιούτου ἐόντος μὴ οὐ πλαδᾶν τὸ σῶμα καὶ τὴν
σάρκα – ὥστε τοὺς πυρετοὺς ἐπιπίπτειν ὀξυτάτους
ἅπασι, μάλιστα δὲ τοῖσι φλεγματίῃσι. Τὰς δὲ δυσεν-
τερίας εἰκός ἐστι γίνεσθαι καὶ τῇσι γυναιξὶ καὶ τοῖσιν
εἴδεσι τοῖσιν ὑγροτάτοισι. (4) Καὶ ἢν μὲν ἐπὶ κυνὸς
ἐπιτολῇ ὕδωρ ἐπιγένηται καὶ χειμὼν καὶ οἱ ἐτησίαι
πνεύσωσιν, ἐλπὶς παύσασθαι καὶ τὸ μετόπωρον
ὑγιηρὸν γενέσθαι· ἢν δὲ μή, κίνδυνος θανάτους τε
γενέσθαι τοῖσι παιδίοισι καὶ τῇσι γυναιξί, τοῖσι δὲ
πρεσβύτῃσιν ἥκιστα, τούς τε περιγενομένους ἐς τε-
ταρταίους ἀποτελευτᾶν καὶ ἐκ τῶν τεταρταίων ἐς
ὕδρωπας.

(5) Ἢν δ᾽ ὁ μὲν χειμὼν νότιος γένηται καὶ ἔπομβρος
καὶ εὔδιος, τὸ δὲ ἦρ βόρειόν τε καὶ αὐχμηρὸν καὶ
χειμέριον, πρῶτον μὲν τὰς γυναῖκας, ὁκόσαι ἂν
τύχωσιν ἐν γαστρὶ ἔχουσαι καὶ ὁ τόκος αὐτῇσιν ἦ
πρὸς τὸ ἦρ, τιτρώσκε|σθαι εἰκός· ὁκόσαι δ᾽ ἂν καὶ   46
τέκωσιν, ἀκρατέα τὰ παιδία τίκτειν καὶ νοσώδεα,
ὥστε ἢ αὐτίκα ἀπόλλυσθαι ἢ ζώειν λεπτά τε ἐόντα
καὶ ἀσθενέα καὶ νοσώδεα. Ταῦτα μὲν τῇσι γυναιξί·
(6) τοῖσι δὲ λοιποῖσι δυσεντερίας καὶ ὀφθαλμίας
ξηρὰς καὶ ἐνίοισι κατάρρους ἀπὸ τῆς κεφαλῆς ἐπὶ
τὸν πλεύμονα. Τοῖσι μὲν οὖν φλεγματίῃσι τὰς δυσεν-
τερίας εἰκὸς γίνεσθαι καὶ τῇσι γυναιξὶ φλέγματος ἐπι-
καταρρυέντος ἀπὸ τοῦ ἐγκεφάλου διὰ τὴν ὑγρότητα
τῆς φύσιος, τοῖσι δὲ χολώδεσιν ὀφθαλμίας ξηρὰς διὰ
τὴν θερμότητα καὶ ξηρότητα τῆς σαρκός, τοῖσι δὲ
πρεσβύτῃσι κατάρρους διὰ τὴν ἀραιότητα καὶ τὴν
ἔκτηξιν τῶν φλεβῶν, ὥστε ἐξαίφνης τοὺς μὲν ἀπόλ-
λυσθαι, τοὺς δὲ παραπλήκτους γίνεσθαι τὰ δεξιά.
(7) Ὁκόταν γὰρ τοῦ χειμῶνος ἐόντος νοτίου καὶ θερ-

zum anderen von der brennenden Sonne; und da die Hohlräume
des Körpers bei den Menschen nicht verstopft sind und das Ge-
hirn nicht ausgetrocknet ist – denn es ist unmöglich, daß bei
einem solchen Frühling der Körper und das Fleisch nicht voller
Flüssigkeit sind –, müssen notwendigerweise sehr heftige Fieber
alle befallen, besonders diejenigen, die voller Phlegma sind. Was
die Ruhr betrifft, so befällt sie normalerweise sowohl die Frauen
als auch diejenigen, deren Konstitution sehr feucht ist. (4) Und
wenn beim Aufgehen des Hundssterns Regen und Unwetter ent-
stehen und die Etesien wehen, gibt es Hoffnung, daß die Krank-
heiten aufhören und daß der Herbst gesund wird. Wenn nicht,
besteht die Gefahr, daß Todesfälle vorkommen unter den Kin-
dern und Frauen, am wenigsten unter den Alten, und daß die
Überlebenden letztendlich von Quartanafieber und dann daraus
entstehend von Wassersucht befallen werden.

(5) Wenn aber der Winter vom Südwind geprägt ist, regenreich
und mild, der Frühling vom Nordwind bestimmt, trocken und
winterlich ist, werden die Frauen, die gerade schwanger sind und
bei denen die Geburt gegen Frühjahr erfolgt, normalerweise eine
Fehlgeburt haben. Wenn sie dennoch gebären, bringen sie behin-
derte und kranke Kinder auf die Welt, so daß diese entweder
sofort sterben oder, falls sie weiterleben, mager bleiben, kraft-
los und kränklich. Soweit zu den Frauen. (6) Bei der übrigen
Bevölkerung entstehen Durchfallerkrankungen, trockene Augen-
krankheiten und bei einigen auch Abflüsse vom Kopf in die
Lunge. Bei den vom Phlegma geprägten Personen treten üblicher-
weise Durchfallerkrankungen auf, ebenso bei den Frauen, wenn
das Phlegma vom Gehirn herabfließt, auf Grund der Feuchtigkeit
ihrer Natur; bei den von der Galle geprägten Personen entstehen
trockene Augenkrankheiten auf Grund der Wärme und Trocken-
heit ihres Fleisches; bei den Alten sind es Flüsse wegen der Er-
schlaffung und des Dünnwerdens ihrer Adern, so daß die einen
plötzlich sterben, bei den anderen auf der rechten Seite eine Läh-
mung eintritt. (7) Wenn freilich bei einem Winter, der vom Süd-

μοῦ τὸ σῶμα μὴ ξυνίστηται μηδ' αἱ φλέβες, τοῦ ἦρος
ἐπιγινομένου βορείου καὶ αὐχμηροῦ καὶ ψυχροῦ ὁ
ἐγκέφαλος, ὁπηνίκα αὐτὸν ἔδει ἅμα τῷ ἦρι διαλύε-
σθαι καὶ καθαίρεσθαι ὑπό τε κορύζης καὶ βράγχου.
τη|νικαῦτα πήγνυταί τε καὶ συνίσταται, ὥστε ἐξαί- 48
φνης τοῦ θέρεος ἐπιγενομένου καὶ τοῦ καύματος καὶ
⟨μεγάλης⟩ τῆς μεταβολῆς ἐπιγινομένης ταῦτα τὰ νο-
σεύματα ἐπιπίπτειν. (8) Καὶ ὁκόσαι μὲν τῶν πόλεων
κέονταί τε καλῶς τοῦ ἡλίου καὶ τῶν πνευμάτων
ὕδασί τε χρέονται ἀγαθοῖσιν, αὗται μὲν ἧσσον αἰσθ-
άνονται τῶν τοιούτων μεταβολέων, ὁκόσαι δὲ ὕδασί
τε ἑλείοισι χρέονται καὶ λιμνώδεσι κέονταί τε μὴ κα-
λῶς τῶν πνευμάτων καὶ τοῦ ἡλίου, αὗται δὲ μᾶλλον.
(9) Κἢν μὲν τὸ θέρος αὐχμηρὸν γένηται, θᾶσσον
παύονται αἱ νοῦσοι· ἢν δὲ ἔπομβρον, πολυχρόνιοι
γίνονται, καὶ φαγεδαίνας κίνδυνος ἐγγίνεσθαι ἀπὸ
πάσης προφάσιος, ἢν ἕλκος ἐγγένηται, καὶ λειεντερίαι
καὶ ὕδρωπες τελευτῶσι τοῖσι νοσεύμασιν ἐπιγίνον-
ται· οὐ γὰρ ἀποξηραίνονται αἱ κοιλίαι ῥηϊδίως.
   (10) Ἢν δὲ τὸ θέρος ἔπομβρον γένηται καὶ νότιον
καὶ τὸ μετόπωρον, τὸν χειμῶνα ἀνάγκη νοσερὸν
εἶναι, καὶ | τοῖσι φλεγματίῃσι καὶ τοῖσι γεραιτέροισι 50
τεσσαράκοντα ἐτέων καύσους γίνεσθαι εἰκός, τοῖσι
δὲ χολώδεσι πλευρίτιδας καὶ περιπλευμονίας. (11) Ἢν
δὲ τὸ θέρος αὐχμηρὸν γένηται καὶ νότιον, τὸ δὲ
μετόπωρον ἔπομβρον καὶ βόρειον, κεφαλαλγίας ἐς
τὸν χειμῶνα καὶ σφακέλους τοῦ ἐγκεφάλου εἰκὸς
γίνεσθαι, καὶ προσέτι βῆχας καὶ βράγχους καὶ
κορύζας, ἐνίοισι δὲ καὶ φθίσιας. (12) Ἢν δὲ βόρειόν τε
ᾖ καὶ ἄνυδρον καὶ μήτε ἐπὶ τῷ κυνὶ γένηται ὕδωρ
μήτε ἐπὶ τῷ ἀρκτούρῳ, τοῖσι μὲν φλεγματίῃσι φύσει
οὕτως ἂν ξυμφέροι μάλιστα καὶ τοῖσιν ὑγροῖσι τὰς
φύσιας καὶ τῇσι γυναιξί, τοῖσι δὲ χολώδεσι τοῦτο πο-
λεμιώτατον γίνεται· λίην γὰρ ἀναξηραίνονται· καὶ

wind geprägt und warm ist, sich weder der Körper noch die Adern zusammenziehen, dann wird sich, sobald der Frühling kommt, der unter dem Einfluß des Nordwindes trocken und kalt sein wird, das Gehirn, wenn es sich zugleich mit dem Frühling lösen und mit Hilfe von Schnupfen und Heiserkeit reinigen müßte, verhärten und zusammenziehen, so daß, wenn plötzlich der Sommer mit Hitze und einer großen (klimatischen) Veränderung hereinbricht, diese Krankheiten ausbrechen. (8) Die Städte, die hinsichtlich Sonne und Winden günstig liegen und über gutes Wasser verfügen, spüren weniger solche (jahreszeitlichen) Veränderungen, während diejenigen mit Wasser aus Sümpfen und Seen, die auch hinsichtlich Wind und Sonne nicht günstig liegen, sie stärker fühlen. (9) Und wenn der Sommer trocken ist, hören die Krankheiten schneller auf. Wenn er aber regenreich ist, verlängern sie sich, und die Gefahr entsteht, daß bei jedem Anlaß, wenn eine Wunde vorhanden ist, sich Geschwüre bilden. Sowohl Durchfall als auch Wassersucht entstehen im Gefolge der abklingenden Krankheiten. Denn die Hohlräume des Körpers trocknen nicht leicht aus.

(10) Wenn der Sommer regenreich und vom Südwind bestimmt ist, ebenso auch der Herbst, muß der Winter ungesund sein. Bei den vom Phlegma geprägten Menschen und den mehr als vierzig Jahre alten entstehen normalerweise Fieber (Kausus), bei den von der Galle geprägten Menschen Rippenfell- und Lungenentzündungen. (11) Wenn der Sommer aber trocken und vom Südwind bestimmt ist, der Herbst dagegen regenreich und vom Nordwind geprägt ist, kommen normalerweise im Winter Kopfschmerzen und Gehirnentzündungen, außerdem Husten, Heiserkeit und Schnupfen, bei einigen auch Schwindsucht. (12) Wenn der Sommer aber vom Nordwind geprägt und wasserlos ist und weder beim Aufgehen des Hundssterns Sirius noch des Arkturos Regen kommt, ist dies für die von Natur aus vom Phlegma geprägten Menschen besonders vorteilhaft, ebenso wie für die von Natur aus feuchten Menschen und für die Frauen; für die von der Galle ge-

ὀφθαλμίαι αὐτοῖσιν ἐπιγίνονται ξηραὶ καὶ πυρετοὶ
ὀξεῖς καὶ πολυχρόνιοι, ἐνίοισι δὲ καὶ μελαγχολίαι· τῆς
γὰρ χολῆς τὸ μὲν ὑγρότατον καὶ ὑδαρέστατον ἀνα-
λοῦται, τὸ δὲ παχύτατον καὶ δριμύτατον λείπεται,
καὶ τοῦ αἵματος κατὰ τὸν αὐτὸν λόγον, ἀφ' ὧν ταῦτα
τὰ νοσεύματα αὐτοῖσι γίνεται. Τοῖσι δὲ φλεγματίῃσι
πάντα ταῦτα ἀρωγά ἐστιν· ἀποξηραίνονται γὰρ καὶ
ἐς τὸν χειμῶνα ἀφικνέονται οὐ πλαδῶντες, ἀλλ'
ἀνεξηρασμένοι. [Ἢν δὲ ὁ χειμὼν βόρειος γένηται καὶ
ξηρός, τὸ δὲ ἦρ νότιον καὶ ἔπομβρον, κατὰ τὸ θέρος
ὀφθαλμίαι γίνονται ἰσχυραί, τοῖσι δὲ παισὶ καὶ γυ-
ναιξὶ πυρετοί.]

11. (1) Κατὰ ταῦτά τις ἐννοεύμενος καὶ σκοπεύ-
μενος προειδείη ἂν τὰ πλεῖστα τῶν μελλόντων ἔσε-
σθαι ἀπὸ τῶν μεταβολέων. Φυλάσσεσθαι δὲ χρὴ
μάλιστα τὰς μεταβολὰς τῶν ὡρέων τὰς μεγίστας καὶ
μήτε φάρμακον διδόναι ἑκόντα μήτε καίειν ἔτι ἐς
κοιλίην μήτε | τέμνειν, πρὶν παρέλθωσιν αἱ ἡμέραι ⟨αἱ⟩ δέκα ἢ καὶ πλείονες. (2) Μέγισται δέ εἰσιν αἵδε   52
καὶ ἐπικινδυνόταται· ἡλίου τροπαὶ ἀμφότεραι καὶ
μᾶλλον αἱ θεριναί, καὶ ἰσημερίαι νομιζόμεναι εἶναι
ἀμφότεραι, μᾶλλον δὲ αἱ μετοπωριναί. Δεῖ δὲ καὶ τῶν
ἄστρων τὰς ἐπιτολὰς φυλάσσεσθαι, καὶ μάλιστα τοῦ
κυνός, ἔπειτα ἀρκτούρου, καὶ ἔτι πληϊάδων δύσιν.
Τά τε γὰρ νοσεύματα μάλιστα ἐν ταύτῃσι τῇσιν
ἡμέρῃσι κρίνεται καὶ τὰ μὲν ἀποφθίνει, τὰ δὲ λήγει,
τὰ δὲ ἄλλα πάντα μεθίσταται ἐς ἕτερον εἶδος καὶ
ἑτέρην κατάστασιν. Περὶ μὲν τούτων οὕτως ἔχει.

12. (1) Βούλομαι δὲ περὶ τῆς Ἀσίης καὶ τῆς
Εὐρώπης λέξαι ὁκόσον διαφέρουσιν ἀλλήλων ἐς
τὰ πάντα, καὶ περὶ τῶν ἐθνέων τῆς μορφῆς, τί
διαλλάσσει καὶ μηδὲν ἔοικεν ἀλλήλοισι. Περὶ μὲν
οὖν ἁπάντων πολὺς ἂν εἴη λόγος, περὶ δὲ τῶν
μεγίστων καὶ πλεῖστον διαφερόντων ἐρέω, ὥς μοι

prägten Personen aber ist dies sehr feindlich; denn sie trocknen zu sehr aus. Trockene Augenkrankheiten befallen sie und heftige Fieber von langer Dauer, manche werden auch schwermütig. Denn der feuchteste und wasserreichste Teil der Galle wird verbraucht, während der dichteste und bitterste Teil bleibt. Und ebenso geht es mit dem Blut; daraus entstehen bei ihnen diese Krankheiten. Für die vom Phlegma bestimmten Menschen ist dies alles hilfreich. Denn sie trocknen aus und kommen nicht aufgeweicht in den Winter, sondern gut ausgetrocknet. Wenn der Winter vom Nordwind geprägt und trocken ist, der Frühling aber vom Südwind und regenreich ist, entstehen im Sommer heftige Augenkrankheiten und bei den Kindern und Frauen Fieber.

11. (1) Wenn man sich dies alles vergegenwärtigt und überlegt, wird man das meiste, was durch die (jahreszeitlichen) Wechsel zu erwarten steht, im voraus wissen. Man muß sich am meisten vor den größten jahreszeitlichen Veränderungen hüten und darf dann nicht von sich aus ein Abführmittel geben, ebensowenig am Bauch brennen und schneiden, bevor nicht die zehn Tage oder auch mehr Tage abgelaufen sind. (2) Die größten und gefährlichsten Veränderungen sind folgende: die beiden Sonnenwenden, besonders die im Sommer, und die beiden sogenannten Tag- und Nachtgleichen, besonders die im Herbst. Man muß auch den Aufgang der Sterne sorgfältig beachten, besonders des Hundssterns, dann des Arkturos und außerdem den Untergang der Pleiaden. Denn die Krankheiten entscheiden sich besonders in diesen Tagen; die einen führen zum Tode, die anderen gehen zu Ende, und alle übrigen nehmen eine andere Form an oder gehen in einen anderen Zustand über. So verhält es sich also mit diesen Dingen.

12. (1) Ich will nun bezüglich Asiens und Europas darlegen, in welchem Maße sich beide hinsichtlich aller Dinge unterscheiden, und auch bezüglich der äußeren Gestalt der Völker, worin sie unterschiedlich sind und sich einander nicht gleichen. Über alles zu sprechen, würde eine lange Abhandlung erfordern, aber über die wichtigsten Dinge und worin sie sich am meisten unterscheiden,

δοκεῖ ἔχειν. (2) Τὴν Ἀσίην πλεῖστον διαφέρειν φημὶ
τῆς Εὐρώπης ἐς τὰς φύσιας τῶν ξυμπάντων τῶν
τε ἐκ τῆς γῆς φυομένων καὶ τῶν ἀνθρώπων. Πολὺ
γὰρ καλλίονα καὶ μείζονα πάντα γίνεται ἐν τῇ
Ἀσίῃ ἥ τε χώρη τῆς χώρης ἡμερωτέρη καὶ τὰ
ἤθεα τῶν ἀνθρώπων ἠπιώτερα καὶ εὐοργητότερα.
(3) Τὸ δὲ αἴτιον τούτων ἡ κρῆσις τῶν ὡρέων, ὅτι
τοῦ ἡλίου ἐν μέσῳ τῶν | ἀνατολέων κεῖται πρὸς   54
τὴν ἠῶ τοῦ τε ψυχροῦ πορρωτέρω· τὴν δὲ αὔξησιν
καὶ ἡμερότητα παρέχει πλεῖστον ἁπάντων, ὁκόταν
μηδὲν ᾖ ἐπικρατέον βιαίως, ἀλλὰ παντὸς ἰσομοιρίη
δυναστεύῃ. (4) Ἔχει δὲ κατὰ τὴν Ἀσίην οὐ πανταχῇ
ὁμοίως, ἀλλ᾽ ὅση μὲν τῆς χώρης ἐν μέσῳ κεῖται
τοῦ θερμοῦ καὶ τοῦ ψυχροῦ, αὕτη μὲν εὐκαρποτάτη
ἐστὶ καὶ εὐδενδροτάτη καὶ εὐδιεστάτη, καὶ ὕδασι
καλλίστοισι κέχρηται τοῖσί τε οὐρανίοισι καὶ τοῖσιν
ἐκ τῆς γῆς· οὔτε γὰρ ὑπὸ τοῦ θερμοῦ ἐκκέκαυται
λίην οὔτε ὑπὸ αὐχμῶν καὶ ἀνυδρίης ἀναξηραίνεται
οὔτε ὑπὸ ψύχεος βεβιασμένη, ⟨οὔτε⟩ νοτίη τε καὶ
διάβροχός ἐστιν ὑπό τε ὄμβρων πολλῶν καὶ χιόνος.
(5) Τά τε ὡραῖα αὐτόθι πολλὰ ἐοικὸς γίνεσθ-
αι, ὅσα τε ἀπὸ σπερμάτων καὶ ὁκόσα αὐτὴ ἡ
γῆ ἀναδιδοῖ φυτά, ὧν τοῖσι καρποῖσι χρέονται
ἄνθρωποι ἡμεροῦντες ἐξ ἀγρίων καὶ ἐς ἐπιτήδειον
μεταφυτεύοντες· τά τε ἐντρεφόμενα κτήνεα εὐθηνεῖν
εἰκὸς καὶ μάλιστα τίκτειν τε πυκνότατα καὶ ἐκτρέφειν
κάλλιστα· τούς τε ἀνθρώπους εὐτραφέας εἶναι καὶ τὰ
εἴδεα καλλίστους καὶ μεγέθει μεγίστους καὶ ἥκιστα
διαφόρους ἐς τά τε εἴδεα αὐτοὺς ἑωυτῶν καὶ τὰ με-
γέθεα. (6) Εἰκός τε τὴν χώρην ταύτην τοῦ ἦρος
ἐγγύτατα εἶναι κατὰ τὴν φύσιν καὶ τὴν μετριότητα |
τῶν ὡρέων. Τὸ δὲ ἀνδρεῖον καὶ τὸ ταλαίπωρον καὶ τὸ   56
ἔμπονον καὶ τὸ θυμοειδὲς οὐκ ἂν δύναιτο ἐν τοιαύτῃ
φύσει ἐγγίνεσθαι ⟨...⟩

darüber werde ich handeln, wie es sich diesbezüglich meiner Meinung nach verhält. (2) Ich behaupte, daß sich Asien in der Natur aller Dinge sehr von Europa unterscheidet, sowohl in dem, was aus der Erde wächst, als auch in den Menschen. Viel schöner und größer ist alles in Asien; dieses Land ist kultivierter, und die Charakterzüge der Menschen sind liebenswürdiger und umgänglicher. (3) Die Ursache dafür ist die ausgewogene Mischung der Jahreszeiten, da Asien nach Osten hin genau mitten zwischen den Sonnenaufgängen liegt, aber weiter von der Kälte entfernt. Wachstum und Kultiviertheit aber bilden sich dann am allerbesten, wenn nichts gewaltsam vorwiegt, sondern Ausgewogenheit (Isomoiria) in allem herrscht. (4) Es verhält sich jedoch nicht überall in Asien gleichermaßen, sondern derjenige Teil des Landes, der genau in der Mitte zwischen Wärme und Kälte liegt, besitzt sowohl die besten Früchte als auch die schönsten Wälder und das beste Wetter, verwendet auch das schönste Wasser, ob es nun vom Himmel oder aus der Erde kommt. Denn dieser Teil ist weder durch die Hitze zu sehr verbrannt, noch durch Trockenheit und Wassermangel ausgedörrt, er wird weder von der Kälte heimgesucht, noch durch den Südwind feucht oder durch viele Regengüsse und Schnee durchnäßt. (5) Was die Früchte betrifft, so wachsen sie natürlich dort selbst in großer Zahl, sei es, daß sie aus den Samen heraussprießen, sei es, daß die Erde selbst die Früchte hervorbringt; die Menschen genießen sie, indem sie wilde Pflanzen kultivieren und in ein geeignetes Gelände umpflanzen. Das Vieh, das sich dort ernährt, gedeiht natürlich am besten, vermehrt sich am tüchtigsten und nährt am besten seine Jungen. Was die Bewohner betrifft, so sind sie wohlgenährt, von Gestalt die schönsten, an Körpergröße die größten und unterscheiden sich voneinander in Gestalt und Größe am wenigsten. (6) Verständlicherweise kommt dieses Land von seiner Natur und der Mäßigung der Jahreszeiten her dem Frühling am nächsten. Tapferkeit aber, Strapazierfähigkeit, Ausdauer, Begeisterungsfähigkeit können in einer solchen Natur nicht entstehen, [...]

(7) μήτε ὁμοφύλου μήτε ἀλλοφύλου, ἀλλὰ τὴν ἡδο-
νὴν ἀνάγκη κρατεῖν· διότι πολύμορφα γίνεται τὰ ἐν
τοῖσι θηρίοισι. Περὶ μὲν οὖν Αἰγυπτίων καὶ Λιβύων
οὕτως ἔχειν μοι δοκεῖ.

13. (1) Περὶ δὲ τῶν ἐν δεξιῇ τοῦ ἡλίου ἀνατολέων
τῶν θερινῶν μέχρι Μαιώτιδος λίμνης – οὗτος γὰρ
ὅρος τῆς Εὐρώπης καὶ τῆς Ἀσίης – ὧδε ἔχει περὶ
αὐτῶν. (2) Τὰ δὲ ἔθνεα ταῦτα ταύτῃ διάφορα αὐτὰ
ἑωυτῶν μᾶλλόν ἐστι τῶν προδιηγημένων, διὰ τὰς
μεταβολὰς τῶν ὡρέων καὶ τῆς χώρης τὴν φύσιν.
(3) Ἔχει δὲ καὶ κατὰ τὴν γῆν ὁμοίως ἅπερ καὶ κατὰ
τοὺς ἄλλους ἀνθρώπους· ὅκου γὰρ αἱ ὧραι μεγίστας
μεταβολὰς ποιέονται καὶ πυκνοτάτας, ἐκεῖ καὶ ἡ χώρη
ἀγριω|τάτη καὶ ἀνωμαλωτάτη ἐστί, καὶ εὑρήσεις   58
ὀρεά τε πλεῖστα καὶ δασέα καὶ πεδία καὶ λειμῶνας
ἐόντας· ὅκου δὲ αἱ ὧραι μὴ μεγάλα διαλλάσσουσιν,
ἐκείνοισιν ἡ χώρη ὁμαλωτάτη ἐστίν. (4) Οὕτω δὲ
ἔχει καὶ περὶ τῶν ἀνθρώπων, εἴ τις βούλεται
ἐνθυμεῖσθαι· εἰσὶ γὰρ φύσιες αἱ μὲν ὄρεσιν ἐοικυῖαι
δενδρώδεσί τε καὶ ἐφύδροισιν, αἱ δὲ λεπτοῖσί τε
καὶ ἀνύδροισιν, αἱ δὲ λειμακωδεστέροισί τε καὶ
ἑλώδεσιν, αἱ δὲ πεδίῳ τε καὶ ψιλῇ καὶ ξηρῇ γῇ·
(5) Αἱ γὰρ ὧραι αἱ μεταλλάσσουσαι τῆς μορφῆς
τὴν φύσιν εἰσὶ διάφοροι· ἢν δὲ διάφοροι ἔωσι μέγα
σφῶν αὐτέων, διαφοραὶ καὶ πλείονες γίνονται τοῖσιν
εἴδεσιν.

14. (1) Καὶ ὁκόσα μὲν ὀλίγον διαφέρει τῶν ἐθνέων,
παραλείψω· ὁκόσα δὲ μεγάλα ἢ φύσει ἢ νόμῳ, ἐρέω
περὶ αὐτῶν ὡς ἔχει, καὶ πρῶτον περὶ τῶν Μακροκε-
φάλων. (2) Τούτων γὰρ οὐκ ἔστιν ἄλλο ἔθνος ὁμοίας
τὰς κεφαλὰς ἔχον οὐδέν· τὴν μὲν γὰρ ἀρχὴν ὁ νόμος
αἰτιώτατος ἐγένετο τοῦ μήκεος τῆς κεφαλῆς, νῦν
δὲ καὶ ἡ φύσις ξυμβάλλεται τῷ νόμῳ. Τοὺς γὰρ
μακροτάτην ἔχοντας τὴν κεφαλὴν γενναιοτάτους

(7) weder derselben Art noch einer anderen Art, sondern es ist notwendigerweise die Lust, die siegt. Deswegen entstehen die vielfältigen Formen bei den wilden Tieren. So verhält es sich also meiner Meinung nach mit den Ägyptern und den Libyern.

13. (1) Was die Menschen betrifft, die rechts vom Sommersonnenaufgang bis hin zum Maiotischen See leben – denn dies ist die Grenze zwischen Europa und Asien –, so verhält es sich mit ihnen folgendermaßen. (2) Die Völker dort weisen aufgrund der jahreszeitlichen Veränderungen und der Natur des Landes untereinander größere Unterschiede auf als die zuvor angeführten. (3) Es verhält sich mit der Erde ähnlich wie im übrigen mit den Menschen. Denn wo die Jahreszeiten die größten und häufigsten Veränderungen hervorrufen, dort ist das Land am wildesten und am ungleichmäßigsten, und man findet die meisten dicht bewachsenen Gebirge, die meisten Ebenen, die meisten Wiesen. Dort aber, wo die Jahreszeiten sich nicht sehr ändern, bei jenen ist das Land am gleichmäßigsten. (4) So verhält es sich auch mit den Menschen, falls das jemanden interessiert. Es gibt nämlich welche, die sind von ihrer Natur aus dicht bewachsenen und wasserreichen Gebirgen ähnlich, andere gleichen leichten und wasserlosen Böden, andere den Regionen, die eher voll Wiesen und morastig sind, und wieder andere gleichen einer Ebene, die unbewachsen und trocken ist. (5) Denn die Jahreszeiten, die die Natur der Gestalt verändern, sind unterschiedlich. Wenn sie sich sehr stark untereinander unterscheiden, dann bestehen auch mehr Unterschiede in den Körperformen.

14. (1) Die Völker, die sich nur wenig unterscheiden, lasse ich beiseite. Aber über diejenigen, die sowohl von Natur aus als auch von der Sitte her große Unterschiede aufweisen, werde ich nun sprechen, wie es sich bei ihnen verhält: zunächst über die Makrokephalen (Langköpfigen). (2) Es gibt kein anderes Volk, das ähnliche Köpfe hat wie sie. Anfangs freilich war es die Sitte, die für die Länge des Kopfes am meisten verantwortlich war. Nun aber steuert auch die Natur zu dieser Sitte bei. Denn sie glauben, daß die-

ἡγέονται. (3) Ἔχει δὲ περὶ νόμου ὧδε· τὸ παιδίον ὁκόταν γένηται τάχιστα, τὴν κεφαλὴν αὐτοῦ ἔτι ἁπαλὴν ἐοῦσαν μαλακοῦ ἐόντος ἀναπλάσσουσι τῇσι χερσὶ καὶ ἀναγκάζουσιν ἐς τὸ μῆκος αὔξεσθαι δεσμά τε προσφέροντες καὶ τεχνήματα ἐπιτήδεια, ὑφ' ὧν τὸ μὲν σφαιροειδὲς τῆς κεφαλῆς κακοῦται, τὸ δὲ μῆκος αὔξεται. Οὕτω τὴν ἀρχὴν ὁ νόμος κατειργάσατο, ὥστε ὑπὸ βίης τοιαύτην τὴν φύσιν γενέσθαι. (4) Τοῦ δὲ χρόνου προϊόντος ἐν φύσει ἐγένετο, ὥστε τὸν νόμον μηκέτι | ἀναγκάζειν. Ὁ γὰρ γόνος πανταχό- 60
θεν ἔρχεται τοῦ σώματος, ἀπό τε τῶν ὑγιηρῶν ὑγιηρὸς ἀπό τε τῶν νοσερῶν νοσερός· εἰ οὖν γίνονται ἔκ τε τῶν φαλακρῶν φαλακροὶ καὶ ἐκ τῶν γλαυκῶν γλαυκοὶ καὶ ἐκ διεστραμμένων στρεβλοὶ ὡς ἐπὶ τὸ πλῆθος καὶ περὶ τῆς ἄλλης μορφῆς ὁ αὐτὸς λόγος, τί κωλύει καὶ ἐκ μακροκεφάλου μακροκέφαλον γίνεσθαι; (5) Νῦν δ' ὁμοίως οὐκέτι γίνονται ἢ πρότερον· ὁ γὰρ νόμος οὐκέτι ἰσχύει διὰ τὴν ὁμιλίην τῶν ἀνθρώπων. Περὶ μὲν οὖν τούτων οὕτως ἔχειν μοι δοκεῖ.

15. (1) Περὶ δὲ τῶν ἐν Φάσει, ἡ χώρη ἐκείνη ἑλώδης ἐστὶ καὶ θερμὴ καὶ ὑδατεινὴ καὶ δασεῖα· ὄμβροι τε αὐτόθι γίνονται πᾶσαν ὥρην πολλοί τε καὶ ἰσχυροί, ἥ τε δίαιτα τοῖσιν ἀνθρώποισιν ἐν τοῖσιν ἕλεσίν ἐστι τά τε οἰκήματα ξύλινα καὶ καλάμινα ἐν τοῖσιν ὕδασι μεμηχανημένα· ὀλίγη τε χρέονται βαδίσει κατὰ τὴν πόλιν καὶ τὸ ἐμπόριον, ἀλλὰ μονοξύλοισι διαπλέουσιν ἄνω καὶ κάτω· διώρυγες γὰρ πολλαί εἰσι. Τὰ δὲ ὕδατα θερμὰ καὶ στάσιμα πίνουσιν, ὑπό τε τοῦ ἡλίου σηπόμενα καὶ ὑπὸ τῶν ὄμβρων ἐπαυξόμενα, αὐτός τε ὁ Φᾶσις στασιμώτατος πάντων τῶν ποταμῶν καὶ ῥέων ἠπιώτατα. Οἵ τε καρποὶ ⟨οἱ⟩ γινόμενοι αὐτόθι πάντες ἀναλδεῖς εἰσι καὶ τεθηλυσμένοι καὶ ἀτελεῖς ὑπὸ πολυπληθείης τοῦ ὕδατος· διὸ καὶ οὐ πεπαίνονται· ἠήρ τε

jenigen, die den längsten Kopf haben, die edelsten seien. (3) Mit
der Sitte verhält es sich folgendermaßen: Sobald das Kind geboren
ist, formen sie seinen Kopf, der bei der Zartheit des Körpers noch
weich ist, mit den Händen und zwingen ihn, in die Länge zu
wachsen, wobei sie Binden anwenden und geeignete Werkzeuge,
durch die die Rundung des Kopfes in Mitleidenschaft gezogen
wird, seine Länge aber vergrößert wird. So war es am Anfang die
Sitte, die es bewirkte, daß unter Gewalteinwirkung die Natur eine
solche Form angenommen hat. (4) Mit der Zeit aber ging diese
Form in die Natur über, so daß die Sitte aufhörte, Zwang auszu-
üben. Denn der Samen kommt von allen Teilen des Körpers, ge-
sunder von den gesunden Teilen, kranker von den kranken Teilen.
Wenn also von Kahlköpfigen Kahlköpfige geboren werden, von
Blauäugigen Blauäugige und von Verdrehtäugigen Schielende,
wie es die Regel ist, und auch für das Aussehen dasselbe Gesetz
gilt, was spricht dagegen, daß von einem Langköpfigen auch ein
Langköpfiger geboren wird? (5) Nun aber gibt es die Langköpfe
nicht mehr so wie früher. Denn die Sitte wird wegen des Um-
gangs mit (anderen) Menschen nicht mehr angewendet. So ver-
hält es sich also meiner Meinung nach mit diesen Menschen.

15. (1) Nun über die Menschen am Phasis: Jenes Land ist
sumpfig, warm, feucht und dichtbewachsen. Reichlicher und
starker Regen fällt dort in jeder Jahreszeit. Das Leben der Men-
schen spielt sich in den Sümpfen ab; die Häuser aus Holz und
Schilfrohr sind ins Wasser gebaut. Sie bewegen sich wenig zu
Fuß durch die Stadt und durch den Hafen, sondern fahren mit
dem Einbaum hinauf und hinunter. Denn es gibt viele Kanäle.
Sie trinken Wasser, das warm und stehend ist, in der Sonne fault
und durch Regenfälle ansteigt. Der Phasis selbst ist der trägste
von allen Flüssen und das ruhigste der fließenden Gewässer. Die
Früchte, die dort wachsen, werden alle nicht groß, sind weich-
lich (wörtlich: weiblich) und unausgereift wegen der großen
Menge an Wasser. Deswegen reifen sie auch nicht. Dichter Ne-
bel, der von den Wassern kommt, senkt sich auf das Land.

πολὺς κατέχει τὴν χώρην ἀπὸ τῶν ὑδάτων. (2) Διὰ
ταύτας δὴ τὰς | προφάσιας τὰ εἴδεα ἀπηλλαγμένα 62
τῶν λοιπῶν ἀνθρώπων ἔχουσιν οἱ Φασιηνοί· τά τε
γὰρ μεγέθεα μεγάλοι, τὰ πάχεα δ᾽ ὑπερπάχητες ἄρθ-
ρον τε κατάδηλον οὐδὲν οὐδὲ φλέψ, τήν τε χροιὴν
ὕπωχρον ἔχουσιν ὥσπερ ὑπὸ ὑδέρου ἐχόμενοι·
φθέγγονταί τε βαρύτατον ἀνθρώπων τῷ ἤέρι χρεώ-
μενοι οὐ λαμπρῷ, ἀλλὰ νοτώδει τε καὶ λιβρῷ· πρὸς τὸ
ταλαιπωρεῖν τε τὸ σῶμα ἀργότεροι πεφύκασιν. (3) Αἵ
τε ὧραι οὐ πολὺ μεταλλάσσουσιν οὔτε πρὸς τὸ πνῖγος
οὔτε πρὸς τὸ ψῦχος· τά τε πνεύματα πολλὰ νότια
πλὴν αὔρης μιῆς ἐπιχωρίης· αὕτη δὲ πνέει ἐνίοτε
βίαιος καὶ χαλεπὴ καὶ θερμή, καὶ κέγχρωνα ὀνομά-
ζουσι τοῦτο τὸ πνεῦμα. Ὁ δὲ βορέης οὐ σφόδρα
ἀφικνεῖται· ὁκόταν δὲ πνέῃ, ἀσθενὴς καὶ βληχρός.
Καὶ περὶ μὲν τῆς φύσιος [καὶ] τῆς διαφορῆς καὶ τῆς
μορφῆς τῶν ἐν τῇ Ἀσίῃ [καὶ τῇ Εὐρώπῃ] οὕτως ἔχει.
16. (1) Περὶ δὲ τῆς ἀθυμίης τῶν ἀνθρώπων καὶ τῆς
ἀνανδρείης, ὅτι ἀπολεμώτατοί εἰσι τῶν Εὐρωπαίων
οἱ Ἀσιηνοὶ καὶ ἡμερώτεροι τὰ ἤθεα, αἱ ὧραι αἴτιαι
μάλιστα, οὐ μεγάλας τὰς μεταβολὰς ποιεύμεναι
οὔτε ἐπὶ τὸ θερμὸν οὔτε ἐπὶ τὸ ψυχρόν, ἀλλὰ πα-
ραπλήσιαι. (2) Οὐ γὰρ γίνονται ἐκπλήξιες τῆς γνώμης
οὔτε μετάστασις ἰσχυρὴ | τοῦ σώματος, ἀφ᾽ ὅτων 64
εἰκὸς τὴν ὀργὴν ἀγριοῦσθαί τε καὶ τοῦ ἀγνώμονος
καὶ θυμοειδέος μετέχειν μᾶλλον ἢ ἐν τῷ αὐτῷ ἀεὶ
ἐόντα· αἱ γὰρ μεταβολαί εἰσι τῶν πάντων ⟨αἱ⟩ αἰεί τ᾽
ἐγείρουσαι τὴν γνώμην τῶν ἀνθρώπων καὶ οὐκ ἐῶσαι
ἀτρεμίζειν. (3) Διὰ ταύτας ἐμοὶ δοκεῖ τὰς προφάσιας
ἀναλκὲς εἶναι τὸ γένος τὸ Ἀσιηνὸν καὶ προσέτι διὰ
τοὺς νόμους· τῆς γὰρ Ἀσίης τὰ πολλὰ βασιλεύεται·
ὅκου δὲ μὴ αὐτοὶ ἑωυτῶν εἰσι καρτεροὶ ἄνθρωποι
μηδὲ αὐτόνομοι, ἀλλὰ δεσπόζονται, οὐ περὶ τούτου
αὐτοῖσιν ὁ λόγος ἐστίν, ὅπως τὰ πολέμια ἀσκήσωσιν.

(2) Aus diesen Gründen haben die Bewohner des Phasis Körper-
formen, die sich von denen der übrigen Menschen unterschei-
den. Was die Größe betrifft, so sind sie groß, was die Dicke be-
trifft, übermäßig dick; kein Gelenk und keine Ader ist sichtbar;
sie haben eine gelbliche Hautfarbe, als ob sie an Wassersucht lit-
ten. Sie haben die tiefsten Stimmen von allen Menschen; denn
die Luft, die sie einatmen, ist nicht klar, sondern feucht und
trübe. Um sich körperlich abzumühen, sind sie von Natur aus
zu träge. (3) Die Jahreszeiten verändern sich nicht viel, weder hin
zu drückender Hitze noch zu Kälte. Die Winde sind häufig und
kommen von Süden, mit Ausnahme einer ortsüblichen Brise.
Diese weht manchmal heftig, lästig und warm, und sie nennen
diesen Wind Kenchron. Der Nordwind dagegen kommt nicht
häufig. Wenn er weht, dann schwach und mild. So verhält es sich
also mit den Unterschieden in der Natur und äußeren Erschei-
nung der Bewohner Asiens.

16. (1) Zum Mangel an Willenskraft und zum fehlenden Mut
der Menschen folgendes: Daß die Asiaten weniger kriegerisch
sind als die Europäer und sanfter in ihrem Charakter, daran sind
vor allem die Jahreszeiten schuld, die keinen großen Veränderun-
gen unterliegen, weder hin zur Wärme, noch hin zur Kälte, son-
dern einander ähnlich sind. (2) Es gibt keine Erschütterungen des
Geistes und keine starke Veränderung des Körpers, wodurch nor-
malerweise die Leidenschaftlichkeit des Charakters erregt und
mehr Verwegenheit und Hitzigkeit hervorgerufen wird, als wenn
man in einem stets gleichmäßigen Klima lebt. Denn es sind die
Veränderungen in allem, die den Geist des Menschen erwecken
und ihn nicht ruhen lassen. (3) Aus diesen Gründen, glaube ich, ist
das Geschlecht der Asiaten kampfesschwach und außerdem auch
infolge der politischen Zustände. Denn der größte Teil Asiens wird
von Königen beherrscht. Wo die Menschen sich nicht selbst regie-
ren und unabhängig sind, sondern beherrscht werden, streben sie
nicht danach, sich für den Krieg zu üben, sondern als nicht krie-

ἀλλ' ὅκως μὴ δόξωσι μάχιμοι εἶναι. (4) Οἱ γὰρ κίνδυ-
νοι οὐχ ὅμοιοί εἰσι· τοὺς μὲν γὰρ στρατεύεσθαι εἰκὸς
καὶ ταλαιπωρεῖν καὶ ἀποθνήσκειν ἐξ ἀνάγκης ὑπὲρ
τῶν δεσποτέων, ἀπό τε παιδίων καὶ γυναικῶν ἐόντας
καὶ τῶν λοιπῶν φίλων· καὶ ὁκόσα μὲν ἂν χρηστὰ
καὶ ἀνδρεῖα ἐργάσωνται, οἱ δεσπόται ἀπ' αὐτῶν
αὔξονταί τε καὶ ἐκφύονται, τοὺς δὲ κινδύνους καὶ
θανάτους αὐτοὶ καρποῦνται· ἔτι δὲ πρὸς τούτοισι
τῶν τοιούτων ἀνθρώπων ἀνάγκη ἐρημοῦσθαι τὴν
γῆν ὑπό τε πολεμίων καὶ ἀργίης. Ὥστε καὶ εἴ τις
φύσει πέφυκεν ἀνδρεῖος καὶ εὔψυχος, ἀποτρέπεσθαι
τὴν γνώμην ὑπὸ τῶν νόμων. (5) Μέγα δὲ τεκμήριον
τούτων· ὁκόσοι γὰρ ἐν τῇ Ἀσίῃ Ἕλληνες ἢ βάρβαροι
μὴ δεσπόζονται ἀλλ' αὐτόνομοί εἰσι καὶ ἑωυτοῖσι τα-
λαιπωρεῦσιν, οὗτοι μαχιμώτατοί εἰσι πάντων· τοὺς
γὰρ κινδύνους ἑωυτῶν πέρι κινδυνεύουσι καὶ τῆς
ἀνδρείης αὐτοὶ τὰ ἆθλα φέρονται καὶ τῆς δειλίης
τὴν ζημίην ὡσαύτως. Εὑρήσεις δὲ καὶ τοὺς Ἀσιηνοὺς
διαφέροντας αὐτοὺς ἑωυτῶν, τοὺς μὲν βελ|τίονας,   66
τοὺς δὲ φαυλοτέρους ἐόντας· τούτων δὲ αἱ με-
ταβολαὶ αἴτιαι τῶν ὡρέων, ὥσπερ μοι εἴρηται ἐν
τοῖσι προτέροισι. Καὶ περὶ μὲν τῶν ἐν τῇ Ἀσίῃ οὕτως
ἔχει.

17. (1) Ἐν δὲ τῇ Εὐρώπῃ ἔστιν ἔθνος Σκυθικὸν ὃ περὶ
τὴν λίμνην οἰκεῖ τὴν Μαιῶτιν διαφέρον τῶν ἐθνέων
τῶν ἄλλων· Σαυρομάται καλεῦνται. (2) Τούτων αἱ γυ-
ναῖκες ἱππάζονταί τε καὶ τοξεύουσι καὶ ἀκοντίζουσιν
ἀπὸ τῶν ἵππων καὶ μάχονται τοῖσι πολεμίοισιν,
ἕως ἂν παρθένοι ἔωσιν. Οὐκ ἀποπαρθενεύονται δὲ
μέχρις ἂν τῶν πολεμίων τρεῖς ἀποκτείνωσι, καὶ οὐ
πρότερον συνοικέουσιν ἤπερ τὰ ἱερὰ θύσωσι τὰ ἐν
νόμῳ. Ἥ δ' ἂν ἄνδρα ἑωυτῇ ἄρηται, παύεται ἱππα-
ζομένη, ἕως ἂν μὴ ἀνάγκη καταλάβῃ παγκοίνου
στρατείης. (3) Τὸν δεξιὸν δὲ μαζὸν οὐκ ἔχουσι·

gerisch zu erscheinen. (4) Denn die Gefahren sind nicht gleichermaßen verteilt: Normalerweise ziehen die Untertanen in den Krieg, bestehen Strapazen und sterben gezwungenermaßen für ihre Herren, wobei sie von ihren Kindern, ihren Frauen und den übrigen, die ihnen nahestehen, getrennt sind. Und welch würdige und mutige Taten sie auch vollbringen, es sind ihre Herren, die von ihnen groß gemacht werden und die sie wachsen lassen, während sie selbst Gefahren und Tod ernten. Außerdem ist es unvermeidlich, daß das Land dieser Menschen, wegen der Feindseligkeiten und weil es nicht bearbeitet wird, verödet. So wird, auch wenn jemand von seiner Natur her zur Tapferkeit und zum Mut begabt ist, sein Sinn durch die politischen Zustände davon abgebracht. (5) Dafür gibt es einen wichtigen Beweis: Diejenigen, die in Asien, seien es nun Griechen oder Barbaren, nicht beherrscht werden, sondern unabhängig sind und sich in ihrem eigenen Interesse abmühen, die sind von allen die streitbarsten. Denn sie nehmen die Gefahren für sich selbst auf sich; sie selbst erhalten den Lohn für ihren Mut und ebenso die Strafe für ihre Furchtsamkeit. Es läßt sich auch feststellen, daß sich die Asiaten untereinander unterscheiden; die einen sind tapferer, die anderen feiger. Schuld daran sind die jahreszeitlichen Veränderungen, wie es von mir in den vorhergehenden Ausführungen dargelegt wurde. So verhält es sich also mit den Bewohnern Asiens.

17. (1) In Europa gibt es ein skythisches Volk, das in der Umgebung des Maiotischen Sees lebt und sich von den anderen Völkern unterscheidet. Man nennt sie Sauromaten. (2) Bei ihnen reiten die Frauen, schießen mit dem Bogen, schleudern den Speer von den Pferden aus und kämpfen mit den Feinden, solange sie Jungfrauen sind. Sie geben die Jungfräulichkeit nicht auf, bis sie drei Feinde getötet haben, und sie heiraten nicht eher, als bis sie entsprechend der Sitte die Opfer vollzogen haben. Diejenige aber, die für sich einen Mann gewonnen hat, hört auf zu reiten, solange die Notwendigkeit nicht eintritt, einen gemeinsamen Feldzug zu unternehmen. (3) Ihnen fehlt die rechte Brust. Wenn

παιδίοισι γὰρ ἐοῦσιν ἔτι νηπίοισιν αἱ μητέρες χαλκίον
τετεχνημένον [ἢ] ἐπ' αὐτῷ τούτῳ διάπυρον ποιέουσαι
πρὸς τὸν μαζὸν τιθέασι τὸν δεξιόν, καὶ ἐπικαίε|ται 68
ὥστε τὴν αὔξησιν φθείρεσθαι, ἐς δὲ τὸν δεξιὸν ὦμον
καὶ βραχίονα πᾶσαν τὴν ἰσχὺν καὶ τὸ πλῆθος ἐκ-
διδόναι.
   18. (1) Περὶ δὲ τῶν λοιπῶν Σκυθέων τῆς μορφῆς, ὅτι
αὐτοὶ ἑωυτοῖσιν ἐοίκασι καὶ οὐδαμὰ ἄλλοισιν, ωὑτὸς
λόγος καὶ περὶ τῶν Αἰγυπτίων, πλὴν ὅτι οἱ μὲν ὑπὸ
τοῦ θερμοῦ εἰσι βεβιασμένοι, οἱ δ' ὑπὸ τοῦ ψυχροῦ.
(2) Ἡ δὲ Σκυθέων ἐρημίη καλευμένη πεδιάς ἐστι καὶ
λειμακώδης καὶ ὑψηλὴ καὶ ἔνυδρος μετρίως· ποταμοὶ
γάρ εἰσι μεγάλοι οἳ ἐξοχετεύουσι τὸ ὕδωρ ἐκ τῶν
πεδίων. Ἐνταῦθα καὶ οἱ Σκύθαι διαιτεῦνται, νομάδες
δὲ καλεῦνται ὅτι οὐκ ἔστιν οἰκήματα, ἀλλ' ἐν
ἁμάξῃσιν οἰκεῦσιν. (3) Αἱ δὲ ἅμαξαί εἰσιν αἱ μὲν
ἐλάχισται τετράκυκλοι, αἱ δὲ ἑξάκυκλοι· αὗται δὲ
πίλοισι περιπεφραγμέναι ⟨εἰσίν⟩· εἰσὶ δὲ καὶ τετεχ-
νασμέναι ὥσπερ οἰκήματα, τὰ μὲν ἁπλᾶ, τὰ δὲ καὶ
τριπλᾶ. Ταῦτα δὲ καὶ στεγνὰ πρὸς ὕδωρ καὶ πρὸς
χιόνα καὶ πρὸς τὰ πνεύματα. Τὰς δὲ ἁμάξας ἕλκουσι
ζεύγεα τὰς μὲν δύο, τὰς δὲ τρία βοῶν κέρως ἄτερ· οὐ
γὰρ ἔχουσι κέρατα ὑπὸ τοῦ ψύχεος. (4) Ἐν ταύτῃσι
μὲν οὖν τῇσιν ἁμάξῃσιν ⟨αἱ⟩ γυναῖκες διαιτεῦνται·
αὐτοὶ δὲ ἐφ' ἵππων ὀχεῦνται οἱ ἄνδρες. Ἕπονται δὲ
αὐτοῖσι καὶ τὰ πρόβατα ⟨τὰ⟩ ἐόντα καὶ αἱ βόες καὶ οἱ
ἵπποι· μένουσι δ' ἐν τῷ αὐτῷ τοσοῦτον χρόνον ὅσον
ἂν ἀποχρῇ αὐτοῖσι τοῖσι κτήνεσιν ὁ χόρτος· ὁκόταν
δὲ μηκέτι, ἐς ἑτέρην χώρην μετέρχονται. Αὐτοὶ δ'
ἐσθίουσι κρέα ἑφθὰ καὶ πίνουσι γάλα ἵππων καὶ
ἱππάκην τρώγουσι· τοῦτο δ' ἐστὶ | τυρὸς ἵππων. Τὰ 70
μὲν ἐς τὴν δίαιταν αὐτῶν οὕτως ἔχει καὶ τοὺς νόμους.
   19. (1) Περὶ δὲ τῶν ὡρέων καὶ τῆς μορφῆς,
ὅτι πολὺ ἀπήλλακται τῶν λοιπῶν ἀνθρώπων τὸ

sie noch kleine Kinder sind, legen ihnen ihre Mütter ein ehernes Gerät, das speziell zu diesem Zweck geschaffen wurde und das sie glühend erhitzten, an die rechte Brust. Sie verbrennen sie dabei, so daß deren Wachstum aufhört und sie alle Kraft und die Fülle (der Nahrung) in die rechte Schulter und den rechten Arm abgibt.

18. (1) Über die Körperbeschaffenheit der übrigen Skythen läßt sich folgendes sagen: Daß sie einander ähnlich sind und keineswegs anderen Völkern gleichen, beruht auf derselben Ursache wie bei den Ägyptern, außer daß die einen von der Hitze geplagt werden, die anderen von der Kälte. (2) Das, was man die Wüste der Skythen nennt, ist eine Ebene, die voller Wiesen ist, hoch liegt und mäßig mit Wasser versorgt ist. Denn es gibt große Flüsse, die das Wasser aus den Ebenen ableiten. Genau dort leben die Skythen. Man nennt sie Nomaden, weil sie keine Häuser haben, sondern auf Wagen leben. (3) Die kleinsten Wagen haben vier Räder, die anderen sechs Räder. Sie sind mit Filz überdeckt und wie Häuser eingerichtet, die einen mit einer Kammer, die anderen mit bis zu drei Kammern. Diese schützen sowohl vor Wasser und Schnee als auch vor den Winden. Gespanne ziehen die Wagen, teils zwei Paare, teils drei Paare von Rindern ohne Hörner. Denn sie besitzen wegen der Kälte keine Hörner. (4) In diesen Wagen leben also die Frauen, während die Männer auf den Pferden reiten. Ihnen folgt, was sie an Kleinvieh besitzen, sowie die Rinder und Pferde. Sie bleiben so lange am selben Ort, wie das Futter für das Vieh selbst reicht. Wenn dies nicht mehr der Fall ist, suchen sie einen anderen Ort auf. Sie selbst essen gekochtes Fleisch, trinken Pferdemilch und verzehren »Hippake«. Das ist Pferdekäse. So verhält es sich also mit ihrer Lebensweise und ihren Bräuchen.

19. (1) Zu den Jahreszeiten und zu ihrer äußeren Erscheinung läßt sich folgendes sagen: Die Rasse der Skythen ist sehr verschie-

Σκυθικὸν γένος καὶ ἔοικεν αὐτὸ ἑωυτῷ ὥσπερ
τὸ Αἰγύπτιον καὶ ἥκιστα πολύγονόν ἐστι καὶ ἡ
χώρη ἐλάχιστα θηρία τρέφει κατὰ μέγεθος καὶ
πλῆθος. (2) Κεῖται γὰρ ὑπ' αὐτῇσι τῇσιν ἄρκτοισι
καὶ τοῖσιν ὄρεσι τοῖσι Ῥιπαίοισιν, ὅθεν ὁ βορέης
πνέει· ὅ τε ἥλιος τελευτῶν ἐγγύτατα γίνεται, ὁκόταν
ἐπὶ τὰς θερινὰς ἔλθῃ περιόδους, καὶ τότε ὀλίγον
χρόνον θερμαίνει καὶ οὐ σφόδρα. Τὰ δὲ πνεύματα
τὰ ἀπὸ τῶν θερμῶν πνέοντα ⟨οὐκ⟩ ἀφικνεῖται, ἢν
μὴ ὀλιγάκις καὶ ἀσθενέα, ἀλλ' ἀπὸ τῶν ἄρκτων
ἀεὶ πνέουσι πνεύματα ψυχρὰ ἀπό τε χιόνος καὶ
κρυστάλλου καὶ ὑδάτων πολλῶν· οὐδέποτε δὲ τὰ
ὄρεα ἐκλείπει· ἀπὸ τούτων δὲ ἀοίκητά ἐστιν· ἠὴρ
τε κατέχει πολὺς τῆς ἡμέρης τὰ πεδία· καὶ ἐν αὐ|
τοῖσι διαιτεῦνται· ὥστε τὸν μὲν χειμῶνα ἀεὶ εἶναι, 72
τὸ δὲ θέρος ὀλίγας ἡμέρας, καὶ ταύτας μὴ λίην·
μετέωρα γὰρ τὰ πεδία καὶ ψιλὰ καὶ οὐκ ἐστε-
φάνωνται ὄρεσιν, ἀλλ' ἢ ⟨τ⟩αύτῃ ἀπὸ τῶν ἄρκτων.
(3) Αὐτόθι καὶ τὰ θηρία οὐ γίνεται μεγάλα, ἀλλ'
οἷά τέ ἐστιν ὑπὸ γῆν σκεπάζεσθαι· ὁ γὰρ χειμὼν
κωλύει καὶ τῆς γῆς ἡ ψιλότης, ὅτι οὐκ ἔστιν ἀλέη
οὐδὲ σκέπη. (4) Αἱ γὰρ μεταβολαὶ τῶν ὡρέων οὐκ
εἰσὶ μεγάλαι οὐδὲ ἰσχυραί, ἀλλ' ὅμοιαι καὶ ὀλίγον
μεταλλάσσουσαι. Διότι καὶ τὰ εἴδεα ὁμοῖοι αὐτοὶ
ἑωυτοῖσίν εἰσι σίτῳ τε χρεώμενοι ἀεὶ ὁμοίῳ ἐσθῆτί
τε τῇ αὐτῇ καὶ θέρεος καὶ χειμῶνος τόν τε ἠέρα
ὑδατεινὸν ἕλκοντες καὶ παχὺν τά τε ὕδατα πίνοντες
ἀπὸ χιόνος καὶ παγετῶν τοῦ τε ταλαιπώρου
ἀπεόντος· οὐ γὰρ οἷόν τε τὸ σῶμα ταλαιπωρεῖσθαι
οὐδὲ τὴν ψυχήν, ὅκου μεταβολαὶ μὴ γίνονται
ἰσχυραί. (5) Διὰ ταύτας τὰς ἀνάγκας τὰ εἴδεα αὐτῶν
παχέα ἐστὶ καὶ σαρκώδεα καὶ ⟨ἄναρθρα καὶ ὑγρὰ
καὶ ἄτονα αἵ τε κοιλίαι ὑγρόταται πασέων κοιλιῶν
αἱ κάτω· οὐ γὰρ οἷόν τε νηδὺν ἀναξηραίνεσθαι ἐν

den von den übrigen Menschen, in sich selbst aber ähnlich, so
wie die ägyptische Rasse; die Skythen sind sehr wenig kinder-
reich, und das Land ernährt von Größe und Zahl her sehr kleine
und wenige wilde Tiere. (2) Denn es liegt genau unter dem
(Sternbild des) Bären und am Fuß des Rhipäischen Gebirges, von
wo der Nordwind bläst. Die Sonne kommt ihm erst am Ende ih-
res Laufes am nächsten, wenn sie ihre Sommerbahn erreicht, und
wärmt dann nur kurze Zeit und ohne stark zu sein. Die Winde,
die aus den warmen Regionen wehen, gelangen nicht dorthin,
höchstens selten und dann schwach. Aber von Norden wehen
immer Winde, die durch den Schnee, das Eis und den vielen Re-
gen kalt sind. Niemals verlassen sie (die klimatischen Gegeben-
heiten) das Gebirge. Daher ist es nicht bewohnbar. Dichter Ne-
bel bedeckt während des Tages die Ebenen. Und in ihnen leben
sie. Daher herrscht dort immer Winter, während der Sommer nur
wenige Tage dauert, und auch diese Tage sind nicht sehr warm.
Denn die Ebenen liegen hoch, sind kahl und nicht von Bergen
umgeben, außer nach dieser Seite hin, nämlich nach Norden.
(3) Dort selbst werden die wilden Tiere nicht groß, sondern sind
so beschaffen, daß sie sich unter der Erde verbergen können. Am
Wachstum hindern sie der Winter und die Kahlheit der Erde, da
sie keinen Schutz vor der Kälte und keine Zuflucht bieten. (4) Die
jahreszeitlichen Veränderungen sind nämlich nicht groß und
stark, sondern einander ähnlich und wenig ausgeprägt. Deswegen
sind auch die äußeren Erscheinungen (der Menschen) einander
ähnlich und weil sie stets ähnliche Nahrung zu sich nehmen, die
gleiche Kleidung im Sommer und Winter tragen, feuchte und
dichte Luft einatmen, Wasser trinken, das aus Schnee und Eis
kommt, und die körperliche Anstrengung meiden. Denn wo die
Veränderungen nicht stark sind, dort ist weder der Körper noch
der Geist dazu geschaffen, sich anzustrengen. (5) Aus diesen
zwingenden Gründen ist ihr Körper dick, fleischig, ungegliedert,
feucht und schlaff, die Hohlräume des Körpers sind im unteren
Teil die feuchtesten von allen. Denn es ist nicht möglich, daß der

τοιαύτη χώρη καὶ φύσει καὶ ὥρης καταστάσει,
ἀλλ᾽ ἀίδια πιμελέα τε καὶ ψιλὴν τὴν σάρκα. Τά
τε εἴδεα ἔοικεν ἀλλήλοισι, τά τε ἄρσενα τοῖσιν
ἄρσεσι καὶ τὰ θήλεα τοῖσι θήλεσι. Τῶν γὰρ ὡρέων
παραπλησίων ἐουσέων φθοραὶ οὐκ ἐγγίνονται οὐδὲ
κακώσιες ἐν τῇ τοῦ γόνου ξυμπήξει, ἢν μή τινος
ἀνάγκης βιαίου τύχῃ ἢ νούσου.

20. (1) Μέγα δὲ τεκμήριον ἐς τὴν ὑγρότητα παρέξο-
μαι. Σκυ|θέων γὰρ τοὺς πολλούς, ἅπαντας ὅσοι 74
νομάδες, εὑρήσεις κεκαυμένους τούς τε ὤμους καὶ
τοὺς βραχίονας καὶ τοὺς καρποὺς τῶν χειρῶν καὶ
τὰ στήθεα [ἰσχία] καὶ τὴν ὀσφὺν δι᾽ ἄλλ᾽ οὐδὲν ἢ
διὰ τὴν ὑγρότητα τῆς φύσιος καὶ τὴν μαλακίην·
οὐ γὰρ δύνανται οὔτε τοῖσι τόξοισι ξυντείνειν οὔτε
τῷ ἀκοντίῳ ἐμπίπτειν τῷ ὤμῳ ὑπὸ ὑγρότητος καὶ
ἀτονίης· ὁκόταν δὲ καυθέωσιν, ἀναξηραίνεται ἐκ
τῶν ἄρθρων τὸ πολὺ τοῦ ὑγροῦ, καὶ ἐντονώτερα
μᾶλλον γίνεται καὶ τροφιμώτερα καὶ ἠρθρωμένα τὰ
σώματα μᾶλλον. (2) Ῥοϊκὰ δὲ γίνεται καὶ πλατέα,
πρῶτον μὲν ὅτι οὐ σπαργανοῦνται ὥσπερ ἐν
Αἰγύπτῳ – οὐδὲ νομίζουσι διὰ τὴν ἱππασίην, ὅκως ἂν
εὔεδροι ἔωσιν –, ἔπειτα δὲ διὰ τὴν ἕδρην· τά τε γὰρ
ἄρσενα, ἕως ἂν οὐχ οἷά τε ἐφ᾽ ἵππου ὀχεῖσθαι, τὸ
πολὺ τοῦ χρόνου κάθηνται ἐν τῇ ἁμάξῃ καὶ βραχὺ τῇ
βαδίσει χρέονται διὰ τὰς μεταναστάσιας καὶ περιελά-
σιας· τὰ δὲ θήλεα θαυμαστὸν οἷον ῥοϊκά ἐστι τὰ
εἴδεα καὶ βραδέα. (3) Πυρρὸν δὲ τὸ γένος ἐστὶ τὸ
Σκυθικὸν διὰ τὸ ψῦχος, οὐκ ἐπιγινομένου ὀξέος τοῦ
ἡλίου· ὑπὸ δὲ τοῦ ψύχεος ἡ λευκότης ἐπικαίεται καὶ
γίνεται πυρρή.

21. (1) Πολύγονον δὲ οὐχ οἷόν τε εἶναι φύσιν
τοιαύτην· οὔτε γὰρ τῷ ἀνδρὶ ἡ ἐπιθυμίη τῆς μίξιος
γίνεται πολλὴ διὰ τὴν ὑγρότητα τῆς φύσιος καὶ τῆς

Bauch austrocknet in einem solchen Land, bei einer derartigen Natur (des Landes) und unter solchen klimatischen Bedingungen, sondern ihr Fleisch ist ewig fett und glatt. In ihrem Äußeren ähneln sie einander, die Männer sind den Männern ähnlich, die Frauen den Frauen. Da die Jahreszeiten einander nahe kommen, treten keine Zerstörungen oder Schädigungen bei der Gerinnung des Samens auf, wenn dies nicht durch eine gewaltsame Einwirkung oder eine Krankheit geschieht.

20. (1) Einen wichtigen Beweis für ihre Feuchtigkeit werde ich liefern. Es läßt sich feststellen, daß bei den meisten Skythen, gerade all denen, die Nomaden sind, die Schultern, die Arme, die Handwurzeln, die Brust und die Hüfte gebrannt (tätowiert) sind, wofür es keinen anderen Grund gibt als die Feuchtigkeit und Schlaffheit ihrer Natur. Denn sie können sich wegen ihrer Feuchtigkeit und Schlaffheit weder in ihre Bögen spannen noch mit der Schulter in den Speer legen. Wenn sie aber tätowiert sind, trocknet ein Großteil der Feuchtigkeit aus den Gelenken aus, und ihre Körper werden straffer, kompakter und gegliederter. (2) Die Körper sind zum einen deswegen schlaff und breit, weil sie wie in Ägypten nicht gewickelt werden – sie schätzen wegen des Reitens diesen Brauch nicht, damit sie einen guten Sitz (auf dem Pferd) bekommen –, zum anderen wegen ihrer sitzenden Lebensweise. Denn die Knaben sitzen, solange sie nicht fähig sind, auf dem Pferd zu reiten, den Großteil der Zeit im Wagen und laufen nur kurzfristig, weil man (wegen des Nomadenlebens) ständig den Ort wechselt und herumzieht. Die Frauen haben eine erstaunlich schlaffe und (in ihren Bewegungen) langsame Gestalt. (3) Von rötlicher Farbe ist die Rasse der Skythen wegen der Kälte und weil die brennende Sonne fehlt; unter der Wirkung der Kälte wird die weiße Farbe (der Haut) verbrannt und erscheint rötlich.

21. (1) Es ist nicht möglich, daß bei einer solchen Natur Kinderreichtum vorhanden ist. Denn beim Manne ist das Verlangen nach Geschlechtsverkehr nicht groß wegen der Feuchtigkeit sei-

κοιλίης τὴν μαλακότητά τε καὶ τὴν ψυχρότητα, ἀπ᾽ ὅτων ἥκιστα εἰκὸς [εἶναι] ἄνδρα οἷόν τε λαγνεύειν. καὶ ἔτι ὑπὸ | τῶν ἵππων ἀεὶ κοπτόμενοι ἀσθενεῖς 76 γίνονται ἐς τὴν μῖξιν. Τοῖσι μὲν ἀνδράσιν αὗται αἱ προφάσιες γίνονται· (2) τῇσι δὲ γυναιξὶν ἥ τε πιότης τῆς σαρκὸς καὶ ὑγρότης· οὐ γὰρ δύνανται ἔτι ξυναρπάζειν αἱ μῆτραι τὸν γόνον· οὔτε γὰρ ἐπιμήνιος κάθαρσις αὐτῇσι γίνεται ὡς χρεών ἐστιν, ἀλλ᾽ ὀλίγον καὶ διὰ χρόνου· τό τε στόμα τῶν μητρέων ὑπὸ πιμελῆς ξυγκλείεται καὶ οὐχ ὑποδέχεται τὸν γόνον· αὐταί τε ἀταλαίπωροι καὶ πίειραι καὶ αἱ κοιλίαι ψυχραὶ καὶ μαλακαί. (3) Καὶ ὑπὸ τούτων τῶν ἀναγκέων οὐ πολύγονόν ἐστι τὸ γένος τὸ Σκυθικόν. Μέγα δὲ τεκμήριον αἱ οἰκέτιδες ποιέουσιν· οὐ γὰρ φθάνουσι παρὰ ἄνδρα ἀφικνεύμεναι καὶ ἐν γαστρὶ ἴσχουσι διὰ τὴν ταλαιπωρίην καὶ ἰσχνότητα τῆς σαρκός.

22. (1) Ἔτι τε πρὸς τούτοισιν εὐνουχίαι γίνονται [οἱ] πλεῖστοι ἐν Σκύθῃσι καὶ γυναικεῖα ἐργάζονται διαλέγονταί τε ὁμοίως καὶ αἱ γυναῖκες· καλεῦνταί τε οἱ τοιοῦτοι Ἀναριεῖς. (2) Οἱ μὲν οὖν ἐπιχώριοι τὴν αἰτίην προστιθέασι θεῷ καὶ σέβονταί τε τούτους τοὺς ἀνθρώπους καὶ προσκυνέουσι δεδοικότες περὶ γ᾽ ἑωυτῶν ἕκαστοι. (3) Ἐμοὶ δὲ καὶ αὐτῷ δοκεῖ ταῦτα τὰ πάθεα θεῖα εἶναι καὶ τἆλλα πάντα καὶ οὐδὲν ἕτερον ἑτέρου θειότερον οὐδὲ ἀνθρωπινώτερον, ἀλλὰ πά|ντα ὁμοῖα καὶ πάντα θεῖα· ἕκαστον δὲ ἔχει φύσιν 78 τῶν τοιούτων καὶ οὐδὲν ἄνευ φύσιος γίνεται. (4) Καὶ τοῦτο τὸ πάθος ὥς μοι δοκεῖ γίνεσθαι, φράσω· ὑπὸ τῆς ἱππασίης αὐτοὺς κέδματα λαμβάνει ἅτε ἀεὶ κρεμαμένων ἀπὸ τῶν ἵππων τοῖσι ποσίν· ἔπειτα ἀποχωλοῦνται καὶ ἑλκοῦνται τὰ ἰσχία οἳ ἂν σφόδρα νοσήσωσιν. (5) Ἰῶνται δὲ σφᾶς αὐτοὺς τρόπῳ τοιῷδε· ὁκόταν ἄρχηται ἡ νοῦσος, ὄπισθεν τοῦ ὠτὸς

ner Natur und wegen der Schlaffheit und Kälte seines Leibes; deswegen ist nämlich normalerweise der Mann am wenigsten zum Geschlechtsverkehr geeignet. Ferner werden sie dadurch, daß sie stets auf den Pferden durchgeschüttelt werden, kraftlos für den Geschlechtsverkehr. Dies sind die Ursachen bei den Männern. (2) Bei den Frauen ist es die Fettheit des Fleisches und die Feuchtigkeit. Die Gebärmutter kann nämlich den Samen nicht aufnehmen. Denn einerseits verläuft bei ihnen die monatliche Reinigung nicht in der Art, wie es nötig wäre, sondern nur in geringem Ausmaß und nur gelegentlich. Andererseits ist der Muttermund von Fett verschlossen und nimmt den Samen nicht auf. Sie selbst sind träge und fett, ihre Leiber sind kalt und schlaff. (3) Und aus diesen Gründen ist die Rasse der Skythen notwendigerweise nicht kinderreich. Die Sklavinnen liefern dafür einen guten Beweis. Denn kaum sind sie mit einem Mann zusammengekommen, sind sie schon schwanger wegen ihres aktiven Lebens und der Magerkeit ihres Fleisches.

22. (1) Außerdem sind sehr viele von den Skythen Eunuchen gleich; sie leisten Frauenarbeiten und sprechen ähnlich wie Frauen. Solche werden Anarieis genannt. (2) Die Einheimischen weisen die Ursache (für deren Zustand) einer Gottheit zu, verehren diese Menschen und werfen sich vor ihnen nieder, weil jeder um sich selbst fürchtet. (3) Ich persönlich glaube ja, daß diese Krankheit göttlich ist wie alle anderen und keine göttlicher oder menschlicher ist als die andere, sondern daß alle ähnlich und alle göttlich sind. Jede dieser Krankheiten hat eine natürliche Beschaffenheit und keine entsteht ohne natürliche Ursache. (4) Was nun diese Krankheit betrifft, werde ich darlegen, wie sie meiner Meinung nach entsteht: Durch das Reiten werden sie von Schwellungen an den Gliedern befallen, da sie ja immer die Füße von den Pferden herabhängen lassen. Dann werden sie lahm und bekommen Geschwüre an der Hüfte, wenn sie stark erkrankt sind. (5) Sie heilen sich auf folgende Weise: Sobald die Krankheit beginnt, schneiden sie hinter jedem Ohr eine Ader auf. Wenn das

ἑκατέρου φλέβα τάμνουσιν· ὅταν δὲ ἀπορρυῇ
τὸ αἷμα, ὕπνος ὑπολαμβάνει ὑπὸ ἀσθενείης, καὶ
καθεύδουσιν· ἔπειτα ἀνεγείρονται οἱ μέν τινες ὑγιεῖς
ἐόντες, οἱ δ' οὔ. (6) Ἐμοὶ μὲν οὖν δοκεῖ ἐν ταύτῃ
τῇ ἰήσει διαφθείρεσθαι ὁ γόνος· εἰσὶ γὰρ παρὰ
τὰ ὦτα φλέβες, ἃς ἤν τις ἐπιτάμῃ, ἄγονοι
γίνονται οἱ ἐπιτμηθέντες· ταύτας τοίνυν μοι
δοκέουσι τὰς φλέβας ἐπιτάμνειν. (7) Οἱ δὲ μετὰ
ταῦτα, ἐπειδὰν ἀφίκωνται παρὰ γυναῖκας καὶ μὴ
οἷοί τ' ἔωσι χρῆσθαι σφίσι [αὐταῖς], τὸ πρῶτον
οὐκ ἐνθυμεῦνται, ἀλλ' ἡσυχίην ἔχουσιν· ὁκόταν
δὲ δὶς καὶ τρὶς ⟨καὶ⟩ πλεονάκις αὐτοῖσι πειρωμέ-
νοισι μηδὲν ἀλλοιότερον ἀποβαίνῃ, νομίσαντές τι
ἡμαρτηκέναι τῷ θεῷ ὃν ἐπαιτιῶνται, ἐνδύονται
στολὴν γυναικείην καταγνόντες ἑωυτῶν ἀνανδρείην
γυναικίζουσί τε καὶ ἐργάζονται μετὰ τῶν γυναικῶν
ἃ καὶ ἐκεῖναι. (8) Τοῦτο δὲ πάσχουσι Σκυθέων οἱ
πλούσιοι, οὐχ οἱ κά|κιστοι, ἀλλ' οἱ εὐγενέστατοι
καὶ ἰσχὺν πλείστην κεκτημένοι διὰ τὴν ἱππασίην·
οἱ δὲ πένητες ἧσσον· οὐ γὰρ ἱππάζονται. (9) Καίτοι
ἐχρῆν, εἴ γε θειότερον τοῦτο τὸ νόσευμα τῶν λοιπῶν
ἐστιν, οὐ τοῖσι γενναιοτάτοισι τῶν Σκυθέων καὶ τοῖσι
πλουσιωτάτοισι προσπίπτειν μούνοισιν ἀλλὰ τοῖσιν
ἅπασιν ὁμοίως, καὶ μᾶλλον τοῖσιν ὀλίγα κεκτημένοι-
σιν, οὐ ⟨τοῖσι⟩ τιμωμένοισιν ἤδη, εἰ χαίρουσιν οἱ θεοὶ
καὶ θαυμαζόμενοι ὑπ' ἀνθρώπων καὶ ἀντὶ τούτων
χάριτας ἀποδιδοῦσιν. (10) Εἰκὸς γὰρ τοὺς μὲν
πλουσίους θύειν πολλὰ τοῖσι θεοῖσι καὶ ἀνατιθέναι
ἀναθήματα ἐόντων χρημάτων καὶ τιμέων, τοὺς δὲ
πένητας ἧσσον διὰ τὸ μὴ ἔχειν, ἔπειτα καὶ ἐπιμεμφ-
ομένους ὅτι οὐ διδόασι χρήματα αὐτοῖσιν, ὥστε τῶν
τοιούτων ἁμαρτιῶν τὰς ζημίας τοὺς ὀλίγα κεκτημέ-
νους φέρειν μᾶλλον ἢ τοὺς πλουσίους. (11) Ἀλλὰ
γάρ, ὥσπερ καὶ πρότερον ἔλεξα, θεῖα μὲν καὶ

Blut herausgeflossen ist, übermannt sie wegen der Kraftlosigkeit
der Schlaf, und sie schlafen. Dann wachen sie auf, wobei die
einen gesund sind, die anderen nicht. (6) Ich vermute nun, daß bei
dieser Behandlung der Samen zerstört wird. Denn es gibt
neben den Ohren gewisse Adern; wenn man diese aufschneidet,
werden die Menschen, die so geschnitten worden sind, unfrucht-
bar. Und genau diese Adern nun scheinen sie mir aufzuschneiden.
(7) Wenn sie danach mit ihren Frauen zusammengekommen sind
und nicht imstande sind, mit ihnen zu verkehren, denken sie zu-
erst nicht darüber nach, sondern bewahren Ruhe. Wenn sie es aber
dann zweimal oder dreimal oder gar öfter versucht haben und es
sich nicht anders erweist, glauben sie, sie hätten gegenüber der
Gottheit, der sie die Schuld (an dieser Krankheit) zuschreiben,
einen Fehler begangen, ziehen sich Frauenkleidung an, beschuldi-
gen sich selbst der Unmännlichkeit, verhalten sich wie Frauen und
führen zusammen mit den Frauen dieselbe Arbeit wie diese durch.
(8) An dieser Krankheit leiden die reichen Skythen, nicht die Nied-
rigsten, sondern die Vornehmsten, die die meiste Macht haben,
und zwar aufgrund des Reitens. Die Armen dagegen sind weniger
davon betroffen; denn sie reiten nicht. (9) Dennoch sollte diese
Krankheit, wenn sie in der Tat göttlicher als die übrigen ist, nicht
allein die Edelsten und Reichsten der Skythen befallen, sondern
alle gleichermaßen, sogar mehr noch diejenigen, die wenig besit-
zen, nicht aber die, die schon mit Ehren überhäuft sind, falls wirk-
lich die Götter sich freuen, wenn sie von den Menschen bewundert
werden und ihnen im Austausch dafür Gunsterweise zukommen
lassen. (10) Denn normalerweise bringen die Reichen den Göttern
viele Opfer dar und stellen ihnen Weihgeschenke auf, weil sie Ver-
mögen besitzen und Ehrenämter innehaben. Die Armen dagegen,
die all dies nicht besitzen, opfern auch weniger und beschweren
sich dann auch noch (bei den Göttern), daß sie ihnen kein Vermö-
gen gegeben haben, so daß die Strafen für solche Fehler eher die
wenig Besitzenden als die Reichen treffen müßten. (11) Aber es ver-
hält sich anders; denn, wie ich oben dargelegt habe, ist auch diese

ταῦτά ἐστιν ὁμοίως τοῖσιν ἄλλοισι, γίνεται δὲ κατὰ
φύσιν ἕκαστα. Καὶ ἡ τοιαύτη νοῦσος ἀπὸ τοιαύτης
προφάσιος τοῖσι Σκύθῃσι γίνεται οἵην εἴρηκα.
(12) Ἔχει δὲ καὶ κατὰ τοὺς λοιποὺς ἀνθρώπους
ὁμοίως· ὅκου γὰρ ἱππάζονται μάλιστα καὶ πυκνό-
τατα, ἐκεῖ πλεῖστοι ὑπὸ κεδμάτων καὶ ἰσχιάδων
καὶ ποδαγριῶν ἁλίσκονται καὶ λαγνεύειν κάκιστοί
εἰσι. (13) Ταῦτα δὲ τοῖσι Σκύθῃσι πρόσεστι καὶ
εὐνουχοειδέστατοί εἰσιν ἀνθρώπων διὰ τὰς ⟨προ-
ειρημένας⟩ προφάσιας, καὶ | ὅτι ἀναξυρίδας ἔχουσιν 82
ἀεὶ καί εἰσιν ἐπὶ τῶν ἵππων τὸ πλεῖστον τοῦ χρόνου,
ὥστε μήτε χειρὶ ἅπτεσθαι τοῦ αἰδοίου ὑπό τε τοῦ
ψύχεος καὶ τοῦ κόπου ἐπιλαθέσθαι τοῦ ἱμέρου
καὶ τῆς μίξιος καὶ μηδὲν παρακινεῖν πρότερον ἢ
ἀνδρωθῆναι. Περὶ μὲν οὖν τῶν Σκυθέων οὕτως ἔχει
τοῦ γένεος.

23. (1) Τὸ δὲ λοιπὸν γένος τὸ ἐν τῇ Εὐρώπῃ διάφο-
ρον αὐτὸ ἑωυτῷ ἐστι καὶ κατὰ τὸ μέγεθος καὶ κατὰ
τὰς μορφάς, διὰ τὰς μεταλλαγὰς τῶν ὡρέων ὅτι με-
γάλαι γίνονται καὶ πυκναὶ καὶ θάλπεά τε ἰσχυρὰ καὶ
χειμῶνες καρτεροὶ καὶ ὄμβροι πολλοὶ καὶ αὖτις
αὐχμοὶ πολυχρόνιοι καὶ πνεύματα ἐξ ὧν μεταβολαὶ
πολλαὶ καὶ παντοδαπαί. | Ἀπὸ τούτων εἰκὸς αἰσθά- 84
νεσθαι καὶ τὴν γένεσιν ἐν τῇ συμπήξει τοῦ γόνου
ἄλλην καὶ μὴ τῷ αὐτῷ ⟨τὴν⟩ αὐτὴν γίνεσθαι ἔν τε τῷ
θέρει καὶ τῷ χειμῶνι μηδὲ ἐν ἐπομβρίῃ καὶ αὐχμῷ.
(2) Διότι τὰ εἴδεα διηλλάχθαι νομίζω τῶν Εὐρωπαίων
μᾶλλον ἢ τῶν Ἀσιηνῶν, καὶ τὰ μεγέθεα διαφορώτατα
αὐτὰ ἑωυτοῖσιν εἶναι κατὰ πόλιν ἑκάστην· αἱ γὰρ
φθοραὶ πλείονες ἐγγίνονται τοῦ γόνου ἐν τῇ ξυμπήξει
ἐν τῇσι μεταλλαγῇσι τῶν ὡρέων πυκνῇσιν ἐούσῃσιν ἢ
ἐν τῇσι παραπλησίῃσι καὶ ὁμοίῃσι. (3) Περί τε τῶν
ἠθέων ὁ αὐτὸς λόγος· τό τε ἄγριον καὶ τὸ ἀμείλικτον
καὶ τὸ θυμοειδὲς ἐν τῇ τοιαύτῃ φύσει ἐγγίνεται· αἱ γὰρ

Krankheit ähnlich göttlich wie die anderen, und jede entsteht aus einer natürlichen Ursache heraus. Und was die fragliche Krankheit betrifft, so entsteht sie bei den Skythen so, wie ich gesagt habe. (12) Ähnlich verhält es sich auch bei den übrigen Menschen. Wo sie am meisten und häufigsten reiten, dort sind die meisten Menschen von den Schwellungen an den Gelenken, Hüftbeschwerden (Ischias) und Podagra (Gicht) befallen und sind am untauglichsten zum Beischlaf. (13) Diese Krankheit ist bei den Skythen zu finden, und diese kommen von allen Menschen den Eunuchen am nächsten, wegen der zuvor genannten Gründe, weil sie immer Hosen tragen und die meiste Zeit auf den Pferden zubringen, so daß sie mit der Hand nicht die Schamteile berühren können, wegen der Kälte und der Erschütterungen (infolge des Reitens) das Liebesverlangen und den Geschlechtsverkehr vergessen und keine Erregung verspüren, bevor sie das Mannesalter erreicht haben. So verhält es sich also mit der Rasse der Skythen.

23. (1) Was die übrige Bevölkerung in Europa betrifft, so unterscheidet sie sich in sich selbst an Größe und Gestalt aufgrund der jahreszeitlichen Veränderungen, weil diese groß sind und häufig stattfinden mit starken Hitzewellen und harten Wintern, mit vielen Regenfällen und umgekehrt sehr langen Trockenperioden sowie mit Winden, die für die vielen unterschiedlichen Veränderungen verantwortlich sind. Die Auswirkungen dieser Bedingungen sind natürlich spürbar, besonders daß die Zeugung bei der Gerinnung des Samens anders ist, bei derselben Person nicht dieselbe im Sommer wie im Winter ist und auch nicht in Regenzeiten wie bei Trockenheit. (2) Deswegen, glaube ich, sind die äußeren Erscheinungen bei den Europäern unterschiedlicher als bei den Asiaten und weist der Wuchs die größten Unterschiede auf, sogar in jeder einzelnen Stadt. Denn es entstehen mehr Störungen bei der Gerinnung des Samens, wenn die jahreszeitlichen Wechsel häufig stattfinden, als wenn die Jahreszeiten beinahe gleich und ähnlich sind. (3) Bezüglich des sittlichen Verhaltens läßt sich die gleiche Feststellung treffen: Wildheit, Unerbittlich-

ἐκπλήξιες πυκναὶ γινόμεναι τῆς γνώμης τὴν ἀγριότητα
ἐντιθέασι, τὸ δὲ ἥμερόν τε καὶ ἥπιον ἀμαυροῦσι.
Διότι εὐψυχοτέρους νομίζω τοὺς τὴν Εὐρώπην οἰκεῦν-
τας εἶναι ἢ τοὺς τὴν Ἀσίην· ἐν μὲν γὰρ τῷ αἰεὶ
παραπλησίῳ αἱ ῥᾳθυμίαι ἔνεισιν, ἐν δὲ τῷ μεταβαλ-
λομένῳ αἱ ταλαιπωρίαι τῷ σώματι καὶ τῇ ψυχῇ, καὶ
ἀπὸ μὲν ἡσυχίης καὶ ῥᾳθυμίης ἡ δειλίη αὔξεται, ἀπὸ
δὲ τῆς ταλαιπωρίης καὶ τῶν πόνων αἱ ἀνδρεῖαι.
(4) Διὰ τοῦτό εἰσι μαχιμώτεροι οἱ τὴν Εὐρώπην οἰ-
κεῦντες, καὶ διὰ τοὺς νόμους, ὅτι οὐ βασιλεύονται
ὥσπερ οἱ Ἀσιηνοί. Ὅκου γὰρ βασιλεύονται, ἐκεῖ
ἀνάγκη δειλοτάτους εἶναι· εἴρηται δέ μοι καὶ πρότε-
ρον. Αἱ γὰρ ψυχαὶ δεδούλωνται καὶ οὐ βούλονται
παρα|κινδυνεύειν ἑκόντες εἰκῇ ὑπὲρ ἀλλοτρίης δυ-   86
νάμιος. Ὅσοι δὲ αὐτόνομοι – ὑπὲρ ἑωυτῶν γὰρ τοὺς
κινδύνους αἱρεῦνται καὶ οὐκ ἄλλων –, προθυμεῦνται
ἑκόντες καὶ ἐς τὸ δεινὸν ἔρχονται· τὰ γὰρ ἀριστεῖα
τῆς νίκης αὐτοὶ φέρονται. Οὕτως οἱ νόμοι οὐχ ἥκιστα
τὴν εὐψυχίην ἐργάζονται. Τὸ μὲν οὖν ὅλον καὶ τὸ
ἅπαν οὕτως ἔχει περί τε τῆς Εὐρώπης καὶ τῆς Ἀσίης.
   24. (1) Ἔνεισι δὲ καὶ ἐν τῇ Εὐρώπῃ φῦλα διάφορα
ἕτερα ἑτέροισι καὶ τὰ μεγέθεα καὶ τὰς μορφὰς καὶ τὰς
ἀνδρείας· τὰ δὲ διαλλάσσοντα ταῦτ᾽ ἐστὶν ἃ καὶ ἐπὶ
τῶν πρότερον εἴρηται· ἔτι δὲ σαφέστερον φράσω.
(2) Ὁκόσοι μὲν χώρην ὀρεινήν τε οἰκέουσι καὶ τρηχεῖαν
καὶ ὑψηλὴν καὶ εὔυδρον, καὶ αἱ μεταβολαὶ αὐτοῖσι
γίνονται τῶν ὡρέων μεγάλα διάφοροι, ἐνταῦθα εἰκὸς
⟨τὰ⟩ εἴδεα μεγάλα εἶναι καὶ πρὸς τὸ ταλαίπωρον καὶ
τὸ ἀνδρεῖον εὖ πεφυκότα, καὶ τό τε ἄγριον καὶ
τὸ θηριῶδες αἱ τοιαῦται φύσιες οὐχ ἥκιστα ἔχουσιν.
(3) Ὁκόσοι δὲ κοῖλα χωρία καὶ λειμακώδεα καὶ
πνιγηρά, καὶ τῶν θερμῶν πνευμάτων πλέον μέρος
μετέχουσιν ἢ τῶν ψυχρῶν | ὕδασί τε χρέονται θερ-   88
μοῖσιν, οὗτοι δὲ μεγάλοι μὲν οὖν οὐκ ἂν εἴησαν οὐδὲ

keit und Affekte existieren in einer solchen Natur. Denn die häufigen Erschütterungen des Geistes flößen Wildheit ein und schwächen die Sanftheit und Milde. Deswegen, glaube ich, sind die in Europa Lebenden mutiger als diejenigen, die in Asien wohnen. Denn im immer Gleichen wohnen die Entspannungen, im sich Verändernden aber die Mühen für Leib und Seele. Und aus Ruhe und Entspannung erwächst Feigheit, aus Mühe dagegen und Anstrengungen Mut. (4) Aus diesem Grund sind die in Europa Lebenden kriegerischer, und auch wegen der Gesetze, weil sie nicht von Königen beherrscht werden wie die Asiaten. Denn wo ein König regiert, dort sind die Menschen notwendigerweise am feigsten; ich hatte es schon früher erwähnt. Die Seelen sind dann nämlich versklavt und wollen sich nicht freiwillig und blindlings für die Macht eines anderen in Gefahr begeben. Diejenigen aber, die politisch unabhängig sind, zeigen freiwillig ihren Mut – sie nehmen nämlich für sich selbst die Gefahren auf sich und nicht für andere – und begeben sich in die Gefahr. Denn sie selbst erringen den Siegespreis. So tragen die Gesetze keineswegs wenig zum Mut bei. So verhält es sich also im großen und ganzen mit Europa und Asien.

24. (1) Es gibt auch in Europa Volksstämme, die sich untereinander hinsichtlich Größe, Gestalt und Mut unterscheiden. Die Gründe für die Unterschiede sind dieselben, die auch in den vorausgehenden Ausführungen genannt wurden. Ich werde jetzt aber noch deutlicher darüber sprechen. (2) Diejenigen, die in einem Land leben, das gebirgig, rauh, hochgelegen und wasserreich ist und bei denen die jahreszeitlichen Veränderungen große Unterschiede aufweisen, sind dort begreiflicherweise von großer Gestalt und von Natur aus für Widerstandskraft und Mut gut veranlagt. Sie besitzen in nicht geringem Maße Roheit und Wildheit. (3) Diejenigen aber, die in tiefgelegenen, mit Wiesen bedeckten und stickig heißen Ländern leben, mehr warme als kalte Winde haben und warmes Wasser trinken, die können sicherlich weder groß noch hoch aufgeschossen sein, sondern sind in die Breite ge-

κανονίαι, ἐς εὖρος δὲ πεφυκότες καὶ σαρκώδεις καὶ
μελανότριχες καὶ αὐτοὶ μέλανες μᾶλλον ἢ λευκότε-
ροι, φλεγματίαι δὲ ἧσσον ἢ χολώδεις· τό τε ἀνδρεῖον
καὶ τὸ ταλαίπωρον ἐν τῇ ψυχῇ φύσει μὲν οὖν οὐκ ἂν
ὁμοίως ἐνείη, νόμος δὲ προσγενόμενος ἀπεργάσαιτο
ἂν ὡσεὶ τοῦ εἴδεος οὐχ ὑπάρχοντος. (4) Καὶ εἰ μὲν πο-
ταμοὶ ἐνείησαν ἐν τῇ χώρῃ, οἵτινες ἐκ τῆς χώρης ἐξο-
χετεύουσι τό τε στάσιμον καὶ τὸ ὄμβριον, οὗτοι
ὑγιηρότεροι ἂν εἴησαν καὶ λαπαροί· εἰ μέντοι ποτα-
μοὶ μὴ ἐνείησαν, τὰ δὲ ὕδατα κρηναῖά τε καὶ στάσιμα
πίνοιεν καὶ ἑλώδεα, ἀνάγκη τὰ τοιάδε εἴδεα προ-
γαστρότερα εἶναι καὶ σπληνώδεα. | (5) Ὁκόσοι δὲ   ∞
ὑψηλήν τε οἰκέουσι χώρην καὶ λείην καὶ ἀνεμώδεα
καὶ εὔυδρον, εἶη ἂν ⟨τὰ⟩ εἴδεα μεγάλα καὶ ἑωυτοῖσι
παραπλήσια, ἀνανδρότεραι δὲ καὶ ἡμερώτεραι αἱ
γνῶμαι. Ὅσοι γὰρ ἐν εὐκρήτῳ καὶ ὕδασί τε πλεί-
στοισι καὶ ἀγαθοῖσι χρέονται, τούτοισι καὶ αἱ μορφαὶ
καὶ τὰ ἤθεα ἀγαθά, καὶ παχεῖς καὶ μεγαλόμορ-
φοι καὶ ὅμοιοι ἀλλήλοισιν. (6) Ὁκόσοι δὲ λεπτά τε
καὶ ἄνυδρα καὶ ψιλὰ καὶ τῇσι δὲ μεταβολῇσι τῶν
ὡρέων οὐκ εὔκρητα, ἐν ταύτῃ τῇ χώρῃ τὰ εἴδεα
εἰκὸς σκληρὰ εἶναι καὶ ἔντονα καὶ ξανθότερα ἢ
μελάντερα καὶ τὰ ἤθεα καὶ τὰς ὀργὰς αὐθάδεάς τε
καὶ ἰδιογνώμονας. Ὅκου γὰρ ⟨αἱ⟩ μεταβολαί εἰσι
πυκνόταται τῶν ὡρέων καὶ πλεῖστον διάφοροι αὐταὶ
ἑωυτῇσιν, ἐκεῖ καὶ τὰ εἴδεα καὶ τὰ ἤθεα καὶ τὰς
φύσιας εὑρήσεις πλεῖστον διαφερούσας. (7) Μέγισται
μὲν οὖν εἰσιν αὗται τῆς φύσιος αἱ διαλλαγαί, ἔπειτα
δὲ καὶ ἡ χώρη ἐν ᾗ ἄν τις τρέφηται, καὶ τὰ ὕδατα·
εὑρήσεις γὰρ ἐπὶ τὸ πλῆθος τῆς χώρης τῇ φύσει
ἀκολουθέοντα καὶ τὰ εἴδεα τῶν ἀνθρώπων καὶ τοὺς
τρόπους. (8) Ὅκου μὲν γὰρ ἡ γῆ πίειρα καὶ μαλθακὴ
καὶ εὔυδρος καὶ τὰ ὕδατα κάρτα μετέωρα, ὥστε
θερμὰ εἶναι τοῦ θέρεος καὶ τοῦ χειμῶνος ψυχρά, καὶ

wachsen, fleischig, dunkelhaarig; sie selbst besitzen eine eher
dunkle als weiße Hautfarbe und haben weniger Phlegma als Galle.
Was den Mut und die Widerstandskraft in der Seele betrifft, so
können diese von Natur aus sicherlich nicht in gleicher Weise in ih-
nen vorhanden sein; aber die gesellschaftliche Ordnung kann,
wenn sie hinzukommt, diese Eigenschaften hervorbringen, soweit
sie nicht in ihnen vorhanden sind. (4) Und wenn es Flüsse im
Lande gibt, die das stehende Wasser und das Regenwasser aus dem
Land ableiten, werden diese Leute von besserer Gesundheit und
geschmeidig sein. Wenn es dort aber keine Flüsse gibt, sie Quell-
wasser, stehendes und sumpfiges Wasser trinken, müssen Men-
schen, die in solchen Verhältnissen leben, eher dickbäuchig und
milzkrank sein. (5) Bei denjenigen aber, die in einem hochgelege-
nen, ebenen, wind- und wasserreichen Land leben, werden die
Gestalten groß und einander ähnlich sein, ihr Charakter wird we-
niger mutig und eher sanft sein. Denn bei denjenigen, die in einem
gemäßigten Klima sehr reichliches und gutes Wasser trinken, sind
auch der Körperbau und der Charakter gut, und sie sind fleischig,
von großer Gestalt und einander ähnlich. (6) Bei denjenigen aber,
die ein mageres, wasserloses, kahles Land bewohnen, das durch
die jahreszeitlichen Veränderungen kein gemäßigtes Klima auf-
weist, sind in diesem Land notwendigerweise die Gestalten dürr,
straff, eher blond als schwarz, und, was den Charakter und Sinn
betrifft, sind sie stolz und selbstbewußt. Denn wo die jahreszeitli-
chen Veränderungen sehr häufig sind und die Jahreszeiten selbst
sich am meisten unterscheiden, dort findet man auch Körper, Cha-
raktere und Naturen mit den größten Unterschieden. (7) Dies sind
also die Ursachen für die größten Unterschiede in der mensch-
lichen Natur; es kommt dann noch das Land hinzu, von dem man
sich ernährt, und das Wasser. In der Tat wird man finden, daß in
den meisten Fällen die Natur des Landes sowohl der äußeren Er-
scheinung der Menschen als auch ihrer Gesinnung entspricht.
(8) Denn wo das Land fett, weich, wasserreich ist und das Wasser
sich sehr nahe an der Oberfläche befindet, so daß es im Sommer

τῶν ὡρέων καλῶς κεῖται, ἐνταῦθα καὶ οἱ ἄνθρωποι σαρκώδεις εἰσὶ καὶ ἄναρθροι καὶ ὑγροὶ καὶ ἀταλαίπωροι καὶ τὴν ψυχὴν κα|κοὶ ὡς ἐπὶ τὸ πολύ, τό 92 τε ῥάθυμον καὶ τὸ ὑπνηρὸν ἔνεστιν ἐν αὐτοῖσιν ἔς τε τὰς τέχνας παχεῖς καὶ οὐ λεπτοὶ οὐδ' ὀξεῖς. (9) Ὅκου δ' ἐστὶν ἡ χώρη ψιλή τε καὶ ἄνυδρος καὶ τρηχεῖα καὶ ὑπὸ τοῦ χειμῶνος πιεζευμένη, καὶ ὑπὸ τοῦ ἡλίου ἐκκεκαυμένη, ἐνταῦθα δὲ σκληρούς τε καὶ ἰσχνοὺς καὶ διηρθρωμένους καὶ ἐντόνους καὶ δασέας, τό τε ἐργαστικὸν ὀξὺ ἐνεὸν ἐν τῇ φύσει τῇ τοιαύτῃ καὶ τὸ ἄγρυπνον τά τε ἤθεα καὶ τὰς ὀργὰς αὐθάδεας καὶ ἰδιογνώμονας τοῦ τε ἀγρίου μᾶλλον μετέχοντας ἢ τοῦ ἡμέρου, ἔς τε τὰς τέχνας ὀξυτέρους τε καὶ συνετωτέρους καὶ τὰ πολέμια ἀμείνους εὑρήσεις, καὶ τἄλλα τὰ ἐν τῇ γῇ φυόμενα πάντα ἀκόλουθα ἐόντα τῇ γῇ. (10) Αἱ μὲν ἐναντιώταται φύσιές τε καὶ ἰδέαι ἔχουσιν οὕτως· ἀπὸ δὲ τούτων τεκμαιρόμενος τὰ λοιπὰ ἐνθυμεῖσθαι, καὶ οὐχ ἁμαρτήσῃ.

warm und im Winter kalt ist, und wo hinsichtlich der Jahreszeiten
die Verhältnisse gut sind, dort sind die Menschen fleischig, unge-
stalt, feucht, kraftlos, und die Seele ist meistens feige; Schlaffheit
und Schläfrigkeit sind in diesen Menschen; bezüglich der Künste
sind sie schwerfällig, nicht feinsinnig und nicht scharfsinnig. (9) Wo
aber das Land kahl, wasserlos, rauh, vom Winter heimgesucht
und von der Sonne verbrannt ist, dort finden sich Menschen,
die hart und mager, wohlgegliedert, straff und dichtbehaart sind;
in solch einer Natur existieren Arbeitseifer, Wachsamkeit, dort
finden sich Menschen, die vom Charakter und von der Gesin-
nung her stolz und selbstbewußt sind und mehr von Wildheit
als von Sanftmut in sich tragen, die in den Künsten scharfsin-
niger und klüger sind und in den Kriegen tüchtiger; und auch
alles andere, was im Lande wächst, entspricht dem Lande.
(10) Dies sind also die stärksten Gegensätze in Natur und Ge-
stalt. Davon ist auszugehen, wenn man Schlußfolgerungen zie-
hen will, um das übrige zu bedenken; dann wird man keine
Fehler begehen.

ΠΕΡΙ ΙΕΡΗΣ ΝΟΥΣΟΥ

1. (1) Περὶ τῆς ἱερῆς νούσου καλεομένης ὧδε ἔχει· (2) [οὐδέν τί μοι δοκεῖ τῶν ἄλλων θειοτέρη εἶναι νούσων οὐδὲ ἱερωτέρη, ἀλλὰ φύσιν μὲν ἔχει καὶ τὰ λοιπὰ νοσήματα, ὅθεν γίνεται, φύσιν δὲ αὕτη καὶ πρόφασιν.] (3) Οἱ ἄνθρωποι ἐνόμισαν θεῖόν τι πρῆγμα ὑπὸ ἀπορίης καὶ θαυμασιότητος, ὅτι οὐδὲν ἔοικεν ἑτέροισι. (4) Καὶ κατὰ μὲν τὴν ἀπορίην αὐτοῖσι τοῦ μὴ γινώσκειν τὸ θεῖον διασῴζεται, κατὰ δὲ τὴν εὐπορίην τοῦ τρόπου τῆς ἰήσιος, ᾧ ἰῶνται, ἀπόλλυται. [ὅτι καθαρμοῖσί τε ἰῶνται καὶ ἐπαοιδῆσιν.] (5) Εἰ δὲ διὰ τὸ θαυμάσιον θεῖον νομιεῖται, πολλὰ τὰ ἱρὰ νοσήματα ἔσται τούτου εἵνεκεν, ὡς ἐγὼ δείξω ἕτερα οὐδὲν ἧσσον ἐόντα θαυμάσια οὐδὲ τερατώδε⟨α⟩, | ἃ οὐδεὶς νομίζει ἱρὰ εἶναι. (6) Τοῦτο μὲν γὰρ οἱ πυρετοὶ οἱ ἀμφημερινοὶ καὶ οἱ τριταῖοι καὶ οἱ τεταρταῖοι οὐδὲν ἧσσόν μοι δοκέουσιν ἱροὶ εἶναι καὶ ὑπὸ θεοῦ γίνεσθαι ταύτης τῆς νούσου, ὧν οὐ θαυμασίως γ᾽ ἔχουσι. (7) Τοῦτο δὲ ὁρῶ μαινομένους ἀνθρώπους καὶ παραφρονέοντας ἀπ᾽ οὐδεμιῆς προφάσιος ἐμφανέος καὶ πολλά τε καὶ ἄκαιρα ποιέοντας, (8) ἔν τε τῷ ὕπνῳ οἶδα πολλοὺς οἰμώζοντας καὶ βοῶντας, τοὺς δὲ καὶ πνιγομένους, τοὺς δὲ καὶ ἀναΐσσοντάς τε καὶ φεύγοντας ἔξω καὶ παραφρονέοντας μέχρι ἐπεγρέωνται, ἔπειτα δὲ ὑγιέας ἐόντας καὶ φρονέοντας ὥσπερ καὶ πρότερον, ἐόντας τ᾽ αὐτοὺς ὠχρούς τε καὶ ἀσθενέας, καὶ ταῦτα οὐχ ἅπαξ, ἀλλὰ πολλάκις. (9) ἄλλα τε πολλά ἐστι καὶ παντοδαπά, ὧν περὶ ἑκάστου λέγειν πολὺς ἂν εἴη λόγος.

(10) Ἐμοὶ δὲ δοκέουσιν οἱ πρῶτοι τοῦτο τὸ νόσημα

ÜBER DIE HEILIGE KRANKHEIT

1. (1) Hinsichtlich der sogenannten heiligen Krankheit verhält es sich folgendermaßen: (2) Kein bißchen scheint sie mir göttlicher zu sein als die anderen Krankheiten, noch heiliger, sondern die anderen Krankheiten haben eine Natur, woher sie entstehen, eine Natur und Ursache hat auch diese. (3) Daß sie ein göttliches Werk sei, glauben die Menschen infolge ihrer Ratlosigkeit und weil es sehr verwunderlich ist, daß sie den anderen Krankheiten überhaupt nicht gleicht. (4) Und in der Unmöglichkeit, sie zu verstehen, bleibt (nach ihrer Auffassung) das Göttliche gewahrt, in der Leichtigkeit der Behandlungsmethode, mit der sie zu heilen versuchen, geht dieses Göttliche aber verloren (weil sie mit Reinigungsriten und Beschwörungen heilen). (5) Wenn sie aber wegen ihres wunderbaren Charakters für göttlich gehalten wird, dann gibt es viele heilige Krankheiten. Denn ich werde zeigen, daß auch die übrigen Krankheiten, die niemand für heilig hält, nicht weniger wunderbar und seltsam sind. (6) Denn zum einen scheinen mir die Quotidiana-, Tertiana- und Quartanafieber nicht weniger heilig und von einem Gott gesandt zu sein als diese Krankheit; sie hält man aber nicht für wunderbar. (7) Zum anderen sehe ich Menschen, die ohne sichtbaren Grund wahnsinnig und von Sinnen sind und viel Sinnloses tun. (8) Im Schlaf jammern viele, wie ich weiß, und schreien; die einen glauben zu ersticken, die anderen springen auf, laufen hinaus und sind von Sinnen, bis sie erwachen. Danach sind sie gesund und bei Verstand wie früher, auch wenn sie noch bleich und schwach sind; und dies geschieht nicht einmal, sondern häufig. (9) Es gibt auch viele andere verschiedenartige Phänomene. Darüber im einzelnen zu reden, würde aber zu weit führen.

(10) Ich glaube, die ersten, die diese Krankheit für heilig erklär-

ἱρώσαντες τοιοῦτοι εἶναι ἄνθρωποι οἷοι καὶ νῦν εἰσι
μάγοι τε καὶ καθαρταὶ καὶ ἀγύρται καὶ ἀλαζόνες,
ὁκόσοι προσποιέονται σφόδρα θεοσεβέες εἶναι καὶ
πλέον τι εἰδέναι. (11) Οὗτοι τοίνυν παραμπεχόμενοι
καὶ προβαλλόμενοι τὸ θεῖον τῆς ἀμηχανίης τοῦ
μὴ ἔχειν ὅ τι προσενέγκαντες ὠφελήσουσι καὶ ὡς
μὴ κατάδηλοι ἔωσιν οὐδὲν ἐπιστάμενοι, ἱρὸν ἐνόμι-
σαν τοῦτο τὸ πάθος εἶναι, (12) καὶ λόγους ἐπιλέξαντες
ἐπιτηδείους τὴν ἴησιν κατεστήσαντο ἐς τὸ ἀσφαλὲς
σφίσιν αὐτοῖσι καθαρμοὺς προσφέροντες καὶ
ἐπαοιδάς, λουτρῶν τε ἀπέχεσθαι κελεύοντες καὶ
ἐδεσμάτων πολλῶν καὶ ἀνεπιτηδείων ἀνθρώποισι
νοσέουσιν | ἐσθίειν· (13) θαλασσίων μὲν τρίγλης, με-
λανούρου, κεστρέος, ἐγκέλυος (οὗτοι γὰρ ἐπικηρό-
τατοί εἰσι), (14) κρεῶν δὲ αἰγείων καὶ ἐλαφείων καὶ
χοιρείων καὶ κυνός (ταῦτα γὰρ κρεῶν ταρακτικώ-
τατά ἐστι τῆς κοιλίης), (15) ὀρνίθων δὲ ἀλεκτορίδος
καὶ τρυγόνος καὶ ὠτίδος (ἃ νομίζεται ἰσχυρότατα εἶ-
ναι), (16) λαχάνων δὲ μίνθης, σκορόδου, κρομμύου
(δριμὺ γὰρ ἀσθενέοντι οὐδὲν συμφέρον), (17) ἱμάτιόν
τε μέλαν μὴ ἔχειν (θανατῶδες γὰρ τὸ μέλαν) (18) μηδ᾽
ἐν αἰγείῳ κατακεῖσθαι δέρματι μηδὲ φορεῖν (19) μηδὲ
πόδα ἐπὶ ποδὶ ἔχειν μηδὲ χεῖρα ἐπὶ χειρί (πάντα γὰρ
ταῦτα κωλύματα εἶναι). (20) Ταῦτα δὲ τοῦ θείου εἵνε-
κεν προστιθέασιν ὡς πλέον τι εἰδότες καὶ ἄλλας
προφάσιας λέγοντες ὅπως, εἰ μὲν ὑγιὴς γένοιτο,
αὐτῶν ἡ δόξα εἴη καὶ ἡ δεξιότης, εἰ δ᾽ ἀποθάνοι, ἐν
ἀσφαλεῖ καθίσταιτο αὐτῶν ἡ ἀπολογίη καὶ ἔχοιεν
πρόφασιν ὡς οὐδὲν αἴτιοί εἰσιν, ἀλλ᾽ οἱ θεοί. (21) Οὔτε
γὰρ φαγεῖν οὔτε πιεῖν ἔδοσαν φάρμακον οὐδέν, οὔτε
λουτροῖσι καθήψησαν ὥστε δοκεῖν αἴτιοι εἶναι.

(22) Ἐγὼ δὲ δοκέω Λιβύων τῶν τὴν μεσόγειον
οἰκεόντων οὐδέν᾽ ἂν ὑγιαίνειν, εἴ τι ἐπ᾽ αἰγείοισι

ten, waren solche Männer, wie sie auch heute noch zu fin-
den sind, Magier, Entsühner, Bettelpriester und Prahler, Männer,
die vorgeben, besonders fromm zu sein und mehr zu wissen.
(11) Diese hüllten sich in das Göttliche und legten es vor ihre Rat-
losigkeit, weil sie nichts hatten, was sie verordnen konnten und
was half; und damit ihre Unkenntnis nicht augenscheinlich
wurde, bezeichneten sie dieses Leiden als heilig. (12) Indem sie
dazu passende Gründe anführten, verlegten sie sich auf eine Hei-
lungsmethode, die für sie selbst gefahrlos war. Sie verwandten
Reinigungsriten und Beschwörungen, befahlen, sich von Bädern
fernzuhalten und vielen Speisen zu entsagen, deren Verzehr auch
für kranke Menschen ungeeignet ist, (13) bei den Meeresfischen
auf die Barbe zu verzichten, auf den Schwarzschwanz, den Pfrie-
menfisch und den Aal (denn dies sind die schädlichsten), (14) das
Fleisch von Ziegen, Hirschen, Schweinen und vom Hund zu
meiden (denn dieses Fleisch wühlt den Leib am stärksten auf),
(15) bei Geflügel Huhn, Turteltaube und Trappe zu vermeiden
(die für besonders schwer verdaulich gehalten werden), (16) beim
Gemüse sich der Minze, des Knoblauchs und der Zwiebel zu
enthalten (denn Scharfes ist einem Kranken nicht zuträglich),
(17) kein schwarzes Gewand zu tragen (denn die schwarze Farbe
deutet auf den Tod), (18) nicht auf einem Ziegenfell zu liegen und
es auch nicht zu tragen, (19) nicht den Fuß auf den Fuß und die
Hand auf die Hand zu legen (denn dies alles seien Hindernisse).
(20) Dies ordnen sie wegen des Göttlichen an, als ob sie mehr
wüßten, und sie nennen noch mehr Gründe, so daß, wenn je-
mand gesund wird, der Ruhm der Geschicklichkeit ihnen zufällt,
wenn aber jemand stirbt, ihre Verteidigung in Sicherheit erfolgen
kann und sie als Grund angeben können, daß nicht sie, sondern
die Götter schuld seien. (21) Denn sie haben ihm weder ein Heil-
mittel zu essen oder zu trinken gegeben, noch ihn in Bädern ab-
gebrüht, so daß die Schuld nicht bei ihnen zu liegen scheint.

(22) Ich aber glaube, daß keiner der Libyer, die das Landes-
innere bewohnen, gesund wäre, wenn es auf die Ziegenfelle und

δέρμασιν ἢ κρέασιν ἦν, ὡς ἐκεῖ γε οὐκ ἔχουσιν οὔτε
στρῶμα οὔτε ἱμάτιον οὔτε ὑπόδημα ὅ τι μὴ αἴγειόν
ἐστιν. Οὐ γὰρ ἔστιν | ἄλλο πρόβατον οὐδὲν ἢ αἶγες
{καὶ βόες}. (23) Εἰ δὲ ταῦτα ἐσθιόμενα καὶ προσφερό-
μενα τὴν νοῦσον τίκτει τε καὶ αὔξει καὶ μὴ ἐσθιό-
μενα ἰᾶται, οὐκέτι ὁ θεὸς αἴτιός ἐστιν οὐδ' οἱ καθαρ-
μοὶ ὠφελέουσιν, ἀλλὰ τὰ ἐδέσματα τὰ ἰώμενά ἐστι
καὶ τὰ βλάπτοντα, τοῦ δὲ θεοῦ ἀφανίζεται ἡ
δύναμις.

(24) Οὕτως οὖν ἔμοιγε δοκέουσιν οἵτινες τῷ τρόπῳ
τούτῳ ἐγχειρέουσιν ἰᾶσθαι ταῦτα τὰ νοσήματα, οὔτε
ἱρὰ νομίζειν εἶναι οὔτε θεῖα. (25) Ὅπου γὰρ ὑπὸ καθ-
αρμῶν τοιούτων μετάστατα γίνεται καὶ ὑπὸ θερα-
πείης τοιῆσδε, τί κωλύει καὶ ὑφ' ἑτέρων τεχνημάτων
ὁμοίων τούτοισιν ἐπιγίνεσθαί τε τοῖσιν ἀνθρώποισι
καὶ προσπίπτειν, ὥστε μηκέτι τὸ θεῖον αἴτιον εἶναι,
ἀλλά τι ἀνθρώπινον; (26) ὅστις γὰρ οἷός τε περι-
καθαίρων καὶ μαγεύων ἀπάγειν τοιοῦτο πάθος,
οὗτος κἂν ἐπάγοι ἕτερα τεχνησάμενος, καὶ ἐν τούτῳ
τῷ λόγῳ τὸ θεῖον ἀπόλλυται.

(27) Τοιαῦτα λέγοντες καὶ μηχανώμενοι προσποι-
έονται πλέον τι εἰδέναι καὶ ἀνθρώπους ἐξαπατῶσι
προστιθέμενοι αὐτοῖς ἁγνείας τε καὶ καθαρότη-
τας, ὅ τε πολὺς αὐτοῖς τοῦ λόγου ἐς τὸ θεῖον
ἀφήκει καὶ τὸ δαιμόνιον. (28) Καίτοι ἔμοιγε οὐ
περὶ εὐσεβείης τοὺς λόγους δοκέουσι ποιεῖσθαι,
ὡς οἴονται, ἀλλὰ περὶ ἀσεβείης μᾶλλον καὶ ὡς
θεοὶ οὐκ εἰσί, τὸ δὲ εὐσεβὲς αὐτῶν καὶ τὸ
θεῖον ἀσεβές ἐστι καὶ ἀνόσιον, ὡς ἐγὼ διδάξω.
(29) Εἰ γὰρ σελήνην τε κατάγειν καὶ ἥλιον ἀφανίζειν
καὶ χειμῶνά τε καὶ εὐδίην ποιεῖν καὶ ὄμβρους
καὶ αὐχμοὺς καὶ θάλασσαν ἄπορον καὶ γῆν ⟨ἄφορον⟩
καὶ τἆλλα | τὰ τοιουτότροπα πάντα ὑποδέχονται
ἐπίστασθαι – εἴτε καὶ ἐκ τελετέων εἴτε καὶ ἐξ

das Ziegenfleisch ankäme, da sie dort keine Decke, kein Gewand und keinen Schuh haben, der nicht aus Ziegenfell wäre; denn sie haben kein anderes Vieh außer Ziegen [und Rindern]. (23) Wenn der Verzehr und die Verwendung dieser Dinge die Krankheit hervorbringt und fördert, wenn Verzicht dagegen Heilung bewirkt, ist nicht mehr die Gottheit daran schuld und die Reinigungsriten nützen nichts. Es sind vielmehr die Speisen, die heilen oder schaden, und die Einwirkung der Gottheit verschwindet.

(24) So freilich scheinen mir diejenigen, die auf diese Weise diese Krankheiten zu heilen versuchen, sie weder für heilig noch göttlich zu halten. (25) Denn wenn durch solche Reinigungen und durch eine solche Behandlung die Krankheiten beseitigt werden, was spricht dagegen, daß sie durch andere, diesen ähnliche Praktiken entstehen und die Menschen befallen? Somit ist nicht mehr das Göttliche schuld, sondern etwas Menschliches. (26) Denn wer imstande ist, dieses Leiden durch Reinigungsriten und Zauberei zu beseitigen, der könnte es auch hervorrufen, indem er andere Mittel anwendete, und mit diesem Argument ist das Göttliche auszuschließen.

(27) Indem sie solches behaupten und so vorgehen, tun sie so, als wüßten sie mehr, und sie täuschen die Menschen, indem sie ihnen Entsühnungs- und Reinigungsvorschriften auferlegen, und der größte Teil ihrer Worte läuft auf das Göttliche und Dämonische hinaus. (28) Mir freilich scheinen ihre Reden nicht, wie sie glauben, über die Frömmigkeit zu handeln, sondern mehr über die Gottlosigkeit und darüber, daß es die Götter nicht gibt. Und das Fromme und Göttliche bei ihnen ist unfromm und unheilig, wie ich beweisen werde. (29) Denn wenn sie versprechen, den Mond herabzuholen und die Sonne verschwinden zu lassen, Sturm und gutes Wetter zu machen, Regen und Dürre zu bringen, das Meer unpassierbar und das Land [unfruchtbar] zu machen und sich auch auf alle anderen derartigen Bereiche zu verstehen – ob sie nun behaupten, daß sie dazu imstande seien,

ἄλλης τινὸς γνώμης ἢ μελέτης φασὶν οἷοί τε εἶναι -.
(30) οἱ ταῦτα ἐπιτηδεύοντες δυσσεβεῖν ἔμοιγε δοκ-
έουσι καὶ θεοὺς οὔτ' εἶναι νομίζειν οὔτε ἰσχύειν
οὐδὲν οὐδὲ εἴργεσθαι ἂν οὐδενὸς τῶν ἐσχάτων
ποιέοντες, ὡς οὐ δεινοὶ αὐτοῖς εἰσιν. (31) Εἰ
γὰρ ἄνθρωπος μαγεύων τε καὶ θύων σελήνην τε
καθαιρήσει καὶ ἥλιον ἀφανιεῖ καὶ χειμῶνα καὶ
εὐδίην ποιήσει, οὐκ ἂν ἔγωγ' ἔτι θεῖον νομίσαιμι
τούτων εἶναι οὐδέν, ἀλλ' ἀνθρώπινον, εἰ δὴ τοῦ θείου
ἡ δύναμις ὑπ' ἀνθρώπου γνώμης κρατεῖται καὶ
δεδούλωται.

(32) Ἴσως δὲ οὐχ οὕτως ἔχει ταῦτα, ἀλλ' ἄνθρωποι
βίου δεόμενοι πολλὰ καὶ παντοῖα τεχνῶνται καὶ
ποικίλλουσιν ἔς τε τἄλλα πάντα καὶ ἐς τὴν νοῦσον
ταύτην ἑκάστῳ εἴδει τοῦ πάθεος θεῷ τὴν αἰτίην προσ-
τιθέντες. (οὐ γὰρ ἕνα, ἀλλὰ πλέονας {μὴν ταῦτα}
ἐπαιτιῶνται.)

(33) Ἢν μὲν γὰρ αἶγα μιμῆται κἢν βρύχηται κἢν
τὰ δεξιὰ σπᾶται, Μητέρα θεῶν φασιν αἰτίην εἶναι.
(34) Ἢν δὲ ὀξύτερον καὶ ἐντονώτερον φθέγγηται,
ἵππῳ εἰκάζουσι καί φασι Ποσειδέωνα αἴτιον εἶναι.
(35) Ἢν δὲ καὶ τῆς κόπρου παρίῃ, ὃ πολλάκις γίνεται
ὑπὸ τῆς νούσου βιαζομένοισιν, | Ἐνοδίης θεοῦ
πρόσκειται ἡ ἐπωνυμίη. (36) Ἢν δὲ πυκνότερον
καὶ λεπτότερον οἷον ὄρνιθες, Ἀπόλλων νόμιος,
(37) ἢν δὲ ἀφρὸν ἐκ τοῦ στόματος ἀφίῃ καὶ
τοῖσι ποσὶ λακτίζῃ, Ἄρης τὴν αἰτίην ἔχει. (38) Οἷσι
δὲ νυκτὸς δείματα παρίσταται καὶ φόβοι καὶ παρά-
νοιαι καὶ ἀναπηδήσιες ἐκ τῆς κλίνης καὶ φεύξιες
ἔξω, Ἑκάτης φασὶν εἶναι ἐπιβολὰς καὶ ἡρώων
ἐφόδους. (39) Καθαρμοῖσί τε χρέωνται καὶ ἐπαοι-
δῇσι, καὶ ἀνοσιώτατόν τε καὶ ἀθεώτατον πρῆγμα
ποιέουσιν ὡς ἔμοιγε δοκεῖ. (40) Καθαίρουσι γὰρ τοὺς
ἐχομένους τῇ νούσῳ αἵματί τε καὶ ἄλλοισι τοιούτοις

durch Weihen oder durch irgendeine andere Einsicht oder
Übung -, (30) so scheinen mir diejenigen, die dies eifrig betrei-
ben, gottlos zu handeln und zu glauben, daß die Götter nicht exi-
stieren oder nichts vermögen, und sie scheinen sich auch vom
Äußersten nicht abhalten zu lassen, da ihnen die Götter keine
Furcht einflößen. (31) Denn wenn ein Mensch durch Zaubern
und Opfern den Mond herabholen, die Sonne verschwinden las-
sen, Sturm und gutes Wetter erzeugen will, dann würde ich
nichts davon für göttlich halten, sondern es als menschliches Tun
einschätzen, wenn doch die göttliche Gewalt vom Verstand des
Menschen besiegt und unterworfen wird.

(32) Vielleicht verhält sich dies aber nicht so, sondern die Men-
schen ersinnen, weil es ihnen an Mitteln zum Lebensunterhalt
fehlt, Vielerlei und schmücken es auch bei dieser Krankheit wie
bei allem anderen aus, indem sie für jede Form des Leidens einem
Gott die Schuld geben. (Denn nicht einem, sondern mehreren
geben sie die Schuld.)

(33) Wenn nämlich einer die Ziege nachahmt und brüllt, und
wenn die rechte Seite zuckt, dann, so sagen sie, sei die Göttermut-
ter schuld. (34) Wenn einer dagegen lautere und heftigere Geräu-
sche von sich gibt, vergleichen sie es mit einem Pferd und sagen,
Poseidon sei schuld. (35) Wenn einer aber auch etwas Stuhl abge-
hen läßt, was oft bei Menschen, die von der Krankheit ergriffen
sind, geschieht, wird der Name der Gottheit Enodia herangezo-
gen. (36) Wenn der Stuhl häufiger und dünner so wie bei Vögeln
ist, dann ist es Apollon Nomios. (37) Wenn einer Schaum aus dem
Mund abgehen läßt und mit den Füßen tritt, trägt Ares die Schuld.
(38) Wenn bei manchen in der Nacht Alpträume, Angstzustände
und Wahnvorstellungen auftreten, sie aus dem Bett aufspringen
und sich hinaus flüchten, so seien dies, wie sie sagen, Anschläge der
Hekate und Angriffe der Heroen. (39) Sie wenden Reinigungsriten
und Beschwörungen an; sie begehen damit, wie mir scheint, so-
wohl eine sehr unheilige als auch sehr gottlose Handlung. (40) Denn
sie reinigen die an der Krankheit Leidenden mit Blut und anderen

ὥσπερ μίασμά τι ἔχοντας ἢ ἀλάστορας ἢ πεφαρ-
μαγμένους ὑπ' ἀνθρώπων {ἢ τι ἔργον ἀνόσιον εἰρ-
γασμένους}. (41) Οὓς ἐχρῆν τἀντία τούτοισι ποιεῖν·
θύειν τε καὶ εὔχεσθαι καὶ ἐς τὰ ἱρὰ φέροντας ἱκε-
τεύειν τοὺς θεούς. (42) Νῦν δὲ τούτων μὲν ποιέουσιν
οὐδέν, καθαίρουσι δὲ καὶ τὰ μὲν τῶν καθαρμῶν γῇ
κρύπτουσι, τὰ δὲ ἐς θάλασσαν ἐμβάλλουσι, τὰ δ' ἐς
τὰ οὔρεα ἀποφέρουσιν ὅπῃ μηδεὶς ἅψεται μηδ'
ἐμβήσεται. (43) Τὰ δ' ἐχρῆν ἐς τὰ ἱρὰ φέροντας τῷ
θεῷ ἀποδοῦναι, εἰ δὴ ὁ θεός ἐστιν αἴτιος. (44) Οὐ
μέντοι ἔγωγε ἀξιῶ ὑπὸ θεοῦ ἀνθρώπου σῶμα μιαίνε-
σθαι, τὸ ἐπικηρότατον ὑπὸ τοῦ ἁγνοτάτου, | ἀλλὰ
καὶ ἢν τυγχάνῃ ὑφ' ἑτέρου μεμιασμένον ἢ τι πεπον-
θός, ὑπὸ τοῦ θεοῦ καθαίρεσθαι ἂν αὐτὸ καὶ ἁγνίζε-
σθαι μᾶλλον ἢ μιαίνεσθαι. (45) Τά γ' οὖν μέγιστα τῶν
ἁμαρτημάτων καὶ ἀνοσιώτατα τὸ θεῖόν ἐστι τὸ
καθαῖρον καὶ ἁγνίζον καὶ ῥύμμα γινόμενον ἡμῖν,
(46) αὐτοί τε ὅρους τοῖσι θεοῖσι τῶν ἱρῶν καὶ τῶν τε-
μενέων ἀποδείκνυμεν, ὡς ἂν μηδεὶς ὑπερβαίνῃ ἢν μὴ
ἁγνεύῃ, ἐσιόντες τε περιρραινόμεθα οὐχ ὡς μιαινό-
μενοι, ἀλλ' εἴ τι καὶ πρότερον ἔχομεν μύσος, τοῦτο
ἀφαγνιούμενοι. Καὶ περὶ μὲν τῶν καθαρμῶν οὕτω
μοι δοκεῖ ἔχειν.

2. (1) Τὸ δὲ νόσημα τοῦτο οὐδέν τί μοι δοκεῖ θειότε-
ρον εἶναι τῶν λοιπῶν, ἀλλὰ φύσιν μὲν ἔχειν καὶ τὰ
ἄλλα νοσήματα, ὅθεν ἕκαστα γίνεται, (2) φύσιν δὲ
τοῦτο καὶ πρόφασιν, καὶ ἀπὸ τοῦ αὐτοῦ θεῖον γίνε-
σθαι ἀφ' ὅτου καὶ τὰ ἄλλα πάντα, (3) καὶ ἰητὸν εἶναι
{καὶ} οὐδὲν ἧσσον ἑτέρων ὅ τι ἂν μὴ ἤδη ὑπὸ χρόνου
πολλοῦ βεβιασμένον ᾖ ὥστε ἰσχυρότερον εἶναι τῶν
φαρμάκων προσφερομένων.

(4) Ἄρχεται δὲ ὥσπερ καὶ τὰ ἄλλα νοσήματα
κατὰ γένος. Εἰ γὰρ ἐκ τοῦ φλεγματώδεος φλεγμα-
τώδης καὶ ἐκ χολώδεος χολώδης γίνεται καὶ ἐκ

ähnlichen Dingen, als ob sie irgendeine Befleckung oder Rache-
geister in sich hätten oder von Menschen verhext wären [oder
eine ruchlose Tat begangen hätten]. (41) Dabei wäre es nötig, daß
sie genau das Gegenteil davon tun: opfern, beten und sie in die
Heiligtümer bringen, um die Götter anzuflehen. (42) Jetzt aber
tun sie nichts davon, sondern reinigen sie und verbergen das Un-
reine teils in der Erde, teils werfen sie es ins Meer oder tragen es in
die Berge, wo es niemand berühren oder darauf treten kann.
(43) Es wäre aber notwendig, es in die Heiligtümer zu schaffen
und der Gottheit darzubringen, wenn doch die Gottheit daran
schuld ist. (44) Ich freilich glaube nicht, daß von einer Gottheit
der Körper eines Menschen befleckt wird, vom Reinsten also das
Vergänglichste, sondern wenn tatsächlich der Körper von etwas
anderem befleckt oder geschädigt wurde, dürfte er doch wohl von
der Gottheit eher gereinigt und entsühnt als befleckt werden.
(45) Die größten und schlimmsten Verfehlungen reinigt, entsühnt
und wäscht das Göttliche von uns ab. (46) Und wir selbst setzen
ja für die Götter die Grenzen ihrer Tempel und heiligen Bezirke
fest, damit niemand sie überschreitet, wenn er nicht rein ist, und
wenn wir uns beim Hineingehen besprengen, tun wir das nicht,
als ob wir befleckt würden, sondern um uns, für den Fall, daß wir
irgendeine frühere alte Unreinheit hätten, davon zu reinigen. So
scheint es sich mir mit den Reinigungsriten zu verhalten.

2. (1) Diese Krankheit ist, wie mir scheint, keineswegs göttlicher
als die anderen, sondern, wie auch die anderen Krankheiten eine
natürliche Ursache haben, aus der jede entsteht, (2) scheint auch
diese eine natürliche Ursache zu haben, und aus demselben Grund,
der für alle anderen Krankheiten gilt, scheint sie mir göttlich zu
sein; (3) und sie scheint mir auch nicht weniger heilbar zu sein als
die übrigen, falls sie nicht über lange Zeit hinweg so weit vorge-
drungen ist, daß sie stärker ist als die angewendeten Heilmittel.

(4) Sie hat wie auch die anderen Krankheiten ihren Ursprung in
der Vererbung. Denn wenn aus einem vom Phlegma Geprägten
ein Phlegmatypus entsteht, aus einem von der Galle geprägten

φθινώδεος φθινώδης καὶ ἐκ σπληνώδεος σπληνίας,
(5) τί κωλύει, ὅτῳ πατὴρ ἢ μήτηρ εἴχετο τούτῳ
τῷ νοσήματι, καὶ τῶν ἐκγόνων ἔχεσθαί τινα· ὡς
ὁ γόνος ἔρχεται πάντοθεν τοῦ σώματος, ἀπό τε
τῶν ὑγιηρῶν ὑγιηρὸς καὶ ἀπὸ τῶν νοσηρῶν νοσηρός.
(6) Ἕτερον δὲ μέγα τεκμήριον, ὅτι οὐδὲν θειότερόν
ἐστι τῶν λοιπῶν νοσημά|των· τοῖσι γὰρ φλεγ-
ματώδεσι φύσει γίνεται, τοῖσι δὲ χολώδεσιν οὐ
προσπίπτει. (7) Καίτοι, εἰ θειότερόν ἐστι τῶν ἄλλων,
τοῖς ἅπασιν ὁμοίως ἔδει γίνεσθαι τὴν νοῦσον
ταύτην καὶ μὴ διακρίνειν μήτε χολώδεα μήτε φλεγμα-
τώδεα.

3. (1) Ἀλλὰ γὰρ αἴτιος ὁ ἐγκέφαλος τούτου τοῦ
πάθεος ὥσπερ τῶν ἄλλων νοσημάτων τῶν μεγίστων,
ὅτῳ δὲ τρόπῳ καὶ ἐξ οἵης προφάσιος γίνεται, ἐγὼ
φράσω σαφέως.
(2) Ὁ ἐγκέφαλός ἐστι τοῦ ἀνθρώπου διπλόος
ὥσπερ καὶ τοῖσιν ἄλλοισι ζῴοισιν ἅπασι, τὸ δὲ μέσον
αὐτοῦ διείργει μῆνιγξ λεπτή. Διὸ οὐκ αἰεὶ κατὰ τωὐτὸ
τῆς κεφαλῆς ἀλγεῖ, ἀλλ' ἐν μέρει ἑκάτερον, ὁτὲ δὲ
ἅπασαν. (3) Καὶ φλέβες δ' ἐς αὐτὸν τείνουσιν ἐξ
ἅπαντος τοῦ σώματος πολλαὶ καὶ λεπταί, δύο δὲ πα-
χεῖαι, ἡ μὲν ἀπὸ τοῦ ἥπατος, ἡ δὲ ἀπὸ τοῦ σπληνός.
(4) Καὶ ἡ μὲν ἀπὸ τοῦ ἥπατος ὧδ' ἔχει· τὸ μέν τι τῆς
φλεβὸς κάτω τείνει διὰ τῶν ἐπὶ δεξιὰ παρ' αὐτὸν τὸν
νεφρὸν καὶ τὴν ψόην ἐς τὸ ἐντὸς τοῦ μηροῦ καὶ καθή-
κει ἐς τὸν πόδα, καὶ καλεῖται κοίλη φλέψ. (5) Ἡ δ'
ἑτέρη ἄνω τείνει διὰ τῶν φρενῶν καὶ τοῦ πλεύμονος
τῶν δεξιῶν, ἀπέσχισται δὲ καὶ ἐς τὴν καρδίην καὶ ἐς
τὸν βραχίονα τὸν δεξιόν, (6) καὶ τὸ λοιπὸν ἄνω φέρει
διὰ τῆς κληίδος ἐς τὰ δεξιὰ τοῦ αὐχένος ἐς αὐτὸ τὸ
δέρμα ὥστε κατάδηλός ἐστι, παρ' αὐτὸ δὲ τὸ οὖς
κρύπτεται καὶ ἐνταῦθα σχίζεται. (7) Καὶ τὸ μὲν

Typ ein Galletypus, aus einem Schwindsüchtigen ein Schwind-
süchtiger, aus einem Milzkranken ein Milzkranker. (5) was spricht
dagegen, daß auch eines der Kinder, wenn Vater oder Mutter an
dieser Krankheit litten, davon befallen wird? Denn der Samen
kommt von allen Teilen des Körpers, gesunder von den gesunden
Teilen, kranker von den kranken Teilen. (6) Ein weiterer guter Be-
weis dafür, daß diese Krankheit um nichts göttlicher ist als die an-
deren, ist folgender: Bei dem vom Phlegma geprägten Menschen
entsteht sie aufgrund seiner natürlichen Konstitution, die von der
Galle geprägten Konstitutionen befällt sie dagegen nicht. (7) Wenn
sie göttlicher wäre als die anderen, müßte diese Krankheit glei-
chermaßen bei allen entstehen, dürfte jedoch nicht zwischen von
Galle und von Phlegma Geprägten trennen.

3. (1) Schuld an dieser Krankheit ist freilich das Gehirn, ebenso
wie an den anderen sehr schlimmen Krankheiten. Auf welche
Weise und aus welchem Grunde sie entsteht, werde ich nun ge-
nau darlegen.

(2) Das Gehirn des Menschen ist wie bei allen anderen Lebe-
wesen zweigeteilt; eine dünne Membrane trennt es in der Mitte.
Deswegen empfindet der Mensch nicht immer an derselben
Stelle des Kopfes Schmerzen, sondern manchmal nur in einer
Hälfte, manchmal auch im ganzen Kopf. (3) In das Gehirn zie-
hen weiterhin von überall aus dem Körper zahlreiche dünne, be-
sonders aber zwei dicke Adern, eine von der Leber, die andere
von der Milz. (4) Die aus der Leber kommende verläuft so: Ein
Teil der Ader zieht auf der rechten Seite direkt an der Niere und
an der Lende vorbei hinab auf die Innenseite des Schenkels und
gelangt in den Fuß; sie wird Hohlader genannt. (5) Der andere
Teil zieht durch die rechte Seite des Zwerchfells und den rechten
Lungenflügel hinauf, verzweigt sich in das Herz und in den rech-
ten Arm, (6) der übrige Teil zieht unter dem Schlüsselbein hin-
durch hinauf in den rechten Teil des Halses bis unmittelbar in die
Haut, so daß er deutlich sichtbar ist; unmittelbar beim Ohr ver-
schwindet er und teilt sich dann dort. (7) Und der dickste, größte

παχύτατον καὶ μέγιστον καὶ κοιλότατον ἐς τὸν
ἐγκέφαλον τελευτᾷ, τὸ δὲ ἐς τὸ οὖς τὸ δεξιόν, τὸ δ' ἐς
τὸν ὀφθαλμὸν τὸν δεξιόν, τὸ δ' ἐς τὸν μυκτῆρα. Ἀπὸ
μὲν τοῦ ἥπατος οὕτως ἔχει τὰ τῶν φλεβῶν. (8) Διατέ-
ταται δὲ καὶ ἀπὸ τοῦ σπληνὸς φλὲψ ἐς τὰ ἀριστερὰ
καὶ κάτω καὶ ἄνω, ὥσπερ καὶ ἡ ἀπὸ τοῦ ἥπατος, λεπ-
τοτέρη δὲ καὶ ἀσθενεστέρη. |

4. (1) Κατὰ ταύτας δὲ τὰς φλέβας καὶ ἐσαγόμεθα τὸ
πολὺ τοῦ πνεύματος. Αὗται γὰρ ἡμῖν εἰσιν ἀναπνοαὶ
τοῦ σώματος τὸν ἠέρα ἐς σφᾶς ἕλκουσαι καὶ ἐς τὸ
σῶμα τὸ λοιπὸν ὀχετεύουσαι κατὰ τὰ φλέβια, καὶ
ἀναψύχουσι καὶ πάλιν ἀφιᾶσιν. (2) Οὐ γὰρ οἷόν τε τὸ
πνεῦμα στῆναι, ἀλλὰ χωρεῖν ἄνω καὶ κάτω. Ἢν γὰρ
στῇ που καὶ ἀποληφθῇ, ἀκρατὲς γίνεται ἐκεῖνο τὸ
μέρος καθ' ὃ ἂν στῇ. (3) Τεκμήριον δέ· ὅταν γὰρ κα-
τακειμένῳ ἢ καθημένῳ φλέβια πιεσθῇ, ὥστε τὸ
πνεῦμα μὴ διεξιέναι ἀπὸ τῆς φλεβός, εὐθὺς νάρκη
ἔχει. Περὶ μὲν τῶν φλεβῶν οὕτως ἔχει.

5. (1) Ἡ δὲ νοῦσος αὕτη γίνεται τοῖσι φλεγματίῃσι,
τοῖσι δὲ χολώδεσιν οὔ. Ἄρχεται δὲ φύεσθαι ἐπὶ τοῦ
ἐμβρύου ἐν τῇ μήτρῃ ἐόντος. (2) Καθαίρεται γὰρ καὶ
ἀνθεῖ ὥσπερ τὰ ἄλλα μέλεα πρὶν ἢ γενέσθαι καὶ ὁ
ἐγκέφαλος. (3) Ἐν ταύτῃ δὲ τῇ καθάρσει ἢν μὲν
καλῶς καὶ μετρίως καθαρθῇ καὶ μήτε πλέον μήτ'
ἔλασσον τοῦ δέοντος ἀπορρυῇ, οὕτως ὑγιηροτάτην
τὴν κεφαλὴν ἔχει. (4) Ἢν δὲ πλέονα ῥυῇ ἀπὸ τοῦ
παντὸς ἐγκεφάλου καὶ ἀπότηξις πολλὴ γένηται, νο-
σώδεά τε τὴν κεφαλὴν ἕξει αὐξόμενος καὶ ἤχου
πλέην καὶ οὔτε ἥλιον οὔτε ψῦχος ἀνέξεται. (5) Ἢν δὲ
ἀπὸ ἑνός τινος γένηται ἢ ὀφθαλμοῦ ἢ ὠτὸς ἢ φλὲψ τις
συνισχνανθῇ, κεῖνο κακοῦται τὸ μέρος ὅπως ἂν καὶ |
τῆς ἀποτήξιος ἔχῃ. (6) Ἢν δὲ κάθαρσις μὴ ἐπιγένη-
ται, ἀλλὰ συστραφῇ τῷ ἐγκεφάλῳ, οὕτως ἀνάγκη

und hohlste Ast endet im Gehirn, ein anderer im rechten Ohr, ein weiterer im rechten Auge und wieder ein anderer in der Nase. So verhält es sich also mit den von der Leber ausgehenden Adern. (8) Von der Milz läuft eine Ader nach links sowohl nach unten als auch nach oben, wie auch die von der Leber ausgehende Ader, nur dünner und schwächer.

4. (1) Durch diese Adern nehmen wir auch den größten Teil der Luft auf; denn dies sind für uns die Atmungswege des Körpers; sie ziehen die Luft in sich hinein und leiten sie durch die Äderchen in den übrigen Körper, kühlen ihn ab und lassen die Luft dann wieder entweichen. (2) Denn die Luft kann nicht stehenbleiben, sondern geht nach oben und unten. Wenn sie irgendwo stehenbleibt und eingeschlossen wird, wird jener Teil, in dem sie stehenbleibt, kraftlos. Ein Beweis dafür ist folgender: (3) Wenn bei jemandem, der liegt oder sitzt, die Äderchen zusammengedrückt werden, so daß die Luft von der Ader aus nicht hindurch kann, entsteht sofort ein Taubheitsgefühl. So verhält es sich also mit den Adern.

5. (1) Diese Krankheit tritt bei den vom Phlegma, nicht bei den von Galle Geprägten auf. Sie beginnt schon im Embryo, während er sich noch im Mutterleib befindet. (2) Denn wie die anderen Teile wird auch das Gehirn, bevor die Geburt erfolgt, gereinigt und hat Ausscheidungen. (3) Wenn bei dieser Reinigung gut und angemessen gereinigt wird und dabei nicht mehr und nicht weniger als notwendig abfließt, dann hat das Kind den gesündesten Kopf. (4) Wenn aber vom ganzen Gehirn zuviel abfließt und die Abschmelzung groß ist, wird das Kind einen kranken Kopf voller Geräusche haben, sobald es heranwächst, und wird weder Hitze noch Kälte ertragen. (5) Wenn der Abfluß entweder von einem Auge oder von einem Ohr erfolgt oder wenn eine Ader zusammengepreßt wird, wird jener Teil in dem Maße geschädigt, wie er an der Abschmelzung Anteil hat. (6) Wenn aber keine Reinigung erfolgt, sondern im Gehirn eine Konzentration entsteht,

φλεγματώδεα εἶναι. (7) Καὶ οἷσι μὲν παιδίοις ἐοῦσιν ἐξανθεῖ ἕλκεα καὶ ἐς τὴν κεφαλὴν καὶ ἐς τὰ ὦτα καὶ ἐς τὸν χρῶτα καὶ σιαλώδεα γίνεται καὶ μυξόρροα, ταῦτα μὲν ῥήιστα διάγει προϊούσης τῆς ἡλικίης. (8) Ἐνταῦθα γὰρ ἀπίει καὶ ἐκκαθαίρεται τὸ φλέγμα, ὃ ἐχρῆν ἐν τῇ μήτρῃ καθαρθῆναι. Καὶ τὰ οὕτω παιδευθέντα οὐ γίνεται ἐπίληπτα τῇ νούσῳ ταύτῃ ὡς ἐπὶ τὸ πολύ. (9) Ὅσα δὲ καθαρά τέ ἐστι καὶ μήτε ἕλκος μηδὲν μήτε μύξα μήτε σίαλον αὐτοῖς προέρχεται μήτ᾽ ἐν τῇσι μήτρῃσι πεποίηται τὴν κάθαρσιν, τούτοισι δὲ ἐπικίνδυνόν ἐστιν ἁλίσκεσθαι ὑπὸ ταύτης τῆς νούσου.

6. (1) Ἢν δ᾽ ἐπὶ τὴν καρδίην ποιήσηται ὁ κατάρροος τὴν πορείην, παλμὸς ἐπιλαμβάνει καὶ ἄσθμα, καὶ τὰ στήθεα διαφθείρεται, ἔνιοι δὲ καὶ κυφοὶ γίνονται. (2) Ὅταν γὰρ ἐπικατέλθῃ τὸ φλέγμα ψυχρὸν ἐπὶ τὸν πλεύμονα καὶ τὴν καρδίην, ἀποψύχεται τὸ αἷμα, αἱ δὲ φλέβες πρὸς βίην ψυχόμεναι πρὸς τῷ πλεύμονι καὶ τῇ καρδίῃ πηδῶσι καὶ ἡ καρδίη πάλλεται, ὥστε ὑπὸ τῆς ἀνάγκης ταύτης τὸ ἄσθμα ἐπιπίπτειν καὶ τὴν ὀρθοπνοίην. (3) Οὐ γὰρ δέχεται τὸ πνεῦμα ὅσον ἐθέλει, ἄχρι κρατηθῇ τοῦ φλέγματος τὸ ἐπιρρυὲν καὶ διαθερμανθὲν διαχυθῇ ἐς τὰς φλέβας. Ἔπειτα παύεται τοῦ παλμοῦ καὶ τοῦ ἄσθματος. (4) Παύεται δέ, ὅπως ἂν καὶ τοῦ πλήθεος ἔχῃ· ἢν μὲν γὰρ πλέον ἐπικαταρρυῇ, σχολαίτερον, ἢν δ᾽ ἔλασσον, θᾶσσον, καὶ ἢν | πυκνότεροι ἔωσιν οἱ κατάρροοι, πυκνότερα ἐπίληπτος γίνεται. (5) Ταῦτα μὲν οὖν πάσχει, ἢν ἐπὶ τὸν πλεύμονα καὶ τὴν καρδίην ἴῃ, ἢν δ᾽ ἐς τὴν κοιλίην, διάρροιαι λαμβάνουσιν.

7. (1) Ἢν δὲ τουτέων μὲν τῶν ὁδῶν ἀποκλεισθῇ, ἐς δὲ τὰς φλέβας ἃς προείρηκα τὸν κατάρροον ποιήσηται, ἄφωνος γίνεται καὶ πνίγεται καὶ ἀφρὸς ἐκ

dann ist das Kind notwendigerweise voller Phlegma. (7) Bei kleinen Kindern, [bei] denen Geschwüre sowohl am Kopf als auch an den Ohren und auf der Haut aufblühen und es zu Absonderungen von Speichel und Nasenschleim kommt, verläuft dies, wenn sie im Alter fortschreiten, noch am leichtesten. (8) Denn dann geht das Phlegma ab und wird ausgeschieden, das schon im Mutterleib hätte ausgeschieden werden müssen. Und die auf diese Weise Aufgewachsenen (Erzogenen) werden im allgemeinen nicht von dieser Krankheit befallen. (9) Bei denjenigen aber, die rein sind und bei denen sich weder ein Geschwür zeigt, noch Nasenschleim oder Speichel hervortritt und bei denen die Reinigung auch nicht im Mutterleib erfolgte, besteht die Gefahr, daß sie von dieser Krankheit befallen werden.

6. (1) Wenn der Abfluß seinen Weg zum Herzen nimmt, kommt es zu Herzklopfen und Asthma, und die Brust wird geschädigt; manche werden auch bucklig. (2) Denn wenn das Phlegma mit seiner Kälte zur Lunge und zum Herzen herabfließt, wird das Blut abgekühlt, die Adern, gewaltsam abgekühlt, schlagen gegen die Lunge und das Herz, und das Herz klopft, so daß zwangsläufig Asthma und Atemnot auftreten. (3) Denn der davon Befallene erhält nicht so viel Luft, wie er möchte, bis der Zufluß des Phlegmas bewältigt ist, das Phlegma erwärmt und in die Adern verteilt worden ist. Dann hören das Herzklopfen und das Asthma auf. (4) Dies geschieht entsprechend der Menge; denn wenn mehr herabfließt, tritt es langsamer ein, wenn weniger, dann schneller, und wenn die Flüsse häufiger sind, wird der Kranke häufiger befallen. (5) Das nun erleidet er, wenn das Phlegma zur Lunge und zum Herzen fließt; wenn es aber in den Bauch geht, befällt ihn Durchfall.

7. (1) Wenn das Phlegma von diesen Wegen abgesperrt ist und seinen Abfluß in die oben erwähnten Adern lenkt, entstehen Sprachlosigkeit und Erstickungsanfälle, Schaum fließt aus dem

τοῦ στόματος ῥεῖ, καὶ οἱ ὀδόντες συνηρείκασι, καὶ αἱ
χεῖρες συσπῶνται καὶ τὰ ὄμματα διαστρέφονται, καὶ
οὐδὲν φρονέουσιν, ἐνίοισι δὲ καὶ ὑποχωρεῖ κάτω.
(2) (Καὶ ταῦτα γίνεται ἐνίοτε μὲν ἐς τὰ ἀριστερά,
ὁτὲ δὲ ἐς τὰ δεξιά, ὁτὲ δὲ ἐς ἀμφότερα.) (3) Ὅπως δὲ
τούτων ἕκαστον πάσχει, ἐγὼ φράσω· ἄφωνος μέν
ἐστιν ὅταν ἐξαίφνης τὸ φλέγμα ἐπικατελθὸν ἐς τὰς
φλέβας ἀποκλείσῃ τὸν ἠέρα καὶ μὴ παραδέχηται μήτ᾽
ἐς τὸν ἐγκέφαλον μήτ᾽ ἐς τὰς φλέβας τὰς κοίλας μήτε
ἐς τὰς κοιλίας, ἀλλ᾽ ἐπιλάβῃ τὴν ἀναπνοήν. (4) Ὅταν
γὰρ λάβῃ ὁ ἄνθρωπος κατὰ τὸ στόμα καὶ τοὺς μυκτῆ-
ρας τὸ πνεῦμα, πρῶτον μὲν ἐς τὸν ἐγκέφαλον ἔρχεται,
ἔπειτα δ᾽ ἐς τὴν κοιλίην τὸ πλεῖστον μέρος, τὸ δ᾽ ἐπὶ τὸν
πλεύμονα, τὸ δ᾽ ἐπὶ τὰς φλέβας. Ἐκ τουτέων δὲ σκίδνα-
ται ἐς τὰ λοιπὰ μέρεα κατὰ τὰς φλέβας. (5) Καὶ ὅσον
μὲν ἐς τὴν κοιλίην ἔρχεται, τοῦτο μὲν τὴν κοιλίην δι-
αψύχει καὶ ἄλλο οὐδὲν συμβάλλεται. τωὐτὸ δὲ ⟨τὸ⟩ ἐς
τὸν πλεύμονα. (6) Ὁ δὲ ἐς τὰς φλέβας ἀὴρ συμβάλλε-
ται ἐς τὰς κοιλίας ἐσιὼν [καὶ ἐς τὸν ἐγκέφαλον] καὶ
οὕτω τὴν φρόνησιν καὶ τὴν κίνησιν τοῖσι μέλεσι παρ-
έχει, (7) ὥστ᾽ ἐπειδὰν ἀποκλεισθῶσιν αἱ φλέβες τοῦ
ἠέρος ὑπὸ τοῦ φλέγματος | καὶ μὴ παραδέχωνται,
ἄφωνον καθιστᾶσι καὶ ἄφρονα τὸν ἄνθρωπον. (8) Αἱ
δὲ χεῖρες ἀκρατέες γίνονται καὶ σπῶνται τοῦ αἵματος
ἀτρεμίσαντος καὶ οὐ διαχεομένου ὥσπερ ἐώθει. (9) Καὶ
οἱ ὀφθαλμοὶ δὲ διαστρέφονται τῶν φλεβίων ἀποκλει-
ομένων τοῦ ἠέρος καὶ σφυζόντων. (10) Ἀφρὸς δ᾽ ἐκ τοῦ
στόματος προέρχεται ἐκ τοῦ πλεύμονος. Ὅταν γὰρ τὸ
πνεῦμα μὴ ἐσίῃ ἐς αὐτόν, ἀφρεῖ καὶ ἀναβλύει ὥσπερ
ἀποθνήσκων. (11) Ἡ δὲ κόπρος ὑπέρχεται ὑπὸ βίης
πνιγομένου, πνίγεται δὲ τοῦ ἥπατος καὶ τῆς ἄνω κοι-
λίης πρὸς τὰς φρένας προσπεπτωκότων καὶ τοῦ στο-
μάχου τῆς γαστρὸς ἀπειλημμένου. Προσπίπτει δ᾽, ὅταν
τὸ πνεῦμα μὴ ἐσίῃ ἐς τὸ σῶμα ὅσον ἐώθει. (12) Λακτίζει

Mund, die Zähne sind zusammengepreßt, die Hände verkramp-
fen sich, die Augen verdrehen sich und das Bewußtsein fehlt,
bei manchen tritt auch Kot aus. (2) (Und diese Symptome
treten manchmal auf der linken Seite auf, manchmal auf der
rechten und manchmal auf beiden Seiten.) (3) Ich werde nun
darlegen, wie es zu jedem einzelnen dieser Leiden kommt.
Sprachlos ist der Kranke, wenn plötzlich das Phlegma in die
Adern herabfließt und die Luft abschließt und sie weder in
das Gehirn noch in die Hohladern noch in die Hohlräume des
Körpers gelangen läßt, sondern das Atmen behindert. (4) Denn
wenn der Mensch durch den Mund und die Nase die Luft
aufnimmt, geht sie zuerst ins Gehirn, dann zum größten Teil
in den Bauch, zum Teil auch in die Lunge und zum Teil in
die Adern. Aus diesen verteilt sie sich durch die Adern in die
übrigen Teile. (5) Diejenige, die in den Bauch geht, kühlt den
Bauch ab und hat sonst keinen Nutzen. Dasselbe trifft für
die Luft zu, die in die Lunge geht. (6) Die Luft aber, die in
die Adern strömt, ist nützlich, wenn sie in die Hohlräume
und das Gehirn eindringt und so den Gliedern Bewußtsein
und Bewegung verleiht, (7) so daß die Adern, wenn sie infolge
des Phlegmas von der Luft abgeschnitten sind und sie nicht
aufnehmen können, den Menschen sprachlos und bewußtlos
machen. (8) Die Hände werden kraftlos und verkrampfen sich,
wenn das Blut stehen bleibt und nicht wie gewöhnlich fließt.
(9) Und die Augen verdrehen sich, wenn die kleinen Adern
von der Luft abgeschnitten sind und zucken. (10) Der Schaum
aus dem Mund kommt aus der Lunge. Denn wenn die Luft
nicht in sie hinein gelangt, schäumt und sprudelt es wie bei
einem Sterbenden. (11) Der Stuhl geht ab, wenn es den Kran-
ken gewaltsam würgt; es würgt ihn aber dann, wenn Leber
und Oberbauch gegen das Zwerchfell vorfallen und der Ma-
geneingang verlegt wird; zu dem Vorfall wiederum kommt es,
wenn nicht die gewohnte Luftmenge in den Körper gelangt.
(12) Der Kranke schlägt mit den Füßen aus, wenn die Luft in

δὲ τοῖσι ποσίν, ὅταν ὁ ἀὴρ ἀποκλεισθῇ ἐν τοῖσι σκέλεσι
καὶ μὴ οἷός τε ᾖ διεκδῦναι ἔξω ὑπὸ τοῦ φλέγματος·
ἀίσσων δὲ διὰ τοῦ αἵματος ἄνω καὶ κάτω σπασμὸν ἐμ-
ποιεῖ καὶ ὀδύνην. διὸ λακτίζει.
(13) Ταῦτα δὲ πάσχει πάντα, ὁπόταν τὸ φλέγμα
παραρρυῇ ψυχρὸν ἐς τὸ αἷμα θερμὸν ἐόν. Ἀποψύχει
γὰρ καὶ ἵστησι τὸ αἷμα. (14) Κῆν μὲν πολὺ τὸ ῥεῦμα
ᾖ καὶ παχύ, αὐτίκα ἀποκτείνει. Κρατεῖ γὰρ τοῦ
αἵματος τῷ ψυχρῷ καὶ πήγνυσιν. (15) Ἢν δ' ἔλασσον
ᾖ, τὸ μὲν παραυτίκα κρατεῖ ἀποφράξαν τὴν ἀνα-
πνοήν, ἔπειτα τῷ χρόνῳ, ὁπόταν σκεδασθῇ κατὰ τὰς
φλέβας καὶ μιγῇ τῷ αἵματι πολλῷ ἐόντι καὶ θερμῷ,
ἢν κρατηθῇ, οὕτως ἐδέξαντο τὸν ἠέρα αἱ φλέβες, καὶ
ἐφρόνησαν.
8. (1) Καὶ ὅσα μὲν σμικρὰ παιδία κατάληπτα γίνεται
τῇ νούσῳ ταύτῃ, τὰ πολλὰ ἀποθνῄσκει, ἢν πολὺ τὸ
ῥεῦμα ἐπιγένηται καὶ νότιον. (2) Τὰ γὰρ φλέβια λεπτὰ
ἐόντα οὐ δύναται παραδέχεσθαι τὸ | φλέγμα ὑπὸ
πάχεος καὶ πλήθεος, ἀλλὰ ἀποψύχεται καὶ πήγνυται
τὸ αἷμα, καὶ οὕτως ἀποθνῄσκει. (3) Ἢν δὲ ὀλίγον ᾖ
καὶ μὴ ἐς ἀμφοτέρας τὰς φλέβας τὸν κατάρροον
ποιήσηται, ἀλλ' ἐπὶ θάτερα, περιγίνονται ἐπίσημα
ἐόντα. (4) Ἢ γὰρ στόμα παρέσπασται ἢ ὀφθαλμὸς ἢ
αὐχὴν ἢ χείρ, ἢ πόθεν ἂν τὸ φλέβιον πληρωθὲν τοῦ
φλέγματος κρατηθῇ καὶ ἀπισχνανθῇ. (5) Τούτῳ οὖν
τῷ φλεβίῳ ἀνάγκη ἀσθενέστερον εἶναι καὶ ἐνδεέστε-
ρον τοῦτο τοῦ σώματος τὸ βλαβέν. Ἐς δὲ τὸν πλείω
χρόνον ὠφελεῖ ὡς ἐπὶ τὸ πολύ· οὐ γὰρ ἔτι ἐπίληπτον
γίνεται, ἢν ἅπαξ ἐπισημανθῇ, διὰ τόδε· (6) ὑπὸ τῆς
ἀνάγκης ταύτης αἱ φλέβες αἱ λοιπαὶ κακοῦνται καὶ
μέρος τι συνισχναίνονται, ὥστε τὸν μὲν ἠέρα δέχε-
σθαι, τοῦ δὲ φλέγματος τὸν κατάρροον μηκέτι
ὁμοίως ἐπικαταρρεῖν. Ἀσθενέστερα μέντοι ὁμοίως
τὰ μέλεα εἰκὸς εἶναι τῶν φλεβῶν κακωθεισέων.

den Schenkeln abgesperrt ist und wegen des Phlegmas nicht entweichen kann. Denn indem sie sich durch das Blut hinauf und hinunter bewegt, verursacht sie Krämpfe und Schmerzen; deshalb schlägt der Kranke mit den Füßen aus.

(13) Dies alles erleidet er, wenn das kalte Phlegma in das warme Blut eindringt; denn es kühlt das Blut ab und bringt es zum Stillstand. (14) Wenn der Fluß umfangreich und dick ist, bringt er sofort den Tod. Denn er überwältigt mit seiner Kälte das Blut und läßt es erstarren. (15) Wenn der Fluß geringer ist, ist er zwar vorerst der Stärkere, indem er die Atmung versperrt; dann aber mit der Zeit, wenn er sich durch die Adern verteilt und mit dem vielen warmen Blut vermischt hat und so überwältigt wurde, nehmen die Adern die Luft wieder auf, und der Kranke kommt wieder zu Bewußtsein.

8. (1) Wenn kleine Kinder von dieser Krankheit befallen werden, stirbt die Mehrzahl, wenn der Fluß stark und bei Südwind erfolgt. (2) Denn die Adern sind dünn und können das Phlegma in seiner Dicke und Menge nicht aufnehmen, sondern das Blut kühlt sich ab und erstarrt, und so sterben sie. (3) Wenn aber der Fluß nur gering ist und nicht in beide Adern seinen Weg nimmt, sondern nur auf einer Seite, bleiben sie am Leben, sind aber davon gezeichnet. (4) Denn entweder ist der Mund verzogen oder das Auge oder der Hals oder die Hand oder wo auch immer ein mit Phlegma gefülltes Äderchen überwältigt und behindert wurde. (5) Infolge dieses Äderchens wird dieser geschädigte Teil des Körpers notwendigerweise schwächer und anfälliger sein. Auf längere Zeit gesehen, ist dies aber meistens zum Vorteil. Denn wenn das Kind einmal davon gezeichnet ist, wird es nicht mehr davon befallen, und zwar aus folgendem Grund: (6) Unter dem Druck dieses Anfalls werden auch die übrigen Adern geschädigt und teilweise verengt, so daß sie zwar noch Luft aufnehmen, der Fluß des Phlegmas aber nicht mehr in gleicher Weise weiterläuft. Es ist dann auch nur natürlich, daß, wenn die Gefäße geschädigt wurden, gleichermaßen die Glieder schwächer sind.

(7) Οἷσι δ' ἂν βόρειόν τε καὶ πάνυ ὀλίγον παρρρυῇ καὶ ἐς τὰ δεξιά, ἀσήμως περιγίνονται, κίνδυνος δὲ συντραφῆναι καὶ συναυξηθῆναι, ἢν μὴ μελεδανθῶσι τοῖς ἐπιτηδείοισι. (8) Τοῖσι μὲν νῦν παιδίοισιν οὕτω γίνεται ἢ ὅ τι τούτων ἐγγύτατα.

9. (1) Τοὺς δὲ πρεσβυτέρους οὐκ ἀποκτείνει ὅταν ἐπιγένηται, οὐδὲ διαστρέφει. (2) Αἵ τε γὰρ φλέβες εἰσὶ κοῖλαι καὶ αἵματος μεσταὶ θερμοῦ. Διὸ οὐ δύναται ἐπικρατῆσαι τὸ φλέγμα οὐδὲ ἀποψύξαι τὸ αἷμα ὥστε καὶ πῆξαι, ἀλλ' αὐτὸ κρατεῖται καὶ καταμίγνυται τῷ αἵματι ταχέως, καὶ οὕτω παραδέχονται αἱ φλέβες τὸν ἠέρα καὶ τὸ φρόνημα ἐγγίνεται τά τε σημεῖα τὰ προειρημένα ἧσσον ἐπιλαμβά|νει διὰ τὴν ἰσχύν.

(3) Τοῖσι δὲ πρεσβυτάτοις ὅταν ἐπιγένηται τοῦτο τὸ νόσημα, διὰ τόδε ἀποκτείνει ἢ παράπληκτον ποιεῖ, ὅτι αἱ φλέβες κεκένωνται καὶ τὸ αἷμα ὀλίγον τ' ἐστὶ καὶ λεπτὸν καὶ ὑδαρές. (4) Ἢν μὲν οὖν πολὺ καταρρυῇ καὶ χειμῶνος, ἀποκτείνει· ἀπέφραξε γὰρ τὰς ἀναπνοὰς καὶ ἀπέπηξε τὸ αἷμα, ἢν ἐπ' ἀμφότερα ὁ κατάρροος γένηται, (5) Ἢν δ' ἐπὶ θάτερα μοῦνον, παράπληκτον ποιεῖ· οὐ γὰρ δύναται τὸ αἷμα ἐπικρατῆσαι τοῦ φλέγματος λεπτὸν ἐὸν καὶ ψυχρὸν καὶ ὀλίγον, ἀλλ' αὐτὸ κρατηθὲν ἐπάγη ὥστε ἀκρατέα εἶναι κεῖνα καθ' ἃ τὸ αἷμα διεφθάρη.

10. (1) Ἐς δὲ τὰ δεξιὰ μᾶλλον καταρρεῖ ἢ ἐς τὰ ἀριστερά, ὅτι αἱ φλέβες ἐκεῖ κοιλότεραί εἰσι καὶ πλέονες ἢ ἐν τοῖς ἀριστεροῖς. [Ἀπὸ γὰρ τοῦ ἥπατος τείνουσι καὶ ἀπὸ τοῦ σπληνός.]

(2) Ἐπικαταρρεῖ δὲ καὶ ἀποτήκεται τοῖσι μὲν παιδίοισι μάλιστα, οἷς ἂν διαθερμανθῇ ἡ κεφαλὴ ἤντε ὑπὸ ἡλίου ἤντε ὑπὸ πυρὸς {ἤντε} καὶ ἐξαπίνης φρίξῃ ὁ ἐγκέφαλος. Τότε γὰρ ἀποκρίνεται τὸ

(7) Wenn der Fluß bei Nordwind erfolgt, in ganz geringer Menge und auf der rechten Seite, überstehen sie es ungezeichnet. Es besteht aber die Gefahr, daß die Krankheit (mit den Patienten) mitwächst und zunimmt, wenn sie nicht mit passenden Mitteln behandelt wird. (8) Bei den Kindern also verläuft die Krankheit so oder in sehr ähnlicher Weise.

9. (1) Ältere Menschen dagegen tötet und entstellt die Krankheit, wenn sie auftritt, nicht. (2) Denn die Adern sind bei ihnen weit und voll von warmem Blut. Deshalb kann das Phlegma nicht die Oberhand gewinnen und das Blut nicht so weit abkühlen, daß es erstarrt, sondern es wird selbst seinerseits überwunden und mischt sich schnell mit dem Blut, und so nehmen die Adern die Luft an, das Bewußtsein ist vorhanden, und die zuvor erwähnten Zeichen stellen sich beim Patienten infolge seiner Stärke nur in geringerem Maße ein.

(3) Wenn diese Krankheit aber die Ältesten befällt, bringt sie ihnen den Tod oder einen Schlaganfall (eine Lähmung), weil die Adern leer sind und das Blut von geringer Menge, dünn und wässerig ist. (4) Wenn nun der Fluß umfangreich ist und im Winter erfolgt, tötet er; denn er verstopft die Atmung und bringt das Blut zum Erstarren, wenn der Fluß auf beiden Seiten erfolgt. (5) Wenn er nur auf einer Seite erfolgt, bewirkt er einen Schlaganfall (eine Lähmung). Denn das Blut, da es dünn, kalt und nur in geringer Menge vorhanden ist, kann das Phlegma nicht überwinden, sondern wird selbst bezwungen und erstarrt, so daß jene Körperteile, in denen das Blut verdorben ist, kraftlos werden.

10. (1) Der Fluß erfolgt häufiger auf die rechte als auf die linke Seite, da die Adern dort weiter und zahlreicher sind als auf der linken Seite. (Es gehen nämliche welche von der Leber aus und welche von der Milz.)

(2) Der Fluß und das Abschmelzen kommt vor allem bei denjenigen Kindern vor, bei denen der Kopf entweder durch die Sonne oder durch Feuer erwärmt wurde und bei denen sich das Gehirn dann plötzlich abkühlt. Denn dann trennt sich das

φλέγμα. (3) Ἀποτήκεται μὲν γὰρ ἐκ τῆς θερμασίης
καὶ διαχύσιος τοῦ ἐγκεφάλου, ἐκκρίνεται δὲ ὑπὸ τῆς
ψύξιός τε καὶ συστάσιος, καὶ οὕτως ἐπικαταρρεῖ.
(4) Τοῖσι μὲν αὕτη ἡ πρόφασις γίνεται, τοῖσι δὲ καὶ
ἐπειδὰν ἐξαπίνης μετὰ βόρεια πνεύματα νότος με-
ταλάβῃ, συνεστηκότα τὸν ἐγκέφαλον καὶ ἀσθενέα
ἐόντα ἔλυσε καὶ ἐχάλασεν ὥστε πλημυρεῖν τὸ
φλέγμα, | καὶ οὕτω τὸν κατάρροον ποιεῖται. (5) Ἐπι-
καταρρεῖ δὲ καὶ ἐξ ἀδήλου φόβου γινομένου, καὶ ἢν
δείσῃ βοήσαντός τινος, ἢ μεταξὺ κλαίων μὴ οἷός τε ᾖ
τὸ πνεῦμα ταχέως ἀναλαβεῖν, οἷα γίνεται παιδίοισι
πολλάκις. (6) Ὅ τι δ' ἂν τούτων αὐτῷ γένηται, εὐθὺς
ἔφριξε τὸ σῶμα καὶ ἄφωνος γενόμενος τὸ πνεῦμα
οὐχ εἵλκυσεν, ἀλλὰ τὸ πνεῦμα ἠρέμασε καὶ ὁ
ἐγκέφαλος συνέστη καὶ τὸ αἷμα ἐστάθη, καὶ οὕτως
ἀπεκρίθη καὶ ἐπικατερρύη τὸ φλέγμα. (7) Τοῖσι μὲν
παιδίοισιν αὗται αἱ προφάσιες τῆς ἐπιλήψιός εἰσι τὴν
ἀρχήν, τοῖσι δὲ πρεσβύτῃσιν ὁ χειμὼν πολεμιώτατός
ἐστιν. (8) Ὅταν γὰρ παρὰ πυρὶ πολλῷ διαθερμανθῇ
τὴν κεφαλὴν καὶ τὸν ἐγκέφαλον, ἔπειτα ἐν ψύχει
γένηται καὶ ῥιγώσῃ, ἢ καὶ ἐκ ψύχεος ἐς ἀλέην ἔλθῃ
καὶ παρὰ πῦρ πολύ, τὸ αὐτὸ τοῦτο πάσχει καὶ οὕτως
ἐπίληπτος γίνεται κατὰ τὰ προειρημένα. (9) Κίνδυ-
νος δὲ πολὺς καὶ ἦρος παθεῖν τωὐτὸ τοῦτο, ἢν
ἡλιωθῇ ἡ κεφαλή, τὸ δὲ θέρος ἥκιστα· οὐ γὰρ
γίνονται μεταβολαὶ ἐξαπιναῖοι. (10) Ὅταν δὲ εἴκοσιν
ἔτεα παρέλθῃ, οὐκέτι ἡ νοῦσος αὕτη ἐπιλαμβάνει,
ἢν μὴ ἐκ παιδίου σύντροφος ᾖ, ἀλλ' ἢ ὀλίγους ἢ
οὐδένα· (11) αἱ γὰρ φλέβες αἵματος μεσταὶ πολλοῦ
εἰσι καὶ ὁ ἐγκέφαλος συνέστηκε καὶ ἐστὶ στιφρός,
ὥστ' οὐκ ἐπικαταρρεῖ ἐς τὰς φλέβας ταύτας. Ἣν δ'
ἐπικαταρρυῇ, τοῦ αἵματος οὐ κρατεῖ πολλοῦ ἐόντος
καὶ θερμοῦ.

Phlegma ab. (3) Abgeschmolzen nämlich wird es durch die Erwärmung und Ausdehnung des Gehirns, abgesondert aber aufgrund der Abkühlung und Schrumpfung und fließt so herab. (4) Bei den einen ist dies die Ursache, bei anderen aber geschieht dies, wenn plötzlich nach Nordwinden der Südwind hereinbricht, das zusammengezogene und kraftlose Gehirn löst und lockert, so daß das Phlegma überfließt und so der Fluß verursacht wird. (5) Das Phlegma kommt auch dann in Fluß, wenn das Kind ohne ersichtlichen Grund in Furcht gerät oder wenn es sich ängstigt, weil jemand brüllt, oder wenn es während des Weinens nicht im Stande ist, schnell genug Atem zu schöpfen, was bei Kindern häufig vorkommt. (6) Was auch immer von diesen Dingen geschieht, sein Körper erschaudert sofort, es verliert die Sprache, zieht die Luft nicht mehr ein, sondern der Atem stockt, das Gehirn zieht sich zusammen und das Blut bleibt stehen, und so löst sich das Phlegma und fließt herab. (7) Bei den Kindern sind dies die ersten Gründe für einen Anfall (die Epilepsie), für ältere Menschen ist dagegen der Winter der größte Feind. (8) Denn wenn sich jemand an einem starken Feuer Kopf und Gehirn durchgewärmt hat und er dann in die Kälte kommt und friert, oder wenn er aus der Kälte in die Wärme und zu einem großen Feuer kommt, erleidet er dasselbe und erlebt einen Anfall entsprechend dem oben Erwähnten. (9) Die große Gefahr, dasselbe zu erleiden, besteht auch im Frühjahr, wenn der Kopf von der Sonne erwärmt wird, am wenigsten aber im Sommer; denn dann kommen keine plötzlichen Wechsel vor. (10) Wenn man das zwanzigste Lebensjahr überschritten hat, befällt einen diese Krankheit, wenn sie nicht von Kindheit an mitgeschleppt wurde, überhaupt nicht mehr, oder nur wenige, wenn überhaupt, werden davon betroffen. (11) Denn die Adern sind voller Blut, das Gehirn ist zusammengezogen und fest, so daß das Phlegma nicht in diese Adern herabfließt. Wenn es doch herabfließt, dann bezwingt es nicht das Blut, weil dieses reichlich vorhanden und warm ist.

11. (1) Ὧι δ᾽ ἀπὸ παιδίου συνηύξηται καὶ συντέθραπ-
ται, ἔθος πεποίηται ἐν τῇσι μεταβολῇσι τῶν
πνευμάτων τοῦτο πάσχειν, καὶ ἐπίλη|πτον γίνεται ὡς
τὰ πολλά, καὶ μάλιστα τοῖσι νοτίοισιν, ἥ τε ἀπάλλαξις
χαλεπὴ γίνεται. (2) Ὁ γὰρ ἐγκέφαλος ὑγρότερος
γέγονε τῆς φύσιος καὶ πλημυρεῖ ὑπὸ τοῦ φλέγματος,
ὥστε τοὺς μὲν καταρρόους πυκνοτέρους γίνεσθαι, ἐκ-
κριθῆναι δὲ μηκέτι οἷόν τε τὸ φλέγμα μηδὲ ἀναξηραν-
θῆναι τὸν ἐγκέφαλον, ἀλλὰ διαβεβρέχθαι καὶ εἶναι
ὑγρόν. (3) Γνοίη δ᾽ ἄν τις τῷδε μάλιστα· τοῖσι προβά-
τοισι τοῖσι καταλήπτοισι γινομένοις ὑπὸ τῆς νούσου
ταύτης καὶ μάλιστα τῇσιν αἰξίν (αὗται γὰρ πυκνό-
τατα λαμβάνονται), (4) ἢν διακόψας ὁρᾷς τὴν κε-
φαλήν, εὑρήσεις τὸν ἐγκέφαλον ὑγρὸν ἐόντα καὶ
ὕδρωπος περίπλεων καὶ κάκοδμον {ὄζοντα}. (5) Καὶ
ἐν τούτῳ δηλονότι γνώσῃ, ὅτι οὐχ ὁ θεὸς τὸ σῶμα λυ-
μαίνεται, ἀλλ᾽ ἡ νοῦσος. (6) Οὕτως ἔχει καὶ τῷ ἀν-
θρώπῳ· ὁπόταν γὰρ χρόνος ἐγγένηται τῇ νούσῳ,
οὐκέτι ἰάσιμος γίνεται· διεσθίεται γὰρ ὁ ἐγκέφαλος
ὑπὸ τοῦ φλέγματος καὶ τήκεται, τὸ δὲ ἀποτηκόμενον
ὕδωρ γίνεται καὶ περιέχει τὸν ἐγκέφαλον ἐκτὸς καὶ
περικλύζει, καὶ διὰ τοῦτο πυκνότερον ἐπίληπτοι
γίνονται καὶ ῥᾷον. (7) Διὸ δὴ πολυχρόνιος ἡ νοῦσος,
ὅτι τὸ ἐπιρρέον λεπτόν ἐστιν ὑπὸ πολυπληθίης, καὶ
εὐθὺς κρατεῖται ὑπὸ τοῦ αἵματος καὶ διαθερμαίνεται.

12. (1) Ὅσοι δὲ ἤδη ἐθάδες εἰσὶ τῇ νούσῳ, προγι-
νώσκουσιν ὅταν μέλλωσι λήψεσθαι καὶ φεύγουσιν ἐκ
τῶν ἀνθρώπων, ἢν μὲν ἐγγὺς αὐτῷ ὁ οἶκος ᾖ, οἴκαδε,
εἰ δὲ μή, ἐς τὸ ἐρημότατον, ὅπῃ μέλλουσιν αὐτὸν ἐλά-
χιστοι ὄψεσθαι πεσόντα, εὐθύς τε ἐγκαλύπτεται.
(2) Τοῦτο δὲ ποιεῖ ὑπ᾽ αἰσχύνης τοῦ πάθεος, καὶ οὐχ
ὑπὸ φόβου, ὡς οἱ πολλοὶ νομίζουσι, τοῦ δαιμονίου.
(3) Τὰ δὲ παιδάρια τὸ μὲν πρῶτον πίπτουσιν, ὅπῃ ἂν
τύχῃ, ὑπὸ ἀηθίης, (4) ὅταν δὲ πλεονάκις κατάλη|πτοι

11. (1) Wenn aber die Krankheit bei einem Patienten von Kindheit an gewachsen ist und mitaufgezogen wurde, dann leidet man gewöhnlich beim Wechseln der Winde darunter und wird meist zu diesem Zeitpunkt davon befallen, besonders bei Südwinden; es ist schwierig, von der Krankheit loszukommen. (2) Denn das Gehirn ist feuchter als gewöhnlich und voll von Phlegma, so daß die Flüsse häufiger eintreten, das Phlegma sich aber nicht mehr absondern und das Gehirn nicht mehr austrocknen kann, sondern durchnäßt und feucht ist. (3) Am besten erkennt man dies an folgendem: Wenn man beim Vieh, das von dieser Krankheit ergriffen wird, besonders bei den Ziegen (denn diese werden am häufigsten davon befallen), (4) den Kopf durchhackt und nachschaut, wird man finden, daß das Gehirn feucht, voller Flüssigkeit und übelriechend ist. (5) Auch daran erkennt man unstrittig, daß nicht die Gottheit den Körper schädigt, sondern die Krankheit. (6) So verhält es sich auch mit dem Menschen. Denn wenn die Krankheit chronisch geworden ist, ist sie nicht mehr heilbar. Das Gehirn wird nämlich vom Phlegma zerfressen und schmilzt, der abgeschmolzene Teil wird zu Wasser, umgibt außen das Gehirn und umspült es, und deshalb treten die Anfälle häufiger und leichter auf. (7) Deswegen ist die Krankheit langwierig, weil der Abfluß aufgrund seiner großen Menge dünn ist und sofort vom Blut überwunden und aufgewärmt wird.

12. (1) Diejenigen, die mit der Krankheit schon vertraut sind, erkennen im voraus, wenn ihnen ein Anfall droht, und fliehen die Menschen. Wenn das Haus nahe ist, flieht der Kranke nach Hause, wenn nicht, an einen möglichst verlassenen Ort, wo die wenigsten ihn zu Boden fallen sehen können, und er verhüllt sich sofort. (2) Dies tut er aus Scham wegen seiner Krankheit, nicht aus Furcht vor dem Göttlichen, wie viele glauben. (3) Die kleinen Kinder fallen anfangs dort, wo sie gerade sind, zu Boden, weil sie nicht damit vertraut sind. (4) Wenn sie aber mehrmals davon be-

γένωνται, ἐπειδὰν προαίσθωνται, φεύγουσι παρὰ τὰς μητέρας ἢ παρὰ ἄλλον, ὅντινα μάλιστα γινώσκουσιν, ὑπὸ δέους καὶ φόβου τῆς πάθης. Τὸ γὰρ αἰσχύνεσθαι οὔπω γινώσκουσιν.

13. (1) Ἐν δὲ τῇσι μεταβολῇσι τῶν πνευμάτων διὰ τάδε φημὶ ἐπιλήπτους γίνεσθαι καὶ μάλιστα τοῖσι νοτίοισιν, ἔπειτα τοῖσι βορείοισιν, ἔπειτα τοῖσι λοιποῖσι πνεύμασι· (2) ταῦτα γὰρ τῶν λοιπῶν πνευμάτων ἰσχυρότατά ἐστι καὶ ἀλλήλοις ἐναντιώτατα κατὰ τὴν στάσιν καὶ κατὰ τὴν δύναμιν. (3) Ὁ μὲν γὰρ βορέης συνίστησι τὸν ἠέρα καὶ τὸ θελερόν τε καὶ τὸ νοτῶδες ἐκκρίνει καὶ λαμπρόν τε καὶ διαφανέα ποιεῖ, κατὰ δὲ τὸν αὐτὸν τρόπον καὶ τἆλλα πάντα ἐκ τῆς θαλάσσης ἀρξάμενα καὶ τῶν ἄλλων ὑδάτων. (4) Ἐκκρίνει γὰρ ἐξ ἁπάντων τὴν νοτίδα καὶ τὸ δνοφερόν, καὶ γὰρ ἐξ αὐτῶν τῶν ἀνθρώπων. Διὸ ὑγιηρότατός ἐστι τῶν ἀνέμων.

(5) Ὁ δὲ νότος τἀντία τούτῳ ἐργάζεται. Πρῶτον μὲν γὰρ ἄρχεται τὸν ἠέρα συνεστηκότα τήκειν καὶ διαχεῖν, καθότι καὶ οὐκ εὐθὺς πνεῖ μέγας, ἀλλὰ λαγανίζει πρῶτον, ὅτι οὐ δύναται ἐπικρατῆσαι αὐτίκα τοῦ πρόσθεν ἠέρος πυκνοῦ τε ἐόντος καὶ συνεστηκότος, ἀλλὰ τῷ χρόνῳ διαλύει. (6) Τὸ δ᾽ αὐτὸ τοῦτο καὶ τὴν γῆν ἐργάζεται καὶ τὴν θάλασσαν καὶ ποταμοὺς καὶ κρήνας καὶ φρέατα καὶ ὅσα φύεται καὶ ἐν οἷς τι ὑγρόν ἐστιν. Ἔστι δ᾽ ἐν παντί, ἐν τῷ μὲν πλέον, ἐν τῷ δὲ ἔλασσον. (7) Ἄπαντα δὲ ταῦτα αἰσθάνεται τοῦ πνεύματος τούτου, καὶ ἔκ τε λαμπρῶν δνοφώδεα γίνεται καὶ ἐκ ψυχρῶν θερμά, καὶ ἐκ ξηρῶν νοτώδεα, (8) ὅσα τε ἐν | οἰκήμασι κεράμεα ἢ κατὰ γῆς ἐστι μεστὰ οἴνου ἢ ἄλλου τινὸς ὑγροῦ, πάντα ταῦτα αἰσθάνεται τοῦ νότου καὶ διαλλάσσει τὴν μορφὴν ἐς ἕτερον εἶδος. (9) Τόν τε ἥλιον καὶ τὴν σελήνην καὶ τὰ ἄστρα πολὺ ἀμβλυωπότερα καθίστησι τῆς φύσιος. (10) Ὅτε

fallen wurden, fliehen sie, sobald sie es kommen fühlen, zu ihren
Müttern oder zu jemand anderem, den sie besonders gut ken-
nen, aus Furcht und Angst vor dem Leiden. Denn Scham ken-
nen sie noch nicht.

13. (1) Ich spreche nun darüber, warum beim Wechsel der
Winde Anfälle aufkommen, besonders bei Südwinden, dann bei
Nordwinden und schließlich bei den übrigen Winden. (2) Diese
beiden sind nämlich die stärksten von allen Winden und die ein-
ander am meisten entgegengesetzten bezüglich Richtung und
Kraft. (3) Denn der Nordwind drängt die Luft zusammen,
trennt das Trübe und das Feuchte aus ihr ab und macht sie klar
und durchsichtig, und ebenso auch alles übrige, was seinen Ur-
sprung im Meer und den sonstigen Gewässern hat. (4) Denn er
trennt aus allem die Feuchtigkeit und das Trübe, freilich auch
aus den Menschen selbst. Deswegen ist er der gesündeste der
Winde.

(5) Der Südwind bewirkt das Gegenteil davon. Denn zu-
erst beginnt er die zusammengedrängte Luft zu schmelzen und
aufzulösen, weil er nicht sofort stark weht, sondern zuerst
schwach ist. Denn er kann die Luft vor sich, die festgefügt
und zusammengedrängt ist, nicht sogleich überwinden, son-
dern löst sie erst mit der Zeit auf. (6) Er wirkt in gleicher Weise
sowohl auf die Erde ein als auch auf das Meer, die Flüsse,
die Quellen und Brunnen und auf alles, was wächst und worin
irgendwelche Feuchtigkeit ist. Feuchtigkeit ist aber in allem,
in manchem mehr, in manchem weniger. (7) All dies erfährt
diesen Wind, und aus Klarem wird Trübes, aus Kaltem War-
mes und aus Trockenem Feuchtes. (8) Auch die Gefäße in
den Kammern und unter der Erde, gefüllt mit Wein oder
einer anderen Flüssigkeit, all das bekommt den Südwind zu
spüren und verkehrt seine Form in die gegenteilige Gestalt.
(9) Sonne, Mond und Sterne macht er viel trüber als üb-
lich. (10) Da er nun auch auf diese so großen und stärkeren

οὖν καὶ τούτων οὕτω μεγάλων ἐόντων καὶ ἰσχυρο-
τέρων τοσοῦτον ἐπικρατεῖ, τῆς τε ἀνθρωπίνης φύσιος
καὶ σφόδρα εἰκὸς κρατεῖν καὶ τὸ σῶμα {ποιεῖ} αἰσθ-
άνεσθαι καὶ μεταβάλλειν. (11) ⟨Διὸ⟩ ἐν τῶν ἀνέμων
τούτων τῇσι μεταλλαγῇσιν ἀνάγκη τοῖσι μὲν νοτίοισι
λύεσθαί τε καὶ φλυδᾶν τὸν ἐγκέφαλον καὶ τὰς φλέβας
χαλαρωτέρας γίνεσθαι, (12) τοῖσι δὲ βορείοισι συνίστα-
σθαι τὸ ὑγιηρότατον τοῦ ἐγκεφάλου, τὸ δὲ νοσερώτα-
τον καὶ ὑγρότατον ἐκκρίνεσθαι καὶ περικλύζειν
ἔξωθεν καὶ οὕτω τοὺς καταρρόους ἐπιγίνεσθαι ἐν τῇσι
μεταβολῇσι τούτων τῶν πνευμάτων.

(13) Οὕτως αὕτη ἡ νοῦσος γίνεταί τε καὶ θάλλει ἀπὸ
τῶν προσιόντων τε καὶ ἀπιόντων, καὶ οὐδέν ἐστιν
ἀπορωτέρη τῶν ἄλλων οὔτε ἰᾶσθαι οὔτε γνῶναι οὐδὲ
θειοτέρη ἢ αἱ ἄλλαι.

14. (1) Εἰδέναι δὲ χρὴ τοὺς ἀνθρώπους, ὅτι ἐξ
οὐδενὸς καὶ ἡδοναὶ ἡμῖν γίνονται καὶ εὐφροσύναι
καὶ γέλωτες καὶ παιδιαὶ ἢ ἐντεῦθεν, ὅθεν καὶ λῦπαι
καὶ ἀνίαι καὶ δυσφροσύναι καὶ κλαυθμοί. (2) Καὶ
τούτῳ φρονέομεν μάλιστα καὶ νοέομεν καὶ βλέπομεν
καὶ ἀκούομεν καὶ διαγινώσκομεν τά τε αἰσχρὰ καὶ τὰ
καλὰ καὶ τὰ κακὰ καὶ τἀγαθὰ καὶ ἡδέα καὶ ἀηδέα,
(3) τὰ μὲν νόμῳ διακρίνοντες, τὰ δὲ τῷ συμφέροντι
αἰσθανόμενοι, τῷ δὲ καὶ τὰς ἡδονὰς καὶ τὰς ἀηδίας
τοῖσι καιροῖσι διαγινώσκοντες οὐ ταὐτὰ ἀρέσκει
ἡμῖν. (4) Τῷ δ' αὐτῷ τούτῳ καὶ μαινόμεθα καὶ παρα-
φρονέομεν καὶ δείματα καὶ φόβοι παρίστανται ἡμῖν |
τὰ μὲν νύκτωρ, τὰ δὲ καὶ μεθ' ἡμέρην, καὶ ἀγρυπνίαι
καὶ πλάνοι ἄκαιροι καὶ φροντίδες οὐχ ἱκνεόμεναι καὶ
ἀγνωσίη τῶν καθεστεώτων καὶ λήθη. (5) Καὶ ταῦτα
πάσχομεν ἀπὸ τοῦ ἐγκεφάλου πάντα, ὅταν οὗτος μὴ
ὑγιαίνῃ, ἀλλ' ἢ θερμότερος τῆς φύσιος γένηται ἢ
ψυχρότερος ἢ ὑγρότερος ἢ ξηρότερος ἤ τι ἄλλο
πεπόνθῃ πάθος παρὰ τὴν φύσιν ὃ μὴ ἐώθει.

Dinge solchen Einfluß hat, ist es ganz offensichtlich, daß er auch die menschliche Natur beeinflußt und es den Körper spüren läßt und ihn verändert. (11) Deswegen wird notwendigerweise, wenn ein Wechsel dieser Winde eintritt, durch die Südwinde das Gehirn aufgelöst und feucht und werden die Adern schlaffer. (12) Durch die Nordwinde aber muß sich der gesündeste Teil des Gehirns zusammenziehen, das Ungesündeste und Feuchteste aber muß sich absondern und das Gehirn außen umspülen. Und daher müssen beim Wechsel dieser Winde die Abflüsse auftreten.

(13) So entsteht diese Krankheit und wächst aus dem, was in den Körper kommt, und aus dem, was den Körper verläßt, und sie ist nicht schwieriger als die anderen zu heilen und zu erkennen und ist nicht göttlicher als die anderen.

14. (1) Die Menschen sollten wissen, daß unsere Lust, unsere Freude, unser Lachen und unsere Scherze von nirgendwo anders kommen als von dort, wo auch Trauer, Leid, Kummer und Weinen herstammen. (2) Und damit vor allem denken, überlegen, sehen, hören und erkennen wir das Häßliche und das Schöne, das Schlechte und das Gute, das Angenehme und das Unangenehme, (3) wobei wir manches nach dem Herkommen beurteilen, manches nach dem Nutzen empfinden. Indem wir damit Lust und Leid je nach den Verhältnissen unterscheiden, gefällt uns nicht immer dasselbe. (4) Und durch eben dieses Organ geraten wir auch in Raserei, werden wahnsinnig, ergreift uns Angst und Furcht in der Nacht und am Tage, suchen uns Schlaflosigkeit, unzeitige Irrtümer, unpassende Sorgen, Unkenntnis der Lage und Vergessen heim. (5) Und dies alles erleiden wir durch das Gehirn, wenn es nicht gesund ist, sondern wärmer als normal oder kälter oder feuchter oder trockener oder in welch anderen widernatürlichen Zustand es geraten ist, an den es nicht gewohnt ist.

(6) Καὶ μαινόμεθα μὲν ὑπὸ ὑγρότητος. Ὅταν γὰρ ὑγρότερος τῆς φύσιος ᾖ, ἀνάγκη κινεῖσθαι, κινεομένου δὲ μήτε τὴν ὄψιν ἀτρεμίζειν μήτε τὴν ἀκοήν. ἀλλὰ ἄλλοτε ἄλλα ὁρᾶν τε καὶ ἀκούειν, τήν τε γλῶσσαν τοιαῦτα διαλέγεσθαι οἷα ἂν βλέπῃ τε καὶ ἀκούῃ ἑκάστοτε. (7) Ὅσον δ' ἂν ἀτρεμίσῃ ὁ ἐγκέφαλος χρόνον, τοσοῦτον καὶ φρονεῖ ἄνθρωπος.

15. (1) Γίνεται δ' ἡ διαφθορὴ τοῦ ἐγκεφάλου ὑπὸ φλέγματος καὶ χολῆς. Γνώσῃ δὲ ἑκάτερα ὧδε· (2) οἱ μὲν γὰρ ὑπὸ φλέγματος μαινόμενοι ἥσυχοί τέ εἰσι καὶ οὐ βοηταὶ οὐδὲ θορυβώδεες, οἱ δὲ ὑπὸ χολῆς κεκρᾶκται καὶ κακοῦργοι καὶ οὐκ ἀτρεμαῖοι, ἀλλ' αἰεί τι ἄκαιρον δρῶντες. Ἢν μὲν οὖν συνεχῶς μαίνωνται, αὗται αἱ προφάσιές εἰσιν.

(3) Ἢν δὲ δείματα καὶ φόβοι παριστῶνται, ὑπὸ μεταστάσιος τοῦ ἐγκεφάλου. Μεθίσταται δὲ θερμαινόμενος, θερμαίνεται δὲ ὑπὸ τῆς χολῆς, ὅταν ὁρμήσῃ ἐπὶ τὸν ἐγκέφαλον κατὰ τὰς φλέβας τὰς αἱματίτιδας ἐκ τοῦ σώματος, καὶ ὁ φόβος παρέστηκε, μέχρι ἀπέλθῃ πάλιν ἐς τὰς φλέβας καὶ τὸ σῶμα. Ἔπειτα πέπαυται.

(4) Ἀνιᾶται δὲ καὶ ἀσᾶται παρὰ καιρὸν ψυχομένου τοῦ ἐγκεφάλου καὶ συνισταμένου παρὰ τὸ ἔθος. Τοῦτο δὲ ὑπὸ φλέγματος πάσχει. Ἐπ' αὐτοῦ δὲ τοῦ πάθεος καὶ ἐπιλήθεται. (5) Ἐκ νυκτῶν δὲ βοᾷ καὶ κέκραγεν, ὅταν ἐξαπίνης | ὁ ἐγκέφαλος διαθερμαίνηται. (Τοῦτο δὲ πάσχουσιν οἱ χολώδεες, οἱ δὲ φλεγματώδεες οὔ.) Διαθερμαίνεται δὲ, ἐπὴν τὸ αἷμα ἐπέλθῃ ἐπὶ τὸν ἐγκέφαλον πολὺ καὶ ἐπιζέσῃ, (6) ἔρχεται δὲ κατὰ τὰς φλέβας πολὺ τὰς προειρημένας, ὅταν τυγχάνῃ ἄνθρωπος ἐνύπνιον ὁρῶν φοβερὸν καὶ ἐν τῷ φόβῳ ᾖ. (7) Ὥσπερ οὖν καὶ ἐγρηγορότι τότε μᾶλλον τὸ πρόσωπον φλογιᾷ καὶ οἱ ὀφθαλμοὶ ἐρεύθοται ὅταν φοβῆται καὶ ἡ γνώμη ἐπινοῇ τι

(6) In Wahnsinn verfallen wir aufgrund der Feuchtigkeit. Denn wenn das Gehirn feuchter als üblich ist, bewegt es sich notwendigerweise, und wenn es sich bewegt, bleiben weder Sehen noch Hören ruhig, sondern bald sieht und hört man das eine, bald das andere, und die Zunge verkündet, was man jeweils sieht und hört. (7) Solange das Gehirn aber ruhig ist, ist der Mensch auch bei Verstand.

15. (1) Die Schädigung des Gehirns erfolgt durch Phlegma und Galle. Man erkennt beide Fälle auf folgende Weise: (2) Die durch das Phlegma wahnsinnig Gewordenen sind ruhig, schreien nicht und machen keinen Lärm, die aufgrund der Galle Wahnsinnigen aber schreien, sind bösartig und halten nicht still, sondern tun immer etwas Unpassendes. Dies sind die Ursachen, wenn man chronisch geisteskrank ist.

(3) Wenn Angst und Furcht den Menschen befallen, dann geschieht dies aufgrund einer Veränderung des Gehirns. Es verändert sich, wenn es erwärmt wird, und erwärmt wird es durch die Galle, wenn sie sich aus dem Körper durch die Blutgefäße zum Gehirn bewegt, und der Angstzustand hält an, bis die Galle wieder in die Adern und den Körper abfließt. Dann hört der Zustand auf.

(4) Lust- und mutlos fühlt man sich, wenn das Gehirn über das übliche Maß hinaus abgekühlt wurde und sich mehr als üblich zusammenzieht. Dies erleidet man durch das Phlegma. Aus demselben Vorgang entsteht der Gedächtnisverlust. (5) Man ruft und schreit in den Nächten, wenn plötzlich das Gehirn erwärmt wird. (Dies befällt die von der Galle, nicht die vom Phlegma Geprägten.) Aufgewärmt wird es auch, wenn das Blut in großer Menge ins Gehirn strömt und es zum Kochen bringt. (6) Es strömt in großer Menge durch die oben erwähnten Adern, wenn der Mensch gerade ein furchteinflößendes Traumbild sieht und in einen Angstzustand geraten ist. (7) Wie auch bei einem wachen Menschen das Gesicht stärker brennt und die Augen gerötet sind, wenn er sich fürchtet und ihm die Einsicht kommt, etwas Schlechtes getan zu

κακὸν ἐργάσασθαι, οὕτω καὶ ἐν τῷ ὕπνῳ πάσχει. (8) Ὅταν δ᾽ ἐπέγρηται καὶ καταφρονήσῃ καὶ τὸ αἷμα πάλιν σκεδασθῇ ἐς τὰς φλέβας, πέπαυται.

16. (1) Κατὰ ταῦτα νομίζω τὸν ἐγκέφαλον δύναμιν ἔχειν πλείστην ἐν τῷ ἀνθρώπῳ· οὗτος γὰρ ἡμῖν ἐστι τῶν ἀπὸ τοῦ ἠέρος γινομένων ἑρμηνεύς, ἢν ὑγιαίνων τυγχάνῃ. (2) Τὴν δὲ φρόνησιν ὁ ἀὴρ παρέχεται. Οἱ δ᾽ ὀφθαλμοὶ καὶ τὰ ὦτα καὶ ἡ γλῶσσα καὶ αἱ χεῖρες καὶ οἱ πόδες οἷα ἂν ὁ ἐγκέφαλος γινώσκῃ, τοιαῦτα ὑπηρετέουσι. (3) Γίνεται γὰρ ἐν ἅπαντι τῷ σώματι τῆς φρονήσιος, τέως ἂν μετέχῃ τοῦ ἠέρος, ἐς δὲ τὴν σύνεσιν ὁ ἐγκέφαλός ἐστιν ὁ διαγγέλλων. (4) Ὅταν γὰρ σπάσῃ τὸ πνεῦμα ὥνθρωπος ἐς ἑωυτόν, ἐς τὸν ἐγκέφαλον πρῶτον ἀφικνεῖται καὶ οὕτως ἐς τὸ λοιπὸν σῶμα σκίδναται ὁ ἀὴρ καταλελοιπὼς ἐν τῷ ἐγκεφάλῳ ἑωυτοῦ τὴν ἀκμὴν καὶ ὅ τι ἂν ᾖ φρόνιμόν τε καὶ γνώμην ἔχον. (5) Εἰ γὰρ ἐς τὸ σῶμα πρῶτον ἀφικνεῖτο καὶ ὕστερον ἐς τὸν ἐγκέφαλον, ἐν τῇσι σαρξὶ καὶ ἐν τῇσι φλεψὶ καταλελοιπὼς τὴν | διάγνωσιν, ἐς τὸν ἐγκέφαλον ἂν ἦει θερμὸς ἐὼν καὶ οὐχὶ ἀκραιφνής, ἀλλὰ ἐπιμεμιγμένος τῇ ἰκμάδι τῇ ἀπό τε τῶν σαρκῶν καὶ τοῦ αἵματος, ὥστε μηκέτι εἶναι ἀκριβής. (6) Διὸ φημὶ τὸν ἐγκέφαλον εἶναι τὸν ἑρμηνεύοντα τὴν σύνεσιν.

17. (1) Αἱ δὲ φρένες ἄλλως οὔνομα ἔχουσι τῇ τύχῃ κεκτημένον καὶ τῷ νόμῳ, τὸ δ᾽ ἐὸν οὔ {τῇ φύσει}. (2) οὐδ᾽ οἶδα ἔγωγε τίνα δύναμιν ἔχουσιν αἱ φρένες ὥστε νοεῖν τε καὶ φρονεῖν, (3) πλὴν εἴ τι ὥνθρωπος ὑπερχαρείη ἐξ ἀδοκήτου ἢ ἀνιαθείη, πηδῶσι καὶ ἄσην παρέχουσιν ὑπὸ λεπτότητος καὶ ὅτι ἀνατέτανται μάλιστα ἐν τῷ σώματι καὶ κοιλίην οὐκ ἔχουσιν ἐς ἥντινα χρὴ δέξασθαι ἢ ἀγαθὸν ἢ κακὸν προσπῖπτον, (4) ἀλλ᾽ ὑπ᾽ ἀμφοτέρων τούτων τεθορύβηνται διὰ τὴν ἀσθενείην τῆς φύσιος, ἐπεὶ αἰσθάνονταί γε οὐδενὸς πρότερον τῶν ἐν τῷ σώματι ἐόντων.

haben, so widerfährt es ihm auch im Schlaf. (8) Wenn er aber wieder wach geworden ist und zu Verstand gekommen ist und das Blut wieder in den Adern verteilt ist, dann hört der Zustand auf.

16. (1) Daher glaube ich, daß das Gehirn die meiste Gewalt im Menschen hat. Denn dieses ist für uns, wenn es gesund ist, der Vermittler der Dinge, die die Luft bringt. (2) Die Luft bewirkt das Denken. Die Augen, die Ohren, die Zunge, die Hände und Füße leisten dem Folge, was das Gehirn beschließt. (3) Denn im ganzen Körper ist Denkfähigkeit, solange er an der Luft Anteil hat, das Gehirn aber ist der Vermittler an den Verstand. (4) Wenn der Mensch nämlich die Luft in sich einzieht, gelangt sie zuerst ins Gehirn, und so zerstreut sie sich im übrigen Körper, nachdem sie ihr Bestes und das, was vernünftig ist und voll Einsicht, im Gehirn zurückgelassen hat. (5) Denn würde sie zunächst in den Körper gelangen und erst später ins Gehirn, wäre sie, indem sie im Fleisch und in den Adern das Denkvermögen hinterlassen hätte, dann, wenn sie im Gehirn ankommt, warm und nicht rein, sondern vielmehr vermischt mit der Feuchtigkeit des Fleisches und Blutes, so daß sie nicht mehr vollkommen wäre. (6) Deswegen behaupte ich, daß das Gehirn der Vermittler an den Verstand ist.

17. (1) Das Zwerchfell aber hat seinen Namen auf andere Weise und nur durch Zufall und Herkommen erworben, nicht nach seinem natürlichen Wesen; (2) ich weiß nicht, welche Fähigkeit zu denken und zu überlegen das Zwerchfell hat, (3) außer daß es, wenn ein Mensch sich besonders und unerwartet freut oder wenn er betrübt ist, springt und Schmerz bereitet aufgrund seiner geringen Dicke und weil es im Körper am meisten gespannt ist und keine Höhlung enthält, in die es hereinbrechendes Gutes oder Schlechtes aufnehmen könnte; (4) vielmehr wird es von beidem wegen seiner schwachen natürlichen Beschaffenheit in Unruhe versetzt. Indes nimmt es nichts schneller wahr als die üb-

(5) Ἀλλὰ μάτην τοῦτο τὸ οὔνομα ἔχουσι καὶ τὴν αἰτίην, ὥσπερ τὰ πρὸς τῇ καρδίῃ ὦτα καλεόμενα οὐδὲν ἐς τὴν ἀκοὴν συμβάλλεται.

(6) Λέγουσι δέ τινες, ὡς καὶ φρονέομεν τῇ καρδίῃ καὶ τὸ ἀνιώμενον τοῦτ᾽ ἐστὶ καὶ τὸ φροντίζον. Τὸ δὲ οὐχ οὕτως ἔχει, ἀλλὰ σπᾶται μὲν ὥσπερ αἱ φρένες, καὶ μᾶλλον διὰ τὰς αὐτὰς αἰτίας· (7) ἐξ ἅπαντος γὰρ τοῦ σώματος φλέβες ἐς αὐτὴν τείνουσι καὶ συγκλείσασα ἔχει ὥστε αἰσθάνεσθαι ἤν τις πόνος ἢ τάσις γένηται τῷ ἀνθρώπῳ. (8) Ἀνάγκη δὲ καὶ ἀνιώμενον φρίσσειν τε τὸ σῶμα καὶ συντείνεσθαι καὶ ὑπερχαίροντα τωὐτὸ τοῦτο πάσχειν. Διότι ἡ καρδίη αἰσθάνεταί τε μά|λιστα καὶ αἱ φρένες, τῆς μέντοι φρονήσιος οὐδετέρῳ μέτεστιν, ἀλλὰ πάντων τούτων αἴτιος ὁ ἐγκέφαλός ἐστιν. (9) Ὥσπερ οὖν καὶ τῆς φρονήσιος τοῦ ἠέρος πρῶτος αἰσθάνεται τῶν ἐν τῷ σώματι ἐόντων, οὕτω καί, ἤν τις μεταβολὴ ἰσχυροτέρη γένηται ἐν τῷ ἠέρι ὑπὸ τῶν ὡρέων καὶ αὐτὸς ἑωυτοῦ διάφορος γένηται ὁ ἀήρ, ὁ ἐγκέφαλος πρῶτος αἰσθάνεται. (10) Διὸ καὶ τὰ νοσήματα ἐς αὐτὸν ἐμπίπτειν φημὶ ὀξύτατα καὶ μέγιστα καὶ θανατωδέστατα καὶ δυσκριτώτατα τοῖς ἀπείροισιν.

18. (1) Αὕτη δὲ ἡ νοῦσος ἡ ἱρὴ καλεομένη ἀπὸ τῶν αὐτῶν προφασίων γίνεται καὶ αἱ λοιπαί, ἀπὸ τῶν προσιόντων καὶ ἀπιόντων καὶ ψύχεος καὶ ἡλίου καὶ πνευμάτων μεταβαλλομένων τε καὶ οὐδέποτε ἀτρεμιζόντων. (2) Ταῦτα δ᾽ ἐστὶ θεῖα ὥστε μὴ δεῖν ἀποκρίνοντα τὸ νόσημα θειότερον τῶν λοιπῶν νομίζειν, ἀλλὰ πάντα θεῖα καὶ πάντα ἀνθρώπινα, φύσιν δὲ ἕκαστον ἔχει καὶ δύναμιν ἐφ᾽ ἑωυτοῦ, καὶ οὐδὲν ἄπορόν ἐστιν οὐδ᾽ ἀμήχανον.

(3) Ἀκεστά τε τὰ πλεῖστά ἐστι τοῖς αὐτοῖσι τούτοισιν ἀφ᾽ ὧν καὶ γίνεται. Ἕτερον γὰρ ἑτέρῳ τροφή ἐστι,

rigen Teile des Körpers, (5) sondern hat fälschlicherweise seinen Namen und seine Fähigkeit, so wie die sogenannten Ohren am Herzen nichts zum Hören beitragen.

(6) Manche sagen, daß wir mit dem Herzen denken und daß es dort ist, wo Kummer und Sorge sitzen. Dies trifft aber nicht zu, sondern das Herz zieht sich zusammen wie das Zwerchfell, sogar noch stärker, und zwar aus denselben Gründen. (7) Denn aus dem ganzen Körper führen Adern hinein, und es faßt sie zusammen, so daß es fühlt, wenn der Mensch irgendein Unbehagen oder eine Anspannung in sich hat. (8) Der Körper muß erschaudern, wenn man Unbehagen empfindet, und sich anspannen und muß dasselbe erfahren, wenn man sich außerordentlich freut. Deswegen reagieren Herz und Zwerchfell am meisten auf diese Empfindungen, haben beide aber keinen Anteil am Denken, sondern Ursache für all dies ist das Gehirn. (9) So wie es als erstes von allen Körperorganen das Denken, das mit der Luft kommt, wahrnimmt, so fühlt das Gehirn auch zuerst, wenn ein stärkerer Wechsel infolge der Jahreszeiten bei der Luft eintritt und die Luft selbst sich ändert. (10) Deswegen behaupte ich, daß die Krankheiten, die das Gehirn befallen, die schlimmsten, größten und tödlichsten sind und für die Unerfahrenen am schwierigsten zu beurteilen.

18. (1) Diese Krankheit also, die sogenannte heilige, entsteht aus denselben Ursachen wie die übrigen Krankheiten, durch das, was in den Körper gelangt, und das, was wieder hinausgeht, durch die Kälte und die Sonne, durch die wechselnden und niemals ruhenden Winde. (2) Diese Dinge aber sind göttlich, so daß man die Krankheit nicht abtrennen und für göttlicher als die übrigen halten darf, sondern alle Krankheiten als göttlich und alle als menschlich beurteilen muß; jede hat ihre eigene natürliche Beschaffenheit und ihre besondere Stärke, und keine ist unheilbar, keine unüberwindbar.

(3) Die meisten sind auf dem gleichen Wege zu heilen, wie sie entstehen. Denn einmal ist das eine einem anderen Nahrung, ein

τοτὲ δὲ καὶ κάκωσις. (4) Τοῦτο οὖν δεῖ τὸν ἰητρὸν
ἐπίστασθαι, ὅπως τὸν καιρὸν διαγινώσκων ἑκάστου
τῷ μὲν ἀποδώσει τὴν τροφὴν καὶ αὐξήσει, τῷ δὲ
ἀφαιρήσει καὶ μειώσει. (5) Χρὴ γὰρ καὶ | ἐν ταύτῃ τῇ
νούσῳ καὶ ἐν τῇσιν ἄλλῃσιν ἁπάσῃσιν μὴ αὔξειν τὰ
νοσήματα, ἀλλὰ τρύχειν προσφέροντα τῇ νούσῳ τὸ
πολεμώτατον ἑκάστῃ καὶ μὴ τὸ σύνηθες. Ὑπὸ μὲν
γὰρ τῆς συνηθείης θάλλει τε καὶ αὔξεται, ὑπὸ δὲ τοῦ
πολεμίου φθίνει τε καὶ ἀμαυροῦται. (6) Ὅστις δ᾽
ἐπίσταται ἐν ἀνθρώποισι ξηρὸν καὶ ὑγρὸν ποιεῖν καὶ
ψυχρὸν καὶ θερμὸν ὑπὸ διαίτης, οὗτος καὶ ταύτην
τὴν νοῦσον ἰῷτο ἄν, εἰ τοὺς καιροὺς διαγινώσκοι τῶν
συμφερόντων, ἄνευ καθαρμῶν καὶ μαγίης καὶ πάσης
τῆς τοιαύτης βαναυσίης.

anderes Mal bedeutet es Verschlimmerung. (4) Dies muß also der Arzt wissen, daß er jedesmal den rechten Zeitpunkt erkennt, um dem einen die Nahrung zu geben und sie zu vermehren, dem anderen sie wegzunehmen und zu vermindern. (5) Denn es ist sowohl bei dieser als auch bei allen anderen Krankheiten notwendig, die Leiden nicht zu vermehren, sondern sie zu schädigen, indem man das, was jeder Krankheit am feindlichsten ist, verabreicht und nicht das ihr Vertrauteste. Denn von dem, was ihr vertraut ist, blüht sie auf und wächst, durch das aber, was ihr feindlich ist, schwindet sie und wird geschwächt. (6) Jeder, der sich darauf versteht, in den Menschen durch eine Diät Trockenheit und Feuchtigkeit, Kälte und Wärme hervorzurufen, dieser dürfte auch diese Krankheit heilen können, wenn er die richtige Anwendung des Nützlichen erkennt, ohne Reinigungsriten und Zauberei und ohne diese ganze Scharlatanerie.

ΠΕΡΙ ΤΕΧΝΗΣ

1. (1) Εἰσίν τινες οἳ τέχνην πεποίηνται τὸ τὰς τέχνας αἰσχροεπεῖν, ὡς μὲν οἴονται οὐ τοῦτο διαπρησσόμενοι ὃ ἐγὼ λέγω, ἀλλ' ἱστορίης οἰκείης ἐπίδειξιν ποιεύμενοι. (2) Ἐμοὶ δὲ τὸ μέν τι τῶν μὴ εὑρημένων ἐξευρίσκειν, ὅ τι καὶ εὑρεθὲν κρέσσον ἢ ἀνεξεύρετον, συνέσιος δοκεῖ ἐπιθύμημά τε καὶ ἔργον εἶναι, καὶ τὸ τὰ ἡμίεργα ἐς τέλος ἐξεργάζεσθαι ὡσαύτως· τὸ δὲ λόγων οὐ καλῶν τέχνῃ τὰ τοῖσιν ἄλλοισιν εὑρημένα αἰσχύνειν προθυμεῖσθαι, ἐπανορθοῦντα μὲν μηδέν, διαβάλλοντα δὲ τὰ τῶν εἰδότων πρὸς τοὺς μὴ εἰδότας ἐξευρήματα, οὐκέτι συνέσιος δοκεῖ ἐπιθύμημά τε καὶ ἔργον εἶναι, ἀλλὰ κακαγγελίη μᾶλλον φύσιος ἢ ἀτεχνίη. Μούνοισι γὰρ δὴ τοῖσιν ἀτέχνοισιν ἡ ἐργασίη αὕτη ἁρμόζει, φιλοτιμεομένων μὲν οὐδαμὰ δὲ δυναμένων κακίῃ ὑπουργεῖν ἐς τὸ τὰ τῶν πέλας ἔργα ἢ ὀρθὰ ἐόντα διαβάλλειν ἢ οὐκ ὀρθὰ μωμεῖσθαι. (3) Τοὺς μὲν οὖν ἐς τὰς ἄλλας τέχνας τούτῳ τῷ τρόπῳ ἐμπίπτοντας, οἷσι μέλει τε καὶ ὧν μέλει, οἱ δυνάμενοι κωλυόντων· ὁ δὲ παρεὼν λόγος τοῖσιν ἐς ἰητρικὴν οὕτως ἐπιπορευομένοισιν ἐναντιώσεται, θρασυνόμενος μὲν διὰ τούτους οὓς ψέγει, εὐπορέων δὲ διὰ τὴν τέχνην ᾗ βοηθεῖ, δυνάμενος δὲ διὰ σοφίην ᾗ πεπαίδευται.

ÜBER DIE KUNST

1. (1) Manche Leute haben eine Kunst daraus gemacht, die Künste zu verunglimpfen. Dabei bilden sie sich freilich ein, sie selbst könnten das nicht leisten, worüber ich rede, sondern stellten nur ihr eigenes Wissen zur Schau. (2) Meiner Meinung nach ist es aber das Bestreben und das Werk des Verstandes, etwas zu entdecken, was bisher nicht gefunden worden ist und was, wenn es einmal entdeckt ist, nützlicher ist, als wäre es nicht gefunden worden. Ebenso ist es das Bestreben und das Werk des Verstandes, etwas Halbfertiges zu vollenden. Mit übler Redekunst aber darauf hinzuarbeiten, das, was andere gefunden haben, zu verunglimpfen, dabei nichts zur Verbesserung beizutragen, sondern das, was die Kundigen entdeckt haben, gegenüber den Unkundigen zu verleumden, scheint mir nicht mehr das Bestreben und das Werk des Verstandes zu sein. Es ist eher ein Zeichen von schlechten Charaktereigenschaften als Unwissen über die Regeln der Kunst. Denn für diejenigen, die sich in der Kunst nur nicht auskennen, ist folgendes Verhalten bezeichnend: der Schlechtigkeit von Ehrgeizigen, aber völlig Unfähigen dienlich zu sein, indem man die Leistungen des Nächsten, wenn sie richtig sind, verleumdet, oder, wenn sie nicht richtig sind, verspottet. (3) Somit sollten diejenigen, die sich auf diese Weise gegen die anderen Künste wenden, von den Kundigen, die sich darum bemühen, in ihren Fach- und Interessensgebieten zurückgewiesen werden. Was die vorliegende Rede betrifft, so ist sie gegen die gerichtet, die die Heilkunst auf diese Weise angreifen. Dabei wird sie gestützt durch das Verhalten derjenigen, die sie tadelt, enthält viele Argumente dank der Kunst, der sie zu Hilfe kommt, und vermag viel wegen der wissenschaftlichen Kenntnis, unter deren Einfluß sie entstanden ist.

2. (1) Δοκεῖ δή μοι τὸ μὲν σύμπαν τέχνη εἶναι οὐδεμία οὐκ ἐοῦσα · | καὶ γὰρ ἄλογον τῶν ἐόντων τι 4 ἡγεῖσθαι μὴ ἐνεόν· ἐπεὶ τῶν γε μὴ ἐόντων τίνα ἄν τις οὐσίην θεησάμενος ἀπαγγείλειεν ὡς ἔστιν; Εἰ γὰρ δὴ ἔστι γε ἰδεῖν τὰ μὴ ἐόντα ὥσπερ τὰ ἐόντα, οὐκ οἶδ' ὅπως ἄν τις αὐτὰ νομίσειε μὴ ἐόντα ἅ γε εἴη καὶ ὀφθαλμοῖσιν ἰδεῖν καὶ γνώμῃ νοῆσαι ὡς ἔστιν. (2) Ἀλλ' ὅπως μὴ οὐκ ᾖ τοῦτο τοιοῦτον· ἀλλὰ τὰ μὲν ἐόντα αἰεὶ ὁρᾶταί τε καὶ γινώσκεται, τὰ δὲ μὴ ἐόντα οὔτε ὁρᾶται οὔτε γινώσκεται. Γινώσκεται τοίνυν δεδιδαγμένων ἤδη τῶν τεχνέων καὶ οὐδεμία ἐστὶν ἥ γε ἔκ τινος εἴδεος οὐχ ὁρᾶται. (3) Οἶμαι δ' ἔγωγε καὶ τὰ ὀνόματα αὐτὰς διὰ τὰ εἴδεα λαβεῖν· ἄλογον γὰρ ἀπὸ τῶν ὀνομάτων ἡγεῖσθαι τὰ εἴδεα βλαστάνειν καὶ ἀδύνατον· τὰ μὲν γὰρ ὀνόματα φύσιος νομοθετήματά ἐστιν, τὰ δὲ εἴδεα οὐ νομοθετήματα, ἀλλὰ βλαστήματα.

3. (1) Περὶ μὲν οὖν τούτων εἴ γέ τις μὴ ἱκανῶς ἐκ τῶν εἰρημένων συνίησιν, ἐν ἄλλοισιν ἂν λόγοισιν σαφέστερον διδαχθείη· περὶ δὲ ἰητρικῆς – ἐς ταύτην γὰρ ὁ λόγος –, ταύτης οὖν τὴν ἀπόδειξιν ποιήσομαι. (2) Καὶ πρῶτόν γε διοριεῦμαι ὃ νομίζω ἰητρικὴν εἶναι· τὸ δὴ πάμπαν ἀπαλλάσσειν τῶν νοσεόντων τοὺς καμάτους καὶ τῶν νοσημάτων τὰς σφοδρότητας ἀμβλύνειν, καὶ τὸ μὴ ἐγχειρεῖν τοῖσι κεκρατημένοισιν | ὑπὸ τῶν νοσημάτων, 6 εἰδότας ὅτι πάντα ταῦτα δύναται ἰητρική. (3) Ὡς οὖν ποιεῖ τε ταῦτα καὶ οἵη τέ ἐστιν διὰ παντὸς ποιεῖν, περὶ τούτου μοι ὁ λοιπὸς λόγος ἤδη ἔσται. Ἐν δὲ τῇ τῆς τέχνης ἀποδείξει ἅμα

2. (1) Es scheint mir, im ganzen gesehen, keine Kunst zu geben, die nicht existiert. Denn es wäre unlogisch zu glauben, daß irgend etwas von den Dingen, die existieren, nicht existent ist. Was die nicht existierenden Dinge betrifft, was davon könnte jemand gesehen haben, um zu behaupten, daß sie existieren? Wenn es denn tatsächlich so wäre, daß man das Nichtexistierende genauso wie das Existierende sehen kann, dann weiß ich nicht, warum einer glauben könnte, daß diese Dinge, die nicht existieren, nicht existent sind, obwohl man sie tatsächlich mit den Augen sehen und mit dem Verstand erfassen kann, daß sie existieren. (2) Aber so ist zu fürchten, daß dem nicht so ist; vielmehr läßt sich das Existierende immer sehen und erfassen, das Nichtexistierende aber weder sehen noch erfassen. Nun sind die Künste, sobald sie bereits einmal gelehrt worden sind, auch erfaßt worden, und es gibt keine Kunst, die nicht durch eine gewisse Form sichtbar wird. (3) Ich meinerseits glaube, daß die Künste sogar ihre Namen wegen ihrer Form erhalten haben. Denn es wäre unvernünftig zu glauben, die Formen seien aus den Namen entstanden. Das wäre auch unmöglich. Namen nämlich sind Bestimmungen der Natur, Erscheinungsformen aber sind keine Bestimmungen, sondern Bildungen (der Natur).

3. (1) Wenn die bisherigen Ausführungen zum Verständnis nicht ausreichen, so wird man in anderen Reden Genaueres über diese Dinge erfahren können. Was aber die Heilkunst betrifft – denn auf diese bezieht sich die vorliegende Rede –, werde ich nun den Beweis für ihre Existenz antreten. (2) Und zuerst werde ich eingrenzen, was meiner Meinung nach die Heilkunst ist: die Kranken gänzlich von ihren Leiden zu befreien, die Gewalt der Krankheiten abzuschwächen und die Kranken nicht zu behandeln, wenn sie von den Krankheiten bereits bezwungen sind, und dies alles im Wissen, daß die Heilkunst zu all diesem in der Lage ist. (3) Daß also die Heilkunst dies vermag und daß sie fähig ist, dies fortwährend zu leisten, darüber wird nunmehr der Rest meiner Rede handeln. Indem ich dabei die Existenz der Kunst

καὶ τοὺς λόγους τῶν αἰσχύνειν αὐτὴν οἰομένων ἀναιρήσω, ᾗ ἂν ἕκαστος αὐτῶν πρήσσειν τι οἰόμενος τυγχάνῃ.

4. (1) Ἔστι μὲν οὖν μοι ἀρχὴ τοῦ λόγου, ἣ καὶ ὁμολογήσεται παρὰ πᾶσιν· ὅτι γὰρ ἔνιοι ἐξυγιαίνονται τῶν θεραπευομένων ὑπὸ ἰητρικῆς ὁμολογεῖται. Ὅτι δ᾽ οὐ πάντες, ἐν τούτῳ ἤδη ψέγεται ἡ τέχνη, καί φασιν οἱ τὰ χείρω λέγοντες διὰ τοὺς ἁλισκομένους ὑπὸ τῶν νοσημάτων τοὺς ἀποφεύγοντας αὐτὰ τύχῃ ἀποφεύγειν καὶ οὐ διὰ τὴν τέχνην. (2) Ἐγὼ δὲ οὐκ ἀποστερέω μὲν οὐδ᾽ αὐτὸς τὴν τύχην ἔργου οὐδενός, ἡγεῦμαι δὲ τοῖσι μὲν κακῶς θεραπευομένοισι νοσήμασι τὰ πολλὰ τὴν ἀτυχίην ἕπεσθαι, τοῖσι δὲ εὖ τὴν εὐτυχίην. (3) Ἔπειτα δὲ καὶ πῶς οἷόν τ᾽ ἐστὶ τοῖσιν ἐξυγιανθεῖσιν ἄλλο τι αἰτιήσασθαι ἢ τὴν τέχνην εἴπερ χρεώμενοι αὐτῇ καὶ ὑπουργέοντες ὑγιάνθησαν; Τὸ μὲν γὰρ τῆς τύχης εἶδος ψιλὸν οὐκ ἐβουλήθησαν θεήσασθαι ἐν ᾧ τῇ τέχνῃ ἐπέτρεψαν σφᾶς αὐτούς· (4) ὥστε τῆς μὲν ἐς τὴν τύχην ἀναφορῆς ἀπηλλαγμένοι εἰσί, τῆς μέντοι ἐς τὴν τέχνην οὐκ ἀπηλλαγμένοι· ἐν ᾧ γὰρ ἐπέτρεψαν αὐτῇ σφᾶς καὶ ἐπίστευσαν, ἐν τούτῳ αὐτῆς καὶ τὸ εἶδος ἐσκέψαντο καὶ τὴν δύναμιν περανθέντος τοῦ ἔργου ἔγνωσαν.

5. (1) Ἐρεῖ δὴ ὁ τἀναντία λέγων ὅτι πολλοὶ ἤδη καὶ οὐ χρησάμενοι ἰητρῷ νοσέοντες ὑγιάνθησαν· καὶ ἐγὼ τῷ λόγῳ οὐκ ἀπιστέω. (2) Δοκεῖ δέ μοι οἷόν τε εἶναι καὶ ἰητρῷ μὴ χρεωμένους ἰητρικῇ | περιτυχεῖν, οὐ 8 μὴν ὥστε εἰδέναι ὅ τι ὀρθὸν ἐν αὐτῇ ἔνι ἢ ὅ τι μὴ ὀρθόν, ἀλλ᾽ ὥστε ἐπιτύχοιεν τοιαῦτα θεραπεύσαντες ἑωυτοὺς ὁποῖάπερ ἂν ἐθεραπεύθησαν εἰ καὶ ἰητροῖσιν ἐχρέωντο. (3) καὶ τοῦτό γε τεκμήριον μέγα τῇ

beweise, werde ich zugleich die Argumente derjenigen, die sie
schmähen wollen, widerlegen, und zwar in jedem Punkt, in dem
einer glaubt, etwas erreichen zu können.

4. (1) Ich beginne nun meine Rede mit einem Argument, in
dem alle übereinstimmen werden. Daß nämlich einige, die von
der ärztlichen Kunst behandelt werden, vollständig geheilt wer-
den, darin besteht Übereinstimmung. Aber schon darin, daß
nicht allen Heilung verschafft wird, wird die Kunst gescholten,
und diejenigen, die sie deswegen kritisieren, weil manche Men-
schen den Krankheiten zum Opfer fallen, behaupten, daß die,
die den Krankheiten entkommen, ihnen durch einen glücklichen
Zufall entkommen und nicht in Folge der Kunst. (2) Auch ich
selbst spreche dem Glück nichts von seiner Wirkung ab, glaube
aber, daß der schlechten Behandlung von Krankheiten meistens
ein unglückliches Ende beschieden ist, der guten Behandlung da-
gegen ein glückliches Ende folgt. (3) Und weiter: Wie können die
vollständig Genesenen etwas anderes als die Kunst verantwort-
lich machen, wenn sie doch geheilt wurden, indem sie sich ihrer
bedienten und mit ihr zusammenarbeiteten? Denn sie woll-
ten nicht bloß dem glücklichen Zufall vertrauen, als sie sich der
Kunst zuwandten. (4) Daher sind sie weit davon entfernt, die
Heilung dem glücklichen Zufall zuzuschreiben, nicht aber, sie als
Erfolg der Kunst anzusehen. Indem sie sich nämlich der Kunst
hingaben und sich ihr anvertrauten, haben sie dadurch auch ihre
Form wahrgenommen und ihre Macht erkannt, nachdem sie ihr
Werk vollendet hatte.

5. (1) Wer die gegenteilige Auffassung vertritt, wird behaup-
ten, daß schon viele Kranke, ohne sich der Heilkunst zu bedie-
nen, gesund wurden. Und ich bezweifle dieses Argument nicht.
(2) Ich halte es aber für möglich, daß man, auch ohne einen Arzt
hinzuzuziehen, zufällig auf die Heilkunst treffen kann, freilich
ohne zu wissen, was in ihr richtig oder falsch ist, aber doch so,
daß man in der Eigenbehandlung zufällig das anwendet, was auch
bei Hinzuziehen eines Arztes angewendet worden wäre. (3) Und

οὐσίῃ τῆς τέχνης ὅτι ἐοῦσά τέ ἐστι καὶ μεγάλη, ὅπου γε φαίνονται καὶ οἱ μὴ νομίζοντες αὐτὴν εἶναι σῳζόμενοι δι᾽ αὐτήν. (4) Πολλὴ γὰρ ἀνάγκη καὶ τοὺς μὴ χρεωμένους ἰητροῖσι, νοσήσαντας δὲ καὶ ὑγιασθέντας, εἰδέναι ὅτι ἢ δρῶντές τι ἢ μὴ δρῶντες ὑγιάνθησαν· ἢ γὰρ ἀσιτίῃ ἢ πολυφαγίῃ, ἢ ποτῷ πλέονι ἢ δίψῃ, ἢ λουτροῖσιν ἢ ἀλουσίῃ, ἢ πόνοισιν ἢ ἡσυχίῃ, ἢ ὕπνοισιν ἢ ἀγρυπνίῃ, ἢ τῇ ἁπάντων τούτων ταραχῇ χρεώμενοι ὑγιάνθησαν. (5) Καὶ τῷ ὠφελῆσθαι πολλὴ ἀνάγκη αὐτούς ἐστιν ἐγνωκέναι ὅ τι ἦν τὸ ὠφελῆσαν, καὶ εἴ τί γ᾽ ἐβλάβησαν, τῷ βλαβῆναι, ὅ τι ἦν τὸ βλάψαν. Τὰ γὰρ τῷ ὠφελῆσθαι καὶ τὰ τῷ βεβλάφθαι ὡρισμένα, οὐ πᾶς ἱκανὸς γνῶναι. Εἰ τοίνυν ἐπιστήσεται ἢ ἐπαινεῖν ἢ ψέγειν ὁ νοσήσας τῶν διαιτημάτων τι οἷσιν ὑγιάνθη, πάντα ταῦτα τῆς ἰητρικῆς ἐστι. Καὶ ἔστιν οὐδὲν ἧσσον τὰ ἁμαρτηθέντα τῶν ὠφελησάντων μαρτύρια τῇ τέχνῃ ἐς τὸ εἶναι. Τὰ μὲν γὰρ ὠφελήσαντα τῷ ὀρθῶς προσενεχθῆναι ὠφέλησε, τὰ δὲ βλάψαντα τῷ μηκέτι ὀρθῶς προσενεχθῆναι ἔβλαψε. (6) Καίτοι ὅπου τό τε ὀρθὸν καὶ τὸ μὴ ὀρθὸν ὅρον ἔχει ἑκάτερον, πῶς τοῦτο οὐκ ἂν τέχνη εἴη; Τοῦτο γὰρ ἔγωγέ φημι ἀτεχνίην εἶναι ὅπου μήτε ὀρθὸν ἔνι μηδὲν μήτε οὐκ ὀρθόν· ὅπου δὲ τούτων ἔνεστιν ἑκάτερον, οὐκέτι ἂν τοῦτο ἔργον ἀτεχνίης εἴη.

6. (1) Ἔτι τοίνυν εἰ μὲν ὑπὸ φαρμάκων τῶν τε καθαιρόντων καὶ | τῶν ἱστάντων ἡ ἴησις τῇ τε ἰητρικῇ καὶ τοῖσιν ἰητροῖσιν μοῦνον ἐγίνετο, ἀσθενὴς ἦν ἂν ὁ ἐμὸς λόγος. (2) Νῦν δὲ φαίνονται τῶν ἰητρῶν οἱ μάλιστα ἐπαινεόμενοι καὶ διαιτήμασιν ἰώμενοι καὶ ἄλλοισί τε εἴδεσιν ἃ οὐκ ἄν τις φαίη, μὴ ὅτι ἰητρός,

dies ist gewiß ein wichtiger Beweis für die reale Existenz der Kunst und für ihre Größe, daß offenbar auch diejenigen, die nicht an ihre Existenz glauben, durch sie gerettet werden. (4) Denn notwendigerweise wissen auch diejenigen Menschen, die nicht Ärzte konsultierten und dennoch von ihrer Krankheit geheilt wurden, daß sie gesund wurden, indem sie entweder etwas unternahmen oder etwas unterließen. Denn entweder durch Fasten oder durch reichliches Essen, entweder durch reichlicheres Trinken oder durch Dürsten, entweder durch Baden oder durch Nichtbaden, entweder durch Anstrengungen oder durch Ruhe, entweder durch Schlafen oder durch Wachen oder durch die Mischung von all diesem sind sie gesund geworden. (5) Und notwendigerweise haben sie dadurch, daß ihnen geholfen wurde, das kennengelernt, was ihnen geholfen hat, und wenn ihnen etwas Schaden zugefügt hat, haben sie durch den Schaden das kennengelernt, was ihnen geschadet hat. Denn die Grenzen zwischen Nützlichem und Schädlichem zu erkennen, ist nicht jeder fähig. Wenn also der Kranke eines der Mittel, durch die er gesund wurde, entweder zu loben oder zu tadeln weiß, gehört dies alles zur Heilkunst. Und das Falsche bezeugt nicht weniger als das Hilfreiche die Existenz der Heilkunst. Denn das Hilfreiche war hilfreich, weil es richtig angewandt wurde, das Schädliche aber war schädlich, weil es nicht richtig angewandt wurde. (6) Wenn nun aber das, was richtig ist, und das, was nicht richtig ist, jedes seine Grenzen hat, wie sollte dies nicht Kunst sein? Denn ich meinerseits behaupte, daß keine Kunst vorliegt, wenn weder Richtiges noch Falsches vorhanden ist. Wo aber beides vorkommt, kann dies nicht mehr ein Werk ohne Kunst sein.

6. (1) Wenn es ferner der Heilkunst und den Ärzten nur mit Hilfe von abführenden und stopfenden Mitteln gelingen würde zu heilen, wäre meine Argumentation schwach. (2) Nun heilen aber offenbar die berühmtesten Ärzte auch durch Regelung der Lebensweise und sogar mit anderen Mitteln, von denen niemand – weder der Arzt noch der unkundige Laie, wenn er

ἀλλ᾽ οὐδὲ ἰδιώτης ἀνεπιστήμων ἀκούσας, μὴ οὐ τῆς
τέχνης εἶναι. (3) Ὅπου οὖν οὐδὲν οὔτ᾽ ἐν τοῖσιν
ἀγαθοῖσι τῶν ἰητρῶν οὔτ᾽ ἐν τῇ ἰητρικῇ αὐτῇ ἀχρεῖόν
ἐστιν, ἀλλ᾽ ἐν τοῖσι πλείστοισι τῶν τε φυομένων καὶ
τῶν ποιευμένων ἔνεστιν τὰ εἴδεα τῶν θεραπειῶν καὶ
τῶν φαρμάκων, οὐκ ἔστιν ἔτι οὐδενὶ τῶν ἄνευ ἰητροῦ
ὑγιαζομένων τὸ αὐτόματον αἰτιήσασθαι ὀρθῷ λόγῳ.
(4) Τὸ μὲν γὰρ αὐτόματον οὐδὲν φαίνεται ἐὸν
ἐλεγχόμενον· πᾶν γὰρ τὸ γινόμενον διά τι εὑρίσκοιτ᾽
ἂν γινόμενον, καὶ ἐν τῷ διά τι τὸ αὐτόματον οὐ
φαίνεται οὐσίην ἔχον οὐδεμίαν ἀλλ᾽ ἢ ὄνομα· ἡ δὲ ἰη-
τρικὴ καὶ ἐν τοῖσι διά τι καὶ ἐν τοῖσι προνοευμένοισι
φαίνεταί τε καὶ φανεῖται αἰεὶ οὐσίην ἔχουσα.

7. (1) Τοῖσι μὲν οὖν τῇ τύχῃ τὴν ὑγιείην προστιθεῖσι,
τὴν δὲ τέχνην ἀφαιρέουσι, τοιαῦτ᾽ ἄν τις λέγοι·
τοὺς δ᾽ ἐν τῇσι τῶν ἀποθνῃσκόντων συμφορῇσι
τὴν τέχνην ἀφανίζοντας θαυμάζω ὅτέῳ ἐπαιρόμενοι
ἀξιόχρεῳ λόγῳ τὴν μὲν τῶν ἀποθνῃσκόντων
ἀκρασίην ἀναιτίην καθιστᾶσι, τὴν δὲ τῶν τὴν ἰητρι-
κὴν μελετησάντων σύνεσιν αἰτίην, ὡς τοῖσι μὲν ἰη-
τροῖσιν ἔνεστι τὰ μὴ δέοντα ἐπιτάξαι, τοῖσι δὲ νοσέ-
ουσιν οὐκ ἔστι τὰ προσταχθέντα παραβῆναι. (2) Καὶ
μὴν πολύ γε εὐλογώτερον τοῖσι κάμνουσιν ἀδυνα-
τεῖν τὰ προστασσόμενα ὑπουργεῖν ἢ τοῖσιν ἰητροῖσι
τὰ μὴ δέοντα ἐπιτάσσειν. (3) Οἱ μὲν γὰρ ὑγιαινούσῃ
γνώμῃ μεθ᾽ ὑγιαίνοντος σώματος ἐγχειρέουσι, λογι-
σάμενοι τά τε παρεόντα τῶν τε παροιχομένων τὰ
ὁμοίως διατεθέντα τοῖσι παρεοῦσιν ὥστε ποτὲ
θεραπευθέντα εἰπεῖν ὡς ἀπήλλαξαν, οἱ δ᾽ οὔτε ἃ
κά|μνουσιν οὔτε δι᾽ ἃ κάμνουσιν, οὐδ᾽ ὅ τι ἐκ τῶν 12
παρεόντων ἔσται οὐδ᾽ ὅ τι ἐκ τῶν τούτοισιν ὁμοίων
γίνεται εἰδότες ἐπιτάσσονται, ἀλγέοντες μὲν ἐν τῷ
παρεόντι, φοβεύμενοι δὲ τὸ μέλλον καὶ πλήρεις μὲν

davon hört – behaupten könnte, daß sie nicht zur Kunst gehörten. (3) Weil es also für die guten Ärzte und für die Heilkunst selbst nichts gibt, was nicht zu verwenden wäre, sondern in den meisten natürlichen und künstlichen Erzeugnissen die Formen der Behandlungen und der Heilmittel vorgegeben sind, kann keiner, der ohne Konsultation eines Arztes geheilt wurde, berechtigtermaßen die Heilung als Ergebnis eines spontanen Vorganges auffassen. (4) Daß es nämlich den spontanen Vorgang nicht gibt, ist klar bewiesen. Denn für alles, was geschieht, findet man die Ursache, warum es geschieht, und wenn es ein Warum gibt, ist es klar, daß das Spontane nicht existiert, sondern lediglich ein Wort ist. Die Heilkunst aber zeigt in der Frage nach dem Warum und in ihrer Fähigkeit vorauszusehen, daß sie existiert und immer existieren wird.

7. (1) Denjenigen also, die die Gesundheit dem glücklichen Zufall zuschreiben und einen Einfluß der Kunst ablehnen, kann man solche Argumente entgegenhalten. Was diejenigen betrifft, die wegen des Vorkommens von Todesfällen die Existenz der Kunst ablehnen, so wundere ich mich, mit welchem Argument, das der Rede wert wäre, sie es unternehmen, nicht der mangelnden Selbstbeherrschung der Sterbenden die Schuld zu geben, sondern dem ärztlichen Verstand; als wäre es für Ärzte möglich, Falsches zu verordnen, für Kranke aber unmöglich, die Verordnungen zu übertreten. (2) Und es ist doch sehr viel wahrscheinlicher, daß die Kranken nicht in der Lage sind, das, was ihnen verordnet wurde, zu befolgen, als daß die Ärzte das Falsche anordnen. (3) Denn die einen handeln mit gesundem Verstand und gesundem Körper, indem sie sowohl den anstehenden Fall rational beurteilen, als auch vergangene Fälle, die dem anstehenden gleichgeartet waren, berücksichtigen, weil sie damit erklären können, wie sie die einst behandelten Fälle lösten. Die anderen aber, die weder wissen, woran sie leiden, noch weswegen sie leiden, die auch weder wissen, wie sich ihr gegenwärtiger Zustand entwickeln wird, noch wie sich ähnlich gelagerte Fälle entwickelten, erhalten Verordnungen, bei denen sie in der Gegenwart lei-

τῆς νούσου, κενεοὶ δὲ σιτίων, ἐθέλοντες δὲ τὰ πρὸς τὴν νοῦσον ἤδη μᾶλλον ἢ τὰ πρὸς τὴν ὑγιείην προσδέχεσθαι, οὐκ ἀποθανεῖν ἐρῶντες ἀλλὰ καρτερεῖν ἀδυνατέοντες. (4) Οὕτω δὲ διακειμένους πότερον εἰκὸς τούτους τὰ ὑπὸ τῶν ἰητρῶν ἐπιτασσόμενα ποιεῖν ἢ ἄλλα ποιεῖν ἢ ἃ ἐπετάχθησαν; Ἢ τοὺς ἰητροὺς τοὺς ἐκείνως διακειμένους ὡς ὁ πρόσθεν λόγος ἡρμήνευσεν ἐπιτάσσειν τὰ μὴ δέοντα; (5) Ἆρ' οὐ πολὺ μᾶλλον τοὺς μὲν δεόντως ἐπιτάσσειν, τοὺς δὲ εἰκότως ἀδυνατεῖν πείθεσθαι, μὴ πειθομένους δὲ περιπίπτειν τοῖσι θανάτοισιν, ὧν οἱ μὴ ὀρθῶς λογιζόμενοι τὰς αἰτίας τοῖσιν οὐδὲν αἰτίοισιν ἀνατιθεῖσι, τοὺς αἰτίους ἐλευθεροῦντες;

8. (1) Εἰσὶ δέ τινες, οἳ καὶ διὰ τοὺς μὴ θέλοντας ἐγχειρεῖν τοῖσι κεκρατημένοισιν ὑπὸ τῶν νοσημάτων μέμφονται τὴν ἰητρικήν, λέγοντες ὡς ταῦτα μὲν καὶ αὐτὰ ὑφ' ἑωυτῶν ἂν ἐξυγιάζοιτο ἃ ἐγχειρέουσιν ἰᾶσθαι, ἃ δ' ἐπικουρίης δεῖται μεγάλης οὐχ ἅπτονται· δεῖν δέ, εἴπερ ἦν ἡ τέχνη, πάνθ' ὁμοίως ἰᾶσθαι. (2) Οἱ μὲν οὖν ταῦτα λέγοντες, εἰ ἐμέμφοντο τοῖσιν ἰητροῖσιν ὅτι αὐτῶν τοιαῦτα λεγόντων οὐκ ἐπιμέλονται ὡς παραφρονεύντων, εἰκότως ἂν ἐμέμφοντο μᾶλλον ἢ κεῖνα μεμφόμενοι· εἰ γάρ τις ἢ τέχνην, ἐς ἃ μὴ τέχνη, ἢ φύσιν, ἐς ἃ μὴ φύσις πέφυκεν, ἀξιώσειεδύνασθαι, ἀγνοεῖ μανίῃ ἁρμόζουσαν ἄγνοιαν μᾶλ|λον ἢ ἀμαθίῃ · (3) ὧν γὰρ ἔστιν ἡμῖν τοῖσί τε τῶν φυσίων τοῖσί τε τῶν τεχνέων ὀργάνοισιν ἐπικρατεῖν, τούτων ἔστιν ἡμῖν δημιουργοῖσιν εἶναι, ἄλλων δὲ οὐκ ἔστιν. Ὅταν οὖν τι πάθῃ ἄνθρωπος κακὸν ὃ κρέσσον ἐστὶν τῶν ἐν ἰητρικῇ ὀργάνων, οὐδὲ προσδοκᾶσθαι τοῦτό που δεῖ ὑπὸ ἰητρικῆς κρατηθῆναι

den und die Zukunft fürchten und voll von der Krankheit sind,
aber leer an Speisen. Sie wollen lieber das annehmen, was der
Krankheit zuarbeitet, als das, was der Gesundheit nützt, nicht
weil sie zu sterben verlangen, sondern weil sie nicht Widerstand
leisten können. (4) Ist es wahrscheinlich, daß diejenigen, die sich
in einer derartigen Lage befinden, den Anordnungen der Ärzte
Folge leisten oder daß sie anders handeln, als ihnen verordnet
worden ist? Oder ist es wahrscheinlich, daß die Ärzte, die sich
so verhalten, wie oben geschildert wurde, Falsches verordnen?
(5) Ist es nicht viel eher so, daß die einen das Richtige verordnen
und die anderen wahrscheinlich nicht in der Lage sind, den An-
weisungen zu gehorchen, und sich mangels Gehorsam in den
Tod stürzen? Davon weisen diejenigen, die nicht richtig überle-
gen, den Nichtschuldigen die Schuld zu, sprechen die Schuldigen
aber von der Schuld frei.

8. (1) Es gibt Leute, die kritisieren die Heilkunst wegen der
Ärzte, die die Kranken, die schon von den Krankheiten bezwun-
gen sind, nicht behandeln wollen. Sie behaupten, daß gerade die-
jenigen Krankheiten von den Ärzten geheilt würden, die auch von
selbst heilen, an die Krankheiten aber, die großer Hilfe bedürften,
wagten sie sich nicht heran. Es sei aber notwendig, wenn die Heil-
kunst tatsächlich existiere, gleichermaßen alle Krankheiten zu hei-
len. (2) Wenn aber die Vertreter dieser Thesen den Ärzten vorwer-
fen würden, sie kümmerten sich nicht um sie wie um Wahnsinnige,
da sie solches behaupten, dann würden sie mit mehr Berechtigung
kritisieren, als wenn sie jene andere Kritik vorbringen. Wenn näm-
lich jemand fordert, daß die Kunst darin wirksam ist, wozu sie
nicht bestimmt ist, oder daß die Natur darin wirkt, wozu sie nicht
geschaffen ist, dann leidet er an Dummheit, wie sie eher aus Wahn-
sinn als aus Unwissen entspringt. (3) Denn in den Fällen, in denen
es uns möglich ist, mit den Werkzeugen der Natur oder der Kunst
die Oberhand zu gewinnen, können wir als Handwerker tätig
sein, nicht aber in den anderen. Wenn nun der Mensch an irgend-
einer Krankheit leidet, die stärker ist als die Werkzeuge der Heil-

ἄν. (4) Αὐτίκα γὰρ τῶν ἐν ἰητρικῇ καιόντων τὸ πῦρ ἐσχάτως καίει, τούτου δὲ ἡσσόνως ἄλλα πολλά. Τῶν μὲν οὖν ἡσσόνων τὰ κρέσσω οὔπω δῆλον ὅτι ἀνίητα, τῶν δὲ κρατίστων τὰ κρέσσω πῶς οὐ δῆλον ὅτι ἀνίητα; Ἃ γὰρ πῦρ δημιουργεῖ, πῶς οὐ τὰ τούτῳ μὴ ἁλισκόμενα δηλοῖ ὅτι ἄλλης τέχνης δεῖται καὶ οὐ ταύτης ἐν ᾗ τὸ πῦρ ὄργανον; (5) Ωὑτὸς δέ μοι λόγος καὶ ὑπὲρ τῶν ἄλλων, ὅσα τῇ ἰητρικῇ συνεργεῖ. Ὧν ἁπάντων φημὶ δεῖν ἑκάστου κατατυχόντα τὸν ἰητρὸν τὴν δύναμιν αἰτιᾶσθαι τοῦ πάθεος, ἀλλὰ μὴ τὴν τέχνην. (6) Οἱ μὲν οὖν μεμφόμενοι τοὺς τοῖσι κεκρατημένοισι μὴ ἐγχειρέοντας παρακελεύονται καὶ ὧν μὴ προσήκει ἅπτεσθαι οὐδὲν ἧσσον ἢ ὧν προσήκει, παρακελευόμενοι δὲ ταῦτα ὑπὸ μὲν τῶν ὀνόματι ἰητρῶν θαυμάζονται, ὑπὸ δὲ τῶν καὶ τέχνῃ καταγελῶνται. (7) Οὐ μὴν οὕτως ἀφρόνων οἱ ταύτης τῆς δημιουργίης ἔμπειροι οὔτε μωμητέων οὔτ᾽ αἰνετέων δέονται, ἀλλὰ λελογισμένων πρὸς ὅ τι αἱ ἐργασίαι τῶν δημιουργῶν τελευτώμεναι πλήρεις εἰσί, καὶ ὅτευ ὑπολειπόμεναι ἐνδεεῖς, ἔτι τε τῶν ἐνδειῶν ἅς τε τοῖσι δημιουργεῦσιν ἀναθετέον, ἅς τε τοῖσι δημιουργεομένοισι. |

9. (1) Τὰ μὲν οὖν κατὰ τὰς ἄλλας τέχνας ἄλλος 16 χρόνος μετ᾽ ἄλλου λόγου δείξει· τὰ δὲ κατὰ τὴν ἰητρικὴν οἷά τέ ἐστιν ὥς τε κριτέα, τὰ μὲν ὁ παροιχόμενος, τὰ δὲ ὁ παρεὼν διδάξει λόγος. (2) Ἔστι γὰρ τοῖσι

kunst, darf man nicht erwarten, daß diese Krankheit irgendwie von der Heilkunst besiegt werden könnte. (4) Denn beispielsweise von den Mitteln der Heilkunst, die brennen, brennt das Feuer am stärksten, viele andere aber schwächer als dieses. Wenn nun die Krankheit stärker ist als die schwächeren Mittel, so ist es doch noch nicht sicher, daß sie unheilbar ist. Wenn die Krankheit aber stärker ist als die stärksten Mittel, wie sollte es da nicht sicher sein, daß sie unheilbar ist? Ist es nicht einleuchtend, daß in den Fällen, in denen mit Feuer gearbeitet wird, die Krankheit, wenn sie nicht vom Feuer bezwungen wird, eine andere Kunst braucht, und nicht die Kunst, in der das Feuer ein Werkzeug ist? (5) Dieses mein Argument gilt auch für andere Werkzeuge, die der Heilkunst dienen. Wenn der Arzt von all diesen jedes einzelne (erfolglos) eingesetzt hat, muß er, so behaupte ich, der Macht der Krankheit die Schuld geben, nicht der Kunst. (6) Die Kritiker derjenigen Ärzte, die die Behandlung solcher Kranker, die schon von der Krankheit bezwungen sind, ablehnen, fordern nun, daß sich Ärzte ebensosehr mit den Fällen befassen, die sie nichts angehen, wie mit denen, für die sie zuständig sind. Für diese Forderung werden sie von denjenigen bewundert, die nur dem Namen nach Ärzte sind, von denen aber, die auch von der Kunst her Ärzte sind, werden sie ausgelacht. (7) Die Fachleute auf diesem handwerklichen Gebiet haben solche Unverständigen wahrlich nicht nötig, weder zum Tadeln noch zum Loben. Sie brauchen vielmehr Leute, die erwägen, inwieweit die Tätigkeiten der Handwerker, wenn sie vollendet sind, auch vollkommen sind und wie weit sie, wenn sie unzureichend erfolgten, vom Ziel entfernt sind, ferner welche der Mängel man den Handwerkern zuschreiben muß und welche den Behandelten.

9. (1) Was nun die übrigen Künste betrifft, so wird deren Problematik in einer anderen Rede und zu einer anderen Zeit dargestellt werden. Was aber die Heilkunst angeht, so wurden ihr Wesen und ihre Beurteilung in den vorangegangenen Ausführungen erörtert, und sie werden in der nun folgenden Argumentation noch weiter diskutiert werden. (2) Diejenigen, die ausreichende

ταύτην τὴν τέχνην ἱκανῶς εἰδόσι τὰ μὲν τῶν
νοσημάτων οὐκ ἐν δυσόπτῳ κείμενα – καὶ οὐ πολλά –
τὰ δὲ οὐκ ἐν εὐδήλῳ, καὶ πολλά. (3) Ἔστιν δὲ τὰ μὲν
ἐξανθεῦντα ἐς τὴν χροιὴν ἢ χροιῇ ἢ οἰδήμασιν ἐν
εὐδήλῳ· παρέχει γὰρ ἑωυτῶν τῇ τε ὄψει τῷ τε ψαῦ-
σαι τὴν στερεότητα καὶ τὴν ὑγρότητα αἰσθάνεσθαι,
καὶ ἅ τε αὐτῶν θερμὰ ἅ τε ψυχρά, ὧν τε ἑκάστου
ἢ παρουσίη ἢ ἀπουσίη τοιαῦτ' ἐστίν. (4) Τῶν μὲν
οὖν τοιούτων πάντων ἐν πᾶσι τὰς ἀκέσιας ἀνα-
μαρτήτους δεῖ εἶναι, οὐχ ὡς ῥηϊδίας, ἀλλ' ὅτι
ἐξεύρηνται· ἐξεύρηνταί γε μὴν οὐ τοῖσι βουληθεῖσιν,
ἀλλὰ τούτων τοῖσι δυνηθεῖσιν· δύνανται δὲ οἷσι τά τε
τῆς παιδείης μὴ ἐκποδών, τά τε τῆς φύσιος μὴ ἀτα-
λαίπωρα.

10. (1) Πρὸς μὲν οὖν τὰ φανερὰ τῶν νοσημάτων
οὕτω δεῖ εὐπορεῖν τὴν τέχνην· δεῖ γε μὴν αὐτὴν οὐδὲ
πρὸς τὰ ἧσσον φανερὰ ἀπορεῖν. Ἔστιν δὲ ταῦτα ἃ
πρός τε τὰ ὀστέα τέτραπται καὶ τὴν νηδύν. (2) Ἔχει
δὲ τὸ σῶμα οὐ μίαν ἀλλὰ πλείους· δύο μὲν γὰρ αἱ τὸ
σιτίον δεχόμεναί τε καὶ ἀφιεῖσαι, ἄλλαι δὲ τούτων
πλείους, ἃς ἴσασιν οἷσι τούτων ἐμέλησεν· (3) ὅσα γὰρ
τῶν μελέων ἔχει σάρκα περιφερέα, ἣν μῦν καλέουσιν,
πάντα νηδὺν ἔχει· πᾶν γὰρ τὸ ἀσύμφυτον, ἤν τε
δέρματι ἤν τε σαρκὶ καλύπτηται, κοῖλόν ἐστι,
πληροῦταί τε ὑγιαῖνον μὲν πνεύματος, ἀσθενῆσαν δὲ
ἰχῶρος. Ἔχουσι μὲν τοίνυν οἱ βραχίονες σάρκα | τοι-   18
αύτην, ἔχουσι δ' οἱ μηροί, ἔχουσι δ' αἱ κνῆμαι. (4) Ἔτι
δὲ καὶ ἐν τοῖσιν ἀσάρκοισιν τοιαύτη ἔνεστιν οἵη καὶ
ἐν τοῖσιν εὐσάρκοισιν ἐνεῖναι δέδεκται· ὅ τε γὰρ
θώρηξ καλεόμενος, ἐν ᾧ τὸ ἧπαρ στεγάζεται ὅ τε τῆς
κεφαλῆς κύκλος, ἐν ᾧ ὁ ἐγκέφαλος, τό τε νῶτον πρὸς

Kenntnisse von dieser Kunst besitzen, kennen einerseits Krankheiten, die nicht verborgen sind – aber es gibt nicht viele solcher Krankheiten –, und andererseits solche, die nicht leicht zu erkennen sind, und dazu gehören viele. (3) Zunächst gibt es die Krankheiten, die auf der Haut ausbrechen und die entweder durch Verfärbungen oder durch Schwellungen deutlich sichtbar sind. Bei ihnen bietet sich die Gelegenheit, durch Augenschein und durch Berührung ihre Festigkeit und Feuchtigkeit zu erkennen, welche warm und kalt sind, sowie alle Faktoren, durch deren Vorhandensein oder Fehlen sie so oder so beschaffen sind. (4) Bei allen derartigen Krankheiten müssen die Behandlungen in allem fehlerlos sein, nicht weil sie leicht wären, sondern weil man sie bereits entdeckt hat. Freilich wurden sie nicht von denjenigen gefunden, die sie entdecken wollten, sondern von denen unter ihnen, die dazu in der Lage waren. Diese Fähigkeit besitzen aber nur diejenigen, die nicht ohne Ausbildung sind und deren Natur nicht nachlässig ist.

10. (1) Was also die sichtbaren Krankheiten betrifft, so muß auf diese Weise die Kunst leicht Mittel zu ihrer Bekämpfung bereit haben. Aber auch gegenüber den weniger offenkundigen Krankheiten darf sie nicht hilflos sein, nämlich denen, die sich auf die Knochen verlegt haben und auf die Leibeshöhle. (2) Der Körper besitzt aber nicht nur eine (Höhlung), sondern mehrere, nämlich die beiden, die die Nahrung aufnehmen und ausscheiden, sowie zahlreiche weitere, die denjenigen, die sich damit befaßt haben, bekannt sind. (3) Die Körperteile, die ringsum Fleisch besitzen, das man Muskel nennt, enthalten nämlich alle eine Höhlung. Denn alles, was nicht zusammengewachsen ist, sei es nun von Haut oder von Fleisch umschlossen, ist hohl und füllt sich, wenn es gesund ist, mit Luft, wenn es krank ist dagegen, mit Serum (Ichor). Die Arme haben also derartiges Fleisch, ebenso die Oberschenkel und auch die Beine. (4) Ferner enthalten auch die Teile ohne Fleisch eine Höhlung der Art, wie sie bei den fleischigen Teilen aufgezeigt wurde. Denn sowohl der Teil, den man

ᾧ ὁ πλεύμων, τούτων οὐδὲν ὅ τι οὐ καὶ αὐτὸ κενόν
ἐστιν, πολλῶν διαφυσίων μεστόν· ἔστι δ᾽ οἷσιν οὐδὲν
ἀπέχει πολλῶν ἀγγεῖα εἶναι τῶν μέν τι βλαπτόντων
τὸν κεκτημένον, τῶν δὲ καὶ ὠφελεύντων. (5) Ἔτι δὲ
καὶ πρὸς τούτοισι φλέβες πολλαὶ καὶ νεῦρα οὐκ ἐν τῇ
σαρκὶ μετέωρα ἀλλὰ πρὸς τοῖσιν ὀστέοισι προστε-
ταμένα ⟨ἃ⟩ σύνδεσμός ἐστι τῶν ἄρθρων, καὶ αὐτὰ τὰ
ἄρθρα ἐν οἷσιν αἱ συμβολαὶ τῶν κινεομένων ὀστέων
ἐγκυκλέονται, καὶ τούτων οὐδὲν ὅ τι οὐχ ὕπαφρόν
ἐστι καὶ ἔχον περὶ αὐτὸ θαλάμας ἃς καταγγέλλει ὁ
ἰχώρ, ὅς, ἐκδιοιγομένων αὐτέων, πολλός τε καὶ
πολλὰ λυπήσας ἐξέρχεται.

II. (1) Οὐ γὰρ δὴ ὀφθαλμοῖσί γ᾽ ἰδόντι τούτων τῶν
εἰρημένων οὐδενὶ οὐδὲν ἔστιν εἰδέναι. Διὸ καὶ ἄδηλα
ἐμοί τε ὠνόμασται καὶ τῇ τέχνῃ κέκριται εἶναι· οὐ μὴν
ὅτι ἄδηλα κεκράτηκεν ἀλλ᾽ ᾗ δυνατὸν κεκράτηται·
δυνατὸν δὲ ὡς αἵ τε τῶν νοσεόντων φύσιες ἐς τὸ σκε-
φθῆναι παρέχουσιν, αἵ τε τῶν ἐρευνησόντων ἐς τὴν
ἔρευναν πε|φύκασιν. (2) Μετὰ πλείονος μὲν γὰρ   20
πόνου καὶ οὐ μετ᾽ ἐλάσσονος χρόνου ἢ εἰ τοῖσιν ὀφ-
θαλμοῖσιν ἑωρᾶτο, γινώσκεται. Ὅσα γὰρ τὴν τῶν
ὀμμάτων ὄψιν ἐκφεύγει, ταῦτα τῇ τῆς γνώμης ὄψει
κεκράτηται. (3) Καὶ ὅσα δ᾽ ἐν τῷ μὴ ταχὺ ὀφθῆναι οἱ
νοσέοντες πάσχουσιν, οὐχ οἱ θεραπεύοντες αὐτοὺς
αἴτιοι, ἀλλ᾽ ἡ φύσις ἥ τε τοῦ νοσέοντος ἥ τε τοῦ
νοσήματος. Ὁ μὲν γὰρ ἐπεὶ οὐκ ἦν αὐτῷ ὄψει ἰδεῖν τὸ
μοχθέον οὐδ᾽ ἀκοῇ πυθέσθαι, λογισμῷ μετήει. (4) Καὶ

Thorax nennt, in dem sich die Leber verbirgt, als auch die Rundung des Kopfes, in der sich das Gehirn befindet, und der Rükken, an dem die Lunge liegt, alle diese Körperteile sind selbst ebenfalls hohl und enthalten viele natürliche Kammern. Nichts verhindert die Annahme, daß sich in manchen von ihnen Gefäße befinden, in denen viele Flüssigkeiten enthalten sind, die dem, der sie in sich trägt, teilweise schaden, teilweise aber auch von Nutzen sind. (5) Außerdem gibt es auch noch viele Adern und Sehnen, die nicht oben im Fleisch liegen, sondern sich an den Knochen entlang spannen und als Verbindungen der Gelenke dienen, und die Gelenke selbst, in denen das Gefüge der beweglichen Knochen eine kreisförmige Bewegung macht. Und es gibt keinen dieser Teile, der nicht im Inneren voll Schaum wäre und Kammern in sich hätte, deren Existenz durch das Serum bewiesen wird, das, wenn sich die Kammern weit öffnen, in großer Menge heraustritt und großen Schaden anrichtet.

11. (1) Freilich kann, wer nur mit den Augen sieht, von den genannten Dingen nicht das Geringste wissen. Deshalb werden diese Krankheiten von mir auch als verborgene bezeichnet, und so werden sie auch von der Kunst beurteilt. Daß sie verborgen sind, bedeutet jedoch noch nicht, daß sie uns besiegt hätten, sondern sie sind, soweit dies möglich ist, besiegt worden. Möglich ist dies, soweit sich die Natur der Kranken für eine Untersuchung anbietet und soweit die Natur derjenigen, die die Untersuchung durchführen, zum Untersuchen geeignet ist. (2) Mehr Mühe nämlich und nicht weniger Zeit, als wenn sie mit den Augen gesehen werden, erfordern diese Krankheiten, wenn sie erkannt werden sollen. Denn was dem Blick der Augen entgeht, wird durch den Blick des Verstandes erfaßt. (3) Und was die Kranken infolge der Langsamkeit der Untersuchung erdulden, ist nicht die Schuld derjenigen, die sie behandeln, sondern die Natur des Erkrankten oder der Krankheit ist schuld daran. Denn wenn es dem Arzt nicht möglich war, die Krankheit mit den Augen zu sehen oder durch Befragung zu erfahren, geht er ihr mit dem Verstand nach. (4) Denn es

γὰρ δή, καὶ ἃ πειρῶνται οἱ τὰ ἀφανέα νοσέοντες
ἀπαγγέλλειν περὶ τῶν νοσημάτων τοῖσι θεραπεύουσι,
δοξάζοντες μᾶλλον ἢ εἰδότες ἀπαγγέλλουσιν· εἰ γὰρ
ἠπίσταντο, οὐκ ἂν περιέπιπτον αὐτοῖσι· τῆς γὰρ
αὐτῆς συνέσιός ἐστιν ᾗσπερ τὸ εἰδέναι τῶν νούσων
τὰ αἴτια, καὶ τὸ θεραπεύειν αὐτὰς ἐπίστασθαι πάσῃσι
τῇσι θεραπείῃσιν αἳ κωλύουσι τὰ νοσήματα με-
γαλύνεσθαι. Ὅτε οὖν οὐδ᾽ ἐκ τῶν ἀπαγγελλομένων
ἔστι τὴν ἀναμάρτητον σαφήνειαν ἀκοῦσαι, προ-
σοπτέον τι καὶ ἄλλο τῷ θεραπεύοντι. (5) Ταύτης οὖν
τῆς βραδυτῆτος οὐχ ἡ τέχνη, ἀλλ᾽ ἡ φύσις αἰτίη ἡ τῶν
σωμάτων. Ἡ μὲν γὰρ αἰσθομένη ἀξιοῖ θεραπεύειν
καὶ σκοπεῦσα ὅπως μὴ τόλμῃ μᾶλλον ἢ γνώμῃ καὶ
ῥᾳστώνῃ μᾶλλον ἢ βίῃ θεραπεύῃ, ἡ δ᾽ ἢν μὲν διεξ-
αρκέσῃ ἐς τὸ ὀφθῆναι, ἐξαρκέσει καὶ ἐς τὸ ὑγιανθῆ-
ναι, ἢν δ᾽ ἐν ᾧ τοῦτο ὁρᾶται κρατηθῇ διὰ τὸ βραδέως
αὐτὸν ἐπὶ τὸν θεραπεύσοντα ἐλθεῖν ἢ διὰ τὸ τοῦ
νοσήματος τάχος, οἰχήσεται. (6) Ἐξ ἴσου μὲν γὰρ
ὁρμώμενον τῇ θεραπείῃ οὐκ ἔστι θᾶσσον· προλαβὸν
δὲ θᾶσσον. Προλαμβάνει δὲ διά τε τὴν τῶν σωμάτων
στεγνότητα ἐν ᾗ οὐκ ἐν εὐόπτῳ οἰκέουσιν αἱ νοῦσοι
διά τε τὴν τῶν | καμνόντων ὀλιγωρίην ⟨ἣ⟩ ἐπιτίθεται·   22
οὐ λαμβανόμενοι γὰρ ἀλλ᾽ εἰλημμένοι ὑπὸ τῶν
νοσημάτων ἐθέλουσι θεραπεύεσθαι. (7) Ἐπεὶ τῆς γε
τέχνης τὴν δύναμιν ὁπόταν τινὰ τῶν τὰ ἄδηλα νο-
σεύντων ἀναστήσῃ θαυμάζειν ἀξιώτερον ἢ ὁπόταν
μὴ ἐγχειρήσῃ τοῖσιν ἀδυνάτοισιν. Οὔκουν ἐν ἄλλῃ

ist in der Tat sogar so, daß die Mitteilungen der Erkrankten, die an einer verborgenen Krankheit leiden und die sich bemühen, den behandelnden Ärzten Auskunft zu geben, mehr auf Vermutung beruhen als auf Kenntnis. Wenn sie nämlich Kenntnis besäßen, wären sie nicht der Krankheit verfallen. Es ist freilich die Aufgabe desselben Verstandes, der die Ursachen der Krankheiten erkennt, sie auch behandeln zu können, mit allen Behandlungsmethoden, die verhindern, daß sich die Krankheiten verschlimmern. Wenn es allerdings nicht möglich ist, aus Mitteilungen des Kranken fehlerlose und eindeutige Einsicht zu gewinnen, muß sich derjenige, der behandelt, nach etwas anderem umschauen. (5) An dieser Langsamkeit ist also nicht die Kunst schuld, sondern die Natur der Körper. Denn einerseits erhebt die Kunst, wenn sie einmal Erkenntnisse gewonnen hat, den Anspruch, die Behandlung so durchzuführen, daß diese weniger mit Wagemut als mit Überlegung und mehr mit Leichtigkeit als mit Gewalt erfolgt. Andererseits wird die Natur des Körpers, wenn sie bis zur Diagnose durchgehalten hat, auch bis zur Genesung durchhalten. Wenn sie aber schon während der Untersuchung bezwungen wurde, weil der Kranke zu spät zum Arzt ging oder weil die Krankheit zu schnell voranschritt, ist die menschliche Natur verloren. (6) Denn wenn die Krankheit gleichzeitig mit der Behandlung einherschreitet, ist sie nicht schneller. Wenn sie ihr aber zuvorkommt, dann ist sie schneller. Sie erringt einen Vorsprung zugleich wegen der Undurchdringlichkeit der Körper, die den Krankheiten ermöglicht, sich in den schlecht einsehbaren Teilen anzusiedeln, und wegen der Nachlässigkeit der Kranken, die noch hinzukommt. Denn nicht, wenn sie gerade von den Krankheiten befallen werden, sind sie bereit, behandelt zu werden, sondern erst dann, wenn sie längst schon von den Krankheiten ergriffen sind. (7) Daher sollte eher die Stärke der Kunst dann bewundert werden, wenn sie einem, der an einer der verborgenen Krankheiten leidet, wieder aufhilft, als dann, wenn sie sich weigert, einen der hoffnungslosen Fälle zu behandeln. Sicher gibt es in keinem anderen Hand-

γε δημιουργίη τῶν ἤδη εὑρημένων οὐδεμιῇ ἔνεστιν
οὐδὲν τοιοῦτον· ἀλλ᾽ αὐτέων ὅσαι πυρὶ δημιουργεῦν-
ται, τούτου μὴ παρεόντος, ἀεργοί εἰσι· καὶ ὅσαι μετὰ
τοῦ ὀφθῆναι ἐνεργοὶ καὶ τοῖσιν εὐεπανορθώτοισι
σώμασι δημιουργεῦνται, αἱ μὲν μετὰ ξύλων, αἱ δὲ
μετὰ σκυτέων, αἱ δὲ [γραφῇ] χαλκῷ τε καὶ σιδήρῳ
καὶ τοῖσι τούτων ὁμοίοισι χύμασιν αἱ πλεῖσται,
τὰ δ᾽ ἐκ τούτων καὶ μετὰ τούτων δημιουργεύμενα,
καὶ εὐεπανόρθωτα, ὅμως οὐ τῷ τάχει μᾶλλον ἢ
ὡς δεῖ δημιουργεῖται, οὐδ᾽ ὑπερβατῶς, ἀλλ᾽, ἢν
ἀπῇ τι τῶν ὀργάνων, ἐλινύει· καίτοι κἀκείνῃσι τὸ
βραδὺ πρὸς τὸ λυσιτελέον ἀσύμφορον· ἀλλ᾽ ὅμως
προτιμᾶται.

12. (1) Ἰητρικὴ δέ, τοῦτο μὲν τῶν ἐμπύων, τοῦτο
δὲ τῶν τὸ ἧπαρ ἢ τοὺς νεφρούς, τοῦτο δὲ τῶν
συμπάντων τῶν ἐν τῇ νηδύι νοσεύντων | ἀπε- 24
στερημένη τι ἰδεῖν ὄψει ᾗ τὰ πάντα πάντες
ἱκανωτάτως ὁρῶσιν, ὅμως ἄλλας εὐπορίας συνερ-
γοὺς εὗρε· (2) φωνῆς τε γὰρ λαμπρότητι καὶ
τρηχύτητι καὶ πνεύματος ταχυτῆτι καὶ βραδυτῆτι,
καὶ ῥευμάτων, ἃ διαρρεῖν εἴωθεν ἑκάστοισι δι᾽ ὧν
ἔξοδοι δέδονται [ὧν] τὰ μὲν ὀδμῇσι τὰ δὲ χροιῇσι τὰ
δὲ λεπτότητι καὶ παχύτητι διασταθμωμένη τεκμαίρε-
ται ὧν τε σημεῖα ταῦτα ἅ τε πεπονθότων ἅ τε παθεῖν
δυναμένων. (3) Ὅταν δὲ ταῦτα τὰ μηνύοντα μηδ᾽
αὐτὴ ἡ φύσις ἑκοῦσα ἀφιῇ, ἀνάγκας εὕρηκεν ᾗσιν ἡ
φύσις ἀζήμιος βιασθεῖσα μεθίησιν· ἀνεθεῖσα δὲ δηλοῖ
τοῖσι τὰ τῆς τέχνης εἰδόσιν ἃ ποιητέα. (4) Βιάζεται δὲ
τοῦτο μὲν πύου τὸ σύντροφον φλέγμα διαχεῖν σιτίων
δριμύτητι καὶ πωμάτων ὅπως τεκμαρεῖταί τι ὀφθὲν
περὶ ἐκείνων ὧν αὐτῇ ἐν ἀμηχάνῳ τὸ ὀφθῆναι ἦν· τό

werk, das bisher entdeckt wurde, etwas Ähnliches, sondern jedes Handwerk, das mit Feuer arbeitet, hört, wenn das Feuer nicht mehr vorhanden ist, mit der Arbeit auf. Und in jedem Handwerk, das im Bereich des Sichtbaren tätig ist und mit leicht zu überarbeitenden Körpern arbeitet – das eine mit Holz, das andere mit Leder und die meisten anderen mit Bronze, Eisen und ähnlichen Gußmaterialien –, sind die Produkte, die aus diesen Materialien oder mit ihrer Hilfe geschaffen wurden, dennoch nicht schneller als nötig erzeugt worden, obwohl sie doch leicht nachzubessern sind, und auch nicht dadurch, daß ein Arbeitsgang übersprungen wird. Vielmehr wird, wenn irgendein Werkzeug fehlt, eine Pause eingelegt. Und obwohl auch für diese Künste Langsamkeit nicht von Vorteil ist, werden sie höher geachtet.

12. (1) Die Heilkunst aber hat Hilfsmittel entdeckt zur Behandlung von Empyemen (Eiteransammlungen), von Erkrankungen der Leber oder Nieren und von Krankheiten im Leibesinneren , obwohl es ihr in diesen Fällen nicht möglich ist, etwas mit Hilfe der Augen zu erkennen, mit denen doch alle alles am zuverlässigsten sehen. (2) Denn aus der Klarheit und Rauheit der Stimme, aus der Schnelligkeit oder Langsamkeit des Atems, aus dem Geruch, der Farbe, der Dünnheit und der Dicke der Ausflüsse, die bei jedem durch die Körperöffnungen, die ihnen den Weg freigeben, auszufließen pflegen, zieht sie Schlüsse und erwägt, für welche Krankheiten, die man schon erlitten hat oder die man noch erleiden könnte, dies Zeichen sind. (3) Wenn aber die Natur nicht von selbst diese Zeichen preisgibt, hat die Kunst Zwangsmittel gefunden, mit denen sie die Natur, ohne Schaden anzurichten, zwingen kann, diese Zeichen freizulassen. Nach der Offenlegung dieser Zeichen offenbart die Natur denjenigen, die sich in der Kunst auskennen, was zu tun ist. (4) So zwingt die Kunst zunächst das Phlegma, das im Menschen von Geburt an vorhanden ist, mit Hilfe scharfer Speisen und Getränke, Eiter zu vergießen, damit aus diesen sichtbar werdenden Zeichen Schlußfolgerungen auf die Dinge möglich sind, für die man keine Mittel hatte, um et-

τ' αὖ πνεῦμα, ὧν κατήγορον, ὁδοῖσί τε προσάντεσι
καὶ δρόμοισιν ἐκβιᾶται κατηγορεῖν· ἱδρῶτάς τε τού-
τοισιν τοῖσι προειρημένοισιν ἄγουσα ⟨καὶ⟩ ὑδάτων
θερμῶν ἀποπνοίῃσι, τεκμαίρεται. (5) Ἔστι δὲ ἃ καὶ
διὰ τῆς κύστιος διελθόντα ἱκανώτερα δηλῶσαι τὴν
νοῦσόν ἐστιν ἢ διὰ τῆς σαρκὸς ἐξιόντα· ἐξεύρηκεν
οὖν καὶ τοιαῦτα πώματα καὶ βρώματα ἃ τῶν θερ-
μαινόντων θερμότερα γινόμενα τήκει τε ἐκεῖνα καὶ |
διαρρεῖν ποιεῖ, ᾗ οὐκ ἂν διερρύη μὴ τοῦτο παθόντα.   26
(6) Ἕτερα μὲν οὖν πρὸς ἑτέρων καὶ ἄλλα δι' ἄλλων
ἐστὶ τά τε δυόντα τά τ' ἐξαγγέλλοντα, ὥστε οὐ θαυ-
μάσιον αὐτῶν τάς τε πίστιας χρονιωτέρας γίνεσθαι
τάς τ' ἐγχειρήσιας βραχυτέρας, οὕτω δι' ἀλλοτρίων
ἑρμηνειῶν πρὸς τὴν θεραπεύουσαν σύνεσιν ἑρμηνευ-
ομένων.

13. (1) Ὅτι μὲν οὖν καὶ λόγους ἐν ἑωυτῇ εὐπόρους ἐς
τὰς ἐπικουρίας ἔχει ἡ ἰητρικὴ καὶ οὐκ εὐδιορθώτοισι
δικαίως οὐκ ἂν ἐγχειρέοι τῇσι νούσοισιν ἢ ἐγχει-
ρευμένας ἀναμαρτήτους ἂν παρέχοι, οἵ τε νῦν λεγόμε-
νοι λόγοι δηλοῦσιν αἵ τε τῶν εἰδότων τὴν τέχνην
ἐπιδείξιες, ἃς ἐκ τῶν ἔργων ἥδιον ἢ ἐκ τῶν λόγων ἐπι-
δεικνύουσιν, οὐ τὸ λέγειν καταμελετήσαντες, ἀλλὰ
τὴν πίστιν τῷ πλήθει, ἐξ ὧν ἂν ἴδωσιν, οἰκειοτέρην
ἡγεύμενοι ἢ ἐξ ὧν ἂν ἀκούσωσιν.

was zu sehen. Den Atem zwingt sie dann durch die Benutzung steiler Wege und durch Laufen, das zu verraten, was sich aus dem Atem erkennen läßt. Auch aus dem Schweiß, der mit den eben genannten Methoden herbeigeführt wird, und aus der Ausdünstung warmer Flüssigkeiten zieht die Kunst ihre Schlüsse. (5) Es gibt auch Ausscheidungen der Blase, die geeigneter sind, die Krankheit zu offenbaren, als wenn diese durch das Fleisch hindurch austreten würden. Die Heilkunst hat auch solche Getränke und Speisen entdeckt, die wärmer sind als die Stoffe, die normalerweise den Körper erwärmen, und die diese schmelzen und dort hinausfließen lassen, wo sie ohne diese Behandlung nicht geflossen wären. (6) Die Stoffe, die aus dem Körper herausfließen und Zeichen liefern, werden einmal durch dieses Mittel, das andere Mal durch ein anderes Mittel angeregt, werden einmal auf diesem Wege ausgeschieden, das andere Mal auf einem anderen Wege. Deswegen ist es nicht verwunderlich, wenn die überzeugende Diagnose länger dauert, die Behandlung aber kürzer ist, weil die Krankheit durch fremde Vermittlung dem Verständnis des behandelnden Arztes angezeigt werden muß.

13. (1) Daß also die Heilkunst zahlreiche Überlegungen umfaßt, um Hilfe leisten zu können, daß sie zu Recht die Krankheiten, die nicht zu heilen sind, auch nicht behandelt, und daß sie für die Krankheiten, die sie behandelt, fehlerfreie Behandlungen anbieten kann, dies belegen die oben vorgebrachten Ausführungen ebenso wie die Beweise derjenigen, die mit dieser Kunst vertraut sind. Diese Beweise liefern sie lieber durch Taten als durch Worte, nicht weil sie das Wort geringachten, sondern weil sie der Meinung sind, für die Masse der Menschen sei das Vertrauen größer, wenn es aus dem, was sie sehen, entsteht, als aus dem, was sie hören.

ΠΕΡΙ ΦΥΣΩΝ

1. (1) Εἰσί τινες τῶν τεχνέων αἳ τοῖσι μὲν Littré VI, 90 κεκτημένοισίν εἰσιν ἐπίπονοι, τοῖσι δὲ χρεωμένοισιν ὀνήϊστοι, καὶ τοῖσι μὲν δημότῃσιν ξυνὸν ἀγαθόν, τοῖσι δὲ μεταχειριζομένοισί σφας λυπηραί. (2) Τῶν δὲ δὴ τοιούτων ἐστὶν τεχνέων καὶ ἣν οἱ Ἕλληνες καλέουσιν ἰητρικήν· ὁ μὲν γὰρ ἰητρὸς ὁρεῖ τε δεινά, θιγγάνει τε ἀηδέων, ἐπ᾽ ἀλλοτρίῃσί τε συμφορῇσιν ἰδίας καρποῦται λύπας· οἱ δὲ νοσέοντες ἀποτρέπονται διὰ τὴν τέχνην τῶν μεγίστων κακῶν, νούσων, λύπης, πόνων, θανάτου· πᾶσι γὰρ τούτοισιν ἄντικρυς ἡ ἰητρική. (3) Ταύτης δὲ τῆς τέχνης τὰ μὲν φλαῦρα χαλεπὸν γνῶναι, τὰ δὲ σπουδαῖα ῥηΐδιον· καὶ τὰ μὲν φλαῦρα τοῖσιν ἰητροῖσιν μούνοισιν ἔστιν εἰδέναι καὶ οὐ τοῖσι δημότῃσιν· οὐ γὰρ σώματος ἀλλὰ γνώμης ἐστὶν ἔργα. Ὅσα μὲν γὰρ χειρουργῆσαι χρή, συνεθισθῆναι δεῖ – τὸ γὰρ ἔθος τῇσι χερσὶ κάλλιστον διδασκαλεῖον –, περὶ δὲ τῶν ἀφανεστάτων καὶ χαλεπωτάτων νοσημάτων δόξῃ μᾶλλον ἢ τέχνῃ κρίνεται· διαφέρει δ᾽ ἐν αὐτοῖσι πλεῖστον ἡ πεῖρα τῆς ἀπειρίης. | (4) Ἓν δὲ δή τι τῶν τοιούτων ἐστὶν 92 τόδε· τί ποτε τὸ αἴτιόν ἐστι τῶν νούσων καὶ τίς ἀρχὴ καὶ πηγὴ γίνεται τῶν ἐν τῷ σώματι κακῶν; Εἰ γάρ τις εἰδείη τὴν αἰτίην τοῦ νοσήματος, οἷός τ᾽ ἂν εἴη τὰ συμφέροντα προσφέρειν τῷ σώματι ἐκ τῶν ἐναντίων ἐπιστάμενος τῷ νοσήματι· αὕτη γὰρ ἡ ἰητρικὴ μάλιστα κατὰ φύσιν ἐστίν. Αὐτίκα γὰρ λιμὸς νοῦσός ἐστιν· ὃ γὰρ ἂν λυπῇ τὸν ἄνθρωπον, τοῦτο

ÜBER DIE WINDE

1. (1) Unter den Künsten gibt es einige, die für diejenigen, die sie sich angeeignet haben, mühsam sind, für die aber, die ihrer bedürfen, sehr nützlich. Sie stellen für die Laien ein gemeinsames Gut dar, sind aber für diejenigen, die sie betreiben, unangenehm. (2) Zu dieser Art von Künsten gehört auch diejenige, die von den Griechen Heilkunst genannt wird. Denn in der Tat sieht der Arzt Furchtbares, faßt Unerfreuliches an und erntet im Unglück anderer für sich selbst nur Ärger. Die Kranken dagegen entkommen dank der Kunst den schlimmsten Übeln, den Krankheiten, den Schmerzen, den Beschwerden, dem Tod. Denn all diesem wirkt die Heilkunst entgegen. (3) Die schlimmen Seiten dieser Kunst sind nur schwer zu erkennen, die guten dagegen leicht. Das Schlimme daran können nämlich allein die Ärzte erkennen, nicht die Laien. Denn es ist nicht das Werk des Körpers, sondern des Verstandes. In den Fällen, bei denen man Hand anlegen muß, bedarf es lediglich der Gewöhnung – denn was die Arbeit der Hände angeht, ist die Gewöhnung die beste Lehrmeisterin –, über die verborgensten und schwierigsten Krankheiten dagegen wird mehr mit Urteilskraft als mit Erfahrung entschieden. Bei diesen Krankheiten kann man Kompetenz und Inkompetenz am deutlichsten unterscheiden. (4) Eine Frage aus diesem zweiten Bereich ist folgende: Was ist denn eigentlich die Ursache der Krankheiten, was sind Ursprung und Quelle der Beschwerden im Körper? Wenn man nämlich über die Ursache der Krankheit Bescheid wüßte, wäre man imstande, das, was dem Körper nützt, anzuwenden und der Krankheit entgegenzutreten, indem man vom Gegenteil ausgeht. Denn diese Heilkunst entspricht sicherlich am meisten der Natur. So ist zum Beispiel der Hunger eine Krankheit. Denn das, was den Menschen peinigt, nennt

καλεῖται νοῦσος. Τί οὖν λιμοῦ φάρμακον; Ὁ παύει
λιμόν· τοῦτο δ᾽ ἐστὶν βρῶσις· τούτῳ ἄρα ἐκεῖνο
ἰητέον. Αὖτις αὖ δίψαν ἔπαυσε πόσις· πάλιν αὖ
πλησμονὴν ἰᾶται κένωσις, κένωσιν δὲ πλησμονή.
πόνον δὲ ἀπονίη. ἀπονίην δὲ πόνος. (5) Ἑνὶ δὲ
συντόμῳ λόγῳ τὰ ἐναντία τῶν ἐναντίων ἐστὶν
ἰήματα· ἰητρικὴ γάρ ἐστιν ἀφαίρεσις καὶ πρόσθεσις,
ἀφαίρεσις μὲν τῶν πλεοναζόντων, πρόσθεσις δὲ τῶν
ἐλλειπόντων. Ὁ δὲ τοῦτ᾽ ἄριστα ποιέων ἄριστος
ἰητρός, ὁ δὲ τούτου πλεῖστον ἀπολειφθεὶς πλεῖστον
ἀπελείφθη τῆς τέχνης. Ταῦτα μὲν οὖν ἐν παρέργῳ
τοῦ λόγου τοῦ μέλλοντος εἴρηται.

2. (1) Τῶν δὲ δὴ νούσων ἁπασέων ὁ μὲν τρόπος
ωὗτός, ὁ δὲ τόπος διαφέρει. Δοκεῖ μὲν οὖν οὐδὲν ἐοι-
κέναι τὰ νοσήματα ἀλλήλοισιν διὰ τὴν ἀλλοιότητα
τῶν τόπων, ἔστι δὲ μία πασέων νούσων καὶ ἰδέη καὶ
αἰτίη ἡ αὐτή. Ταύτην δέ, ἥτις ἐστίν, διὰ τοῦ μέλλοντος
λόγου φράσαι πειρήσομαι.

3. (1) Τὰ σώματα καὶ τὰ τῶν ἄλλων ζῴων καὶ τὰ τῶν
ἀνθρώπων ὑπὸ τρισσῶν τροφέων τρέφεται· τῇσι δὲ
τροφῇσι τάδε | ὀνόματά ἐστι· σῖτα, ποτά, πνεῦμα.   94
Πνεῦμα δὲ τὸ μὲν ἐν τοῖσι σώμασιν φῦσα καλεῖται, τὸ
δὲ ἔξω τῶν σωμάτων ἀήρ. (2) Οὗτος δὲ μέγιστος ἐν
τοῖσι πᾶσι τῶν πάντων δυνάστης ἐστίν. Ἄξιον δ᾽
αὐτοῦ θεήσασθαι τὴν δύναμιν. Ἄνεμος γάρ ἐστιν
ἠέρος ῥεῦμα καὶ χεῦμα· ὅταν οὖν πολλὸς ἀὴρ ἰσχυ-
ρὸν τὸ ῥεῦμα ποιήσῃ, τά τε δένδρεα ἀνασπαστὰ
πρόρριζα γίνεται διὰ τὴν βίην τοῦ πνεύματος, τό τε
πέλαγος κυμαίνεται, ὁλκάδες τε ἀπείρατοι μεγέθει
διαρριπτεῦνται· τοιαύτην μὲν οὖν ἐν τούτοισιν ἔχει
δύναμιν. (3) Ἀλλὰ μήν ἐστί γε τῇ μὲν ὄψει ἀφανής, τῷ
δὲ λογισμῷ φανερός. Τί γὰρ ἄνευ τούτου γένοιτ᾽ ἄν;
ἢ τίνος οὗτος ἄπεστιν; ἢ τίνι οὐ συμπάρεστιν; ἅπαν

man Krankheit. Welches Heilmittel gibt es nun für den Hunger? Dasjenige, das dem Hunger Einhalt gebietet. Dies ist die Speise. Folglich muß man damit jene Krankheit heilen. Ebenso stillt das Getränk den Durst. Weiterhin wird die Fülle durch Leere geheilt, die Leere durch Fülle, die Anstrengung durch Ruhe und die Ruhe durch Anstrengung. (5) Kurz in einem Wort gesagt: Das Gegenteil ist das Heilmittel des Gegenteils. Denn Heilkunst bedeutet Wegnehmen und Hinzufügen, Wegnehmen von dem, was zu viel ist, Hinzufügen von dem, was fehlt. Wer dies am besten macht, der ist auch der beste Arzt, wer davon am weitesten entfernt ist, der ist auch am weitesten von der Kunst entfernt. Dies sei nur als beiläufige Vorbemerkung zu den nun folgenden Ausführungen gesagt.

2. (1) Bei allen Krankheiten ist die Art gleich, der Ort verschieden. Dem Anschein nach gleichen die Krankheiten einander aufgrund der Andersartigkeit der Orte nicht, es gibt aber einzig nur eine Gestalt und Ursache aller Krankheiten. Welche dies ist, versuche ich nun in der folgenden Rede zu zeigen.

3. (1) Die Körper sowohl der anderen Lebewesen als auch der Menschen werden von drei Arten von Nahrung ernährt. Diese tragen folgende Namen: Speisen, Getränke, Luft (Pneuma). Die Luft (Pneuma), die sich in den Körpern aufhält, heißt Wind (Physa), diejenige, die sich außerhalb der Körper befindet, freie Luft (Aer). (2) Letztere ist der stärkste Herr in allem und über alles. Es ist der Mühe wert, sich ihre Macht anzuschauen. Der Wind (Anemos) ist nämlich ein Fließen und ein Strömen von Luft (Aer). Wenn nun die Luft in großer Menge ein kräftiges Strömen bewirkt, dann werden durch die Kraft der Luft die Bäume mitsamt den Wurzeln herausgerissen, das Meer brandet, Lastschiffe von ungeheurer Größe werden umhergeschleudert. Eine derartige Kraft hat also darin die Luft. (3) Aber sie ist freilich für das Auge nicht sichtbar, dennoch für den Verstand erkennbar. Denn was könnte ohne sie existieren? Oder wo kommt sie nicht

γὰρ τὸ μεταξὺ γῆς τε καὶ οὐρανοῦ πνεύματος
σύμπλεόν ἐστιν. Τοῦτο καὶ χειμῶνος καὶ θέρεος αἴ-
τιον, ἐν μὲν τῷ χειμῶνι πυκνὸν καὶ ψυχρὸν γινόμε-
νον, ἐν δὲ τῷ θέρει πρηΰ καὶ γαληνόν. Ἀλλὰ μὴν
ἡλίου γε καὶ σελήνης καὶ ἄστρων ὁδὸς διὰ τοῦ πνεύ-
ματός ἐστιν· τῷ γὰρ πυρὶ τὸ πνεῦμα τροφή· πῦρ δὲ
ἠέρος στερηθὲν οὐκ ἂν δύναιτο ζώειν· ὥστε καὶ τὸν
τοῦ ἡλίου βίον ἀέναον ὁ ἀὴρ ἀέναος καὶ λεπτὸς ἐὼν
παρέχεται. Ἀλλὰ μὴν ὅτι γε καὶ τὸ πέλαγος μετέχει
πνεύματος, φανερόν· οὐ γὰρ ἄν ποτε τὰ πλωτὰ ζῷα
ζώειν ἐδύνατο μὴ μετέχοντα πνεύματος· μετέχοι δ᾽ ἂν
πῶς ἂν ἄλλως ἀλλ᾽ ἢ διὰ τοῦ ὕδατος κἀκ τοῦ ὕδατος
ἕλκοντα τὸν ἠέρα; Καὶ μὴν ἥ τε γῆ τούτῳ βάθρον,
οὗτός τε γῆς ὄχημα, κενεόν τε οὐδέν ἐστιν τούτου. |

4. (1) Διότι μὲν οὖν ἐν τοῖσιν ὅλοισιν ὁ ἀὴρ   96
ἔρρωται, εἴρηται· τοῖσι δ᾽ αὖ θνητοῖσιν οὗτος αἴτιος
τοῦ βίου καὶ τῶν νούσων τοῖσι νοσέουσι. (2) Τοσαύτη
δὲ τυγχάνει ἡ χρείη πᾶσι τοῖσι σώμασι τοῦ πνεύματος
ἐοῦσα, ὥστε τῶν μὲν ἄλλων ἁπάντων ἀποσχόμενος
ὤνθρωπος καὶ σιτίων καὶ ποτῶν δύναιτ᾽ ἂν ἡμέρας
καὶ δύο καὶ τρεῖς καὶ πλέονας διάγειν· εἰ δέ τις ἐπι-
λάβοι τὰς τοῦ πνεύματος ἐς τὸ σῶμα διεξόδους, ἐν
βραχεῖ μέρει ἡμέρης ἀπόλοιτ᾽ ἄν, ὡς μεγίστης τῆς
χρείης ἐούσης τῷ σώματι τοῦ πνεύματος. (3) Ἔτι
τοίνυν τὰ μὲν ἄλλα πάντα διαλείπουσιν οἱ ἄνθρωποι
πρήσσοντες· ὁ γὰρ βίος μεταβολέων πλέος· τοῦτο
δὲ μοῦνον διατελέουσιν ἅπαντα τὰ θνητὰ ζῷα
πρήσσοντα, τοτὲ μὲν ἐμπνέοντα, τοτὲ δὲ ἀναπνέοντα.

5. (1) Ὅτι μὲν οὖν μεγάλη κοινωνίη ἅπασι τοῖσι
ζῴοισι τοῦ ἠέρος ἐστίν, εἴρηται· μετὰ τοῦτο τοίνυν
εὐθέως ῥητέον ὅτι οὐκ ἄλλοθέν ποθεν εἰκός ἐστιν
γίνεσθαι τὰς ἀρρωστίας ἢ ἐντεῦθεν, ὅταν τοῦτο
πλέον ἢ ἔλασσον ἢ ἀθροώτερον γένηται ἢ μεμι-

vor? Oder wo ist sie nicht mitbeteiligt? Denn alles zwischen
Himmel und Erde ist angefüllt mit Luft. Sie ist Ursache für Win-
ter und Sommer; sie wird im Winter dicht und kalt, im Sommer
aber mild und ruhig. Aber auch der Lauf der Sonne, des Mondes
und der Sterne erfolgt mittels der Luft. Dem Feuer gibt die Luft
Nahrung. Ein Feuer, das der Luft beraubt wäre, könnte nicht le-
ben. Folglich wird auch das ewige Leben der Sonne durch die
Luft, die ewig und fein ist, verursacht. Daß aber auch das Meer
Anteil an der Luft hat, ist offensichtlich. Denn die Lebewesen,
die darin schwimmen, könnten doch wohl nicht leben, wenn sie
nicht Anteil an der Luft hätten. Wie aber könnten sie Anteil er-
halten als dadurch, daß sie durch das Wasser und aus dem Wasser
die Luft einatmen? Ferner ist die Erde der Sockel für die Luft; die
Luft ist das Fahrzeug für die Erde; nichts ist frei von ihr.

4. (1) Daß also im gesamten Universum die Luft Macht hat,
wurde dargelegt. Sie ist ferner für die Sterblichen Ursache des Le-
bens und Ursache der Krankheiten für die Kranken. (2) So sehr
brauchen alle Körper die Luft, daß der Mensch, wenn er von
allem anderem ausgeschlossen ist, sowohl von Speisen als auch
von Getränken, dennoch zwei oder drei oder mehr Tage weiter-
leben könnte. Wenn ihm aber jemand die Durchgänge der Luft
durch den Körper verschließen würde, wäre er schon nach einem
kurzen Tagesabschnitt tot; denn am meisten braucht der Körper
Luft. (3) Mehr noch, die Menschen legen bei allem anderen, was
sie machen, Pausen ein; denn das Leben ist voll von Veränderun-
gen. Nur dies allein tun alle sterblichen Lebewesen ohne Unter-
brechung, ausatmen und wieder einatmen.

5. (1) Daß also alle Lebewesen in großem Maße an der Luft
Anteil haben, wurde dargelegt. Nach diesem muß man aber nun
sogleich davon sprechen, daß die Krankheiten aller Wahrschein-
lichkeit nach von nichts anderem ausgehen als davon, daß die
Luft entweder in zu reichlicher oder zu geringer Menge oder in
zu dichter Masse vorhanden ist oder daß sie durch krankheits-

ασμένον νοσηροῖσι μιάσμασιν ἐς τὸ σῶμα ἐσέλθῃ.
(2) Περὶ μὲν οὖν ὅλου τοῦ πρήγματος ἀρκεῖ μοι
ταῦτα· μετὰ δὲ ταῦτα πρὸς αὐτὰ τὰ ἔργα τῷ αὐτῷ
λόγῳ πορευθεὶς ἐπιδείξω τὰ νοσήματα τούτου
ἀπόγονά τε καὶ ἔκγονα πάντα ἐόντα.

6. (1) Πρῶτον δὲ ἀπὸ τοῦ κοινοτάτου νοσήματος
ἄρξομαι, πυρετοῦ· τοῦτο γὰρ τὸ νόσημα πᾶσιν
ἐφεδρεύει τοῖσιν ἄλλοισι νοσήμασιν. Ἔστιν δὲ δισσὰ
ἔθνεα πυρετῶν, ὡς ταύτῃ διελθεῖν, ὁ μὲν κοινὸς ἅπα-
σιν, ὁ καλεόμενος | λοιμός, ὁ δὲ [διὰ πονηρὴν δίαι- 98
ταν] ἰδίῃ τοῖσι πονηρῶς διαιτωμένοισι γινόμενος.
Ἀμφοτέρων δὲ τούτων ὁ ἀὴρ αἴτιος. (2) Ὁ μὲν πολύ-
κοινος πυρετὸς διὰ τοῦτο τοιοῦτός ἐστιν, ὅτι τὸ
πνεῦμα τωὐτὸ πάντες ἕλκουσιν· ὁμοίου δὲ ὁμοίως
τοῦ πνεύματος τῷ σώματι μιχθέντος, ὅμοιοι καὶ
οἱ πυρετοὶ γίνονται. Ἀλλ᾽ ἴσως φήσει τις· διὰ τί οὖν
οὐχ ἅπασι τοῖσι ζῴοισιν, ἀλλ᾽ ἔθνει τινὶ αὐτῶν
ἐπιπίπτουσιν αἱ τοιαῦται νοῦσοι; Διότι διαφέρει,
φαίην ἄν, καὶ σῶμα σώματος καὶ φύσις φύσιος καὶ
τροφὴ τροφῆς. Οὐ γὰρ πᾶσι τοῖσιν ἔθνεσιν τῶν ζῴων
ταὐτὰ οὔτ᾽ ἀνάρμοστα οὔτ᾽ εὐάρμοστά ἐστιν, ἀλλ᾽
ἕτερα ἑτέροισι σύμφορα καὶ ἕτερα ἑτέροισιν
ἀσύμφορα. Ὅταν μὲν οὖν ὁ ἀὴρ τοιούτοισι χρωσθῇ
μιάσμασιν, ἃ τῇ ἀνθρωπίνῃ φύσει πολέμιά ἐστιν,
ἄνθρωποι τότε νοσέουσιν, ὅταν δὲ ἑτέρῳ τινὶ ἔθνει
τῶν ζῴων ἀνάρμοστος ὁ ἀὴρ γένηται, κεῖνα τότε
νοσέουσιν.

7. (1) Αἱ μέν νυν δημόσιαι τῶν νούσων εἴρηνται καὶ
δι᾽ ὅτι καὶ ὅκως καὶ οἷσι καὶ ἀπ᾽ ὅτευ γίνονται· τὸν δὲ
δὴ διὰ πονηρὴν δίαιταν γινόμενον πυρετὸν διέξειμι.
Πονηρὴ δέ ἐστιν ἡ τοιήδε δίαιτα· τοῦτο μὲν ὅταν τις
πλέονας τροφάς, ὑγρὰς ἢ ξηράς, διδοῖ τῷ σώματι ἢ
τὸ σῶμα δύναται φέρειν καὶ πόνον μηδένα τῷ πλήθει

erregende Stoffe verunreinigt in den Körper gelangt. (2) Was die
Gesamtheit der Problematik betrifft, so genügen mir diese Aus-
führungen. Nachdem dies behandelt worden ist, werde ich nun
aber in dieser selben Darstellung zum Thema selbst kommen
und zeigen, daß die Krankheiten in ihrer Gesamtheit von der
Luft ausgehen und auch daraus entstehen.

6. (1) Zuerst werde ich mit der allgemeinsten Krankheit begin-
nen, dem Fieber. Denn diese Krankheit liegt auf der Lauer, um
sich allen anderen Krankheiten beizugesellen. Es gibt, um so vor-
zugehen, zwei Gattungen von Fiebern, das allen gemeinsame
(allgemeine) Fieber, das man Seuche nennt, und das spezielle Fie-
ber, das diejenigen befällt, die eine schlechte Lebensweise führen.
An beiden Arten von Fiebern ist die Luft schuld. (2) Das allen ge-
meinsame (allgemeine) Fieber hat deshalb diese Form, weil alle
dieselbe Luft einatmen. Wenn die gleiche Luft auf die gleiche
Weise dem Körper beigemischt wird, sind auch die Fieber gleich.
Aber vielleicht wird einer einwenden: Warum befallen dann der-
artige Krankheiten nicht alle Lebewesen, sondern nur eine Gat-
tung von ihnen? Weil sich, würde ich entgegnen, Körper von
Körper, Natur von Natur, Nahrung von Nahrung unterscheidet.
Denn nicht für alle Gattungen von Lebewesen ist dasselbe pas-
send oder unpassend, sondern für die einen ist das, für die ande-
ren das zuträglich oder abträglich. Wenn nun also die Luft von
krankheitserregenden Stoffen verunreinigt ist, die so beschaffen
sind, daß sie der menschlichen Natur feindlich sind, dann wer-
den die Menschen krank. Wenn die Luft aber einer anderen Gat-
tung von Lebewesen unzuträglich ist, dann sind es jene Lebewe-
sen, die erkranken.

7. (1) Über die allgemeinen Krankheiten wurde also gespro-
chen, und warum, auf welche Weise, bei wem, woher sie ent-
stehen. Ich werde nun das Fieber behandeln, das aus schlechter
Lebensweise entsteht. Schlecht ist folgende Lebensweise: Zum
einen, wenn man dem Körper mehr Nahrungsmittel, flüssige
oder feste, zuführt, als er vertragen kann, und der Menge der

τῶν τροφέων ἀντιτιθῇ, τοῦτο δ᾽ ὅταν ποικίλας καὶ
ἀνομοίους ἀλλήλῃσιν ἐσπέμπῃ τροφάς· τὰ γὰρ
ἀνόμοια στασιάζει καὶ τὰ μὲν θᾶσσον, τὰ δὲ σχο-
λαίτερον πέσσεται. (2) Μετὰ δὲ πολλῶν σιτίων
ἀνάγκη καὶ πολ|λὸν πνεῦμα ἐσιέναι· μετὰ πάντων   100
γὰρ τῶν ἐσθιομένων τε καὶ πινομένων ἀπέρχεται
πνεῦμα ἐς τὸ σῶμα ἢ πλέον ἢ ἔλασσον. Φανερὸν δ᾽
ἐστὶν τῷδε· ἐρυγαὶ γίνονται μετὰ τὰ σιτία καὶ τὰ ποτὰ
τοῖσι πλείστοισιν· ἀνατρέχει γὰρ ὁ κατακλεισθεὶς
ἀήρ, ὅταν ἀναρρήξῃ τὰς πομφόλυγας, ἐν ᾗσι κρύπτε-
ται. Ὅταν οὖν τὸ σῶμα πληρωθὲν τροφῆς πλησθῇ
καὶ πνεύματος, ἐπὶ πλέον τῶν σιτίων χρονιζομένων –
χρονίζεται δὲ τὰ σιτία διὰ τὸ πλῆθος οὐ δυνάμενα
διελθεῖν – ἐμφραχθείσης δὲ τῆς κάτω κοιλίης, ἐς ὅλον
τὸ σῶμα διέδραμον αἱ φῦσαι. Προσπεσοῦσαι δὲ πρὸς
τὰ ἐναιμότατα τοῦ σώματος ἔψυξαν. Τούτων δὲ τῶν
τόπων ψυχθέντων, ὅπου αἱ ῥίζαι καὶ αἱ πηγαὶ τοῦ
αἵματός εἰσι, διὰ παντὸς τοῦ σώματος φρίκη διῆλθεν·
ἅπαντος δὲ τοῦ αἵματος ψυχθέντος ἅπαν τὸ σῶμα
φρίσσει.

8. (1) Διὰ τοῦτο μέν νυν αἱ φρῖκαι γίνονται πρὸ τῶν
πυρετῶν· ὅπως δ᾽ ἂν ὁρμήσωσιν αἱ φῦσαι πλήθει καὶ
ψυχρότητι, τοιοῦτο γίνεται τὸ ῥῖγος, ἀπὸ μὲν
πλεόνων καὶ ψυχροτέρων ἰσχυρότερον, ἀπὸ δὲ
ἐλασσόνων καὶ ἧσσον ψυχρῶν ἧσσον ἰσχυρόν. (2) Ἐν
δὲ τῇσι φρίκῃσι καὶ οἱ τρόμοι τοῦ σώματος διὰ τόδε
γίνονται· τὸ αἷμα φοβεόμενον τὴν παρεοῦσαν φρίκην
συντρέχει καὶ διαΐσσει διὰ παντὸς τοῦ σώματος ἐς τὰ
θερμότατα αὐτοῦ· καθαλλομένου δὲ τοῦ αἵματος ἐκ
τῶν ἀκρωτηρίων τοῦ σώματος ἐς τὰ σπλάγχνα,
τρέμουσιν. Τὰ μὲν γὰρ τοῦ σώματος γίνεται
πολύαιμα, τὰ δ᾽ ἄναιμα· τὰ μὲν οὖν ἄναιμα διὰ τὴν
ψῦξιν | οὐκ ἀτρεμέουσιν, ἀλλὰ σφάλλονται· τὸ γὰρ   102
θερμὸν ἐξ αὐτῶν ἐκλέλοιπεν· τὰ δὲ πολύαιμα διὰ τὸ

Nahrung keine körperliche Anstrengung entgegensetzt; zum anderen, wenn man verschiedenartige und einander unähnliche Nahrung zu sich nimmt. Denn Unähnliches gerät in Streit miteinander, und das eine wird schneller, das andere wird langsamer verdaut. (2) Mit vielen Speisen dringt notwendigerweise auch viel Luft ein. Denn mit allem, was man ißt und trinkt, gelangt mehr oder weniger Luft in den Körper. Deutlich wird dies durch folgendes: Nach der Einnahme von Speisen und Getränken stoßen die meisten Menschen auf. Denn die Luft, die eingeschlossen war, schießt empor, wenn sie die Blasen, in denen sie verborgen war, durchbrochen hat. Wenn also der Körper mit Nahrung angefüllt ist, so ist er auch voller Luft, und weil die Speisen darin längere Zeit verweilen – die Speisen verweilen deshalb längere Zeit, weil sie wegen ihrer Menge nicht hindurchgehen können – und weil der Unterleib verstopft ist, strömen die Winde durch den gesamten Körper. Sie überfallen die blutreichsten Teile des Körpers und kühlen sie ab. Wenn diese Stellen abgekühlt sind, dort wo die Wurzeln und Quellen des Blutes sind, durchläuft ein Schauder den gesamten Körper. Wenn das Blut ganz abgekühlt ist, schaudert es den ganzen Körper.

8. Auf diese Weise also entsteht das Schaudern vor dem Fieber. Der Schüttelfrost aber tritt je nach der Menge und Kälte ein, mit der die Leibeswinde unterwegs sind, ein stärkerer aus vielen und kälteren Winden, ein weniger starker aus schwächeren und weniger kalten Winden. (2) Während des Schauderns beginnt auch das Zittern des Körpers, und zwar aus folgendem Grund: Aus Furcht vor dem andauernden Schauder sammelt sich das Blut und schießt durch den ganzen Körper bis in dessen wärmste Teile. Wenn das Blut von den Extremitäten des Körpers in die Eingeweide hinabschießt, beginnt man zu zittern. Denn die einen Teile des Körpers füllen sich mit Blut, die anderen dagegen werden blutleer. Die blutleeren Teile bleiben nun wegen der Kälte nicht ruhig, sondern wanken. Denn die Wärme ist aus ihnen gewichen. Die blutreichen Teile dagegen zittern wegen der Menge

πλῆθος τοῦ αἵματος τρέμουσιν· οὐ γὰρ δύναται πολλὸν γενόμενον ἀτρεμίζειν. (3) Χασμῶνται δὲ πρὸ τῶν πυρετῶν, ὅτι πολλὸς ἀὴρ ἀθροισθείς, ἀθρόως ἄνω διεξιών, ἐξεμόχλευσεν καὶ διέστησε τὸ στόμα· ταύτῃ γὰρ εὐδιέξοδός ἐστιν. Ὥσπερ γὰρ ἀπὸ τῶν λεβήτων ἀτμὸς ἀνέρχεται πολλός, ἑψομένου τοῦ ὕδατος, οὕτω καὶ τοῦ σώματος θερμαινομένου διαΐσσει διὰ τοῦ στόματος ὁ ἀὴρ συνεστραμμένος καὶ βίῃ φερόμενος. (4) Τά τε ἄρθρα διαλύεται πρὸ τῶν πυρετῶν· χλιαινόμενα γὰρ τὰ νεῦρα διίσταται. (5) Ὅταν δὲ δὴ συναλισθῇ τὸ πλεῖστον τοῦ αἵματος, ἀναθερμαίνεται πάλιν ὁ ἀὴρ ὁ ψύξας τὸ αἷμα, κρατηθεὶς ὑπὸ τῆς θέρμης. Διάπυρος δὲ καὶ ἀμυδρὸς γενόμενος ὅλῳ τῷ σώματι τὴν θερμασίην ἐνηργάσατο. Συνεργὸν δ᾽ αὐτῷ τὸ αἷμά ἐστιν· τήκεται γὰρ χλιαινόμενον καὶ γίνεται ἐξ αὐτοῦ πνεῦμα. (6) Τοῦ δὲ πνεύματος προσπίπτοντος πρὸς τοὺς πόρους τοῦ σώματος, ἱδρὼς γίνεται· τὸ γὰρ πνεῦμα συνιστάμενον ὕδωρ χεῖται καὶ διὰ τῶν πόρων διεξελθὸν ἔξω περαιοῦται τὸν αὐτὸν τρόπον, ὅνπερ ἀπὸ τῶν ἑψομένων ὑδάτων ὁ ἀτμὸς ἐπανιών, ἢν ἔχῃ στερέωμα πρὸς ὅ τι χρὴ προσπίπτειν, παχύνεται καὶ πυκνοῦται, καὶ σταγόνες ἀποπίπτουσιν ἀπὸ τῶν πωμάτων, οἷσιν ἂν ὁ ἀτμὸς προσπίπτῃ. (7) Πόνοι δὲ κεφαλῆς ἅμα τῷ πυρετῷ γίνονται διὰ τόδε· στενοχωρίη τῇσι διεξόδοισιν ἐν τῇ κεφαλῇ γίνεται τῇσι τοῦ αἵματος· πέπληνται γὰρ αἱ φλέβες ἠέρος· πλησθεῖσαι δὲ καὶ πρησθεῖσαι τὸν πόνον ἐμποιέουσι τῇ κεφαλῇ· βίῃ γὰρ τὸ | αἷμα βι- ¹⁰⁴ αζόμενον διὰ στενῶν ὁδῶν θερμὸν ἐὸν οὐ δύναται περαιοῦσθαι ταχέως· πολλὰ γὰρ ἐμποδὼν αὐτῷ κωλύματα καὶ ἐμφράγματα· διὸ δὴ καὶ οἱ σφυγμοὶ γίνονται περὶ τοὺς κροτάφους.

9. (1) Οἱ μὲν οὖν πυρετοὶ διὰ ταῦτα γίνονται καὶ τὰ μετὰ τῶν πυρετῶν ἀλγήματα καὶ νοσήματα. Τῶν δὲ

des Blutes. Denn dieses kann, wo es sich in großer Menge ange-
sammelt hat, nicht ruhig bleiben. (3) Gähnen entsteht vor dem
Fieber, weil viel Luft angehäuft wurde, die in dichter Masse nach
oben strömt, den Mund aufhebelt und ihn öffnet. Dort ist näm-
lich ein guter Ausgang für die Luft. Wie nämlich aus Kesseln
Dampf in großer Menge aufsteigt, wenn das Wasser kocht, so
strömt, wenn der Körper erhitzt ist, die Luft, die sich zusammen-
gedrängt hat und mit Gewalt nach oben getragen wird, aus dem
Munde aus. (4) Die Glieder erschlaffen vor dem Fieber. Denn die
Sehnen dehnen sich, wenn sie sich erwärmen. (5) Wenn sich nun
aber der größte Teil des Blutes versammelt hat, wärmt sich, von
der Wärme besiegt, die Luft, die das Blut abgekühlt hat, erneut
auf. Glühend heiß und unsichtbar geworden, verschafft sie dem
ganzen Körper Erwärmung. Ein Helfer ist ihr dabei das Blut.
Denn es wird flüssig, wenn es sich erwärmt, und dabei entsteht
Luft. (6) Wenn die Luft an die Körperporen stößt, entwickelt sich
Schweiß. Denn die Luft, die sich verdichtet, wird zu Wasser und
gelangt durch die Poren hindurch auf dieselbe Art und Weise
nach draußen, wie der Dampf, der von kochendem Wasser auf-
steigt, dick wird, wenn er auf einen festen Körper trifft, an den er
stoßen muß, sich verdichtet und wie dann Tropfen von den Dek-
keln fallen, auf die der Dampf gestoßen ist. (7) Die Kopfschmer-
zen, die mit dem Fieber einhergehen, entstehen auf folgende
Weise: Für den Durchlauf des Blutes im Kopf entsteht eine Enge.
Denn die Adern sind mit Luft gefüllt. Wenn diese angefüllt und
aufgeblasen sind, rufen sie Beschwerden im Kopf hervor. Denn
mit Gewalt wird das Blut gezwungen, durch enge Wege zu strö-
men und kann, obwohl es warm ist, nicht schnell hindurchflie-
ßen. Denn zahlreich sind die Hindernisse und Verstopfungen,
die ihm im Wege stehen. Dadurch entsteht auch das Pochen an
den Schläfen.

9. (1) Deswegen also entstehen die Fieber und die Schmerzen
sowie Krankheiten, die mit den Fiebern einhergehen. Daß von

ἄλλων ἀρρωστημάτων οἱ μὲν εἰλεοὶ ἢ ἀνειλήματα ἢ
στρόφοι ἢ ἀποστηρίγματα ὅτι φυσέων ἐστί, πᾶσιν
ἡγέομαι φανερὸν εἶναι· πάντων γὰρ τῶν τοιούτων
μία ἰητρική, τοῦ πνεύματος ἀπαρύσαι· τοῦτο γὰρ
ὅταν προσπέσῃ πρὸς τόπους ἀπαθέας καὶ ἀπαλοὺς
καὶ ἀήθεας καὶ ἀθίκτους, ὥσπερ τόξευμα ἐγκείμενον
διαδύνει διὰ τῆς σαρκός· προσπίπτει δὲ ποτὲ μὲν
πρὸς τὰ ὑποχόνδρια, ποτὲ δὲ πρὸς τὰς λαπάρας,
ποτὲ δὲ ἐς ἀμφότερα. (2) Διὸ δὴ καὶ θερμαίνοντες
ἔξωθεν πυριήμασιν πειρέονται μαλθάσσειν τὸν
τόπον· ἀραιούμενον γὰρ ὑπὸ τῆς θερμασίης τοῦ πυ-
ριήματος διέρχεται τὸ πνεῦμα διὰ τοῦ σώματος ὥστε
παῦλάν τινα γενέσθαι τῶν πόνων.

10. (1) Ἴσως δ᾽ ἄν τις εἴποι· πῶς οὖν καὶ τὰ ῥεύματα
γίνεται διὰ τὰς φύσας; Ἢ τίνα τρόπον τῶν αἱμορρα-
γιῶν τῶν περὶ τὰ στέρνα τοῦτ᾽ αἴτιόν ἐστιν; Οἶμαι
δὲ καὶ ταῦτα δηλώσειν διὰ τοῦτο γινόμενα· ὅταν αἱ
περὶ τὴν κεφαλὴν φλέβες γεμισθέωσιν ἠέρος,
πρῶτον μὲν ἡ κεφαλὴ βαρύνεται, τῶν φυσέων
ἐγκειμένων, ἔπειτεν εἰλεῖται τὸ αἷμα, οὐ διαχεῖν
δυναμένων διὰ τὴν στενότητα τῶν ὁδῶν. Τὸ
δὲ λεπτότατον τοῦ αἵματος διὰ τῶν φλεβῶν
ἐκθλίβεται. (2) Τοῦτο δὴ τὸ ὑγρὸν ὅταν ἀθροισθῇ
πολλόν, ῥεῖ δι᾽ ἄλλων πόρων. Ὅπῃ δ᾽ ἂν ἀθρόον
ἀφίκηται τοῦ σώ|ματος, ἐνταῦθα συνίσταται ἡ   106
νοῦσος. Ἢν μὲν οὖν ἐπὶ τὴν ὄψιν ἔλθῃ, ταύτῃ
ὁ πόνος· ἢν δὲ ἐς τὰς ἀκοάς, ἐνταῦθα ἡ νοῦσος·
ἢν δ᾽ ἐς τὰς ῥῖνας, κόρυζα· ἢν δ᾽ ἐς τὰ στέρνα,
βράγχος καλεῖται· τὸ γὰρ φλέγμα δριμέσιν χυμοῖσιν
μεμιγμένον, ὅπῃ ἂν προσπέσῃ ἐς ἀήθεας τόπους,
ἑλκοῖ. (3) Τῇ δὲ φάρυγγι ἀπαλῇ ἐούσῃ ῥεῦμα
προσπίπτον τρηχύτητας ἐμποιεῖ· τὸ γὰρ πνεῦμα
τὸ διαπνεόμενον διὰ τῆς φάρυγγος ἐς τὰ στέρνα

den anderen Beschwerden der Darmverschluß (Ileus), die Kolik, die Leibschmerzen oder die festsitzenden Schmerzen auf die Winde zurückzuführen sind, ist, glaube ich, allen klar. Denn für all diese Fälle gibt es nur ein Heilmittel, nämlich die Luft abzulassen. Denn wenn diese auf noch unversehrte, zarte, ungewohnte und unberührte Stellen trifft, dann stößt sie wie ein eindringender Pfeil durch das Fleisch. Manchmal trifft sie auf das Zwerchfell, manchmal auf die Seiten, manchmal auch auf beides. (2) Deshalb versucht man gerade diese Stellen, indem man sie von außen mit heißen Bädern wärmt, weich zu machen. Denn dadurch, daß sie durch die Wärme des Bades weicher werden, kann die Luft durch den Körper strömen, so daß die Schmerzen eine Pause einlegen.

10. (1) Vielleicht könnte jemand einwenden: Wie können denn auch die Flüsse infolge der Winde entstehen? Oder auf welche Weise verursachen sie die Blutungen in der Brust? Ich glaube, es kann bewiesen werden, daß auch diese Beschwerden auf die gleiche Weise entstehen. Wenn die Adern im Kopf mit Luft gefüllt sind, wird zuerst der Kopf schwer, da ihn die Winde bedrängen; daraufhin drängt sich das Blut zusammen, weil die Winde wegen der Enge der Wege nicht zulassen, daß es zirkuliert. Nur der dünnste Teil des Blutes wird durch die Adern hinausgezwängt. (2) Wenn sich nun diese Flüssigkeit in großer Menge anhäuft, fließt sie durch andere Durchgänge. In demjenigen Teil des Körpers, in dem sie in konzentrierter Masse ankommt, bildet sich die Krankheit. Wenn sie also zum Auge gelangt, dann tritt die Krankheit an dieser Stelle auf. Kommt sie zu den Ohren, dann ist die Krankheit dort zu finden. Wenn sie in die Nase gelangt, so entsteht ein Schnupfen. Kommt sie in die Brust, nennt man es Heiserkeit. Denn der Schleim (Phlegma), der mit scharfen Säften vermischt ist, verursacht dort, wo er Stellen befällt, die nicht an ihn gewöhnt sind, Entzündungen. (3) Wenn also der Fluß die Kehle, die zart ist, erreicht, bewirkt er Rauheit. Die Luft nämlich, die eingeatmet wird, strömt durch die Kehle in die Brust und tritt

πορεύεται καὶ πάλιν ἐξέρχεται διὰ τῆς ὁδοῦ ταύτης.
Ὅταν οὖν ἀπαντήσῃ τῷ ῥεύματι τὸ πνεῦμα κάτωθεν
ἰὸν κάτω ἰόντι, βὴξ ἐπιγίνεται καὶ ἀναρρίπτεται ἐς τὰ
ἄνω τὸ φλέγμα· τούτων δὲ τοιούτων ἐόντων, ἡ
φάρυγξ ἑλκοῦται καὶ τρηχύνεται καὶ θερμαίνεται
καὶ ἕλκει τὸ ἐκ τῆς κεφαλῆς ὑγρόν, θερμὴ ἐοῦσα· ἡ
δὲ κεφαλὴ παρὰ τοῦ ἄλλου σώματος λαμβάνουσα τῇ
φάρυγγι διδοῖ. (4) Ὅταν οὖν ἐθισθῇ τὸ ῥεῦμα ταύτῃ
ῥεῖν καὶ χαραδρωθέωσιν οἱ πόροι, διαδιδοῖ ἤδη καὶ
ἐς τὰ στέρνα· δριμὺ δ᾽ ἐὸν τὸ φλέγμα, προσπῖπτόν τε
τῇ σαρκὶ ἑλκοῖ καὶ ἀναρρηγνύει τὰς φλέβας. Ὅταν
δ᾽ ἐκχυθῇ τὸ αἷμα ἐς ἀλλότριον τόπον, χρονιζόμενον
καὶ σηπόμενον γίνεται πύον· οὔτε γὰρ ἄνω δύναται
ἀνελθεῖν οὔτε κάτω ὑπελθεῖν· ἄνω μὲν γὰρ οὐκ
εὔπορος ἡ πορείη πρὸς ἄναντες ὑγρῷ χρήματι πο-
ρεύεσθαι· κάτω δὲ κωλύει ὁ φραγμὸς τῶν φρενῶν.
(5) Διὰ τί δὲ δήποτε τὸ αἷμα τὸ ἄνευ ῥεύματος
ἀναρρηγνύμενον ἀναρρήγνυται; Τὸ μὲν αὐτόματον,
τὸ δὲ διὰ πόνους· αὐτόματον | μὲν οὖν ὅταν 108
αὐτόματος ὁ ἀὴρ ἐσελθὼν ἐς τὰς φλέβας στε-
νοχωρίην ποιήσῃ τῇσι τοῦ αἵματος διεξόδοισι· τότε
γὰρ πιεζεύμενον τὸ αἷμα πολλὸν γινόμενον
ἀναρρηγνύει τοὺς πόρους ᾗ ἂν μάλιστα βρίσῃ. Ὅσοι
δὲ διὰ πόνων πλῆθος ἡμορράγησαν, καὶ τούτοισιν οἱ
πόνοι πνεύματος ἐνέπλησαν τὰς φλέβας· ἀνάγκη
γὰρ τὸν πονέοντα τόπον κατέχειν τὸ πνεῦμα. Τὰ δ᾽
ἄλλα τοῖσιν εἰρημένοισιν ὅμοια γίνεται.

11. (1) Τὰ δὲ ῥήγματα πάντα γίνεται διὰ τόδε· ὅταν
ὑπὸ βίης διαστέωσιν αἱ σάρκες ἀπ᾽ ἀλλήλων, ἐς δὲ
τὴν διάστασιν ὑποδράμῃ πνεῦμα, τοῦτο τὸν πόνον
παρέχει.

12. (1) Ἢν δὲ διὰ τῶν σαρκῶν αἱ φῦσαι διεξιοῦσαι
τοὺς πόρους τοῦ σώματος ἀραιοὺς ποιέωσιν, ἐν δὲ

wieder auf dem gleichen Wege aus. Wenn nun die von unten auf-
steigende Luft dem nach unten laufenden Fluß begegnet, kommt
es zu Husten, und der Schleim (Phlegma) wird nach oben ge-
schleudert. Wenn dies so abläuft, entzündet sich die Kehle, wird
rauh, erhitzt sich und zieht infolge der dann bestehenden Wärme
Flüssigkeit aus dem Kopf an. Der Kopf aber gibt sie an die Kehle
ab, indem er sie sich aus dem übrigen Körper holt. (4) Wenn der
Fluß daran gewöhnt ist, auf diesem Weg zu fließen, und wenn die
Wege ausgewaschen sind, verteilt er sich nunmehr auch bis in die
Brust. Da der Schleim (Phlegma) scharf ist, greift er das Fleisch
an, führt zur Entzündung und durchbricht die Adern. Wenn
dann aber das Blut an eine ihm fremde Stelle geströmt ist, ver-
harrt es dort, fault und wird zu Eiter. Denn es kann weder nach
oben noch nach unten fließen, nach oben deswegen nicht, weil
der Weg bergauf für eine Flüssigkeit nicht leicht zurückzulegen
ist, nach unten nicht, weil das Zwerchfell als Sperre es daran hin-
dert. (5) Warum aber kann das Blut, das hervorbricht, ohne daß
es zu einem Fluß (des Phlegma) kommt, überhaupt hervorbre-
chen? Dies geschieht manchmal von selbst, manchmal aufgrund
von Anstrengungen. Von selbst, wenn die Luft von selbst in die
Adern eindringt und die Bahnen des Blutes verengt. Denn dann
wird das Blut zusammengedrängt, häuft sich an und zerreißt die
Gänge an der Stelle, an der der Druck am stärksten ist. In den
Fällen aber, in denen wegen einer großen Menge von Anstren-
gungen die Blutung entsteht, füllen sich aufgrund der Anstren-
gungen auch hier die Adern mit Luft. Denn es ist unvermeidlich,
daß der Teil, der sich anstrengt, die Luft zurückhält. Das andere
aber läuft ähnlich ab, wie es eben besprochen wurde.

11. (1) Die Rupturen aber entstehen alle aus folgendem
Grunde: Wenn das Fleisch infolge von Gewalt auseinanderreißt
und in den Zwischenraum Luft eindringt, ruft dies den Schmerz
hervor.

12. (1) Wenn die Winde durch das Fleisch hindurchgehen und
die Gänge im Körper locker machen und wenn in den Winden

τῇσι φύσησιν ὑγρασίη ἦ τις, τὴν ὁδὸν ὁ ἀὴρ ὑπηρ-
γάσατο· διαβρόχου δὲ γενομένου τοῦ σώματος,
ὑπεκτήκονται μὲν αἱ σάρκες, οἰδήματα δ᾽ ἐς τὰς
κνήμας καταβαίνει. Καλεῖται δὲ τὸ νόσημα τὸ
τοιοῦτον ὕδρωψ. (2) Μέγιστον δὲ σημεῖον, ὅτι φῦσαι
τοῦ νοσήματός εἰσιν αἴτιαι, τόδ᾽ ἐστίν· ἤδη τινὲς
ὀλεθρίως ἔχοντες ἐκλύσθησαν καὶ ἐκενώθησαν τοῦ
ὕδατος. Παραυτίκα μὲν οὖν τὸ ἐξελθὸν ἐκ τῆς
κοιλίης ὕδωρ πολλὸν φαίνεται, χρονιζόμενον δὲ
ἔλασσον γίνεται. Διὰ τί οὖν γίνεται; Καὶ τοῦτο δῆλον·
ὅτι παραυτίκα μὲν τὸ ὕδωρ ἠέρος πλῆρές ἐστιν· ὁ δ᾽
ἀὴρ ὄγκον παρέχεται μέγαν· ἀπιόντος δὲ τοῦ πνεύ-
ματος ὑπολείπεται τὸ ὕδωρ αὐτό· διὸ δὴ φαίνεται μὲν
ἔλασσον ἐόν, ἔστιν δὲ ἴσον. (3) Ἄλλο δὲ αὐτῶν τόδε
σημεῖον· κενωθείσης γὰρ παντελέως τῆς κοιλίης οὐδ᾽
ἐν τρισὶν ἡμέρῃσιν εἶθ᾽ ὥστε | ρον πάλιν πλήρεις γίνον-   110
ται. Τί οὖν ἐστιν τὸ πληρῶσαν ἀλλ᾽ ἢ πνεῦμα; Τί γὰρ
ἂν οὕτως ἄλλο ταχέως ἐξεπλήρωσεν; Οὐ γὰρ δήπου
ποτόν γε τοσοῦτον ἐσῆλθεν ἐς τὸ σῶμα. Καὶ μὴν οὐδὲ
σάρκες ὑπάρχουσιν ἔτι αἱ τηξόμεναι· λείπεται γὰρ
ὀστέα καὶ νεῦρα καὶ ῥινὸς ἀφ᾽ ὧν οὐδενὸς οὐδεμία
δύναιτ᾽ ἂν αὔξησις ὕδατος εἶναι.

13. (1) Τοῦ μὲν οὖν ὕδρωπος εἴρηται τὸ αἴτιον. Αἱ
δ᾽ ἀποπληξίαι γίνονται διὰ τὰς φύσας· ὅταν γὰρ
αὗται ψυχραὶ ἐοῦσαι καὶ πολλὸν διαδύνουσαι
ἐμφυσήσωσιν τὰς σάρκας, ἀναίσθητα ταῦτα γίνεται
τοῦ σώματος· ἢν μὲν οὖν ἐν ὅλῳ τῷ σώματι πολλαὶ
φῦσαι διατρέχωσιν, ὅλος ὥνθρωπος ἀπόπληκτος
γίνεται· ἢν δ᾽ ἐν μέρει τινί, τοῦτο τὸ μέρος. (2) Καὶ ἢν
μὲν ἀπέλθωσιν αὗται, παύεται ἡ νοῦσος· ἢν δὲ παρα-

eine gewisse Feuchtigkeit enthalten ist, dann bahnt die Luft (der Feuchtigkeit) den Weg. Ist der Körper dann naß geworden, schmilzt unmerklich das Fleisch, und Schwellungen gehen zu den Unterschenkeln hinab. Eine solche Krankheit nennt man Wassersucht. (2) Folgendes ist der stärkste Beweis dafür, daß die Winde die Krankheit verursachen: Es wurden schon manche, die sich in einem schlimmen Zustand befanden, von dem Wasser befreit und ihnen das Wasser entzogen. Im ersten Augenblick schien das Wasser, das aus dem Bauch kam, in großer Menge auszutreten, nach einiger Zeit aber wurde es weniger. Woher kommt dies nun? Auch dies ist klar. Weil im ersten Augenblick das Wasser voller Luft ist, und die Luft bringt das große Volumen. Wenn aber die Luft entwichen ist, bleibt nur das Wasser selbst. Deswegen scheint es weniger zu sein, obwohl es in der Menge gleich bleibt. (3) Dafür läßt sich auch folgender anderer Beweis anführen: Wenn der Bauch völlig entleert ist, sind die Kranken dennoch in nicht weniger als drei Tagen wiederum voll Wasser. Was anderes könnte dafür gesorgt haben, daß sie wieder voll Wasser sind, als die Luft? Was sonst kann den Leib so schnell angefüllt haben? Denn ohne Zweifel können nicht so viele Getränke in den Körper gelangt sein. Auch ist kein weiteres Fleisch mehr vorhanden, daß es geschmolzen werden könnte. Denn es bleiben nur die Knochen, die Sehnen und die Haut, von denen aber keinesfalls die Vermehrung des Wassers ausgehen könnte.

13. (1) Damit wurde die Ursache der Wassersucht erörtert. Was die Schlaganfälle betrifft, so entstehen auch sie durch die Winde. Wenn diese nämlich kalt sind, in großer Menge eindringen und dabei das Fleisch aufschwellen lassen, werden diese Teile des Körpers empfindungslos. Wenn also viele Winde im ganzen Körper umlaufen, wird der gesamte Mensch vom Schlaganfall getroffen. Geschieht dies aber nur in einem Teil des Körpers, so wird nur dieser Teil davon betroffen. (2) Und wenn diese Winde ausströmen, hört die Erkrankung auf. Bleiben sie aber, dann bleibt auch

μείνωσιν, παραμένει. Ὅτι δὲ ταῦτα οὕτως ἔχει, χασμῶνται συνεχέως.

14. (1) Δοκεῖ δέ μοι καὶ τὴν ἱρὴν καλεομένην νοῦσον τοῦτ᾽ εἶναι τὸ παρεχόμενον. Οἷσι δὲ λόγοισιν ἐμαυτὸν ἔπεισα, τοῖσιν αὐτοῖσι τούτοισι καὶ τοὺς ἀκούοντας πείθειν πειρήσομαι. Ἡγέομαι οὐδὲν ἔμπροσθεν οὐδενὶ εἶναι μᾶλλον τῶν ἐν τῷ σώματι συμβαλλομένων ἐς φρόνησιν ἢ τὸ αἷμα. Τοῦτο δ᾽ ὅταν μὲν ἐν τῷ καθεστεῶτι μένῃ, μένει καὶ ἡ φρόνησις· ἑτεροιουμένου δὲ τοῦ αἵματος, μεταπίπτει καὶ ἡ φρόνησις. (2) Ὅτι δὲ ταῦτα οὕτως ἔχει, πολλὰ τὰ μαρτυρέοντα· πρῶτον μὲν ὅπερ ἅπασι τοῖσι ζῴοισι κοινόν ἐστιν, ὁ ὕπνος, οὗτος μαρτυρεῖ τοῖσιν εἰρημένοισιν· ὅταν γὰρ ἐπέλθῃ τῷ σώματι, τότε τὸ αἷμα | ψύχεται· φύσει γὰρ ὁ ὕπνος   112
πέφυκεν ψύχειν· ψυχθέντι δὲ τῷ αἵματι νωθρότεραι γίνονται αἱ διέξοδοι. Δῆλον δέ· ῥέπει τὰ σώματα καὶ βαρύνεται· πάντα γὰρ τὰ βαρέα πέφυκεν ἐς βυσσὸν φέρεσθαι· καὶ τὰ ὄμματα συγκλῇεται καὶ ἡ φρόνησις ἀλλοιοῦται, δόξαι τε ἕτεραί τινες ἐνδιατρίβουσιν, ἃ δὴ ἐνύπνια καλέονται. (3) Πάλιν ἐν τῇσι μέθῃσι, πλέονος ἐξαίφνης γενομένου τοῦ αἵματος, μεταπίπτουσιν αἱ ψυχαὶ καὶ τὰ ἐν τῇσι ψυχῇσι φρονήματα, καὶ γίνονται τῶν μὲν παρεόντων κακῶν ἐπιλήσμονες, τῶν δὲ μελλόντων ἀγαθῶν εὐέλπιδες. Ἔχοιμι δ᾽ ἂν πολλὰ τοιαῦτα εἰπεῖν, ἐν οἷσιν αἱ τοῦ αἵματος ἐξαλλαγαὶ τὴν φρόνησιν ἐξαλλάσσουσιν. Ἢν μὲν οὖν παντελέως ἅπαν ἀναταραχθῇ τὸ αἷμα, παντελέως ἡ φρόνησις ἐξαπόλλυται· τὰ γὰρ μαθήματα καὶ τὰ ἀναγνωρίσματα ἐθίσματά ἐστιν· ὅταν οὖν ἐκ τοῦ εἰωθότος ἔθεος μεταστέωμεν, ἀπόλλυται ἡμῖν ἡ φρόνησις. (4) Φημὶ δὲ τὴν ἱρὴν νοῦσον ὧδε γίνεσθαι· ὅταν πνεῦμα πολλὸν κατὰ πᾶν τὸ σῶμα παντὶ τῷ αἵματι μιχθῇ, πολλὰ ἐμφράγματα γίνεται πολλαχῇ ἀνὰ τὰς φλέβας. Ἐπειδὰν οὖν ἐς τὰς παχέας καὶ πολυαίμους

die Krankheit. Daß sich dies so verhält, wird daran deutlich, daß die Kranken ständig den Mund ein wenig geöffnet haben.

14. (1) Auch die sogenannte heilige Krankheit scheint mir durch die gleiche Ursache hervorgerufen zu werden. Mit denselben Argumenten, durch die ich mich selbst überzeugt habe, werde ich nun versuchen, die Zuhörer zu überzeugen. Ich glaube, daß keine im Körper befindliche Komponente bei irgendeinem Menschen wichtiger ist für den Verstand als das Blut. Solange dieses im Normalzustand bleibt, bleibt auch der Verstand. Wenn sich aber das Blut verändert, ändert sich auch der Verstand. (2) Daß dies so ist, kann durch vieles bewiesen werden. Zunächst ist etwas, was allen Lebewesen gemeinsam ist, nämlich der Schlaf, Zeugnis für das, was eben gesagt worden ist. Denn wenn er den Körper befällt, dann kühlt sich das Blut ab. Von seiner Natur her bringt der Schlaf nämlich Abkühlung. Wenn das Blut aber abgekühlt ist, geht sein Umlauf langsamer vor sich. Folgendes ist klar: Die Körper sinken herab und werden schwer. Denn alles Schwere hat es so an sich, sich nach unten zu neigen. Die Augen schließen sich, das Denken wandelt sich, gewisse andere Vorstellungen stellen sich ein, die man Träume nennt. (3) Ferner verändern sich im Rauschzustand, wenn das Blut sich plötzlich vermehrt, die Seele und die Gedanken in der Seele. Sie vergißt das Schlechte der Gegenwart, hofft dagegen auf das Gute in der Zukunft. Ich wäre imstande, viele solcher Umstände zu nennen, unter denen durch die Veränderungen des Blutes das Denken verändert wird. Wenn also das ganze Blut völlig in Aufruhr gerät, endet das Denken vollständig. Denn Erkennen und Wiedererkennen ist eine Sache der Gewohnheit. Wenn wir uns also von dem Gewohnten entfernen, geht uns das Denken verloren. (4) Ich behaupte, daß die heilige Krankheit auf folgende Weise entsteht: Vermischt sich viel Luft im ganzen Körper mit dem gesamten Blut, bilden sich an zahlreichen Stellen in den Adern viele Hindernisse. Wenn also Luft in großer Menge auf die dicken und blutreichen Adern drückt, dann verharrt sie dort unter weiterer

τῶν φλεβῶν πολλὸς ἀὴρ βρίσῃ, βρίσας δὲ μείνῃ,
κωλύεται τὸ αἷμα διεξιέναι. Τῇ μὲν οὖν ἐνέστηκεν, τῇ
δὲ νωθρῶς διεξέρχεται, τῇ δὲ θᾶσσον. (5) Ἀνομοίης
δὲ τῆς πορείης τῷ αἵματι διὰ τοῦ σώματος γινομένης,
παντοῖαι αἱ ἀνομοιότητες – πᾶν γὰρ τὸ σῶμα παν-
ταχόθεν ἕλκεται καὶ τετίνακται τὰ μέρεα τοῦ σώ-
ματος ὑπηρετέοντα τῷ ταράχῳ καὶ θορύβῳ τοῦ
αἵματος – διαστροφαί τε παντοῖαι παντοίως γίνονται.
Κατὰ δὲ τοῦτον τὸν καιρὸν ἀναίσθητοι πάντων εἰσίν,
κωφοί τε τῶν λεγομένων τυφλοί τε τῶν γινομένων,
ἀνάλγητοί τε πρὸς τοὺς πόνους· οὕτως ὁ ἀὴρ ταρα-
χθεὶς ἀνετάραξεν τὸ αἷμα καὶ ἐμίνεν. (6) Ἀφροὶ δὲ
διὰ τοῦ στόμα|τος ἀνατρέχουσιν εἰκότως· διὰ γὰρ   114
τῶν σφαγιτίδων φλεβῶν διαδύνων ὁ ἀὴρ ἀνέρχεται
μὲν αὐτός, ἀνάγει δὲ μετ᾽ ἑωυτοῦ τὸ λεπτότατον τοῦ
αἵματος· τὸ δὲ ὑγρὸν τῷ ἠέρι μισγόμενον λευκαίνε-
ται· διὰ λεπτῶν γὰρ ὑμένων καθαρὸς ἐὼν ὁ ἀὴρ
διαφαίνεται· διὸ δὴ λευκοὶ φαίνονται παντελέως οἱ
ἀφροί. (7) Πότε οὖν παύονται τῆς νούσου καὶ τοῦ
παρεόντος χειμῶνος οἱ ὑπὸ τούτου τοῦ νοσήματος
ἁλισκόμενοι, ἐγὼ φράσω. Ὁπόταν γυμνασθὲν ὑπὸ
τῶν πόνων τὸ σῶμα θερμανθῇ, θερμαίνεται καὶ τὸ
αἷμα· τὸ δὲ αἷμα διαθερμανθὲν ἐξεθέρμηνε τὰς
φύσας· αὗται δὲ διαθερμανθεῖσαι διαλύονται καὶ
διαλύουσιν τὴν σύστασιν τοῦ αἵματος, αἱ μὲν
συνεξελθοῦσαι μετὰ τοῦ πνεύματος, αἱ δὲ μετὰ τοῦ
φλέγματος. Ἀποζέσαντος δὲ τοῦ ἀφροῦ καὶ
καταστάντος τοῦ αἵματος καὶ γαλήνης ἐν τῷ σώματι
γενομένης, πέπαυται τὸ νόσημα.

15. (1) Φαίνονται τοίνυν αἱ φῦσαι διὰ πάντων
τούτων μάλιστα πολυπρηγμονέουσαι· τὰ δ᾽ ἄλλα
πάντα συναίτια καὶ μεταίτια. Τὸ δὲ αἴτιον τῶν
νούσων ἐὸν τοῦτο ἐπιδέδεικταί μοι. (2) Ὑπεσχόμην
δὲ τῶν νούσων τὸ αἴτιον φράσειν. Ἐπέδειξα δὲ τὸ

Druckausübung und hemmt den Fluß des Blutes. Folglich stockt es an einer Stelle, an einer anderen fließt es langsam, an einer dritten schneller. (5) Wenn das Fließen des Blutes durch den Körper unregelmäßig wird, entstehen allerlei weitere Unregelmäßigkeiten – am ganzen Körper wird nämlich von allen Seiten gezerrt, und die Teile des Körpers, die der Unordnung und dem Aufruhr des Blutes unterworfen sind, schütteln sich –, und auf mannigfache Weise treten allerlei Verrenkungen auf. Während dieser Krise sind die Kranken in allem ohne Gefühle, taub gegenüber dem, was gesagt wird, blind gegenüber dem, was geschieht, gefühllos gegenüber den Schmerzen. So wühlt die Luft, die selbst aufgewühlt ist, das Blut auf und verdirbt es. (6) Schaum tritt begreiflicherweise durch den Mund nach oben aus. Denn die Luft selbst, die durch die Halsschlagadern läuft, steigt auf und führt die feinsten Teile des Blutes mit sich nach oben. Dabei wird die Feuchtigkeit, die der Luft beigemischt ist, weiß. Denn durch die feinen Häutchen scheint die reine Luft durch. Dadurch sieht der Schaum völlig weiß aus. (7) Zu welchem Zeitpunkt die an dieser Krankheit Leidenden von ihr und von dem augenblicklichen Anfall (Krankheitssturm) befreit werden, das werde ich nun aufzeigen. Wenn sich der zuckende Körper durch die Anstrengungen erwärmt hat, wird auch das Blut warm. Das warm gewordene Blut erwärmt auch die Winde. Diese zerstreuen sich, wenn sie erwärmt sind, und zerstreuen auch die Ansammlung des Blutes, wobei sie teilweise mit der Atemluft austreten, teilweise mit dem Schleim (Phlegma). Wenn aber der Schaum unter Aufwallung ausgetreten, das Blut wieder ruhig geworden und im Körper wieder Windstille eingekehrt ist, dann hört auch die Krankheit auf.

15. (1) Durch all diese Darlegungen wurde deutlich, daß die Winde am stärksten aktiv sind und in vielen Dingen wirken. Alles andere ist dagegen nur mitbeteiligt und mitwirkend. Daß darin die Ursache der Krankheiten liegt, habe ich gezeigt. (2) Ich hatte versprochen, über die Ursache der Krankheiten zu reden.

πνεῦμα καὶ ἐν τοῖσιν ὅλοισι πρήγμασι δυναστεῦον καὶ ἐν τοῖσι σώμασι τῶν ζῴων. Ἤγαγον δὲ τὸν λόγον ἐπὶ τὰ γνώριμα καὶ τῶν νοσημάτων καὶ τῶν ἀρρωστημάτων, ἐν οἷσιν ἀληθὴς ἡ ὑπόθεσις ἐφάνη. Εἰ γὰρ ἀμφὶ πάντων τῶν ἀρρωστημάτων λέγοιμι, μακρότερος μὲν ὁ λόγος ἂν γένοιτο, ἀτρεκέστερος δ᾽ οὐδαμῶς οὐδὲ πιστότερος.

Gezeigt habe ich, daß die Luft sowohl im Universum als auch in den Körpern der Lebewesen herrscht. Meine Ausführungen habe ich über die bekannten Krankheiten und Leiden gemacht, und darin hat sich meine These als wahr erwiesen. Denn wenn ich über alle Beschwerden reden wollte, würde meine Rede zwar länger werden, dabei aber keineswegs genauer oder überzeugender.

ΤΟ ΠΡΩΤΟΝ ΠΕΡΙ ΝΟΥΣΩΝ Α

1. Ὃς ἂν περὶ ἰήσιος ἐθέλῃ ἐρωτᾶν τε ὀρθῶς καὶ Littré VI, 140 ἐρωτώμενος ἀποκρίνεσθαι καὶ ἀντιλέγειν ὀρθῶς, ἐνθυμεῖσθαι χρὴ τάδε· πρῶτον μέν, ἀφ᾽ ὧν αἱ νοῦσοι γίνονται τοῖσιν ἀνθρώποισι πᾶσαι· ἔπειτα δέ, ὅσα ἀνάγκας ἔχει τῶν νοσημάτων ὥστε ὅταν γένηται εἶναι ἢ μακρὰ ἢ βραχέα ἢ θανάσιμα ἢ μὴ θανάσιμα ἢ ἔμπηρόν τι τοῦ σώματος γενέσθαι ἢ μὴ ἔμπηρον· καὶ ὅσα, ἐπὴν γένηται, ἐνδοιαστά, εἰ κακὰ ἀπ᾽ αὐτῶν ἀποβαίνει ἢ ἀγαθά· καὶ ἀφ᾽ ὁποίων νοσημάτων ἐς ὁποῖα μεταπίπτει· καὶ ὅσα ἐπιτυχίῃ ποιέουσιν οἱ ἰητροὶ θεραπεύοντες τοὺς ἀσθενέοντας· καὶ ὅσα ἀγαθὰ ἢ κακὰ οἱ νοσέοντες ἐν τῇσι νούσοισι πάσχουσι· καὶ ὅσα εἰκασίῃ ἢ λέγεται ἢ ποιεῖται ὑπὸ τοῦ ἰητροῦ πρὸς τὸν νοσέοντα, ἢ ὑπὸ τοῦ νοσέοντος πρὸς τὸν ἰητρόν· καὶ ὅσα ἀκριβῶς ποιεῖται ἐν τῇ τέχνῃ καὶ λέγεται, καὶ ἅ τε ὀρθὰ ἐν αὐτῇ καὶ ἃ μὴ ὀρθά· καὶ ὅ τι αὐτῆς ἢ ἀρχὴ ἢ τελευτὴ ἢ μέσον ἢ ἄλλο τι ἀποδεδειγμένον τῶν τοιούτων, ὅ τι καὶ ὀρθῶς ἐστιν ἐν αὐτῇ εἶναι ἢ μὴ εἶναι· καὶ τὰ σμικρὰ καὶ τὰ μεγάλα, καὶ τὰ πολλὰ καὶ τὰ ὀλίγα· καὶ ὅ τι ἄπαν ἐστὶν ἐν αὐτῇ [ἓν καὶ πάντα], καὶ ὅ τι ἕν· καὶ τὰ ἀνυστὰ νοῆσαί τε καὶ εἰπεῖν καὶ ἰδεῖν καὶ ποιῆσαι, καὶ τὰ μὴ ἀνυστὰ μήτε νοῆσαι μήτε εἰπεῖν μήτε ἰδεῖν μήτε ποιῆσαι· καὶ ὅ τι εὐχειρίη ἐν αὐτῇ, καὶ ὅ τι ἀχειρίη· καὶ ὅ τι | καιρός, καὶ ὅ 142 τι ἀκαιρίη· καὶ τῶν τεχνέων τῶν ἄλλων ᾗσί τε ἔοικε καὶ ᾗσιν οὐδὲν ἔοικε· καὶ τοῦ σώματος ὅ τι ἢ ψυχρὸν ἢ θερμὸν ἢ ἰσχυρὸν ἢ ἀσθενὲς ἢ πυκνὸν ἢ ἀραιὸν ἢ ὑγρὸν ἢ ξηρόν· καὶ ὅσα τῶν πολλῶν ὀλίγα γίνεται, ἢ ἐπὶ τὸ κάκιον, ἢ ἐπὶ τὸ ἄμεινον· καὶ

ÜBER DIE KRANKHEITEN, BUCH 1

1. Wer über die ärztliche Behandlung richtig fragen und, wenn er gefragt wird, richtig antworten und widersprechen will, hat folgendes zu bedenken: zuerst einmal, woher alle Krankheiten bei den Menschen kommen; dann, welche der Krankheiten, sobald sie auftreten, zwangsläufig langwierig oder kurzfristig sind, tödlich oder nicht tödlich verlaufen, an irgendeinem Körperteil zu Schäden führen oder keine Schäden verursachen; bei welchen Krankheiten es, wenn sie ausbrechen, unsicher ist, ob sie schlecht oder gut ausgehen; welche Krankheiten in welche Krankheiten umschlagen; was die Ärzte, die die Kranken behandeln, durch Zufall bewirken; welche guten oder schlimmen Dinge den Patienten bei ihren Krankheiten widerfahren; was aus reiner Mutmaßung vom Arzt gegenüber dem Patienten gesagt oder getan wird, oder umgekehrt vom Patienten gegenüber dem Arzt; was in der Heilkunst mit Genauigkeit getan und gesagt wird, und was in ihr richtig und was nicht richtig ist; was ihr Anfang ist, ihr Ende, ihre Mitte oder irgend etwas anderes Derartiges, von dem sicher erwiesen ist, daß es in ihr existent oder nicht existent ist; das Kleine und das Große, das Viele und das Wenige; was in ihr das Ganze ist und was das Eine; das Durchführbare hat man zu erfassen, anzusprechen, zu beobachten und auszuführen, das Undurchführbare aber weder zu erfassen noch anzusprechen noch zu beobachten noch auszuführen; was Geschicklichkeit in ihr ist und was Ungeschicklichkeit; was der richtige Augenblick ist und was der unpassende; mit welchen der anderen Künste sie Ähnlichkeit besitzt und mit welchen nicht; was im Körper kalt oder warm, stark oder schwach, fest oder locker, feucht oder trocken ist; was aus Vielem zu Wenigem wird, entweder zum Schlimmeren oder zum Besseren; was in guter oder

ὅ τι καλῶς ἢ αἰσχρῶς ἢ βραδέως ἢ ταχέως ἢ ὀρθῶς
ἢ μὴ ὀρθῶς· καὶ ὅ τι κακὸν ἐπὶ κακῷ γενόμενον
ἀγαθὸν ποιεῖ, καὶ ὅ τι κακὸν ἐπὶ κακῷ ἀνάγκη
γενέσθαι.

Ταῦτ᾿ ἐνθυμηθέντα διαφυλάσσειν δεῖ ἐν τοῖσι
λόγοισιν· ὅ τι ἂν δέ τις τούτων ἁμαρτάνῃ ἢ λέγων ἢ
ἐρωτῶν ἢ ὑποκρινόμενος, καὶ ἢν πολλὰ ἐόντα ὀλίγα
φῇ εἶναι, ἢ μεγάλα ἐόντα σμικρά, καὶ ἢν ἀδύνατα
ἐόντα δυνατὰ φῇ εἶναι, ἢ ὅ τι ἂν ἄλλο ἁμαρτάνῃ
λέγων, ταύτῃ φυλάσσοντα δεῖ ἐπιτίθεσθαι ἐν τῇ ἀντι-
λογίῃ.

2. Αἱ μὲν οὖν νοῦσοι γίνονται ἡμῖν ἅπασαι, τῶν μὲν
ἐν τῷ σώματι ἐνεόντων, ἀπό τε χολῆς καὶ φλέγματος,
τῶν δ᾿ ἔξωθεν, ἀπὸ πόνων καὶ τρωμάτων, καὶ ὑπὸ
τοῦ θερμοῦ ὑπερθερμαίνοντος καὶ τοῦ ψυχροῦ
ὑπερψύχοντος.

Καὶ ἡ μὲν χολὴ καὶ τὸ φλέγμα γινομένοισί τε
συγγίνεται καὶ ἔνι αἰεὶ ἐν τῷ σώματι ἢ πλέον ἢ ἔλασ-
σον· τὰς δὲ νούσους παρέχει, τὰς μὲν ἀπὸ σιτίων καὶ
ποτῶν, τὰς δὲ ἀπὸ τοῦ θερμοῦ ὑπερθερμαίνοντος καὶ
ἀπὸ τοῦ ψυχροῦ ὑπερψύχοντος.

3. Ἀνάγκη δὲ τὰ τοιάδε ἔχει ὥστε γίνεσθαι, ὅταν
γίνηται· ἐν μὲν τοῖσι τρώμασι νεῦρα τὰ παχέα
τιτρωσκομένους χωλοῦσθαι καὶ τῶν μυῶν τὰς
κεφαλάς, καὶ μάλιστα τῶν ἐν τοῖσι μηροῖσιν.

Ἀπο|θνήσκειν δέ, ἢν τις ἐγκέφαλον τρωθῇ ἢ 144
ῥαχίτην μυελὸν ἢ κοιλίην ἢ ἧπαρ ἢ φρένας ἢ κύστιν
ἢ φλέβα αἱμόρροον ἢ καρδίην· μὴ ἀποθνήσκειν δὲ
τιτρωσκόμενον ἐν οἷσι ταῦτα τῶν μελέων μὴ ἔνι ἢ
τούτων προσωτάτω ἐστίν.

Τῶν δὲ νοσημάτων τὰ τοιάδε ἔχει ἀνάγκας
ὥστε ὑπ᾿ αὐτῶν ἀπόλλυσθαι, ὅταν γένωνται· φθίσις,
ὕδρωψ ὑποσαρκίδιος, καὶ γυναῖκα ὅταν ἔμβρυον

schlechter Weise, langsam oder schnell, richtig oder unpassend geschieht; welches Übel, wenn es zu einem anderen hinzukommt, Gutes bewirkt, und welches Übel zwangsläufig auf ein anderes folgt.

Dies muß bedacht und auch in den Diskussionen sorgfältig beachtet werden. Wenn jemand in einem dieser Dinge einen Fehler beim Reden, Fragen oder Antworten macht, etwa behauptet, etwas, was viel ist, sei wenig, etwas, was groß ist, klein oder etwas, was unmöglich ist, möglich, oder wenn er bei seiner Aussage in irgendeinem anderen Punkt irrt, dann muß man auf diese Weise darauf achten und sich in der Widerrede dagegen wenden.

2. Alle unsere Krankheiten entstehen einerseits innerhalb des Körpers von der Galle und vom Schleim her, andererseits von außen, aufgrund von Anstrengungen und Verletzungen sowie aufgrund übermäßiger Wärme und übermäßiger Kälte.

Die Galle und der Schleim entstehen zugleich mit den werdenden Menschen und sind immer im Körper in größerer oder kleinerer Menge enthalten. Sie verursachen die Krankheiten, die teils von Speisen und Getränken kommen, teils von übermäßiger Wärme und übermäßiger Kälte.

3. Zwangsläufig muß Folgendes, jedesmal wenn es entsteht, eintreten: Bei Verwundungen durch Verletzung der dicken Nervenstränge und der Muskelköpfe, besonders derjenigen der Schenkel, wird man lahm.

Man stirbt, wenn man am Gehirn oder am Rückenmark, am Magen oder an der Leber, am Zwerchfell oder an der Blase, an einer blutführenden Ader oder am Herzen verletzt ist. Man stirbt dagegen nicht, wenn man an Stellen verletzt ist, in denen diese Organe nicht vorhanden sind oder die am weitesten von ihnen entfernt liegen.

Bei folgenden Krankheiten verhält es sich zwangsläufig so, daß man an ihnen zugrunde geht, wenn sie auftreten: Schwindsucht (Phthisis), Wassersucht unter der Haut, sowie wenn eine

ἔχουσαν περιπλευμονίη ἢ καῦσος λάβῃ ἢ πλευρῖτις
ἢ φρενῖτις ἢ ἐρυσίπελας ἐν τῇσιν ὑστέρῃσι γένηται.

Ἐνδοιαστὰ δὲ τὰ τοιάδε ἀπολλύναι τε καὶ μή· πε-
ριπλευμονίη, καῦσος, πλευρῖτις, φρενῖτις, κυνάγχη,
σταφυλή, σπληνῖτις, νεφρῖτις, ἡπατῖτις, δυσεντερίη,
γυναικὶ ῥόος αἱματώδης.

Τὰ δὲ τοιάδε οὐ θανάσιμα, ἢν μή τι αὐτοῖσι
προσγένηται· κέδματα, μελαγχολίη, ποδάγρη, ἰσχιάς,
τεινεσμός, τεταρταῖος, τριταῖος, στραγγουρίη, ὀφ-
θαλμίη, ἀρθρῖτις, λέπρη, λειχήν.

Ἔμπηροι δὲ ἀπὸ τῶνδε γίνονται· ἀπόπληκτοι μὲν
καὶ χεῖρας καὶ πόδας καὶ φωνῆς ἀκρατεῖς καὶ παρα-
πλῆγες ὑπὸ μελαίνης χολῆς, χωλοὶ δὲ ὑπὸ ἰσχιάδων,
ὄμματα δὲ καὶ ἀκοὴν ⟨κατάπηροι⟩ ὑπὸ φλέγματος
καταστηρίξαντος.
Μακρὰ δὲ τάδε ἀνάγκη εἶναι· φθόην, δυσεντερίην,
ποδάγρην, κέδματα, φλέγμα λευκόν, ἰσχιάδα, στραγ-
γουρίην, γεραιτέροισι δὲ νεφρῖτιν, γυναιξὶ δὲ ῥόον αἱ-
ματώδη, αἱμορροίδας, σύριγγας.

Καῦσος δέ, φρενῖτις, περιπλευμονίη, κυνάγχη,
σταφυλή, πλευρῖτις ταχέως κρίνει.

Μεταπίπτει δὲ τάδε· ἐκ πλευρί|τιδος ἐς καῦσον, 146
καὶ ἐκ φρενίτιδος ἐς περιπλευμονίην· ἐκ δὲ περιπλευ-
μονίης καῦσος οὐκ ἂν γένοιτο· τεινεσμὸς ἐς δυσεν-
τερίην, ἐκ δὲ δυσεντερίης λειεντερίη, ἐκ δὲ λειεν-

schwangere Frau von Lungenentzündung (Peripleumonie) oder
Brennfieber (Kausos) befallen ist oder von Rippenfellentzündung
(Pleuritis) oder von Phrenitis oder ein Erysipel in der Gebärmut-
ter auftritt.

Bei folgenden Krankheiten ist es unsicher, ob sie zum Tode
führen oder nicht: Lungenentzündung (Peripleumonie), Brenn-
fieber (Kausos), Rippenfellentzündung (Pleuritis), Phrenitis, An-
gina (Kynanche), Staphyle, Splenitis, Nephritis, Hepatitis, Ruhr
(Dysenterie) und bei einer Frau Blutfluß.

Folgende Krankheiten sind dagegen nicht tödlich, falls nicht
irgendwas hinzukommt: Kedmata, Melancholie, Fußgicht (Pod-
agra), Ischias, Stuhldrang (Teinesmos), Viertagefieber (Quar-
tana), Dreitagefieber (Tertiana), Harndrang (Strangurie), Augen-
entzündung (Ophthalmie), Arthritis, Schuppenflechte (Lepra),
Lichen.

Durch Folgendes wird man bleibend behindert: vollständig an
Händen und Füßen gelähmt, der Sprache nicht mehr mäch-
tig sowie teilweise gelähmt durch die schwarze Galle, lahm auf-
grund von Ischias, an der Sehkraft und Hörfähigkeit geschädigt
aufgrund von sich festsetzendem Phlegma.

Zwangsläufig langwierig sind folgende Krankheiten: Schwind-
sucht (Phthoe), Ruhr (Dysenterie), Fußgicht (Podagra), Ked-
mata, die weiße Schleimkrankheit, Ischias, Harndrang (Stran-
gurie), bei Älteren Nierenentzündung (Nephritis), bei einer Frau
Blutfluß, Hämorrhoiden und Fisteln.

Brennfieber (Kausos), Phrenitis, Lungenentzündung (Peri-
pleumonie), Angina (Kynanche), Staphyle und Rippenfell-
entzündung (Pleuritis) kommen dagegen schnell zur Entschei-
dung.

Folgende Krankheiten schlagen um: Rippenfellentzündung
(Pleuritis) in Brennfieber (Kausos), Phrenitis in Lungenentzün-
dung (Peripleumonie); aus Lungenentzündung (Peripleumonie)
entsteht aber nicht Brennfieber (Kausos); Stuhldrang (Teines-
mos) schlägt in Ruhr (Dysenterie) um, Ruhr (Dysenterie) in Ma-

τερίης ἐς ὕδρωπα, καὶ ἐκ λευκοῦ φλέγματος ἐς ὕδρωπα, καὶ σπληνὸς οἴδημα ἐς ὕδρωπα· ἐκ περιπλευμονίης καὶ πλευρίτιδος ἐς ἔμπυον.

4. Τάδε ἐπὶ κακοῖσιν ἀνάγκη κακὰ γίνεσθαι· ῥῖγος ἢν λάβῃ, πῦρ ἐπιλαβεῖν· καὶ νεῦρον ἢν διακοπῇ μὴ συμφῦναι ἐπιφλεγμῆναί τε ἰσχυρῶς· καὶ ἢν ὁ ἐγκέφαλος σεισθῇ τε καὶ πονήσῃ πληγέντος, ἄφωνον παραχρῆμα ἀνάγκη γενέσθαι, καὶ μήτε ὁρᾶν μήτε ἀκούειν· ἢν δὲ τρωθῇ, πυρετόν τ᾽ ἐπιγενέσθαι καὶ χολῆς ἔμετον, καὶ ἀπόπληκτόν τι τοῦ σώματος γενέσθαι, καὶ ἀπολέσθαι· ἐπίπλοον ἢν ἐκπέσῃ, ἀνάγκη τοῦτο ἀποσαπῆναι· καὶ ἢν αἷμα ἐκ τρώματος ἢ φλεβὸς ῥυῇ ἐς τὴν ἄνω κοιλίην, ἀνάγκη τοῦτο πύον γενέσθαι.

5. Καιροὶ δέ, τὸ μὲν καθάπαξ εἰπεῖν, πολλοί τ᾽ εἰσὶν ἐν τῇ τέχνῃ καὶ παντοῖοι, ὥσπερ καὶ τὰ νοσήματα καὶ τὰ παθήματα καὶ τούτων αἱ θεραπεῖαι.

Εἰσὶ δὲ ὀξύτατοι μέν, ὅσοισιν ἢ ἐκψύχουσι δεῖ τι ὠφελῆσαι ἢ οὐρῆσαι ἢ ἀποπατῆσαι μὴ δυναμένοισιν ἢ πνιγομένοισιν ἢ γυναῖκα τίκτουσαν ἢ τρωσκομένην ἀπαλλάξαι ἢ ὅσα τοιαῦτά ἐστιν· καὶ οὗτοι μὲν οἱ καιροὶ ὀξεῖς, καὶ οὐκ ἀρκεῖ ὀλίγῳ ὕστερον· ἀπόλλυνται γὰρ οἱ πολλοὶ ὀλίγῳ ὕστερον. Ὁ μέντοι καιρός ἐστιν, ἐπὴν πάθῃ τι τούτων ἄνθρωπος· ὅ τι ἄν τις πρὸ τοῦ τὴν ψυχὴν μεθεῖναι ὠφελήσῃ, τοῦθ᾽ ἅπαν ἐν καιρῷ ὠφέλησεν. Ἔστι μὲν οὖν σχεδόν τι οὗτος ὁ καιρὸς καὶ ἐν τοῖσιν ἄλλοισι νοσήμασιν· αἰεὶ γάρ, ὅταν τις ὠφελήσῃ, ἐν καιρῷ ὠφέλησεν.

genruhr (Lienterie), Magenruhr (Lienterie) in Wassersucht; auch die weiße Schleimkrankheit schlägt in Wassersucht um, und auch aus der Milzschwellung entsteht Wassersucht, aus der Lungenentzündung (Peripleumonie) und Rippenfellentzündung (Pleuritis) ein Empyem.

4. Folgende Übel entstehen zwangsläufig bei anderen Übeln: Wenn man von Schüttelfrost gepackt worden ist, packt einen obendrein noch Fieber. Wenn ein Nerv durchschnitten ist, so wächst er nicht wieder zusammen, und eine heftige Entzündung tritt auf. Wenn das Gehirn erschüttert wird und aufgrund eines Schlages Schaden erleidet, wird man zwangsläufig sofort die Sprache verlieren und weder sehen noch hören; wenn es aber verletzt ist, folgen Fieber und das Erbrechen von Galle, irgendein Teil des Körpers wird gelähmt, und man stirbt. Wenn ein Bauchfellappen heraustritt, wird er notwendigerweise verfaulen. Wenn Blut aus einer Wunde oder Ader in die Brusthöhle fließt, wird es zwangsläufig zu Eiter.

5. Günstige Augenblicke gibt es, um es grundsätzlich zu sagen, in der Heilkunst viele und verschiedenartige, ebenso wie auch Krankheiten, Leiden und deren Behandlungsarten.

Die flüchtigsten sind die, bei denen man Bewußtlosen irgendwie helfen muß, die weder Urin noch Stuhl lassen können, oder Patienten, die am Ersticken sind, oder einer Frau, die gebiert oder eine Fehlgeburt erleidet, zu entbinden, oder was es sonst noch dergleichen gibt. Und diese günstigen Augenblicke sind flüchtig, und schon wenig später nützt es nichts mehr. Denn die meisten Patienten sterben schon wenig später. Dennoch gibt es den günstigen Augenblick immer, wenn ein Mensch an etwas Derartigem leidet. Welche Hilfe auch immer man brachte, bevor jemand seine Seele ausgehaucht hat, sie wurde im günstigen Augenblick gebracht. Dieser günstige Augenblick kommt freilich auch weitgehend bei den anderen Krankheiten vor; denn immer, wenn man Hilfe gebracht hat, half man im günstigen Augenblick.

Ὅσα δὲ τῶν νοσημάτων ἢ τρωμάτων μὴ ἐς θάνα-
τον φέρει, ἀλλὰ καίριά ἐστιν, ὀδύναι δ᾽ ἐγγίνονται ἐν
αὐτοῖσι, καὶ οἷά τέ ἐστιν, ἤν τις ὀρθῶς θεραπεύῃ,
παύεσθαι, τούτοισι δὲ οὐκ ἀρκέουσι γινόμεναι αἱ
ὠφέλειαι ἀπὸ τοῦ ἰητροῦ, ὅταν γένωνται· καὶ γὰρ καὶ
μὴ παρεόντος τοῦ ἰητροῦ ἐπαύσαντο ἄν.

Ἕτερα δ᾽ ἔστι νοσήματα, οἷσι καιρός ἐστι θερα-
πεύεσθαι τὸ πρωὶ τῆς ἡμέρης, διαφέρει δ᾽ οὐδὲν ἢ
πάνυ πρωὶ ἢ ὀλίγῳ ὕστερον· ἕτερα δὲ νοσήματά
ἐστιν, οἷσι καιρὸς θεραπευθῆναι ἅπαξ τῆς ἡμέρης,
καὶ ὁπηνίκα γε οὐδὲν διαφέρει· ἕτερα δὲ διὰ τρίτης
ἡμέρης ἢ τετάρτης· καὶ ἕτερά γε ἅπαξ τοῦ μηνός· καὶ
ἕτερα διὰ τριῶν μηνῶν, καὶ τοῦ τρίτου ἢ ἱσταμένου
ἢ φθίνοντος, οὐδὲν διαφέρει. Τοιοῦτοι οἱ καιροί
εἰσιν ἐνίοισι, καὶ ἀκριβείην οὐκ ἔχουσιν ἄλλην ἢ
ταύτην.

Ἀκαιρίη δ᾽ ἐστὶ τὰ τοιάδε· ὅσα μὲν πρωὶ δεῖ θερα-
πεύεσθαι, ἢν μεσαμβρίῃ θεραπεύηται, ἀκαίρως θε-
ραπεύεται· ἀκαίρως δὲ ταύτῃ, ἐπεὶ ῥώμην ἴσχει ἐς τὸ
κάκιον διὰ τὴν οὐκ ἐν καιρῷ θεραπείην· ὅσα δὲ τάχα,
ἤν τε μεσαμβρίης ἤν τ᾽ ὀψὲ ἤν τε τῆς νυκτὸς | θερα-   150
πεύηται, ἀκαίρως θεραπεύεται· καὶ ἢν τοῦ ἦρος
δέῃ θεραπεύεσθαι, θεραπεύηται δὲ χειμῶνος, ἢ τοῦ
μὲν χειμῶνος δέῃ, τοῦ δὲ θέρεος θεραπεύηται· ἢ ὅ
τι ἤδη δεῖ θεραπεύεσθαι, τοῦτο ἀναβάλληται, ἢ ὅ
τι ἀναβάλλεσθαι δεῖ, τοῦτ᾽ ἤδη θεραπεύηται, τὰ
τοιαῦτα ἀκαίρως θεραπεύεται.

6. Ὀρθῶς δ᾽ ἐν αὐτῇ καὶ οὐκ ὀρθῶς τὰ τοιάδε· οὐκ
ὀρθῶς μέν, τήν τε νοῦσον ἑτέρην ἐοῦσαν ἑτέρην
φάναι εἶναι, καὶ μεγάλην ἐοῦσαν σμικρὴν φάναι εἶ-

Diejenigen Krankheiten oder Verletzungen, die nicht zum Tode führen, sondern günstige Augenblicke zur Behandlung bieten, in denen aber Schmerzen auftreten, und die dergestalt sind, daß sie aufhören, wenn man sie richtig behandelt, bei denen vermögen die Hilfen von seiten des Arztes, wenn sie gegeben werden, sowieso nichts; denn sie hätten auch ohne seine Anwesenheit aufgehört.

Es gibt andere Krankheiten, bei denen ist der günstige Augenblick zur Behandlung am frühen Morgen eines Tages gegeben – es macht keinerlei Unterschied, ob ganz früh oder ein wenig später. Bei weiteren Krankheiten ist der günstige Augenblick zur Behandlung einmal am Tag gegeben, wann genau, darauf kommt es nicht an; bei anderen während des dritten oder vierten Tages, bei wieder anderen einmal im Monat und bei noch einmal anderen im Verlauf von drei Monaten, ob am Anfang oder am Ende des dritten, das ist gleichgültig. So sind die günstigen Augenblicke bei einigen Krankheiten, und es gibt keine andere genaue Bestimmung als diese.

Folgendes sind ungünstige Augenblicke: Wenn man am frühen Morgen behandeln soll, aber erst am Mittag behandelt, so behandelt man zur Unzeit; zur Unzeit deswegen, weil es Kraft zum Schlimmeren hat, wenn nicht im günstigen Augenblick behandelt wird. Was aber sogleich behandelt werden muß, ob die Behandlung nun am Mittag, am Abend oder in der Nacht erfolgt, es wird zur Unzeit behandelt; und was im Frühjahr behandelt werden muß, aber im Winter behandelt wird, oder was im Winter behandelt werden muß, aber im Sommer behandelt wird. Oder wenn etwas sogleich behandelt werden muß, dies aber aufgeschoben wird, oder wenn etwas aufgeschoben werden muß, dies aber sogleich behandelt wird. Derartiges wird zur Unzeit behandelt.

6. Richtig in der Heilkunst und nicht richtig ist folgendes: Nicht richtig ist, zu behaupten, daß eine Krankheit eine andere sei, als sie wirklich ist; daß eine schwere Krankheit eine leichte sei

ναι, καὶ σμικρὴν ἐοῦσαν μεγάλην, καὶ περιεσόμενον
μὴ φάναι περιέσεσθαι, καὶ μέλλοντα ἀπολεῖσθαι μὴ
φάναι ἀπολεῖσθαι, καὶ ἔμπυον ἐόντα μὴ γινώσκειν,
μηδὲ νούσου μεγάλης τρεφομένης ἐν τῷ σώματι γι-
νώσκειν, καὶ φαρμάκου δεόμενον, ὁποίου του δεῖ, μὴ
γινώσκειν, καὶ τὰ δυνατὰ μὴ ἐξιᾶσθαι, καὶ τὰ
ἀδύνατα φάναι ἐξιήσεσθαι.

Ταῦτα μὲν οὖν ἐστι κατὰ γνώμην οὐκ ὀρθῶς, κατὰ
δὲ χειρουργίην τάδε· πύον ἐν ἕλκει ἐνεὸν ἢ ἐν φύματι
μὴ γινώσκειν, καὶ τὰ κατήγματα καὶ τὰ ἐκπεπτωκότα
μὴ γινώσκειν, καὶ μηλῶντα κατὰ κεφαλὴν μὴ γινώ-
σκειν, εἰ τὸ ὀστέον κατέηγε, μηδ' ἐς κύστιν αὐλίσκον
καθιέντα δύνασθαι καθιέναι, μηδὲ λίθου ἐνεόντος ἐν
κύστει γινώσκειν, μηδὲ πύον διασείοντα γινώσκειν,
καὶ τάμνοντα ἢ καίοντα ἐλλείπειν ἢ τοῦ βάθεος ἢ τοῦ
μήκεος, ἢ καίειν τε καὶ τάμνειν ἃ οὐ χρή.

Καὶ ταῦτα μὲν οὐκ ὀρθῶς· ὀρθῶς δέ, τά τε
νοσήματα γινώσκειν ἅ τέ ἐστι καὶ ἀφ' ὧν ἐστιν, καὶ τὰ
μακρὰ αὐτῶν καὶ τὰ βραχέα, καὶ τὰ θανάσιμα καὶ τὰ
μὴ θανάσιμα, καὶ τὰ μεταπίπτοντα καὶ τὰ αὐξανό-
μενα καὶ τὰ μαραινόμενα, καὶ τὰ μεγάλα καὶ τὰ
σμικρά, καὶ θεραπεύοντα τὰ μὲν ἀνυστὰ ἐκθε-
ρα|πεύειν, τὰ δὲ μὴ ἀνυστὰ εἰδέναι, διότι οὐκ 152
ἀνυστά, καὶ θεραπεύοντα τοὺς τὰ τοιαῦτα ἔχοντας
ὠφελεῖν ἀπὸ τῆς θεραπείης ἐς τὸ ἀνυστόν.

Τὰ δὲ προσφερόμενα τοῖσι νοσέουσιν ὧδε χρὴ
φυλάσσειν τά τε ὀρθῶς καὶ τὰ μὴ ὀρθῶς· ἤν τις ἃ δεῖ
ξηραίνειν ὑγραίνῃ, ἢ ἃ δεῖ ὑγραίνειν ξηραίνῃ, ἢ ἃ πα-
χῦναι δέῃ μη προσφέρῃ ἀφ' ὧν δεῖ παχύνειν, ἢ ἃ δεῖ

und eine leichte eine schwere; wenn jemand durchkommen wird, zu behaupten, daß er nicht durchkommen wird, wenn jemand sterben muß, zu behaupten, daß er nicht stirbt; wenn jemand ein Empyem hat, es nicht zu erkennen; nicht zu erkennen, wenn sich im Körper eine schwere Erkrankung heranbildet; wenn ein Medikament benötigt wird, nicht zu erkennen, was für eines; nicht zu heilen, was möglich ist, und bei dem, was unmöglich zu heilen ist, zu behaupten, man werde es heilen.

Dies also ist vom Erkennen her nicht richtig, von der praktischen Handlungsweise her ist aber folgendes unrichtig: nicht zu erkennen, daß in einem Geschwür oder einem Abszeß (Phyma) Eiter ist; die Brüche und die Verrenkungen nicht zu erkennen; beim Sondieren am Kopf nicht zu erkennen, ob der Knochen gebrochen ist; beim Einführen eines Katheters in die Blase nicht dazu imstande zu sein; nicht zu erkennen, daß ein Stein in der Blase ist; durch Schütteln Eiter nicht zu erkennen; beim Schneiden oder Brennen es an Tiefe oder Breite fehlen zu lassen oder zu brennen und zu schneiden, wenn es nicht notwendig ist.

Dies also ist unrichtig. Richtig dagegen ist, die Krankheiten zu erkennen, was es für welche sind und woher sie kommen, die langwierigen unter ihnen und die kurzfristigen, die tödlichen und die nicht tödlichen, diejenigen, die in andere umschlagen, die zunehmenden und die abklingenden, die schweren und die leichten, bei der Behandlung diejenigen Krankheiten, die heilbar sind, bis zum guten Ende zu behandeln, die unheilbaren aber zu erkennen und zu wissen, weshalb sie nicht heilbar sind, und bei der Behandlung der Patienten, die an derartigen Krankheiten leiden, Hilfe zu leisten, indem man von einer Behandlung, soweit sie praktikabel ist, ausgeht.

Bezüglich der Mittel, die man den Kranken zuführt, muß man folgendermaßen darauf achten, was richtig und was nicht richtig ist: Wenn man feucht macht, was trocken gemacht werden muß, oder wenn man trocken macht, was feucht gemacht werden muß; wenn man etwas dick machen muß und nicht das

λεπτύνειν μὴ λεπτύνῃ, ἢ ψύχειν μὴ ψύχῃ, ἢ θερμαίνειν μὴ θερμαίνῃ, ἢ σήπειν μὴ σήπῃ, καὶ τὰ λοιπὰ κατὰ τὸν αὐτὸν λόγον τούτοισιν.

7. Τὰ δὲ τοιάδε ἀνθρώποισιν ἀπὸ τοῦ αὐτομάτου· ἐν τῇσι νούσοισι γίνεται καὶ ἀγαθὰ καὶ κακά· πυρέσσοντι μὲν καὶ χολῶντι σκεδασθεῖσα ἔξω ἡ χολή, ἀγαθόν, ὑπὸ τὸ δέρμα κεχυμένη καὶ ἐσκεδασμένη καὶ εὐπετεστέρη ἔχειν τε τῷ ἔχοντι καὶ τῷ ἰωμένῳ ἰᾶσθαι· κεχυμένη δὲ καὶ ἐσκεδασμένη πρὸς ἕν τι τοῦ σώματος προσπεσοῦσα, κακόν.

Κοιλίη ταραχθεῖσα ὑπὸ πλευρίτιδος ἐχομένῳ ἢ περιπλευμονίης ἢ ἐμπύῳ ἐόντι, κακόν· πυρέσσοντι δὲ ἢ τρῶμα τετρωμένῳ ἀποξηρανθεῖσα, κακόν· ὑφύδρῳ καὶ σπληνώδει καὶ ὑπὸ λευκοῦ φλέγματος ἐχομένῳ ταραχθεῖσα ἡ κοιλίη ἰσχυρῶς, ἀγαθόν.

Ἐρυσίπελας ἢν ἔξω κατακεχυμένον ἔσω τράπηται, κακόν· ἔσω δὲ κατακεχυμένον ἔξω τραπῆναι ἀγαθόν.

Διαρροίῃ δ' ἐχομένῳ ἰσχυρῇ ἄνω ἔμετος γενόμενος, ἀγαθόν.

Γυναικὶ αἷμα ἐμεούσῃ τὰ καταμήνια ῥαγῆναι, ἀγαθόν· ὑπὸ ῥόου δὲ πιεζομένῃ ἐς τὰς ῥῖνας ἢ ἐς τὸ στόμα μεταπεσεῖν τὸν ῥόον, ἀγαθόν· γυναικὶ ὑπὸ σπασμοῦ ἐχομένῃ ἐκ τόκου πυρετὸν ἐπιγενέσθαι, ἀγαθόν· καὶ τετάνου | ἔχοντος καὶ σπασμοῦ πῦρ ἐπιγενέσθαι, ἀγαθόν. 154

zuführt, was zwangsläufig dick macht; oder wenn man etwas
mager machen muß und es nicht mager macht; oder wenn man
kühlen muß und nicht kühlt; oder wenn man wärmen muß
und nicht wärmt; oder wenn man etwas zum Faulen bringen
muß und es nicht faulen läßt, und das Übrige in entsprechender
Weise.

7. Das Folgende, Gutes wie Schlimmes, geschieht den Men-
schen bei ihren Krankheiten von selbst: Für den an Fieber und an
der Galle Leidenden ist es gut, wenn sich die Galle nach außen
verteilt, weil sie, wenn sie sich unter die Haut ergossen und zer-
streut hat, vom Patienten besser zu ertragen und vom Arzt leich-
ter zu heilen ist. Wenn sie sich aber, nachdem sie sich ergos-
sen und verteilt hat, auf einen einzigen Körperteil stürzt, ist es
schlimm.

Wenn jemand, der an Rippenfellentzündung (Pleuritis) oder
Lungenentzündung (Peripleumonie) oder an einem Empyem
leidet, von einer Verdauungsstörung befallen wird, so ist es
schlimm. Wenn bei einem Patienten, der an Fieber leidet oder
eine Verletzung hat, eine Verstopfung auftritt, ist es schlimm.
Wenn bei einem Wassersüchtigen, einem an einer Milzerkran-
kung und einem an der weißen Schleimkrankheit Leidenden eine
starke Verdauungsstörung auftritt, so ist es gut.

Wenn sich ein Erysipel, das sich äußerlich ausgebreitet hat,
nach innen wendet, dann ist es schlimm; wenn es sich innerlich
verbreitet hat und dann nach außen wendet, so ist es gut.

Wenn bei einem an heftigem Durchfall Erkrankten Erbrechen
eintritt, so ist es gut.

Wenn bei einer Blut erbrechenden Frau die Monatsblutung
auftritt, so ist es gut. Wenn sich bei einer vom Blutfluß heimge-
suchten Frau der Fluß zur Nase oder zum Mund wendet, so ist
es gut. Wenn bei einer Frau, die aufgrund einer Geburt von
Krämpfen (Spasmos) befallen ist, Fieber auftritt, so ist es gut; und
wenn auf einen Starrkrampf (Tetanus) oder Krampf (Spasmos)
Fieber folgt, ist es gut.

Τὰ τοιαῦτα δι' οὐδεμίαν οὔτε ἀμαθίην οὔτε σοφίην ἰητρῶν γίνεταί τε καὶ οὐ γίνεται, ἀλλ' ἀπὸ τοῦ αὐτομάτου καὶ ἀπὸ ἐπιτυχίης, καὶ γενόμενά τε ὠφελεῖ ἢ βλάπτει καὶ οὐ γενόμενα ὠφελεῖ ἢ βλάπτει κατὰ τὸν αὐτὸν λόγον.

8. Ἐπιτυχίῃ δὲ τὰ τοιάδε οἱ ἰητροὶ ποιέουσιν ἐν τῇ θεραπείῃ ἀγαθά· ἄνω φάρμακον δόντες καθαίρουσι καὶ ἄνω καὶ κάτω καλῶς· καὶ γυναικὶ φάρμακον δόντες κάτω χολῆς ἢ φλέγματος, ἐπιμήνια οὐ γινόμενα κατέρρηξαν· καὶ σπλῆνα ἔμπυον ἔχοντι κάτω φάρμακον δόντες ὥστε χολὴν καὶ φλέγμα καθῆραι, πύον κάτω ἐκάθηραν ἐκ τοῦ σπληνὸς καὶ ἀπήλλαξαν τῆς νούσου· καὶ λιθιῶντι φάρμακον δόντες, τὸν λίθον ἐς τὸν οὐρητῆρα προέωσαν ὑπὸ βίης τοῦ φαρμάκου, ὥστε ἐξουρηθῆναι· καὶ πύον ἔχοντι ἐν τῇ ἄνω κοιλίῃ ἐν φύματι, οὐκ εἰδότες ὅτι ἔχει, δόντες ἄνω φάρμακον ὅ τι φλέγμα καθαίρει, ἐξ οὖν ἤμεσε τὸ πύον καὶ ἐγένετο ὑγιής· καὶ ἐκ φαρμάκου ὑπερκαθαιρόμενον ἄνω θεραπεύοντες, καταρραγείσης τῆς κοιλίης ἀπὸ τοῦ αὐτομάτου, ὑγιᾶ ἐποίησαν τοῦ ἐμέτου.

Κακὰ δὲ τάδε ἀπεργάζονται ἀπὸ ἀτυχίης· φάρμακον δόντες ἄνω χολῆς ἢ φλέγματος, φλέβα ἐν τοῖσι στήθεσιν ἔρρηξαν ὑπὸ τοῦ ἐμέτου, οὐδὲν ἔχοντος πρόσθεν ἄλγημα ἐν τῷ στήθει φανερόν, καὶ ἐγένετο νοῦσος· καὶ γυναικὶ ἐν γαστρὶ ἐχούσῃ ἄνω φάρμακον δόντες, κάτω ῥαγεῖσα ἡ κοιλίη ἐξέτρωσε τὸ ἔμβρυον· καὶ ἔμπυον θεραπεύοντι κοιλίη ῥυεῖσα διαφθείρει·

Solches tritt ein oder tritt nicht ein, nicht durch die Unkenntnis oder die Weisheit der Ärzte, sondern von selbst und zufällig; und wenn es eintritt, hilft es oder schadet; und wenn es nicht eintritt, hilft es ebenso, oder es schadet.

8. Durch Zufall erreichen die Ärzte durch ihre Behandlung folgendes Gute: Wenn sie ein nach oben wirkendes Brechmittel verabreichen, so reinigen sie erfolgreich sowohl nach oben als auch nach unten. Wenn sie einer Frau ein Galle und Schleim nach unten abführendes Mittel verordnen, verhelfen sie der Monatsblutung, wenn sie nicht eintritt, zum Ausbruch. Wenn sie einem Patienten, der an einer vereiterten Milz (einem Empyem an der Milz) leidet, ein Galle und Schleim nach unten abführendes Mittel verabreichen, so führen sie auch den Eiter aus der Milz nach unten ab und befreien so den Patienten von der Krankheit. Wenn sie einem Steinleidenden ein Mittel verabreichen, so treiben sie durch die Kraft des Mittels den Stein in die Harnröhre, so daß er mit dem Urin ausgeschieden wird. Wenn sie einem Patienten, der in einem Geschwür (Phyma) im Bereich der oberen Leibeshöhle Eiter hat, wobei sie nicht wissen, daß es sich so verhält, ein Schleim nach oben abführendes Mittel verabreichen, so bricht er infolgedessen den Eiter aus und wird gesund. Wenn sie einen Patienten behandeln, der aufgrund eines Mittels übermäßig erbricht, so heilen sie ihn von dem Erbrechen, nachdem spontane Entleerungen nach unten eingetreten sind.

Folgendes Schlimme bewirken die Ärzte aufgrund eines unglücklichen Zufalls: Wenn sie ein Galle und Schleim nach oben abführendes Mittel verabreichen, bringen sie durch das Erbrechen eine Ader in der Brust zum Platzen, ohne daß der Patient vorher einen spürbaren Schmerz in der Brust hatte, und so entsteht eine Krankheit. Wenn sie einer schwangeren Frau ein nach oben wirkendes Brechmittel verabreichen, wird sie nach unten entleeren, und es erfolgt eine Fehlgeburt. Wenn bei der Behandlung eines Empyems Durchfall auftritt, stirbt einem der Patient.

καὶ ὀφθαλμοὺς θεραπεύοντι καὶ ὑπαλείψαντι ὀδύναι
ἐνέπεσον ὀξύτεραι, καὶ ἢν οὕτω τύχῃ, ῥήγνυταί τε
ὁ ὀφθαλμὸς καὶ ἀμαυροῦται, καὶ αἰτιῶνται τὸν
ἰητρόν, ὅτι ὑπήλειψεν· καὶ λεχοῖ γαστρὸς ὀδύνης ἢν |
δῷ τι ὁ ἰητρὸς καὶ κακῶς ἔχῃ ἢ καὶ ἀπόληται, ὁ ἰητρὸς 156
αἴτιος.

Σχεδὸν δέ, ὅσα ἀνάγκας ἔχει ὥστε γίνεσθαι ἐν τοῖσι
νοσήμασι καὶ τρώμασι κακὰ ἐπὶ κακοῖσι, τὸν ἰητρὸν
αἰτιῶνται τούτων γινομένων, καὶ τὴν ἀνάγκην τὴν τὰ
τοιαῦτα ἀναγκάζουσαν γίνεσθαι οὐ γινώσκουσιν.
Καὶ ἢν ἐπὶ πυρέσσοντα ἢ τρῶμα ἔχοντα ἐσελθὼν
καὶ προσενέγκας τὸ πρῶτον μὴ ὠφελήσῃ, ἀλλὰ τῇ
ὑστεραίῃ κάκιον ἔχῃ, τὸν ἰητρὸν αἰτιῶνται· ἢν δ᾽
ὠφελήσῃ, τοῦτο δὲ οὐχ ὁμαλῶς ἐπαινέουσιν· χρεὼν
γὰρ πεπονθέναι αὐτὸν δοκέουσιν· τὰ δ᾽ ἕλκεα φλεγ-
μαίνειν καὶ ἐν τῇσι νούσοισιν ἔστιν ᾗσιν ὀδύνας γίνε-
σθαι, ταῦτα δὲ οὐ δοκέουσι χρεὼν εἶναι γίνεσθαι
αὐτοῖσιν, οὐδὲ τὰ τοιάδε ὥστε γίνεσθαι· νεῦρον ἢν
διακοπῇ μὴ συμφῦναι μηδὲ κύστιν μηδ᾽ ἔντερον, ἢν ᾖ
τῶν λεπτῶν, μηδὲ φλέβα αἱμόρροον μηδὲ γνάθου τὸ
λεπτὸν μηδὲ τὸ ἐπὶ τοῦ αἰδοίου δέρμα.

9. Ἀρχὴ δὲ ἰήσιος ἀποδεδειγμένη μὲν οὐκ ἔστιν,
ἥτις ὀρθῶς ἀρχή ἐστι πάσης τῆς τέχνης, οὐδὲ δεύτε-
ρον οὐδὲν οὐδὲ μέσον οὐδὲ τελευτή· ἀλλὰ ἀρχόμεθά
τε αὐτῆς ἄλλοτε λέγοντες ἄλλοτε ἐργαζόμενοι, καὶ
τελευτῶμεν ὡσαύτως· καὶ οὔτε λέγοντες ἀρχόμεθα
ἐκ τῶν αὐτῶν λόγων, οὐδ᾽ ἢν περὶ τῶν αὐτῶν
λέγωμεν, οὐδ᾽ ἐς τοὺς αὐτοὺς τελευτῶμεν· καὶ ἐρ-
γαζόμενοι κατὰ τὸν αὐτὸν λόγον οὔτε ἀρχόμεθα ἐκ
τῶν αὐτῶν ἔργων οὔτε τελευτῶμεν ἐς ταὐτά.

Wenn ein Arzt die Augen behandelt und sie einreibt, so stellen sich die Schmerzen heftiger ein, und wenn das Schicksal es fügt, bricht das Auge auf und erblindet; und man beschuldigt den Arzt, weil er sie eingerieben hat. Wenn der Arzt einer Wöchnerin etwas gegen Magenschmerzen verabreicht und es geht ihr schlecht oder sie stirbt sogar, so ist der Arzt schuld.

Man wird fast immer in den Fällen, in denen bei Krankheiten und Verletzungen zwangsläufig Schlimmes aus Schlimmem entsteht, den Arzt beschuldigen, wenn dies eintritt, und man erkennt nicht, daß die Notwendigkeit dies herbeiführt. Wenn er einen Fieberkranken oder einen Verletzten aufsucht und durch seine Verordnungen zunächst nicht hilft, sondern der Patient sich am nächsten Tag schlechter fühlt, gibt man dem Arzt die Schuld. Wenn er aber hilft, so lobt man dies nicht in gleicher Weise; denn man glaubt, daß es dem Patienten zwangsläufig so habe ergehen müssen. Daß sich hingegen Wunden entzünden und daß bei gewissen Krankheiten Schmerzen auftreten, dies, glaubt man, geschehe ihnen nicht zwangsläufig. Und auch folgendes geschehe nicht zwangsläufig, daß nämlich ein Nerv, wenn er durchtrennt ist, nicht wieder zusammenwächst, und ebenso die Blase, die Eingeweide, wenn es sich um den Dünndarm handelt, eine blutführende Ader, die dünne Stelle der Wange oder die Haut in der Schamgegend.

9. Es gibt keinen nachgewiesenen Anfangspunkt des ärztlichen Heilens, der berechtigtermaßen als Ausgangspunkt für die ganze Heilkunst gelten könnte, und auch nicht einen zweiten Punkt oder eine Mitte oder einen Endpunkt. Vielmehr beginnen wir mit ihr bald durch Reden, bald durch Handeln und beenden sie in gleicher Weise. Und wenn wir durch Reden beginnen, tun wir dies nicht mit denselben Worten, auch wenn wir über dasselbe reden, und wir enden auch nicht mit denselben Worten. Und gleichermaßen beginnen wir beim Handeln nicht mit denselben Handlungen, und enden auch nicht mit denselben. [...]

II

NATURPHILOSOPHISCHE MEDIZIN:

Regeln und Therapien für die Lebensweise

ΠΕΡΙ ΦΥΣΙΟΣ ΑΝΘΡΩΠΟΥ

1. (1) Ὅστις μὲν οὖν εἴωθεν ἀκούειν λεγόντων ἀμφὶ τῆς φύσιος τῆς ἀνθρωπίνης προσωτέρω ἢ ὅσον αὐτῆς ἐς ἰητρικὴν ἀφήκει, τούτῳ μὲν οὐκ ἐπιτήδειος ὅδε ὁ λόγος ἀκούειν· οὔτε γὰρ τὸ πάμπαν ἠέρα λέγω τὸν ἄνθρωπον εἶναι, οὔτε πῦρ, οὔτε ὕδωρ, οὔτε γῆν, οὔτε ἄλλο οὐδὲν ὅ τι μὴ φανερόν ἐστιν ἐνεὸν ἐν τῷ ἀνθρώπῳ· ἀλλὰ τοῖσι βουλομένοισι ταῦτα λέγειν παρίημι. (2) Δοκέουσι μέντοι μοι οὐκ ὀρθῶς γινώσκειν οἱ ταῦτα λέγοντες· γνώμῃ μὲν γὰρ τῇ αὐτῇ πάντες χρέωνται, λέγουσι δ᾽ οὐ ταὐτά· ἀλλὰ τῆς μὲν γνώμης τὸν ἐπίλογον τὸν αὐτὸν ποιέονται – φασὶ γὰρ ἕν τι εἶναι, ὅ τι ἐστί, καὶ τοῦτο εἶναι τὸ ἕν τε καὶ τὸ πᾶν –, κατὰ δὲ τὰ ὀνόματα οὐχ ὁμολογέουσιν· λέγει δ᾽ αὐτῶν ὁ μέν τις φάσκων ἠέρα τοῦτο εἶναι τὸ ἕν τε καὶ τὸ πᾶν, ὁ δὲ πῦρ, ὁ δὲ ὕδωρ, ὁ δὲ γῆν, καὶ ἐπιλέγει ἕκαστος τῷ ἑωυτοῦ λόγῳ μαρτύριά τε καὶ τεκμήρια ἅ ἐστιν οὐδέν. Ὁπότε δὲ γνώμῃ τῇ αὐτῇ πάντες προσχρέωνται, λέγουσι δὲ οὐ ταὐτά, δῆλον ὅτι οὐδὲ γινώσκουσιν αὐτά. (3) Γνοίη δ᾽ ἂν τόδε τις μάλιστα παραγενόμενος αὐτοῖσιν ἀντιλέγουσιν· πρὸς γὰρ ἀλλήλους ἀντιλέγοντες οἱ αὐτοὶ ἄνδρες τῶν αὐτῶν ἐναντίον ἀκροατέων οὐδέποτε τρὶς ἐφεξῆς ὁ αὐτὸς περιγίνεται ἐν τῷ λόγῳ, ἀλλὰ τοτὲ μὲν οὗτος ἐπικρατεῖ, | τοτὲ δὲ οὗτος, τοτὲ δὲ ᾧ ἂν τύχῃ μάλιστα ἡ γλῶσσα ἐπιρρυεῖσα πρὸς τὸν ὄχλον. Καίτοι δίκαιόν ἐστι τὸν φάντα ὀρθῶς γινώσκειν ἀμφὶ τῶν πρηγμάτων παρέχειν αἰεὶ ἐπικρατέοντα τὸν λόγον τὸν ἑωυτοῦ, εἴπερ ἐόντα γινώσκει καὶ ὀρθῶς ἀποφαίνεται. (4) Ἀλλ᾽ ἔμοιγε δοκέουσιν οἱ τοιοῦτοι ἄνθρωποι

ÜBER DIE NATUR DES MENSCHEN

1. (1) Wer Erörterungen über die menschliche Natur zu hören pflegt, die über die eigentliche Heilkunst hinausgehen, für den ist es uninteressant, die vorliegende Darlegung zu hören. Denn ich behaupte nicht, daß der Mensch vollständig aus Luft, Feuer, Wasser, Erde bestehe oder aus irgendeiner anderen Substanz, deren Existenz im Menschen nicht sichtbar ist. Dies zu erklären, überlasse ich vielmehr denjenigen, die dies auch wollen. (2) Doch habe ich den Eindruck, daß diejenigen, die dies erörtern, nicht genau Bescheid wissen. Denn alle vertreten zwar dieselbe grundsätzliche Auffassung, drücken dies aber nicht in der gleichen Weise aus. Sie erklären in der Grundfrage dasselbe – sie behaupten nämlich, daß das, was existiert, Eins sei und daß dies das Eine und auch das Ganze sei –, über die Begriffe aber stimmen sie nicht überein. Der eine behauptet, dies sei das Feuer, der zweite von ihnen bezeichnet als dieses Eine und Ganze die Luft, der dritte das Wasser, der vierte die Erde, und jeder führt zu seiner These Zeugnisse und Beweise an, die keinen Wert besitzen. Da sie nun einmal alle von derselben Überlegung ausgehen, aber nicht dasselbe sagen, ist es offensichtlich, daß sie es auch gar nicht wissen. (3) Man erkennt das am besten, wenn man ihren Wortgefechten beiwohnt. Denn wenn dieselben Männer im Angesicht derselben Zuhörer miteinander diskutieren, wird keineswegs derselbe dreimal nacheinander in der Diskussion den Sieg davontragen, sondern einmal wird dieser gewinnen, dann jener, dann schließlich derjenige, dessen Rede bei der Menge gerade am besten ankommt. Es ist berechtigt, daß derjenige, der behauptet, korrekt über die Dinge Bescheid zu wissen, seiner These immer zum Sieg verhilft, wenn er wirklich die Realität kennt und sie richtig darstellt. (4) Ich persönlich aber glaube, daß sich derartige

αὐτοὶ ἑωυτοὺς καταβάλλειν ἐν τοῖσιν ὀνόμασι τῶν
λόγων ⟨τῶν⟩ ἑωυτῶν ὑπὸ ἀσυνεσίης, τὸν δὲ
Μελίσσου λόγον ὀρθοῦν.

2. (1) Περὶ μὲν οὖν τούτων ἀρκεῖ μοι τὰ εἰρημένα·
τῶν δὲ ἰητρῶν οἱ μέν τινες λέγουσιν ὡς ὥνθρωπος
αἷμά ἐστιν, οἱ δὲ αὐτῶν χολήν φασιν εἶναι τὸν
ἄνθρωπον, ἔνιοι δέ τινες φλέγμα· (2) ἐπίλογον δὲ
ποιέονται καὶ οὗτοι πάντες τὸν αὐτόν· ἓν γὰρ εἶναί
φασιν, ὅ τι ἕκαστος αὐτῶν βούλεται ὀνομάσας,
καὶ τοῦτο μεταλλάσσειν τὴν ἰδέην καὶ τὴν δύναμιν,
ἀναγκαζόμενον ὑπό τε τοῦ θερμοῦ καὶ τοῦ ψυχροῦ,
καὶ γίνεσθαι γλυκὺ καὶ πικρὸν καὶ λευκὸν καὶ μέλαν
καὶ παντοῖον. (3) Ἐμοὶ δὲ οὐδέν τι δοκεῖ ταῦτα οὕτως
ἔχειν. Οἱ μὲν οὖν πλεῖστοι τοιαῦτά τινα ἢ ὅτι
ἐγγύτατα τούτων ἀποφαίνονται, ἐγὼ δέ φημι, εἰ ἓν ἦν
ὥνθρωπος, οὐδέποτ' ἂν ἤλγει· οὐδὲ γὰρ ἂν ἦν ὑφ'
ὅτου ἀλγήσειεν ἓν ἐόν· εἰ δ' οὖν καὶ | ἀλγήσειεν, 36
ἀνάγκη καὶ τὸ ἰώμενον ἓν εἶναι· νῦν δὲ πολλά· πολλὰ
γάρ ἐστιν ἐν τῷ σώματι ἐνεόντα, ἅ, ὅταν ὑπ' ἀλλήλων
παρὰ φύσιν θερμαίνηταί τε καὶ ψύχηται, καὶ
ξηραίνηται καὶ ὑγραίνηται, νούσους τίκτει· ὥστε
πολλαὶ μὲν ἰδέαι τῶν νοσημάτων, πολλὴ δὲ ἡ ἴησίς
ἐστιν. (4) Ἀξιῶ δ' ἔγωγε τὸν φάσκοντα αἷμα μοῦνον εἶ-
ναι τὸν ἄνθρωπον, καὶ ἄλλο μηδέν, δεικνύειν αὐτὸ[ν]
μήτε μεταλλάσσον[τα] τὴν ἰδέην μήτε γινόμενον παν-
τοῖον, ἀλλ' ἢ ὥρην τινὰ τοῦ ἐνιαυτοῦ ἢ τῆς ἡλικίης τῆς
τοῦ ἀνθρώπου, ἐν ᾗ αἷμα ἐνεὸν φαίνεται μοῦνον ἐν
τῷ ἀνθρώπῳ· εἰκὸς γάρ ἐστιν εἶναι μίαν γέ τινα ὥρην,
ἐν ᾗ φαίνεται αὐτὸ ἐφ' ἑωυτοῦ ἐόν, ὅ τι ἐστίν· ταὐτὰ
δὲ λέγω ταῦτα καὶ περὶ τοῦ φάσκοντος φλέγμα εἶναι
τὸν ἄνθρωπον, καὶ περὶ τοῦ χολὴν φάσκοντος εἶναι.
(5) Ἐγὼ μὲν γὰρ ἀποδείξω ἃ ἂν φήσω τὸν ἄνθρωπον
εἶναι, καὶ κατὰ τὸν νόμον καὶ κατὰ τὴν φύσιν, αἰεὶ

Menschen dadurch, daß sie ihren eigenen Thesen (verschiedene) Namen geben, aus Unverstand selbst zu Boden strecken und damit die These des Melissos wieder aufrichten.

2. (1) Was ich über diese Leute gesagt habe, genügt mir nun. Von den Ärzten sagen die einen, daß der Mensch Blut sei, andere von ihnen behaupten, der Mensch sei Galle, einige sagen, er sei Phlegma. (2) Auch diese gehen alle von derselben Überlegung aus: Sie behaupten nämlich, daß es nur eine Substanz gebe – wie auch immer jeder von ihnen sie bezeichnen will – und daß diese Substanz unter dem Zwang des Warmen und des Kalten das Aussehen und die Wirkung änderte und süß oder bitter, weiß oder schwarz oder manches andere werde. (3) Mir aber scheint dies keineswegs so zu sein. Die meisten freilich verkünden derartige oder sehr ähnliche Theorien; ich dagegen behaupte, wenn der Mensch Eins wäre, würde er niemals Schmerzen erleiden. Denn wenn er Eins wäre, gäbe es nichts, wodurch er Schmerzen erleiden könnte. Wenn er nun aber Schmerzen hätte, müßte das Heilmittel auch nur ein einziges sein. Nun gibt es aber tatsächlich viele Heilmittel. Das heißt, viele Elemente sind im Körper enthalten, die durch gegenseitige Einwirkung über das Normale hinaus sich erwärmen, sich abkühlen, austrocknen oder feucht werden können und so Krankheiten erzeugen. Daher gibt es viele Formen von Krankheiten, und auch die Heilung ist vielfältig. (4) Ich selbst fordere, daß derjenige, der behauptet, der Mensch bestehe allein aus Blut und nichts anderem, dieses zeigt (in einem Moment), da es sich weder im Aussehen verändert noch gleichzeitig in mehrerlei Gestalt auftritt, sondern einen Zeitpunkt im Jahr oder im Menschenleben, an dem offensichtlich einzig und allein Blut im Menschen ist. Denn es muß natürlich eine Zeit geben, in der sich alles, was tatsächlich existiert, an sich und für sich allein zeigt. Dasselbe sage ich auch über denjenigen, der behauptet, der Mensch sei nur Phlegma, und über denjenigen, der davon spricht, er sei nur Galle. (5) Denn ich will beweisen, daß die Bestandteile, von denen ich behaupte, daß sie den Menschen aus-

ταὐτὰ ἐόντα ὁμοίως, καὶ νέου ἐόντος καὶ γέροντος,
καὶ τῆς ὥρης ψυχρῆς ἐούσης καὶ θερμῆς, καὶ
τεκμήρια παρέξω, καὶ ἀνάγκας ἀποφανέω, δι᾽ ἃς
ἕκαστον αὔξεταί τε καὶ φθίνει ἐν τῷ σώματι.

3. (1) Πρῶτον μὲν οὖν ἀνάγκη τὴν γένεσιν γενέσθαι
μὴ ἀφ᾽ ἑνός· πῶς γὰρ ἂν ἕν γ᾽ ἐόν τι γεννήσειεν, εἰ
μή τινι μιχθείη; Εἶτ᾽ οὐδὲ | ἢν μὴ ὁμόφυλα ἐόντα   38
μίσγηται καὶ τὴν αὐτὴν ἔχοντα δύναμιν, γέννα οὐδ᾽
ἂν μία συντελέοιτο. Καὶ πάλιν, εἰ μὴ τὸ θερμὸν τῷ
ψυχρῷ καὶ τὸ ξηρὸν τῷ ὑγρῷ μετρίως πρὸς ἄλληλα
ἕξει καὶ ἴσως, ἀλλὰ τὸ ἕτερον τοῦ ἑτέρου πολλὸν προ-
έξει καὶ τὸ ἰσχυρότερον τοῦ ἀσθενεστέρου, ἡ γένεσις
οὐκ ἂν γένοιτο. Ὥστε πῶς εἰκὸς ἀπὸ ἑνός τι γεννηθῆ-
ναι, ὅτε γε οὐδ᾽ ἀπὸ τῶν πλειόνων γίνεται, ἢν μὴ τύχῃ
καλῶς ἔχοντα τῆς κρήσιος τῆς πρὸς ἄλληλα·
(2) Ἀνάγκη τοίνυν, τῆς φύσιος τοιαύτης ὑπαρχούσης
καὶ τῶν ἄλλων πάντων καὶ [τῆς] τοῦ ἀνθρώπου, μὴ
ἓν εἶναι τὸν ἄνθρωπον, ἀλλ᾽ ἕκαστον τῶν συμβαλ-
λομένων ἐς τὴν γένεσιν ἔχειν τὴν δύναμιν ἐν τῷ σώ-
ματι, οἵην περ συνεβάλετο. (3) Καὶ πάλιν γε ἀνάγκη
ἀναχωρεῖν ἐς τὴν ἑωυτοῦ φύσιν ἕκαστον, τελευ-
τῶντος τοῦ σώματος τοῦ ἀνθρώπου, τό τε ὑγρὸν
πρὸς τὸ ὑγρὸν καὶ τὸ ξηρὸν πρὸς τὸ ξηρὸν καὶ τὸ
θερμὸν πρὸς τὸ θερμὸν καὶ τὸ ψυχρὸν πρὸς τὸ
ψυχρόν. (4) Τοιαύτη δὲ καὶ τῶν ζῴων ἐστὶν ἡ φύσις,
καὶ τῶν ἄλλων πάντων· γίνεταί τε ὁμοίως πάντα καὶ
τελευτᾷ ὁμοίως πάντα· συνίσταταί τε γὰρ αὐτῶν ἡ
φύσις ἀπὸ τούτων τῶν εἰρημένων πάντων, καὶ τε-
λευτᾷ κατὰ τὰ εἰρημένα· ἐς τωὐτὸ ὅθεν περ συνέστη
ἕκαστον, ἐνταῦθα οὖν καὶ ἀπεχώρησε.
4. (1) Τὸ δὲ σῶμα τοῦ ἀνθρώπου ἔχει ἐν ἑωυτῷ αἷμα
καὶ φλέγμα | καὶ χολὴν ξανθὴν καὶ μέλαιναν, καὶ   40
ταῦτά ἐστιν αὐτῷ ἡ φύσις τοῦ σώματος, καὶ διὰ

machen, vom Sprachgebrauch und von ihrer Natur her immer und unveränderlich dieselben sind, in der Jugend und im Alter, in der kalten und in der warmen Jahreszeit; und ich werde die Beweise liefern und die zwingenden Regeln aufzeigen, nach denen jedes Element im Körper wächst und schwindet.

3. (1) Zuerst ist es zwingend notwendig, daß die Entstehung nicht von Einem ausgeht. Denn wie könnte ein einzelnes etwas erzeugen, wenn es sich nicht mit einem anderen mischte? Wenn ferner das, was sich mischt, nicht derselben Gattung angehört und nicht die gleiche Eigenschaft hat, könnte nicht einmal eine einzige Erzeugung erfolgen. Und weiter, wenn zwischen Warmem und Kaltem, zwischen Trockenem und Feuchtem kein passendes Verhältnis und Gleichgewicht besteht, sondern das eine über das andere deutlich die Oberhand gewonnen hat, nämlich das Stärkere über das Schwächere, dann kann die Erzeugung ebenfalls nicht stattfinden. Wie also könnte etwas aus Einem entstehen, da es nicht einmal aus Mehrerem entsteht, falls nicht zufällig ein gutes Mischungsverhältnis besteht. (2) Demnach kann, da die Natur aller anderen Dinge und auch des Menschen derartig beschaffen ist, der Mensch nicht Eins sein, sondern jedes der Elemente, die an seiner Erzeugung beteiligt waren, bewahrt im Körper diejenige Eigenschaft, die es beigetragen hat. (3) Ferner ist es notwendig, daß jedes Element, wenn der Körper des Menschen stirbt, zu der ihm eigenen Natur zurückkehrt, das Feuchte zum Feuchten, das Trockene zum Trockenen, das Warme zum Warmen, das Kalte zum Kalten. (4) Derart beschaffen ist auch die Natur der Tiere und aller anderen. Alles entsteht auf gleiche Weise, und alles stirbt auf gleiche Weise. Denn die Natur der Dinge setzt sich aus all den Elementen zusammen, von denen oben gesprochen wurde, und endet, wie es dargelegt worden ist. Dorthin, von wo aus jedes entstanden ist, kehrt auch jedes zurück.

4. (1) Der Körper des Menschen enthält Blut, Phlegma, gelbe und schwarze Galle, und dies macht bei ihm die Beschaffenheit des Körpers aus, und dadurch ist er krank und gesund.

ταῦτα ἀλγεῖ καὶ ὑγιαίνει. (2) Ὑγιαίνει μὲν οὖν μάλι-
στα, ὅταν μετρίως ἔχῃ ταῦτα τῆς πρὸς ἄλληλα δυ-
νάμιος καὶ τοῦ πλήθεος, καὶ μάλιστα μεμιγμένα ᾖ·
(3) ἀλγεῖ δ᾿ ὅταν τι τούτων ἔλασσον ἢ πλέον χωρισθῇ
ἐν τῷ σώματι καὶ μὴ κεκρημένον ἢ τοῖσι πᾶσιν.
Ἀνάγκη γάρ, ὅταν τι τούτων χωρισθῇ καὶ ἐφ᾿ ἑωυτοῦ
στῇ, οὐ μόνον τοῦτο τὸ χωρίον ἔνθεν ἐξέστη ἐπίνο-
σον γίνεσθαι, ἀλλὰ καὶ ἔνθα ἂν στῇ καὶ ἐπιχυθῇ,
ὑπερπιμπλάμενον ὀδύνην τε καὶ πόνον παρέχειν.
Καὶ γὰρ ὅταν τι τούτων ἔξω τοῦ σώματος ἐκρυῇ
πλέον τοῦ ἐπιπολάζοντος, ὀδύνην παρέχει ἡ
κένωσις. Ἣν τ᾿ αὖ πάλιν ἔσω ποιήσηται τὴν κένωσιν
καὶ τὴν μετάστασιν καὶ τὴν ἀπόκρισιν ἀπὸ τῶν
ἄλλων, πολλὴ αὐτῷ ἀνάγκη διπλῆν τὴν ὀδύνην
παρέχειν κατὰ τὰ εἰρημένα, ἔνθεν τε ἐξέστη καὶ ἔνθα
ὑπερέβαλεν.

5. (1) Εἶπον δή, ἃ ἂν φήσω τὸν ἄνθρωπον εἶναι,
ἀποφανεῖν αἰεὶ ταὐτὰ ἐόντα καὶ κατὰ νόμον καὶ
κατὰ φύσιν, φημὶ δὲ εἶναι αἷμα καὶ φλέγμα καὶ
χολὴν ξανθὴν καὶ μέλαιναν. (2) Καὶ τούτων πρῶ-
τον μὲν κατὰ νόμον τὰ ὀνόματα διωρίσθαι φημὶ
καὶ οὐδενὶ αὐτῶν | τωὐτὸ ὄνομα εἶναι, ἔπειτα 42
κατὰ φύσιν τὰς ἰδέας κεχωρίσθαι, καὶ οὔτε τὸ
φλέγμα οὐδὲν ἐοικέναι τῷ αἵματι, οὔτε τὸ αἷμα
τῇ χολῇ, οὔτε τὴν χολὴν τῷ φλέγματι. Πῶς γὰρ
ἂν ἐοικότα ταῦτα εἴη ἀλλήλοισιν, ὧν οὔτε τὰ
χρώματα ὅμοῖα φαίνεται προσορώμενα, οὔτε τῇ
χειρὶ ψαύοντι ὅμοῖα δοκεῖ εἶναι; Οὔτε γὰρ θερμὰ
ὁμοίως ἐστὶν οὔτε ψυχρὰ οὔτε ξηρὰ οὔτε ὑγρά.
Ἀνάγκη τοίνυν, ὅτε τοσοῦτον διήλλακται ἀλλή-
λων τὴν ἰδέην τε καὶ τὴν δύναμιν, μὴ ἓν αὐτὰ εἶναι,
εἴπερ μὴ πῦρ τε καὶ ὕδωρ ἕν ἐστι. (3) Γνοίης δ᾿ ἂν

(2) Am gesündesten ist er nämlich, wenn diese Säfte an Stärke und Menge in einem richtigen Verhältnis zueinander stehen und am besten gemischt sind. (3) Krank ist er dagegen, wenn sich einer dieser Säfte, entweder in zu geringer oder in zu großer Menge, im Körper absondert und nicht mit allen anderen vermischt bleibt. Wenn sich einer dieser Säfte absondert und für sich bleibt, muß notwendigerweise nicht nur die Stelle, aus der er entwichen ist, krank werden, sondern auch diejenige, wohin er sich begeben hat und wohin er geflossen ist, verursacht er aufgrund des Übermaßes Schmerzen und Beschwerden. Denn auch wenn irgendeiner dieser Säfte in größerer Menge, als es der Abbau des Übermaßes erforderlich macht, aus dem Körper entweicht, ruft die Entleerung Schmerzen hervor. Wenn andererseits die Entleerung, die Verlagerung und die Trennung von den anderen Säften im Inneren erfolgt, ist es meinen Ausführungen entsprechend völlig unvermeidlich, daß doppelte Schmerzen auftreten, nämlich dort, wo sich der Saft abgesondert hat, und dort, wo er sich im Übermaß angehäuft hat.

5. (1) Ich hatte es ja versprochen, zu zeigen, daß die Elemente, die den Menschen ausmachen, sowohl vom Sprachgebrauch her als auch von Natur her immer dieselben sind. Und ich erkläre, daß es sich um das Blut, das Phlegma, die gelbe und die schwarze Galle handelt. (2) Zuerst sage ich hinsichtlich des Sprachgebrauchs, daß die Namen unterschiedlich sind und keiner der Säfte denselben Namen hat; zweitens haben sie von Natur her ein unterschiedliches Aussehen; das Phlegma ist keineswegs dem Blut ähnlich, auch nicht das Blut der Galle oder die Galle dem Phlegma. Denn wie könnten Dinge einander gleich sein, wenn weder ihre Farben dem Blick noch ihre Berührung mit der Hand gleich erscheinen? Denn sie sind weder gleich warm noch gleich kalt, weder gleich trocken noch gleich feucht. Sie können also notwendigerweise, wenn sie sich untereinander hinsichtlich Aussehen und Wirkung so sehr unterscheiden, nicht Eins sein, es müßte denn sein, daß Feuer und Wasser Eins wären. (3) Man

τοῖσδε, ὅτι οὐχ ἓν ταῦτα πάντα ἐστίν, ἀλλ᾽ ἕκαστον
ἔχει δύναμίν τε καὶ φύσιν τὴν ἑωυτοῦ· εἰ γὰρ διδοίης
ἀνθρώπῳ φάρμακον ὅ τι φλέγμα ἄγει, ἐμεῖταί σοι
φλέγμα· καὶ ἢν διδοῖς φάρμακον ὅ τι χολὴν ἄγει,
ἐμεῖταί σοι χολή. Κατὰ ταὐτὰ δὲ καὶ χολὴ μέλαινα
καθαρεῖται, ἢν διδοῖς φάρμακον ὅ τι χολὴν μέλαιναν
ἄγει· καὶ ἢν τρώσῃς αὐτοῦ τοῦ σώματός τι ὥστε ἕλκος
γενέσθαι, ῥυήσεται αὐτῷ αἷμα· καὶ ταῦτα ποιήσει
σοι πάντα πᾶσαν ἡμέρην καὶ νύκτα καὶ χειμῶνος
καὶ θέρεος, μέχρι ἂν δυνατὸς ᾖ τὸ πνεῦμα ἕλκειν ἐς
ἑωυτὸν καὶ πάλιν μεθιέναι, ἢ ἔστ᾽ ἂν τινος τούτων
στερηθῇ τῶν συγγεγονότων. Συγγέγονε δὲ ταῦτα τὰ
εἰρημένα· (4) πῶς γὰρ οὐ συγγέγονε; Πρῶτον μὲν φα-
νερός ἐστιν ὤνθρωπος ἔχων ἐν ἑωυτῷ ταῦτα πάντα
ἀΐδια ἕως ἂν ζῇ, ἔπειτα δὲ γέγονεν ἐξ | ἀνθρώπου 44
ταῦτα πάντα ἔχοντος, τέθραπταί τε ἐν ἀνθρώπῳ
ταῦτα πάντα ἔχοντι, ὅσα ἐγώ φημί τε καὶ ἀπο-
δείκνυμι.

6. (1) Οἱ δὲ λέγοντες ὡς ἕν ἐστιν ὤνθρωπος, δο-
κέουσί μοι ταύτῃ τῇ γνώμῃ χρῆσθαι· ὁρῶντες πίνοντας
τοὺς ἀνθρώπους τὰ φάρμακα καὶ ἀπολλυμένους ἐν
τῇσιν ὑπερκαθάρσεσιν, τοὺς μὲν χολὴν ἐμέοντας,
τοὺς δέ τινας φλέγμα, τοῦτο δὲ ἕκαστον αὐτῶν ἐνό-
μισαν εἶναι τὸν ἄνθρωπον, ὅ τι καθαιρόμενον εἶδον
αὐτὸν ἀποθανόντα· καὶ οἱ τὸ αἷμα φάντες εἶναι τὸν
ἄνθρωπον τῇ αὐτῇ γνώμῃ χρέωνται· ὁρῶντες ἀπο-
σφαζομένους τοὺς ἀνθρώπους καὶ τὸ αἷμα ῥέον ἐκ
τοῦ σώματος, τοῦτο νομίζουσιν εἶναι τὴν ψυχὴν τῷ
ἀνθρώπῳ· καὶ μαρτυρίοισι τούτοισι χρέωνται ἐν
τοῖσι λόγοισι. (2) Καίτοι τὸ μὲν πρῶτον ἐν τῇσιν ὑπερ-
καθάρσεσιν οὐδείς πω ἀπέθανεν χολὴν μοῦνον
καθαρθείς· ἀλλ᾽ ὁπόταν πίῃ τις φάρμακον ὅ τι χολὴν
ἄγει, πρῶτον μὲν χολὴν ἐμεῖ, ἔπειτα δὲ καὶ φλέγμα·

kann daran erkennen, daß alle diese Säfte nicht Eins sind, sondern jeder seine eigene Wirkung und seine eigene Natur hat: Gibt man dem Menschen ein phlegmatreibendes Mittel, so wird er Phlegma erbrechen; gibt man ihm ein galletreibendes Mittel, so wird er Galle erbrechen; ebenso wird auch schwarze Galle ausgeschieden, wenn man ihm ein Mittel gibt, das schwarze Galle abführt; und wenn man ihn an irgendeiner Stelle des Körpers verletzt, so daß eine Wunde entsteht, so wird bei ihm Blut fließen. Und dies alles geschieht beim Menschen Tag und Nacht, im Winter wie im Sommer, solange er imstande ist, Luft einzuatmen und sie wieder auszuatmen, und solange er nicht eines dieser Elemente, die mit ihm entstanden sind, beraubt sein wird. Mit ihm entstanden sind die oben genannten Elemente. (4) Wie könnten sie denn nicht mit ihm entstanden sein? Erstens nämlich hat der Mensch offensichtlich all diese Elemente ständig in sich, solange er lebt; des weiteren ist er aus einem Menschen entstanden, der diese alle in sich trägt, und wuchs in einem Menschen heran, der all diese Elemente in sich hat, von denen ich spreche und die ich behandele.

6. (1) Diejenigen, die behaupten, daß der Mensch Eins sei, scheinen mir folgender Überlegung zu folgen: Sie beobachteten, wie Menschen, die abführende Mittel zu sich genommen hatten und aufgrund übermäßiger Reinigung starben, teilweise Galle, teilweise Phlegma erbrachen, und schlossen daraus, daß der Mensch aus dem einen oder dem anderen dieser beiden Säfte bestehe, je nachdem bei welcher Absonderung sie ihn sterben sahen. Und diejenigen, die behaupten, der Mensch sei Blut, folgen der gleichen Überlegung: Sie sahen bei der Tötung von Menschen das Blut aus dem Körper fließen und schlossen daraus, daß dies das Lebensprinzip des Menschen sei. Und sie verwenden diese Beweise für ihre Argumentationen. (2) Aber erstens ist in den Fällen von übermäßigen Reinigungen niemals jemand gestorben, indem er nur Galle ausgeschieden hätte. Vielmehr erbricht man, wenn man ein galletreibendes Mittel genommen hat,

ἔπειτα ἐπὶ τούτοισι ἐμέουσιν χολὴν μέλαιναν, τελευ-
τῶντες δὲ αἷμα ἐμέουσι καθαρόν. Ταὐτὰ δὲ πάσχουσι
καὶ ὑπὸ τῶν φαρμάκων τῶν τὸ φλέγμα ἀγόντων·
πρῶτον μὲν φλέγμα ἐμέουσιν, ἔπειτα δὲ χολὴν ξαν-
θήν, ἔπειτα δὲ μέλαιναν, τελευτῶντες δὲ αἷμα καθ-
αρόν, καὶ ἐν τῷδε ἀποθνήσκουσιν. (3) Τὸ γὰρ φάρμα-
κον, ὅταν ἐσέλθῃ ἐς τὸ σῶμα, πρῶτον μὲν ἄγει ὃ ἂν
αὐτῷ κατὰ φύσιν μάλιστα ᾖ τῶν ἐν τῷ σώματι
ἐνεόντων, ἔπειτα δὲ καὶ τἄλλα ἕλκει τε καὶ καθαίρει.
Ὡς γὰρ τὰ φυόμενά τε καὶ σπειρόμενα, ὁπόταν ἐς τὴν
γῆν ἔλθῃ, ἕλκει ἕκαστον τὸ κατὰ φύσιν αὐτῷ ἐνεὸν ἐν
τῇ γῇ· ἔνι δὲ καὶ ὀξὺ καὶ πικρὸν καὶ γλυκὺ καὶ ἁλμυ-
ρὸν | καὶ παντοῖον· πρῶτον μὲν οὖν καὶ πλεῖστον   46
τούτου εἵλκυσεν ἐς ἑωυτό, ὅ τι ἂν ᾖ αὐτῷ κατὰ φύσιν
μάλιστα, ἔπειτα δὲ ἕλκει καὶ τὰ ἄλλα· τοιοῦτο δέ τι
καὶ τὰ φάρμακα ποιεῖ ἐν τῷ σώματι· ὅσα χολὴν ἄγει,
πρῶτον μὲν ἀκρητεστάτην ἐκάθηρε χολήν, ἔπειτα δὲ
μεμιγμένην· καὶ τὰ τοῦ φλέγματος φάρμακα πρῶτον
μὲν ἀκρήτεστατον τὸ φλέγμα ἄγει, ἔπειτα δὲ με-
μιγμένον· καὶ τοῖσιν ἀποσφαζομένοισι τὸ αἷμα ῥεῖ
πρῶτον θερμότατόν τε καὶ ἐρυθρότατον, ἔπειτα δὲ
ῥεῖ φλεγματωδέστερόν τε καὶ χολωδέστερον.

7. (1) Αὔξεται δ᾽ ἐν τῷ ἀνθρώπῳ τὸ μὲν φλέγμα τοῦ
χειμῶνος· τοῦτο γὰρ τῷ χειμῶνι κατὰ φύσιν ἐστὶ
μάλιστα τῶν ἐν τῷ σώματι ἐνεόντων· ψυχρότατον
γάρ ἐστιν. (2) Τεκμήριον δὲ τούτου, ὅτι τὸ μὲν φλέγμα
ψυχρότατον, εἰ θέλοις ψαῦσαι φλέγματος καὶ χολῆς
καὶ αἵματος, τὸ φλέγμα εὑρήσεις ψυχρότατον ἐόν·
καίτοι γλισχρότατόν ἐστι καὶ βίῃ μάλιστα ἄγεται μετά
γε χολὴν μέλαιναν· ὅσα δὲ βίῃ ἔρχεται, θερμότερα
γίνεται, ἀναγκαζόμενα ὑπὸ τῆς βίης· ἀλλ᾽ ὅμως καὶ
πρὸς ταῦτα πάντα ψυχρότατον ἐὸν τὸ φλέγμα φαίνε-
ται ὑπὸ τῆς φύσιος τῆς ἑωυτοῦ. (3) Ὅτι δὲ ὁ χειμὼν
πληροῖ τὸ σῶμα φλέγματος, γνοίης ἂν τοῖσδε· οἱ

zuerst Galle, dann Phlegma; danach erbricht man außerdem schwarze Galle und am Ende reines Blut. Dies geschieht auch durch schleimtreibende Mittel. Zuerst erbricht man Schleim, dann gelbe Galle, danach schwarze Galle und schließlich reines Blut, und dann stirbt man. (3) Denn wenn das Mittel in den Körper gelangt ist, zieht es zuerst denjenigen der im Körper enthaltenen Säfte heraus, der ihm von seiner Natur aus am nächsten steht, danach auch die anderen Säfte und führt sie ab. Auf die gleiche Weise zieht von den Pflanzen, die gepflanzt oder gesät wurden, jede, wenn sie in die Erde gekommen ist, dasjenige in der Erde an, was ihr von Natur aus am nächsten kommt; darin enthalten sind Saures und Bitteres, Süßes und Salziges und vielerlei mehr. Die Pflanze zieht also zunächst möglichst viel von dem an sich, was ihr von Natur aus am nächsten kommt, dann auch das andere. So handeln auch die Medikamente im Körper; die galletreibenden führen zuerst sehr reine Galle ab, dann vermischte. Und die schleimtreibenden Mittel ziehen zuerst sehr reinen Schleim an, dann vermischten; und bei denen, die sich aufgeschlitzt haben, fließt das Blut zuerst sehr warm und sehr rot, danach fließt es aber stärker vermischt mit Schleim und Galle.

7. (1) Der Schleim im Menschen vermehrt sich im Winter. Denn dies ist derjenige der Säfte, die im Körper enthalten sind, der von seiner Natur her dem Winter am nächsten kommt. Denn er ist der kälteste. (2) Folgendes ist ein Beweis dafür, daß der Schleim am kältesten ist: Wenn man Schleim, Galle und Blut berührt, dann wird man den Schleim als am kältesten empfinden. Er ist jedoch auch die klebrigste Flüssigkeit und diejenige, die, abgesehen von der schwarzen Galle, am meisten mit Gewalt ausgetrieben werden muß. Was aber mit Gewalt bewegt wird, wird unter dem Zwang der Gewalt wärmer. Aber trotz all dem scheint der Schleim aufgrund der ihm eigenen Natur dennoch der kälteste Saft zu sein. (3) Daß der Winter den Körper mit

ἄνθρωποι πτύουσιν καὶ ἀπομύσσονται φλεγματωδέ-
στατον τοῦ μὲν χειμῶνος, καὶ τὰ οἰδήματα λευκὰ
γίνεται μάλιστα ταύτην τὴν ὥρην, καὶ τἄλλα
νοσήματα φλεγματώδεα. (4) Τοῦ δὲ ἦρος ἔτι μὲν ἰσχυ-
ρὸν τὸ φλέγμα ἐστὶν ἐν τῷ σώματι, καὶ τὸ αἷμα αὔξε-
ται· τά τε γὰρ ψύχεα ἐξανιεῖ καὶ τὰ ὕδατα ἐπιγίνεται,
τὸ δὲ αἷμα | αὔξεται ὑπό τε τῶν ὄμβρων καὶ ὑπὸ τῶν   48
θερμημεριῶν· κατὰ φύσιν γὰρ αὐτῷ ταῦτ᾽ ἐστὶ μάλι-
στα τοῦ ἐνιαυτοῦ· ὑγρόν τε γάρ ἐστι καὶ θερμόν.
Γνοίης δ᾽ ἂν τοῖσδε· οἱ ἄνθρωποι τοῦ ἦρος καὶ τοῦ
θέρεος μάλιστα ὑπό τε τῶν δυσεντεριῶν ἁλίσκονται,
καὶ ἐκ τῶν ῥινῶν τὰ αἵματα ῥεῖ αὐτοῖσι, καὶ
θερμότατοί εἰσι καὶ ἐρυθροί· τοῦ δὲ θέρεος τό τε αἷμα
ἰσχύει ἔτι, καὶ ἡ χολὴ αἴρεται ἐν τῷ σώματι καὶ παρα-
τείνει ἐς τὸ φθινόπωρον· (5) ἐν δὲ τῷ φθινοπώρῳ τὸ
μὲν αἷμα ὀλίγον γίνεται· ἐναντίον γὰρ αὐτοῦ τὸ
φθινόπωρον τῇ φύσει ἐστί· ἡ δὲ χολὴ τοῦ θέρεος
κατέχει τὸ σῶμα καὶ τοῦ φθινοπώρου. Γνοίης δ᾽ ἂν
τοῖσδε· οἱ ἄνθρωποι αὐτόματοι ταύτην τὴν ὥρην χο-
λὴν ἐμέουσι, καὶ ἐν τῇσι φαρμακοποσίῃσι χολωδέ-
στατα καθαίρονται· δῆλον δὲ καὶ τοῖσι πυρετοῖσι καὶ
τοῖσι χρώμασι τῶν ἀνθρώπων. Τὸ δὲ φλέγμα τοῦ
θέρεος ἀσθενέστατόν ἐστιν αὐτὸ ἑωυτοῦ· ἐναντίη
γὰρ αὐτοῦ τῇ φύσει ἐστὶν ἡ ὥρη, ξηρή τε ἐοῦσα καὶ
θερμή. Τὸ δὲ αἷμα τοῦ φθινοπώρου ἐλάχιστον γίνεται
ἐν τῷ ἀνθρώπῳ· ξηρόν τε γάρ ἐστιν τὸ φθινόπωρον
καὶ ψύχειν ἤδη ἄρχεται τὸν ἄνθρωπον· ἡ δὲ μέλαινα
χολὴ τοῦ φθινοπώρου πλείστη τε καὶ ἰσχυροτάτη
ἐστίν. (6) Ὅταν δὲ ὁ χειμὼν καταλαμβάνῃ, ἥ τε χολὴ
ψυχομένη ὀλίγη γίνεται, καὶ τὸ φλέγμα αὔξεται πάλιν
ὑπό τε τῶν ὑετῶν τοῦ πλήθεος καὶ ὑπὸ τῶν νυκτῶν
τοῦ μήκεος. (7) Ἔχει μὲν οὖν ταῦτα πάντα ἀίδια τὸ
σῶμα τοῦ ἀνθρώπου, ὑπὸ δὲ τῆς ὥρης περισταμένης
τοτὲ μὲν πλείω γίνεται αὐτὰ ἑωυτῶν, τοτὲ δὲ ἐλάσσω,

Schleim füllt, erkennt man an Folgendem: Die Menschen spuk-
ken und schneuzen im Winter am schleimigsten, und in dieser
Jahreszeit treten am häufigsten weiße Schwellungen und die an-
deren vom Schleim verursachten Krankheiten auf. (4) Im Früh-
jahr ist der Schleim im Körper noch kräftig, und das Blut ver-
mehrt sich. Denn die Kälte läßt nach, und der Regen bricht
herein; das Blut vermehrt sich aufgrund der Regengüsse und
der warmen Tage. Diese Jahreszeit paßt nämlich von der Natur
her am besten zum Blut; denn es ist feucht und warm. Man
erkennt das an folgendem: Die Menschen werden im Früh-
jahr und im Sommer am meisten von Durchfall (Ruhr) befallen,
aus der Nase fließt ihnen häufig Blut, ihr Körper ist am wärm-
sten und ihre Haut gerötet. Im Sommer ist das Blut noch kräf-
tig, während sich die Galle im Körper vermehrt und bis
zum Herbst ausdehnt. (5) Im Herbst vermindert sich das Blut;
denn der Herbst ist genau entgegengesetzt zu dessen Natur.
Die Galle herrscht während des Sommers und während des
Herbstes im Körper vor. Man kann dies an folgendem erken-
nen: Die Menschen erbrechen in dieser Jahreszeit von selbst
Galle, und auch nach der Einnahme von Mitteln wird vor allem
Galle abgeführt. Es wird auch an den Fiebererkrankungen und
an der Hautfärbung der Menschen deutlich. Der Schleim hat
im Sommer seine schwächste Kraft; denn die Jahreszeit, die
trocken und warm ist, ist ihm von Natur aus entgegenge-
setzt. Das Blut ist während des Herbstes im Menschen am
geringsten vorhanden; denn der Herbst ist trocken und be-
ginnt schon den Menschen abzukühlen. Die schwarze Galle
aber ist im Herbst in der größten Menge vorhanden und am
stärksten. (6) Wenn aber der Winter hereinbricht, wird die Galle
kälter und weniger, und der Schleim vermehrt sich wieder auf-
grund der Menge der Regenfälle und der Länge der Nächte.
(7) Der Körper des Menschen enthält also alle diese Elemente
fortwährend; aber im Wechsel der Jahreszeiten nehmen sie
zu oder ab, jedes nach seinem Anteil und nach seiner Natur.

ἕκαστα κατὰ μέρος τε καὶ κατὰ φύσιν. (8) Ὡς γὰρ ὁ
ἐνιαυτὸς μετέχει μὲν πᾶς πάντων καὶ τῶν θερμῶν καὶ
τῶν ψυχρῶν καὶ τῶν ξηρῶν καὶ τῶν ὑγρῶν· οὐ γὰρ
ἂν | μείνειεν οὐδὲν οὐδένα χρόνον ἄνευ πάντων τῶν   ₅₀
ἐνεόντων ἐν τῷδε τῷ κόσμῳ, ἀλλ᾽ εἰ ἕν τί γε ἐκλείποι,
πάντα ἂν ἀφανισθείη· ἀπὸ γὰρ τῆς αὐτῆς ἀνάγκης
πάντα συνέστηκέ τε καὶ τρέφεται ὑπ᾽ ἀλλήλων· οὕτω
δὲ καὶ εἴ τι ἐκ τοῦ ἀνθρώπου ἐκλείποι τούτων τῶν
συγγεγονότων, οὐκ ἂν δύναιτο ζῆν ὥνθρωπος.
(9) Ἰσχύει δ᾽ ἐν τῷ ἐνιαυτῷ τοτὲ μὲν ὁ χειμὼν μάλι-
στα, τοτὲ δὲ τὸ ἔαρ, τοτὲ δὲ τὸ θέρος, τοτὲ δὲ τὸ
φθινόπωρον· οὕτω δὲ καὶ ἐν τῷ ἀνθρώπῳ τοτὲ μὲν τὸ
φλέγμα ἰσχύει, τοτὲ δὲ τὸ αἷμα, τοτὲ δὲ ἡ χολή, πρῶ-
τον μὲν ἡ ξανθή, ἔπειτα δὲ ἡ μέλαινα καλεομένη.
(10) Μαρτύριον δὲ σαφέστατον, εἰ θέλοις τῷ αὐτῷ
ἀνθρώπῳ δοῦναι τὸ αὐτὸ φάρμακον τετράκις τοῦ
ἐνιαυτοῦ, ἐμεῖταί σοι τοῦ μὲν χειμῶνος φλεγματωδέ-
στατα, τοῦ δὲ ἦρος ὑγρότατα, τοῦ δὲ θέρεος χολωδέ-
στατα, τοῦ δὲ φθινοπώρου μελάντατα.
8. (1) Ὀφείλει οὖν, τούτων ὧδε ἐχόντων, ὅσα μὲν
τῶν νοσημάτων χειμῶνος αὔξεται, θέρεος φθίνειν.
ὅσα δὲ θέρεος αὔξεται, χειμῶνος λήγειν, ὅσα μὴ ἐν
περιόδῳ ἡμερέων ἀπαλλάσσεται· τὴν δὲ περίοδον
αὖτις φράσω τὴν τῶν ἡμερέων. Ὅσα δὲ γίνεται
ἦρος νοσήματα, προσδέχεσθαι χρὴ φθινοπώρου
τὴν ἀπάλλαξιν ἔσεσθαι αὐτῶν· ὅσα δὲ φθινοπωρινὰ
νοσήματα, τούτων τοῦ ἦρος τὴν ἀπάλλαξιν ἀνάγκη
γενέσθαι· ὅ τι δ᾽ ἂν τὰς ὥρας ταύτας ὑπερβάλλῃ
νό|σημα, εἰδέναι χρὴ ἐνιαύσιον αὐτὸ ἐσόμενον. Καὶ   ₅₂
τὸν ἰητρὸν χρὴ οὕτως ἵστασθαι πρὸς τὰ νοσήματα ὡς
ἑκάστου τούτων ἰσχύοντος ἐν τῷ σώματι κατὰ τὴν
ὥρην τὴν αὐτῷ κατὰ φύσιν ἐοῦσαν μάλιστα.

(8) Denn wie das Jahr als Ganzes an allem teilhat, sowohl am Warmen als auch am Kalten, sowohl am Trockenen als auch am Feuchten – nichts in unserer Welt könnte nämlich auch nur einen Augenblick ohne all das andere, was existiert, bestehen; wenn nur eines fehlte, würde alles vergehen; denn alles ist durch das eine und selbe zwingende Gesetz zusammengesetzt und gibt sich gegenseitig Nahrung –, so könnte auch, wenn eines dieser Elemente, die mit ihm gewachsen sind, aus dem Menschen entwiche, der Mensch nicht mehr leben. (9) Innerhalb eines Jahres herrscht einmal der Winter vor, dann der Frühling, dann der Sommer, dann der Herbst. Ebenso ist im Menschen manchmal der Schleim vorherrschend, manchmal das Blut, manchmal die Galle, zuerst die gelbe, dann die sogenannte schwarze. (10) Der deutlichste Beweis dafür ist folgender: Gibt man demselben Menschen dasselbe Mittel viermal im Jahr, so wird er im Winter am meisten Schleim, im Frühjahr am feuchtesten, im Sommer am meisten Galle und im Herbst am schwärzesten erbrechen.

8. Wenn es sich so verhält, müssen also alle Krankheiten, die im Winter anwachsen, im Sommer abklingen, alle diejenigen, die im Sommer anwachsen, im Winter abklingen, außer denjenigen, die in einem bestimmten Zeitraum von Tagen zu Ende gehen. Diesen Zeitraum von Tagen werde ich später behandeln. Bei den Krankheiten, die im Frühling entstehen, muß man annehmen, daß sie im Herbst ein Ende finden. Was die Krankheiten des Herbstes betrifft, so müssen diese im Frühjahr aufhören. Bei allen Krankheiten aber, die diese Jahreszeiten überschreiten, muß man wissen, daß sie ein Jahr dauern werden. Und der Arzt muß mit dem Wissen gegen die Krankheiten vorgehen, daß jede von ihnen in der Jahreszeit, die ihrer Natur am nächsten kommt, im Körper vorherrschend ist. […]

ΠΕΡΙ ΔΙΑΙΤΗΣ Α

1. (1) Εἰ μέν μοί τις ἐδόκει τῶν πρότερον συγ- Littré VI, 466
γραψάντων περὶ διαίτης ἀνθρωπίνης τῆς πρὸς
ὑγιείην ὀρθῶς ἐγνωκὼς συγγεγραφέναι πάντα διὰ
παντὸς ὅσα δυνατὸν ἀνθρωπίνῃ γνώμῃ περιληφθῆ-
ναι, ἱκανῶς εἶχεν ἄν μοι, ἄλλων ἐκπονησάντων,
γνόντα τὰ ὀρθῶς ἔχοντα, τούτοισι χρῆσθαι, καθότι
ἕκαστον αὐτῶν ἐδόκει χρήσιμον εἶναι. Νῦν δὲ πολ-
λοὶ μὲν ἤδη συνέγραψαν, οὐδεὶς δέ πω ἔγνω ὀρθῶς
καθότι ἦν αὐτοῖσι συγγραπτέον· ἄλλοι δὲ ἄλλο
ἐπέτυχον· τὸ δὲ ὅλον οὐδείς πω τῶν πρότερον.
Μεμφθῆναι μὲν οὖν οὐδενὶ αὐτῶν ἄξιόν ἐστιν
εἰ μὴ ἐδυνήθησαν ἐξευρεῖν, ἐπαινέσαι δὲ πάν-
τας ὅτι ἐπεχείρησάν γε ζητῆσαι. (2) Ἐλέγχειν μὲν
οὖν τὰ μὴ ὀρθῶς εἰρημένα οὐ παρεσκεύασμαι·
προσομολογεῖν δὲ τοῖσι καλῶς ἐγνωσμένοισι δια-
νενόημαι· ὅσα μὲν γὰρ ὀρθῶς ὑπὸ τῶν πρότερον
εἴρηται, οὐχ οἷόν τε ἄλλως πως ἐμὲ συγγράψαντα
ὀρθῶς συγγράψαι· ὅσα δὲ μὴ ὀρθῶς εἰρήκασιν,
ἐλέγχων μὲν ταῦτα, διότι οὐχ οὕτως ἔχει, οὐδὲν
περανέω· ἐξηγεύμενος δὲ καθότι δοκεῖ μοι ὀρθῶς
ἔχειν ἕκαστον, δηλώσω ὃ βούλομαι. (3) Διὰ τοῦτο
δὲ τὸν λόγον τοῦτον προκατατίθεμαι, ὅτι οἱ πολλοὶ
τῶν ἀνθρώπων ὁκόταν τινὸς προτέρου ἀκούσωσι
περί τινος ἐξηγευμένου, οὐκ ἀποδέχονται τῶν
ὕστερον διαλεγομένων περὶ τούτων, οὐ γι|νώσκον- 468
τες ὅτι τῆς αὐτῆς ἐστι διανοίης γνῶναι τὰ ὀρθῶς
εἰρημένα, ἐξευρεῖν τε τὰ μήπω εἰρημένα. Ἐγὼ
οὖν, ὥσπερ εἶπον, τοῖσι μὲν ὀρθῶς εἰρημένοισι

1. (1) Wenn ich der Auffassung wäre, irgendeiner meiner Vorgänger, die über die menschliche, der Gesundheit förderliche Lebensweise geschrieben haben, hätte alles in allen Belangen, soweit es durch den menschlichen Verstand erfaßt werden kann, niedergeschrieben, würde es mir genügen, die richtigen Ergebnisse, die andere erarbeitet haben, anzuerkennen und mich ihrer zu bedienen, soweit sie im einzelnen brauchbar erscheinen. Nun haben zwar schon viele darüber geschrieben, niemand aber hat jemals richtig erkannt, wie man darüber hätte schreiben müssen: Den einen gelang dies, den anderen jenes, noch keinem meiner Vorgänger aber das Ganze. Man darf freilich keinem von ihnen Vorwürfe machen, wenn sie es nicht herausfinden konnten, sondern man sollte sie alle loben, daß sie sich wenigstens zu forschen bemühten. (2) Ich bin nicht darauf aus, das, was nicht richtig gesagt wurde, zu widerlegen. Ich beabsichtige vielmehr, dem, was richtig erkannt wurde, zuzustimmen. Denn was von meinen Vorgängern richtig gesagt worden ist, das kann ich, wenn ich es anders schreiben will, nicht richtig niederschreiben. Wenn ich aber das, was sie nicht richtig gesagt haben, nur widerlegen und zeigen wollte, daß es sich nicht so verhält, so würde ich nichts erreichen. Wenn ich dagegen darlege, inwiefern mir das Einzelne richtig zu sein scheint, werde ich deutlich machen, was ich will. (3) Ich stelle deswegen diese Bemerkungen voran, weil die meisten Menschen, wenn sie früher jemanden über irgendein Thema reden gehört haben, nicht mehr zuhören, wenn sich später andere über dieses Thema auslassen. Sie erkennen nicht, daß dieselbe Verstandeskraft notwendig ist, das zu erkennen, was richtig gesagt wurde, und das zu entdecken, was noch nicht gesagt wurde. Ich meinerseits werde, wie ich bereits erwähnte, dem, was richtig gesagt

προσομολογήσω· τὰ δὲ μὴ ὀρθῶς εἰρημένα δηλώσω
ποῖά ἐστιν· ὁκόσα δὲ μηδὲ ἐπεχείρησε μηδεὶς
τῶν πρότερον δηλῶσαι, ἐγὼ ἐπιδείξω καὶ ταῦτα οἷά
ἐστι.

2. (1) Φημὶ δὲ δεῖν τὸν μέλλοντα ὀρθῶς συγγράφειν
περὶ διαίτης ἀνθρωπηίης πρῶτον μὲν παντὸς φύσιν
ἀνθρώπου γνῶναι καὶ διαγνῶναι· γνῶναι μὲν ἀπὸ
τίνων συνέστηκεν ἐξ ἀρχῆς, διαγνῶναι δὲ ὑπὸ τίνων
μερέων κεκράτηται· εἴτε γὰρ τὴν ἐξ ἀρχῆς σύστασιν
μὴ γνώσεται, ἀδύνατος ἔσται τὰ ὑπ᾽ ἐκείνων γινό-
μενα γνῶναι· εἴτε μὴ διαγνώσεται τὸ ἐπικρατέον ἐν
τῷ σώματι, οὐχ ἱκανὸς ἔσται τὰ συμφέροντα προσε-
νεγκεῖν τῷ ἀνθρώπῳ. Ταῦτα μὲν οὖν δεῖ γινώσκειν
τὸν συγγράφοντα, μετὰ δὲ ταῦτα σίτων καὶ ποτῶν
ἁπάντων, οἷσι διαιτώμεθα, δύναμιν ἥντινα ἕκαστα
ἔχει καὶ τὴν κατὰ φύσιν καὶ τὴν δι᾽ ἀνάγκην καὶ
τέχνην ἀνθρωπηίην. Δεῖ γὰρ ἐπίστασθαι τῶν τε ἰσχυ-
ρῶν φύσει ὡς χρὴ τὴν δύναμιν ἀφαιρεῖσθαι, τοῖσί τε
ἀσθενέσιν ὅκως χρὴ ἰσχὺν προστιθέναι διὰ τέχνης,
ὅκου ἂν ὁ καιρὸς ἑκάστῳ παραγένηται. (2) Γνοῦσι δὲ
τὰ εἰρημένα οὔπω αὐτάρκης ἡ θεραπείη τοῦ ἀνθρώ-
που, διότι οὐ δύναται ἐσθίων ὁ ἄνθρωπος ὑγιαίνειν,
ἢν μὴ καὶ πονῇ. Ὑπεναντίας μὲν γὰρ ἀλλήλησιν ἔχει
τὰς δυνάμιας | σῖτα καὶ πόνοι, συμφέρονται δὲ πρὸς   470
ἄλληλα πρὸς ὑγιείην· πόνοι μὲν γὰρ πεφύκασιν ἀνα-
λῶσαι τὰ ὑπάρχοντα· σῖτα δὲ καὶ ποτὰ ἐκπληρῶσαι
τὰ κενωθέντα. Δεῖ δέ, ὡς ἔοικε, τῶν πόνων διαγινώσ-
κειν τὴν δύναμιν καὶ τῶν κατὰ φύσιν καὶ τῶν διὰ βίης
γινομένων, καὶ τίνες αὐτῶν αὔξησιν παρασκευάζου-
σιν ἐς σάρκας καὶ τίνες ἔλλειψιν, καὶ οὐ μόνον ταῦτα,
ἀλλὰ καὶ τὰς συμμετρίας τῶν πόνων πρὸς τὸ πλῆθος
τῶν σίτων καὶ τὴν φύσιν τοῦ ἀνθρώπου καὶ τὰς
ἡλικίας τῶν σωμάτων, καὶ πρὸς τὰς ὥρας τοῦ ἐνιαυ-
τοῦ καὶ πρὸς τὰς μεταβολὰς τῶν πνευμάτων, πρός τε

wurde, zustimmen. Zu dem aber, was nicht richtig gesagt wurde, werde ich darlegen, wie es tatsächlich beschaffen ist. Auch bezüglich dessen, was noch keiner meiner Vorgänger zu erklären versuchte, werde ich zeigen, wie es beschaffen ist.

2. (1) Ich behaupte, wer über die menschliche Lebensweise richtig schreiben will, muß zuerst die Natur des Menschen insgesamt erkennen und beurteilen: Er muß erkennen, aus welchen Bestandteilen sie vom Ursprung an zusammengesetzt ist, und er muß beurteilen, von welchen Elementen sie beherrscht wird. Denn wenn er nicht die ursprüngliche Zusammensetzung kennt, ist es für ihn unmöglich, zu erkennen, was durch jene Bestandteile verursacht wird. Und wenn er nicht erkennt, was im Körper vorherrscht, ist er nicht in der Lage, dem Menschen das ihm Zuträgliche zu verordnen. Dies muß der Schriftsteller also erkennen, dann die Wirkung aller Speisen und Getränke, durch die wir leben, welche Wirkung sie im einzelnen sowohl von Natur aus als auch durch die Beeinflussung und die Kunstfertigkeit des Menschen haben. Denn man muß wissen, wie man dem von Natur aus Starken die Kraft nehmen und dem Schwachen künstlich Stärke hinzufügen muß, wenn jeweils im einzelnen Fall der passende Augenblick gekommen ist. (2) Aber auch wenn man das Genannte kennt, ist dies für die Behandlung des Menschen noch nicht ausreichend, weil der Mensch allein durch Essen nicht gesund leben kann, wenn er nicht auch körperliche Übungen macht. Speisen und körperliche Übungen haben zwar einander entgegengesetzte Wirkungen, tragen aber gemeinsam zur Gesundheit bei. Körperliche Übungen brauchen entsprechend ihrer Natur das Vorhandene auf. Speisen und Getränke aber füllen die Verluste wieder auf. Man muß, wie es scheint, die Wirkungen der körperlichen Betätigungen, sowohl der natürlichen als auch der gewaltsamen, beurteilen können, welche von ihnen dem Fleisch Zunahme bringen und welche Abnahme; und nicht nur das, sondern auch das Verhältnis der körperlichen Übungen zur Menge der Speisen, zur Konstitution des Menschen, zum Alter der Körper, zu den Jahreszeiten, zum Wechsel der

τὰς θέσιας τῶν χωρίων ἐν οἷσι διαιτέονται, πρός τε
τὴν κατάστασιν τοῦ ἐνιαυτοῦ. Ἄστρων τε ἐπιτολὰς
καὶ δύσιας γινώσκειν δεῖ, ὅκως ἐπίστηται τὰς μετα-
βολὰς καὶ ὑπερβολὰς φυλάσσειν καὶ σίτων καὶ πο-
τῶν καὶ πνευμάτων καὶ τοῦ ὅλου κόσμου, ἐξ ὧνπερ
τοῖσιν ἀνθρώποισιν αἱ νοῦσοί εἰσιν. (3) Ταῦτα δὲ
πάντα διαγνόντι οὔπω αὔταρκες τὸ εὕρημά ἐστιν· εἰ
μὲν γὰρ ἦν εὑρετὸν ἐπὶ τούτοισι πρὸς ἑκάστου φύσιν
σίτου μέτρον καὶ πόνων ἀριθμὸς σύμμετρος μὴ ἔχων
ὑπερβολὴν μήτε ἐπὶ τὸ πλέον μήτε ἐπὶ τὸ ἔλασσον,
εὕρητο ἂν ὑγιείη τοῖσιν ἀνθρώποισιν ἀκριβῶς. Νῦν
δὲ τὰ μὲν προειρημένα πάντα εὕρηται, ὁκοῖά ἐστι,
τοῦτο δὲ ἀδύνατον εὑρεῖν. Εἰ μὲν οὖν παρείη τις καὶ
ὁρῴη, γινώσκοι ἂν τὸν ἄνθρωπον ἐκδύνοντά τε καὶ
ἐν τοῖσι γυμνασίοισι γυμναζόμενον, ὥστε φυλάσσειν
ὑγιαίνοντα, τῶν μὲν ἀφαιρέων, τοῖσι δὲ προστιθείς·
μὴ παρεόντι δὲ ἀδύνατον ὑποθέσθαι ἐς ἀκρίβειαν
σῖτα καὶ πόνους· ἐπεὶ ὁκόσον γε δυνατὸν εὑρεῖν ἐμοὶ
εἴρηται. Ἀλλὰ γὰρ εἰ καὶ πάνυ μικρὸν ἐνδεέ|στερα   472
⟨τὰ ἕτερα⟩ τῶν ἑτέρων γίνοιτο, ἀνάγκη κρατηθῆναι
ἐν πολλῷ χρόνῳ τὸ σῶμα ὑπὸ τῆς ὑπερβολῆς καὶ ἐς
νοῦσον ἀφικέσθαι. (4) Τοῖσι μὲν οὖν ἄλλοισι μέχρι
τούτου ἐπικεχείρηται ζητηθῆναι· εἴρηται δὲ οὐδὲ
ταῦτα ⟨ὀρθῶς⟩· ἐμοὶ δὲ ταῦτα ἐξεύρηται, καὶ πρὸ τοῦ
κάμνειν τὸν ἄνθρωπον ἀπὸ τῆς ὑπερβολῆς, ἐφ᾽ ὁκότε-
ρον ἂν γένηται, προδιάγνωσις. Οὐ γὰρ εὐθέως αἱ
νοῦσοι τοῖσιν ἀνθρώποισιν ἐπιγίνονται, ἀλλὰ κατὰ
μικρὸν συλλεγόμεναι ἀθρόως ἐκφαίνονται. Πρὶν οὖν
κρατεῖσθαι ἐν τῷ ἀνθρώπῳ τὸ ὑγιὲς ὑπὸ τοῦ νοσε-
ροῦ, ἃ πάσχουσιν ἐξεύρηταί μοι, καὶ ὅκως χρὴ ταῦτα
καθιστάναι ἐς τὴν ὑγιείην. Τούτου δὲ προσγενομένου
πρὸς τοῖσι γεγραμμένοισι, τελευτᾷ τὸ ἐπιχείρημα τῶν
διανοημάτων.

Winde, zur Lage der Orte, in denen sie leben, und zur Beschaffenheit des Jahres. Man muß den Auf- und Untergang der Gestirne kennen, damit man sich vor den Veränderungen und den übermäßigen Einwirkungen der Speisen, Getränke, Winde und der ganzen Welt zu hüten weiß, weil aus all dem den Menschen die Krankheiten erwachsen. (3) Doch auch wenn man all dies erkannt hat, so ist diese Entdeckung noch nicht ausreichend. Denn wenn über dies hinaus für jede einzelne Konstitution das genaue Maß an Nahrung und die dazu passende Zahl körperlicher Übungen gefunden werden könnten, nicht übertrieben, weder zu viel noch zu wenig, dann wären für die Menschen die Gesundheitsregeln sehr genau gefunden. Wenn nun auch das oben Erwähnte alles gefunden ist, wie es beschaffen ist, dieses letztere läßt sich doch unmöglich finden. Wer anwesend wäre und zusähe, könnte den Menschen, wie er sich auszieht und in den Gymnasien Sport treibt, kennenlernen und ihn so gesund halten, hier durch Wegnehmen, dort durch Zusetzen. Wenn man aber nicht dabei ist, ist es unmöglich, mit Genauigkeit Speisen und Übungen vorzuschreiben. Wie weit man dies herausfinden kann, habe ich gesagt. Wenn aber das eine nur ein wenig hinter dem anderen zurücksteht, ist es im Laufe der Zeit unvermeidlich, daß der Körper vom Übermaß des einen überwältigt wird und in Krankheit verfällt. (4) Von den anderen Autoren ist die Forschung bis zu diesem Punkt vorangetrieben worden. Sie haben aber auch dies nicht richtig dargelegt. Ich habe diese Dinge gefunden und zudem eine Frühdiagnose, bevor der Mensch aufgrund des Übermaßes erkrankt ist, nach welcher Seite hin dies nämlich verläuft. Denn die Krankheiten befallen die Menschen nicht plötzlich, sondern sie kommen erst nach und nach zusammen, bis sie sich dann in aller Stärke zeigen. Ich habe herausgefunden, was passiert, bevor die Gesundheit im Menschen von der Krankheit überwältigt wird, und wie man dies wieder zur Gesundheit zurückführen kann. Wenn dies zu der bisherigen Literatur hinzukommt, ist die Aufgabe, die ich mir vorgenommen habe, erfüllt.

3. (1) Συνίσταται μὲν οὖν τὰ ζῷα τά τε ἄλλα πάντα καὶ ὁ ἄνθρωπος ἀπὸ δυοῖν, διαφόροιν μὲν τὴν δύναμιν, συμφόροιν δὲ τὴν χρῆσιν, πυρὸς καὶ ὕδατος. Ταῦτα δὲ συναμφότερα αὐτάρκεά ἐστι τοῖσί τε ἄλλοισι πᾶσι καὶ ἀλλήλοισιν, ἑκάτερον δὲ χωρὶς οὔτε αὐτὸ ἑωυτῷ οὔτε ἄλλῳ οὐδενί. Τὴν μὲν οὖν δύναμιν αὐτῶν ἔχει ἑκάτερον τοιήνδε· τὸ μὲν γὰρ πῦρ δύναται πάντα διὰ παντὸς κινῆσαι, τὸ δὲ ὕδωρ πάντα διὰ παντὸς θρέψαι· ἐν μέρει δὲ ἑκάτερον κρατεῖ καὶ κρατεῖται ἐς τὸ μήκιστον καὶ τὸ ἐλάχιστον ὡς ἀνυστόν. (2) Οὐδέτερον γὰρ κρατῆσαι παντελῶς δύναται διὰ τόδε· τὸ μὲν πῦρ ἐπεξιὸν ἐπὶ τὸ ἔσχατον τοῦ ὕδατος ἐπιλείπει ἡ τροφή· ἀποτρέπεται οὖν ὅθεν μέλλει τρέφεσθαι· τὸ δὲ ὕδωρ ἐπεξιὸν ἐπὶ τὸ ἔσχατον τοῦ πυρός, ἐπιλείπει ἡ κίνησις· ἵσταται οὖν ἐν τούτῳ· ὁκόταν δὲ στῇ, οὐκέτι | ἐγκρατές ἐστιν, ἀλλ᾽ ἤδη τῷ ἐμπίπτοντι πυρὶ ἐς τὴν τροφὴν καταναλίσκεται. (3) Οὐδέτερον δὲ διὰ ταῦτα δύναται κρατῆσαι παντελῶς· εἰ δέ ποτε κρατηθείη καὶ ὁκότερον πρότερον, οὐδὲν ἂν εἴη τῶν νῦν ἐόντων ὥσπερ ἔχει νῦν· οὕτω δὲ ἐχόντων αἰεὶ ἔσται τὰ αὐτά, καὶ οὐδέτερα καὶ οὐδ᾽ ἅμα ἐπιλείψει. Τὸ μὲν οὖν πῦρ καὶ τὸ ὕδωρ, ὥσπερ εἴρηταί μοι, αὐτάρκεά ἐστι πᾶσι διὰ παντὸς ἐς τὸ μήκιστον καὶ τὸ ἐλάχιστον ὡσαύτως.

474

4. (1) Τούτων δὲ πρόσκειται ἑκατέρῳ τάδε· τῷ μὲν πυρὶ τὸ θερμὸν καὶ τὸ ξηρόν, τῷ δὲ ὕδατι τὸ ψυχρὸν καὶ τὸ ὑγρόν· ἔχει δὲ ἀπ᾽ ἀλλήλων τὸ μὲν πῦρ ἀπὸ τοῦ ὕδατος τὸ ὑγρόν· ἔνι γὰρ ἐν πυρὶ ὑγρότης· τὸ δὲ ὕδωρ ἀπὸ τοῦ πυρὸς τὸ ξηρόν· ἔνι γὰρ ἐν ὕδατι ξηρόν. Οὕτω δὲ τούτων ἐχόντων, πολλὰς καὶ παντοδαπὰς

3. (1) Die Lebewesen, sowohl der Mensch als auch alle anderen, bestehen aus zwei Elementen, die zwar in ihrer Kraft verschieden sind, in ihrer Anwendung jedoch zusammenwirken, nämlich aus Feuer und Wasser. Diese beiden genügen gemeinsam für alles andere und auch füreinander, jedes von beiden für sich aber weder für sich selbst noch für irgend etwas anderes. Die jeweilige Wirkung der beiden Elemente ist folgende: Das Feuer kann fortwährend alles bewegen, das Wasser fortwährend alles ernähren. Abwechselnd herrscht jedes von beiden und wird beherrscht, bis zum höchstmöglichen und niedrigstmöglichen Grad. (2) Aus folgendem Grund kann keines von beiden völlig die Oberhand gewinnen: Wenn das Feuer bis zum äußersten Ende des Wassers kommt, geht ihm die Nahrung aus. Es wird sich folglich dorthin zurückwenden, von wo aus es sich nähren kann. Wenn dagegen das Wasser bis zum äußersten Ende des Feuers kommt, geht ihm die Bewegung aus; es wird also an dieser Stelle stehenbleiben. Wenn es aber stehengeblieben ist, hat es keine Kraft mehr, sondern wird nunmehr vom Feuer überfallen und als Nahrung aufgezehrt. (3) Deswegen kann keines der beiden Elemente vollständig die Oberhand gewinnen. Wenn aber eines von beiden – egal welches – zuvor überwältigt würde, so wäre nichts von dem, was jetzt ist, so, wie es jetzt ist. Da die Dinge aber so sind, wie sie sind, werden die Elemente immer dieselben bleiben, und sie werden weder für sich allein noch gemeinsam fehlen. Feuer und Wasser genügen also, wie ich es dargelegt habe, immer für alles in gleicher Weise bis zum höchsten und niedrigsten Grad.

4. (1) Mit den beiden Elementen ist jeweils folgendes verbunden: mit dem Feuer das Warme und das Trockene, mit dem Wasser das Kalte und das Feuchte. Sie erhalten aber auch voneinander, das Feuer vom Wasser das Feuchte – denn im Feuer ist Feuchtigkeit enthalten –, das Wasser vom Feuer das Trockene – denn im Wasser ist auch Trockenes enthalten. Unter diesen Verhältnissen sondern sie viele verschiedene Formen von Keimen

ἰδέας ἀποκρίνονται ἀπ' ἀλλήλων καὶ σπερμάτων καὶ ζῴων οὐδὲν ὁμοίων ἀλλήλοισιν οὔτε τὴν ὄψιν οὔτε τὴν δύναμιν· ἅτε γὰρ οὔποτε κατὰ τωὐτὸ ἱστάμενα, ἀλλ' αἰεὶ ἀλλοιούμενα ἐπὶ τὰ καὶ ἐπὶ τά, ἀνόμοια ἐξ ἀνάγκης γίνεται καὶ τὰ ἀπὸ τούτων ἀποκρινόμενα. (2) Ἀπόλλυται μὲν οὖν οὐδὲν ἁπάντων χρημάτων, οὐδὲ γίνεται ὅ τι μὴ καὶ πρόσθεν ἦν· συμμισγόμενα δὲ καὶ διακρινόμενα ἀλλοιοῦται· νομίζεται δὲ ὑπὸ τῶν ἀνθρώπων τὸ μὲν ἐξ Ἅιδου ἐς φάος αὐξηθὲν γενέσθαι, τὸ δὲ ἐκ τοῦ φάεος ἐς Ἅιδην μειωθὲν ἀπολέσθαι· ὀφθαλμοῖσι γὰρ πιστεύουσι μᾶλλον ἢ γνώμῃ, οὐχ ἱκανοῖς ἐοῦσιν οὐδὲ περὶ τῶν ὀρεομένων κρῖναι· | ἐγὼ δὲ τάδε γνώμῃ ἐξηγέομαι· Ζῷα γὰρ 476 κἀκεῖνα καὶ τάδε· καὶ οὔτε, εἰ ζῷον, ἀποθανεῖν οἷόν τε, εἰ μὴ μετὰ πάντων· ποῖ γὰρ ἀποθανεῖται; Οὔτε τὸ μὴ ἐὸν γενέσθαι, πόθεν γὰρ ἔσται; Ἀλλ' αὔξεται πάντα καὶ μειοῦται ἐς τὸ μήκιστον καὶ ἐς τὸ ἐλάχιστον, τῶν γε δυνατῶν. (3) Ὅ τι δ' ἂν διαλέγωμαι γενέσθαι ἢ ἀπολέσθαι, τῶν πολλῶν εἵνεκεν ἑρμηνεύω· ταῦτα δὲ συμμίσγεσθαι καὶ διακρίνεσθαι δηλώσω· ἔχει δὲ καὶ ὧδε· γενέσθαι καὶ ἀπολέσθαι τωὐτό, συμμιγῆναι καὶ διακριθῆναι τωὐτό, αὐξηθῆναι καὶ μειωθῆναι τωὐτό, γενέσθαι, συμμιγῆναι τωὐτό, ἀπολέσθαι, [μειωθῆναι,] διακριθῆναι τωὐτό, ἕκαστον πρὸς πάντα καὶ πάντα πρὸς ἕκαστον τωὐτό, καὶ οὐδὲν πάντων τωὐτό. Ὁ νόμος γὰρ τῇ φύσει περὶ τούτων ἐναντίος.

5. (1) Χωρεῖ δὲ πάντα καὶ θεῖα καὶ ἀνθρώπινα ἄνω καὶ κάτω ἀμειβόμενα. Ἡμέρη καὶ εὐφρόνη ἐπὶ τὸ μήκιστον καὶ ἐλάχιστον· ὡς σελήνη ἐπὶ τὸ μήκιστον καὶ ἐλάχιστον, πυρὸς ἔφοδος καὶ ὕδατος, ⟨οὕτως⟩ ἥλιος ἐπὶ τὸ μακρότατον καὶ βραχύτατον, πάντα ταὐτὰ καὶ οὐ ταὐτά. Φάος Ζηνί, σκότος Ἅιδῃ, φάος

und Lebewesen voneinander ab, die sich weder vom Aussehen noch von der Eigenschaft her ähnlich sind. Da sie nämlich niemals im selben Zustand erstarren, sondern sich bald hierhin, bald dorthin verändern, wird das, was aus ihnen abgesondert wird, zwangsläufig unähnlich. (2) Es geht also nichts von allen Dingen unter, und es entsteht nichts, was nicht schon vorher dagewesen wäre; aber es verändert sich durch Mischung und Absonderung. Die Menschen glauben, daß das, was vom Hades zum Licht emporwächst, entsteht und daß das, was vom Licht zum Hades hin abnimmt, vergeht. Denn sie vertrauen lieber den Augen als dem Verstand, obwohl diese nicht einmal imstande sind, das, was sie sehen, zu beurteilen. Ich meinerseits erkläre dies durch vernunftgemäße Überlegung: Hier wie dort existiert Leben. Und wenn etwas lebt, kann es nicht sterben, außer mit allem gemeinsam. Denn wohin sollte es im Tode gehen? Ebensowenig kann das, was nicht existiert, entstehen. Denn woher sollte es kommen? Alles dagegen wächst und schwindet bis zum höchsten und niedrigsten Grad, dort wenigstens, wo es möglich ist. (3) Wenn ich vom »Werden« oder »Vergehen« rede, dann drücke ich mich so für die Masse aus. Ich werde aber zeigen, daß es sich um »Mischen« und »Absondern« handelt. Es verhält sich auch folgendermaßen: »Werden« und »Vergehen« ist dasselbe; »Mischen« und »Absondern« ist dasselbe; »Wachsen« und »Schwinden« ist dasselbe; »Werden« und »Mischen« ist dasselbe; »Vergehen« und »Absondern« ist dasselbe. Jedes Einzelne ist im Verhältnis zum Gesamten dasselbe und das Gesamte im Verhältnis zum Einzelnen; und dennoch ist nichts von allem dasselbe. Denn der Sprachgebrauch steht in diesen Dingen mit der Natur im Widerspruch.

5. (1) Alles, sowohl Göttliches als auch Menschliches, verläuft im Wechsel nach oben und nach unten. Tag und Nacht gehen zum höchsten und tiefsten Punkt. Wie der Mond ein Maximum und ein Minimum durch den Zugang von Feuer und Wasser erreicht, so läuft auch die Sonne auf der längsten oder kürzesten Bahn. Alles ist dasselbe und ist nicht dasselbe, Licht für Zeus, Finsternis für

Ἄιδῃ, σκότος Ζηνί, φοιτᾷ κεῖνα ὧδε, καὶ τάδε κεῖσε,
πᾶσαν ὥρην, πᾶσαν χώρην διαπρησσόμενα κεῖνά τε
τὰ τῶνδε, τάδε τ᾽ αὖ τὰ κείνων. (2) Καὶ ἃ μὲν
πρήσσουσιν οὐκ οἴδασιν, ἃ δὲ οὐ πρήσσουσι δοκέου-
σιν εἰδέναι· καὶ ἃ μὲν ὁρέουσιν οὐ γινώσκουσιν, ἀλλ᾽
ὅμως αὐτοῖσι πάντα γί|νεται δι᾽ ἀνάγκην θείην καὶ ἃ 478
βούλονται καὶ ἃ μὴ βούλονται. Φοιτεόντων δὲ
κείνων ὧδε, τῶν δέ τε κεῖσε, συμμισγομένων πρὸς
ἄλληλα, τὴν πεπρωμένην μοῖραν ἕκαστον ἐκπληροῖ,
καὶ ἐπὶ τὸ μέζον καὶ ἐπὶ τὸ μεῖον. Φθορὴ δὲ πᾶσιν ἀπ᾽
ἀλλήλων, τῷ μέζονι ἀπὸ τοῦ μείονος καὶ τῷ μείονι
ἀπὸ τοῦ μέζονος, αὔξεται τὸ μέζον ἀπὸ τοῦ ἐλάσ-
σονος, καὶ τὸ ἔλασσον ἀπὸ τοῦ μέζονος.

6. (1) Τὰ δὲ ἄλλα πάντα, καὶ ψυχὴ ἀνθρώπου, καὶ
σῶμα ὁκοῖον ἡ ψυχή, διακοσμεῖται. Ἐσέρπει δὲ
ἐς ἄνθρωπον μέρεα μερέων, ὅλα ὅλων, ἔχοντα
σύγκρησιν πυρὸς καὶ ὕδατος, τὰ μὲν ληψόμενα, τὰ δὲ
δώσοντα· καὶ τὰ μὲν λαμβάνοντα μεῖον ποιεῖ, τὰ δὲ
διδόντα πλέον. Πρίουσιν ἄνθρωποι ξύλον· ὁ μὲν ἕλ-
κει, ὁ δὲ ὠθεῖ. Τὸ δ᾽ αὐτὸ τοῦτο ποιέουσι, μεῖον δὲ
ποιέοντες πλεῖον ποιέουσι. (2) Τοιοῦτον φύσις ἀν-
θρώπου, τὸ μὲν ὠθεῖ, τὸ δὲ ἕλκει· τὸ μὲν δίδωσι, τὸ δὲ
λαμβάνει· καὶ τῷ μὲν δίδωσι, τοῦ δὲ λαμβάνει· καὶ τῷ
μὲν δίδωσι τοσούτῳ πλέον, τοῦ δὲ λαμβάνει τοσούτῳ
μεῖον. Χώρην δὲ ἕκαστον φυλάσσει τὴν ἑωυτοῦ,
καὶ τὰ μὲν ἐπὶ τὸ μεῖον ἰόντα διακρίνεται ἐς τὴν ἐλάσ-
σονα χώρην· τὰ δὲ ἐπὶ τὸ μέζον πορευόμενα,
συμμισγόμενα ἐξαλλάσσει ἐς τὴν μέζω τάξιν· τὰ δὲ
ξεῖνα μὴ ὁμότροπα ὠθεῖται ἐκ χώρης ἀλλοτρίης.
(3) Ἑκάστη δὲ ψυχὴ μέζω καὶ ἐλάσσω ἔχουσα περι-
φοιτᾷ τὰ μόρια τὰ ἑωυτῆς, οὔτε προσθέσιος οὔτε
ἀφαιρέσιος δεομένη τῶν μερέων, κατὰ δὲ αὔξησιν
καὶ μείωσιν τῶν ὑπαρχόντων δεομένη χώρης, ἕκαστα
διαπρήσσεται ἐς ἥντινα ἂν ἔλθῃ, καὶ δέχεται τὰ

Hades; Licht für Hades, Finsternis für Zeus. Jenes geht hierhin, dieses dorthin, zu jeder Zeit und an jedem Ort, wobei jenes die Rolle von diesem und dieses wiederum die Rolle von jenem übernimmt. (2) Und das was die Menschen tun, das wissen sie nicht. Was sie aber nicht tun, das glauben sie zu wissen. Und was sie sehen, erkennen sie nicht. Aber dennoch geschieht ihnen alles aufgrund einer göttlichen Notwendigkeit, sowohl das, was sie wollen, als auch das, was sie nicht wollen. Während jenes hierhin, dieses dorthin geht und sich miteinander mischt, erfüllt jedes den ihm bestimmten Anteil, zum Größeren oder zum Kleineren hin. Vernichtung kommt für alle Dinge voneinander, für das Größere vom Kleineren und für das Kleinere vom Größeren. Das Größere wächst aus dem Kleineren, das Kleinere aus dem Größeren.

6. (1) Alles übrige, auch die Seele des Menschen und wie die Seele auch der Körper, hat eine Struktur. In den Menschen gehen Teile von Teilen ein, Ganzes von Ganzem, Mischungen von Feuer und Wasser, wobei das eine nimmt, das andere gibt. Was nimmt, verringert; was gibt, vermehrt. Menschen zersägen Holz. Der eine zieht, der andere drückt. Dies bewirkt dasselbe. Indem sie verringern, vermehren sie. (2) So ist die Natur des Menschen beschaffen: Das eine drückt, das andere zieht; das eine gibt, das andere nimmt; dem einen gibt es, vom anderen nimmt es; und zwar gibt es dem einen so und soviel hinzu, dem anderen nimmt es ebensoviel weg. Jedes achtet auf den ihm zukommenden Platz, und das, was abnimmt, sondert sich ab und geht an einen kleineren Platz; das, was wächst, vermischt sich und wechselt an eine größere Stelle. Das Fremde und Ungleichartige aber wird vom fremden Platz vertrieben. (3) Jede Seele besteht aus größeren und kleineren Teilchen und zieht rings um ihre eigenen Teile, wozu sie weder der Hinzufügung noch der Hinwegnahme ihrer Teile bedarf; für das Wachstum der bestehenden Teile aber und das Schwinden braucht sie Raum. Sie führt ein jedes aus, wohin sie auch kommt, und nimmt auf, was ihr zufällt. Denn was nicht zusammenpassend

προσπίπτοντα. Οὐ γὰρ δύναται τὸ μὴ ὁμότροπον ἐν τοῖσιν ἀσυμφό|ροισι χωρίοισιν ἐμμένειν· πλανᾶται 48c μὲν γὰρ ἀγνώμονα· συγγινόμενα δὲ ἀλλήλοισι γινώσκει πρὸς ὃ προσίζει· προσίζει γὰρ τὸ σύμφορον τῷ συμφόρῳ, τὸ δὲ ἀσύμφορον πολεμεῖ καὶ μάχεται καὶ διαλλάσσει ἀπ᾽ ἀλλήλων. Διὰ τοῦτο ἀνθρώπου ψυχὴ ἐν ἀνθρώπῳ αὔξεται, ἐν ἄλλῳ δὲ οὐδενί· καὶ τῶν ἄλλων ζῴων τῶν μεγάλων ὡσαύτως· ὅσα δ᾽ ἄλλως, ἀπ᾽ ἄλλων ὑπὸ βίης ἀποκρίνεται.

7. (1) Περὶ μὲν οὖν τῶν ἄλλων ζῴων ἐάσω, περὶ δὲ ἀνθρώπου δηλώσω. Ἐσέρπει γὰρ ἐς ἄνθρωπον ψυχὴ πυρὸς καὶ ὕδατος σύγκρησιν ἔχουσα, μοῖραν σώματος ἀνθρώπου. Ταῦτα δὲ καὶ θήλεα καὶ ἄρσενα πολλὰ καὶ παντοῖα τρέφεταί τε καὶ αὔξεται διαίτῃ τῇ περὶ τὸν ἄνθρωπον· ἀνάγκη δὲ τὰ μέρεα ἔχειν πάντα τὰ ἐσιόντα· οὗτινος γὰρ μὴ ἐνείη μοῖρα ἐξ ἀρχῆς οὐκ ἂν αὐξηθείη οὔτε πολλῆς ἐπιούσης τροφῆς οὔτε ὀλίγης, οὐ γὰρ ἔχει τὸ προσαυξόμενον· (2) ἔχον δὲ πάντα, αὔξεται ἐν χώρῃ τῇ ἑωυτοῦ ἕκαστον, τροφῆς ἐπιούσης ἀπὸ ὕδατος ξηροῦ καὶ πυρὸς ὑγροῦ, τὰ μὲν εἴσω βιαζόμενα, τὰ δὲ ἔξω. Ὥσπερ οἱ τέκτονες τὸ ξύλον πρίζουσι, καὶ ὁ μὲν ἕλκει, ὁ δὲ ὠθεῖ, τωυτὸ ποιέοντες· κάτω δὲ πιεζόντων ἄνω ἕρπει, οὐ γὰρ ἂν παρὰ ⟨καιρὸν⟩ δέχοιτο κάτω ἰέναι· ἢν δὲ βιάζηται, παντὸς ἁμαρτήσεται. Τοιοῦτον τροφὴ ἀνθρώπου· τὸ μὲν ἕλκει, τὸ δὲ ὠθεῖ· εἴσω δὲ βιαζόμενον ἔξω ἕρπει· ἢν δὲ βιῆται παρὰ καιρόν, παντὸς ἀποτεύξεται.

8. (1) Χρόνον δὲ τοσοῦτον ἕκαστα τὴν αὐτὴν τάξιν ἔχει, ἄχρι μηκέτι δέχηται ἡ χώρη, μηδὲ τροφὴν ἱκανὴν ἔχῃ ἐς τὸ μήκιστον τῶν | δυνατῶν· ἔπειτεν 48z

ist, kann nicht an unpassenden Stellen verbleiben. Denn es irrt
ziellos umher. Wenn es sich aber miteinander vermischt, er-
kennt es, womit es zusammengeht. Denn Passendes geht mit
Passendem zusammen, nicht Zusammenpassendes aber führt
Krieg miteinander, kämpft und sondert sich voneinander ab.
Deswegen wächst die Seele des Menschen im Menschen, aber
in nichts anderem; und ebenso verhält es sich mit den anderen
großen Lebewesen. Was anders ist, trennt sich vom anderen
mit Gewalt ab.

7. (1) Ich werde es unterlassen, über die anderen Lebewesen zu
reden; über die Menschen werde ich handeln. In den Menschen
schlüpft die Seele hinein, bestehend aus einer Mischung von Feuer
und Wasser, Teil des menschlichen Körpers. Diese Bestandteile,
weibliche wie männliche, zahlreiche wie verschiedenartige, ernäh-
ren sich und wachsen durch die menschliche Lebensweise. Was in
den Menschen eingeht, muß zwangsläufig alle Teile in sich haben.
Denn das Element, von dem nicht von Anfang an ein Teil vorhan-
den ist, kann nicht wachsen, ob nun viel oder wenig Nahrung
hinzukommt; denn es hat nichts, was wachsen könnte. (2) Wenn
aber alles vorhanden ist, wächst ein jedes an seinem Ort, wenn
Nahrung von trockenem Wasser und feuchtem Feuer hinzu-
kommt, das eine nach innen, das andere nach außen gedrängt. Es
ist, wie wenn Zimmerleute Holz sägen; der eine zieht, der andere
drückt, und sie bewirken dennoch dasselbe. Soviel sie nach unten
hineindrücken, kommt nach oben heraus, denn sie (die Säge) ver-
mag es nicht, gegen den rechten Zeitpunkt nach unten zu gehen.
Wird das aber erzwungen, wird man es völlig falsch machen. So
verhält es sich auch mit der Nahrung des Menschen: Das eine
zieht, das andere drückt. Wenn man das eine hineinzwingen will,
kommt das andere wieder heraus. Wenn man aber zum falschen
Zeitpunkt Gewalt anwendet, wird man völlig scheitern.

8. (1) Die einzelnen Teile halten dieselbe Ordnung so lange, bis
der Raum sie nicht mehr fassen kann und sie nicht mehr hinrei-
chend Nahrung für die bestmögliche Entwicklung erhalten.

ἀμείβει ἐς τὴν μέζονα χώρην, θήλεα καὶ ἄρσενα, τὸν
αὐτὸν τρόπον ὑπὸ βίης καὶ ἀνάγκης διωκόμενα·
ὁκότερα δ᾽ ἂν πρότερον ἐκπλήσῃ τὴν πεπρωμένην
μοῖραν, ταῦτα διακρίνεται πρῶτα, ἅμα δὲ καὶ
συμμίσγεται· ἕκαστον μὲν γὰρ διακρίνεται πρῶτα,
ἅμα δὲ καὶ συμμίσγεται· (2) χώρην δὲ ἀμείψαντα καὶ
τυχόντα ἁρμονίης ὀρθῆς ἐχούσης συμφωνίας τρεῖς,
συλλαβήν, δι᾽ ὀξέων, διὰ πασέων, ζώει καὶ αὔξεται
τοῖσιν αὐτοῖσιν οἷσι καὶ πρόσθεν· ἢν δὲ μὴ τύχῃ τῆς
ἁρμονίης, μηδὲ σύμφωνα τὰ βαρέα τοῖσιν ὀξέσι
γένηται ἐν τῇ πρώτῃ συμφωνίῃ ἢ τῇ δευτέρῃ ἢ τῇ διὰ
παντός, ἑνὸς ἀπογενομένου πᾶς ὁ τόνος μάταιος· οὐ
γὰρ ἂν προσαείσαι· ἀλλ᾽ ἀμείβει ἐκ τοῦ μέζονος ἐς τὸ
μεῖον πρὸ μοίρης· διότι οὐ γινώσκουσιν ὅ τι ποιέου-
σιν.

9. (1) Ἀρσένων μὲν οὖν καὶ θηλέων διότι ἑκάτερα
γίνεται, προϊόντι τῷ λόγῳ δηλώσω. Τούτων δὲ ὁκότε-
ρον ἂν ἐλθὸν τύχῃ τῆς ἁρμονίης, ὑγρὸν ἐὸν κινεῖ-
ται ὑπὸ τοῦ πυρός· κινεόμενον δὲ ζωπυρεῖται καὶ
προσάγεται τὴν τροφὴν ἀπὸ τῶν ἐσιόντων ἐς τὴν
γυναῖκα σίτων καὶ πνεύματος, καὶ τὰ μὲν πρῶτα
πάντη ὁμοίως, ἕως ἔτι ἀραιόν ἐστιν· ὑπὸ δὲ τῆς
κινήσιος καὶ τοῦ πυρὸς ξηραίνεται καὶ στερεοῦται·
στερεούμενον δὲ πυκνοῦται πέριξ, καὶ τὸ πῦρ
ἐγκατακλειόμενον οὐκέτι τὴν τροφὴν ἱκανὴν ἔχει
ἐπάγεσθαι, οὐδὲ τὸ πνεῦμα ἐξωθεῖ διὰ τὴν
πυκνότητα τοῦ περιέχοντος· ἀναλίσκει οὖν τὸ
ὑπάρχον ὑγρὸν εἴσω. (2) Τὰ μὲν οὖν στερεὰ τὴν φύσιν
ἐν τῷ συνεστηκότι καὶ ξηρὰ οὐ καταναλίσκεται τῷ |
πυρὶ ἐς τὴν τροφήν· ἀλλ᾽ ἐγκρατέα γίνεται καὶ 484
συνίσταται τοῦ ὑγροῦ ἐκλείποντος, ἅπερ ὀστέα
καὶ νεῦρα ὀνομάζεται. Τὸ δὲ πῦρ ἐκ τοῦ συμμιγέντος
⟨καὶ⟩ κινεομένου τοῦ ὑγροῦ, διακοσμεῖται τὸ
σῶμα κατὰ φύσιν διὰ τοιήνδε ἀνάγκην· διὰ μὲν

Dann begeben sie sich in einen größeren Raum, weibliche wie männliche Teile in derselben Weise von Gewalt und Notwendigkeit getrieben. Die aber zuerst den ihnen bestimmten Anteil erfüllt haben, die sondern sich als erste ab und mischen sich zugleich. Denn zunächst trennt jedes einzelne Teil sich ab, und all dieses mischt sich zugleich. (2) Wenn es den Platz gewechselt und die richtige Harmonie gefunden hat, die aus drei Akkorden besteht, der Quarte, der Quinte und der Oktave, dann lebt es und wächst durch dasselbe wie zuvor. Wenn es aber nicht die richtige Harmonie findet und jeweils die tiefen Töne mit den hohen nicht zusammenstimmen, sei es im ersten Intervall, im zweiten oder in der Oktave, wenn nur ein Ton ausfällt, dann ist der ganze Akkord nutzlos, denn man könnte nicht dazu singen. Es wechselt dann also vor der Erfüllung seiner Bestimmung vom Größeren ins Kleinere. Denn sie (die Teile) erkennen nicht, was sie tun.

9. (1) Warum nun das Männliche und das Weibliche entsteht, das werde ich im weiteren Verlauf meiner Ausführungen zeigen. Welches von beiden aber auch kommt und die Harmonie findet, es ist feucht und wird vom Feuer bewegt. Wenn es bewegt wird, wird es angefacht und zieht seine Nahrung aus den Speisen, die in die Frau hineingelangen und der Luft, und dies tut es zunächst überall auf dieselbe Weise, solange es noch locker ist. Durch die Bewegung aber und das Feuer trocknet es aus und verfestigt sich. Wenn es sich verfestigt, verdichtet es sich ringsum, und das darin eingeschlossene Feuer kann nicht mehr ausreichend Nahrung heranziehen und stößt nicht mehr die Luft aus wegen der Dichte der Hülle. Es verzehrt daher die im Inneren enthaltene Feuchtigkeit. (2) Die Partien in der zusammengefügten Masse, die schon von Natur aus hart und trocken sind, werden vom Feuer nicht als Nahrung verzehrt. Sie werden vielmehr stark und kompakt, wenn die Feuchtigkeit schwindet; man nennt sie Knochen und Sehnen. Das Feuer baut, von der Mischung ausgehend, wenn die Feuchtigkeit von ihm in Bewegung gesetzt worden ist, den Körper naturgemäß auf, und zwar aus folgenden zwingenden Grün-

τῶν στερεῶν καὶ ξηρῶν οὐ δύναται τὰς διεξόδους χρονίας ποιεῖσθαι, διότι οὐκ ἔχει τροφήν· διὰ δὲ τῶν ὑγρῶν καὶ μαλακῶν δύναται· ταῦτα γάρ ἐστιν αὐτῷ τροφή· (3) ἔνι δὲ καὶ ἐν τούτοισι ξηρότης οὐ καταναλισκομένη ὑπὸ τοῦ πυρός· ταῦτα δὲ συνίσταται πρὸς ἄλληλα. Τὸ μὲν οὖν ἐσωτάτω καταφραχθὲν πῦρ καὶ πλεῖστόν ἐστι καὶ μεγίστην τὴν διέξοδον ἐποιήσατο· πλεῖστον γὰρ τὸ ὑγρὸν ἐνταῦθα ἐνῆν, ὅπερ κοιλίη καλεῖται· καὶ ἐξέπεσεν ἐντεῦθεν, ἐπεὶ οὐκ εἶχε τροφήν, ἔξω, καὶ ἐποιήσατο τοῦ πνεύματος διεξόδους καὶ τροφῆς ἐπαγωγὴν καὶ διάπεμψιν· τὸ δὲ ἀποκλεισθὲν ἐς ⟨τὸ⟩ ἄλλο σῶμα περιόδους ἐποιήσατο τρισσάς, ὅπερ ἦν ὑγρότατον τοῦ πυρός, ἐν τούτοισι τοῖσι χωρίοισιν, αἵτινες φλέβες καλέονται κοῖλαι· ἐς δὲ τὰ μέσα τούτων τὸ ὑπολειπόμενον τοῦ ὕδατος συνιστάμενον πήγνυται, ὅπερ καλεῖται σάρκες.

10. (1) Ἑνὶ δὲ λόγῳ πάντα διεκοσμήσατο κατὰ τρόπον αὐτὸ ἑωυτῷ τὰ ἐν τῷ σώματι τὸ πῦρ, ἀπομίμησιν τοῦ ὅλου, μικρὰ πρὸς μεγάλα καὶ μεγάλα πρὸς μικρά· κοιλίην μὲν τὴν μεγίστην, ὕδατι ξηρῷ καὶ ὑγρῷ ταμιεῖον, δοῦναι πᾶσι καὶ λαβεῖν παρὰ πάντων, θαλάσσης δύναμιν, ζῴων συμφόρων τροφόν, ἀσυμφόρων δὲ φθόρον· περὶ δὲ ταύτην ὕδατος ψυχροῦ καὶ ὑγροῦ σύστασιν, διέξοδον πνεύματος ψυχροῦ καὶ θερμοῦ, ἀπομίμησιν γῆς, τὰ ἐπεσπίπτοντα πάντα ἀλλοιούσης. (2) Καὶ τὰ ⟨μὲν⟩ ἀναλίσκον, τὰ δὲ αὖξον, σκέδασιν ὕδατος λεπτοῦ καὶ πυρὸς ἐποιή|σατο ἠερίου, ἀφανέος καὶ φανεροῦ, ἀπὸ τοῦ συνεστηκότος ἀπόκρισιν, ἐν ᾧ φερόμενα πάντα ἐς τὸ φανερὸν ἀφικνεῖται ἕκαστον μοίρῃ πεπρωμένῃ. Ἐν δὲ τούτῳ ἐποιήσατο τὸ πῦρ περιόδους τρισσάς, περαινούσας πρὸς ἀλλήλας καὶ εἴσω καὶ ἔξω· αἱ μὲν πρὸς τὰ κοῖλα τῶν ὑγρῶν, σελήνης δύναμιν, αἱ δὲ [πρὸς τὴν ἔξω περιφορήν,] πρὸς τὸν περιέχοντα

486

den: Durch die festen und trockenen Teile kann es sich nicht auf Dauer Durchgang verschaffen, weil es keine Nahrung erhält. Durch die feuchten und weichen Teile aber kann es das; denn diese sind seine Nahrung. (3) Aber auch in ihnen ist Trockenes enthalten, das nicht vom Feuer verzehrt wird. Diese Teile aber verfestigen sich miteinander. Das im Innersten eingeschlossene Feuer ist auch in größter Menge vorhanden, und es schuf sich den größten Durchgang; am meisten Feuchtigkeit war nämlich an der Stelle enthalten, die man Bauch nennt. Und von dort ging das Feuer nach draußen, weil es keine Nahrung fand, schuf Durchgänge für die Luft und für die Nahrung einen Zu- und einen Abweg. Das im übrigen Teil des Körpers eingeschlossene Feuer, das am feuchtesten war, schuf sich an den Stellen, die man Hohladern nennt, dreifache Umgänge. In der Mitte zwischen ihnen vereinigt sich das übrige Wasser und verfestigt sich zu dem, was man Fleisch nennt.

10. (1) Mit einem Wort, das Feuer hat in der ihm selbst gemäßen Weise alles im Körper geordnet, eine Nachahmung des Weltalls, das Kleine nach dem Großen und das Große nach dem Kleinen. Es schuf den Bauch als Größtes, als Vorratskammer für trockenes und feuchtes Wasser, um allem zu geben und von allem zu nehmen, mit der Kraft des Meeres als Ernährer der sich darin einfügenden Lebewesen und als Zerstörer der nicht hineingehörenden. Um diesen herum schuf es eine Verfestigung kalten und feuchten Wassers, einen Durchgang für kalte und warme Luft, eine Nachahmung der Erde, die alles, was auf sie fällt, verändert. (2) Dies verzehrend, jenes vermehrend, bewirkt es die Zerstreuung von leichtem Wasser und luftigem Feuer, von Unsichtbarem und Sichtbarem, die Absonderung aus Festgewordenem, und alles darin Mitgetragene wird wieder sichtbar, jedes nach seinem Los. Darin hat das Feuer drei Gruppen von Umgängen geschaffen, die sowohl nach innen als auch nach außen aneinander grenzen, der eine an den Hohlräumen des Feuchten hat die Kraft des Mondes, der andere an der festen Oberfläche

πάγον, ἄστρων δύναμιν, αἱ δὲ μέσαι καὶ εἴσω καὶ ἔξω περαίνουσαι ⟨ἡλίου δύναμιν ἔχουσι⟩. (3) Τὸ θερμότατον καὶ ἰσχυρότατον πῦρ, ὅπερ πάντων κρατεῖ, διέπον ἅπαντα κατὰ φύσιν, ἄθικτον καὶ ὄψει καὶ ψαύσει, ἐν τούτῳ ψυχή, νόος, φρόνησις, κίνησις, αὔξησις, μείωσις, διάλλαξις, ὕπνος, ἔγερσις· τοῦτο πάντα διὰ παντὸς κυβερνᾷ, καὶ τάδε καὶ ἐκεῖνα, οὐδέποτε ἀτρεμίζον.

11. (1) Οἱ δὲ ἄνθρωποι ἐκ τῶν φανερῶν τὰ ἀφανέα σκέπτεσθαι οὐκ ἐπίστανται· τέχνῃσι γὰρ χρεώμενοι ὁμοίῃσιν ἀνθρωπίνῃ φύσει οὐ γινώσκουσιν· θεῶν γὰρ νόος ἐδίδαξε μιμεῖσθαι τὰ ἑωυτῶν, γινώσκοντας ἃ ποιέουσι, καὶ οὐ γινώσκοντας ἃ μιμέονται. Πάντα γὰρ ὅμοια, ἀνόμοια ἐόντα· καὶ σύμφορα πάντα, διάφορα ἐόντα· διαλεγόμενα, οὐ διαλεγόμενα· γνώμην ἔχοντα, ἀγνώμονα· ὑπεναντίος ὁ τρόπος ἑκάστων ὁμολογεόμενος. Νόμος γὰρ καὶ φύσις, οἷσι πάντα διαπρησσόμεθα, οὐχ ὁμολογεῖται ὁμολογεόμενα· (2) νόμον μὲν ἄνθρωποι ἔθεσαν αὐτοὶ ἑωυτοῖσιν, οὐ γινώσκοντες περὶ ὧν ἔθεσαν, φύσιν δὲ πάντων θεοὶ διεκόσμησαν. Τὰ μὲν οὖν ἄνθρωποι διέθεσαν οὐδέποτε κατὰ τωὐτὸ ἔχει οὔτε ὀρθῶς οὔτε μὴ ὀρθῶς· ὅσα δὲ θεοὶ διέθεσαν αἰεὶ ὀρθῶς ἔχει· καὶ τὰ ὀρθὰ καὶ τὰ μὴ ὀρθὰ τοσοῦτον διαφέρει.

12. (1) Ἐγὼ δὲ δηλώσω τέχνας φανερὰς ἀνθρώ- 488 που παθήμασιν ὁμοίας ἐούσας καὶ φανεροῖσι καὶ ἀφανέσι. Μαντικὴ τοιόνδε· τοῖσι μὲν φανεροῖσι τὰ ἀφανέα γινώσκει, καὶ τοῖσιν ἀφανέσι τὰ φανερά, καὶ τοῖσιν ἐοῦσι τὰ μέλλοντα, καὶ τοῖσιν ἀποθανοῦσι τὰ ζῶντα, καὶ τοῖσιν ἀσυνέτοισι συνιᾶσιν, ὁ μὲν εἰδὼς αἰεὶ ὀρθῶς, ὁ δὲ μὴ εἰδὼς ἄλλοτε ἄλλως. (2) Φύσιν ἀνθρώπου καὶ βίον ταῦτα μιμεῖται· ἀνὴρ

die Kraft der Sterne, der in der Mitte, der sowohl an das Innere als auch an das Äußere grenzt, hat die Kraft der Sonne. (3) Was das wärmste und stärkste Feuer betrifft, das alles beherrscht, jedes einzelne der Natur gemäß durchwaltet und unzugänglich für Auge und Tastsinn ist, in ihm ist die Seele, der Verstand, die Vernunft, die Bewegung, das Wachstum, das Vergehen, die Veränderung, der Schlaf, das Erwachen. Dieses (Feuer) steuert fortwährend alles, sowohl hier als auch dort, ohne jemals in Ruhe zu sein.

11. (1) Die Menschen wissen nicht vom Sichtbaren aus das Unsichtbare zu sehen. Denn sie erkennen nicht, daß sie Künste ausüben, die der menschlichen Natur ähnlich sind. Die Vernunft der Götter lehrte sie, das, was in ihnen vorgeht, nachzuahmen, und sie wissen, was sie tun, ohne zu wissen, was sie nachahmen. Denn alles ist ähnlich, obwohl es verschieden ist. Und alles ist verträglich, obwohl es abträglich ist. Es redet und redet doch nicht. Es hat Vernunft und ist doch unvernünftig. Die Art jedes einzelnen ist entgegengesetzt und doch übereinstimmend. Denn der Brauch und die Natur, womit wir alles vollbringen, stimmen nicht überein und sind doch übereinstimmend. (2) Den Brauch haben die Menschen selbst für sich gesetzt, ohne zu erkennen, worüber sie ihn setzten. Die Natur aller Dinge dagegen haben die Götter geordnet. Das freilich, was die Menschen eingerichtet haben, bleibt niemals sich selbst gleich, sei es nun richtig oder nicht richtig. Was aber die Götter geordnet haben, ist immer richtig. Und so unterscheidet sich das Richtige und das Nichtrichtige.

12. (1) Ich werde aber zeigen, daß sichtbare Tätigkeiten den Vorgängen beim Menschen ähnlich sind, sichtbaren wie unsichtbaren. So ist es mit der Seherkunst: Sie erkennt am Sichtbaren das Unsichtbare und am Unsichtbaren das Sichtbare, am Gegenwärtigen das Zukünftige und am Toten das Lebende. Und mit Hilfe des Unverständigen verstehen sie (die Seher), und zwar der Wissende immer richtig, der Unwissende aber bald so, bald so. (2) Dies ahmt die Natur des Menschen und das Leben nach. Ein

γυναικὶ συγγενόμενος παιδίον ἐποίησε· τῷ φανερῷ
τὸ ἄδηλον γινώσκει ὅτι οὕτως ἔσται. Γνώμη ἀνθρώ-
που ἀφανὴς γινώσκουσα τὰ φανερὰ ἐκ παιδὸς ἐς
ἄνδρα μεθίσταται· τῷ ἐόντι τὸ μέλλον γινώσκει. Οὐχ
ὅμοιον ἀποθανὼν ζώοντι· τῷ τεθνηκότι οἶδε τὸ ζῶον.
Ἀσύνετον γαστήρ· ταύτη συνίεμεν ὅτι διψῇ ἢ πεινῇ.
Ταῦτα μαντικῆς τέχνης καὶ φύσιος ἀνθρωπίνης
παθήματα, τοῖσι μὲν γινώσκουσιν αἰεὶ ὀρθῶς, τοῖσι δὲ
μὴ γινώσκουσιν αἰεὶ ἄλλοτε ἄλλως.

13. (1) [Σιδήρου ὄργανα] τεχνῖται τὸν σίδηρον πυρὶ
τήκουσι, πνεύματι ἀναγκάζοντες τὸ πῦρ, τὴν ὑπάρ-
χουσαν τροφὴν ἀφαιρέονται, ἀραιὸν δὲ ποιήσαντες
παίουσι καὶ συνελαύνουσιν, ὕδατος δὲ ἄλλου τροφῇ
ἰσχυρὸς γίνεται. (2) Ταῦτα πάσχει ἄνθρωπος ὑπὸ
παιδοτρίβου· τὴν ὑπάρχουσαν τροφὴν πυρὶ ἀφαιρεῖ-
ται, ὑπὸ πνεύματος ἀναγκαζομένῳ· ἀραιούμενος
κόπτεται, τρίβεται, καθαίρεται, ὑδάτων δὲ ἐπαγωγῇ
ἄλλοθεν ἰσχυρὸς γίνεται.

14. (1) Καὶ οἱ γναφεῖς τοῦτο διαπρήσσονται· λακτί- 490
ζουσι, κόπτουσιν, ἕλκουσι, λυμαινόμενοι ἰσχυρότερα
ποιέουσι, κείροντες τὰ ὑπερέχοντα καὶ παραπλέ-
κοντες καλλίω ποιέουσι· ταῦτα πάσχει ἄνθρωπος.

15. (1) Σκυτεῖς τὰ ὅλα κατὰ μέρεα διαιρέουσι, καὶ τὰ
μέρεα ὅλα ποιέουσι, τάμνοντες δὲ καὶ κεντέοντες
τὰ σαθρὰ ὑγιέα ποιέουσι. Καὶ ἄνθρωπος δὲ ταῦτα
πάσχει· ἐκ τῶν ὅλων μέρεα διαιρεῖται, καὶ ἐκ τῶν
μερέων συντιθεμένων ὅλα γίνεται· (2) κεντεόμενοί
τε καὶ ταμνόμενοι τὰ σαθρὰ ὑπὸ τῶν ἰητρῶν ὑγιά-
ζονται· καὶ τόδε ἰητρικῆς· τὸ λυπέον ἀπαλλάσσειν,
καὶ ὑφ' οὗ πονεῖ ἀφαιρέοντα ὑγιέα ποιεῖν. Ἡ
φύσις αὐτομάτη ταῦτα ἐπίσταται· καθήμενον ποιεῖ

Mann, der sich mit einer Frau vereinigte, zeugte ein Kind. Am Sichtbaren erkennt er das Unsichtbare, daß es so sein wird. Die Vernunft des Menschen, die unsichtbar ist, erkennt, was sichtbar ist, und geht vom Kind zum Manne über; durch das Gegenwärtige erkennt sie das Zukünftige. Ein Toter ist einem Lebenden nicht ähnlich; aber am Toten erkennt man das Lebende. Der Bauch ist ohne Verstand; aber durch ihn verstehen wir, daß man hungert oder dürstet. Die Vorgänge in der Seherkunst und in der menschlichen Natur sind dieselben, für diejenigen, die erkennen, immer richtig, für diejenigen, die nicht erkennen, bald so, bald so.

13. (1) Die Handwerker schmieden das Eisen mit Hilfe des Feuers, indem sie das Feuer durch Luft dazu zwingen. Sie nehmen (dem Eisen) die vorhandene Nahrung und, wenn es locker gemacht ist, hämmern sie es und treiben sie es zusammen. Durch die Ernährung mit anderem Wasser wird es hart. (2) Die gleiche Behandlung erfährt der Mensch von seinem Turnlehrer; dieser nimmt die vorhandene Nahrung mit Hilfe des Feuers, das durch die Luft gezwungen wird, weg. Einmal gelockert, wird dann geschlagen, gerieben, gereinigt; durch die Zufuhr von Wasser anderswoher aber wird er stark.

14. (1) Die Tuchwalker arbeiten folgendermaßen: Sie stampfen mit den Füßen, sie schlagen und ziehen; indem sie mißhandeln, machen sie stärker; indem sie das Überstehende wegschneiden und wieder verknüpfen, machen sie schöner. Dieselbe Behandlung geschieht mit dem Menschen.

15. (1) Die Schuster schneiden das Ganze in Teile und machen die Teile zu einem Ganzen; indem sie schneiden und stechen, heilen sie Schadhaftes. Auch mit dem Menschen geschieht dieselbe Behandlung. Aus dem Ganzen werden Teile abgetrennt, und aus den zusammengesetzten Teilen entsteht ein Ganzes. (2) Durch Stechen und Schneiden wird Geschädigtes von den Ärzten geheilt. Und auch dies gehört zur Heilkunst: das, was Schmerzen bereitet, zu entfernen und gesund zu machen, indem man die Ursache beseitigt, durch die man leidet. Die Natur versteht dies

ἀναστῆναι, κινεύμενον ποιεῖ ἀναπαύσασθαι, καὶ τὰ ἄλλα τὰ τοιαῦτα ἔχει φύσις ἰητρικῆς.

24. (1) Ἀγωνίη, παιδοτριβίη τοιόνδε· διδάσκουσι παρανομεῖν κατὰ νόμον, ἀδικεῖν δικαίως, ἐξαπατᾶν, κλέπτειν, ἁρπάζειν, βιάζεσθαι, τὰ αἴχιστα κάλλιστα· ὁ μὴ ταῦτα ποιέων κακός, ὁ δὲ ταῦτα ποιέων ἀγαθός· ἐπίδειξις τῆς τῶν πολλῶν ἀφροσύνης· θεῶνται ταῦτα καὶ κρίνουσιν ἕνα ἐξ ἁπάντων ἀγαθόν, τοὺς δὲ ἄλλους κακούς· πολλοὶ θαυμάζουσιν, ὀλίγοι γινώσκουσιν. (2) Ἐς ἀγορὴν ἐλθόντες ἄνθρωποι ταὐτὰ διαπρήσσονται· ἐξαπατῶσιν ἄνθρωποι πωλέοντες καὶ ὠνεόμενοι· ὁ πλεῖστα ἐξαπατήσας, οὗτος θαυμάζεται. Πίνοντες καὶ μαινόμενοι ταὐτὰ διαπρήσσονται. Τρέχουσι, παλαίουσι, μάχονται, κλέπτουσιν, ἐξαπατῶσιν· εἷς ἐκ πάντων κρίνεται. (3) Ὑποκριτικὴ ἐξαπατᾷ εἰδότας· ἄλλα λέγουσιν καὶ ἄλλα φρονέουσιν, οἱ αὐτοὶ ἐσέρπουσι καὶ ἐξέρπουσιν οὐχ οἱ αὐτοί· ἔνι καὶ ἐν ἀνθρώπῳ ἄλλα μὲν λέγειν, ἄλλα δὲ ποιεῖν, καὶ τὸν αὐτὸν μὴ εἶναι τὸν αὐτόν, καὶ τότε μὲν ἄλλην, τότε δὲ ἄλλην ἔχειν γνώμην. Οὕτω μὲν αἱ τέχναι πᾶσαι τῇ ἀνθρωπίνῃ φύσει ἐπικοινωνέουσιν.

25. (1) Ἡ δὲ ψυχὴ τοῦ ἀνθρώπου, ὥσπερ μοι καὶ εἴρηται, σύγκρησιν ἔχουσα πυρὸς καὶ ὕδατος, μέρεα δὲ ἀνθρώπου, ἐσέρπει ἐς ἅπαν ζῷον, ὅ τι περ ἀναπνεῖ, καὶ δὴ καὶ ἐς ἄνθρωπον πάντα καὶ νεώτερον καὶ πρεσβύτερον. Αὔξεται δὲ οὐκ ἐν πᾶσιν ὁμοίως, | ἀλλ᾿ 498 ἐν μὲν τοῖσι νέοισι τῶν σωμάτων, ἅτε ταχέης ἐούσης τῆς περιφορῆς καὶ τοῦ σώματος αὐξίμου, ἐκπυρουμένη καὶ λεπτυνομένη καταναλίσκεται ἐς τὴν

von alleine. Sie läßt den Sitzenden aufstehen, den sich Bewegen-
den ausruhen. Auch anderes dieser Art hat die Natur mit der
Heilkunst gemeinsam.

[...]

24. (1) Der sportliche Wettkampf, die sportliche Erziehung ver-
laufen folgendermaßen: Man lehrt, gesetzmäßig gegen das Ge-
setz zu handeln, in gerechter Weise Unrecht zu tun, zu täuschen,
zu stehlen, zu rauben, Gewalt anzuwenden; die schlimmsten
Dinge sind dabei die besten. Wer nicht so handelt, ist schlecht;
wer aber so handelt, ist gut. Ein Beweis für die Unvernunft der
Masse: Sie schauen sich dies an und halten einen unter allen für
gut, die anderen für schlecht. Viele bewundern, wenige erken-
nen. (2) Wenn die Menschen auf die Agora kommen, tun sie das-
selbe. Die Menschen täuschen, wenn sie verkaufen und einkau-
fen. Wer am meisten getäuscht hat, der wird bewundert. Sie tun
dasselbe, wenn sie trinken und berauscht sind: Sie laufen, rin-
gen, kämpfen, stehlen, täuschen. Einer von allen wird geschätzt.
(3) Die Kunst der Schauspieler täuscht die Wissenden; sie sa-
gen dies und denken das; ein und dieselben gehen auf die Bühne,
und es sind nicht dieselben, die sie wieder verlassen; auch einem
Menschen ist es möglich, dies zu sagen und anderes zu tun, der-
selbe und doch wieder nicht derselbe zu sein, einmal diese, ein
anderes Mal jene Meinung zu haben. So haben alle Betätigungen
etwas mit der menschlichen Natur gemeinsam.

25. (1) Die Seele des Menschen, die, wie ich schon sagte, aus
einer Mischung von Feuer und Wasser besteht, und den Teilchen
des Menschen, dringt in jedes Lebewesen ein, das atmet, und na-
türlich auch in jeden Menschen, ob jung oder alt. Aber sie ent-
wickelt sich nicht bei allen gleich, sondern in den jungen Kör-
pern, wo der Umlauf schnell ist und der Körper wächst, wird sie
durch Verbrennung und Verdünnung für das Wachstum des
Körpers aufgebraucht; in den älteren Körpern aber, in denen die

αὔξησιν τοῦ σώματος· ἐν δὲ τοῖσι πρεσβυτέροισιν, ἅτε βραδέης ἐούσης τῆς κινήσιος καὶ ψυχροῦ τοῦ σώματος, καταναλίσκεται ἐς τὴν μείωσιν τοῦ ἀνθρώπου. (2) Ὅσα δὲ τῶν σωμάτων ἀκμάζοντά ἐστι καὶ ἐν τῇσιν ἡλικίῃσι τῇσι γονίμῃσι, δύναται τρέφειν καὶ αὔξειν· δυνάστης δὲ ἄνθρωπος, ὅστις δύναται πλείστους ἀνθρώπους τρέφειν, ἰσχυρός· ἀπολειπόντων δέ, ἀσθενέστερος. Τοιοῦτον καὶ ἕκαστα τῶν σωμάτων· ὁκοῖα πλείστας δύναται ψυχὰς τρέφειν, ταῦτα ἰσχυρότατα, ἀπελθόντων δὲ τούτων, ἀσθενέστερα.

26. (1) Ὅ τι μὲν ἂν ἐς ἄλλο ἐσέλθῃ, οὐκ αὔξεται· ὅ τι δ᾽ ἂν ἐς τὴν γυναῖκα, αὔξεται, ἢν τύχῃ τῶν προσηκόντων. Καὶ διακρίνεται δὲ τὰ μέλεα ἅμα πάντα καὶ αὔξεται, καὶ πρότερον οὐδὲν ἕτερον ἑτέρου οὐδ᾽ ὕστερον. Τὰ δὲ μέζω φύσει πρότερα φαίνεται τῶν ἐλασσόνων, οὐδὲν πρότερα γινόμενα. (2) Οὐκ ἐν ἴσῳ δὲ χρόνῳ πάντα διακοσμεῖται, ἀλλὰ τὰ μὲν θᾶσσον, τὰ δὲ βραδύτερον, ὅκως ἂν καὶ τοῦ πυρὸς τύχῃ ἕκαστα καὶ τῆς τροφῆς· τὰ μὲν οὖν ἐν τεσσεράκοντα ἡμέρῃσιν ἴσχει πάντα φανερά, τὰ δ᾽ ἐν δύο μησί, τὰ δ᾽ ἐν τρισί, τὰ δ᾽ ἐν τετραμήνῳ. Ὡς δ᾽ αὔτως καὶ γόνιμα γίνεται· τὰ μὲν θᾶσσον ἑπτάμηνα τελέως, τὰ δὲ βραδύτερον ἐννέα μησὶ τελέως ἐς φάος ἀναδείκνυται ἔχοντα τὴν σύγκρησιν ἥνπερ καὶ διὰ παντὸς ἕξει.

27. (1) Ἄρσενα μὲν οὖν καὶ θήλεα ἐν τῷδε τῷ τρόπῳ 500 γίνοιτ᾽ ἂν ὡς ἀνυστόν· τὰ δὲ θήλεα πρὸς ὕδατος μᾶλλον ἀπὸ τῶν ψυχρῶν καὶ ὑγρῶν καὶ μαλακῶν αὔξεται καὶ σίτων καὶ ποτῶν καὶ ἐπιτηδευμάτων· τὰ δὲ ἄρσενα πρὸς πυρὸς μᾶλλον, ἀπὸ τῶν ξηρῶν καὶ θερμῶν καὶ σίτων καὶ διαίτης. Εἰ μὲν οὖν θῆλυ τεκεῖν βούλοιτο, τῇ πρὸς ὕδατος διαιτήσει χρηστέον· εἰ δὲ ἄρσεν, τῇ πρὸς πυρὸς ἐπιτηδεύσει διακτέον· καὶ οὐ μόνον τὸν ἄνδρα δεῖ τοῦτο διαπρήσσεσθαι, ἀλλὰ καὶ

Bewegung langsam und der Körper kalt ist, wird sie für den Verfall des Menschen aufgebraucht. (2) Alle Körper, die in voller Kraft stehen und im zeugungsfähigen Alter sind, können sie nähren und zum Wachsen bringen. Ein Machthaber, der sehr viele Menschen ernähren kann, ist stark. Wenn sie ihn aber verlassen, wird er schwächer. So verhält es sich auch mit jedem einzelnen Körper: Diejenigen, die die meisten Seelen ernähren können, sind am stärksten; wandern diese hinaus, werden sie schwächer.

26. (1) Was anderswo hineingeht, wächst nicht. Was aber in die Frau hineingeht, wächst, wenn es das findet, was zu ihm paßt. Alle Glieder teilen sich gleichzeitig ab und wachsen, und keines früher oder später als das andere. Die von Natur aus größeren werden früher sichtbar als die kleineren, entstehen aber nicht früher. (2) Es bilden sich aber nicht alle (Föten) gleichzeitig aus, sondern die einen schneller, die anderen langsamer, je nachdem wie jeder einzelne das Feuer und die Nahrung findet. Bei den einen wird nach vierzig Tagen alles sichtbar, bei anderen nach zwei Monaten, bei wiederum anderen nach drei oder nach vier Monaten. Ebenso werden sie auch reif für die Geburt; die einen kommen schneller und nach sieben Monaten schon ganz und gar vollendet ans Tageslicht, die anderen kommen langsamer und erst nach neun Monaten vollendet ans Licht der Welt und weisen dann die Mischung auf, die sie für immer behalten.

27. (1) Soweit dies möglich ist, entstehen Männliches und Weibliches auf folgende Weise: Die weiblichen Wesen, die eher zum Wasser neigen, entwickeln sich durch kalte, feuchte, weiche Speisen und Getränke und eine entsprechende Lebensweise, die männlichen Wesen aber, die eher zum Feuer neigen, durch trockene, warme Speisen und eine entsprechende Lebensweise. Wenn man also ein Mädchen hervorbringen will, muß man einer wässerigen Lebensweise folgen. Wenn man einen Jungen will, ist einer feurigen Lebensweise zu folgen. Und nicht nur der Mann muß

τὴν γυναῖκα. Οὐ γὰρ τὸ ἀπὸ τοῦ ἀνδρὸς μόνον ἀπο-
κριθὲν αὔξιμόν ἐστιν, ἀλλὰ καὶ τὸ ἀπὸ τῆς γυναικός,
διὰ τάδε· (2) ἑκάτερον μὲν τὸ μέρος οὐκ ἔχει ἱκανὴν
τὴν κίνησιν τῷ πλήθει τοῦ ὑγροῦ, ὥστε κατα-
ναλίσκειν τὸ ἐπιρρέον καὶ συνιστάναι δι᾽ ἀσθενείην
τοῦ πυρός· ὁκόταν δὲ κατὰ τωὐτὸ ἀμφότερα συνεκ-
πεσόντα τύχῃ, συμπίπτει πρὸς ἄλληλα, τὸ πῦρ τε
πρὸς τὸ πῦρ καὶ τὸ ὕδωρ ὡσαύτως. Ἢν μὲν οὖν ἐν
ξηρῇ τῇ χώρῃ πέσῃ, κινεῖται, εἰ καὶ κρατεῖ τοῦ συνεκ-
πεσόντος ὕδατος, καὶ ἀπὸ τούτου αὔξεται τὸ πῦρ.
ὥστε μὴ κατασβέννυσθαι ὑπὸ τοῦ ἐπιπίπτοντος
κλύδωνος, ἀλλὰ τό τε ἐπιὸν δέχεσθαι καὶ συνιστάναι
πρὸς τὸ ὑπάρχον· (3) ἢν δὲ ἐς ὑγρὸν πέσῃ, εὐθέως ἀπ᾽
ἀρχῆς κατασβέννυταί τε καὶ διαλύεται ἐς τὴν μείω
τάξιν. Ἐν μιῇ δὲ ἡμέρῃ τοῦ μηνὸς ἑκάστου δύναται
συστῆναι καὶ κρατῆσαι τῶν ἐπιόντων, καὶ ταῦτ᾽ ἢν
τύχῃ συνεκπεσόντα παρ᾽ ἀμφοτέρων κατὰ τόπον.

28. (1) Συνίστασθαι δὲ δύναται καὶ τὸ θῆλυ καὶ τὸ
ἄρσεν πρὸς ἄλληλα, διότι καὶ ἐν ἀμφοτέροις ἀμφό-
τερα τρέφεται, καὶ διότι ἡ μὲν ψυχὴ τωὐτὸ πᾶσι τοῖ-
σιν ἐμψύχοισι, τὸ δὲ σῶμα διαφέρει ἑκά|στου. Ψυχὴ 502
μὲν οὖν αἰεὶ ὁμοίη καὶ ἐν μέζονι καὶ ἐν ἐλάσσονι· οὐ
γὰρ ἀλλοιοῦται οὔτε διὰ φύσιν οὔτε δι᾽ ἀνάγκην·
σῶμα δὲ οὐδέποτε τωὐτὸ οὐδενὸς οὔτε κατὰ φύσιν
οὔθ᾽ ὑπ᾽ ἀνάγκης, τὸ μὲν γὰρ διακρίνεται ἐς πάντα,
τὸ δὲ συμμίσγεται πρὸς ἅπαντα. (2) Ἢν μὲν οὖν
ἄρσενα τὰ σώματα ⟨τὰ⟩ ἀποκριθέντα ⟨ἀπ᾽⟩ ἀμφο-
τέρων τύχῃ, αὔξεται κατὰ τὸ ὑπάρχον, καὶ γίνονται
οὗτοι ἄνδρες λαμπροὶ τὰς ψυχὰς καὶ τὰ σώματα
ἰσχυροί, ἢν μὴ ὑπὸ τῆς διαίτης βλαφθῶσι τῆς ἔπειτα.
(3) Ἢν δὲ τὸ μὲν ἀπὸ τοῦ ἀνδρὸς ἄρσεν ἀποκριθῇ, τὸ
δὲ ἀπὸ τῆς γυναικὸς θῆλυ, καὶ ἐπικρατήσῃ τὸ ἄρσεν,

dies tun, sondern auch die Frau. Denn nicht nur das, was vom Mann abgesondert wird, trägt zum Wachstum bei, sondern auch das, was von der Frau abgesondert wird, und zwar aus folgendem Grund: (2) Keines von beiden Teilen hat hinsichtlich der Menge der Feuchtigkeit genügend Bewegungskraft, um das Wasser, das hinzufließt, zu verbrauchen und zu verdichten, dies wegen der Schwäche des Feuers. Aber wenn beides an derselben Stelle zusammentrifft, vereinigt es sich, das Feuer mit dem Feuer und das Wasser ebenso. Gelangt nun beides an einen trockenen Ort, wird das Feuer in Bewegung versetzt, wenn es das miteingedrungene Wasser überwältigt, und das Feuer wächst dadurch so sehr, daß es von dem hereingebrochenen Wasserschwall nicht ausgelöscht wird, sondern das Hinzugekommene aufnimmt und mit dem bereits Vorhandenen verdichtet. (3) Wenn dagegen beides ins Feuchte fällt, wird das Feuer sogleich von Anfang an gelöscht und löst sich in eine geringere Stufe auf. An einem einzigen Tag jeden Monats kann es sich aber verdichten und über das hinzufließende Wasser die Oberhand gewinnen, und zwar wenn das von beiden Partnern Ausgeschiedene an einem Ort zusammentrifft.

28. (1) Das Weibliche und das Männliche können sich miteinander verbinden, weil einerseits beides in beiden (Geschlechtern) genährt wird und andererseits die Seele bei allen beseelten Lebewesen gleich ist, der Körper aber bei jedem unterschiedlich. Die Seele ist immer gleich, im Größeren wie im Kleineren. Denn sie verändert sich nicht, weder von Natur aus noch durch einen Zwang. Der Körper aber ist bei keinem jemals derselbe, weder von Natur aus noch durch einen Zwang; denn er löst sich in alles auf und mischt sich mit allem. (2) Wenn also die von beiden Seiten abgesonderten Elemente männlich sind, wachsen sie entsprechend der vorhandenen Grundlage, und es entstehen Männer mit glänzender Seele und starkem Körper, wenn sie nicht durch ihre spätere Lebensführung Schaden erleiden. (3) Wenn von einem Mann das Männliche abgesondert wird und von einer Frau das Weibliche und das Männliche siegt, so ver-

ἡ μὲν ψυχὴ προσμίσγεται πρὸς τὴν ἰσχυροτέρην ἡ
ἀσθενεστέρη, οὐ γὰρ ἔχει πρὸς ὅ τι ὁμοτροπώτερον
ἀποχωρήσει τῶν παρεόντων· προσέρχεται γὰρ καὶ ἡ
μικρὴ πρὸς τὴν μέζω καὶ ἡ μέζων πρὸς τὴν ἐλάσσονα·
κοινῇ δὲ τῶν ὑπαρχόντων κρατέουσι· τὸ δὲ σῶμα τὸ
μὲν ἄρσεν αὔξεται, τὸ δὲ θῆλυ μειοῦται καὶ διακρίνε-
ται ἐς ἄλλην μοῖραν. Καὶ οὗτοι ἧσσον μὲν τῶν πρότε-
ρον λαμπροί, ὅμως δέ, διότι ἀπὸ τοῦ ἀνδρὸς τὸ ἄρσεν
ἐκράτησεν, ἀνδρεῖοι γίνονται, καὶ τὸ ὄνομα τοῦτο δι-
καίως ἔχουσιν. (4) Ἢν δὲ ἀπὸ μὲν τῆς γυναικὸς ἄρσεν
ἀποκριθῇ, ἀπὸ δὲ τοῦ ἀνδρὸς θῆλυ, κρατήσῃ δὲ τὸ
ἄρσεν, αὔξεται τὸν αὐτὸν τρόπον τῷ προτέρῳ· τὸ δὲ
μειοῦται· γίνονται δὲ οὗτοι ἀνδρόγυνοι καὶ καλέον-
ται τοῦτο ὀρθῶς. Τρεῖς μὲν οὖν αὗται γενέσιες τῶν
ἀνδρῶν, διάφοροι δὲ πρὸς τὸ μᾶλλον καὶ ἧσσον τὸ
τοιοῦτον εἶναι διὰ τὴν σύγκρησιν τοῦ ὕδατος ⟨καὶ τοῦ
πυρὸς⟩ τῶν μερέων καὶ τροφὰς καὶ παιδεύσιας καὶ
συνηθείας. Δηλώσω δὲ προϊόντι τῷ λόγῳ καὶ περὶ
τούτων.

29. (1) Τὸ δὲ θῆλυ γίνεται κατὰ τὸν αὐτὸν τρόπον·
ἢν μὲν ἀπ' | ἀμφοτέρων θῆλυ ἀποκριθῇ, θηλυκώτατα 504
καὶ εὐφυέστατα γίνεται· ἢν δὲ τὸ μὲν ἀπὸ τῆς γυ-
ναικὸς θῆλυ, τὸ δὲ ἀπὸ τοῦ ἀνδρὸς ἄρσεν, κρατήσῃ
δὲ τὸ θῆλυ, θρασύτεραι μὲν τῶν πρόσθεν, ὅμως δὲ
κόσμιαι καὶ αὗται. Ἢν δὲ τὸ μὲν ἀπὸ τοῦ ἀνδρὸς
θῆλυ, τὸ δὲ ἀπὸ τῆς γυναικὸς ἄρσεν, κρατήσῃ δὲ
τὸ θῆλυ, αὔξεται τὸν αὐτὸν τρόπον, γίνονται δὲ
τολμηρότεραι τῶν προτέρων καὶ ἀνδρεῖαι ὀνομάζον-
ται. (2) Εἰ δέ τις ἀπιστεῖ ψυχὴν μὴ προσμίσγεσθαι
ψυχῇ, ἀφορῶν ἐς ἄνθρακας, ⟨μὴ⟩ κεκαυμένους πρὸς
κεκαυμένους προσβάλλων, ἰσχυροὺς πρὸς ἀσθενέας,
τροφὴν αὐτοῖσι διδούς, ὅμοιον τὸ σῶμα πάντες πα-
ρασχήσονται καὶ οὐ διάδηλος ἕτερος τοῦ ἑτέρου,

mischt sich zwar die schwächere Seele mit der stärkeren, denn sie findet im Vorhandenen nichts Verwandteres, dem sie sich zuwenden könnte. Denn die kleine (Seele) geht zur größeren und die größere zur kleineren. Gemeinsam beherrschen sie das Vorhandene. Was aber den Körper angeht, so wächst nur der männliche, der weibliche verkümmert und wird zu einer anderen Bestimmung ausgeschieden. Diese (Männer) werden weniger glänzend als die zuvor genannten. Dennoch sind sie aber, da das Männliche vom Manne ausgehend gesiegt hat, mannhaft und tragen diesen Namen zu Recht. (4) Wenn sich aber das Männliche von einer Frau abgesondert hat und das Weibliche von einem Mann und das Männliche siegt, wächst es auf die gleiche Weise wie im vorigen Fall; das Weibliche aber nimmt ab. Diese werden weibische Männer, und sie werden zu Recht so genannt. Dies also sind die drei Entstehungsarten von Männern, die sich darin unterscheiden, daß sie mehr oder weniger so (wie ein Mann) beschaffen sind, und zwar durch den Gehalt an Anteilen von Wasser und Feuer, durch die Ernährung, die Erziehung und die Gewohnheiten. Im weiteren Verlauf meiner Ausführungen werde ich aber auch dies behandeln.

29. (1) Das Weibliche entsteht auf dieselbe Weise. Wenn von beiden Seiten Weibliches abgesondert wird, werden die Frauen am weiblichsten und schönsten. Wenn das Weibliche von einer Frau kommt, das Männliche von einem Mann und das Weibliche siegt, werden sie beherzter als die zuvor genannten, aber dennoch sind auch sie maßvoll. Wenn aber das Weibliche vom Manne kommt, das Männliche von einer Frau und das Weibliche siegt, entwickelt es sich auf dieselbe Weise; diese Frauen werden verwegener als die zuvor genannten, und sie werden männlich genannt. (2) Wenn aber jemand nicht glauben sollte, daß sich Seele mit Seele vermischen kann, so schaue er sich glühende Kohlen an. Wenn man zu brennenden Kohlen nicht brennende wirft, starke zu schwachen, und ihnen Nahrung gibt, so werden alle eine ähnliche Gestalt aufweisen. Und die einen werden sich

ἀλλ' ἐν ὁκοίῳ σώματι ζωπυρέονται, τοιοῦτον δὴ τὸ
πᾶν ἔσται· ὁκόταν δ' ἀναλώσωσι τὴν ὑπάρχουσαν
τροφήν, διακρίνονται ἐς τὸ ἄδηλον· τοῦτο καὶ
ἀνθρωπίνη ψυχὴ πάσχει.

30. (1) Περὶ δὲ τῶν διδύμων γινομένων ὅδε ὁ λόγος
δηλώσει. Τὸ μὲν πλεῖστον τῆς γυναικὸς ἡ φύσις αἰτίη
τῶν μητρέων· ἢν γὰρ ὁμοίως ἀμφοτέρωσε πεφύκωσι
κατὰ τὸ στόμα, καὶ ἀναχάσκωσιν ὁμοίως, καὶ
ξηραίνωνται ἀπὸ τῆς καθάρσιος, δύνανται τρέφειν,
ἢν τὰ τοῦ ἀνδρὸς συλλαμβάνῃ ὥστε εὐθὺς ἀποσχίζε-
σθαι ἐς ἀμφοτέρας τὰς μήτρας ὁμοίως. Ἦν μὲν οὖν
πολὺ ἀπ' ἀμφοτέρων τὸ σπέρμα καὶ ἰσχυρὸν ἀπο-
κριθῇ, δύναται ἐν ἀμφοτέρῃσι τῇσι χώρῃσιν αὔξε-
σθαι· κρατεῖ γὰρ τῆς τροφῆς τῆς ἐπιούσης. Ἦν δέ
πως ἄλλως γένηται, οὐ γίνεται δίδυμα. (2) Ὁκόταν |
μὲν οὖν ἄρσενα ἀπ' ἀμφοτέρων ἀποκριθῇ, ἐξ   506
ἀνάγκης ἐν ἀμφοτέροις ἄρσενα γεννᾶται· ὁκόταν δὲ
θήλεα ἀπ' ἀμφοτέρων, θήλεα γίνεται· ὁκόταν δὲ
τὸ μὲν θῆλυ, τὸ δὲ ἄρσεν, ὁκότερον ἂν ἑκατέρου
κρατήσῃ, τοιοῦτον ἐπαύξεται. Ὅμοια δὲ ἀλλήλοισι
τὰ δίδυμα διὰ τάδε γίνεται, ὅτι πρῶτον μὲν τὰ χωρία
ὅμοια ἐν οἷσιν αὔξεται, ἔπειτα ἅμα ἀπεκρίθη, ἔπειτα
τῇσιν αὐτῇσι τροφῇσιν αὔξεται, γόνιμά τε γίνεται
ἅμα ἐς φάος.

31. (1) Ἐπίγονα δὲ τῷδε τῷ τρόπῳ γίνεται· ὅταν αἵ
τε μῆτραι θερμαί τε καὶ ξηραὶ φύσει ἔωσιν, ἥ τε γυνὴ
τοιαύτη, τό τε σπέρμα ξηρὸν καὶ θερμὸν ἐμπέσῃ, οὐκ
ἔτι γίνεται ἐν τῇσι μήτρῃσιν ὑγρασίη οὐδεμία ἥτις τὸ
ἐπεσπῖπτον σπέρμα κρατήσει· διὰ τοῦτο συνίσταται
ἐξ ἀρχῆς καὶ ζώει, διατελεῖν δὲ οὐ δύναται, ἀλλὰ καὶ
τὸ ὑπάρχον προσδιαφθείρει, διότι οὐ ταὐτὰ συμφέ-
ρει ἀμφοῖν.

nicht von den anderen unterscheiden, sondern an welcher Stelle
sie auch zu brennen beginnen, das Ganze wird bald gleich ausse-
hen. Wenn sie die vorhandene Nahrung verzehrt haben, werden
sie sich ins Unsichtbare auflösen. So verhält es sich auch mit der
menschlichen Seele.

30. (1) Über die Entstehung von Zwillingen will ich folgendes
erklären: Meist ist die Natur der Gebärmutter der Frau die Ur-
sache dafür. Denn wenn sie nach beiden Seiten zum Mutter-
mund zu gleichermaßen entwickelt ist und gleichmäßig offen-
steht und durch die (monatliche) Reinigung trocken wird, kann
sie diese (zwei Föten) ernähren, wenn sie das vom Mann Abge-
sonderte so aufnimmt, daß es sogleich gleichmäßig nach beiden
Seiten der Gebärmutter verteilt wird. Wenn nun von beiden Part-
nern Samen in großer Menge und Stärke abgesondert wird, kann
er an beiden Stellen wachsen. Denn er gewinnt über die Nah-
rung, die hinzukommt, die Oberhand. Wenn es aber irgendwie
anders abläuft, entstehen keine Zwillinge. (2) Wenn nun das von
beiden Partnern Abgesonderte männlich ist, entsteht zwangsläu-
fig auf beiden Seiten Männliches; wenn von beiden Partnern
Weibliches kommt, so entsteht Weibliches; wenn aber das eine
männlich und das andere weiblich ist, wächst jeweils das von bei-
den, welches jederseits die Oberhand gewinnt. Zwillinge werden
deswegen einander ähnlich, weil erstens die Stellen, an denen sie
wachsen, ähnlich sind, dann weil sie gleichzeitig abgesondert
werden, dann weil sie durch dieselbe Nahrung wachsen und weil
sie gleichzeitig reif ans Licht der Welt kommen.

31. (1) Eine zweite Frucht (Überfruchtung) entsteht auf fol-
gende Weise: Wenn die Gebärmutter von Natur aus warm und
trocken ist, die Frau ebenso beschaffen ist und der Samen trok-
ken und warm eindringt, entsteht in der Gebärmutter keine
Feuchtigkeit mehr, die den nachdringenden Samen überwältigen
könnte. Deswegen verdichtet er sich von Anfang an und lebt,
kann aber nicht weiterleben, sondern zerstört das Vorhandene,
weil dasselbe nicht für beides förderlich sein kann.

32. (1) Ὕδατος δὲ τὸ λεπτότατον καὶ πυρὸς τὸ ἀραιότατον σύγκρησιν λαβόντα ἐν ἀνθρώπου σώματι ὑγιεινοτάτην ἕξιν ἀποδεικνύει διὰ τάδε, ὅτι ἐν τῇσι μεταβολῇσι τῶν ὡρέων τοῦ ἐνιαυτοῦ τῇσι μεγίστῃσιν οὐκ ἐπιπληροῦται τὸ ἔσχατον οὐδέτερον, οὔτε τὸ ὕδωρ ἐς τὸ πυκνότατον ἐν τῇσι τοῦ ὕδατος ἐφόδοισιν, οὔτε τὸ πῦρ ἐν τῇσι τοῦ πυρός, οὔτε τῶν ἡλικιέων ἐν τῇσι μεταστάσεσιν, οὔτε τῶν σίτων καὶ ποτῶν ἐν τοῖσι διαιτήμασι. Δύνανται γὰρ κρῆσίν τε πλείστην δέξασθαι ἀμφότερα καὶ πλησμονήν· χαλκὸς ὁ μαλακώτατός τε καὶ ἀραιότατος πλείστην κρῆσιν δέχεται καὶ γίνεται | κάλλιστος· καὶ ὕδατος τὸ 508 λεπτότατον καὶ πυρὸς τὸ ἀραιότατον σύγκρησιν λαμβάνοντα ὡσαύτως. Οἱ μὲν οὖν ταύτην ἔχοντες τὴν φύσιν ὑγιαίνοντες διατελέουσι τὸν πάντα χρόνον, μέχρι τεσσεράκοντα ἐτέων, οἱ δὲ καὶ μέχρι γήρως τοῦ ἐσχάτου· ὁκόσοι δ᾽ ἂν ληφθῶσιν ὑπό τινος νοσήματος ὑπὲρ τεσσεράκοντα ἔτεα, οὐ μάλα ἀποθνήσκουσιν.

(2) Ὁκόσα δὲ τῶν σωμάτων σύγκρησιν λαμβάνει πυρὸς τοῦ ἰσχυροτάτου καὶ ὕδατος τοῦ πυκνοτάτου, ἰσχυρὰ μὲν καὶ ἐρρωμένα [τὰ σώματα] γίνεται, φυλακῆς δὲ πολλῆς δεόμενα· μεγάλας γὰρ τὰς μεταβολὰς ἔχει ἐπ᾽ ἀμφότερα, καὶ ἐν τῇσι τοῦ ὕδατος ἐφόδοισιν ἐς νοσήματα πίπτουσιν, ἔν τε τῇσι τοῦ πυρὸς ὡσαύτως. Τοῖσιν οὖν διαιτήμασι συμφέρει χρῆσθαι τὸν τοιοῦτον πρὸς τὰς ὥρας τοῦ ἔτεος ἐναντιούμενον, ὕδατος μὲν ἐφόδου γινομένης, τοῖσι πρὸς πυρός, πυρὸς δὲ ἐφόδου γινομένης, τοῖσι πρὸς ὕδατος χρῆσθαι, κατὰ μικρὸν μεθιστάντα μετὰ τῆς ὥρης.

(3) Ὕδατος δὲ τοῦ παχυτάτου καὶ πυρὸς τοῦ λεπτοτάτου συγκρηθέντων ἐν τῷ σώματι, τοιαῦτα συμβαίνει ἐξ ὧν διαγινώσκειν χρὴ ψυχρὴν φύσιν καὶ ὑγρήν· ταῦτα τὰ σώματα ἐν τῷ χειμῶνι νοσερώτερα ἢ ἐν τῷ θέρει, καὶ ἐν τῷ ἦρι ἢ ἐν τῷ φθινοπώρῳ. Τῶν

32. (1) Das leichteste Wasser und das lockerste Feuer ergeben, wenn sie im Körper des Menschen eine Mischung eingehen, den gesündesten Zustand, weil bei den stärksten Veränderungen der Jahreszeiten keines von beiden das äußerste Extrem erreicht, weder das Wasser bei der Wasserzufuhr den dichtesten Zustand noch das Feuer bei der Zufuhr von Feuer, auch nicht bei den Veränderungen der Altersstufen und bei der Aufnahme von Speisen und Getränken. Denn beide Elemente können so die stärkste Mischung und die größte Fülle vertragen. Das geschmeidigste und lockerste Kupfer läßt die stärkste Mischung zu und wird am schönsten. Das leichteste Wasser und das lockerste Feuer verhalten sich ebenso, wenn sie eine Mischung eingehen. Menschen mit dieser Natur bleiben die ganze Zeit gesund bis zu vierzig Jahren, manche auch bis zum höchsten Alter. Diejenigen, die jenseits von vierzig Jahren von einer Krankheit befallen werden, sterben meistens nicht daran.

(2) Die Körper, die eine Mischung des stärksten Feuers und des dichtesten Wassers aufweisen, sind stark und kräftig, erfordern aber viel Vorsicht. Denn sie unterliegen großen Veränderungen nach beiden Seiten hin und verfallen in Krankheiten sowohl bei der Zufuhr von Wasser als auch bei der Zufuhr von Feuer. Für einen solchen Menschen ist es, um auf die Jahreszeiten zu reagieren, förderlich, eine Lebensweise anzuwenden, die bei der Zufuhr von Wasser dem Feuer zuneigt, bei der Zufuhr von Feuer aber dem Wasser zuneigt und sich mit der Jahreszeit unmerklich ändert.

(3) Wenn sich das dickste Wasser und das leichteste Feuer im Körper mischen, kommt etwas zustande, aus dem man auf eine kalte und feuchte Natur schließen muß. Diese Körper sind im Winter kränklicher als im Sommer und im Frühling kränklicher als im Herbst. Was die Altersstufen betrifft, so sind bei solchen

ἡλικιέων, ὑγιηρότατοι τῶν τοιούτων οἱ παῖδες, δεύτε-
ρον νεηνίσκοι, νοσερώτατοι δὲ οἱ πρεσβύτατοι καὶ οἱ
ἔγγιστα, καὶ ταχέως γηράσκουσιν αἱ φύσιες αὗται.
Διαιτῆσθαι δὲ συμφέρει τοῖσι τοιούτοισιν ὅσα θερ-
μαίνει καὶ ξηραίνει καὶ πόνοισι καὶ σίτοισι, καὶ πρὸς
τὰ ἔξω τοῦ σώματος μᾶλλον τοὺς πόνους ποιεῖσθαι ἢ
πρὸς τὰ εἴσω.

(4) Εἰ δὲ λάβοι πυρός τε τὸ ὑγρότατον καὶ ὕδατος |
τὸ πυκνότατον σύγκρησιν ἐν τῷ σώματι, τοισίδε γι- 510
νώσκειν ὑγρὴν καὶ θερμὴν φύσιν· κάμνουσι μὲν μάλι-
στα οἱ τοιοῦτοι ἐν τῷ ἦρι, ἥκιστα δὲ ἐν τῷ φθινο-
πώρῳ, ὅτι ἐν μὲν τῷ ἦρι ὑπερβολὴ τῆς ὑγρασίης, ἐν
δὲ τῷ φθινοπώρῳ συμμετρίη τῆς ξηρασίης· τῶν δὲ
ἡλικιέων νοσερώταται ὅσαι νεώταταί εἰσιν· αὔξεται
δὲ τὰ σώματα ταχέως, καταρροώδεις δὲ οἱ τοιοῦτοι
γίνονται. Διαιτῆσθαι δὲ συμφέρει ὅσα ξηραίνοντα
ψύχει καὶ σίτων καὶ ποτῶν καὶ πόνων, τοὺς δὲ
πόνους τούτοις εἴσω τοῦ σώματος ποιεῖσθαι συμφέ-
ρει μᾶλλον.

(5) Εἰ δὲ σύγκρησιν λάβοι πυρός τε τὸ ἰσχυρότατον
καὶ ὕδατος τὸ λεπτότατον, ξηρὴ φύσις καὶ θερμή.
Νοῦσος μὲν τοῖσι τοιούτοισιν ἐν τῇσι τοῦ πυρὸς ἐφό-
δοισιν, ὑγιείη δὲ ἐν τῇσι τοῦ ὕδατος· ἡλικίησιν ἀκμα-
ζούσῃσι πρὸς σαρκὸς εὐεξίην νοσερώτατοι, ὑγιηρό-
τατοι δὲ οἱ πρεσβύτατοι καὶ τὰ ἔγγιστα ἑκατέρων.
Δίαιται ὅσαι ψύχουσι καὶ ὑγραίνουσι, καὶ τῶν πόνων
ὅσοι ἥκιστα ἐκθερμαίνοντες καὶ συντήκοντες
πλείστην ψύξιν παρασχήσουσιν· αἱ τοιαῦται φύσιες
μακρόβιοι καὶ εὔγηροι γίνονται.

(6) Ἢν δὲ σύγκρησιν λάβῃ πυρὸς τοῦ ἀραιοτάτου
καὶ ὕδατος τοῦ ξηροτάτου, ψυχρὴ καὶ ξηρὴ φύσις ἡ
τοιαύτη, νοσερὴ μὲν ἐν τῷ φθινοπώρῳ, ὑγιηρὴ δὲ ἐν
τῷ ἦρι καὶ τοῖσιν ἔγγιστα ὡσαύτως· ἡλικίαι πρὸς ἔτεα

Menschen die Kinder am gesündesten, an zweiter Stelle die jungen Leute; am kränklichsten sind die ältesten und die ihnen an Alter nahekommenden Menschen; Menschen mit dieser Natur altern schnell. Für solche Menschen ist eine Lebensweise förderlich, die erwärmt und trocknet, sowohl in Bezug auf Übungen als auch hinsichtlich der Speisen, und die Übungen sollten sie eher auf das Äußere des Körpers als auf das Innere ausrichten.

(4) Wenn das feuchteste Feuer und das dichteste Wasser im Körper eine Mischung eingehen, erkennt man an folgenden Zeichen seine feuchte und warme Natur: Solche Menschen werden am häufigsten im Frühjahr krank, am wenigsten im Herbst, weil im Frühjahr ein Übermaß an Feuchtigkeit besteht, im Herbst aber das richtige Maß an Trockenheit. Von den Altersstufen sind die Jüngsten am kränklichsten; die Körper wachsen schnell, und solche Menschen leiden an Flüssen (Katarrhen). Für solche Menschen ist eine Lebensweise förderlich, die trocknet und abkühlt, sowohl bei den Speisen und Getränken als auch bei den Übungen; bei solchen Menschen ist es eher förderlich, die Übungen auf das Innere des Körpers auszurichten.

(5) Wenn das stärkste Feuer und das leichteste Wasser gemischt werden, entsteht eine trockene und warme Natur. Solche Menschen werden bei der Zufuhr von Feuer krank, bei der Zufuhr von Wasser aber gesund. In der Blütezeit, wenn sie gut im Fleisch stehen, sind diese Menschen am kränklichsten; am gesündesten sind die Ältesten, und bei denjenigen, die beiden Gruppen nahestehen, verhält es sich ebenso. Am besten ist eine Lebensweise, die abkühlt und feucht macht, und, was die Übungen betrifft, diejenigen, die am wenigsten erwärmen und abmagern lassen und am meisten Abkühlung bewirken. Solche Naturen sind langlebig und haben ein schönes Alter.

(6) Wenn das lockerste Feuer und das trockenste Wasser eine Mischung eingehen, entsteht eine Natur, die kalt und trocken ist, kränklich im Herbst und gesund im Frühjahr, ebenso in den diesen nächststehenden Jahreszeiten. Was die Altersstufen betrifft,

τεσσεράκοντα νοσεραί· παῖδες δὲ ὑγιηρότατοι καὶ τὰ
προσέχοντα ἑκατέροισι. Δίαιται ὅσαι θερμαὶ ἐοῦσαι
ὑγραίνουσι· καὶ πόνοι ἐξ ὀλίγου προσαγόμενοι, ἡσυχῇ
διαθερμαίνοντες, μὴ πολὺ ἀπὸ τῶν ὑπαρχόντων φέ-
ροντες. Περὶ μὲν οὖν φύσιος διαγνώσιος οὕτω χρὴ
διαγινώσκειν τῆς ἐξ ἀρχῆς συστάσιος.

33. (1) Αἱ δὲ ἡλικίαι αὗται πρὸς ἑωυτὰς ὧδε ἔχουσι·
παῖς μὲν οὖν κέκρηται ὑγροῖσι καὶ θερμοῖσι, διότι ἐκ
τούτων συνέστηκε καὶ ἐν | τούτοισιν ηὐξήθη· ὑγρό- 512
τατα μὲν οὖν καὶ θερμότατα ὅσα ἔγγιστα γενέσιος,
καὶ αὔξεται ὡς πλεῖστον, καὶ τὰ ἐχόμενα ὡσαύτως.
Νεηνίσκος δὲ θερμοῖσι καὶ ξηροῖσι, θερμοῖσι μέν, ὅτι
τοῦ πυρὸς ἐπικρατεῖ ἡ ἔφοδος τοῦ ὕδατος· ξηροῖσι
δέ, ὅτι τὸ ὑγρὸν ἤδη κατανάλωται τὸ ἐκ τοῦ παιδός,
τὸ μὲν ἐς τὴν αὔξησιν τοῦ σώματος, τὸ δὲ ἐς τὴν
κίνησιν τοῦ πυρός, τὸ δὲ ὑπὸ τῶν πόνων. (2) Ἀνήρ,
ὁκόταν στῇ τὸ σῶμα, ξηρὸς καὶ ψυχρός, διότι τοῦ μὲν
θερμοῦ ἡ ἔφοδος οὐκ ἔτι ἐπικρατεῖ, ἀλλ᾽ ἕστηκεν,
ἀτρεμίζον δὲ τὸ σῶμα τῆς αὐξήσιος ἔψυκται· ἐκ δὲ
τῆς νεωτέρης ἡλικίης τὸ ξηρὸν ἔνι· ἀπὸ δὲ τῆς
ἐπιούσης ἡλικίης καὶ τοῦ ὕδατος τῆς ἐφόδου οὔκω
ἔχων τὴν ὑγρασίην, διὰ ταῦτα τοῖσι ξηροῖσι κρατεῖ-
ται. Οἱ δὲ πρεσβύται ψυχροὶ καὶ ὑγροί, διότι πυρὸς
μὲν ἀποχώρησις, ὕδατος δὲ ἔφοδος· καὶ ξηρῶν μὲν
ἀπάλλαξις, ὑγρῶν δὲ κατάστασις.

34. (1) Τῶν δὲ πάντων τὰ μὲν ἄρσενα θερμότερα
καὶ ξηρότερα, τὰ δὲ θήλεα ὑγρότερα καὶ ψυχρότερα
διὰ τάδε, ὅτι τε ἀπ᾽ ἀρχῆς ἐν τοιούτοισιν ἑκάτερα
ἐγένετο καὶ ὑπὸ τοιούτων αὔξεται, γενόμενά τε τὰ μὲν
ἄρσενα τῇσι διαίτῃσιν ἐπιπονωτέρῃσι χρῆται, ὥστε

so sind die Menschen um die vierzig kränklich; die Kinder aber
sind am gesündesten, und ebenso steht es in beiden Fällen mit
den angrenzenden Altersstufen. Ihre Lebensweise sollte warm
sein und feucht machen; und die Übungen sollten sich allmählich
steigern und langsam warm machen, ohne viel vom Vorhande-
nen abzubauen. Bei der Untersuchung der menschlichen Natur
muß man so vorgehen, um die ursprüngliche Zusammensetzung
zu ermitteln.

33. (1) Die Altersstufen selbst verhalten sich folgendermaßen
zueinander: Das Kind ist aus Feuchtem und Warmem gemischt,
weil es aus diesen Elementen zusammengesetzt und darin ge-
wachsen ist. Was der Geburt am nächsten steht, ist nämlich am
feuchtesten und wärmsten und wächst am stärksten; und ebenso
bei der daran anschließenden (Altersstufe). Der Jugendliche ist
aus Warmem und Trockenem gemischt, aus Warmem, weil die
Zufuhr von Feuer über das Wasser die Oberhand gewinnt, aus
Trockenem, weil das Feuchte aus der Kindheit schon aufge-
braucht ist, teilweise für das Wachstum des Körpers, teilweise für
die Bewegung des Feuers und teilweise durch die körperlichen
Übungen. (2) Der erwachsene Mann ist, wenn der Körper den
Stillstand (im Wachstum) erreicht hat, trocken und kalt, weil die
Zufuhr des Warmen nicht mehr die Oberhand hat, sondern zum
Stillstand gekommen ist und der Körper, der im Wachstum ste-
hengeblieben ist, sich abgekühlt hat. Aus der jüngeren Altersstufe
ist noch das Trockene in ihm vorhanden; weil er von der folgen-
den Altersstufe und durch die Zufuhr des Wassers noch nicht die
Feuchtigkeit hat, wird er vom Trockenen beherrscht. Die Alten
sind kalt und feucht, weil das Feuer weggeht und das Wasser zu-
fließt, das Trockene sich entfernt und das Feuchte sich festsetzt.

34. (1) In allen Fällen sind die Männer wärmer und trockener,
die Frauen feuchter und kälter aus folgendem Grund: Am An-
fang sind beide Geschlechter in solchen Elementen entstanden
und sind durch sie gewachsen; nach der Geburt aber folgen die
Männer einer anstrengenderen Lebensweise, so daß sie sich er-

ἐκθερμαίνεσθαι καὶ ἀποξηραίνεσθαι, τὰ δὲ θήλεα
ὑγροτέρῃσι καὶ ῥαθυμοτέρῃσι τῇσι διαίτῃσι χρέωνται,
καὶ κάθαρσιν τοῦ θερμοῦ ἐκ τοῦ σώματος ἑκάστου
μηνὸς ποιέονται.

35. (1) Περὶ δὲ φρονήσιος ψυχῆς ὀνομαζομένης καὶ
ἀφροσύνης ὧδε ἔχει· πυρὸς τὸ ὑγρότατον καὶ ὕδατος
τὸ ξηρότατον κρῆσιν λαβόντα ἐν σώματι φρονιμώτα-
τον, διότι τὸ μὲν πῦρ ἔχει ἀπὸ τοῦ ὕδατος τὸ ὑγρόν,
τὸ δὲ ὕδωρ ἀπὸ τοῦ πυρὸς τὸ ξηρόν· ἑκάτερον δὲ
οὕτως | αὐταρκέστατον· οὔτε τὸ πῦρ τῆς τροφῆς ἐν-   514
δεέστερον ἐπὶ πολὺ φοιτᾷ, οὔτε γὰρ τὸ ὕδωρ τῆς
κινήσιος δεόμενον κωφοῦται· αὐτό τε οὖν ἑκάτερον
οὕτως αὐταρκέστατόν ἐστι πρὸς ἄλληλά τε
κρηθέντα. Ὅ τι γὰρ ἐλάχιστα τῶν πέλας δεῖται,
τοῦτο μάλιστα τοῖσι παρεοῦσι προσέχει, πυρός τε τὸ
ἥκιστα κινεύμενον μὴ ὑπ᾽ ἀνάγκης, καὶ ὕδατος τὸ
μάλιστα μὴ ὑπὸ βίης. Ἐκ τούτων δὲ ἡ ψυχὴ
συγκρηθεῖσα φρονιμωτάτη καὶ μνημονικωτάτη· εἰ
δέ τινι ἐπαγωγῇ χρεώμενον τούτων ὁκοτερονοῦν
αὐξηθείη ἢ μαραίνοι, ἀφρονέστατον ἂν γένοιτο,
διότι οὕτως ἔχοντα αὐταρκέστατα.

(2) Εἰ δὲ πυρὸς τοῦ εἰλικρινεστάτου καὶ ὕδατος
σύγκρησιν λάβοι, ἐνδεέστερον δὲ τὸ πῦρ εἴη τοῦ
ὕδατος ὀλίγον, φρόνιμοι μὲν καὶ οὗτοι, ἐνδεέστεροι
δὲ τῆς προτέρης, διότι κρατεόμενον τὸ πῦρ ὑπὸ
τοῦ ὕδατος καὶ βραδέαν τὴν κίνησιν ποιεύμε-
νον, νωθρότερον προσπίπτει πρὸς τὰς αἰσθήσιας·
παραμόνιμοι δ᾽ εἰσὶν ἐπιεικέως αἱ τοιαῦται ψυχαὶ
πρὸς ὅ τι ἂν προσέχωσιν· εἰ δὲ ὀρθῶς διαιτῷτο,
καὶ φρονιμώτερος καὶ ὀξύτερος ⟨ἂν⟩ γένοιτο παρὰ
τὴν φύσιν. Συμφέρει δὲ τῷ τοιούτῳ τοῖσι πρὸς πυρὸς
διαιτήμασι μᾶλλον χρῆσθαι καὶ μὴ πλησμονῇσι μήτε

wärmen und trocken werden; die Frauen dagegen folgen einer feuchteren und bequemeren Lebensweise und reinigen jeden Monat ihren Körper vom Warmen.

35. (1) Mit der sogenannten Vernunft und Unvernunft der Seele verhält es sich folgendermaßen: Das feuchteste Feuer und das trockenste Wasser bewirken, wenn sie im Körper eine Mischung eingehen, den höchsten Grad von Vernunft, weil das Feuer vom Wasser das Feuchte bereits enthält und das Wasser vom Feuer das Trockene; so genügt jedes für sich am besten. Denn weder breitet sich das Feuer, weil es ihm an Nahrung fehlt, weit aus, noch wird das Wasser, weil es ihm an Bewegung fehlt, träge. So genügt also jedes von beiden sowohl für sich selbst als auch in der Mischung miteinander am besten. Denn was am wenigsten auf das Benachbarte angewiesen ist, das hält sich am besten an das Vorhandene, so das Feuer, das sich – außer unter Zwang – am wenigsten bewegt, und das Wasser, das sich am stärksten bewegt, außer wenn es mit Gewalt zurückgehalten wird. Die aus einer solchen Mischung bestehende Seele ist die vernünftigste und gedächtnisstärkste. Wenn aber durch die Zufuhr irgendeines Stoffes eines dieser beiden Elemente wachsen oder schwinden würde, entstünde das Unvernünftigste, weil sie in dem genannten Zustand sich selbst am besten genügen.

(2) Wenn sehr reines Feuer und Wasser eine Mischung eingehen, das Feuer aber ein wenig geringer als das Wasser ist, dann sind diese Menschen zwar auch vernünftig, aber weniger als bei der vorherigen Mischung, weil das Feuer vom Wasser überwältigt wird, sich nur langsam bewegt und daher träger auf die Wahrnehmungen trifft. Solche Seelen sind ziemlich ausdauernd in dem, worauf sie sich richten. Wenn die Lebensweise richtig ist, wird man vernünftiger und scharfsinniger, als es der eigenen Natur entspricht. Für eine solche Person ist es förderlich, eher einer feurigen Lebensweise zu folgen und sich nicht mit Speisen und Getränken zu füllen.

σίτων μήτε πομάτων. (3) Δρόμοισιν οὖν χρῆσθαι
ὀξέσιν, ὅκως τοῦ τε ὑγροῦ κενῶται τὸ σῶμα καὶ τὸ
ὑγρὸν ἐφιστῆται θᾶσσον· πάλῃσι δὲ καὶ τρίψεσι καὶ
τοῖσι τοιούτοισι γυμνασίοισιν οὐ συμφέρει χρῆσθαι.
ὅκως μὴ κοιλοτέρων τῶν πόρων γινομένων πλησ-
μονῆς πληρῶνται, βαρύνεσθαι γὰρ ἀνάγκη τῆς
ψυχῆς τὴν κίνησιν ὑπὸ τῶν τοιούτων· τοῖσι περι-
πάτοισι συμφέρει χρῆσθαι καὶ ἀπὸ δείπνου καὶ
ὀρθρίοισι καὶ ἀπὸ τῶν δρόμων, ἀπὸ δείπνου μέν,
ὅκως τροφὴν ξηροτέρην ἡ ψυχὴ δέχηται ἀπὸ τῶν
ἐσιόντων, ὄρθρου δέ, ὅκως αἱ διέξοδοι κενῶνται τοῦ
ὑγροῦ καὶ μὴ φράσσωνται οἱ πόροι τῆς ψυχῆς, ἀπὸ
δὲ τῶν γυμνασίων, ὅκως μὴ ἐγκαταλείπηται ἐν τῷ
σώματι τὸ ἀπο|κριθὲν ἀπὸ τοῦ δρόμου, μηδὲ συμ-   516
μίσγηται τῇ ψυχῇ, μηδὲ ἐμφράσσῃ τὰς διεξόδους,
μηδὲ συνταράσσῃ τὴν τροφήν. (4) Συμφέρει δὲ καὶ
ἐμέτοισι χρῆσθαι, ὅκως ἀποκαθαίρηται τὸ σῶμα, εἴ τι
ἐνδεέστερον οἱ πόνοι διαπρήσσονται, προσάγειν δὲ
ἀπὸ τῶν ἐμέτων, κατὰ μικρὸν προστιθέντα τούτοισι
πλείονας ἡμέρας ἢ τέσσερας τὰς ἐλαχίστας. Χρίεσθαι
δὲ συμφορώτερον ἢ λούεσθαι, λαγνεύειν δὲ ὕδατος
ἐφόδων γινομένων πλείονα, ἐν δὲ τῇσι τοῦ πυρὸς
μείονα.
   (5) Εἰ δέ τι ἐνδεεστέρην τὴν δύναμιν τὸ πῦρ λάβοι
τοῦ ὕδατος, βραδυτέρην ἀνάγκη ταύτην εἶναι,
καὶ καλέονται οἱ τοιοῦτοι ἠλίθιοι· ἅτε γὰρ βραδέης
ἐούσης τῆς περιόδου, κατὰ βραχύ τι προσπίπτουσιν
αἱ αἰσθήσιες, ὀξέαι ἐοῦσαι, καὶ ἐπ᾽ ὀλίγον
συμμίσγονται διὰ βραδυτῆτα τῆς περιόδου· αἱ
γὰρ αἰσθήσιες τῆς ψυχῆς ὁκόσαι μὲν δι᾽ ὄψιος
ἢ ἀκοῆς εἰσίν, ὀξέαι, ὁκόσαι δὲ διὰ ψαύσιος,
βραδύτεραι καὶ εὐαισθητότεραι. Τούτων μὲν οὖν
αἰσθάνονται καὶ οἱ τοιοῦτοι οὐδὲν ἧσσον, οἷον
τῶν ψυχρῶν καὶ τῶν θερμῶν καὶ τῶν τοιούτων·

(3) Man muß schnelle Läufe durchführen, damit der Körper von Feuchtigkeit geleert wird und das Feuchte schneller zum Stehen kommt. Nicht förderlich sind Ringkämpfe, Massagen und körperliche Übungen dieser Art, damit man nicht, wenn sich die Gefäße (Poroi) erweitern, bis zum Übermaß angefüllt wird; denn zwangsläufig wird dadurch die Bewegung der Seele erschwert. Es ist förderlich, Spaziergänge zu machen, sowohl nach der Mahlzeit als auch frühmorgens und nach dem Laufen; nach der Mahlzeit, damit die Seele trockenere Nahrung aus dem, was man zu sich nimmt, erhält; frühmorgens, damit sich die Durchgänge von der Feuchtigkeit leeren und die Gefäße (Poroi) der Seele nicht verstopft werden; nach den Übungen, damit nicht die durch den Lauf verursachte Ausscheidung im Körper zurückbleibt, sich mit der Seele vermischt, die Durchgänge verstopft und die Nahrung durcheinanderbringt. (4) Es ist auch förderlich, Erbrechen herbeizuführen, damit der Körper gereinigt wird, falls die körperlichen Übungen es nicht ausreichend bewirken, und nach dem Erbrechen wieder nach und nach die Nahrungszufuhr zu steigern, mindestens vier Tage lang. Salben ist zuträglicher als Baden; Geschlechtsverkehr sollte man während der Wasserzufuhr häufiger, während der Feuerzufuhr seltener ausüben.

(5) Wenn das Feuer eine geringere Kraft hat als das Wasser, ist eine solche Seele zwangsläufig langsamer, und solche Menschen werden als dumm bezeichnet. Da nämlich der Umlauf der Seele langsam ist, begegnen ihr die Wahrnehmungen, die schnell sind, nur kurz und können sich wegen der Langsamkeit des Umlaufs nur wenig vermischen. Denn die Wahrnehmungen der Seele, die durch Auge oder Gehör erfolgen, sind schnell, diejenigen aber, die durch Berührung erfolgen, sind langsamer und leichter wahrnehmbar. Solche Wahrnehmungen also, etwa von Kälte, Wärme und dergleichen, haben auch die besagten Menschen nicht weniger (als andere). Was man aber mit dem Auge oder dem Gehör

ὁκόσα δὲ δι' ὄψιος ἢ δι' ἀκοῆς αἰσθέσθαι δεῖ, ἃ μὴ
πρότερον ἐπίστανται, οὐ δύνανται αἰσθάνεσθαι· ἢν
γὰρ μὴ σεισθῇ ἡ ψυχὴ ὑπὸ τοῦ πυρὸς πεσόντος, οὐκ
ἂν αἴσθοιτο ὁκοῖόν ἐστιν. (6) Αἱ οὖν τοιαῦται ψυχαὶ
οὐ πάσχουσι τοῦτο διὰ παχύτητα· εἰ δὲ ὀρθῶς δια-
ιτῶντο, βελτίους γίνοιντο ἂν καὶ οὗτοι. Συμφέρει δὲ
τὰ διαιτήματα ἅπερ τῷ προτέρῳ, ξηροτέροισι καὶ
ἐλάσσοσι τοῖσι σιτίοισι, τοῖσι δὲ πόνοισι πλείοσι καὶ
ὀξυτέροισι· συμφέρει δὲ καὶ πυριῆσθαι, καὶ ἐμέτοισι
χρῆσθαι ἐκ τῶν πυριησίων, καὶ προσαγωγῇσι τῇσιν
ἐκ τῶν ἐμέτων ἐκ πλείονος | χρόνου ἢ τὸ πρότερον, 518
καὶ ταῦτα ποιέων ὑγιεινότερος ἂν καὶ φρονιμώτερος
εἴη.

(7) Εἰ δὲ κρατηθείη ἐπὶ πλεῖον τὸ πῦρ ὑπὸ τοῦ
ἐόντος ὕδατος, τούτους ἤδη οἱ μὲν ἄφρονας ὀνομά-
ζουσιν, οἱ δὲ ἐμβροντήτους. Ἔστι δ' ἡ μανίη
τοιούτων ἐπὶ τὸ βραδύτερον· οὗτοι κλαίουσί τε
οὐδενὸς ἕνεκα, δεδίασί τε τὰ μὴ φοβερά, λυπέονταί
τε ἐπὶ τοῖσι μὴ προσήκουσι, αἰσθάνονταί τε ἐτεῇ
οὐδὲν ὧν προσήκει τοὺς φρονέοντας. Συμφέρει δὲ
τούτοισι πυριῆσθαι καὶ ἐλλεβόροισιν ἐκκαθαίρεσθαι
ἐκ τῶν πυριησίων, καὶ τῇ διαίτῃ χρῆσθαι ᾗπερ
πρότερον· ἰσχνασίης δεῖται καὶ ξηρασίης.

(8) Εἰ δὲ τὸ ὕδωρ ἐνδεεστέρην τὴν δύναμιν λάβοι,
τοῦ πυρὸς εἰλικρινῆ τὴν σύγκρησιν ἔχοντος, ἐν
ὑγιαίνουσι σώμασι φρόνιμος ἡ τοιαύτη ψυχὴ καὶ
ταχέως αἰσθανομένη τῶν προσπιπτόντων καὶ οὐ με-
ταπίπτουσα πολλάκις. Φύσις μὲν οὖν ἡ τοιαύτη
ψυχῆς ἀγαθῆς· βελτίων δὲ καὶ οὗτος ὀρθῶς διαιτεό-
μενος γένοιτο ἄν, καὶ κακίων μὴ ὀρθῶς. Συμφέρει δὲ
τῷ τοιούτῳ τῇ διαίτῃ χρῆσθαι τῇ πρὸς ὕδατος
μᾶλλον, ὑπερβολὰς φυλασσόμενον καὶ σίτων καὶ πο-
τῶν καὶ πόνων, καὶ δρόμοισι καμπτοῖσι καὶ διαύλοισι

erfassen muß, können sie nicht wahrnehmen, wenn sie es nicht von früher kennen. Wenn die Seele nämlich nicht von dem Feuer, das (in sie) fällt, erschüttert wird, kann sie nicht wahrnehmen, wie etwas beschaffen ist. (6) Solche Seelen können dies also wegen ihrer Zähflüssigkeit nicht erfahren. Wenn sie aber einer richtigen Lebensweise folgen, können auch diese Menschen sich verbessern. Eine Lebensweise wie die zuvor genannte ist förderlich, mit trockeneren und weniger Speisen, mit häufigeren und schnelleren Übungen. Nützlich ist es auch, Dampfbäder zu nehmen, sich nach dem Baden zu erbrechen und nach dem Erbrechen über längere Zeit hinweg als im Fall zuvor die Nahrungsmittelzufuhr zu steigern; wenn man dies tut, kann man gesünder und vernünftiger werden.

(7) Wenn aber das Feuer vom vorhandenen Wasser noch in stärkerem Maße beherrscht wird, nennen schließlich die einen solche Menschen unvernünftig, die anderen wahnsinnig. Die Verrücktheit solcher Menschen kommt von ihrer größeren Langsamkeit. Solche Menschen weinen ohne Grund, fürchten, was nicht zu fürchten ist, grämen sich um Dinge, die sie nicht betreffen und empfinden wahrhaftig nichts von dem, was es von vernünftigen Menschen zu erwarten steht. Für solche Menschen ist es förderlich, Dampfbäder zu nehmen, nach dem Baden mit Nieswurz abzuführen und einer Lebensweise zu folgen wie im vorherigen Fall. Sie brauchen Abmagerung und Austrocknung.

(8) Wenn dagegen das Wasser geringere Kraft hat, während das Feuer eine reine Mischung aufweist, dann ist eine solche Seele in gesunden Körpern vernünftig und nimmt schnell wahr, was auf sie eindringt, ohne häufige Veränderungen. So also ist die Natur einer guten Seele beschaffen. Besser kann aber auch ein solcher Mensch noch werden, wenn er der richtigen Lebensweise folgt, schlechter aber bei einer nicht richtigen Lebensweise. Förderlich für einen solchen Menschen ist eher eine wässerige Lebensweise; er muß sich vor einem Übermaß an Speisen, Getränken und Übungen hüten; er soll Runden laufen und in der Bahn

καὶ πάλῃ καὶ τοῖσιν ἄλλοισι γυμνασίοισιν πᾶσιν
ὑπερβολὴν οὐδενὸς ποιεύμενον. Ἢν γὰρ ἔχῃ
ὑγιηρῶς τὸ σῶμα καὶ μὴ ὑπ' ἄλλου τινὸς συν-
ταράσσηται, τῆς ψυχῆς φρόνιμος ἡ σύγκρησις.

(9) Εἰ δ' ἐπὶ πλεῖον κρατηθείη ἡ | τοῦ ὕδατος 520
δύναμις ὑπὸ τοῦ πυρός, ὀξυτέρην μὲν τοσούτῳ
ἀνάγκη εἶναι τὴν ψυχὴν ὅσῳ θᾶσσον κινεῖται, καὶ
πρὸς τὰς αἰσθήσιας θᾶσσον προσπίπτειν, ἧσσον δὲ
μόνιμον τῶν πρότερον, διότι θᾶσσον ἐκκρίνεται τὰ
παραγινόμενα καὶ ἐπὶ πλείονα ὁρμᾶται διὰ ταχυ-
τῆτα. Συμφέρει δὲ τῷ τοιούτῳ διαιτῆσθαι τῇ πρὸς
ὕδατος διαίτῃ μᾶλλον ἢ τῇ προτέρῃ· καὶ μάζῃ μᾶλλον
ἢ ἄρτῳ, καὶ ἰχθύσιν ἢ κρέασι· καὶ τῷ ποτῷ ὑδα-
ρεστέρῳ· καὶ λαγνείῃσιν ἐλάσσοσι χρῆσθαι· καὶ τῶν
πόνων τοῖσι κατὰ φύσιν μάλιστα καὶ πλείστοισι· τοῖσι
δ' ὑπὸ βίης χρῆσθαι μὲν ἀνάγκῃ, ἐλάσσοσι δέ· καὶ
ἐμέτοισιν ἐκ τῶν πλησμονῶν, ὅκως κενῶται μὲν τὸ
σῶμα, θερμαίνηται δὲ ὡς ἥκιστα. (10) Συμφέρει δὲ καὶ
ἀσαρκεῖν τοῖσι τοιούτοισι πρὸς τὸ φρονίμους εἶναι·
πρὸς γὰρ σαρκὸς εὐεξίην καὶ αἵματος φλεγμονὴν
ἀνάγκη γίνεσθαι· ὁκόταν δὲ τοῦτο πάθῃ ἡ τοιαύτη
ψυχή, ἐς μανίην καθίσταται, κρατηθέντος τοῦ
ὕδατος, ἐπισπασθέντος τοῦ πυρός. Συμφέρει δὲ τοῖσι
τοιούτοισι καὶ τὰς πρήξιας πρήσσειν βεβρωκόσι
μᾶλλον ἢ ἀσίτοισι· στασιμωτέρη γὰρ ἡ ψυχὴ τῇ
τροφῇ καταμισγομένη τῇ συμφόρῳ μᾶλλον ἢ ἐνδεὴς
ἐοῦσα τροφῆς.

(11) Εἰ δ' ἔτι πλέον ἐπικρατηθείη τὸ ὕδωρ ὑπὸ
τοῦ πυρός, ὀξέα ἡ τοιαύτη ψυχὴ ἄγαν, καὶ τούτους
ὀνειρώσσειν καλέουσιν, οἱ δὲ ὑπομαίνεσθαι· ἔστι
δὲ ἔγγιστα μανίης τὸ τοιοῦτον· καὶ γὰρ ἀπὸ
βραχέης φλεγμονῆς καὶ ἀσυμφόρου μαίνονται, | καὶ 522
ἐν τῇσι μέθῃσι καὶ ἐν τῇσιν εὐεξίῃσι τῆς σαρκὸς

hin und zurück sowie Ringkämpfe und all die anderen Übungen betreiben, ohne zu übertreiben. Denn wenn der Körper sich in gesundem Zustand befindet und nicht durch irgend etwas anderes gestört wird, ist die Mischung der Seele vernünftig.

(9) Wenn aber die Kraft des Wassers noch mehr vom Feuer beherrscht wird, ist die Seele zwangsläufig um so lebhafter, je schneller sie bewegt wird, und sie muß schneller auf die Wahrnehmungen stoßen, ist aber weniger beständig als in den vorherigen Fällen, weil sie schneller beurteilt, was auf sie zukommt, und sich wegen ihrer Schnelligkeit mehr Dingen zuwendet. Für einen solchen Menschen ist es förderlich, noch mehr einer wässerigen Lebensweise als im vorherigen Fall zu folgen, lieber Gerstenfladen als Weizenbrot und lieber Fisch als Fleisch zu essen und mehr wässigere Getränke zu sich nehmen, weniger Geschlechtsverkehr auszuüben, von den Übungen am meisten die natürlichen in sehr großer Zahl auszuführen, die mit großen Anstrengungen verbundenen aber nur wenn nötig und in geringerer Zahl; Erbrechen nur bei Übersättigung, damit der Körper sich entleert, aber möglichst wenig erwärmt wird. (10) Förderlich für solche Menschen ist es auch, abzunehmen, um vernünftig zu werden. Denn zur Beleibtheit kommt zwangsläufig auch eine Entzündung des Blutes. Wenn dies einer solchen Seele widerfährt, verfällt sie in Wahnsinn, weil das Wasser überwältigt und das Feuer zu sehr angezogen wird. Für solche Menschen ist es förderlich, ihren Geschäften eher nach dem Essen als nüchtern nachzugehen. Denn ihre Seele ist standhafter, wenn sie sich mit der passenden Nahrung vermischt hat, als wenn sie noch der Nahrung bedarf.

(11) Wenn aber das Wasser noch mehr vom Feuer beherrscht wird, so ist eine solche Seele allzu lebhaft, und die einen sagen, daß solche Menschen zu Träumen neigen, die anderen, daß sie Wahnvorstellungen hätten. Ein solcher Zustand kommt dem Wahnsinn sehr nahe. Denn schon von einer leichten Entzündung zur Unzeit werden sie wahnsinnig, sei es im Rausch oder wegen

καὶ ὑπὸ τῶν κρεηφαγιῶν. Ἀλλὰ χρὴ τὸν τοιοῦτον τούτων μὲν πάντων ἀπέχεσθαι καὶ τῆς ἄλλης πλησμονῆς, καὶ γυμνασίων τῶν ἀπὸ βίης γινομένων. μάζῃ δὲ ἀτρίπτῳ διαιτῆσθαι, καὶ λαχάνοισιν ἐφθοῖσι πλὴν τῶν καθαρτικῶν, καὶ ἰχθυδίοισιν ἐν ἅλμῃ, καὶ ὑδροποτεῖν βέλτιστον, εἰ δύναιτο· εἰ δὲ μή, ὅ τι ἐγγιστότατα τούτου, ἀπὸ μαλακοῦ οἴνου καὶ λευκοῦ· (12) καὶ τοῖσι περιπάτοισι τοῖσιν ὀρθρίοισι πολλοῖσιν, ἀπὸ δείπνου δὲ ὁκόσον ἐξαναστῆναι, ὅκως τὰ μὲν σῖτα μὴ ξηραίνωνται ἀπὸ τῶν ἀπὸ δείπνου περιπάτων, τὸ δὲ σῶμα κενῶται ὑπὸ τοῦ ὀρθρίου· λούεσθαι δὲ χλιερῷ ὕδατι περικλύδην μᾶλλον ἢ χρίεσθαι· συμφέρει δὲ καὶ ἐν τῷ θέρει τῆς ἡμέρης ὕπνοισι χρῆσθαι βραχέσι μὴ πολλοῖσιν, ὅκως μὴ ἀποξηραίνηται τὸ σῶμα ὑπὸ τῆς ὥρης· ἐπιτήδειον δὲ τοῦ ἦρος καὶ ἐλλεβόροισι καθαίρειν προπυριηθέντας, εἶτα ἐπάγειν πρὸς τὴν δίαιταν ἡσυχῇ, καὶ μὴ ἄσιτον τὰς πρήξιας μηδὲ τοῦτον ποιεῖσθαι· ἐκ ταύτης τῆς ἐπιμελείης ἡ τοιαύτη ψυχὴ φρονιμωτάτη ἂν εἴη.

36. (1) Περὶ μὲν οὖν φρονίμου καὶ ἄφρονος ψυχῆς ἡ σύγκρησις αὕτη αἰτίη ἐστίν, ὥσπερ μοι καὶ γέγραπται· καὶ δύναται ἐκ τῆς διαίτης καὶ βελτίων καὶ χείρων γίνεσθαι. Δρόμοισι δὲ πυρὸς ἐπικρατέοντος, τῷ ὕδατι προστιθέναι δυνατὸν ἂν ἴσως, καὶ τοῦ ὕδατος ἐπικρατέοντος ἐν τῇ συγκρήσει τὸ πῦρ αὐξῆσαι· ἐκ τούτων δὲ φρονιμώτεραι καὶ ἀφρονέστεραι γίνονται. (2) Τῶν δὲ τοιούτων οὐκ ἔστιν ἡ σύγκρησις αἰτίη· οἷον ὀξύθυμος, ῥάθυμος, δόλιος, ἁπλοῦς δυσμενής, εὔνους· τῶν τοιούτων ἁπάντων ἡ φύσις τῶν πόρων δι᾽ ὧν ἡ ψυχὴ πο|ρεύεται, αἰτίη ἐστί· δι᾽ ὁκοίων γὰρ ἀγγείων ἀποχωρεῖ καὶ πρὸς ὁκοῖά τινα προσπίπτει καὶ ὁκοίοισί τισι καταμίσγεται, τοιαῦτα

der Körperfülle oder infolge von Fleischgenuß. Es ist aber notwendig, daß sich ein solcher Mensch all dieser Dinge enthält und auch sonstiger Überfüllung und gewaltsamer körperlicher Übungen; er soll Gerstenfladen aus ungeriebenem Mehl essen, gekochtes Gemüse, abgesehen von dem, was abführend ist, und kleine Fische in Salzlake. Wenn möglich, ist es am besten, Wasser zu trinken; wenn nicht, dann das, was diesem am nächsten kommt: etwas aus weichem Weißwein. (12) Man sollte häufige morgendliche Spaziergänge machen, nach dem Essen sich aber nur ein wenig erheben, damit die Speisen nicht durch Spaziergänge nach dem Essen trocken werden und damit der Körper sich durch den morgendlichen Spaziergang entleert. Man sollte lieber baden, indem man sich mit lauwarmem Wasser übergießt, als sich salben. Förderlich ist es auch, sich im Sommer tagsüber kurze, aber nicht viele Schlafpausen zu gönnen, damit der Körper nicht aufgrund der Jahreszeit austrocknet. Im Frühjahr ist es auch nützlich, nach einem Dampfbad mit Nieswurz abzuführen, danach sich langsam wieder der üblichen Lebensweise zu widmen, und ein solcher Mensch sollte auch nicht nüchtern seine Geschäfte betreiben. Aufgrund dieser Verhaltensweise wäre eine solche Seele am vernünftigsten.

36. (1) An der Vernunft und Unvernunft der Seele ist diese Mischung, wie sie von mir beschrieben worden ist, schuld. Sie kann aufgrund der Lebensweise sowohl besser als auch schlechter werden. Wenn das Feuer in seinen Umläufen die Oberhand gewinnt, kann man vielleicht dem Wasser (Wasser) hinzufügen, und wenn das Wasser in der Mischung die Oberhand hat, kann man das Feuer vermehren. Dadurch werden die Seelen vernünftiger und unvernünftiger. (2) Am Folgenden ist jedoch nicht die Mischung schuld: Jähzorn, Leichtsinn, Hinterlist, Einfalt, Feindseligkeit, Wohlwollen; an alldem ist die Natur der Gefäße (Poroi) schuld, durch die die Seele wandert. Denn durch welche Gefäße sie weggeht, auf was sie trifft und womit sie sich vermischt, danach richten sich solche Eigenschaften. Deswegen kann man solche Cha-

φρονέουσι· διὰ τοῦτο οὐ δυνατὸν τὰ τοιαῦτα ἐκ διαίτης μεθιστάναι· φύσιν γὰρ μεταπλάσαι ἀφανέα οὐχ οἷόν τε. (3) Ὡσαύτως δὲ καὶ τῆς φωνῆς ὁκοίη τις ἂν ᾖ, οἱ πόροι αἴτιοι τοῦ πνεύματος· δι᾽ ὁκοίων γὰρ ἄν τινων κινῆται ὁ ἠὴρ καὶ πρὸς ὁκοίους τινὰς προσπίπτῃ, τοιαύτην ἀνάγκη τὴν φωνὴν εἶναι. Καὶ ταύτην μὲν δυνατὸν καὶ βελτίω καὶ χείρω ποιεῖν, διότι λειοτέρους καὶ τρηχυτέρους τοὺς πόρους τῷ πνεύματι δυνατὸν ποιῆσαι, κεῖνο δὲ ἀδύνατον ἐκ διαίτης ἀλλοιῶσαι.

rakterzüge nicht durch die Lebensweise verändern. Denn es ist unmöglich, eine unsichtbare Natur umzugestalten. (3) Ebenso sind an der Beschaffenheit der Stimme die Gefäße (Poroi) der Atemluft schuld. Durch welche sich die Luft bewegt und auf welche sie trifft, danach ist zwangsläufig die Stimme beschaffen. Letztere nun kann verbessert oder verschlechtert werden, weil es möglich ist, die Wege für den Atem glatter oder rauher zu machen; ersteres aber kann man über die Lebensweise unmöglich verändern.

ΠΕΡΙ ΔΙΑΙΤΗΣ ΟΞΕΩΝ

1. (1) Οἱ συγγράψαντες τὰς Κνιδίας καλεομένας Littré II, 224 γνώμας ὁποῖα μὲν πάσχουσιν οἱ κάμνοντες ἐν ἑκάστοισι τῶν νοσημάτων ὀρθῶς ἔγραψαν καὶ ὁποίως ἔνια ἀπέβαινεν· καὶ ἄχρι μὲν τούτων, καὶ ὁ μὴ ἰητρὸς δύναιτ' ἂν ὀρθῶς συγγράψαι, εἰ εὖ παρὰ τῶν καμνόντων ἑκάστου πύθοιτο, ὁποῖα πάσχουσιν· ὁπόσα δὲ προσκαταμαθεῖν δεῖ τὸν ἰητρὸν μὴ λέγοντος τοῦ κάμνοντος, τούτων πολλὰ παρεῖται, ἀλλ' ἐν ἄλλοισι καὶ ἐπίκαιρα ἔνια ἐόντα ἐς τέκμαρσιν.

2. (1) Ὁπόταν δὲ ἐς τέκμαρσιν λέγηται, ὡς χρὴ ἕκαστα ἰητρεύειν, ἐν τούτοισι πολλὰ ἑτεροίως | γινώσκω ἢ ὡς κεῖνοι ἐπεξήεσαν· καὶ οὐ μόνον διὰ τοῦτο οὐκ ἐπαινέω, ἀλλ' ὅτι καὶ ὀλίγοισι τὸν ἀριθμὸν τοῖσιν ἄκεσιν ἐχρέοντο· τὰ γὰρ πλεῖστα αὐτοῖσιν εἴρηται, πλὴν τῶν ὀξέων νούσων, φάρμακα ἐλατήρια διδόναι καὶ ὀρὸν καὶ γάλα τὴν ὥρην πιπίσκειν.

25. (1) Ωὑτὸς δέ μοι λόγος ἐστίν, κἢν χυλῷ δέῃ πτισάνης χρῆσθαι. Φημὶ γὰρ ἄμεινον εἶναι αὐτίκα ἄρξασθαι ῥυφεῖν τὸ ἐπίπαν μᾶλλον ἢ προκενεαγγήσαντα ἄρξασθαι τοῦ ῥυφήματος τριταῖον | 278 ἢ τεταρταῖον ἢ πεμπταῖον ἢ ἑκταῖον ἢ ἑβδομαῖον, ἤν γε μὴ προκριθῇ ἡ νοῦσος ἐν τούτῳ τῷ χρόνῳ. Αἱ δὲ προπαρασκευαὶ καὶ τούτοισι παραπλήσιοι ποιητέαι, ὁποῖαι εἴρηνται.

ÜBER DIE LEBENSWEISE
BEI AKUTEN KRANKHEITEN

1. (1) Die Verfasser der sogenannten knidischen Lehrsätze haben zutreffend beschrieben, was die Patienten bei jeder einzelnen Krankheit zu leiden haben und welches Ende einige Krankheiten nahmen. Und soweit könnte auch derjenige, der kein Arzt ist, dies richtig beschreiben, falls er sich bei jedem Kranken sorgfältig erkundigte, was dieser zu leiden habe. Was aber der Arzt zusätzlich genau erfahren muß, ohne daß es ihm der Patient sagt, darüber ist vieles ausgelassen worden; es ist in den verschiedenen Fällen unterschiedlich, und einiges ist für die Deutung (der Symptome) von Bedeutung.

2. (1) Wenn über die Deutung (der Symptome) gesprochen wird, wie man jeden Fall behandeln muß, so sehe ich in diesen Dingen vieles anders, als jene ausgeführt haben. Und nicht nur deswegen stimme ich jenen nicht zu, sondern auch weil sie von der Anzahl her nur wenige Heilmittel verwendet haben; denn meistens behaupteten sie, außer bei akuten Krankheiten müsse man abführende Arzneien verordnen und zur richtigen Zeit Molke und Milch zu trinken geben.

[...]

25. (1) Dieselbe Ansicht vertrete ich in Fällen, in denen man Gerstenschleim anwenden muß. Ich behaupte nämlich, daß es im allgemeinen besser ist, sogleich mit der Einnahme zu beginnen, als zuerst zu fasten und am dritten oder vierten oder fünften oder sechsten oder siebten Tag zu beginnen, den Schleim (Schleimsuppe) einzunehmen, falls die Krankheit nicht in der Zwischenzeit die entscheidende Krise (Entscheidung) erreicht hat. Die Vorbereitungen sind auch für diese Patienten ähnlich zu treffen wie die oben beschriebenen.

26. (1) Περὶ μὲν οὖν ῥυφήματος προσάρσιος οὕτω γινώσκω. Ἀτὰρ καὶ περὶ ποτοῦ, ὁποῖον ἄν τις μέλλῃ πίνειν τῶν προσγραφησομένων, ωὑτὸς λόγος τὸ ἐπίπαν ἐστίν. Οἶδα δὲ τοὺς ἰητροὺς τὰ ἐναντιώτατα ἢ ὡς δεῖ ποιέοντας· (2) βούλονται γὰρ πάντες ὑπὸ τὰς ἀρχὰς τῶν νούσων προταριχεύσαντες τοὺς ἀνθρώπους ἢ δύο ἢ τρεῖς ἢ καὶ πλείους ἡμέρας οὕτω προσφέρειν τὰ ῥυφήματα καὶ τὰ πόματα· καὶ ἴσως τι καὶ εἰκὸς δοκεῖ αὐτοῖσιν εἶναι μεγάλης μεταβολῆς γινομένης τῷ σώματι μέγα τι κάρτα καὶ ἀντιμετα| 28c βάλλειν.

27. (1) Τὸ δὲ μεταβάλλειν μὲν εὖ ἔχει μὴ ὀλίγον· ὀρθῶς μέντοι ποιητέη καὶ βεβαίως ἡ μεταβολὴ καὶ ἔκ γε τῆς μεταβολῆς ἡ πρόσαρσις τῶν γευμάτων ἔτι μᾶλλον. Μάλιστα μὲν οὖν ἂν βλάπτοιντο, εἰ μὴ ὀρθῶς μεταβάλλοιεν, οἱ οὔλῃσι τῇσι πτισάνῃσι χρεώμενοι· βλάπτοιντο δ᾽ ἂν καὶ οἱ μούνῳ τῷ ποτῷ χρεώμενοι, βλάπτοιντο δ᾽ ἂν καὶ οἱ μούνῳ τῷ χυλῷ χρεώμενοι, ἥκιστα δ᾽ ἂν οὗτοι.

28. (1) Χρὴ δὲ καὶ τὰ μαθήματα ποιεῖσθαι ἐν τῇ διαίτῃ τῶν ἀνθρώπων ἔτι ὑγιαινόντων, οἷα συμφέρει· εἰ γὰρ δὴ τοῖσί γε | ὑγιαίνουσι φαίνονται 282 διαφέροντα μεγάλα τὰ τοῖα ἢ τοῖα διαιτήματα καὶ ἐν ἄλλῳ τινὶ καὶ ἐν τῇσι μεταβολῇσι, πῶς οὐχὶ καὶ ἐν τῇσι νούσοισι διαφέρει μέγα καὶ τούτων ἐν τῇσιν ὀξυτάτῃσι μέγιστα; (2) Ἀλλὰ μὴν εὐκαταμάθητόν ἐστιν, ὅτι φαύλη δίαιτα βρώσιος καὶ πόσιος αὐτὴ ἑωυτῇ ἐμφερὴς αἰεὶ ἀσφαλεστέρη ἐστὶν τὸ ἐπίπαν ἐς ὑγιείην, ἢ εἴ τις ἐξαπίνης μέγα μεταβάλλοι ἐς ἄλλα. Ἐπεὶ καὶ τοῖσι δὶς σιτεομένοισι τῆς ἡμέρης καὶ τοῖσι μονοσιτέουσιν αἱ ἐξαπιναῖοι μεταβολαὶ βλάβας καὶ ἀρρωστίην παρέχουσιν. (3) Καὶ τοὺς μέν γε μὴ | μεμαθηκότας ἀριστᾶν, ἢν 284

26. (1) So denke ich also über die Verwendung von Schleim. Aber was Getränke angeht, gleich welches von den noch zu beschreibenden Getränken jemand auch zu sich nehmen muß, ist meine Ansicht im allgemeinen dieselbe. Ich weiß, daß die Ärzte genau das Gegenteil davon tun, was eigentlich notwendig ist; (2) denn alle wollen zu Beginn der Krankheiten die Menschen zwei oder drei oder noch mehr Tage austrocknen lassen, bevor sie ihnen Schleim und Getränke geben. Vielleicht scheint es ihnen irgendwie auch natürlich, bei einer großen Veränderung im Körper eine andere starke Veränderung entgegenzusetzen.

27. (1) Das Verändern hat sicherlich einen nicht geringen Vorteil; die Veränderung muß aber richtig und sicher vonstatten gehen und noch mehr nach der Veränderung die Aufnahme von Nahrungsmitteln. Am meisten würden freilich bei unrichtiger Veränderung diejenigen Schaden erleiden, die Gerste aus ganzen Graupen zu sich nehmen. Schaden erleiden würden auch diejenigen, die nur ein Getränk zu sich nehmen; Schaden erleiden würden ebenfalls diejenigen, die nur den Schleim verwenden, diese allerdings am wenigsten.

28. (1) Man muß sich auch Kenntnisse über die Lebensweise (Ernährungsweise) der Menschen, die noch gesund sind, verschaffen, darüber nämlich, was zuträglich ist. Denn wenn schon für Gesunde diese oder jene Lebensweise (Ernährungsweise) große Unterschiede aufzuweisen scheint, besonders auch bei Veränderungen, wie sollten dann nicht auch bei Krankheiten große Unterschiede vorliegen, die größten bei akuten Krankheiten? (2) Es ist gewiß leicht zu begreifen, daß eine im Essen und Trinken einfache Lebensweise, die in sich immer gleichbleibend ist, im allgemeinen für die Gesundheit sicherer ist, als wenn man plötzlich eine große Veränderung in das andere Extrem hervorruft. Denn sowohl bei denen, die zweimal täglich essen, als auch bei denen, die nur einmal essen, verursachen plötzliche Veränderungen Schäden und Krankheit. (3) Diejenigen, die nicht daran

ἀριστήσωσιν, εὐθέως ἀρρώστους ποιεῖ καὶ βαρέας
ὅλον τὸ σῶμα καὶ ἀσθενέας καὶ ὀκνηρούς· ἢν δὲ καὶ
ἐπιδειπνήσωσιν, ὀξυρεγμιώδεας. Ἐνίοισι δ' ἂν καὶ
σπατίλη γένοιτο, ὅτι παρὰ τὸ ἔθος ἠχθοφόρηκεν ἡ
κοιλίη εἰθισμένη ἐπιξηραίνεσθαι καὶ μὴ δὶς διογκοῦ-
σθαι μηδὲ δὶς ἕψειν τὰ σιτία.

29. (1) Ἀρήγει οὖν τούτοισιν ἀναση|κῶσαι τὴν   286
μεταβολήν· ἐγκομηθῆναι γὰρ χρή, ὥσπερ νύκτα
ἄγοντα μετὰ τὸ δεῖπνον, τοῦ μὲν χειμῶνος ἀρριγέως,
τοῦ δὲ θέρεος ἀθαλπέως· ἢν δὲ καθεύδειν μὴ
δύνηται, βραδέαν, συχνὴν ὁδὸν περιπλανηθέντα, μὴ
στασίμως, δειπνῆσαι μηδὲν ἢ ὀλίγα μηδὲ βλαβερά· ἔτι
δὲ ἔλασσον πιεῖν καὶ μὴ ὑδαρές. (2) Ἔτι δὲ μᾶλλον ἂν
πονήσειεν ὁ τοιοῦτος, εἰ τρὶς φάγοι τῆς ἡμέρης ἐς
κόρον· ἔτι δὲ μᾶλλον, εἰ | πλεονάκις· καίτοι γε πολλοί   288
εἰσιν οἳ εὐφόρως φέρουσι τρὶς σιτεόμενοι τῆς ἡμέρης
ἐς πλῆθος, οἳ ἂν οὕτως ἐθισθῶσιν.

30. (1) Ἀλλὰ μὴν καὶ οἱ μεμαθηκότες δὶς σιτεῖσθαι
τῆς ἡμέρης, ἢν μὴ ἀριστήσωσιν, ἀσθενεῖς καὶ
ἄρρωστοί εἰσι καὶ δειλοὶ ἐς πᾶν ἔργον καὶ καρδιαλ-
γεῖς· κρέμασθαι γὰρ αὐτοῖσι δοκεῖ τὰ σπλάγχνα, καὶ
οὐρέουσι θερμὸν καὶ χλωρόν, καὶ ἡ ἄφοδος συγ-
καίεται. (2) Ἔστι δ' οἷσι καὶ τὸ στόμα πικραίνεται καὶ
οἱ ὀφθαλμοὶ κοιλαίνονται καὶ οἱ κρόταφοι πάλλον-
ται, καὶ τὰ | ἄκρα διαψύχονται, καὶ οἱ μὲν πλεῖστοι 290
οὐ δύνανται κατεσθίειν ἀνηριστηκότες τὸ δεῖπνον,
δειπνήσαντες δὲ βαρύνουσι τὴν κοιλίην καὶ δυσκοιτέ-
ουσι πολὺ μᾶλλον ἢ εἰ προηριστήκεσαν.

31. (1) Ὁπότε οὖν ταῦτα τοιαῦτα γίνεται τοῖσιν
ὑγιαίνουσιν εἵνεκεν ἡμίσεος ἡμέρης διαίτης μετα-
βολῆς, παρὰ τὸ ἔθος οὔτε προσθεῖναι λυσιτελεῖν
φαίνεται οὔτε ἀφελεῖν.

gewöhnt sind zu frühstücken, macht etwaiges Frühstücken sogleich kraftlos, am ganzen Körper schwerfällig, schwach und träge. Wenn sie dann auch die Hauptmahlzeit einnehmen, stößt es ihnen sauer auf. Bei manchen tritt sogar Durchfall auf, weil der Bauch, der daran gewöhnt ist, auszutrocknen und nicht zweimal anzuschwellen und zweimal Speisen zu verdauen, gegen die Gewohnheit belastet worden ist.

29. (1) Bei solchen Menschen hilft es, einen Ausgleich für die Veränderung zu schaffen. Man sollte schlafen, wie wenn man nach dem Abendessen die Nacht zubringt, im Winter ohne zu frieren, im Sommer ohne daß einem heiß ist. Wenn man nicht schlafen kann, mache man einen langsamen, aber langen Spaziergang, ohne anzuhalten; man esse zur Hauptmahlzeit gar nichts oder nur ein wenig leichte Kost; man trinke noch weniger und nichts Wässeriges. (2) Noch mehr würde ein solcher Mensch leiden, wenn er dreimal täglich essen würde, bis er satt ist; und mehr noch, wenn er noch häufiger essen würde. Es gibt jedoch viele, die es gut vertragen, dreimal täglich zu essen, und zwar diejenigen in großer Zahl, die es so gewöhnt sind.

30. (1) Andererseits sind diejenigen, die daran gewöhnt sind, zweimal täglich zu essen, wenn sie nicht frühstücken, schwach und krank, scheuen jede Arbeit und leiden an Magenschmerzen. Es scheint ihnen, als hingen ihnen die Eingeweide herab; sie lassen heißen gelben Urin, ihr Stuhlgang ist wie verbrannt. (2) Bei einigen entsteht ein bitterer Geschmack im Mund, die Augen werden hohl, die Schläfen hämmern, die Glieder werden kalt. Die meisten können die Hauptmahlzeit nicht zu sich nehmen, wenn sie nicht gefrühstückt haben, und wenn sie sie trotzdem essen, belasten sie ihren Leib und schlafen viel schlechter, als wenn sie vorher gefrühstückt hätten.

31. (1) Wenn solches also Gesunden aufgrund der Veränderung der Lebensweise eines halben Tages widerfährt, scheint es vorteilhaft zu sein, weder gegen die Gewohnheit etwas (zur Lebensweise) hinzuzufügen noch etwas wegzulassen.

32. (1) Εἰ τοίνυν οὗτος ὁ παρὰ τὸ ἔθος μονοσιτήσας ὅλην τὴν ἡμέρην κενεαγγήσας δειπνήσειεν ὁπόσον εἴθιστο, εἰκὸς αὐτόν, εἰ τότε ἀνάριστος ἐὼν ἐπόνει καὶ ἠρρώστει, δειπνήσας δὲ τότε βαρὺς ἦν, πο|λὺ 292 μᾶλλον βαρύνεσθαι· εἰ δέ γε ἔτι πλείω χρόνον κενεαγ|γήσας ἐξαπίνης μεταδειπνήσειεν, ἔτι μᾶλλον 294 βαρυνεῖται.

33. (1) Τὸν οὖν παρὰ τὸ ἔθος κενεαγγήσαντα συμφέρει ταύτην τὴν ἡμέρην ἀντισηκῶσαι ὧδε· ἀρριγέως καὶ ἀθαλπέως καὶ ἀταλαιπώρως – ταῦτα γὰρ πάντα βαρέως ἂν ἐνέγκαι –, τὸ δὲ δεῖπνον συχνῷ ἔλασσον ποιήσασθαι ἢ ὅσον εἴθιστο καὶ μὴ ξηρόν, ἀλλὰ τοῦ πλαδαρωτέρου τρόπου· καὶ πιεῖν μὴ ὑδαρὲς μηδὲ ἔλασσον ἢ κατὰ λόγον τοῦ βρώματος· καὶ τῇ ὑστεραίῃ | ὀλίγα ἀριστῆσαι, ὡς ἐκ προσαγωγῆς 296 ἀφίκηται ἐς τὸ ἔθος.

34. (1) Αὐτοὶ μέντοι σφέων αὐτῶν δυσφορώτερον δὴ τὰ τοιαῦτα φέρουσιν οἱ πικρόχολοι τὰ ἄνω· τὴν δέ γε ἀσιτίην τὴν παρὰ τὸ ἔθος οἱ φλεγματίαι τὰ ἄνω εὐφορώτερον φέρουσι τὸ ἐπίπαν, ὥστε καὶ τὴν μονοσιτίην τὴν παρὰ τὸ ἔθος εὐφορώτερον ἂν οὗτοι ἐνέγκαιεν.

35. (1) Ἱκανὸν μὲν οὖν καὶ τοῦτο σημήϊον, ὅτι αἱ μέγισται μεταβολαὶ τῶν περὶ τὰς φύσιας ἡμῶν καὶ τὰς ἕξιας ξυμβαινόντων μάλιστα νοσοποιέουσιν· οὐ δὴ οἷόν τε παρὰ καιρὸν οὔτε σφοδρὰς τὰς κενεαγγείας ποιέειν, οὔτε ἀκμαζόντων τῶν νουσημάτων καὶ ἐν φλεγμασίῃ ἐόντων προσφέρειν, οὔτε ἐξαπίνης οἷόν τε ὅλῳ τῷ πρήγματι μεταβάλλειν οὔτε ἐπὶ τὰ οὔτε ἐπὶ τά.

32. (1) Wenn nun der, gegen dessen Gewohnheit es ist, nur eine Mahlzeit am Tag einzunehmen, den ganzen Tag gefastet hat und dann wie gewohnt eine Hauptmahlzeit zu sich nimmt, ist es nur folgerichtig, daß er sich, wenn er schon ohne Frühstück Beschwerden hatte und krank wurde und sich nach der Hauptmahlzeit ein Völlegefühl einstellte, jetzt noch viel mehr belastet fühlt; und wenn er noch länger gefastet hätte und dann plötzlich zum Speisen überginge, spürte er noch mehr das Völlegefühl.

33. (1) Es ist also für denjenigen, der gegen die Gewohnheit gefastet hat, förderlich, an diesem Tag folgendermaßen einen Ausgleich zu schaffen: Ohne sich abzukühlen und zu erhitzen und ohne körperliche Anstrengung – denn all dies würde er nur mit Beschwerden ertragen – sollte er die Hauptmahlzeit weniger reichlich als gewohnt zu sich nehmen, und nicht trockene Speisen, sondern solche feuchterer Art; er sollte nichts Wässeriges trinken, aber auch nicht zu wenig im Verhältnis zu den Speisen; und am nächsten Tag sollte er wenig frühstücken, um dann unter allmählicher Steigerung wieder zum Gewohnten zurückzukehren.

34. (1) Solches ertragen aber eigentlich diejenigen schwerer, die in den oberen Partien mit bitterer Galle angefüllt sind; leichter ertragen das völlige Fasten wider die Gewohnheit im allgemeinen diejenigen, deren obere Teile vom Schleim (Phlegma) beherrscht werden, und zwar in dem Maße, daß diese auch die Einnahme nur einer Mahlzeit gegen die Gewohnheit leichter ertragen würden.

35. (1) Dies ist ein hinreichender Beweis dafür, daß die größten Veränderungen, die in unseren Naturen (Konstitutionen) und Lebensgewohnheiten auftreten, am häufigsten Krankheiten verursachen. Man sollte also nicht zur unpassenden Zeit streng fasten oder, wenn die Krankheiten in voller Kraft sind und in voller Entzündung stehen, Nahrung zuführen oder plötzlich in diesem oder jenem Sinne eine umfassende Veränderung herbeiführen.

[...]

38. (1) Προστεκμαρτέα δὴ καὶ ἡ ἰσχὺς καὶ ὁ τρόπος τοῦ νοσήματος | ἑκάστου καὶ τῆς φύσιος τοῦ [τε] ἀνθρώπου καὶ τοῦ ἔθεος τῆς διαίτης τοῦ κάμνοντος, οὐ μοῦνον σιτίων, ἀλλὰ καὶ ποτῶν. Πολλῷ δ' ἧσσον ἐπὶ τὴν πρόσθεσιν ἰτέον· ἐπεί γε τὴν ἀφαίρεσιν ὅλως ἀφελεῖν πολλαχοῦ λυσιτελεῖ, ὅπου διαρκεῖν μέλλει ὁ κάμνων, μέχρι ἂν τῆς νούσου ἡ ἀκμὴ πεπανθῇ. Ἐν ὁποίοισι δὲ τὸ τοιόνδε ποιητέον, γεγράψεται.

38. (1) Berücksichtigen muß man außerdem auch die Stärke und
Art der einzelnen Krankheit, der Konstitution des Menschen
und der Lebensgewohnheiten des Patienten, nicht nur hinsicht-
lich der Speisen, sondern auch der Getränke. Viel seltener sollte
man zur Vermehrung der Nahrung übergehen; vollständiges
Weglassen ist oft vorteilhaft, wenn der Kranke es durchhalten
kann, bis die Krankheit in ihrem Höhepunkt ausgekocht (ausge-
reift) ist. In welchen Fällen so zu verfahren ist, wird unten be-
schrieben werden.

[...]

ΠΕΡΙ ΠΑΘΩΝ

1. Ἄνδρα χρή, ὅστις ἐστὶ συνετός, λογισάμενον ὅτι τοῖσιν ἀνθρώποισι πλείστου ἄξιόν ἐστιν ἡ ὑγιείη, ἐπίστασθαι ἀπὸ τῆς ἑωυτοῦ γνώμης ἐν τῇσι νούσοισιν ὠφελέεσθαι· ἐπίστασθαι δὲ τὰ ὑπὸ τῶν ἰητρῶν καὶ λεγόμενα καὶ προσφερόμενα πρὸς τὸ σῶμα τὸ ἑωυτοῦ καὶ διαγινώσκειν· ἐπίστασθαι δὲ τούτων ἕκαστα, ἐς ὅσον εἰκὸς ἰδιώτην.

Ταῦτ' οὖν ἐπίσταιτο ἄν τις μάλιστα εἰδὼς καὶ ἐπιτηδεύων τάδε· νουσήματα τοῖσιν ἀνθρώποισι γίνεται ἅπαντα ὑπὸ χολῆς καὶ φλέγματος· ἡ δὲ χολὴ καὶ τὸ φλέγμα τὰς νούσους παρέχει, ὅταν ἐν τῷ σώματι ἢ ὑπερξηραίνηται, ἢ ὑπερυγραίνηται, ἢ ὑπερθερμαίνηται, ἢ ὑπερψύχηται. Πάσχει δὲ ταῦτα τὸ φλέγμα καὶ ἡ χολὴ καὶ ἀπὸ σιτίων καὶ ποτῶν, καὶ ἀπὸ πόνων καὶ τρωμάτων, καὶ ἀπὸ ὀσμῆς καὶ ἀκοῆς καὶ ὄψιος καὶ λαγνείης, καὶ ἀπὸ τοῦ θερμοῦ τε καὶ ψυχροῦ· πάσχει δέ, ὅταν τούτων ἕκαστα τῶν εἰρημένων ἢ μὴ ἐν τῷ δέοντι προσφέρηται τῷ σώματι, ἢ μὴ τὰ εἰωθότα, ἢ πλείω τε καὶ ἰσχυρότερα, ἢ ἐλάσσω τε καὶ ἀσθενέστερα.

Τὰ μὲν οὖν νουσήματα γίνεται τοῖσιν ἀνθρώποισιν ἅπαντα ἀπὸ τουτέων. Δεῖ δὲ πρὸς ταῦτα τὸν ἰδιώτην ἐπίστασθαι, ὁκόσα εἰκὸς γινώσκειν ἰδιώτην· ὅσα δὲ τοὺς χειροτέχνας εἰκὸς ἐπίστασθαι καὶ προσφέρειν καὶ διαχειρίζειν, περὶ δὲ τούτων καὶ τῶν λεγομένων καὶ τῶν ποιευμένων οἷόν τε εἶναι τὸν ἰδιώτην γνώμῃ τινὶ ξυμβάλλεσθαι.

Ἤδη οὖν τούτων ὁπόθεν ἕκαστα δεῖ τὸν ἰδιώτην ἐπίστασθαι, ἐγὼ φράσω.

ÜBER DIE LEIDEN

1. Jeder Mann, der verständig ist, muß sich, wenn er bedenkt, daß die Gesundheit für die Menschen am wertvollsten ist, bei den Krankheiten durch eigene Überlegung zu helfen wissen. Er muß verstehen und beurteilen können, was von den Ärzten gesagt und für seinen eigenen Körper verordnet wird. Er muß dies im einzelnen soweit verstehen, wie es für einen Laien angebracht ist.

Dies wird man am besten verstehen, wenn man folgendes weiß und mit Eifer sich aneignet: Alle Krankheiten bei den Menschen entstehen durch Galle und Schleim. Galle und Schleim verursachen die Krankheiten, wenn sie im Körper zu feucht, zu trocken, zu warm oder zu kalt werden. Dies widerfährt dem Schleim und der Galle durch Speisen und Getränke, durch Anstrengungen und Wunden, durch Geruch, Gehör, Auge, Geschlechtsverkehr, durch Wärme und Kälte. Es geschieht, wenn eine der erwähnten Einwirkungen entweder zur unpassenden Zeit an den Körper herantritt oder nicht nach gewohnter Weise oder in zu großer Menge und Stärke oder in zu geringer Menge und Stärke.

Alle Krankheiten entstehen also bei den Menschen aus diesen Ursachen. Hinsichtlich dieser Dinge muß der Laie soviel verstehen, wie es für einen Laien angebracht ist. Was aber diejenigen, die die ärztliche Kunst ausüben, angemessenerweise imstande sein sollten zu verstehen, vorzubringen und durchzuführen, darüber und über das, was sie tatsächlich sagen und tun, sollte der Laie einigermaßen vernünftig mitreden können.

Woher nun der Laie in diesen Dingen im einzelnen seine Kenntnis schöpfen muß, will ich nunmehr darlegen.

13. Τῶν νούσων σχεδόν τι μάλιστα αἱ ὀξεῖαι καὶ
ἀποκτείνουσι καὶ ἐπιπονώταταί εἰσι, καὶ δεῖ πρὸς
αὐτὰς φυλακῆς τε πλείστης καὶ θεραπείης ἀκρι-
βεστάτης, καὶ ἀπὸ τοῦ θεραπεύοντος κακὸν μὲν
μηδὲν προσγίνεσθαι, ἀλλ' ἀρκέειν τὰ ἀπ' αὐτῶν τῶν
νουσημάτων ὑπάρχοντα, ἀγαθὸν δὲ ὅ τι ἂν οἷός τε ᾖ·
καὶ ἢν μὲν, ὀρθῶς θεραπεύοντος τοῦ ἰητροῦ, ὑπὸ
μεγέθεος τῆς νούσου κρατέηται ὁ κάμνων, οὐχὶ τοῦ
ἰητροῦ αὕτη ἡ ἁμαρτίη ἐστίν· ἢν δέ, μὴ θεραπεύοντος
ὀρθῶς ἢ μὴ γινώσκοντος, ὑπὸ τῆς νούσου κρατέηται,
τοῦ ἰητροῦ.

45. Τὰ φάρμακα ὅσα ποτά, καὶ ὅσα πρὸς τὰ τρώματα
προσφέρεται, μανθάνειν χρή, ἄξιον γὰρ ἅπαντος· οὐ
γὰρ ἀπὸ γνώμης ταῦτα εὑρίσκουσιν οἱ ἄνθρωποι,
ἀλλὰ μᾶλλον ἀπὸ τύχης, οὐδέ τι οἱ χειροτέχναι
μᾶλλον ἢ οἱ ἰδιῶται· ὅσα δὲ ἐν τῇ τέχνῃ τῇ ἰητρικῇ
γνώμῃ εὑρίσκεται ἢ περὶ σιτίων ἢ περὶ φαρμάκων,
παρὰ τῶν οἵων τε διαγινώσκειν τὰ ἐν τῇ τέχνῃ μαν-
θάνειν χρή, ἤν τι θέλῃς μανθάνειν.

[...]

13. Von den Krankheiten sind im allgemeinen die akuten am häufigsten tödlich und am schmerzhaftesten, und für sie bedarf es der größten Sorgfalt und der genauesten Behandlung. Vom Behandelnden darf nichts Schlimmes hinzugefügt werden, sondern das von den Krankheiten selbst Ausgehende genügt schon, er muß vielmehr Gutes hinzufügen, soviel er imstande ist. Und wenn bei richtiger Behandlung durch den Arzt der Kranke dennoch von der Schwere der Krankheit überwältigt wird, ist dies dann nicht der Fehler des Arztes. Wenn aber bei nicht richtiger Behandlung oder bei Unkenntnis des Arztes der Patient von der Krankheit besiegt wird, ist dies die Schuld des Arztes.

[...]

45. Bezüglich der Arzneimittel, die getrunken werden und die gegen Verwundungen verordnet werden, ist es wert, von jedem zu lernen. Denn nicht durch Überlegung, sondern eher durch Zufall finden die Menschen diese Mittel, und auch diejenigen, die die ärztliche Kunst ausüben, nicht mehr als die Laien. Was aber in der Heilkunst durch Überlegung gefunden wird, ob nun über Nahrungsmittel oder über Arzneien, muß man von denjenigen lernen, die in der Kunst ein Urteil fällen können, wenn man überhaupt etwas lernen will.

[...]

III

NATURPHILOSOPHISCHE MEDIZIN:

Knochenchirurgische Schriften

ΠΕΡΙ ΑΓΜΩΝ

1. Ἐχρῆν τὸν ἰητρὸν τῶν ἐκπτωσίων τε καὶ κατηγμάτων ὡς ἰθύτατα ποιεῖσθαι τὰς κατατάσιας· αὕτη γὰρ ἡ δικαιοτάτη φύσις. Ἢν δέ τι ἐγκλίνῃ ἢ τῇ ἢ τῇ, ἐπὶ τὸ πρηνὲς ῥέπειν· ἐλάσσων γὰρ ἡ ἁμαρτὰς ἢ ἐπὶ τὸ ὕπτιον. Οἱ μὲν οὖν μηδὲν προβουλεύονται, οὐδὲν ἐξαμαρτάνουσιν ὡς ἐπὶ τὸ πολύ· αὐτὸς γὰρ ὁ ἐπιδεόμενος τὴν χεῖρα ἀπορέγει, οὕτως | ὑπὸ τῆς δι- καίης φύσιος ἀναγκαζόμενος. Οἱ δὲ ἰητροὶ σοφιζόμενοι δῆθεν ἔστιν οἳ ἁμαρτάνουσιν.

Σπουδὴ μὲν οὖν οὐ πολλὴ χεῖρα κατεηγυῖαν χειρίσαι, καὶ παντὸς δὲ ἰητροῦ, ὡς ἔπος εἰπεῖν. Ἀναγκάζομαι δὲ πλείω γράφειν περὶ αὐτῆς, ὅτι οἶδα ἰητροὺς σοφοὺς δόξαντας εἶναι ἀπὸ σχημάτων χειρὸς ἐν ἐπιδέσει, ἀφ' ὧν ἀμαθέας αὐτοὺς ἐχρῆν δοκεῖν εἶναι. Ἀλλὰ γὰρ πολλὰ οὕτω ταύτης τῆς τέχνης κρίνεται· τὸ γὰρ ξενοπρεπὲς οὔπω συνιέντες, εἰ χρηστόν, καὶ μᾶλλον ἐπαινέουσιν ἢ τὸ σύνηθες, ὃ ἤδη οἴδασιν ὅτι χρηστόν, καὶ τὸ ἀλλόκοτον μᾶλλον ἢ τὸ εὔδηλον. Ῥητέον οὖν ὁπόσας ἐθέλω τῶν ἁμαρτάδων τῶν ἰητρῶν τὰς μὲν ἀποδιδάξαι, τὰς δὲ διδάξαι περὶ τῆς φύσιος τῆς χειρός· καὶ γὰρ ἄλλων ὀστέων τῶν κατὰ τὸ σῶμα δίδαγμα ὅδε ὁ λόγος ἐστίν. |

30. Ὅσους δὲ μὴ οἷόν τε ἐπιδέσει ἰήσασθαι διὰ τούτων τῶν εἰρημένων τρόπων ἢ τῶν εἰρησομένων,

ÜBER DIE KNOCHENBRÜCHE

1. Es ist notwendig, daß der Arzt bei Verrenkungen und Knochenbrüchen die Streckungen in möglichst gerader Linie macht; denn dies ist die richtige (gerechteste) natürliche Lage. Wenn aber eine Neigung nach dieser oder jener Seite vorliegt, so drehe man das Glied mit der Handfläche nach unten; denn der Fehler ist geringer, als wenn man es mit der Handfläche nach oben dreht. Die keine vorgefaßte Meinung haben, machen meistens auch keinen Fehler; denn der Patient, der einen Verband braucht, streckt die Hand von selbst so aus, weil ihn die richtige (gerechteste) natürliche Ausrichtung dazu zwingt. Gerade die Ärzte, die vorgeblich darüber theoretisieren, machen die Fehler.

Es ist freilich keine große Sache, einen gebrochenen Arm zu behandeln, und dies kann sozusagen jeder Arzt. Ich sehe mich aber dazu gezwungen, ausführlicher darüber zu schreiben, weil ich weiß, daß Ärzte als weise gelten aufgrund von Stellungen des Armes beim Bandagieren, für die sie eher als unwissend gelten sollten. Aber in dieser Kunst wird vieles so beurteilt. Denn die Leute loben das Fremdartige, obwohl sie noch nicht erkennen können, ob es nützt, mehr als das Bekannte, von dem sie schon wissen, daß es nützt, und das Ungewöhnliche mehr als das Selbstverständliche. Man muß also davon reden, welche von den Fehlern der Ärzte ich nicht lehren will und was ich andererseits über die natürliche Haltung des Armes lehren will. Denn auch eine Unterweisung über die anderen Knochen im Körper ist diese Abhandlung.

[...]

30. In den Fällen, die man nicht durch Bandagieren auf eine der erwähnten oder noch zu erwähnenden Arten heilen kann,

τούτους περὶ πλέονος χρὴ ποιεῖσθαι, ὅπως εὐθέτως σχήσουσι τὸ κατεηγὸς τοῦ σώματος κατ᾽ ἰθυωρίην προσέχοντα τὸν νόον καὶ τῷ ἀνωτέρῳ δὲ μᾶλλον ἢ τῷ κατωτέρῳ. Εἰ δέ τις μέλλοι καλῶς καὶ εὐχερῶς ἐργάζεσθαι, ἄξιον καὶ μηχανοποιήσασθαι, ὅπως κατάτασιν δικαίην καὶ μὴ βιαίην σχήσει τὸ κατεηγὸς τοῦ σώματος· μάλιστα δὲ | ἐν κνήμῃ ἐνδέχεται μηχα- 518 νοποιεῖν. Εἰσὶν μὲν οὖν τινες οἳ ἐπὶ πᾶσι τοῖς τῆς κνήμης κατήγμασι, καὶ τοῖσιν ἐπιδεομένοισι καὶ τοῖσι μὴ ἐπιδεομένοισι, τὸν πόδα ἄκρον προσδέουσι πρὸς τὴν κλίνην ἢ πρὸς ἄλλο τι ξύλον παρὰ τὴν κλίνην κατορύξαντες. Οὗτοι μὲν οὖν πάντα κακὰ ποιέουσιν, ἀγαθὸν δὲ οὐδέν· οὔτε γὰρ τοῦ κατατείνεσθαι ἄκος ἐστὶ τὸ προσδεδέσθαι τὸν πόδα, – οὐδὲν γὰρ ἧσσον τὸ ἄλλο σῶμα προσχωρήσει πρὸς τὸν πόδα καὶ οὕτως οὐκ ἂν ἔτι τείνοιτο, – οὔτ᾽ αὐτὴν ἐς τὴν ἰθυωρίην οὐδὲν ὠφελεῖ, ἀλλὰ καὶ βλάπτει· στρε- φομένου γὰρ τοῦ ἄλλου σώματος ἢ τῇ ἢ τῇ οὐδὲν κωλύσει ὁ δεσμὸς τὸν πόδα καὶ τὰ ὀστέα τὰ τῷ ποδὶ προσηρτημένα ἐπακολουθεῖν τῷ ἄλλῳ σώματι. Εἰ δὲ μὴ προσεδέδετο, ἧσσον ἂν διεστρέφετο· ἧσσον γὰρ ἂν ἐγκατελείπετο ἐν τῇ κινήσει τοῦ ἄλλου σώματος. Εἰ δέ τις σφαίρας δύο ῥάψαιτο ἐκ σκύτεος Αἰγυπτίου τοιαύτας οἵας φορέουσιν οἱ ἐν τῇσι μεγάλῃσι πέδῃσι πολλὸν χρόνον πεπεδημένοι, αἱ δὲ σφαῖραι ἔχοιεν ἔνθεν καὶ ἔνθεν χιτῶνας, τὰ μὲν πρὸς τοῦ τρώματος βαθυτέρους, τὰ δὲ πρὸς τῶν ἄρθρων βραχυτέρους, εἶεν δὲ ὀγκηραὶ μὲν καὶ μαλθακαί, ἁρμόζουσαι δέ, ἡ μὲν τῷ ἄνωθεν τῶν σφυρῶν, ἡ δὲ τῷ κάτωθεν τοῦ γού|νατος, ἐκ δὲ πλαγίης ἑκατέρη δισσὰ 520 ἑκατέρωθεν ἔχοι προσαρτήματα ἢ ἁπλόου ἱμάντος ἢ διπλόου, βραχέα ὥσπερ ἀγκύλας, τὰ μέν τι τοῦ σφυροῦ ἑκατέρωθεν, τὰ δέ τι τοῦ γούνατος, [καὶ ἡ ἄνωθεν σφαῖρα | ἕτερα τοιαῦτα ἔχοι] κατὰ τὴν 522

muß man um so mehr dafür sorgen, daß die Patienten das gebrochene Körperglied dem natürlichen (geraden) Zustand entsprechend in einer passenden Lage halten, und darauf achten, daß sie es auch mehr nach oben als nach unten halten. Wenn einer gut und geschickt zu arbeiten versteht, ist es der Mühe wert, auch eine Apparatur zu verwenden, damit das gebrochene Körperglied eine geeignete und nicht gewaltsame Streckung erfährt. Am besten angebracht ist die Anwendung einer Apparatur beim Bein. Es gibt freilich einige, die bei allen Beinbrüchen, sowohl bei bandagierten als auch bei nicht bandagierten, die Fußspitze am Bett anbinden oder an einem anderen Holz, das sie beim Bett in die Erde eingraben. Diese freilich richten damit alles mögliche Unheil an, tun aber nichts Gutes. Denn weder ist das Anbinden des Fußes ein Mittel zur Streckung – der übrige Körper wird nämlich dabei keinesfalls weniger an den Fuß heranrutschen, wobei die Streckung nicht mehr gewahrt wird –, noch nützt es irgendwie zur Erhaltung der natürlichen (geraden) Lage, sondern es schadet sogar. Denn wenn sich der übrige Körper nach dieser oder jener Seite dreht, hindert die Fessel den Fuß und die mit ihm verbundenen Knochen keineswegs daran, mit dem übrigen Körper mitzugehen. Wenn er nicht gefesselt wäre, würde er sogar in geringerem Maße verdreht werden; denn er würde bei der Bewegung des übrigen Körpers weniger zurückbleiben. Wenn man aber zwei Ringe aus ägyptischem Leder zusammennäht, so wie sie diejenigen tragen, die für lange Zeit in schweren Fesseln gehalten werden, sollten die Ringe nach beiden Seiten einen Mantel haben, der zur Verletzung hin eine größere Tiefe hat, zu den Gelenken hin flacher ist; sie sollten dick und weich sein und sich anpassen, der eine oberhalb der Knöchel, der andere unterhalb des Knies; jeder sollte an beiden Seiten zwei Anhängsel aus einem einfachen oder doppelten Riemen haben, so kurz wie Schlaufen, zum einen auf beiden Seiten des Knöchels, zum anderen auf beiden Seiten des Knies (und der obere Ring sollte weitere dieser Art haben), die nach der gleichen natürlichen Richtung ausgerichtet

ἰθυωρίην τὴν αὐτήν· καὶ ἔπειτα κραναίνας ῥάβδους τέσσαρας λαβὼν ἴσας μέγεθος ἀλλήλῃσι, πάχος μὲν ὡς δακτυλιαίας, μῆκος δέ, ὡς κεκαμμέναι ἐναρμόσουσιν ἐς τὰ ἀπαιωρήματα, ἐπιμελόμενος ὅπως τὰ ἄκρα τῶν ῥάβδων μὴ ἐς τὸν χρῶτα, ἀλλ᾽ ἐς τὰ ἄκρα τῶν σφαιρέων ἐγκέλσῃ. Εἶναι δὲ χρὴ ζεύγεα τρία τῶν ῥάβδων καὶ πλείω καί τινι καὶ μακροτέρας τὰς ἑτέρας τῶν ἑτέρων, καί τινι καὶ βραχυτέρας καὶ σμικροτέρας, ὡς καὶ μᾶλλον διατείνῃς, ἢν βούλῃ, καὶ ἧσσον· ἔστωσαν δὲ αἱ ῥάβδοι ἑκάτεραι ἔνθεν καὶ ἔνθεν τῶν σφυρῶν. Ταῦτα δ᾽ εἰ καλῶς μηχανοποιηθείη, τήν τε κατάτασιν καὶ δικαίην ἂν παρέχοι καὶ ὁμαλὴν κατὰ τὴν ἰθυωρίην καὶ τῷ τρώματι πόνος οὐδεὶς ἂν εἴη· τὰ γὰρ ἀποπιέσματα, εἴ τι καὶ ἀποπιέζοιτο, τὰ μὲν ἂν ἐς τὸν πόδα ἀπάγοιτο, τὰ δ᾽ ἐς τὸν μηρόν, αἵ τε ῥάβδοι εὐθετώτεραι αἱ μὲν ἔνθεν, αἱ δὲ ἔνθεν τῶν σφυρῶν, ὥστε μὴ κωλύεσθαι τὴν θέσιν τῆς κνήμης, τό τε τρῶμα εὐκατάσκεπτον καὶ εὐβάστακτον· οὐδὲν γὰρ ἐμποδών, εἴ τις ἐθέλοι τὰς δύο τῶν ῥάβδων τὰς ἀνωτέρω αὐτὰς πρὸς ἀλ|λήλας ζεῦξαι, 524 καὶ εἴ τις κούφως βούλοιτο ἐπιβάλλειν, ὥστε τὸ ἐπιβαλλόμενον μετέωρον ἀπὸ τοῦ τρώματος εἶναι. Εἰ μὲν οὖν αἵ τε σφαῖραι προσηνέες καὶ καλαὶ καὶ μαλθακαὶ καὶ καιναὶ ῥαφεῖεν καὶ ἡ ἔντασις τῶν ῥάβδων χρηστῶς ἐνταθείη, ὥσπερ ἤδη εἴρηται, εὔχρηστον τὸ μηχάνημα· εἰ δέ τι τούτων μὴ καλῶς ἕξει, βλάπτοι ἂν μᾶλλον ἢ ὠφελέοι. Χρὴ δὲ καὶ τὰς ἄλλας μηχανὰς ἢ καλῶς μηχανᾶσθαι ἢ μὴ μηχανᾶσθαι· αἰσχρὸν γὰρ καὶ ἄτεχνον μηχανοποιέοντα ἀμηχανοποιεῖσθαι.

sind. Dann nehme man vier Stäbe aus Kornelkirschbaumholz, die untereinander an Größe gleich sind, von der Dicke eines Fingers und von einer solchen Länge, daß sie, wenn sie gebogen sind, in die Anhängsel hineinpassen, wobei darauf zu achten ist, daß die Enden der Stäbe nicht auf die Haut, sondern auf die Ränder der Ringe treffen. Es müssen aber drei und mehr Paare von Stäben vorhanden sein, die einen länger als die anderen, die anderen sowohl kürzer als auch schwächer, so daß man eine größere Streckung, wenn man möchte, oder auch eine kleinere hervorrufen kann. Die Stäbe sollen paarweise auf jeder Seite des Knöchels angebracht werden. Wenn diese Apparatur richtig angewandt wird, bewirkt sie, daß die Streckung sowohl regelmäßig als auch gleichmäßig nach der natürlichen (geraden) Richtung hin erfolgt, und für die Wunde würden keine Schmerzen entstehen. Denn der äußere Druck, wenn überhaupt welcher ausgeübt wird, wird teilweise auf den Fuß, teilweise auf den Oberschenkel abgelenkt. Die Stäbe aber sind noch besser angelegt auf beiden Seiten des Knöchels, wenn sie nicht die Stellung des Unterschenkels stören und dabei die Verletzung gut zu untersuchen und gut zu versorgen ist. Denn nichts hindert daran, wenn man will, die beiden oberen Stäbe zusammenzubinden und, wenn man es wünscht, etwas leicht darüberzulegen, so daß das darüber Gelegte frei schwebend von der Wunde entfernt ist. Wenn dann die Ringe geschmeidig, gut gearbeitet, weich und frisch genäht sind und die Streckung durch die Stäbe zweckmäßig reguliert ist, wie es bereits beschrieben wurde, ist die Apparatur gut zu gebrauchen. Wenn aber nur etwas davon nicht gut hergerichtet ist, wird sie mehr schaden als nützen. Auch die übrigen Mechanismen müssen entweder gut angewandt werden oder dürfen überhaupt nicht angewandt werden. Denn es ist schimpflich und entgegen der Kunst, einen Mechanismus anzuwenden und damit keine mechanischen Wirkungen zu erreichen.

[...]

ΠΕΡΙ ΑΡΜΟΙ

11. Ἐπάξιον δὲ τὸ μάθημα, ὡς χρὴ ἰητρεύειν τοὺς πυκνὰ ἐκπίπτοντας ὤμους· πολλοὶ μὲν γὰρ ἤδη ἀγωνίης ἐκωλύθησαν διὰ ταύτην τὴν συμφορήν, τὰ ἄλλα ἀξιόχρεοι ἐόντες, πολλοὶ δὲ ἐν πολέμοις ἀχρεῖοι ἐγένοντο καὶ διεφθάρησαν διὰ ταύτην τὴν συμφορήν. Ἅμα δὲ ἐκάξιον διὰ τόδε, ὅτι οὐδένα οἶδα ὀρθῶς ἰητρεύοντα, ἀλλὰ τοὺς μὲν οὐδ᾽ ἐγχειρέοντας, τοὺς δὲ τἀναντία τοῦ συμφέροντος φρονέοντάς τε καὶ ποιέοντας. Συχνοὶ γὰρ ἤδη ἰητροὶ | ἔκαυσαν ₁₀₆ ὤμους ἐκπίπτοντας κατά τε τὴν ἐπωμίδα κατά τε τοὔμπροσθεν, ᾗ ἡ κεφαλὴ τοῦ βραχίονος ἐξογκεῖ, κατά τε τοὔπισθεν ὀλίγον τῆς ἐπωμίδος. Αὗται οὖν αἱ καύσιες, εἰ μὲν ἐς τὸ ἄνω ἐξέπιπτεν ὁ βραχίων ἢ ἐς τοὔμπροσθεν ἢ ἐς τοὔπισθεν, ὀρθῶς ἂν ἔκαιον· νῦν δὲ δή, ὅτε ἐς τὸ κάτω ἐκπίπτει, ἐκβάλλουσιν αὗται αἱ καύσιες μᾶλλον ἢ κωλύουσιν· ἀποκλείουσι γὰρ τῆς ἄνω εὐρυχωρίης τὴν κεφαλὴν τοῦ βραχίονος.

Χρὴ δὲ ὧδε καίειν ταῦτα· ἀπολαμβάνοντα τοῖσι δακτύλοισι κατὰ τὴν μασχάλην τὸ δέρμα ἀφελκύσαι κατ᾽ αὐτὴν τὴν ἴξιν μάλιστα, καθ᾽ ἣν ἡ κεφαλὴ τοῦ βραχίονος ἐκπίπτει· ἔπειτα οὕτως ἀφειλκυσμένον τὸ δέρμα διακαῦσαι ἐς τὸ πέρην. Σιδηρίοισι δὲ χρὴ τὰ τοιαῦτα καίειν μὴ παχέσι μηδὲ λίην φαλακροῖσι, ἀλλὰ προμήκεσι – ταχυπορώτερα γὰρ – καὶ τῇ χειρὶ ἐπερείδειν. Χρὴ δὲ καὶ διαφανέσι καίειν, ὡς ὅτι τάχιστα περαιωθῇ κατὰ δύναμιν· τὰ γὰρ παχέα βραδέως περαιούμενα πλατυτέρας τὰς

ÜBER DIE GELENKE

11. Wie man Schultern, die häufig ausgekugelt sind, behandeln muß, ist es wert, zu lernen. Denn viele sind wegen eines solchen Mißgeschicks schon an Wettkämpfen gehindert worden, obwohl sie in allen anderen Belangen dazu geeignet gewesen wären; viele waren in den Kriegen nicht einsetzbar und sind wegen eines solchen Mißgeschicks zugrunde gegangen. Lernenswert auch deshalb, weil ich niemanden kenne, der richtig behandelt, vielmehr einerseits solche, die sich gar nicht erst daran versuchen, und andererseits solche, die das genaue Gegenteil von dem, was angebracht wäre, überlegen und tun. Denn zahlreiche Ärzte behandeln ausgekugelte Schultern durch Brennen sowohl auf der Höhe der Schulter als auch vorne, wo der Kopf des Oberarmknochens aufragt, und ein wenig hinter der Schulterhöhe. Dieses Brennen wäre richtig, wenn der Arm nach oben, nach vorne oder nach hinten ausgerenkt wäre. Da er nun aber tatsächlich nach unten ausgerenkt ist, führt dieses Brennen eher das Ausrenken herbei, als daß es dies verhindert; denn es schließt den Kopf des Oberarmknochens von dem geräumigen Platz oberhalb aus. Man muß in diesen Fällen auf folgende Weise brennen: Man ergreife mit den Fingern an den Achselhöhlen die Haut und ziehe sie am besten in die Richtung, wo sich der Kopf des Oberarmknochens ausgerenkt hat. Dann brenne man durch die so weggezogene Haut ganz hindurch. In solchen Fällen darf man nicht mit dicken Eisen brennen und auch nicht mit allzu abgerundeten, sondern mit länglichen – denn sie dringen schneller ein –, und man muß mit der Hand Druck darauf ausüben. Man sollte auch mit einem glühendem Eisen brennen, damit es so schnell wie möglich hindurchdringt. Denn die dicken Eisen, mit denen man nur langsam durchdringt, bewirken ein weiteres

ἐκπτώσιας τῶν ἐσχαρέων ποιεῖται, καὶ κίνδυνος
ἂν εἴη συρραγῆναι τὰς ὠτειλάς· καὶ κάκιον μὲν ἂν
οὐδὲν εἴη, αἴσχιον δὲ καὶ ἀτεχνότερον. Ὅταν δὲ δια-
καύσῃς ἐς τὸ πέρην, τῶν μὲν πλείστων ἱκανῶς ἂν ἔχοι
ἐν τῷ κάτω μέρει ταύτας μούνας τὰς ἐσχάρας θεῖναι·
ἢν δὲ μὴ κίνδυνος φαίνηται εἶναι συρραγῆναι τὰς
ὠτειλάς, ἀλλὰ πολὺ τὸ διὰ μέσου ᾖ, ὑπάλειπτρον χρὴ
λεπτὸν διέρσαι διὰ τῶν καυ|μάτων, ἔτι ἀναλε- 108
λαμμένου τοῦ δέρματος· οὐ γὰρ ἂν ἄλλως δύναιο
διέρσαι. Ἐπὴν δὲ διέρσῃς, ἀφεῖναι τὸ δέρμα, ἔπειτα
μεσηγὺ τῶν ἐσχαρέων ἄλλην ἐσχάρην ἐμβάλλειν
λεπτῷ σιδηρίῳ καὶ διακαῦσαι, ἄχρι ἂν τῷ ὑπα-
λείπτρῳ ἐγκύρσῃ.

Ὁπόσον δέ τι χρὴ τὸ δέρμα ἀπὸ τῆς μασχάλης
ἀπολαμβάνειν, τοισίδε χρὴ τεκμαίρεσθαι. Ἀδένες
ὕπεισιν ἢ ἐλάσσους ἢ μέζους πᾶσιν ὑπὸ τῇ μασχάλῃ.
πολλαχῇ δὲ καὶ ἄλλῃ τοῦ σώματος. Ἀλλὰ ἐν
ἄλλῳ λόγῳ περὶ ἀδένων οὐλομελείης γεγράψεται,
ὅ τι τέ εἰσι καὶ οἷα ἐν οἷσι σημαίνουσί τε καὶ δύνανται.
Τοὺς μὲν οὖν ἀδένας οὐ χρὴ προσαπολαμβάνειν,
οὐδὲ ὅσα ἐσωτέρω τῶν ἀδένων· μέγας γὰρ κίνδυνος·
τοῖσι γὰρ ἐπικαιροτάτοισι τόνοισι γειτονεύον-
ται· ὅσον δὲ ἐξωτέρω τῶν ἀδένων ὡς πλεῖστον
ἀπολαμβάνειν· ἀσινέα γάρ. Γινώσκειν δὲ καὶ τάδε
χρὴ ὅτι, ἢν μὲν ἰσχυρῶς τὸν βραχίονα ἀνατείνῃς,
οὐ δυνήσῃ τοῦ δέρματος ἀπολαβεῖν οὐδὲν τοῦ ὑπὸ
τῇ μασχάλῃ, ὅ τι καὶ ἄξιον λόγου· καταναισιμοῦται
γὰρ ἐν τῇ ἀνατάσει. Οἱ δ' αὖ τόνοι, | οὓς οὐδεμιῇ 110
μηχανῇ δεῖ τιτρώσκειν, οὗτοι πρόχειροι γίνον-
ται καὶ κατατεταμένοι ἐν τούτῳ τῷ σχήματι. Ἦν
δὲ σμικρὸν ἐπάρῃς τὸν βραχίονα, πολὺ μὲν
τοῦ δέρματος ἀπολήψει, οἱ δὲ τόνοι, ὧν δεῖ
προμηθεῖσθαι, ἔσω καὶ πρόσω τοῦ χειρίσματος

Ausgreifen der Brandstellen, und die Gefahr bestünde, daß die Wunden zueinander durchreißen. Dies wäre nichts Schlimmes, aber unschön und weniger kunstgerecht. Wenn man durch und durch gebrannt hat, wird es in den meisten Fällen ausreichen, im unteren Teil nur diese Brandwunden gesetzt zu haben. Wenn aber keine Gefahr zu bestehen scheint, daß die Wunden zueinander durchreißen, sondern ein großer Zwischenraum besteht, sollte man eine dünne Spachtel durch die Brandlöcher hindurchstecken, während die Haut noch angehoben ist; denn sonst könnte man die Spachtel nicht hindurchschieben. Nachdem man sie hindurchgesteckt hat, lasse man die Haut los, bringe dann in der Mitte zwischen den Brandwunden ein weiteres Brandmal mit einem dünnen Eisen an und brenne so weit hindurch, bis man auf die Spachtel stößt.

Wie groß das Hautstück sein muß, das man von der Achselhöhle wegzieht, sollte folgendermaßen erschlossen werden: Alle Menschen haben unter der Achselhöhle kleinere oder größere Drüsen, ebenso an vielen anderen Stellen des Körpers. Es wird allerdings in einer anderen Schrift über die Gesamtbeschaffenheit der Drüsen gehandelt werden, was sie sind, was sie an den betreffenden Stellen zu bedeuten haben und wie sie wirken. Die Drüsen darf man nicht mit anheben und auch nicht das, was noch tiefer im Inneren ist als die Drüsen. Die Gefahr ist nämlich groß. Denn sie liegen in der Nachbarschaft der wichtigsten Stränge. Man muß aber von dem, was sich weiter außerhalb als die Drüsen befindet, möglichst viel abheben; denn das ist unschädlich. Man sollte auch folgendes wissen, daß man nämlich, wenn man den Arm stark nach oben streckt, kein nennenswertes Stück der Haut unter der Achselhöhle abheben kann; denn beim Anheben des Armes wird sie aufgebraucht. Die Stränge wiederum, die man durch keinerlei Einwirkung verletzen darf, liegen griffbereit an der Oberfläche und sind in dieser Haltung gespannt. Wenn man den Arm aber nur leicht hebt, so läßt sich viel von der Haut abheben, während die Stränge, auf die man Rücksicht nehmen

γίνονται. Ἀρ᾽ οὖν οὐκ ἐν πάσῃ τῇ τέχνῃ περὶ παντὸς χρὴ ποιεῖσθαι τὰ δίκαια σχήματα ἐξευρίσκειν ἐφ᾽ ἑκάστοισι; Ταῦτα μὲν τὰ κατὰ τὴν μασχάλην, καὶ ἱκαναὶ αὗται αἱ καταλήψιες, ἢν ὀρθῶς τεθῶσιν αἱ ἐσχάραι.

Ἔκτοσθεν δὲ τῆς μασχάλης δισσὰ μοῦνά ἐστιν χωρία, ἵνα ἐσχάρας ἄν τις θείη, τιμωρεούσας τῷ παθήματι, μίαν μὲν ἐν τῷ ἔμπροσθεν μεσηγὺ τῆς τε κεφαλῆς τοῦ βραχίονος καὶ τοῦ τένοντος τοῦ κατὰ τὴν μασχάλην· καὶ ταύτῃ τὸ μὲν δέρμα τελέως χρὴ διακαίειν, βαθύτερον δὲ οὐ χρή· φλέψ τε γὰρ παχεῖα πλησίη καὶ νεῦρα, | ὧν οὐδέτερα θερμαντέα. Ὄπι-σθέν τε αὖ ἄλλην ἐσχάρην ἐνδέχεται ἐνθεῖναι ἀνωτέρω μὲν συχνῷ τοῦ τένοντος τοῦ κατὰ τὴν μασχάλην, κατωτέρω δὲ ὀλίγῳ τῆς κεφαλῆς τοῦ βραχίονος· καὶ τὸ μὲν δέρμα τελέως χρὴ διακαίειν, βαθεῖαν δὲ μηδὲ ταύτην κάρτα ποιεῖν· πολέμιον γὰρ πῦρ νεύροις· ἰητρεύειν μὲν οὖν χρὴ διὰ πάσης τῆς ἰη-τρείης τὰ ἕλκεα, μηδέποτε ἰσχυρῶς ἀνατείνοντα τὸν βραχίονα, ἀλλὰ μετρίως ὅσον τῶν ἑλκέων ἐπιμελείης εἵνεκα· ἧσσον μὲν γὰρ ἂν διαψύχοιτο – συμφέρει γὰρ πάντα τὰ καύματα σκέπειν, ὡς καὶ ἐπιεικέως ἰη-τρεύεσθαι –, ἧσσον δ᾽ ἂν ἐκπλίσσοιτο, ἧσσον δ᾽ ἂν αἱ-μορργοίη, ἧσσον δ᾽ ἂν σπασμὸς ἐπιγένοιτο. Ὅταν δὲ δὴ καθαρὰ γένηται τὰ ἕλκεα, ἐς ὠτειλάς τε ἴῃ, τότε δὴ καὶ παντάπασι χρὴ αἰεὶ τὸν βραχίονα πρὸς τῇσι πλευρῇσι δεδέσθαι καὶ νύκτα καὶ ἡμέρην. Ἀτὰρ καὶ ὅταν ὑγιᾶ γένηται τὰ ἕλκεα, ὁμοίως ἐπὶ πολὺν χρόνον χρὴ προσδεῖν τὸν βραχίονα πρὸς τὰς πλευράς· οὕτω γὰρ ἂν μάλιστα ἐπουλωθείη καὶ ἀποληφθείη ἡ εὐρυχωρίη, καθ᾽ ἣν μάλιστα ὀλισθάνει ὁ βραχίων.

muß, im Inneren und von dem zu behandelnden Teil entfernt liegen. Muß man es nun nicht überall in der Kunst für das Allerwichtigste ansehen, die richtigen Haltungen für jeden einzelnen Fall herauszufinden? Soweit zu den Achselhöhlen, und diese Verfahren (zur Anhebung der Haut) reichen aus, wenn die Brandwunden richtig gesetzt werden.

Außerhalb der Achselhöhle gibt es nur zwei Stellen, wo man Brandwunden setzen kann, die bei dem Leiden helfen, die eine vorne zwischen dem Kopf des Oberarmknochens und dem Sehnenstrang, der an der Achselhöhle vorbeiführt. An dieser Stelle muß man zwar vollständig durch die Haut hindurchbrennen, aber nicht tiefer. Denn in der Nähe befinden sich eine dicke Ader und Sehnen, die man keinesfalls erhitzen darf. Eine weitere Brandwunde wiederum kann man hinten setzen, ziemlich weit oberhalb des an der Achselhöhle vorbeiführenden Stranges, aber ein wenig unterhalb des Kopfes des Oberarmknochens. Und es muß vollständig durch die Haut hindurchgebrannt werden, aber auch diese (Brandwunde) darf man nicht sehr tief anlegen; denn Feuer ist den Sehnen feindlich. Während der ganzen Behandlung muß man die Wunden versorgen, aber nicht, indem man den Arm stark anhebt, sondern nur mäßig und so weit, wie es für die Versorgung der Wunden notwendig ist; denn so werden sie weniger der Kälte ausgesetzt – es ist nämlich förderlich, alle Brandwunden abzudecken, um sie angemessen zu behandeln –; sie werden weniger klaffen, es wird weniger Blut ausströmen, es wird seltener ein Krampf auftreten. Wenn die Wunden bereits sauber sind und es zur Vernarbung gekommen ist, dann ist es vor allem notwendig, daß der Arm stets an die Seite gebunden ist, bei Tag und bei Nacht. Ja sogar, wenn die Wunden verheilt sind, muß man für lange Zeit den Arm ebenso an die Seite binden; denn so wird der Hohlraum, in den der Oberarm meistens herausgleitet, am besten vernarben und abgeschlossen werden.

[...]

42. Οἶσι δὲ ἐκ καταπτώσιος ῥάχις κυφοῦται, ὀλίγα δὴ τούτων ἐκρατήθη, ὥστε ἐξιθυνθῆναι. Τοῦτο μὲν γάρ, αἱ ἐν τῇ κλίμακι κατατάσιες οὐδένα πω ἐξίθυναν ὧν γε ἐγὼ οἶδα. Χρέωνται δὲ οἱ ἰητροὶ μάλιστα αὐτῇ οὕτως ἐπιθυμέοντες ἐκχαυνοῦν τὸν πολὺν ὄχλον· τοῖσι γὰρ τοιούτοισιν ταῦτα θαυμάσιά ἐστιν, ἢν ἢ κρεμάμενον ἴδωσιν ἢ ῥιπτεόμενον ἢ ὅσα τοῖσι τοιού- τοισιν ἔοικεν· καὶ ταῦτα κληΐζουσιν αἰεὶ καὶ οὐκέτι αὐτοῖσι μέλει, ὁποῖόν τι ἀπέβη ἀπὸ τοῦ χειρίσματος, εἴτε κακὸν εἴτε ἀγαθόν. Οἱ μέντοι ἰητροὶ οἱ τὰ τοιαῦτα ἐπιτηδεύοντες σκαιοί εἰσιν, οὕς γε ἐγὼ ἔγνων· τὸ μὲν γὰρ ἐπινόημα ἀρχαῖον, καὶ ἐπαινέω ἔγωγε σφόδρα τὸν πρῶτον ἐπινοήσαντα καὶ τοῦτο καὶ ἄλλο πᾶν, ὅ τι μηχάνημα κατὰ φύσιν | ἐπενοήθη· 184 οὐδὲν γάρ μοι ἄελπτον, εἴ τις καλῶς σκευάσας καλῶς κατασείσειε, κἂν ἐξιθυνθῆναι ἔνια. Αὐτὸς μέντοι κατῃσχύνθην πάντα τὰ τοιουτότροπα ἰητρεύειν οὕτω διὰ τοῦτο, ὅτι πρὸς ἀπατεώνων μᾶλλον οἱ τοιοῦτοι τρόποι.

42. In Fällen, in denen sich die Wirbelsäule infolge eines Sturzes gekrümmt hat, gelang es nur selten, sie wieder gerade zu machen. Denn Schütteln auf der Leiter hat, soweit ich weiß, noch niemanden jemals gerade gemacht. Diese Methode wenden meist diejenigen Ärzte an, die damit die große Masse verblüffen wollen; denn für die ist es staunenswert, wenn sie einen aufgehängt oder geschüttelt oder in einer ähnlichen Stellung sehen; diese Dinge preisen sie immer, und es kümmert sie niemals, was bei der Prozedur herausgekommen ist, Schlimmes oder Gutes. Die Ärzte freilich, die dies betreiben, sind, soweit ich sie wenigstens kenne, ungeschickt. Die Erfindung ist nämlich alt, und ich meinerseits lobe denjenigen sehr, der dieses oder auch jedes andere Verfahren, das nach der Natur erdacht wurde, als erster erfunden hat; denn ich halte es für keineswegs hoffnungslos, daß in manchen Fällen, wenn einer die Vorrichtung richtig herstellt und gut schüttelt, auch das Geradmachen gelingt. Ich selbst freilich habe mich geschämt, alle derartigen Fälle in dieser Weise zu behandeln, und zwar deshalb, weil derlei Vorgehen eher für Scharlatane typisch ist.

[...]

IV

KRITIK DER
NATURPHILOSOPHISCHEN MEDIZIN

Die Bedeutung der Phänomenologie

ΠΕΡΙ ΑΡΧΑΙΗΣ ΙΗΤΡΙΚΗΣ

1. (1) Ὁκόσοι μὲν ἐπεχείρησαν περὶ ἰητρικῆς λέγειν ἢ
γράφειν ὑπόθεσιν αὐτοὶ ἑωυτοῖσιν ὑποθέμενοι τῷ
λόγῳ θερμὸν ἢ ψυχρὸν ἢ ὑγρὸν ἢ ξηρὸν ἢ ἄλλο τι ὃ
ἂν θέλωσιν, ἐς βραχὺ ἄγοντες τὴν ἀρχὴν τῆς αἰτίης
τοῖσιν ἀνθρώποισι τῶν νούσων τε καὶ τοῦ θανάτου
καὶ πᾶσι τὴν αὐτὴν ἐν ἢ δύο ὑποθέμενοι, ἐν πολλοῖσι
μὲν καὶ οἷσι λέγουσι καταφανεῖς εἰσιν ἁμαρτάνοντες,
μάλιστα δὲ ἄξιον μέμψασθαι, ὅτι ἀμφὶ τέχνης ἐούσης
ᾗ χρέωνταί τε πάντες ἐπὶ τοῖσι μεγίστοισι καὶ τιμῶσι
μάλιστα τοὺς ἀγαθοὺς χειροτέχνας καὶ δημιουργούς.
(2) Εἰσὶ δὲ δημιουργοὶ οἱ μὲν φλαῦροι, οἱ δὲ πολλὸν
διαφέροντες· ὅπερ, εἰ μὴ ἦν ἰητρικὴ ὅλως μηδ᾽
ἐν αὐτῇ ἔσκεπτο μηδ᾽ εὕρητο μηδέν, οὐκ ἂν ἦν, ἀλλὰ
πάντες ἂν ὁμοίως αὐτῆς ἄπειροί τε καὶ ἀνε-
πιστήμονες ἦσαν, τύχῃ δ᾽ ἂν πάντα τὰ τῶν
καμνόντων διοικεῖτο. Νῦν δ᾽ οὐχ οὕτως ἔχει, ἀλλ᾽
ὥσπερ καὶ τῶν ἄλλων τε|χνέων πασέων οἱ δημιουρ-
γοὶ πολλὸν ἀλλήλων διαφέρουσι κατὰ χεῖρα καὶ κατὰ
γνώμην, οὕτω δὲ καὶ ἐπὶ ἰητρικῆς. (3) Διὸ οὐκ ἠξίουν
αὐτὴν ἔγωγε καινῆς ὑποθέσιος δεῖσθαι, ὥσπερ τὰ
ἀφανέα τε καὶ ἀπορεόμενα· περὶ ὧν ἀνάγκη ἦν τις
ἐπιχειρῇ τι λέγειν ὑποθέσει χρῆσθαι, οἷον περὶ τῶν
μετεώρων ἢ τῶν ὑπὸ γῆν· ἃ εἴ τις λέγοι καὶ γινώσκοι
ὡς ἔχει, οὔτ᾽ ἂν αὐτῷ τῷ λέγοντι οὔτε τοῖσιν
ἀκούουσι δῆλα ἂν εἴη, εἴτε ἀληθέα ἐστὶν εἴτε μή· οὐ

ÜBER DIE ALTE MEDIZIN

1. (1) Alle diejenigen, die es unternommen haben, über die Heilkunst zu reden oder zu schreiben, und dabei in ihrer Darlegung von einer grundlegenden Hypothese ausgegangen sind, wie etwa vom Warmen oder Kalten, vom Feuchten oder Trockenen oder von irgend etwas anderem Beliebigen, wobei sie die ursächliche Grundlage der Krankheiten und des Todes bei den Menschen vereinfachten und in allen Fällen dieselbe Ursache zugrunde legten, nämlich ein oder zwei Prinzipien, die begehen in vielem, was sie behaupten, offenkundige Irrtümer; diese gilt es besonders zu tadeln, weil sie eine real existierende Kunst betreffen, derer sich alle bedienen, wenn es um die wichtigsten Dinge geht, und deren gute Fachleute und Handwerker alle am höchsten ehren. (2) Unter den Handwerkern gibt es sowohl schlechte als auch ganz vorzügliche. Dies wäre nicht der Fall, wenn die Heilkunst überhaupt nicht existierte und in ihr weder etwas beobachtet noch entdeckt würde; dann wären nämlich alle gleichermaßen in dieser Kunst unerfahren und unwissend, und nur durch den Zufall würde bei den Kranken alles behandelt werden. So verhält es sich nun aber nicht, sondern wie sich in allen anderen Künsten die Ausübenden nach handwerklichem Können und Verstand sehr voneinander unterscheiden, ist es auch in der Heilkunst. (3) Deswegen habe ich meinerseits nicht geglaubt, daß sie einer neuen Hypothese bedarf, wie dies für das Unsichtbare und das Zweifelhafte der Fall ist. Wer sich nämlich daran begibt, über diese Dinge etwas zu sagen, etwa über das Überirdische (die Meteora) oder das Unterirdische, muß notwendigerweise mit einer Hypothese arbeiten. Wenn irgendeiner darüber diskutierte und behauptete, er wisse, wie es sich verhält, so wäre es weder dem, der das sagte, noch denjenigen, die ihm zuhörten, klar, ob es die Wahrheit ist

γάρ ἐστι πρὸς ὅ τι χρὴ ἐπανενέγκαντα εἰδέναι τὸ σαφές.

2. (1) Ἰητρικῇ δὲ πάλαι πάντα ὑπάρχει, καὶ ἀρχὴ καὶ ὁδὸς εὑρημένη, καθ' ἣν καὶ τὰ εὑρημένα πολλά τε καὶ καλῶς ἔχοντα εὕρηται ἐν πολλῷ χρόνῳ καὶ τὰ λοιπὰ εὑρεθήσεται, ἤν τις ἱκανός τ' ἐὼν καὶ τὰ εὑρημένα εἰδὼς ἐκ τούτων ὁρμώμενος ζητῇ. (2) Ὅστις δὲ ταῦτα ἀποβαλὼν καὶ ἀποδοκιμάσας πάντα ἑτέρῃ ὁδῷ καὶ ἑτέρῳ σχήματι ἐπιχειρεῖ ζητεῖν καί φησί τι ἐξευρηκέναι, ἐξηπάτηται καὶ ἐξαπατᾶται· ἀδύνατον γάρ. Δι' ἃς δὲ ἀνάγκας ἀδύνατον, ἐγὼ πειρήσομαι ἐπιδεῖξαι λέγων καὶ ἐπιδεικνύων τὴν τέχνην ὅτι ἐστίν. Ἐκ δὲ τούτου καταφανὲς ἔσται ἀδύνατα ἐόντα ἄλλως πως τούτων εὑρίσκεσθαι. (3) Μάλιστα δέ μοι δοκεῖ περὶ ταύτης δεῖν λέγοντα τῆς τέχνης γνωστὰ λέγειν τοῖσι δημότῃσιν· οὐ γὰρ περὶ ἄλλων τινῶν οὔτε ζητεῖν οὔτε λέγειν προσήκει ἢ περὶ τῶν παθημάτων ὧν αὐτοὶ οὗτοι νοσέουσί τε καὶ πονέουσιν. Αὐτοὺς μὲν οὖν τὰ σφέων αὐτῶν παθή|ματα   574 καταμαθεῖν, ὥς τε γίνεται καὶ παύεται καὶ δι' οἵας προφάσιας αὔξεταί τε καὶ φθίνει, δημότας ἐόντας οὐ ῥηΐδιον, ὑπ' ἄλλου δὲ εὑρημένα καὶ λεγόμενα εὐπετές· οὐδὲν γὰρ ἕτερον ἢ ἀναμιμνήσκεται ἕκαστος ἀκούων τῶν ἑωυτῷ συμβαινόντων. Εἰ δέ τις τῆς τῶν ἰδιωτέων γνώμης ἀποτεύξεται καὶ μὴ διαθήσει τοὺς ἀκούοντας οὕτως, τοῦ ἐόντος ἀποτεύξεται. Καὶ διὰ ταὐτὰ οὖν ταῦτα οὐδὲν δεῖ ὑποθέσιος.

3. (1) Τὴν γὰρ ἀρχὴν οὔτ' ἂν εὑρέθη ἡ τέχνη ἡ ἰητρικὴ οὔτ' ἂν ἐζητήθη – οὐδὲν γὰρ αὐτῆς ἔδει – εἰ

oder nicht. Denn es gibt kein Kriterium, auf das man sich berufen könnte, um zuverlässige Kenntnis zu gewinnen.

2. (1) Der Heilkunst aber steht seit alters her alles zur Verfügung; sowohl der Ausgangspunkt als auch der methodische Weg sind gefunden. Dank dessen wurden Entdeckungen in großer Zahl und von guter Qualität im Laufe einer langen Zeitperiode gemacht. Und das übrige wird auch noch gefunden werden, wenn jemand, der dazu geeignet ist und der das Entdeckte kennt, dieses als Ausgangspunkt für seine Forschungen nimmt. (2) Wer aber all diese Mittel verwirft und mißbilligt, auf einem anderen Weg und mit einer anderen Methode etwas zu erforschen sucht und behauptet, er habe etwas herausgefunden, der hat sich getäuscht und täuscht sich weiter. Denn dies ist unmöglich. Aus welchen zwingenden Gründen dieses unmöglich ist, will ich meinerseits zu beweisen versuchen, indem ich darlege und beweise, daß diese Kunst tatsächlich existiert. Daraus wird deutlich werden, daß es unmöglich ist, mit anderen Mitteln als diesen etwas herauszufinden. (3) Meiner Meinung nach sollte man, wenn man über diese Kunst spricht, am besten das darlegen, was den Laien begreiflich ist. Man sollte über nichts anderes forschen und reden als über die Krankheiten, von denen diese Leute selbst befallen sind und an denen sie leiden. Die eigenen Krankheiten selbst genau zu erkennen, wie sie entstehen und wie sie enden, aus welchen Gründen sie zunehmen und abnehmen, das ist nun für Laien nicht einfach; einfach dagegen ist es, wenn sie von einem anderen erkannt und erklärt werden. Denn es bedeutet nichts anderes, als daß sich jeder beim Zuhören daran erinnert, was ihm zugestoßen ist. Wenn man aber an der Verständnisfähigkeit der Laien vorbeigeht und die Vorstellung der Menschen, die zuhören, nicht trifft, dann wird man an der Realität vorbeigehen. Auch aus diesen Gründen braucht die Heilkunst keinerlei Hypothese.

3. (1) Was den Anfang betrifft, so wäre die Heilkunst weder erfunden worden, noch wäre nach ihr geforscht worden – denn

τοῖσι κάμνουσι τῶν ἀνθρώπων τὰ αὐτὰ διαι-
τωμένοισί τε καὶ προσφερομένοισιν ἅπερ οἱ
ὑγιαίνοντες ἐσθίουσί τε καὶ πίνουσι καὶ τἆλλα
διαιτέονται συνέφερεν καὶ μὴ ἦν ἕτερα τούτων
βελτίω. (2) Νῦν δὲ αὐτὴ ἡ ἀνάγκη ἰητρικὴν ἐποίησεν
ζητηθῆναί τε καὶ εὑρεθῆναι ἀνθρώποισιν, ὅτι
τοῖσι κάμνουσι ταῦτὰ προσφερομένοισιν ἅπερ οἱ
ὑγιαίνον|τες οὐ συνέφερεν, ὡς οὐδὲ νῦν συμφέρει.   576
(3) Ἔτι δὲ ἄνωθεν ἔγωγε ἀξιῶ οὐδ' ἂν τὴν τῶν ὑγι-
αινόντων δίαιτάν τε καὶ τροφήν, ᾗ νῦν χρέωνται, εὑ-
ρεθῆναι, εἰ ἐξήρκει τῷ ἀνθρώπῳ ταῦτὰ ἐσθίοντι καὶ
πίνοντι βοῖ τε καὶ ἵππῳ καὶ πᾶσιν ἐκτὸς ἀνθρώπου,
οἷον τὰ ἐκ τῆς γῆς φυόμενα, καρπούς τε καὶ ὕλην
καὶ χόρτον· ἀπὸ τούτων γὰρ καὶ τρέφονται καὶ
αὔξονται καὶ ἄπονοι διάγουσιν οὐδὲν προσδεόμε-
νοι ἄλλης διαίτης. Καί τοι τήν γε ἀρχὴν ἔγωγε δοκέω
καὶ τὸν ἄνθρωπον τοιαύτῃ τροφῇ κεχρῆσθαι· τὰ δὲ
νῦν διαιτήματα εὑρημένα καὶ τετεχνημένα ἐν πολλῷ
χρόνῳ γεγενῆσθαί μοι δοκεῖ. (4) Ὡς γὰρ ἔπασχον
πολλά τε καὶ δεινὰ ὑπὸ ἰσχυρῆς τε καὶ θηριώδεος
διαίτης ὠμά τε καὶ ἄκρητα καὶ μεγάλας δυνάμιας
ἔχοντα ἐσφερόμενοι – οἷά περ ἂν καὶ νῦν ὑπ' αὐτῶν
πάσχοιεν πόνοισί τε ἰσχυροῖσι καὶ νούσοισι πε-
ριπίπτοντες καὶ διὰ τάχεος θανάτοισιν· ἧσσον μὲν
οὖν ταῦτα τότε εἰκὸς ἦν πάσχειν διὰ τὴν συνήθειαν,
ἰσχυρῶς δὲ καὶ τότε, καὶ τοὺς μὲν πλείστους τε καὶ
ἀσθενεστέρην φύσιν ἔχοντας ἀπόλλυσθαι εἰκός,
τοὺς δὲ τούτων ὑπερέχοντας πλείω χρόνον ντέχειν,
ὥσπερ καὶ νῦν ἀπὸ τῶν ἰσχυρῶν βρωμάτων οἱ μὲν
ῥηϊδίως ἀπαλλάσσονται, οἱ δὲ μετὰ πολλῶν πόνων
τε καὶ κακῶν –, διὰ δὴ ταύτην τὴν χρείην καὶ οὗτοί
μοι δοκέουσι ζητῆσαι τροφὴν ἁρμόζουσαν τῇ φύσει

man hätte ihrer keineswegs bedurft –, wenn es für die kranken Menschen in ihrer Ernährungsweise und Nahrungszufuhr vorteilhaft gewesen wäre, die gleichen Speisen und Getränke zu sich zu nehmen und sich auch in der sonstigen Lebensweise ebenso zu verhalten wie die Gesunden, und wenn es sonst nichts Besseres als dieses gäbe. (2) So aber brachte es die Notwendigkeit selbst mit sich, daß die Heilkunst von den Menschen gesucht und entdeckt wurde, weil es für die Kranken nicht vorteilhaft war, dasselbe zu sich zu nehmen, was die Gesunden zu sich nehmen, so wie es auch heute nicht vorteilhaft ist. (3) Um noch weiter zurückzugehen, ich meinerseits glaube, daß auch die Ernährungsweise und Nahrung der Gesunden, derer sie sich heute bedienen, nicht gefunden worden wäre, wenn es dem Menschen genügen würde, dasselbe zu essen und zu trinken wie das Rind, das Pferd und alle anderen Lebewesen, ausgenommen der Mensch, zum Beispiel die Produkte der Erde, Früchte, Sträucher und Gras. Denn von diesen Dingen ernähren diese sich, wachsen und leben ohne Beschwerden, ohne einer anderen Ernährungsweise zu bedürfen. Und ich meinerseits glaube, daß am Anfang auch der Mensch eine derartige Nahrung zu sich genommen hat. Die heutige Ernährungsweise scheint mir über lange Zeit gefunden und kunstfertig erdacht worden zu sein. (4) Denn die Menschen litten durch die schwere und tierische Ernährungsweise, da sie rohe, unvermischte und überschwere Speisen zu sich nahmen, viel Schlimmes, was sie auch heute noch davon erleiden würden: Sie würden in starke Schmerzen und Krankheiten fallen und in schnellen Tod. Wahrscheinlich litten sie damals wegen der Gewöhnung weniger darunter, aber dennoch schlimm genug. Und die meisten, die eine schwächere Natur hatten, mußten wahrscheinlich sterben, die ihnen Überlegenen aber konnten längere Zeit Widerstand leisten, ebenso wie ja auch heute von kräftigen Speisen die einen sich leicht erholen, die anderen aber erst nach vielen Schmerzen und Leiden. Aus diesem Mangel scheinen mir damals diese Menschen eine ihrer Natur angepaßte Ernährungs-

καὶ εὑρεῖν ταύτην ᾗ νῦν χρεώμεθα. (5) Ἐκ μὲν οὖν
τῶν πυρῶν βρέξαντές σφας καὶ πτίσαντες καὶ κα-
ταλέσαντές τε καὶ διασήσαντες καὶ φορύξαντες καὶ
ὀπτήσαντες ἀπετέλεσαν μὲν ἄρτον, ἐκ δὲ τῶν κρι-
θέων μάζαν· ἄλλα | τε συχνὰ περὶ ταύτην πρηγμα-   578
τευσάμενοι, ἥψησάν τε καὶ ὤπτησαν καὶ ἔμιξαν καὶ
ἐκέρασαν τὰ ἰσχυρά τε καὶ ἄκρητα τοῖσιν ἀσθε-
νεστέροισι, πλάσσοντες πάντα πρὸς τὴν τοῦ ἀνθρώ-
που φύσιν τε καὶ δύναμιν, ἡγεύμενοι ὡς, ἃ μὲν ἂν
ἰσχυρότερα ᾖ, οὐ δυνήσεται κρατεῖν ἡ φύσις ἢν
ἐσφέρηται, ἀπὸ τούτων τε αὐτῶν πόνους τε καὶ νού-
σους καὶ θανάτους ἔσεσθαι, ὁπόσων δ᾽ ἂν δύνηται
ἐπικρατεῖν, ἀπὸ τούτων τροφήν τε καὶ αὔξησιν καὶ
ὑγίειαν. (6) Τῷ δὲ εὑρήματι τούτῳ καὶ ζητήματι τί
ἄν τις ὄνομα δικαιότερον ἢ προσῆκον μᾶλλον θείη ἢ
ἰητρικήν, ὅ τί γε εὕρηται ἐπὶ τῇ τοῦ ἀνθρώπου ὑγιείῃ
τε καὶ σωτηρίῃ καὶ τροφῇ, ἄλλαγμα κείνης τῆς
διαίτης ἐξ ἧς οἱ πόνοι καὶ νοῦσοι καὶ θάνατοι
ἐγίνοντο;

4. (1) Εἰ δὲ μὴ τέχνη αὕτη νομίζεται εἶναι, οὐκ
ἀπεοικός· ἧς γὰρ μηδείς ἐστιν ἰδιώτης ἀλλὰ
πάντες ἐπιστήμονες διὰ τὴν χρῆσίν τε καὶ ἀνάγκην,
οὐ προσήκει ταύτης οὐδένα τεχνίτην καλεῖσθαι.
(2) Ἐπεὶ | τό γε εὕρημα μέγα τε καὶ πολλῆς σκέψιός   580
τε καὶ τέχνης· ἔτι γοῦν καὶ νῦν οἱ τῶν γυμνασίων
τε καὶ ἀσκησίων ἐπιμελόμενοι αἰεί τι προ-
σεξευρίσκουσι κατὰ τὴν αὐτὴν ὁδὸν ζητέοντες ὅ
τι ἔδων τε καὶ πίνων ἐπικρατήσει τε αὐτοῦ μάλιστα
καὶ ἰσχυρότατος αὐτὸς ἑωυτοῦ ἔσται.

5. (1) Σκεψώμεθα δὲ καὶ τὴν ὁμολογουμένως ἰητρι-
κὴν τὴν ἀμφὶ τοὺς κάμνοντας εὑρημένην ᾗ καὶ ὄνομα
καὶ τεχνίτας ἔχει· ἦρά τι καὶ αὐτὴ τῶν αὐτῶν ἐθέλει

weise gesucht und diejenige gefunden zu haben, derer wir uns noch heute bedienen. (5) Aus dem Weizen, den sie befeuchteten, schälten, mahlten, siebten, kneteten und backten, machten sie Brot, aus der Gerste Fladen. Und sie bewerkstelligten mit der Nahrung noch vieles andere, kochten, brieten, mischten und kombinierten die schweren und unvermischten Substanzen mit den schwächeren, wobei sie alles entsprechend der Natur und Stärke des Menschen gestalteten; denn sie waren der Meinung, die Natur des Menschen könne Dinge, die zu schwer seien, wenn sie zugeführt würden, nicht bewältigen, und daß daraus Schmerzen und Krankheiten und Tod erwachsen würden, während aus allen anderen Speisen, die sie bewältigen kann, Ernährung, Wachstum und Gesundheit resultieren. (6) Welcher Name wäre für diese Erfindung und Erforschung richtiger oder passender als Heilkunst, weil es sich ja um eine Erfindung für die Gesundheit, Rettung und Ernährung des Menschen handelt, ein Ersatz für jene Lebensweise, aus der Leiden, Krankheiten und der Tod entstanden?

4. (1) Wenn sie aber nicht als Kunst anerkannt wird, so geschieht dies nicht ohne Grund. Denn in einer Kunst, in der keiner ein Laie ist, sondern auf die sich alle verstehen, weil sie notwendigerweise ständig damit umgehen, gebührt es sich nicht, jemanden als Fachmann darin zu bezeichnen. (2) Dennoch war es eine große Entdeckung, entstanden aus umfangreicher Beobachtung und Kunstfertigkeit. Freilich finden auch heute noch diejenigen, die für Leibesübungen und athletisches Training verantwortlich sind, ständig etwas hinzu, indem sie mit derselben Methode danach forschen, was man essen und trinken soll, um am besten zu siegen und am stärksten zu sein.

5. (1) Wir wollen aber auch die als solche anerkannte Heilkunst betrachten, die für die Kranken erfunden wurde und die sowohl einen Namen hat als auch Fachleute kennt. Strebt nicht auch sie nach einem dieser Ziele, und wovon ist sie ehemals ausgegangen?

καὶ πόθεν ποτὲ ἦρκται; Ἐμοὶ μὲν γάρ, ὅπερ ἐν ἀρχῇ εἶπον, οὐδ᾽ ἂν ζητῆσαι ἰητρικὴν δοκεῖ οὐδείς, εἰ ταὐτὰ διαιτήματα τοῖσί τε κάμνουσι καὶ τοῖσιν ὑγιαίνουσιν ἥρμοζεν. (2) Ἔτι γοῦν καὶ νῦν ὅσοι ἰητρικῇ μὴ χρέωνται, οἵ τε βάρβαροι καὶ τῶν Ἑλλήνων ἔνιοι, τὸν αὐτὸν τρόπον ὅνπερ οἱ ὑγιαίνοντες διαιτέονται πρὸς ἡδονὴν καὶ οὔτ᾽ ἂν ἀπόσχοιντο οὐδενὸς ὧν ἐπιθυμέουσιν, οὐδ᾽ ὑποστείλαιντο ἄν. (3) Οἱ δὲ ζητήσαντές τε καὶ εὑρόντες ἰητρικὴν τὴν αὐτὴν κείνοισι διάνοιαν ἔχοντες περὶ ὧν μοι ὁ πρότερος λόγος εἴρηται, πρῶτον μέν, οἶμαι, ὑφεῖλον τοῦ πλήθεος τῶν σιτίων αὐτῶν τούτων καὶ ἀντὶ πλεόνων ὀλίγιστα ἐποίησαν. (4) Ἐπεὶ δὲ αὐτοῖσι τοῦτο ἔστι μὲν ὅτε πρός τινας τῶν καμνόντων ἤρκεσε | καὶ φανερὸν ⁵⁸² ἐγένετο ὠφελῆσαν, οὐ μέντοι πᾶσί γε ἀλλ᾽ ἦσάν τινες οὕτως ἔχοντες ὡς μηδ᾽ ὀλίγων σιτίων δύνασθαι ἐπικρατεῖν, ἀσθενεστέρου δὲ δή τινος οἱ τοιοίδε ἐδόκεον δεῖσθαι, εὗρον τὰ ῥυφήματα μίξαντες ὀλίγα τῶν ἰσχυρῶν πολλῷ τῷ ὕδατι καὶ ἀφαιρεόμενοι τὸ ἰσχυρὸν τῇ κρήσει τε καὶ ἑψήσει. (5) Ὅσοι δὲ μηδὲ τῶν ῥυφημάτων ἐδύναντο ἐπικρατεῖν, ἀφεῖλον καὶ ταῦτα καὶ ἀφίκοντο ἐς πόματα, καὶ ταῦτα τῇσί τε κρήσεσι καὶ τῷ πλήθει διαφυλάσσοντες ὡς μετρίως ἔχοι μήτε πλείω τῶν δεόντων μήτε ἀκρητέστερα προσφερόμενοι μηδὲ ἐνδεέστερα.

6. (1) Εὖ δὲ χρὴ τοῦτο εἰδέναι, ὅτι τοῖσι τὰ ῥυφήματα ἐν τῇσι νούσοισιν οὐ συμφέρει ἀλλ᾽ ἀντικρυς, ὅταν ταῦτα προσαίρωνται, παροξύνονταί σφισιν οἵ τε πυρετοὶ καὶ τὰ ἀλγήματα, καὶ δῆλον τοῦτο τὸ προσενεχθὲν τῇ μὲν νούσῳ τροφή τε καὶ αὔξησις γινόμενον, τῷ δὲ σώματι φθίσις τε καὶ ἀρρωστίη. (2) Ὅσοι δ᾽ ἂν τῶν ἀνθρώπων ἐν ταύτῃ τῇ διαθέσει ἐόντες προσενέγκωνται ξηρὸν σιτίον ἢ μάζαν ἢ ἄρτον, καὶ ἢν πάνυ σμικρόν, δεκαπλασίως ἂν μᾶλλον

Meiner Meinung nach hätte, wie ich schon anfangs sagte, niemand die Heilkunst erforscht, wenn die gleiche Ernährungsweise sowohl für die Kranken als auch für die Gesunden passend gewesen wäre. (2) Freilich ernähren sich auch heute noch diejenigen, die die Heilkunst nicht anwenden, die Barbaren und einige der Griechen, auf dieselbe Weise (wenn sie krank sind) wie die Gesunden, nämlich entsprechend ihren Gelüsten und würden sich einer Speise, wenn sie darauf Appetit haben, weder enthalten noch sie reduzieren. (3) Diejenigen aber, die die Heilkunst gesucht und gefunden haben, gingen von der gleichen Überlegung aus wie jene, über die ich zuvor sprach. Sie reduzierten zuerst, wie ich glaube, die Menge dieser Speisen selbst und machten aus viel sehr wenig. (4) Als sie aber erkannten, daß dies zwar für einige der Kranken ausreichend und offenbar auch nützlich war, aber dennoch nicht für alle, weil einige in einem solchen Zustand waren, daß sie nicht einmal Speisen in geringer Menge vertragen konnten, und für solche Patienten etwas Leichteres nötig zu sein schien, erfanden sie die Suppen, indem sie wenige von den schweren Substanzen mit viel Wasser mischten und das Schwere durch Mischen und Kochen beseitigten. (5) Denen aber, die nicht einmal die Suppen vertragen konnten, nahmen sie auch diese weg und gelangten so zu den Getränken; sie wachten darüber, daß diese von der Mischung und der Menge her im richtigen Maß gehalten waren, daß man sie weder zu reichlich oder zu unvermischt zu sich nahm, noch allzu sparsam.

6. (1) Man muß nun aber folgendes wissen: Denjenigen, denen die Suppen bei ihren Krankheiten nicht förderlich, sondern schädlich sind, verschärfen sich, wenn sie diese zu sich nehmen, die Fieberanfälle und Schmerzen, und es ist offensichtlich, daß das, was man zu sich genommen hat, der Krankheit Nahrung und Wachstum verschafft, dem Körper aber Auszehrung und Schwäche bringt. (2) Wer von den Menschen aber in diesem Zustand eine trockene Speise, Gerstenfladen oder Weizenbrot essen würde, auch wenn es nur ganz wenig wäre, der würde zehnmal

καὶ ἐπιφανέστερον κακωθεῖεν ἢ ῥυφέοντες δι᾽ οὐδὲν
ἄλλο ἢ διὰ | τὴν ἰσχὺν τοῦ βρώματος πρὸς τὴν διάθε- 584
σιν. (3) Καὶ ὅτῳ ῥυφεῖν μὲν συμφέρει, ἐσθίειν δ᾽ οὔ, εἰ
πλείω φάγοι, πολὺ ἂν μᾶλλον κακωθείη ἢ ⟨εἰ⟩ ὀλίγα,
καὶ εἰ ὀλίγα δέ, πονήσειεν ἄν. Πάντα δὴ τὰ αἴτια τοῦ
πόνου ἐς τὸ αὐτὸ ἀνάγεται, τὰ ἰσχυρότατα μάλιστά
τε καὶ ἐπιφανέστατα λυμαίνεσθαι τὸν ἄνθρωπον καὶ
τὸν ὑγιέα ἐόντα καὶ τὸν κάμνοντα.

7. (1) Τί οὖν φαίνεται ἑτεροῖον διανοηθεὶς ὁ καλεύ-
μενος ἰητρὸς καὶ ὁμολογουμένως χειροτέχνης ὃς
ἐξεῦρε τὴν ἀμφὶ τοὺς κάμνοντας δίαιτάν τε καὶ
τροφὴν ἢ κεῖνος ὁ ἀπ᾽ ἀρχῆς τοῖσι πᾶσιν ἀνθρώποισι
τροφὴν ᾗ νῦν χρεώμεθα ἐξ ἐκείνης τῆς ἀγρίης τε καὶ
θηριώδεος διαίτης εὑρών τε καὶ παρασκευασάμενος;
(2) Ἐμοὶ μὲν γὰρ φαίνεται ωὑτὸς τρόπος καὶ ἓν καὶ
ὅμοιον τὸ εὕρημα· ὁ μέν, ὅσων μὴ ἐδύνατο ἡ φύσις
ἡ ἀνθρωπίνη ὑγιαίνουσα ἐπικρατεῖν ἐμπιπτόντων
διὰ τὴν θηριότητά τε καὶ τὴν ἀχρησίην, ὁ δέ, ὅσων
ἡ διάθεσις ἐν οἵῃ ἂν ἑκάστοτε ἕκαστος τύχῃ δια-
κείμενος μὴ δύνηται ἐπικρατεῖν, ταῦτα ἐζήτησεν
ἀφελεῖν. (3) Τί δὴ τοῦτ᾽ ἐκείνου διαφέρει ἀλλ᾽ ἢ πλέον
τό γε | εἶδος καὶ ὅτι ποικιλώτερον καὶ πλείονος 586
πρηγματείης; Ἀρχὴ δὲ ἐκείνη ἡ πρότερον γενομένη.
8. (1) Εἰ δέ τις σκέπτοιτο τὴν τῶν καμνόντων δίαι-
ταν πρὸς τὴν τῶν ὑγιαινόντων, εὕροι ἂν οὐ βλαβε-
ρωτέρην ἤπερ ἡ τῶν ὑγιαινόντων πρὸς τὴν τῶν
θηρίων τε καὶ πρὸς τὴν τῶν ἄλλων ζῴων. (2) Ἀνὴρ
γὰρ κάμνων νοσήματι μήτε τῶν χαλεπῶν τε καὶ
ἀφόρων μήτε αὖ τῶν παντάπασιν εὐηθέων ἀλλ᾽ ἢ
αὐτῷ ἐξαμαρτάνοντι μέλλει ἐπίδηλον ἔσεσθαι, εἰ
ἐθέλοι καταφαγεῖν ἄρτον καὶ κρέας ἢ ἄλλο τι τῶν οἱ
ὑγιαίνοντες ἐσθίοντες ὠφελέονται, μὴ πολὺ ἀλλὰ

mehr und deutlicher geschädigt werden, als wenn er Suppen zu sich nähme, und dies aus keinem anderen Grund, als daß die Speise für seinen Zustand zu schwer ist. (3) Und was denjenigen betrifft, für den es förderlich ist, Suppen zu sich zu nehmen, nicht aber zu essen, der würde, wenn er größere Mengen essen würde, sich mehr schädigen, als wenn er wenig äße; aber auch wenn er wenig äße, würde er dennoch darunter leiden. Alle Ursachen der Beschwerden gehen also auf dasselbe Prinzip zurück, daß nämlich die schwersten Substanzen am meisten und am meisten den Menschen schädigen, ob er nun gesund oder krank ist.

7. (1) Was scheint nun der sogenannte Arzt und anerkannte Fachmann, der die Lebens- und Ernährungsweise für die Kranken entdeckt hat, sich anderes überlegt zu haben als jener, der in den Ursprüngen für alle Menschen die Ernährungsweise, derer wir uns heute bedienen, gefunden und zubereitet hat aus jener rohen und tierischen Nahrung? (2) Für mich scheint das Vorgehen nämlich dasselbe zu sein und die Erfindung ein und dieselbe. Der eine hat das fernzuhalten versucht, was die menschliche Natur im Zustand der Gesundheit, wenn man es zu sich nahm, weil es tierisch und unvermischt war, nicht vertragen konnte; der andere das, was jeder in dem Zustand, in dem er sich jeweils gerade befand, nicht bewältigen konnte. (3) Worin unterscheidet sich dieses von jenem, außer daß es mehr Aspekte hat, unterschiedlicher ist und größere Regsamkeit verlangt? Der Ausgangspunkt aber war jene frühere Entdeckung.

8. (1) Wenn man die Ernährungsweise der Kranken im Vergleich zu derjenigen der Gesunden untersuchte, würde man erkennen, daß sie nicht schädlicher ist als die der Gesunden im Vergleich zu derjenigen der wilden und anderen Tiere. (2) Denn wenn ein Mensch, der an einer Krankheit leidet, die weder zu den schweren und unerträglichen noch zu den völlig harmlosen gehört, sondern bei der er, wenn er Fehler macht, dies deutlich spüren muß, Brot und Fleisch essen wollte oder etwas anderes, was gesunden Menschen bei der Nahrungsaufnahme zuträglich

πολλῷ ἔλασσον ἢ ὑγιαίνων ἂν ἐδύνατο. ἄλλος τε τῶν
ὑγιαινόντων φύσιν ἔχων μήτε παντάπασιν ἀσθενέα
μήτ' αὖ ἰσχυρήν, φαγών τι ὢν βοῦς ἢ ἵππος φαγὼν
ὠφελέοιτό τε καὶ ἰσχύοι, ὀρόβους ἢ κριθὰς ἢ ἄλλο τι
τῶν τοιούτων, μὴ πολὺ ἀλλὰ πολλῷ μεῖον ἢ δύναιτο,
οὐκ ἂν ἧσσον ὁ ὑγιαίνων τοῦτο ποιήσας πονήσειέ
τε καὶ | κινδυνεύσειε κείνου τοῦ νοσέοντος ὃς τὸν   588
ἄρτον ἢ τὴν μάζαν ἀκαίρως προσηνέγκατο. (3) Ταῦτα
δὴ πάντα τεκμήρια ὅτι αὐτὴ ἡ τέχνη πᾶσα ἡ ἰητρικὴ
τῇ αὐτῇ ὁδῷ ζητεομένη εὑρίσκοιτο ἄν.

9. (1) Καὶ εἰ μὲν ἦν ἁπλοῦν, ὥσπερ ὑφήγηται – ὅσα
μὲν ἦν ἰσχυρότερα, ἔβλαπτεν, ὅσα δ' ἦν ἀσθε-
νέστερα, ὠφέλει τε καὶ ἔτρεφεν καὶ τὸν κάμνοντα
καὶ τὸν ὑγιαίνοντα –, εὐπετὲς ἂν ἦν τὸ πρῆγμα· πολ-
λὸν γὰρ τοῦ ἀσφαλέος ἂν ἔδει περιλαμβάνοντας
ἄγειν ἐπὶ τὸ ἀσθενέστατον. (2) Νῦν δὲ οὐκ ἔλασσον
ἁμάρτημα οὐδὲ ἧσσον λυμαίνεται τὸν ἄνθρωπον, ἢν
ἐλάσσονα καὶ ἐνδεέστερα τῶν ἱκανῶν προσφέρηται·
τὸ γὰρ τοῦ λιμοῦ μένος ἰσχυρῶς ἐνδύνεται ἐν τῇ
φύσει τοῦ ἀνθρώπου καὶ γυιῶσαι καὶ ἀσθενέα ποιῆ-
σαι καὶ ἀποκτεῖναι. Πολλὰ δὲ καὶ ἄλλα κακὰ ἕτε-
ροῖα μὲν τῶν ἀπὸ πληρώσιος, οὐχ ἧσσον δὲ ἁμὰ
δεινά, καὶ ἀπὸ κενώσιος. (3) Διότι πολλὸν ποικιλώ-
τερά τε καὶ διὰ πλείονος ἀκριβείης ἐστί. Δεῖ γὰρ
μέτρου τινὸς στοχάσασθαι· μέτρον δὲ οὐδὲ ἀριθμὸν
οὔτε σταθμὸν ἄλλον πρὸς ὃ ἀναφέρων εἴσῃ τὸ
ἀκριβές, οὐκ | ἂν εὕροις ἀλλ' ἢ τοῦ σώματος τὴν   590
αἴσθησιν. Διὸ ἔργον οὕτω καταμαθεῖν ἀκριβῶς,
ὥστε σμικρὰ ἁμαρτάνειν ἔνθα ἢ ἔνθα. (4) Κἂν ἐγὼ
τοῦτον τὸν ἰητρὸν ἰσχυρῶς ἐπαινέοιμι τὸν σμικρὰ
ἁμαρτάνοντα, – τὸ δὲ ἀτρεκὲς ὀλιγάκις ἔστι κατι-

ist, nicht in großer Menge, sondern viel weniger, als er bei guter
Gesundheit essen könnte, und wenn andererseits ein Gesunder,
der weder von völlig schwacher noch von besonders starker Na-
tur ist, das essen würde, was dem Rind oder Pferd beim Fressen
zuträglich ist und es stärkt, Kichererbsen oder Gerste oder etwas
anderes Derartiges, nicht in großer Menge, sondern weniger, als
er könnte, so würde der Gesunde, der so handeln würde, nicht
weniger leiden und in Gefahr sein als jener Kranke, der Brot und
Gerstenfladen unpassenderweise zu sich nähme. (3) All diese
Dinge sind Beweis dafür, daß die eigentliche Heilkunst vollstän-
dig entdeckt werden kann, wenn man mit derselben Methode
nach ihr forscht.

9. (1) Wenn es so einfach wäre, wie es angeführt wurde, daß
nämlich die schwereren Substanzen schädlich sind, die leichteren
dagegen förderlich und sowohl den Kranken als auch den Ge-
sunden ernähren, wäre die Aufgabe leicht. Denn man brauchte,
um völlige Sicherheit zu erreichen, nur die leichteste Diät zu ver-
ordnen. (2) Nun ist es aber so, daß der Fehler nicht kleiner wäre
und es dem Menschen nicht weniger schaden würde, wenn man
weniger und leichtere Nahrung zu sich nähme, als man braucht.
Denn die Macht des Hungers dringt tief in die Natur des Men-
schen ein und führt zur Lähmung, Schwächung und zum Tode.
Viele andere Leiden, die sich von denjenigen, die aus der Über-
füllung der Körper herrühren, unterscheiden, aber keineswegs
weniger schlimm sind, entstehen aus der Leere des Körpers.
(3) Deswegen sind die Aufgaben weitaus vielfältiger und verlan-
gen auch größere Exaktheit. Denn man muß ein Maß suchen.
Man wird aber kein anderes Maß, weder als Zahl noch als Ge-
wicht, finden, auf das man sich beziehen könnte, um zu exakten
Erkenntnissen zu gelangen, außer der Empfindung des Körpers
(sinnliche Wahrnehmung). Deswegen ist es auch die Aufgabe, so
genaue Erkenntnisse zu gewinnen, daß man nach der einen wie
nach der anderen Seite nur kleine Fehler begeht. (4) Und ich
selbst würde diesen Arzt sehr loben, der nur kleine Fehler be-

δεῖν -. Ἐπεὶ οἱ πολλοί γε τῶν ἰητρῶν τὰ αὐτά μοι δοκέουσι τοῖσι κακοῖσι κυβερνήτῃσι πάσχειν. Καὶ γὰρ ἐκεῖνοι, ὅταν ἐν γαλήνῃ κυβερνῶντες ἁμαρτάνωσιν, οὐ καταφανεῖς εἰσιν, ὅταν δ' αὐτοὺς κατάσχῃ χειμών τε μέγας καὶ ἄνεμος ἐξώστης, φανερῶς πᾶσιν ἤδη ἀνθρώποισι δι' ἀγνωσίην καὶ ἁμαρτίην δῆλοί εἰσιν ἀπολέσαντες τὴν ναῦν· (5) οὕτω δὲ καὶ οἱ κακοί τε καὶ πλεῖστοι ἰητροί, ὅταν μὲν θεραπεύωσιν ἀνθρώπους μηδὲν δεινὸν ἔχοντας, ἐς οὓς ἄν τις τὰ μέγιστα ἐξαμαρτάνων οὐδὲν δεινὸν ἐργάσαιτο – πολλὰ δὲ τὰ τοιαῦτα νοσήματα καὶ πολλόν τι πλείω τῶν δεινῶν ἀνθρώποισι συμβαίνει –, ἐν μὲν δὴ τοῖσι τοιούτοισι ἁμαρτάνοντες οὐ καταφανεῖς εἰσι τοῖσιν ἰδιώτῃσιν, ὅταν δ' ἐντύχωσι μεγάλῳ τε καὶ ἰσχυρῷ καὶ ἐπισφαλεῖ νοσήματι, τότε σφέων τά τε ἁμαρτήματα καὶ ἡ ἀτεχνίη πᾶσι καταφανής· οὐ γὰρ ἐς μακρὸν αὐτῶν ἑκατέρου αἱ τιμωρίαι, ἀλλὰ διὰ τάχεος πάρεισιν.

12. (1) Τὰς δὲ τοιαύτας φύσιας ἔγωγέ φημι τὰς ταχέως 596 τε καὶ ἰσχυρῶς τῶν ἁμαρτημάτων ἀπολαυούσας ἀσθενεστέρας εἶναι τῶν ἑτέρων. Ἐγγύτατα δὲ τοῦ ἀσθενέοντός ἐστιν ὁ ἀσθενής, ἔτι δὲ ἀσθενέστερος ὁ ἀσθενέων, καὶ μᾶλλον αὐτῷ προσήκει, ὅ τι ἂν τοῦ καιροῦ ἀποτυγχάνῃ, πονεῖν. (2) Χαλεπὸν δὲ τοιαύτης ἀκριβείης ἐούσης περὶ τὴν τέχνην τυγχάνειν αἰεὶ τοῦ ἀτρεκεστάτου. Πολλὰ δὲ εἴδεα κατ' ἰητρικὴν ἐς τοσαύτην ἀκρίβειαν ἥκει, περὶ ὧν εἰρήσεται. Οὔ φημι δὲ δεῖν διὰ τοῦτο τὴν τέχνην ὡς οὐκ ἐοῦσαν οὐδὲ καλῶς ζητεομένην τὴν ἀρχαίην ἀποβαλέσθαι, εἰ μὴ ἔχει περὶ πάντα ἀκρίβειαν, ἀλλὰ πολὺ μᾶλλον διὰ τὸ ἐγγὺς οἶμαι τοῦ ἀτρεκεστάτου ὁμοῦ δύνασθαι

geht – vollkommene Exaktheit ist nämlich nur selten zu finden. Den meisten der Ärzte scheint es mir nämlich ebenso zu ergehen wie den schlechten Steuermännern. Wenn diese bei ruhiger See einen Fehler begehen, wird man ihn nicht bemerken; wenn aber ein starker Sturm sie packt und ein Wind, der sie abtreibt, dann wird allen Menschen sogleich ganz deutlich, daß sie aufgrund ihrer Unkenntnis und ihres Fehlers das Schiff verloren haben. (5) Ebenso verhält es sich auch mit den schlechten Ärzten, die in der Mehrzahl sind: Wenn sie Menschen behandeln, die an keiner schweren Krankheit leiden und bei denen man, wenn man die größten Fehler begeht, nichts Schlimmes verursacht – solche Krankheiten sind häufig und befallen die Menschen weitaus häufiger als schlimme Erkrankungen –, wenn sie also in solchen Fällen Fehler machen, fällt es den Laien nicht auf. Wenn sie aber auf eine bedeutende, starke und gefährliche Krankheit treffen, dann werden ihre Fehler und ihre Unfähigkeit in dieser Kunst für alle sichtbar. Denn für den einen wie für den anderen sind die Konsequenzen nicht weit, sondern stellen sich schnell ein.

[...]

12. (1) Ich meinerseits behaupte, daß solche Konstitutionen, die schnell und heftig die Folgen der (Diät-)Fehler verspüren, schwächer als die anderen sind. Der Schwache ist derjenige, der dem Kranken am nächsten kommt, der Kranke aber ist noch schwächer, und bei ihm stellt sich eher ein Leiden ein, wenn er das rechte Maß verfehlt. (2) Es ist schwierig, wenn in der Kunst eine solche Exaktheit verlangt wird, immer die größte Genauigkeit zu erreichen. Dennoch erreicht die Heilkunst in vielen Beziehungen solche Exaktheit, worüber noch zu sprechen sein wird. Ich behaupte deswegen, daß man die alte Heilkunst, auch wenn sie nicht in allem Exaktheit besitzt, nicht aufgeben darf, so als ob sie nicht existiere und nicht gut erforscht sei. Da sie meiner Meinung nach durch Überlegung, obwohl von tiefer Unwissenheit ausge-

ἥκειν λογισμῷ | ἐκ πολλῆς ἀγνωσίης θαυμάζειν τὰ 598
ἐξευρημένα ὡς καλῶς καὶ ὀρθῶς ἐξεύρηται καὶ οὐκ
ἀπὸ τύχης.

13. (1) Ἐπὶ δὲ τὸν τῶν καινὸν τρόπον τὴν τέχνην
ζητεύντων ἐξ ὑποθέσιος λόγον ἐπανελθεῖν βούλο-
μαι. Εἰ γάρ τί ἐστι θερμὸν ἢ ψυχρὸν ἢ ξηρὸν ἢ ὑγρὸν
τὸ λυμαινόμενον τὸν ἄνθρωπον καὶ δεῖ τὸν ὀρθῶς
ἰητρεύοντα βοηθεῖν τῷ μὲν θερμῷ ἐπὶ τὸ ψυχρόν, τῷ
δὲ ψυχρῷ ἐπὶ τὸ θερμόν, τῷ δὲ ξηρῷ ἐπὶ τὸ ὑγρόν, τῷ
δὲ ὑγρῷ ἐπὶ τὸ ξηρόν, ἔστω μοι ἄνθρωπος μὴ τῶν
ἰσχυρῶν φύσει, ἀλλὰ τῶν ἀσθενεστέρων· οὗτος δὲ
πυροὺς ἐσθιέτω οὓς ἂν ἀπὸ τῆς ἅλω ἀνέλῃ ὠμοὺς
καὶ ἀργοὺς καὶ κρέα ὠμὰ καὶ πινέτω ὕδωρ· ταύτῃ
χρεώμενος τῇ διαίτῃ εὖ οἶδ' ὅτι πείσεται πολλὰ καὶ
δεινά· καὶ γὰρ πόνους πονήσει καὶ τὸ σῶμα ἀσθενὲς
ἔσται καὶ ἡ κοιλίη φθαρήσεται καὶ ζῆν πολλὸν
χρόνον οὐ δυνήσεται. (2) Τί δὴ χρὴ βοήθημα
παρασκευάσασθαι ὧδ' ἔχοντι; Θερμὸν ἢ ψυχρὸν ἢ
ξηρὸν ἢ ὑγρόν; Δῆλον ὅτι τούτων τι· εἰ γὰρ τὸ λυ-
μαινόμενόν ἐστι τούτων τὸ ἕτερον, τῷ ὑπεναντίῳ
προσήκει λῦσαι, ὡς ὁ ἐκείνων λόγος ἔχει. Τὸ μὲν γὰρ
βεβαιότατόν τε καὶ προφανέστατον φάρμακον
ἀφελόντα τὰ διαιτήματα οἷσιν ἐχρῆτο, ἀντὶ μὲν τῶν
πυρῶν ἄρτον διδόναι, ἀντὶ δὲ τῶν ὠμῶν κρεῶν
ἑφθά, πιεῖν τε ἐπὶ τούτοισιν οἴνου· ταῦτα με-
ταβάλλοντα οὐχ οἷόν τε μὴ οὐχ ὑγιέα γενέσθαι, ἤν γε
μὴ παντάπασιν ᾖ διεφθαρμένος ὑπὸ χρόνου τε καὶ
τῆς διαίτης. Τί δὴ φήσομεν; Πότερον αὐτῷ ὑπὸ
ψυχροῦ κακοπαθέοντι θερμὰ ταῦτα προ-
σενέγ|καντες ὠφέλησαν ἢ τἀναντία; (3) Οἶμαι γὰρ 600
ἔγωγε πολλὴν ἀπορίην ἐρωτηθέντι παρασχεῖν. Ὁ
γὰρ τὸν ἄρτον παρασκευάζων τῶν πυρῶν τὸ θερμὸν

hend, ganz nahe an die größte Genauigkeit heranreichen kann,
muß man ihre Entdeckungen bewundern, die auf gute und rich-
tige Weise und nicht durch Zufall gefunden wurden.

13. (1) Ich will nun auf die Theorie derjenigen zurückkommen,
die mit einer neuen Methode nach der Kunst forschen, indem sie
nämlich von Hypothesen ausgehen. Denn angenommen, es ist
das Warme, das Kalte, das Trockene oder das Feuchte, was den
Menschen schädigt, und derjenige, der dies richtig behandelt,
müsse mit dem Warmen gegen das Kalte, mit dem Kalten gegen
das Warme, mit dem Trockenen gegen das Feuchte und mit dem
Feuchten gegen das Trockene zu Hilfe kommen, und es sollte
nicht ein Patient mit starker Konstitution sein, sondern einer von
den Schwächeren. Dieser soll Weizenkörner, die er in der Tenne
aufgelesen hat, roh und unverarbeitet sowie rohes Fleisch essen
und Wasser trinken. Mit dieser Ernährungsweise wird er, wie ich
sicher weiß, von vielen schlimmen Leiden befallen werden. Denn
er wird Schmerzen erleiden, der Körper wird schwach sein, der
Magen wird in Mitleidenschaft gezogen, und er wird nicht mehr
lange leben können. (2) Welches Heilmittel muß man für jeman-
den, der in solchem Zustand ist, bereitstellen? Das Warme oder
das Kalte, das Trockene oder das Feuchte? Offensichtlich muß es
eines davon sein. Denn wenn es sich um einen dieser Faktoren
handelt, der schadet, muß er mit dem gegensätzlichen bekämpft
werden, wie die Theorie jener Leute besagt. Das sicherste und
augenfälligste Heilmittel besteht in der Tat darin, mit der Nah-
rung, die er zu sich nahm, aufzuhören, ihm statt Weizenkörnern
Brot zu geben, statt rohem Fleisch gekochtes und dazu Wein zu
trinken. Bei dieser Veränderung kann es nicht ausbleiben, daß er
wieder gesund wird, falls er durch eine lange (falsche) Ernährung
noch nicht völlig zugrunde gerichtet ist. Was wollen wir also sa-
gen? Daß es ihm, der aufgrund des Kalten litt, half, Warmes zu-
zuführen oder umgekehrt? (3) Ich meinerseits glaube, daß ich je-
manden mit einer solchen Frage in große Not bringen würde.
Denn hat derjenige, der Brot zubereitet, den Weizenkörnern das

ἢ τὸ ψυχρὸν ἢ τὸ ξηρὸν ἢ τὸ ὑγρὸν ἀφεῖλετο· Ὁ γὰρ
καὶ πυρὶ ⟨δέδοται⟩ καὶ ὕδατι δέδευται καὶ ἄλλοισι
πολλοῖσιν εἴργασται, ὧν ἕκαστον ἰδίην δύναμιν καὶ
φύσιν ἔχει, τὰ μὲν τῶν ὑπαρχόντων ἀποβέβληκεν,
ἄλλοισι δὲ κέκρηταί τε καὶ μέμικται.

14. (1) Οἶδα μὲν γὰρ καὶ τάδε δήπου ὅτι διαφέρει ἐς
τὸ σῶμα τοῦ ἀνθρώπου καθαρὸς ἄρτος ἢ συγκομι-
στὸς ἢ ἀπτίστων πυρῶν ἢ ἐπτισμένων ἢ πολλῷ ὕδατι
πεφυρημένος ἢ ὀλίγῳ ⟨ἢ⟩ ἰσχυρῶς πεφυρημένος ἢ
ἀφύρητος ἢ ἔξοπτος ἢ ἔνωμος, ἄλλα τε πρὸς τούτοισι
μυρία. Ὡς δ᾽ αὔτως καὶ περὶ μάζης· καὶ αἱ δυνάμιες
δὲ μεγάλαι τε ἑκάστου καὶ οὐδὲν ἡ ἑτέρη τῇ ἑτέρῃ
ἐοικυῖα. (2) Ὅστις δὲ ταῦτα οὐκ ἐπέσκεπται ἢ
σκεπτόμενος οὐκ οἶδε, πῶς ἄν τι οὗτος δύναιτο
τῶν κατὰ τὸν ἄνθρωπον παθημάτων εἰδέναι; Ὑπὸ
γὰρ ἑνὸς ἑκάστου τούτων πάσχει τε καὶ ἑτεροιοῦται
ὤνθρωπος ἢ τοῖον ἢ τοῖον, καὶ διὰ τούτων πᾶς ὁ βίος
καὶ ὑγιαίνοντι καὶ ἐκ νούσου ἀνατρεφομένῳ καὶ
κάμνοντι. Οὐκ ἂν οὖν ἕτερα τούτων χρησιμώτερα
οὐδ᾽ ἀναγκαιότερα εἴη εἰδέναι δήπου. (3) Ὡς δὲ
καλῶς καὶ λογισμῷ προσήκοντι ζητήσαντες πρὸς
τὴν τοῦ ἀνθρώπου φύσιν εὗρον αὐτὰ οἱ πρῶτοι
εὑρόντες, καὶ ᾠήθησαν ἀξίην τὴν τέχνην θεῷ | προσ-   602
θεῖναι, ὥσπερ καὶ νομίζεται. Οὐ γὰρ τὸ ξηρὸν οὐδὲ
τὸ ὑγρὸν οὐδὲ τὸ θερμὸν οὐδὲ τὸ ψυχρὸν οὐδὲ ἄλλο
τούτων οὐδὲν ἡγησάμενοι οὔτε λυμαίνεσθαι οὔτε
προσδεῖσθαι οὐδενὸς τούτων τὸν ἄνθρωπον ἀλλὰ
τὸ ἰσχυρὸν ἑκάστου καὶ τὸ κρέσσον τῆς φύσιος τῆς
ἀνθρωπίνης, οὗ μὴ ἠδύνατο κρατεῖν, τοῦτο βλάπτειν
ἡγήσαντο καὶ τοῦτο ἐζήτησαν ἀφελεῖν. Ἰσχυρότατον
δ᾽ ἐστὶ τοῦ μὲν γλυκέος τὸ γλυκύτατον, τοῦ δὲ πικροῦ
τὸ πικρότατον, τοῦ δὲ ὀξέος τὸ ὀξύτατον, ἑκάστου δὲ

Warme oder das Kalte, das Trockene oder das Feuchte entzogen? Was nämlich dem Feuer ausgesetzt, mit Wasser befeuchtet und durch viele andere Vorgänge, von denen jeder seine eigene Wirkung und seine natürliche Eigenart besitzt, bearbeitet wird, hat manche seiner ursprünglichen Eigenschaften verloren und hat sich mit anderem verbunden und vermischt.

14. (1) Denn ich weiß auch sicher, daß Brot auf den Körper des Menschen unterschiedlich wirkt, je nachdem ob es ungemischt oder gemischt, aus ungeschältem oder geschältem Weizen bereitet, mit viel Wasser oder mit wenig Wasser vermengt, ob es stark geknetet oder nicht geknetet, ausgebacken oder nur halb gebakken ist und außerdem tausenderlei mehr. Ebenso verhält es sich auch mit dem Gerstenfladen. Auch in diesem Fall sind die Eigenheiten jeder einzelnen Zubereitung von großer Wirkung, und keine gleicht der anderen. (2) Wer dies nicht untersucht hat oder bei der Untersuchung nicht erkannt hat, wie könnte der etwas über die menschlichen Leiden wissen? Denn von jeder einzelnen dieser Zubereitungsarten wird der Mensch beeinflußt und verändert sich so oder so, und davon ist sein ganzes Leben abhängig, ob er gesund, gerade von einer Krankheit genesen oder krank ist. Es gibt also sicherlich kein anderes Wissen, das nützlicher und notwendiger ist als dieses. (3) Und da die ersten Entdecker nach einer guten Methode und mit angemessener Überlegung danach forschten und dies in Beziehung auf die menschliche Natur herausfanden, glaubten sie sogar, daß diese Kunst würdig sei, einem Gott zugeschrieben zu werden, wie es auch die verbreitete Meinung ist. Sie glaubten nämlich nicht, daß es das Trockene oder das Feuchte, das Warme oder das Kalte oder etwas anderes dieser Art sei, was dem Menschen schade – oder was der Mensch brauche –, sondern das Kräftige in jeder Nahrung und das, was der menschlichen Natur überlegen ist; dasjenige also, worüber sie nicht die Oberhand gewinnen konnten, das hielten sie für schädlich und suchten es zu beseitigen. Das Kräftigste im Süßen ist das Süßeste, im Bitteren das Bitterste, im Sauren das Sauerste, bei je-

πάντων τῶν ἐνεόντων ἡ ἀκμή. (4) Ταῦτα γὰρ ἑώρων καὶ ἐν τῷ ἀνθρώπῳ ἐνεόντα καὶ λυμαινόμενα τὸν ἄνθρωπον· ἔνι γὰρ ἐν ἀνθρώπῳ καὶ ἁλμυρὸν καὶ πικρὸν καὶ γλυκὺ καὶ ὀξὺ καὶ στρυφνὸν καὶ πλαδαρὸν καὶ ἄλλα μυρία παντοίας δυνάμιας ἔχοντα πλῆθός τε καὶ ἰσχύν· ταῦτα μὲν μεμιγμένα καὶ κεκρημένα ἀλλήλοισιν οὔτε φανερά ἐστιν οὔτε λυπεῖ τὸν ἄνθρωπον, ὅταν δέ τι τούτων ἀποκριθῇ καὶ αὐτὸ ἐφ᾽ ἑωυτοῦ γένηται, τότε καὶ φανερόν ἐστι καὶ λυπεῖ τὸν ἄνθρωπον. (5) Τοῦτο δὲ τῶν βρωμάτων ὅσα ἡμῖν ἀνεπιτήδειά ἐστι καὶ λυμαίνεται τὸν ἄνθρωπον ἐσπεσόντα τούτων ἓν ἕκαστον ἢ πικρόν ἐστιν καὶ ἄκρητον ἢ ἁλμυρὸν ἢ ὀξὺ ἢ ἄλλο τι ἄκρητόν τε καὶ ἰσχυρόν, καὶ διὰ τοῦτο ταρασσόμεθα ὑπ᾽ αὐτῶν, ὥσπερ καὶ ὑπὸ τῶν ἐν | τῷ σώματι ἀποκρινομένων. 604 (6) Πάντα δὲ ὅσα ἄνθρωπος ἐσθίει ἢ πίνει τὰ τοιαῦτα βρώματα ἥκιστα τοιούτου χυμοῦ ἀκρήτου τε καὶ διαφέροντος δῆλά ἐστιν μετέχοντα, οἷον ἄρτος τε καὶ μᾶζα καὶ τὰ ἑπόμενα τούτοισιν οἷσιν εἴθισται ὥνθρωπος πλείστοισί τε καὶ αἰεὶ χρῆσθαι, ἔξω τῶν πρὸς ἡδονήν τε καὶ κόρον ἠρτυμένων τε καὶ ἐσκευασμένων· καὶ ἀπὸ τούτων πλείστων ἐσιόντων ἐς τὸν ἄνθρωπον τάραχός τε καὶ ἀπόκρισις τῶν ἀμφὶ τὸ σῶμα δυναμίων ἥκιστα γίνεται, ἰσχὺς δὲ καὶ αὔξησις καὶ τροφὴ μάλιστα, δι᾽ οὐδὲν ἕτερον ἢ ὅτι εὖ τε συγκέκρηται καὶ οὐδὲν ἔχει οὔτε ἄκρητον οὔτε ἰσχυρόν, ἀλλ᾽ ὅλον ἕν τε γέγονε καὶ ἁπλοῦν [καὶ ἰσχυρόν].

15. (1) Ἀπορέω δ᾽ ἔγωγε οἱ τὸν λόγον ἐκεῖνον λέγοντες καὶ ἄγοντες ἐκ ταύτης τῆς ὁδοῦ ἐπὶ ὑπόθεσιν τὴν τέχνην τίνα ποτὲ τρόπον θεραπεύουσι τοὺς ἀνθρώπους ὥσπερ ὑποτίθενται· οὐ γάρ ἐστιν αὐτοῖσιν, οἶμαι, ἐξευρημένον αὐτό τι ἐφ᾽ ἑωυτοῦ θερμὸν ἢ ψυχρὸν ἢ ξηρὸν ἢ ὑγρὸν μηδενὶ ἄλλῳ εἴδει

der von allen vorhandenen Substanzen die höchste Steigerung. (4) Denn sie sahen, daß diese Substanzen auch im Menschen vorhanden sind und ihm schaden. Im Menschen ist tatsächlich Salziges und Bitteres, Süßes und Saures, Herbes und Fades und tausend anderes mehr, was vielerlei Wirkung hinsichtlich Menge und Kraft hat. Diese Substanzen sind, solange sie miteinander vermischt und vermengt sind, weder bemerkbar, noch verursachen sie beim Menschen Beschwerden. Wenn sich aber eine von ihnen absondert und verselbständigt, dann wird sie augenfällig und verursacht beim Menschen Beschwerden. (5) Was andererseits an Speisen für uns ungeeignet ist und die, wenn der Mensch sie zu sich nimmt, schaden, das ist in jedem Fall das unvermischt Bittere oder Salzige oder Sauere oder irgend etwas anderes Unvermischtes und Kräftiges. Und deswegen werden wir davon gestört, ebenso wie von den Substanzen, die sich im Körper absondern. (6) All diejenigen Speisen aber, die der Mensch ißt und trinkt, sind deutlich am wenigsten an solch einem unvermischten und dominanten Saft beteiligt, etwa Brot, Gerstenfladen und andere derartige Speisen, die der Mensch gewöhnlich in großer Menge und ständig zu sich nimmt, ausgenommen diejenigen, die zur Freude und zur Sättigung gewürzt und zubereitet sind. Diese Speisen, obwohl sie in großen Mengen in den Menschen gelangen, rufen am wenigsten Störungen und die Absonderung von Qualitäten im Körper hervor, am meisten dagegen bewirken sie Stärkung, Wachstum und Ernährung durch nichts anderes als dadurch, daß sie gut gemischt sind und nichts Ungemischtes und Kräftiges enthalten, sondern in ihrer Gesamtheit eine einfache Einheit darstellen.

15. (1) Ich bin mir aber völlig im unklaren, auf welche Weise die Vertreter jener Theorie, die die Kunst weg von der (alten) Methode hin zur Hypothese führen, die Menschen überhaupt ihrer Hypothese gemäß behandeln wollen. Denn sie haben, wie ich glaube, nichts entdeckt, was für sich allein warm, kalt, trocken oder feucht ist, ohne daß es mit einer anderen Qualität verbun-

κοινωνέον. (2) Ἀλλ' οἶμαι ἔγωγε ταὐτὰ βρώματα καὶ πόματα αὐτοῖσιν ὑπάρχειν οἷσι πάντες χρεώμεθα· προστιθέασι δὲ τῷ μὲν εἶναι θερμῷ, | τῷ δὲ ψυχρῷ, τῷ   606 δὲ ξηρῷ, τῷ δὲ ὑγρῷ· ἐπεὶ ἐκεῖνό γε ἄπορον προστά- ξαι τῷ κάμνοντι θερμόν τι προσενέγκασθαι· εὐθὺς γὰρ ἐρωτήσει· τί; Ὥστε ληρεῖν ἀνάγκη ἢ ἐς τούτων τι τῶν γινωσκομένων καταφεύγειν. (3) Εἰ δὲ δὴ τυγχάνει τι θερμὸν ἐὸν στρυφνόν, ἄλλο δὲ θερμὸν ἐὸν πλα- δαρόν, ἄλλο δὲ θερμὸν ἄραδον ἔχον – ἔστι γὰρ καὶ ἄλλα πολλὰ θερμὰ καὶ ἄλλας πολλὰς δυνάμιας ἔχοντα ἑωυτοῖσιν ὑπεναντίας –, ᾗ διοίσει τι αὐτῶν προσενεγκεῖν τὸ θερμὸν καὶ στρυφνὸν ἢ τὸ θερμὸν καὶ πλαδαρὸν ἢ ἅμα τὸ ψυχρὸν καὶ στρυφνόν – ἔστι γὰρ καὶ τοιοῦτο – ἢ τὸ ψυχρόν τε καὶ πλαδαρόν. (4) Ὡς μὲν γὰρ ἐγὼ οἶδα, πᾶν τοὐναντίον ἀφ' ἑκατέρου αὐτῶν ἀποβαίνει, οὐ μόνον ἐν ἀνθρώπῳ, ἀλλὰ καὶ ἐν σκύτει καὶ ἐν ξύλῳ καὶ ἐν ἄλλοισι πολλοῖ- σιν ἅ ἐστιν ἀνθρώπου ἀναισθητότερα. Οὐ γὰρ τὸ θερμόν ἐστι τὸ τὴν μεγάλην δύναμιν ἔχον, ἀλλὰ τὸ στρυφνὸν καὶ τὸ πλαδαρὸν καὶ τἆλλα ὅσα μοι εἴρηται καὶ ἐν τῷ ἀνθρώπῳ καὶ ἔξω τοῦ ἀνθρώπου καὶ ἐσθιό- μενα καὶ πινόμενα καὶ ἔξωθεν ἐπιχριόμενά τε καὶ προσπλασσόμενα.

16. (1) Ψυχρότητα δ' ἔγωγε καὶ θερμότητα πασέων ἥκιστα τῶν δυναμίων νομίζω δυναστεύειν ἐν τῷ σώματι διὰ τάσδε τὰς προφάσιας· ὃν μὲν ἂν δήπου χρόνον μεμιγμένα αὐτὰ ἑωυτοῖσιν ἅμα τὸ ψυχρόν τε καὶ θερμὸν ἐνῇ, οὐ λυπεῖ· κρῆσις γὰρ καὶ μετριό|της   608 τῷ μὲν ψυχρῷ γίνεται ἀπὸ τοῦ θερμοῦ, τῷ δὲ θερμῷ ἀπὸ τοῦ ψυχροῦ· ὅταν δ' ἀποκριθῇ χωρὶς ἑκάτερον, τότε λυπεῖ. (2) Ἐν δὲ δὴ τούτῳ τῷ καιρῷ, ὅταν τὸ ψυχρὸν ἐπιγένηται καί τι λυπήσῃ τὸν ἄνθρωπον, διὰ τάχεος πρῶτον δι' αὐτὸ τοῦτο πάρεστι τὸ θερμὸν

den wäre. (2) Vielmehr glaube ich, daß ihnen die gleichen Speisen und Getränke zur Verfügung stehen, die wir alle benutzen. Sie schreiben aber dem einen die Eigenschaft zu, warm zu sein, dem anderen, kalt zu sein, dem dritten, trocken und dem vierten, feucht zu sein. Indes ist es unmöglich, dem Kranken vorzuschreiben, etwas Warmes zu sich zu nehmen; denn er wird sogleich fragen: »Was denn?«, so daß sie gezwungen sind, zu faseln oder zu einer der schon bekannten warmen Substanzen Zuflucht zu nehmen. (3) Wenn es sich aber trifft, daß das eine Warme herb ist, das andere fade und wiederum ein anderes Blähungen hervorruft – es gibt freilich noch viele andere Formen des Warmen, die viele weitere einander entgegengesetzte Eigenschaften haben –, so macht es gewiß einen Unterschied, welches davon man zu sich nimmt, das Warme und Herbe oder das Warme und Fade, und auf die gleiche Weise das Kalte und Herbe – denn auch so etwas gibt es – oder das Kalte und Fade. (4) Denn wie ich meinerseits weiß, bewirkt jede dieser Qualitäten ganz Gegensätzliches, nicht nur im Menschen, sondern auch im Leder, im Holz und in vielem anderen, was für den Menschen weniger spürbar ist. Denn es ist nicht das Warme, was eine große Wirkung entfaltet, sondern das Herbe und das Fade sowie die anderen Qualitäten, die ich erwähnt habe, ob sie nun innerhalb oder außerhalb des Menschen sind, durch Essen und Trinken aufgenommen werden oder von außen in Form von Salben und Pflastern.

16. (1) Ich meinerseits glaube, daß das Kalte und das Warme von allen Kräften im Körper am wenigsten auszurichten vermögen, aus folgenden Gründen: Solange zweifellos das Kalte und Warme zusammen und miteinander vermischt im Körper sind, schaden sie nicht. Denn das Kalte erhält durch das Warme die (richtige) Mischung und das richtige Maß, und das Warme durch das Kalte. Wenn sich aber eines davon absondert und für sich allein bleibt, dann schadet es. (2) In diesem Moment jedoch, wenn das Kalte hervorbricht und dem Menschen Schaden zufügt, ist in aller Eile und allein durch diese Tatsache selbst zuallererst das

αὐτόθεν ἐκ τοῦ ἀνθρώπου, οὐδεμιῆς βοηθείης οὐδὲ παρασκευῆς δεόμενον· καὶ ταῦτα καὶ ἐν ὑγιαίνουσι τοῖσιν ἀνθρώποισιν ἀπεργάζεται καὶ κάμνουσιν. (3) Τοῦτο μὲν εἴ τις θέλει ὑγιαίνων χειμῶνος διαψῦξαι τὸ σῶμα ἢ λουσάμενος ψυχρῷ ἢ ἄλλῳ τῳ τρόπῳ, ὅσῳ ἂν ἐπὶ πλέον αὐτὸ ποιήσῃ, καὶ ἤν γε μὴ παντάπασιν παγῇ τὸ σῶμα, ὅταν εἵματα λάβῃ καὶ ἔλθῃ ἐς τὴν σκέπην, ἔτι μᾶλλον καὶ ἐπὶ πλέον θερμαίνεται τὸ σῶμα. (4) Τοῦτο δὲ εἰ ἐθέλοι ἐκθερμανθῆναι ἰσχυρῶς ἢ λουτρῷ θερμῷ ἢ πυρὶ πολλῷ, ἐκ δὲ τούτου τωὐτὸ εἷμα ἔχων ἐν τῷ αὐτῷ χωρίῳ τὴν διατριβὴν ποιεῖσθαι ὥσπερ διεψυγμένος, πολὺ φανεῖται καὶ ψυχρότερος καὶ ἄλλως φρικαλεώτερος. (5) Ἢ ⟨εἰ⟩ ῥιπιζόμενός τις ὑπὸ πνίγεος καὶ παρα|σκευαζόμενος αὐτὸς ἑωυτῷ 610 ψῦχος ἐκ τούτου τοῦ τρόπου διαπαύσαιτο τοῦτο ποιέων, δεκαπλάσιον ἔσται τὸ καῦμα καὶ πνῖγος ἢ τῷ μηδὲν τοιοῦτο ποιέοντι. (6) Τὸ δὲ δὴ καὶ πολὺ μεῖζον· ὅσοι ἂν διὰ χιόνος ἢ ἄλλου ψύχεος βαδίσαντες ῥιγώσωσι διαφερόντως πόδας ἢ χεῖρας ἢ κεφαλήν, οἷα πάσχουσιν ἐς τὴν νύκτα, ὅταν περισταλέωσί τε καὶ ἐν ἀλέῃ γένωνται, ὑπὸ καύματος καὶ κνησμοῦ· καὶ ἔστιν οἷσι φλύκταιναι ἀνίστανται ὥσπερ τοῖσιν ἀπὸ πυρὸς κατακεκαυμένοισι· καὶ οὐ πρότερον τοῦτο πάσχουσιν πρὶν ἢ θερμανθῶσιν. Οὕτως ἑτοίμως ἑκάτερον αὐτῶν ἐπὶ θάτερον παραγίνεται. Μυρία δ᾽ ἂν καὶ ἄλλα ἔχοιμι εἰπεῖν. (7) Τὰ δὲ κατὰ τοὺς νοσέοντας, οὐχὶ ὅσοισιν ἂν ῥῖγος γένηται τού- τοισιν ὀξύτατος ὁ πυρετὸς ἐκλάμπει – καὶ οὐχὶ οὕτως ἰσχυρὸς ἀλλὰ καὶ παυόμενος δι᾽ ὀλίγου καὶ ἄλλως τὰ πολλὰ ἀσινής; Καὶ ὅσον ἂν χρόνον παρῇ, διάθερμος καὶ διεξιὼν διὰ παντὸς τελευτᾷ ἐς τοὺς πόδας μάλιστα οὗπερ τὸ ῥῖγος καὶ | ἡ ψύξις νενικωτάτη 612 καὶ ἐπὶ πλεῖον ἐνεχρόνισεν. Πάλιν τε ὅταν ἱδρώσῃ

Warme zur Stelle, das aus dem Inneren des Menschen selbst kommt, ohne daß es irgendeiner Hilfe oder einer Vorbereitung bedarf. Und dieses Einschreiten des Warmen geschieht sowohl bei gesunden als auch bei kranken Menschen. (3) Wenn beispielsweise ein gesunder Mensch im Winter seinen Körper abkühlen will, indem er kalt badet oder dies auf eine andere Weise versucht, so wird sich, je weiter er dies treibt, sein Körper – falls er nicht völlig erstarrt ist – um so mehr und stärker erwärmen, sobald er die Kleider wieder anzieht und einen Schutz aufsucht. (4) Wenn er sich andererseits stark erwärmen will, entweder durch ein warmes Bad oder an einem starken Feuer, und danach dieselben Kleider trägt und sich am selben Ort wie im abgekühlten Zustand aufhält, so wird es ihm viel kälter erscheinen, und zudem wird er eher frösteln. (5) Oder wenn sich einer aufgrund stickiger Hitze Luft zufächelt und sich auf diese Weise selbst Kühlung verschafft, so wird für ihn, sobald er damit aufhört, die Hitze und drückende Schwüle zehnmal stärker sein als für den, der nichts Derartiges getan hat. (6) Folgendes freilich ist ein noch viel stärkerer Beweis: Diejenigen, die bei Schnee oder bei anderem kalten Wetter marschieren und besonders an den Füßen, an den Händen oder am Kopf frieren, wie leiden sie doch bei Nacht, wenn sie sich eingehüllt haben und in einem Schutz aufhalten, durch die Wärme und den Juckreiz. Bei manchen entstehen Blasen wie bei denen, die sich am Feuer verbrannt haben. Und sie leiden nicht vorher darunter, als bis sie sich erwärmt haben. So bereitwillig tritt jedes von ihnen dem anderen entgegen. Und ich könnte noch tausend andere Beispiele nennen. (7) Was aber die Kranken betrifft, entbrennt nicht bei denen, die von Schüttelfrost befallen sind, das stärkste Fieber – das aber dennoch nicht allzu stark ist, in kurzer Zeit nachläßt und im übrigen meist unschädlich ist? Und immer wenn Schüttelfrost vorliegt, ist das Fieber sehr heiß, geht durch den ganzen Körper und endet meist in den Füßen, dort wo eben auch der Frost und die Kälte ihre stärkste Wirkung entfalten und länger als anderswo verweilen. Umge-

τε καὶ ἀπαλλαγῇ ὁ πυρετός, πολὺ μᾶλλον διέψυξεν ἢ εἰ μὴ ἔλαβε τὴν ἀρχήν. (8) Ὧι οὖν διὰ τάχεος οὕτω παραγίνεται τὸ ἐναντιώτατόν τε καὶ ἀφαιρεόμενον τὴν δύναμιν ἀπὸ ταὐτομάτου, τί ἂν ἀπὸ τούτου μέγα ἢ δεινὸν γένοιτο; Ἢ τί δεῖ πολλῆς ἐπὶ τοῦτο βοηθείης; 17. (1) Εἴποι ἄν τις· ἀλλ᾽ οἱ πυρεταίνοντες τοῖσι καύσοισί τε καὶ περιπλευμονίῃσι καὶ ἄλλοισιν ἰσχυροῖσι νοσήμασιν οὐ ταχέως ἐκ τῆς θέρμης ἀπαλλάσσονται, οὐδὲ πάρεστιν ἐνταῦθα ἐπὶ τὸ θερμὸν τὸ ψυχρόν. (2) Ἐγὼ δὲ τοῦτό μοι μέγιστον τεκμήριον ἡγεῦμαι εἶναι ὅτι οὐ διὰ τὸ θερμὸν ἁπλῶς πυρεταίνουσιν οἱ ἄνθρωποι οὐδὲ τοῦτ᾽ εἴη τὸ αἴτιον τῆς κακώσιος μοῦνον, ἀλλ᾽ ἔστι καὶ πικρὸν καὶ θερμὸν τὸ αὐτὸ καὶ ὀξὺ καὶ θερμὸν καὶ ἁλμυρὸν καὶ θερμὸν καὶ ἄλλα μυρία, – καὶ πάλιν γε ψυχρὸν μετὰ δυναμίων ἑτέρων. (3) Τὰ μὲν οὖν λυμαινόμενα ταῦτ᾽ ἐστί· συμπάρεστι δὲ καὶ τὸ θερμὸν ῥώμης μετέχον, ὡς ἂν τὸ ἡγεύμενον, καὶ παροξυνόμενον καὶ αὐξανόμενον ἅμα κείνῳ, δύναμιν δὲ οὐδεμίαν πλείω τῆς προσηκούσης.

18. (1) Δῆλα δὲ ταῦτα ὅτι ὧδε ἔχει ἐπὶ τῶνδε τῶν σημείων· πρῶτον μὲν ἐπὶ τὰ φανερώτατα ὧν πάντες ἔμπειροι πολλάκις ἐσμέν | τε καὶ ἐσόμεθα. (2) Τοῦτο μὲν γὰρ ὅσοισιν ἂν ἡμέων κόρυζα ἐγγένηται καὶ ῥεῦμα κινηθῇ διὰ τῶν ῥινῶν, τοῦτο ὡς τὸ πολὺ δριμύτερον τοῦ πρότερον γινομένου τε καὶ ἰόντος ἐκ τῶν ῥινῶν καθ᾽ ἑκάστην ἡμέρην καὶ οἰδεῖν μὲν ποιεῖ τὴν ῥῖνα καὶ συγκαίειν θερμήν τε καὶ διάπυρον ἐσχάτως, ἢν δὲ τὴν χεῖρα προσφέρῃς καὶ πλείω χρόνον παρῇ, καὶ ἐξελκοῦται τὸ χωρίον ἄσαρκόν τε καὶ σκληρὸν ἐόν. Παύεται δὲ πῶς τό γε καῦμα ἐκ τῆς ῥινός; Οὐχ ὅταν τὸ ῥεῦμα γίνηται καὶ ἡ φλεγμονὴ ᾖ, ἀλλ᾽ ἐπειδὰν

kehrt, wenn der Kranke geschwitzt hat und sich das Fieber entfernt hat, dann wird er mehr frieren, als wenn ihn das Fieber von vornherein nicht ergriffen hätte. (8) Was also könnte Großes und Schlimmes von einem Prinzip kommen, dem das ihm am stärksten Entgegengesetzte so schnell entgegentritt und ihm von selbst seine Kraft nimmt? Und wozu bedarf es dagegen vieler Hilfe?

17. (1) Man könnte dagegen einwenden: Aber diejenigen, die aufgrund von Brennfiebern, Lungenentzündungen und anderen schweren Krankheiten fiebern, werden nicht so schnell von der Wärme befreit, und in diesen Fällen stellt sich das Kalte dem Warmen nicht entgegen. (2) Ich meinerseits glaube aber, es kann als stärkster Beweis für meine These vorgebracht werden, daß diese Leute nicht einfach wegen des Warmen fiebern und dies auch nicht allein der Grund für ihr Leiden ist, sondern Ursache ist das zugleich Bittere und Warme, das zugleich Saure und Warme, das zugleich Salzige und Warme und tausend andere Kombinationen – und umgekehrt auch das Kalte zusammen mit anderen Qualitäten. (3) Was also schadet, sind diese (anderen) Qualitäten. Auch das Warme ist zur Unterstützung dabei und hat Anteil an der Kraft, aber nur bis zu dem Maße, wie die führende Qualität selbst davon besitzt; es verschärft und vermehrt sich zugleich mit jener, hat aber keineswegs größere Kraft als die ihm eigene.

18. (1) Daß es sich so verhält, wird klar, wenn man sich auf folgende Beispiele stützt: Zunächst zu den offensichtlichsten Fällen, die wir alle oft erlebt haben und noch erleben werden. (2) Bei denjenigen von uns, die einen Schnupfen haben und denen es aus der Nase fließt, wobei dieser Fluß meist schärfer ist als der, der zuvor erfolgte, und als der, der täglich aus der Nase kommt, bringt dies die Nase zum Schwellen und zum Brennen und macht sie bis zum Äußersten heiß und glühend. Wenn man dann ständig die Hand dorthin führt und der Schnupfen längere Zeit währt, wird sich diese Stelle, da sie fleischarm und hart ist, entzünden. Wie hört das Brennen der Nase auf? Nicht, solange der Fluß und die Entzündung bestehen, sondern dann, wenn der

παχύτερόν τε καὶ ἧσσον δριμὺ ῥέῃ καὶ πέπον καὶ με-
μιγμένον μᾶλλον τῷ πρότερον γινομένῳ, τότε δὲ ἤδη
καὶ τὸ καῦμα πέπαυται. (3) Ἀλλ' οἶσι [δὲ] ὑπὸ ψύχεος
φανερῶς αὐτοῦ μόνου γίνεται, μηδενὸς ἄλλου συμ-
παραγενομένου, πᾶσιν αὕτη ἡ ἀπαλλαγή, ἐκ μὲν τῆς
ψύξιος διαθερμανθῆναι, ἐκ δὲ τοῦ καύματος διαψυ-
χθῆναι, καὶ ταῦτα ταχέως παραγίνεται καὶ πέψιος
οὐ|δεμιῆς προσδεῖται. (4) Τὰ δ' ἄλλα πάντα, ὅσα διὰ 616
χυμῶν δριμύτητας καὶ ἀκρησίας φημὶ ἔγωγε γίνε-
σθαι, τὸν αὐτὸν τρόπον ἀποκαθίσταται πεφθέντα
καὶ κρηθέντα.

19. (1) Ὅσα τε αὖ ἐπὶ τοὺς ὀφθαλμοὺς τρέπεται τῶν
ῥευμάτων, ὡς ἰσχυρὰς καὶ παντοίας δριμύτητας
ἔχοντα, ἑλκοῖ μὲν βλέφαρα, κατεσθίει δ' ἐνίων
γνάθους τε καὶ τὰ ὑπὸ τοῖσιν ὀφθαλμοῖσιν, ἐφ' ὅ τι ἂν
ἐπιρρυῇ, ῥήγνυσι δὲ καὶ διεσθίει τὸν ἀμφὶ τὴν ὄψιν
χιτῶνα. Ὀδύναι δὲ καὶ καῦμα καὶ φλογμὸς ἔσχατος
κατέχει μέχρι τίνος; Μέχρι ἂν τὰ ῥεύματα πεφθῇ
καὶ γένηται παχύτερα καὶ λήμη ἀπ' αὐτῶν ᾖ. Τὸ δὲ
πεφθῆναι γίνεται ἐκ τοῦ μιχθῆναι καὶ κρηθῆναι
ἀλλήλοισι καὶ συνεψηθῆναι. (2) Τοῦτο δὲ ὅσα ἐς τὴν
φάρυγγα ἀφ' ὧν βράγχοι γίνονται καὶ κυνάγχαι ἐρυ-
σιπέλατά τε καὶ περιπλευμονίαι, πάντα ταῦτα τὸ μὲν
πρῶτον ἁλμυρά τε καὶ ὑγρὰ καὶ δριμέα ἀφίει – καὶ
ἐν τοῖσι τοιούτοισιν ἔρρωται τὰ νοσήματα –, ὅταν
δὲ παχύτερα καὶ πεπαίτερα γένηται καὶ πάσης
δριμύτητος ἀπηλλαγμένα, τότ' ἤδη καὶ οἱ πυρετοὶ
παύονται καὶ τἆλλα τὰ λυπέοντα τὸν ἄνθρωπον.
(3) Δεῖ δὲ δήπου ταῦτα αἴτια ἑκάστου ἡγεῖσθαι εἶναι,
ὧν παρεόντων μὲν τοιουτότροπον ἀνάγκη γίνεσθαι,
μεταβαλλόντων δ' ἐς ἄλλην κρῆ|σιν παύεσθαι. 618
(4) Ὁκόσα τε οὖν ἀπ' αὐτῆς τῆς θέρμης εἰλικρινέος ἢ
ψύξιος γίνεται καὶ μὴ μετέχει ἄλλης δυνάμιος μηδε-

Schleim dicker, weniger scharf, gekocht und besser mit dem vor-
hergehenden gemischt ist. Dann also erst hört auch das Brennen
auf. (3) Bei denen der Schnupfen aber offensichtlich vom Kalten
allein hervorgerufen wird, ohne daß zugleich etwas anderes hin-
zutritt, die werden alle folgendermaßen davon frei: In Folge der
Kälte wird man erwärmt, in Folge der Wärme abgekühlt; und
diese Zustände stellen sich schnell ein und ohne daß es zudem
einer Kochung bedürfte. (4) Alle anderen Arten aber, die, wie ich
sagte, aus der Schärfe und mangelnden Mischung der Säfte ent-
stehen, verschwinden wieder auf dieselbe Art und Weise, näm-
lich durch Kochung und Mischung.

19. (1) Die Flüsse aber, die gegen die Augen gehen, entzünden
die Augenlider in dem Maße, wie stark und verschiedenartig
ihre Schärfe ist, zerfressen bei manchen die Wangen und die
Stellen unter den Augen, wohin sie ausfließen, durchbrechen
und zerfressen die Ummantelung der Pupille. Wie lange be-
mächtigen sich Schmerzen, Hitze und schlimmste Entzündung
des Kranken? Bis die Flüsse gekocht sind und dickflüssiger
werden und sich Augenbutter aus ihnen bildet. Die Kochung
entsteht dadurch, daß sie sich vermischen, miteinander zusam-
mengehen und zusammen gekocht werden. (2) Was aber diejeni-
gen Flüsse betrifft, die in die Kehle gehen, aus denen Heiser-
keit, Angina, Erysipele (Schlundrose) und Lungenentzündungen
entstehen, all diese sondern zuerst Salziges, Feuchtes und
Scharfes ab – und aufgrund solcher Substanzen sind die
Krankheiten stark –; wenn sie aber dickflüssiger werden, stär-
ker gekocht sind und frei von jeder Schärfe, dann hören auch
die Fieber auf und die übrigen Leiden, die den Menschen heim-
suchen. (3) Man muß aber doch gewiß diejenigen Dinge als Ur-
sachen der einzelnen Leiden betrachten, deren Anwesenheit
ihre Erscheinungsform hervorzwingt, deren Umschlagen in ein
anderes Mischungsverhältnis aber sie aufhören läßt. (4) Und
folglich werden die Flüsse, die aus dem rein Warmen oder aus
dem rein Kalten ohne Beteiligung einer anderen Qualität entste-

μιῆς, οὕτω παύοιτ' ἂν ὅταν μεταβάλλῃ ἐκ τοῦ θερμοῦ
ἐς τὸ ψυχρὸν καὶ ἐκ τοῦ ψυχροῦ ἐς τὸ θερμόν· με-
ταβάλλει δὲ ὅνπερ προείρηταί μοι τρόπον. (5) Ἔτι
τοίνυν τἆλλα ὅσα κακοπαθεῖ ὥνθρωπος, πάντα ἀπὸ
δυναμίων γίνεται. Τοῦτο μὲν γάρ, ὅταν πικρότης τις
ἀποχυθῇ, ἣν δὴ χολὴν ξανθὴν καλέομεν, οἷαι ἄσαι
καὶ καύματα καὶ ἀδυναμίαι κατέχουσιν· ἀπαλ-
λασσόμενοί τε τούτου, ἐνίοτε καὶ καθαιρόμενοι ἢ
αὐτόματοι ἢ ὑπὸ φαρμάκου ἢν ἐν καιρῷ τι αὐτῶν
γίνηται, φανερῶς καὶ τῶν πόνων καὶ τῆς θέρμης
ἀπαλλάσσονται· ὅσον δ' ἂν χρόνον ταῦτα μετέωρα ᾖ
καὶ ἄπεπτα καὶ ἄκρητα, μηχανὴ οὐδεμία οὔτε τῶν
πόνων παύεσθαι οὔτε τῶν πυρετῶν. Καὶ ὅσοισι δὲ
ὀξύτητες προσίστανται δριμεῖαί τε καὶ ἰώδεις, οἷαι
λύσσαι καὶ δήξιες σπλάγχνων καὶ θώρηκος καὶ
ἀπορίη· οὐ παύεταί τε τούτου πρότερον πρὶν ἢ ἀπο-
καθαρθῇ τε καὶ καταστορεσθῇ καὶ μιχθῇ τοῖσιν
ἄλλοισιν. (6) Πέσσεσθαι δὲ καὶ μεταβάλλειν καὶ
λεπτύνεσθαί τε καὶ παχύνεσθαι ἐς χυμῶν εἶδος διὰ
πολλῶν εἰδέων καὶ παντοίων, – διὸ καὶ αἱ κρίσιες καὶ
οἱ ἀριθμοὶ τῶν χρόνων ἐν τοῖσι τοιούτοισι μέγα
δύνανται –, πάντων δὴ τούτων ἥκιστα προσήκει
θερμῷ ἢ ψυχρῷ πάσχειν. Οὔτε γὰρ ἂν τοῦτό γε σα-
πείη οὔτε παχυνθείη. Τί γὰρ αὐτὸ φήσομεν εἶναι,
κρήσιας αὐτῶν ἄλλην πρὸς ἄλλα ἐχούσας δύναμιν,
ἐπεὶ | ἄλλῳ γε οὐδενὶ τὸ θερμὸν μιχθὲν παύσεται τῆς   620
θέρμης ἢ τῷ ψυχρῷ οὐδέ γε τὸ ψυχρὸν ἢ τῷ θερμῷ;
(7) Τὰ δ' ἄλλα πάντα τὰ περὶ τὸν ἄνθρωπον, ὅσῳ ἂν
πλείοσι μίσγηται, τοσούτῳ ἠπιώτερα καὶ βελτίονα.
Πάντων δ' ἄριστα διάκειται ὥνθρωπος ὅταν

hen, so enden, daß das Warme zum Kalten und das Kalte zum Warmen umschlägt; es schlägt aber auf die Weise um, wie von mir oben beschrieben wurde. (5) Weiter noch, die übrigen Leiden, die beim Menschen auftreten, entstehen alle aus Qualitäten. Denn wenn sich beispielsweise ein bitterer Saft ausgesondert hat, den wir gelbe Galle nennen, welche Übelkeit, welche Fieber- und Schwächeanfälle bemächtigen sich der Kranken! Und wenn sie sich von diesem Saft einmal befreien – manchmal durch eine Reinigung, die von selbst oder mit Hilfe eines Heilmittels erfolgt, wenn eine dieser Behandlungen in angemessener Weise abläuft –, befreien sie sich sichtlich auch von den Schmerzen und der Hitze. Solange aber diese Säfte noch in Wallung, ungekocht und ungemischt sind, gibt es kein Mittel, den Schmerzen oder Fieberanfällen ein Ende zu setzen. Und in den Fällen, in denen beißende und giftige Säuren auftreten, welche Anfälle von Wahnsinn, welches Stechen in den Eingeweiden und in der Brust, welche Verzweiflung! Der Kranke wird nicht davon befreit werden, bevor nicht die Säure abgesondert, zur Ruhe gebracht und mit den übrigen Körpersubstanzen vermischt ist. (6) Aber gekocht zu werden, sich umzuwandeln, sich zu verdünnen und sich zu verdicken, um über viele verschiedene Formstufen eine Form von Saft zu erreichen – was erklärt, weswegen die Krisen und die Berechnungen der Termine bei derartigen Krankheiten große Bedeutung haben –, dies durchzumachen, dafür sind das Warme und das Kalte am wenigsten von allen diesen Substanzen geeignet. Denn weder reifen diese, noch verdicken sie sich. Wie könnten wir nämlich behaupten, daß für das Warme und das Kalte Mischungen bestünden, die die Fähigkeit hätten, Verbindungen mit anderen Substanzen einzugehen, wenn das Warme mit nichts anderem vermischt an Wärme verliert als mit dem Kalten, und das Kalte mit nichts anderem als dem Warmen? (7) Alle anderen Qualitäten im Menschen sind um so zahmer und besser, je mehr sie sich mit anderen vermischen. Der Mensch befindet sich im besten Zustand, wenn die Substanzen

πέσσηται καὶ ἐν ἡσυχίῃ ἢ μηδεμίαν δύναμιν ἰδίην
ἀποδεικνύμενα.

20. (1) Περὶ μὲν οὖν τούτων ἱκανῶς μοι ἡγεῦμαι ἐπι-
δεδεῖχθαι. Λέγουσι δέ τινες καὶ ἰητροὶ καὶ σοφισταὶ
ὡς οὐκ εἴη δυνατὸν ἰητρικὴν εἰδέναι ὅστις μὴ οἶδεν
ὅ τι ἐστὶν ἄνθρωπος, ἀλλὰ τοῦτο δεῖ καταμαθεῖν τὸν
μέλλοντα ὀρθῶς θεραπεύσειν τοὺς ἀνθρώπους.
Τείνει τε αὐτοῖσιν ὁ λόγος ἐς φιλοσοφίην καθάπερ
Ἐμπεδοκλέης ἢ ἄλλοι οἳ περὶ φύσιος γεγράφασιν ἐξ
ἀρχῆς ὅ τί ἐστιν ἄνθρωπος καὶ ὅπως ἐγένετο πρῶτον
καὶ ὁπόθεν συνεπάγη. (2) Ἐγὼ δὲ τοῦτο μὲν ὅσα τινὶ
εἴρηται ἢ σοφιστῇ ἢ ἰητρῷ ἢ γέγραπται περὶ φύσιος
ἧσσον νομίζω τῇ ἰητρικῇ τέχνῃ προσήκειν ἢ τῇ
γραφικῇ, νομίζω δὲ περὶ φύσιος | γνῶναί τι σαφὲς 622
οὐδαμόθεν ἄλλοθεν εἶναι ἢ ἐξ ἰητρικῆς. Τοῦτο δὲ
οἷόν τε καταμαθεῖν ὅταν αὐτήν τις τὴν ἰητρικὴν
ὀρθῶς πᾶσαν περιλάβῃ – μέχρι δὲ τούτου πολλοῦ μοι
δοκεῖ δεῖν –, λέγω δὲ ταύτην τὴν ἱστορίην, εἰδέναι
ἄνθρωπος τί ἐστι καὶ δι' οἵας αἰτίας γίνεται καὶ τἆλλα
ἀκριβέως. (3) Ἐπεὶ τοῦτό γέ μοι δοκεῖ ἀναγκαῖον εἶ-
ναι ἰητρῷ περὶ φύσιος εἰδέναι καὶ πάνυ σπουδάσαι
ὡς εἴσεται, εἴπερ τι μέλλει τῶν δεόντων ποιήσειν, ὅ τι
τέ ἐστιν ἄνθρωπος πρὸς τὰ ἐσθιόμενά τε καὶ πινό-
μενα καὶ ὅ τι πρὸς τὰ ἄλλα ἐπιτηδεύματα καὶ ὅ τι ἀφ'
ἑκάστου ἑκάστῳ συμβήσεται, καὶ μὴ ἁπλῶς οὕτως
«πονηρόν ἐστι βρῶμα τυροῦ· πόνον γὰρ παρέχει τῷ
πληρωθέντι αὐτοῦ», ἀλλὰ τίνα τε πόνον καὶ διὰ τί
καὶ τίνι τῶν ἐν τῷ ἀνθρώπῳ ἐνεόντων ἀνεπιτήδειον.
(4) Ἔστι γὰρ καὶ ἄλλα πολλὰ βρώματα καὶ πόματα

gekocht sind und sich in Ruhe befinden, ohne daß sich eine vereinzelte Kraft zeigt.

20. (1) Über diese Dinge glaube ich nun hinreichend gehandelt zu haben. Einige Ärzte und Gelehrte behaupten aber, daß es nicht möglich sei, die Heilkunst zu verstehen, wenn man nicht wisse, was der Mensch ist; wer aber die Menschen richtig behandeln wolle, für denjenigen sei es notwendig, dieses Wissen zu erlangen. Die Worte dieser Leute gehen in Richtung der Philosophie, wie Empedokles oder andere, die über die Natur geschrieben haben und dabei auf die Anfänge zurückgegangen sind, was der Mensch ist, wie er zuerst entstanden ist und aus welchen Elementen er sich zusammenfügte. (2) Ich selbst glaube aber, was von irgendeinem Gelehrten oder Arzt über die Natur gesagt und geschrieben wurde, das gehört weniger zur Heilkunst als zur Schreibkunst; ich glaube, über die Natur läßt sich eine sichere Erkenntnis aus nichts anderem gewinnen als aus der Heilkunst. Dieses Wissen nun kann man sich vollständig aneignen, wenn man die Heilkunst selbst in ihrer Gesamtheit richtig und umfassend betreibt – bis dahin scheint mir noch ein weiter Weg zu sein –, ich meine damit die Forschung, die darauf abzielt, zu erkennen, was der Mensch ist, aus welchen Gründen er entsteht und auch alles Übrige, und zwar mit Genauigkeit. (3) Denn es scheint mir notwendig zu sein, daß ein Arzt über die Natur folgendes weiß und sich mit allen Kräften bemüht, es zu wissen, wenn er auch nur irgendeine seiner Pflichten erfüllen will, was nämlich der Mensch ist im Verhältnis zu den Speisen und Getränken, die er zu sich nimmt, was er ist im Verhältnis zu seiner übrigen Lebensweise und was jedem durch die einzelnen Dinge widerfährt; und nicht einfach so: »Käse ist eine schlechte Speise, denn er bringt demjenigen Beschwerden, der sich mit ihm den Bauch vollgeschlagen hat«; man muß vielmehr wissen, welche Beschwerden er hervorruft, aus welchem Grund dies geschieht und für welche der im Menschen enthaltenen Substanzen er ungeeignet ist. (4) Es gibt auch viele andere schwer verträgliche Spei-

πονηρά, ἃ διατίθησι τὸν ἄνθρωπον οὐ τὸν αὐτὸν τρόπον. Οὕτως οὖν μοι ἔστω οἷον οἶνος ἄκρητος πολλὸς ποθεὶς διατίθησί πως τὸν ἄνθρωπον· καὶ ἅπαντες ἂν ἰδόντες τοῦτο γνοίησαν ὅτι αὕτη ἡ δύναμις οἴνου καὶ αὐτὸς αἴτιος· καὶ οἷσί γε τῶν ἐν τῷ ἀνθρώπῳ τοῦτο δύναταί γε μάλιστα οἴδαμεν. (5) Τοιαύτην δὴ βούλομαι ἀλήθειαν καὶ περὶ τῶν | 624 ἄλλων φανῆναι. Τυρὸς γάρ, ἐπειδὴ τούτῳ σημείῳ ἐχρησάμην, οὐ πάντας ἀνθρώπους ὁμοίως λυμαίνεται, ἀλλ᾽ εἰσὶν οἵτινες αὐτοῦ πληρούμενοι οὐδ᾽ ὁτιοῦν βλάπτονται, ἀλλὰ καὶ ἰσχὺν οἷσιν ἂν συμφέρῃ θαυμασίως παρέχεται, εἰσὶ δ᾽ οἳ χαλεπῶς ἀπαλλάσσουσι. (6) Διαφέρουσιν οὖν τούτων αἱ φύσιες, διαφέρουσι δὲ κατὰ τοῦτο ὅπερ ἐν τῷ σώματι ἔνεστι πολέμιον τυρῷ καὶ ὑπὸ τούτου ἐγείρεταί τε καὶ κινεῖται. Οἷσιν ὁ τοιοῦτος χυμὸς τυγχάνει πλείων ἐνεὼν καὶ μᾶλλον ἐνδυναστεύων ἐν τῷ σώματι, τούτους μᾶλλον κακοπαθεῖν εἰκός· εἰ δὲ πάσῃ τῇ ἀνθρωπίνῃ φύσει ἦν κακόν, πάντας ἂν ἐλυμαίνετο. Ταῦτα δ᾽ εἴ τις εἰδείη, οὐκ ἂν πάσχοι.

sen und Getränke, die in unterschiedlicher Weise auf den Menschen wirken. So sei es mir nun erlaubt, den Wein als Beispiel heranzuziehen, der unvermischt und in großer Menge getrunken gewisse Auswirkungen auf den Menschen hat. Und alle würden beim Hinsehen erkennen, daß es sich um die Wirkung des Weines handelt und daß er selbst die Ursache ist. Und was die im Menschen enthaltenen Substanzen betrifft, so wissen wir, auf welche er hauptsächlich diese Wirkung ausübt. (5) So ist also die Wahrheit, die ich auch über die anderen Dinge offenbart sehen will. Der Käse, da ich diesen als Beispiel herangezogen habe, schadet nicht allen Menschen auf die gleiche Weise, sondern es gibt manche, die können sich damit voll essen, ohne daß sie irgendeinen Schaden davontragen; vielmehr bringt er sogar denen, für die er zuträglich ist, erstaunlicherweise Kraft; es gibt dagegen Menschen, die werden nur schwer davon befreit. (6) Es bestehen also Unterschiede zwischen den Konstitutionen dieser Menschen; sie unterscheiden sich hinsichtlich der Substanz, die in ihrem Körper als Feind des Käses vorhanden ist und die von diesem erweckt und in Bewegung gesetzt wird. Diejenigen, bei denen sich ein solcher Saft in größerer Menge findet, der sich im Körper stärker durchsetzt, leiden natürlich mehr. Wenn der Käse aber für die Gesamtheit der menschlichen Natur schädlich wäre, würde er alle schädigen. Wer dies wüßte, brauchte nicht zu leiden.

[...]

ANHANG

EINFÜHRUNG

HIPPOKRATES: LEBEN UND LEGENDE

Hippokrates gilt heute vielen als Begründer der abendländischen Medizin. Doch dieses Standardbild eines, wenn nicht des berühmtesten Arztes überhaupt, ist das Produkt einer Überlieferung, die sich erst viele Jahre nach dem Tod der Person selbst in einer schriftlichen Form verdichtete. Die erste Erwähnung des Hippokrates findet sich in dem platonischen Dialog *Phaidros*:[1] Die Unterhaltung dreht sich in dem Gespräch um die Grundlagen der Rhetorik, wobei das Wissen über die Natur des Ganzen (φύσις τοῦ ὅλου) sowohl für den Politiker als auch den Philosophen wie den Arzt als entscheidend angesehen wird. Als Beispiel für einen Arzt, der dies so vertritt, wird der Asklepiade Hippokrates genannt – unzweifelhaft der später so berühmte Arzt. Aristoteles hebt ihn in seinem Werk über die *Politik* ebenfalls als einen namhaften Arzt hervor.[2]

Als Verfasser zahlreicher medizinischer Werke gilt er, seit man in Alexandria zur Zeit der ptolemäischen Herrschaft mit der Zusammenstellung großer Corpora begann.[3] Es scheint so, als habe man die medizinischen Schriften, die man in der Bibliothek von Alexandrien seit dem 3. Jahrhundert v. Chr. zusammenstellte, nur unter dem Namen eines berühmten Arztes gesammelt und damit erst den Werkzusammenhang des *Corpus Hippocraticum* hergestellt. Auch die sprachliche Gestaltung des Corpus ist eher unein-

---

[1] Platon, *Phaidr.* 270c 3; vgl. *Prot.* 311–312b.
[2] Aristoteles, *pol.* 1326a 15.
[3] Galen, *comm. in Hipp. Epid. Lib.* 3 (Wenkebach), (CMG 5,10), 2.1, p. 79 (= 17 A 606–607 K.) mit einem Zitat aus Zeuxis. Die Datierung des Zeuxis ist nicht einheitlich, Deichgräber (1965) 263: 1. Jh. v. Chr.; dagegen Kudlien, RE II 19, s. v. Zeuxis (1972) 386–387, und Kollesch, Der Kleine Pauly, s. v. Zeuxis: frühes 2. Jh. v. Chr.; vgl. Galen, *comm. in Hipp. de nat. hom.* (= 15,105.109 K.); Strabon 13,1,54.

heitlich als konsistent. Zwar sind die Einzelwerke in ionischem Dialekt geschrieben, aber offenbar sind im Laufe der Zeit zahlreiche Hyperionismen eingefügt worden, die den ionischen Sprachcharakter verstärken sollten. Andererseits hat man in den Manuskripten häufiger ionische Formen durch attische ersetzt.[4]

Mit dem 1. Jahrhundert n. Chr. beginnt die Kritik an diesen Zuschreibungen, die sich bis heute fortgesetzt hat: Dioskurides und Capiton waren die ersten, die die Autorschaft des Hippokrates für all diese gesammelten Werke in Frage stellten, jedoch blieben sie mit neuen Zuweisungen im familiären Kreis von Söhnen, Schwiegersöhnen und Enkeln des Hippokrates.[5] Da jedoch die Zusammenstellung der Schriften in Alexandria eher in der zufälligen Weise einer von Umständen bedingten Chronologie erfolgte – man zwang alle Passagiere einlaufender Schiffe, die Manuskripte bei sich hatten, diese gegen eine Abschrift zur Verfügung zu stellen –, ist hier kaum von einer zusammenhängenden Bibliothek oder sogar einem die Tradition einer ganzen, familiären Schule wiederspiegelnden Werkzusammenhang auszugehen.

In diesem Corpus sind neben den wissenschaftlichen, thematisch ausgerichteten Werken Briefe und Reden unter dem Namen des Hippokrates überliefert, die biographische Details bieten. Insbesondere die Reden, deren Datierung ganz unsicher ist, weisen auf einen interessanten Zusammenhang:[6] Das schriftliche Werk findet darin keinerlei Erwähnung, dagegen werden die Familie der Asklepiaden und Kos in besonderer Weise herausgestri-

---

[4] Jouanna (1988) 134 verweist in seiner Ausgabe von *De natura hominis* darauf, daß moderne Angleichungen in den Editionen an den Sprachgebrauch Herodots oder auch an Sprachformen der Inschriften diesen Zustand nicht verbessert haben.

[5] Dazu ausführlich: J. Rubin Pinault, Hippocratic Lives and Legends, Leiden 1992; Smith (1990) 8 f.; ders. (1979) 234–240; vgl. H. Diller, Das Selbstverständnis der griechischen Medizin in der Zeit des Hippokrates (Colloque Hippocratique, 1975) 77 ff.

[6] Smith (1990) 8 ff.

chen. Eine der beiden erhaltenen Reden präsentiert sich als eine vor dem Volk von Athen gehaltene, in der der Sohn des Hippokrates, Thessalos, die Verdienste der Familie, aber auch der ganzen Insel Kos seit alten Zeiten aufzählt.[7] Demnach habe die Familie schon im sog. Heiligen Krieg um das Orakel von Delphi dieses vor der Eroberung durch die benachbarte Stadt Krisa gerettet. Später dann, als der Perserkönig Xerxes seinen Invasionszug nach Griechenland führte, habe Kos heldenhaften Widerstand geleistet. Schließlich sei durch Hippokrates selbst die Gefahr einer von Norden heranziehenden Seuche gebannt worden, und für die Sizilische Expedition der Athener (415–413 v. Chr.) habe er seinen Sohn Thessalos als medizinische Begleitung zur Verfügung gestellt. Thessalos zählt in dieser Rede noch auf, welche großen Ehren die Athener seiner Familie erwiesen hätten, u.a. die Gewährung von goldenen Kränzen. Das fiktionale Datum dieser Rede und auch der zweiten, in der Hippokrates selbst zu den Thessaliern spricht,[8] sind die Jahre nach dieser sizilischen Expedition, in denen Athen – so stellt es die Rede dar – Kos offenbar unterwerfen wollte. Mit dem Hinweis auf die Verdienste des Hippokrates, sein Ansehen und seine Würdigung in Athen sollte dieses Schicksal verhindert werden. Die Erwähnung bei Varro im 1. Jahrhundert v. Chr. (*rust.* 1,4,5), daß Hippokrates eine große Seuche abgewendet habe, ist als terminus post quem für die Abfassung der Rede anzunehmen.[9]

Ebenso bunt und detailreich sind die unter dem Namen des Hippokrates überlieferten Briefe, die sich in die zwei großen Gruppen der Königs- und Philosophenbriefe teilen lassen. Es sind insgesamt 24 Briefe, die zum Teil Briefe des persischen Königs Artaxerxes (465–424 v. Chr.) enthalten,[10] teilweise unter dem

---

[7] Smith (1990) Nr. 27; Rubin Pinault, a.a.O., 40 ff.

[8] Smith (1990) Nr. 26; Rubin Pinault, a.a.O., 37 ff.

[9] Rubin Pinault, a.a.O., 43 f.; vgl. dazu Plinius, *hist. nat.* 36,69.

[10] Vgl. dazu K. Brodersen, Hippokrates und Artaxerxes. Zu P. Oxy. 1184ᵛ, P. Berol. inv. 7049ᵛ und 21137ᵛ + 6934ᵛ, ZPE 102 (1994) 100 ff.

Namen des Artaxerxes an persische Würdenträger gerichtet, teilweise an das Volk von Kos. Hippokrates gilt nicht nur als berühmter, in der Seuchenbekämpfung erfolgreicher Arzt, sondern auch als Nachkomme der Herakliden, dem in Athen, ebenso wie seinen Stammvätern Herakles und Asklepios, bereits göttliche Ehren zukommen. Die dringende Bitte des Perserkönigs, zur Bekämpfung der Seuche an seinen Hof zu kommen, lehnt der griechische Arzt jedoch ab. Daneben findet sich eine größere Gruppe, die einen Briefwechsel zwischen Hippokrates und Demokrit, bzw. Volk und Rat von Kos und Abdera, dem Wohnsitz Demokrits, beschreiben.

Im Gegensatz zu den Briefen ist in den Reden kein Bezug auf ein schriftliches Werk des Hippokrates zu finden. Daher ist vermutet worden, daß zumindest die Reden entstanden, bevor das Corpus in Alexandria seit dem 4. Jahrhundert v. Chr. zusammengestellt wurde.[11] Andererseits gehört zu den beiden Reden auch die literarische Wiedergabe eines inschriftlichen Ehrendekrets,[12] in dem Hippokrates aus Kos, ein Arzt und aus dem Geschlecht der Asklepiaden, als Retter der Hellenen vor der aus dem Land der Barbaren drohenden Pest gerühmt wird, weil er seine Schriften über die ἰατρικὴ τέχνη zum Wohl aller Griechen publiziert habe. Dafür seien ihm vom Volk der Athener u. a. das Bürgerrecht, lebenslange Speisung im Prytaneion und Einführung in die Mysterien auf öffentliche Kosten gewährt worden.

Diese Überlieferung kann im Zusammenhang einer literarischen Tradition betrachtet werden, die unter der Rubrik »Pseudohistorie« in der Antike weite Verbreitung fand.[13] Dazu gehören nicht nur romanhafte Erzählungen mit entsprechenden Verwei-

---

[11] Smith (1990) 8.
[12] Smith (1990) 25.
[13] Allgemein dazu: N. Holzberg, Historie als Fiktion – Fiktion als Historie. Zum Umgang mit Geschichte im griechischen Roman, in: Ch. Schubert / K. Brodersen, Rom und der griechische Osten, Festschrift für H. H. Schmitt zum 65. Geburtstag, Stuttgart 1995, 93–101, bes. 95.

sen auf »real existierende« Quellen (Xenophons *Ephesiaka*, He-
liodors *Aithiopika*), sondern auch fiktionale Biographien (z.B.
Xenophons *Kyropaideia*), fiktionale Autobiographien und die
Sammlungen pseudepigraphischer Briefe, die einen Handlungs-
zusammenhang beschreiben. Das darin zum Ausdruck kom-
mende literarische Spiel der Fiktion von Historizität wendet sich
an Leser der späthellenistischen und römischen Kaiserzeit, die in
dem Leben und den Taten großer Persönlichkeiten früherer Zei-
ten ein Identifikationsangebot sahen.[14] Von den Intentionen des
Autors her betrachtet, geht es nicht um »Fälschung,« aber doch
um die Auffüllung biographischer Lücken.[15] Oft wiederkehrende
Elemente sind gerade auch in den Hippokrates-Briefen zu fin-
den: z.B. die Einladung des Herrschers an den angesprochenen
Philosophen/Arzt/Dichter und die üblicherweise folgende Ab-
lehnung der Einladung. Auch die »Urkunde« aus Athen weist
nicht auf historische Authentizität,[16] sondern eher auf eine Fabri-
kation zum Zweck des Alterserweises.[17]

[14] Holzberg, a.a.O., 96.

[15] J. D. Gauger, Authentizität und Methode. Untersuchungen zum histo-
rischen Wert des persisch-griechischen Herrscherbriefs in literarischer Tradi-
tion, Hamburg 2000, 109 f., der sich mit den Konsequenzen des modernen
Fälschungsbegriffs auseinandersetzt und dabei Begriffe wie Fiktion bzw. My-
stifikation als moderne Abschattungen der »Fälschung« betrachtet.

[16] Gauger, a.a.O., 193: »Wenn aber eine formale Untersuchung keinerlei
Hinweis auf Fälschung oder literarische Fälschung/Fiktion ergibt, sind wir
gehalten, die Urkunde als echt gelten zu lassen ... vice versa machen erst for-
male Auffälligkeiten auf inhaltliche Probleme aufmerksam ...« Die wesent-
lichen Merkmale der attischen Ehreninschriften (z.B. Präskript und Veröf-
fentlichungsklausel) fehlen in dem Text. Daher ist hier wohl kaum ein
inschriftliches Original anzunehmen. Vgl. beispielsweise IG I³110 und 117. Der
Vergleich mit entspechenden Dekreten aus Athen zeigt sehr deutlich, daß das
aus Delphi erhaltene Privileg der Asklepiaden (Sokolowski, LSCG, Suppl.
Nr. 42) keinesfalls für die Authentizität eines attischen Dekretes angeführt
werden kann. Koinonia von Asklepiasten, wie sie in der delphischen Inschrift
erwähnt sind, sind auch in anderen Poleis überliefert und müssen nicht unbe-
dingt Ärzte sein, sondern können sich auch aus ganz anderen Gruppen rekrutie-
ren (Funktionsträger, Handwerker etc.). Vgl. dazu L. Robert, REA 28 (1926) 7 ff.

[17] Gauger, a.a.O., 271.

Ein gemeinsames Element hat die fiktionale Überlieferung zu Hippokrates mit der zeitgenössischen Erwähnung des Arztes bei Platon: Er ist Mitglied der Asklepiaden aus Kos und sowohl der Ruhm als auch die ärztliche Tätigkeit dieser Familie werden immer in einen Zusammenhang gestellt. Dies evoziert das Bild einer alten Arztfamilie mit dem Stammsitz auf der Insel Kos, die sowohl eine medizinische Schule begründet als auch eine bis in die archaische Zeit zurückreichende Tradition gepflegt habe.[18] Tatsächlich existieren auch Inschriften aus dem Asklepios-Heiligtum in Kos, in welchen der Dank auswärtiger Städte zum Ausdruck kommt, denen Ärzte aus Kos ihre Dienste erwiesen haben. Allerdings setzt diese inschriftliche Überlieferung erst mit dem Ende des 4. Jahrhunderts ein, und keiner dieser belobigten Ärzte wird als Asklepiade bezeichnet.[19]

Die Bezeichnung als Asklepiade ist offenbar doch etwas anders zu verstehen, als dies die später an der Person des Hippokrates orientierte Konzeption einer Familie der Asklepiaden aus Kos vorspiegelt. Der erste Beleg für die Bezeichnung »Asklepiade« findet sich bei Theognis (*Elegeia* 432–434).[20] Hier und auch in anderen Zeugnissen des 5. Jahrhunderts wird deutlich, daß es sich eher um einen Gattungsbegriff im Sinn von »Arzt« handelte als um eine familienbezogene Bezeichnung.[21] Asklepiaden waren offenbar ganz allgemein Ärzte, die sich in ihrer Abstammung auf den Heros Asklepios, der gleichzeitig ihr Schutzpatron war, zurückführten. Dieser Heros, halb menschlicher, halb göttlicher Herkunft, ist erst

---

[18] Vgl. zu der Diskussion um die Ärzteschulen von Kos und Knidos unten S. 321.

[19] Smith (1990) 9 f.; S. M. Sherwin-White, Ancient Cos, Göttingen 1978, 256 ff., bes. 266–270.

[20] E. Edelstein / L. Edelstein, Asclepius, Collection and Interpretation of the Testimonies, Baltimore 1998, 54 f. und T. 219, mit der Diskussion um die Datierung dieser Verse, die möglicherweise eine spätere Ergänzung darstellen, jedoch wohl nicht später als um 500 v. Chr. entstanden sind.

[21] Euripides, *Alc.* 965–971 (Edelstein, a.a.O., T. 220); vgl. Ps. Galen, *Int.* 2 (= 14,676 K., Edelstein, a.a.O., T. 221); Ioannes Tzetz., *Chiliades* 12,637–639 (Edelstein, a.a.O., T. 228).

im Laufe des 5. Jahrhunderts zu einem Heilgott geworden; seine Verehrung gehört somit zu den jüngeren Kulten.

Wenn später aus dem Gattungsbegriff die Fiktion eines Geschlechts der Asklepiaden wurde, mit eigenen Abstammungslinien und Familiengeschichten, so reiht sich dies durchaus in typische Abstammungslegenden ein. Viele bedienen sich der Historisierung des Mythos, gerade im 5. Jahrhundert werden mythische Genealogien sowohl privatisiert als auch in die politisch-öffentlichen Weltbilder integriert, um insbesondere die Zeit der Heroen mit der eigenen Zeit zu verbinden.[22] Wenn die Perserkriege mit dem Kampf um Troja gleichgesetzt werden, so kommt darin eine Historisierung der epischen Ereignisse zum Ausdruck.[23] Das gleiche Bedürfnis nach Herstellung von Kontinuität zeigt sich, wenn Ärzte als Asklepiaden tituliert werden.

Da sich aber bei weitem nicht alle Ärzte als Asklepiaden bezeichneten,[24] umgekehrt auch nicht alle Asklepiaden Ärzte waren, ist aus der fiktiven Asklepiadentradition kaum etwas für die Authentizität der biographischen Tradition zur Person des Hippokrates zu gewinnen. Darüber sollten auch die scheinbar genauen Details der späteren, biographischen Tradition zu Hippokrates nicht täuschen: So schreibt Soran in seiner Hippokrates-Vita, dieser habe Kos verlassen, möglicherweise weil er das Archiv der Ärzte in Knidos in Brand gesetzt habe.[25] Soran kennt

---

[22] T. Scheer, Mythische Vorväter. Zur Bedeutung griechischer Heroenmythen im Selbstverständnis kleinasiatischer Städte, München 1993, 43f.

[23] Herodot 7,159; vgl. dazu Scheer, a.a.O., 47f.

[24] Vgl. dazu R. Herzog, Heilige Gesetze von Kos, Berlin 1928, 1; W. R. Paton / E. L. Hicks, The Inscriptions of Cos, Oxford 1891, 37; vgl. Sherwin-White, a.a.O., 263; Smith (1990) 17.

[25] Soran, *Vit. Hipp.* 4f., 175,15–176,9 2b; vgl. dazu den Kommentar bei H. Grensemann, Knidische Medizin, Teil 1, Die Testimonien zur ältesten knidischen Lehre und Analysen knidischer Schriften im Corpus Hippocraticum, Berlin 1975, Test. 3. Interessant ist die Nachricht bei Strabon 14,17 657c, der ähnlich wie Plinius (der hier auf Varro zurückgeht) die Ansicht vertritt, daß Hippokrates in der Folge ein Archiv auf Kos verbrennen läßt.

jedoch auch Varianten der Geschichte: Hippokrates wollte seine Kenntnisse durch Reisen erweitern bzw. folgte einem Traumgesicht, das ihn nach Thessalien führte.

Auch die große Differenz in den Ansichten über die Ursprünge des mit dem Namen Hippokrates verbundenen Aufschwungs der naturphilosophisch ausgerichteten Medizin zeigt die gleichen Spuren der fiktiven Historisierung: Während einerseits Celsus, vergleichbar mit Platon, ihn als Begründer einer Medizin sieht, die in engem Zusammenhang zur Philosophie steht,[26] ist Plinius der Ansicht, daß Hippokrates aus den Dedikationen der Patienten des koischen Asklepios-Heiligtums die Hinweise auf die Behandlungen gesammelt und verschriftlicht habe.[27]

Die Schlußfolgerung, daß die Situation der Medizin vor der Zusammenstellung des *Corpus Hippocraticum* im Dunkeln liege, da wir über keinerlei schriftliche Quellen dazu verfügen, gilt in gleicher Weise für die Person des Arztes, der als Begründer der wichtigsten Schulrichtung, als Verfasser des Corpus und als berühmteste medizinische Autorität der Antike in die Medizingeschichte eingehen sollte.[28]

---

[26] Celsus, *Prooem.* 8; Platon, *Phaidr.* 270c 3.
[27] Plinius, *hist. nat.* 29,2; Strabon 657 = 14,19. Vgl. dazu Smith (1990) 11.
[28] Smith (1990) a.a.O.

II

DIE ENTSTEHUNG DER SCHRIFTENSAMMLUNG: MÜNDLICHKEIT UND SCHRIFTLICHKEIT IN DER ANTIKEN MEDIZIN

Die Verschriftlichung einer Thematik ist kein neutrales und autonomes Medium.[29] Geschriebenes kann vielerlei Formen und Funktionen annehmen, etwa symbolische oder magische, die die Bedeutung des Textes selbst um andere Ebenen erweitern. Nachdem in den letzten Jahren die Vorstellung von einem »Übergang« von der Mündlichkeit zur Schriftlichkeit, d.h. von einer oralen zu einer literalen Gesellschaft, der sich im ausgehenden 5. bzw. im beginnenden 4. Jahrhundert ereignet haben soll,[30] in den Hintergrund getreten ist, stehen nun eher die Zwischenformen sowie die Abhängigkeiten im Vordergrund. Dazu gehört die Erkenntnis, daß einerseits Geschriebenes oft in einer derart engen Verbindung zur mündlichen Kommunikation steht, daß es ohne diesen Bezug kaum adäquat zu verstehen ist, und daß die Vorstellung vom Gebrauch schriftlicher Dokumente in starker Abhängigkeit von zeitgenössischen Sichtweisen steht.[31]

Magische, symbolische und monumentale Verwendungsweisen von Schrift und Schriftlichkeit spielen in archaischer und klassischer Zeit eine so große Rolle, daß die Interdependenz von Mündlichkeit und Schriftlichkeit kaum unterschätzt werden kann: So erhalten Flüche, auch öffentlicher Art, die durch eine Polis als Ganze ausgesprochen werden, durch die Ver-

---

[29] R. Thomas, Literacy and Orality in Ancient Greece, Cambridge 1995, 74.

[30] J. Goody / I. Watt, The Consequences of Literacy, in: J. Goody (Hrsg.), Literacy in Traditional Societies, Cambridge 1968, 27–68; E. A. Havelock, The Literate Revolution in Greece and Cultural Consequences, Princeton 1982.

[31] Thomas, a.a.O., 74 f.

schriftlichung eine sichtbare, physische Form, Verträge und
Eide werden durch die Inschrift öffentlich, nachvollziehbar.[32]
Gleichzeitig wird die monumentale Visualisierung sowohl als
Herrschaftssymbol wie auch zum öffentlichen Memorieren
eingesetzt.[33]

Neben diesen »nicht-literalen« Verwendungsweisen von Ge-
schriebenem, in denen Schrift eher additiv als Verstärkung auf-
tritt, ist zunehmend auch die Verschriftlichung als Ergänzung zu
erkennen. In Verträgen und Prozessen ist bis in das 4. Jahrhundert
der Wert des mündlich vorgetragenen Wortes in Form der Bestä-
tigung durch Zeugen entscheidend. Erst gegen Ende des 4. Jahr-
hunderts finden sich schriftlich abgefaßte Verträge, die auch ohne
Zeugen verfaßt wurden, d. h. ohne die Absicherung des ggf. her-
anzuziehenden mündlichen Wortes einzelner Personen.[34]

Vor diesem Hintergrund ist auch die Beschreibung des Ler-
nens in der Elementarschule zu verstehen, die Platon im Prota-
goras (325e) gibt. Man solle den Kindern die Texte guter Dichter
zu lesen geben, damit sie sie auswendig lernen. Ebenso illustriert
der Gebrauch schriftlicher Fassungen etwa der Gerichtsreden,
daß die geschriebenen – und erhaltenen – Texte nur als Hilfe und
Gedächtnisstütze gedacht waren, die den mündlichen Vortrag
stützen sollten.[35] Diese unterstützende, aber keinesfalls für sich
allein stehende Bedeutung der schriftlichen Texte gilt auch für die
Werke der Dichter und Historiker. Sowohl das Werk Herodots

[32] Thomas, a.a.O., 79 ff.
[33] Beispielsweise zu sehen in der Aufstellung des Münzgesetzes in allen
Poleis des Seebundes: ML 45 als Beispiel für die Verwendung von Inschriften
als Herrschaftssymbol.
[34] Thomas, a.a.O., 89, mit Bezug auf Isaeus 5,25. Vgl. dazu auch das Er-
gebnis der Untersuchungen Thürs (G. Thür, Beweisführung vor den Schwur-
gerichtshöfen Athens, Wien 1977, 48 ff.) zur Entwicklung des attischen Ge-
richtswesens, das deutlich zeigt, daß z.B. dem unter Folter abgepreßten,
mündlichen Zeugnis eines Sklaven ein entscheidender Wert im Gerichtspro-
zeß zukam.
[35] Thomas, a.a.O., 92.

als auch dasjenige des Thukydides waren mehr für Zuhörer als für den stillen Leser gedacht.[36]

Das verbindende Element zwischen Mündlichkeit und Schriftlichkeit wird heute eher im performativen Charakter der antiken Kommunikationswege gesehen.[37] So übernimmt der geschriebene Text die Rolle der Gedächtnisstütze für den Akt der Verständigung, der besser und wirkungsvoller durch die mündliche Kommunikation zwischen Redner und Publikum, zwischen Dichter und Zuhörern, aber auch zwischen Lehrer und Schüler erfolgt.

Betrachtet man diese Interdependenz, statt nach einem »Übergang« von Mündlichkeit zur Schriftlichkeit zu suchen oder etwa eine dahingehende Antithese sogar mit epistemologischen Attributen auszustatten, dann finden auch die ältesten Schichten des Corpus Hippocraticum hier ihren Platz.

Die Diskussion um den Gegensatz zwischen den sog. Schulen von Kos und Knidos läßt gerade dies erkennen. Im Zusammenhang mit der Biographie des Hippokrates wird immer wieder Bezug auf seine Lehrer und Schüler genommen. Insbesondere Ärzte aus Knidos werden als Lehrer oder Schüler genannt. Dem Namen des Herodikos scheint dabei eine besondere Bedeutung zuzukommen, wenngleich seine Herkunft aus Knidos nicht gesichert ist, denn auch Selymbria und Leontinoi werden genannt.[38]

---

[36] Thomas, a.a.O., 103 f., weist zu Recht darauf hin, daß der Stil des Thukydides – ein Charakteristikum, das als Argument für die primäre Literalität verwendet wird – sich durchaus mit dem zeitgenössischer Sophisten vergleichen läßt, bei denen das Niedergeschriebene zweifellos für den mündlichen Vortrag bestimmt war.

[37] J. Russo, Prose Genres for the Performance of Traditional Wisdom in Ancient Greece: Proverb, Maxim, Apothegm, in: L. Edmunds / R. Wallace, Poet, Public and Performance in Ancient Greece, Baltimore 1997, 49 ff.; Thomas, a.a.O., 133 ff.

[38] Herodikos aus Knidos: *Anonymus Londinensis* 4,31–5,35 (= Grensemann [1975] T. 8); Herodikos aus Leontinoi: Platon, *Gorg.* 448b und *Prot.* 316d; Herodikos aus Leontinoi oder Selymbria gebürtig: Galen, *Comm. in Hipp. Epid. 6 comm.* 3,35 (177,12 f. Wenk. = 17 B 99, 10–12 K.); Herodikos aus Selymbria gebürtig: *Anonymus Londinensis* 9,20–36; ebenso Suda, s. v. Hippokrates

Ein weiterer aus Knidos stammender Arzt dieser Zeit, Euryphon, wird sogar als Autor bestimmter Schriften des *Corpus Hippocraticum* identifiziert.[39] Oft wird die Erwähnung dieser knidischen Ärzte mit zeitlichen und methodischen Abhängigkeitsverhältnissen verbunden, wobei Herodikos doch meist als der Ältere, Hippokrates und Euryphon als die jüngeren, miteinander zeitgleich Lehrenden beschrieben werden.[40] Euryphon wird als einziger namentlich Genannter mit der Abfassung bzw. Überarbeitung eines direkt dieser sog. knidischen Schule zugehörigen Werkes in Verbindung gebracht: Die sogenannten knidischen γνῶμαι werden ihm in einem Kommentar des Galen zu den Epidemienbüchern zugeschrieben, als deren Verfasser Galen wiederum Hippokrates nennt.[41] Andererseits bezieht bereits eine der ältesten Schriften aus dem Corpus Stellung zu diesen knidischen γνῶμαι, zum einen, indem der Autor sich kritisch von der dort propagierten Methode distanziert, zum anderen, indem er darauf hinweist, daß sie eine Überarbeitung erfahren haben. Bei dieser seien dann gewisse Fortschritte in der Methodik eingearbeitet worden.[42]

(= Grensemann [1975] T. 8a); zum *Anonymus Londinensis* vgl. D. Manetti, ῟Ως δὲ αὐτος Ἱπποκράτης λέγει. Teoria causale e ippocratismo nell' Anonimo Londinense (VI 43ss.) (Colloque Hippocratique, 1996) 295-310.

[39] Galen, *De diaeta in morbis acutis secundum Hippocratem* 9.109,1-14 Lyons (= Grensemann [1975]. Galen, T. 6c mit der Übersetzung von G. Strohmaier); anders Galen, *De alim. fac.* 1,1,35-36. (212,16-213,8 Helmr. = 6,473,1-17 K.); und Galen, *Comm. in Hipp. Epid. De victu acutorum comm.* 1,17. (134,33-135,6 Helmr. = 15,455,10-18 K. = Grensemann [1975] T. 6a und 6b): Euryphon als Verf. von *De victu*.

[40] Galen, *Comm. in Hipp. Epid. De victu acutorum comm.* 1,1 (117,11-13 Helmr. = 15,41,4-6 K.) und 1,7 (121,21-122,3 Helmr. = 15,427,12-428,2 K. = Grensemann, a.a.O., T. 12); vgl. Galen, *Comm. in Hipp. Epid. Aphorismos comm.* 7,44 (= 18 A 149,7-150,1 K. = Grensemann, a.a.O., T. 4) und *Anonymus Londinensis* 4,31-5,35 (= Grensemann, a.a.O., T. 8).

[41] Galen, *Comm. in Hipp. Epid. Lib. 6 comm.* 1,29. 54,1-6 Wenk. = 17 A 886,4-10 Kühn (= Grensemann, a.a.O., T. 13).

[42] *De acutis* 1,1-2; s. S. 240f. Vgl. dazu ausführlich Grensemann (1975) 21f. zu T. 10 und S. 53-56. Vgl. Müller (1965).

Aufschlußreich sind jedoch weniger die wirklichen oder vermeintlichen Unterschiede zwischen Schriften, die in der Antike Hippokrates oder seinen direkten Nachfolgern, und solchen, die dieser knidischen Richtung zugeschrieben wurden, sondern vielmehr die Zeit- und Bearbeitungsstufen, die hierbei erwähnt werden. Es soll demnach eine ältere Fassung dieser knidischen γνῶμαι gegeben haben, die offenbar mit einer Gruppe der ἀρχαῖοι identifiziert wird, und eine überarbeitete Fassung, die erweitert und verbessert wurde.[43] Letztere würde von der Zeitstufe her Euryphon und damit auch der Lebenszeit des Hippokrates entsprechen.[44]

Γνῶμαι gehören zu den traditionellen Formen der griechischen Weisheitslehren (»wisdom speech«),[45] die in der griechischen Prosa nicht wenig verbreitet sind. Dieses Genre trägt in besonderem Maß dem performativen Charakter Rechnung, der sich nicht auf den Vortrag zu einem bestimmten Ereignis mit geladenem Publikum in festlichem Rahmen, sondern vielmehr auf die – nicht unbedingt spontanen – der Situation angemessenen psychologischen und sozialen Erfordernisse bezieht. Die verbalen, durchaus formal strukturierten und anspruchsvollen Formulierungen antworten dabei auf die durch festgelegte Konventionen geprägten Erwartungen der Zuhörer. Dieser Aspekt der in Gnomen zum Ausdruck kommenden Kommunikation ist in der schriftlichen Überlieferung selten erhalten. Allerdings zeigt gerade die schriftliche Tradition an, daß die hohe Akzeptanz

---

[43] Galen, *Comm. in Hipp. Epid. De victu acut. comm.* 1,4 (120,5–14 Helmr. = 15,424,5–425,2 K. = Grensemann T. 11).

[44] Galen, *Comm. in Hipp. Epid. Lib. 6 comm.* 1,29 (54,1–6 Wenk. = 17 A 886,4–10 K. = Grensemann [1975] T. 13); und Galen, *Comm. in Hipp. Epid. Lib. 6 comm.* 1,29 (55,10–56,10 Wenk. = 17 A 888,1–889,3 Kühn = Grensemann [1975] T. 15). Grensemann (1975) 197f. mit Überlegungen zur Datierung sowohl der ältesten Schicht des *Corpus Hippocraticum* als auch des Euryphon. Vgl. Jouanna (1996) 36ff.

[45] Russo, a.a.O. (= A 37) 50ff.

und die breite Verankerung die Erhaltung der Gnomen be-
wirkte.

Der Zweck der Gnomen lag ganz allgemein darin, Zuhörer
durch einen bekannten, nicht in Frage zu stellenden Zusammen-
hang zu überzeugen.[46] In den knidischen Gnomen ist ganz offen-
bar eine sehr weit zurückreichende Traditionslinie der griechi-
schen Medizin zu erkennen.[47] Zum einen wirft dies ein Licht auf
die in archaischer Zeit praktizierte Medizin, die – von diesem
Aspekt der Weisheitslehren ausgehend – sich sicher in ähnlichen
Situationen wie die Dichter der archaischen Zeit, etwa Tyrtaios
oder Archilochos, zu bewähren hatte. Andererseits zeigen
schriftliche Überformung und Auseinandersetzung mit den
knidischen Gnomen im *Corpus Hippocraticum*, daß neben den
inhaltlichen Kontroversen auch unterschiedliche Zeitstufen zu
erfassen sind.

So kritisiert ein Autor an den knidischen γνώμαι die Be-
schränkung der beschriebenen Symptome auf die Angaben des
Patienten, die geringe Anzahl der Medikamente und die Mängel
in den diätetischen Maßnahmen.[48] Andererseits beschreibt er
aber auch den methodischen Fortschritt, der in der Anwendung
des Prinzips »Gleiches zu Gleichem«[49] gelegen habe und der sich
offenbar in der Überarbeitung der Gnomen niedergeschlagen
habe.

Es findet sich eine ganze Gruppe von Werken, die sich durch
Zuweisung an Euryphon, durch methodische und stilistische
Ähnlichkeiten der »knidischen Tradition« zuweisen lassen (*De
morbis* 1, *De morbis* 2 [ab Kap. 12 in heutiger Zählung], 3, *De in-*

---

[46] Russo, a.a.O., 57.
[47] Grensemann (1975) 53.
[48] Grensemann (1975) 207.
[49] *De acutis* 1–2 (= Grensemann [1975] T. 1) und Galen, *Comm. in Hipp.
Epid. Lib. De victu acut. comm.* 1,4 (120,5–14 Helmr. = 15,424,5–425,2 K.
= Grensemann [1975] T. 11).

ternis morbis, De affectionibus, De muliebribus 1 und 2, *De natura muliebri,* wohl auch *De genitura, De natura pueri* und *De morbis* 4).[50] In diesen Werken wird nach einem festen Schema die Beschreibung der Symptomatik, der Prognose sowie der Therapie angegeben, wobei teilweise ohne methodisch-philosophische Reflexionen ein feststehendes Krankheitsbild unabhängig von den örtlichen, individuellen und zeitlichen Gegebenheiten beschrieben wird.[51]

Demgegenüber sind in den sog. Epidemienbüchern Erfahrungsberichte reisender Ärzte erhalten, die gerade die Unterschiede der Krankheitsverläufe im Verhältnis zu Klima und Ort festgehalten haben.[52] Der Zeitraum, in dem diese wohl mehr als Aufzeichnungen und nicht zur Publikation gedachten Berichte verfaßt wurden, erstreckt sich von etwa 410 bis in die Mitte des 4. Jahrhunderts.

Es ist allerdings nach wie vor fraglich, ob die Unterschiede in allen Werken tatsächlich so eindeutig zu benennen sind, daß man von verschiedenen Schultraditionen sprechen könnte. Es scheint vielmehr so zu sein, daß man in oder außerhalb von Kos zu unterschiedlichen Zeiten auf die unzweifelhaft alten Materialien aus Knidos, nämlich die γνῶμαι, zurückgegriffen hat und diese in die eigenen Konzepte und Krankheitsbeschreibungen eingearbeitet bzw. ihnen auch Neuerungen hinzugefügt hat.[53] Einen deut-

---

[50] Im einzelnen dazu: Schubert/Huttner (1999) 426 ff.; vgl. Grensemann (1975) 50 ff.; Jouanna (1974); Grensemann (1987). Für einen Teil dieser Schriften gibt es aber auch andere Zuweisungen: Beispielsweise hielt schon Littré *De affectionibus* und *De morbis* 1 für koisch, Bourgey (1953) hält eine Zuweisung für schwierig, Jouanna (1974) sieht koische Einflüsse.

[51] Jouanna (1996) 44.

[52] Die sechs Bücher werden in drei Gruppen eingeteilt: 1 und 3; 2, 4 und 6; 5 und 7.

[53] Vgl. Grensemann (1987) 215. Zu den verschiedenen Schichten A, B, C in den gynäkologischen Schriften: Grensemann (1987) 427 f. Zu den Neuerungen: Jouanna (1974); vgl. ders. (1996) 44.

lichen Beleg hierfür bieten die gynäkologischen Schriften des
Corpus, insbesondere *De muliebribus* 1 und 2 sowie *De sterilibus*,
in denen sich durchaus verschiedene Zeitstufen erkennen lassen,
die jedoch nicht mit größeren methodischen Differenzen zwi-
schen verschiedenen Schulen zu verbinden sind.

Hiervon zu trennen ist eine Gruppe von speziell nur dem Be-
reich der Chirurgie gewidmeten Schriften wie *De fracturis* und
De articulis, eine Schrift »Mochlikon,« die offenbar eine Ab-
wandlung der beiden genannten Werke darstellt, und *De capitis
vulneribus*.[54] Sie sind sorgfältig ausgearbeitet und wohl auch zur
Publikation bestimmt gewesen.

Schließlich zählen zu den älteren Schriften, die zum Teil noch
in das 5. Jahrhundert, zum Teil in die ersten Jahrzehnte des 4. Jahr-
hunderts gehören, zahlreiche Werke, die entweder in einer deut-
lich erkennbaren naturphilosophischen Tradition stehen (*De ae-
ribus*, *De morbo sacro*, *De natura hominis*, *De victu*, *De flatibus*)
oder sich – in dem berühmten Fall der Schrift *De vetere medi-
cina* – kritisch mit ihr auseinandersetzen, wobei auch die Kritik
wiederum von der Naturphilosophie geprägt ist.

Zwischen einzelnen Ärzten und Richtungen hat es erhebliche
Differenzen gegeben. Gerade in den älteren Schriften des *Corpus
Hippocraticum* fällt auf, daß die Legitimation für das jeweilige
Werk nicht nur der Heilungserfolg selbst bzw. die dadurch er-
wiesene Richtigkeit der eigenen Methode ist, sondern daß ein
wesentlicher Faktor das Ansehen, die Bewunderung durch Pa-
tienten und Zuhörer ist. Der schon hervorgehobene performa-
tive Aspekt antiker Kommunikation, der sich auch in der Ver-
schriftlichung niedergeschlagen hat, kommt hierbei deutlich
zum Ausdruck: Erfolg wird in Rededuellen und in Streitdiskus-
sionen vor einem Publikum von Laien gesucht, aber auch in

---

[54] Mochlikon bezieht sich auf das chirurgische Instrument (Hebel) zur Be-
hebung von Verrenkungen.

schriftlichen Darlegungen bzw. schriftlichen Fassungen der Redebeiträge.[55] Konkurrenz und Wettbewerb schlagen sich hier nieder und viele der schriftlichen Äußerungen verdanken sich gerade dieser Situation.

[55] In *Prognostikon* 1 wird als Ziel beschrieben, bewundert zu werden, dagegen kritisiert der Autor von *De fracturis* 1 dies ausdrücklich. Auf Reden und Streitdiskussionen beziehen sich *De natura hominis* 1, *De flatibus* 1, *De arte* 1; Reden und Schriften erwähnt *De vetere medicina* 1, nur auf Schriften bezieht sich *De victu* 1.

III

MEDIZIN UND NATURPHILOSOPHIE:
ORDNUNGSSTRUKTUREN

Kosmos und Polis

Mit der von den drei milesischen Denkern des 6. Jahrhunderts, Thales, Anaximander und Anaximenes, begründeten Tradition der ionischen Naturphilosophie beginnt eine Richtung des Denkens, die sich vorrangig damit befaßt, Weltmodelle zu konstruieren und danach zu fragen, aus welchem Stoff und durch welche Bewegung der Kosmos entstanden sei. Ursache und Anfang des Kosmos werden unter Anwendung von Analogien aus bestimmten Bereichen der Lebenswelt erklärt. Dieses Eingebundensein in den Alltag erweist sich darin, daß vorrangig Erklärungsmodelle aus der belebten und unbelebten Natur, aus den Funktionen und der Genese des menschlichen Körpers sowie den Bereichen des menschlichen Handelns verwendet werden. Biologische Prozesse wie Zeugung, Geburt, Altern und Tod dienen als Muster für die Erklärung fundamentaler Phänomene: Die Entstehung der Welt wurde nun nicht mehr aus einem Streit der Götter abgeleitet, sondern analog zu Geburt und Tod als Werden und Vergehen betrachtet. Später erfolgt aus der Abstraktion von künstlerisch-handwerklichen Tätigkeiten in der Alltagswelt und rechtlich-politischen Grundsätzen eine Umwandlung in allgemeingültige Prinzipien.[56] Hierzu gehören etwa das Trennen/Absondern und das Zusammenfügen/Mischen ebenso wie das Herrschen und die Gerechtigkeit. So entsteht eine komplexe Interpretation der Ordnung des Universums, basierend auf einem Prinzip (Luft oder Wasser) oder dem Gegensatz zweier Antago-

---

[56] Vgl. Kirk/Raven/Schofield (1994) 80.

nisten (z. B. Feuer und Wasser) und ihren konträren Eigenschaften (warm/kalt), die wiederum die alles in Bewegung setzende Kraft hervorbringen.[57] Solche Prozesse der Absonderung und Mischung haben nach den Überlegungen der ionischen Naturphilosophen die Entstehung alles Seienden bewirkt.

Diese Erklärungsmodelle sind völlig hypothetisch und spekulativ. Es liegt ihnen die Vorstellung zugrunde, daß der Mikrokosmos des Menschen in Analogie zum Makrokosmos des Universums gesetzt werden kann. Insofern ist in der ionischen Naturphilosophie zwischen mythischem und rein philosophischem Denken keine wirklich klare Grenze zu ziehen, also kein zielgerichteter Weg vom Mythos zum Logos zu erkennen. Das Neue dieser Philosophie ist in dem Versuch zu sehen, von den genannten Voraussetzungen ausgehend die Vorstellung von Natur und Kosmos in rational nachvollziehbarer Weise zu erklären.

Eine besondere Rolle spielt dabei die Beschreibung kosmogonischer Modelle in physikalisch-mathematischen Begriffen. Gerade die drei genannten Milesier beschäftigten sich mit der räumlichen Anordnung des Kosmos, d. h. der Position der Erde, der Planeten und der Sonne: Ihre Entfernungen voneinander, ihre Bewegungen und ihre Positionen werden mit Hilfe geometrischer Verhältnisse und Figuren wie Scheibe, Kreis und Zylinder dargestellt.[58]

Insbesondere Anaximander, der um die Mitte des 6. Jahrhunderts gelebt hat,[59] betreibt eine »Geometrisierung des physischen Universums«.[60] Anknüpfend an die Theoreme des Thales zur

57 Thales, DK 11 A 12; A 14; Anaximander, DK 12 A 9; A 15; A 16; Anaximenes, DK 13 A 7.

58 Thales, DK 11 A 15; Anaximander, DK 12 A 10; A 11; A 21; Anaximenes, DK 13 A 6.

59 Anaximander, DK 12 A 1.

60 J. P. Vernant, Die Entstehung des griechischen Denkens, Frankfurt a. M. 1982, 122.

Berechnung von Entfernungen, zur Kreissymmetrie und geometrischen Verhältnissen erklärt er den Kosmos in einer begrifflich-mathematischen Struktur. Die Himmelskörper sind Kreise bzw. Räder, deren Durchmesser er in bestimmten Proportionen angibt; die Erde ein Zylinder, dessen Höhe im Verhältnis zur Breite 1 : 3 beträgt. Das Verhältnis des Erddurchmessers zu dem des Mondes ist bei Anaximander 1 : 19 und dasjenige zu dem Sonnendurchmesser 1 : 27.[61] Auch für das Verhältnis der Größen der Kreise von Himmelskörpern, der Himmelsräder zur Erde gibt er bestimmte Proportionen an, die jeweils ein Vielfaches des angenommenen Erddurchmessers sind.[62]

Der Raum des Kosmos ist durch geometrische Verhältnisse bestimmt, die Erde der Mittelpunkt eines symmetrisch-kreisförmigen Kosmos: ὑπὸ μηδενὸς κρατουμένη,[63] *von nichts beherrscht.*[64] In diesem Kosmos bestimmt die Symmetrie der Proportionen als mathematische Struktur das Gleichgewicht.[65] Die Mittelposition der Erde ist durch die Kreissymmetrie bestimmt, während das Verhältnis der Elemente in der Natur durch Wechsel, Gegensätze und Konflikt, aber auch durch die Dike, das Recht, zum Ausgleich kommt.[66]

Simplikios, *Physica* 24,13:

[...] Ἀ. μὲν Πραξιάδου Μιλήσιος Θαλοῦ γενόμενος διάδοχος καὶ μαθητὴς ἀρχήν τε καὶ στοιχεῖον εἴρηκε τῶν ὄντων τὸ ἄπειρον, πρῶτος τοῦτο τοὔνομα κομίσας τῆς ἀρχῆς. λέγει δ᾿ αὐτὴν μήτε ὕδωρ μήτε ἄλλο τι τῶν καλουμένων εἶναι στοιχείων, ἀλλ᾿ ἑτέραν τινὰ φύσιν ἄπει-

---

[61] DK 12 A 11.
[62] Kirk/Raven/Schofield (1994) 148f.; Mansfeld (1983) 60f.
[63] DK 12 A 11.
[64] Anders bei Anaximander, bei dem die Erde auf der Luft aufliegt und diese Luft alles, also auch die Erde beherrscht: DK 13 B 2.
[65] Anaximander, DK 12 B 13; dazu Kirk/Raven/Schofield (1994) 146; Vernant, a.a.O., 124.
[66] DK 12 B 1.

ϱον, ἐξ ἧς ἅπαντας γίνεσθαι τοὺς οὐρανοὺς καὶ τοὺς ἐν αὐτοῖς κόσμους· ἐξ ὧν δὲ ἡ γένεσίς ἐστι τοῖς οὖσι, καὶ τὴν φθορὰν εἰς ταῦτα γίνεσθαι κατὰ τὸ χρεών· διδόναι γὰρ αὐτὰ δίκην καὶ τίσιν ἀλλήλοις τῆς ἀδικίας κατὰ τὴν τοῦ χρόνου τάξιν [Β 1], ποιητικωτέροις οὕτως ὀνόμασιν αὐτὰ λέγων. [...]

Anaximander, des Praxiades Sohn, aus Milet, Nachfolger und Schüler des Thales, behauptete, Anfang und Element der seienden Dinge sei das Unbeschränkte, *wobei er als erster den Terminus* Anfang *einführte. Als solchen bezeichnet er weder das Wasser noch ein anderes der üblichen Elemente, sondern eine andere unbeschränkte Wesenheit, aus der sämtliche Universa sowie die in ihnen enthaltenen kosmischen Ordnungen entstehen:* »Aus welchen [seienden Dingen] die seienden Dinge ihr Entstehen haben, dorthin findet auch ihr Vergehen statt, wie es in Ordnung ist, denn sie leisten einander Recht und Strafe für das Unrecht, gemäß der zeitlichen Ordnung«, *darüber in diesen eher poetischen [metaphorischen] Worten sprechend* (Übersetzung Mansfeld).[67]

Immer wieder wird die Frage aufgeworfen, inwiefern diese Weltmodelle sich an politischen Ordnungen orientiert haben, ob darin der gesellschaftliche und intellektuelle Ursprung dieses Denkens zu erkennen sei[68] oder ob sie umgekehrt ihrerseits Einfluß auf politische Konzeptionen genommen haben. Dabei wird auf isonome Verfassungen in Ionien, etwa diejenige in Samos unter Maiandros – nach dem Tod des Polykrates –, verwiesen.[69] Daß die Herrschaft eines Machtzentrums in dem Modell des Anaximander negiert wird, scheint der Konzeption der Isonomie durchaus zu entsprechen

---

[67] DK 12 A 9 = Mansfeld (1983) 15.
[68] O. Murray, Das frühe Griechenland, München ²1995, 309.
[69] Vernant, a.a.O., 129. Vgl. dagegen Ch. Meier, Die Entstehung einer autonomen Intelligenz bei den Griechen, in: S. N. Eisenstadt, Kulturen der Achsenzeit I, Frankfurt a. M. 1987, 89–127, bes. 118 mit Anm. 43; Herodot 3,42.

Da dies dieselbe Vorstellung ist, wie sie sich später bei Alk-
maion findet, der den naturphilosophischen Gedanken der
gleichgewichtigen Verteilung der Macht im Körper als Isonomie
der ungerechtfertigten Alleinherrschaft, der Tyrannis, gegen-
überstellt, liegt die Vermutung nahe, daß hier philosophisches
Weltbild und politische Ordnung zu einem Konzept verbunden
wurden.

Vorstellungen von Krankheit und Gesundheit haben sich in
der Antike in teils enger, teils weniger enger Verbindung zu ge-
sellschaftlichen Umbrüchen und Veränderungen entwickelt.
Krankheitskonzepte entstehen, die ähnlich strukturiert sind wie
politische Vorstellungen. Schon in den frühesten Texten findet
sich der Vergleich zwischen dem menschlichen Körper und der
Polis. Der athenische Politiker Solon schildert zu Beginn des
6. Jahrhunderts v. Chr. den Zustand seiner Stadt in den düster-
sten Farben.[70] Innere Zwietracht (στάσις), Aufruhr und Miß-
achtung der rechtlichen Grundlagen prägen die Lage, die Führer
des Volkes bereichern sich an öffentlichem und heiligem Gut.
Dies vergleicht Solon mit einer Wunde der *Polis* (ἕλκος ἄφυκ-
τον), die man nicht schließen kann. Durch Zwietracht zwischen
den Gruppen innerhalb der *Polis* entsteht in der Stadt eine unheil-
bare Krankheit.[71] Zur ›Heilung‹ der Krankheiten der *Polis* wird
den Politikern oft empfohlen, ›Heilmittel‹ zu verwenden, die die
Polis wieder gesunden lassen.[72]

Aber es werden nun nicht nur der Arzt mit dem Politiker
bzw. Gesetzgeber und der Zustand der *Polis* mit demjenigen des
menschlichen Körpers verglichen, sondern es werden auch Krank-

---

[70] Sol., *frg.* 3 D.

[71] Kudlien (1967) 51 f.; A. Demandt, Metaphern für Geschichte, München
1980, 1 ff.

[72] Vgl. dazu Ch. Triebel-Schubert, Der Begriff des Heilmittels in der anti-
ken Staatstheorie. Bemerkungen zu Aristoteles Politik 1267 b ff., in: F. Hau /
G. Keil / Ch. Schubert, Historgia dalla Madaschegna, Festschrift für N. Mani,
Pattensen, 1987, 45–54.

heit und Gesundheit als Konzepte mit bestimmten Vorstellungen von politischer Verfassung gleichgesetzt.

Dies ist etwa in der Überlegung zu sehen, daß die einen Körper konstituierenden Faktoren ebenso wie diejenigen, die eine griechische *Polis* und eine Verfassung prägen, im Gleichgewicht sein müssen, um Gesundheit und Wohlergehen zu gewährleisten. Und umgekehrt, ebenso wie ein Tyrann eine Verfassung sprengt und damit eine Störung des Ganzen bewirkt, gefährdet beispielsweise das Übergewicht eines Faktors im Körper dessen Gleichgewicht und damit auch dessen Gesundheit. So wie das Verhältnis derjenigen Kräfte im Körper, die den Zustand bestimmen, in einem politischen Konzept beschrieben wird, ist auch die Krankheit durch politische Vorstellungen charakterisiert:[73] Der Naturphilosoph und Arzt Alkmaion von Kroton formuliert im 5. Jahrhundert die These, daß Gesundheit als Isonomie, Krankheit als Monarchie unter den Elementen und Kräften des Körpers zu beschreiben seien.[74]

Aetheriae peregrinatio 5,30,1 (D. 442)

Ἀ. τῆς μὲν ὑγιείας εἶναι συνεκτικὴν τὴν ἰσονομίαν τῶν δυνάμεων, ὑγροῦ, ξηροῦ, ψυχροῦ, θερμοῦ, πικροῦ, γλυκέος καὶ τῶν λοιπῶν, τὴν δ᾽ ἐν αὐτοῖς μοναρχίαν νόσου ποιητικήν· φθοροποιὸν γὰρ ἑκατέρου μοναρχίαν. καὶ νόσον συμπίπτειν ὡς μὲν ὑφ᾽ οὗ ὑπερβολῆι θερμότητος ἢ ψυχρότητος, ὡς δὲ ἐξ οὗ διὰ πλῆθος τροφῆς ἢ ἔνδειαν, ὡς δ᾽ ἐν οἷς ἢ * αἷμα ἢ μυελὸν ἢ ἐγκέφαλον. ἐγγίνεσθαι δὲ τούτοις ποτὲ κἀκ τῶν ἔξωθεν αἰτιῶν, ὑδάτων ποιῶν (?) ἢ χώρας ἢ κόπων ἢ ἀνάγκης ἢ τῶν τούτοις παραπλησίων. τὴν δὲ ὑγίεαν τὴν σύμμετρον τῶν ποιῶν κρᾶσιν.

---

[73] Alkmaion, DK 24 B 4.

[74] Vgl. zu Alkmaion: Ch. Schubert, Der Begriff der Isonomie bei Alkmaion, Klio 66 (1984), 40–50; J. Bleicken, Die athenische Demokratie, Paderborn ⁴1995, 538 ff.

»Alkmaion sagt, die Ausgewogenheit (Isonomia) der Kräfte, des Feuchten, des Trockenen, des Kalten, des Warmen, des Bitteren, des Süßen und aller übrigen, bewahre die Gesundheit. Eine Alleinherrschaft (Monarchia) unter ihnen bewirke dagegen Krankheit. Denn die Alleinherrschaft des einen Teils eines Gegensatzpaares rufe Verderben hervor. Und zur Krankheit komme es, was die Ursache angeht, durch ein Übermaß von Wärme oder Kälte, was den Anlaß angeht, durch eine Überfülle oder einen Mangel an Nahrung, und im übrigen da, worin sich Blut, Mark oder Hirn finden. Sie entstünde dort aber auch durch äußere Ursachen, durch Wasser welcher Art auch immer (?), durch die Gegend, durch Anstrengungen, durch eine Zwangslage oder durch sonst etwas, was dem Genannten ähnlich ist. Die Gesundheit hingegen sei die ausgeglichene (symmetrische) Mischung der Qualitäten.«

Die Isonomie, ein neuer Begriff in der Zeit um 500 v. Chr., als der Alkmaion-Text geschrieben wurde, galt als politisches Konzept der Volksherrschaft, der Demokratie,[75] und stellt das Verhältnis der Kräfte des Körpers nach den demokratischen Prinzipien dar.

In der politischen Geschichte schlägt sich in dem Isonomie-Begriff einerseits ein Bestreben nach politischer Gleichberechtigung nieder, andererseits der Anspruch, eine auf breitere Schichten gegründete Ordnung zu schaffen. Dem liegt ein längerfristiger Prozeß zugrunde, in dem sich das politische Denken und das allgemeine Interesse an Rechtssicherheit, Gerechtigkeit und Teilhabe an der Herrschaft zu einer neuen politischen Ordnung, der Demokratie, entwickelt hat. Eine Reform des Abstimmungsrechts, eine Neueinteilung der Bürgerschaft, Veränderungen der Ämterstruktur, die Reform des Rates, Machtverlagerungen hin zur Volksversammlung, in der jeder männliche, erwachsene Bürger gleiches Stimmrecht hatte, kennzeichnen die politischen Veränderungen, die mit dem Schlagwort der Isonomie einhergehen.

[75] Herodot 3,80–82.

Gleichzeitig lassen sich die ersten Spuren einer naturphiloso-
phisch geprägten Medizin entdecken und gerade einer der frühe-
sten Texte, das hier zitierte Fragment aus Alkmaion, arbeitet
schon mit den damals noch ganz neuen politischen Ideen. Auch
wenn eine zeitliche Priorität – sei es der medizinischen, sei es der
politischen Vorstellungen – nicht festzustellen ist, weist diese
frühe Verwendung eines ganz spezifischen Vokabulars in medizi-
nischen Konzepten auf eine enge Verschränkung beider Berei-
che.[76]

In der weiteren Entwicklung der Konzepte werden Elemente
zugrunde gelegt, die man als die Grundstoffe ansah, aus denen
sich alles weitere entwickelte. Nach diesem Muster wird aller
Anfang der Welt erklärt aus den Varianten von Mischung und
Trennung verschiedenster Elemente, die miteinander und gegen-
einander reagieren, seien es ein, zwei, drei oder später auch vier
Elemente (Feuer, Wasser, Luft, Erde). Die Elemente wurden durch
bestimmte Eigenschaften (Qualitäten) charakterisiert: Warm und
kalt, feucht und trocken waren Qualitäten, die den Prozeß von
Absonderung und Mischung aus der Reaktion der Elemente er-
klären halfen.

Grundlage dieser sehr spekulativen Konzeption war die An-
nahme einer Analogie zwischen dem menschlichen Leben als
Mikrokosmos und der gesamten Welt als Makrokosmos sowie
die postulierte Ähnlichkeit von Abläufen und Phänomenen, die
nach dieser Vorstellung weiter auf andere Bereiche übertragbar
war. Hierbei zeigt sich, daß in der Entwicklung des griechischen
Denkens der Schritt von der mythischen zur naturphilosophi-
schen Erklärung nicht groß war: Beide Erklärungsweisen ruhen
auf dem Analogieschluß. Einer der bekanntesten methodischen
Grundsätze, die hieraus abgeleitet wurden, ist die von Anaxago-
ras geprägte Formulierung von der ὄψις τῶν ἀδήλων τὰ φαι-

---

[76] Vgl. G. Rechenauer, Thukydides und die hippokratische Medizin, Hil-
desheim 1991.

νόμενα (*Sicht des Nicht-Offenbaren: Die Phänomene*).⁷⁷ Wenngleich die Möglichkeiten von Beobachtungen und empirischem Wissenserwerb durch sinnliche Wahrnehmung als durchaus begrenzt betrachtet wurden, so hielt man doch auf dem Weg des Analogieschlusses einen Erkenntnisfortschritt für erreichbar.⁷⁸

Nichtsdestoweniger war es Anspruch und Ziel der naturphilosophischen Theorien, die Ordnungsstrukturen der Natur durchgehend rational und nachvollziehbar zu beschreiben. Der sich hieraus entwickelnde Begriff von Natur, φύσις, ist einerseits sehr stark von diesen Rationalisierungen geprägt: Die φύσις in allgemeiner Hinsicht wird personalisiert, sie ist allmächtig, ewig, sie handelt nach Gesetzmäßigkeiten, die sich aus der beschriebenen Konzeption ergeben, die sich daher auch beobachten und nachvollziehen lassen. Diese Gesetzmäßigkeiten werden teilweise zu allgemeinen, nachahmenswerten Handlungsmustern erhoben. Ein konkreter Ausdruck dieser Vorstellungen ist in der Entwicklung des τέχνη-Begriffes zu erkennen. Da die Natur in ihren Abläufen vorbildlich ist, sind ihre Vorgaben gerecht und das Ziel einer Handlung ist der möglichst korrekte Nachvollzug dessen, was aus der Erkenntnis der Natur abzuleiten ist.

Für die Medizin bedeutet dies, daß die Natur von sich aus die entscheidenden Heilungsvorgänge bewirkt und die Aufgabe des Arztes darin besteht, diese Informationen, die ihm die Natur vorgab, zu erkennen, d.h. die Sichtbarmachung des Nicht-Offenbaren (s.u.), und richtig umzusetzen. Auch diese Vorstellung geht von der Analogie zwischen Mikrokosmos und Makrokosmos aus: Entsprechend den Grundelementen der Natur ist auch die menschliche Natur von Grundkonstituenten bestimmt. Die Säfte, die Humores, charakterisieren die menschliche φύσις.

---

⁷⁷ Anaximander, DK 59 B 21a: Vgl. dazu Schubert (1993) 124ff.; Jouanna (1996) 62ff.
⁷⁸ *De flatibus* 3, S. 132f.; *De arte* 12, S. 126f.; *De vetere medicina* 16.20, S. 294f., 304f.

Ebenso wie in der Naturphilosophie entwickeln sich Modelle, die auf einem, zwei, drei oder vier Säften basieren, die wiederum ganz unterschiedlich von den Qualitäten kalt – warm, feucht – trocken bestimmt sind. So wie in der Natur die Vorstellung von einem ausgewogenen Gleichgewicht als Ideal galt, sollte auch im menschlichen Körper ein ausgewogenes Verhältnis der Säfte vorhanden sein. Allerdings wird hierbei die individuelle Konstitution in Abhängigkeit von vielen Faktoren der Umwelt, auch von Alter und Geschlecht sowie der subjektiven Befindlichkeit gesehen, so daß die Vorstellung von Gesundheit als ausgewogenem Zustand der Säfte und Krankheit als Störung dieses Zustandes genügend Spielraum für die Besonderheiten der individuellen ließ.[79]

Physis und *Techne*: *Physis*

Wie wir sahen, führt der Grundgedanke im Naturverständnis der zweiten Hälfte des 5. Jahrhunderts zu einer neuen Sicht im Hinblick auf das Verhältnis des Menschen zur Natur. Im Verlauf dieser Entwicklung entsteht die Vorstellung von einer Allnatur, die in ihrem Ablauf gerecht und richtig handelt; dementsprechend ist es die Aufgabe des Arztes, die Gerechtigkeit der Natur nachzuvollziehen, d.h. diesen vorbildlichen Zustand wiederherzustellen (z.B. *De fracturis*, S. 256ff.). Der Arzt hat die Natur, d.h. sowohl die weitere Umwelt mit allen ihren lokalen, geographischen und klimatischen Bedingungen exakt zu studieren als auch die engere Umwelt des Patienten, seine individuellen Lebensumstände. Diese Beobachtungen sollten nach allgemeinen Regeln strukturiert werden. Φύσις und τέχνη sind die Konzepte, mit denen sich alle Autoren, sei es bejahend, sei es kritisch-

---

[79] J. Kollesch, Vorstellungen vom Menschen in der hippokratischen Medizin, in: R. Müller, Der Mensch als Maß der Dinge, Berlin 1976, 269–282.

distanzierend auseinandersetzen. Die Geschichte der φύσις-Philosophie ist nicht zu trennen von der Geschichte des Wortes. Hierbei tritt immer wieder der Doppelaspekt von Zustand und Genese hervor, der sprach- und inhaltsgeschichtlich nachzuweisen ist.[80] Die frühesten Fragmente bei Heraklit und Parmenides, in denen das Wort auftritt, lassen die beiden Aspekte deutlich hervortreten, wobei aber Parmenides die φύσις noch der Scheinwelt, der δόξα, zurechnet.[81]

In der ersten Hälfte des 5. Jahrhunderts wird unter φύσις immer diejenige des einzelnen Dinges verstanden,[82] etwa diejenige des Äthers (Parmenides B 10,1), des Mondes oder der Glieder des Menschen (Parmenides B 16,3).[83] Es findet sich jedoch auch die Verwendung von φύσις als Beschreibung der natürlichen Veranlagung des Menschen im Gegensatz zu den erworbenen, anerzogenen Verhaltensweisen,[84] weiterhin die Bedeutung von φύσις als der normalen Beschaffenheit eines Dinges gegenüber sekundären Abweichungen.[85] Im letzten Drittel des 5. Jahrhunderts ist dies in einem normativ verstandenen φύσις-Begriff zu beobachten, wie er sich vor allem in dem Begriffspaar νόμος – φύσις niedergeschlagen hat.[86] Zu dieser Zeit ist φύσις schon mit einer Vorstellung einer sogenannten ›All-Physis‹ verbunden, einer per-

---

[80] Aristoteles, *phys.* 193b 12: ἡ φύσις ἡ λεγομένη ὡς γένεσις ὁδός ἐστιν εἰς φύσιν. Hier reicht das Bedeutungsspektrum innerhalb desselben Satzes von γένεσις bis zu ›Wesen eines Dinges‹. Eine ausführliche Fassung dieser Überlegungen zu *Physis* und *Techne* bei Schubert (1993) 83–141 mit weiterer Literatur.

[81] Frg. 6,4; 4,30ff. (Hölscher).

[82] Heraklit, DK 22 B 1; B 123; vgl. Parmenides, DK 28 B 19; Empedokles, DK 31 B 8; vgl. dazu Heinimann (1980) 90f.

[83] Parmenides, DK 28 B 16; zu Parmenides B 10 vgl. H. Schwabl, Sein und Doxa bei Parmenides, in: H.-G. Gadamer (Hrsg.), Um die Begriffswelt der Vorsokratiker, Darmstadt ³1968, 400ff. (Wege der Forschung 9) (zum Verhältnis von δόξα und Kosmologie).

[84] *Dissoi Logoi*, DK 80 B 3; *Kritias*, DK 88 B 9.

[85] Heinimann (1980) 96.

[86] Heinimann (1980) 110ff.

MEDIZIN UND NATURPHILOSOPHIE 339

sonifizierten Naturordnung, die alles umfaßt, alles beherrscht und außerhalb der Dinge und Menschen besteht.[87] Das früheste Zeugnis für dieses Stadium der φύσις-Philosophie sind die Verse Epicharms über die Natur (DK 23 B 4), die ganz durch sich selbst unterrichtet ist.

Εὔμαιε, τὸ σοφόν ἐστιν οὐ καθ᾽ ἓν μόνον,
ἀλλ᾽ ὅσσα περ ζῆι, πάντα καὶ γνώμαν ἔχει.
καὶ γὰρ τὸ θῆλυ τᾶν ἀλεκτορίδων γένος,
αἰ λῆις καταμαθεῖν ἀτενές, οὐ τίκτει τέκνα
ζῶντ(α), ἀλλ᾽ ἐπώιζει καὶ ποιεῖ ψυχὰν ἔχειν.
τὸ δὲ σοφὸν ἁ φύσις τόδ᾽ οἶδεν ὡς ἔχει
μόνα· πεπαίδευται γὰρ αὐταύτας ὕπο.

»*Eumaios, die Weisheit ist nicht nur bei einer Gattung vorhanden, sondern alles, was da lebt, hat auch Verstand. Denn das Hennenvolk bringt (wenn du scharf aufmerken willst) keine lebendigen Jungen hervor, sondern brütet sie erst aus und verschafft ihnen so ein Leben (Seele). Doch wie sich's mit dieser Weisheit verhält, das weiß die Natur allein. Denn sie ist ganz durch sich selbst unterrichtet worden*« (Übersetzung DK).

Weisheit ist nicht nur bei einer Gattung vorhanden, sondern alles, was lebt, hat auch γνώμη. Am Beispiel des Verhaltens der Hennen beschreibt Epicharm, wie auch diese Tierart zielgerichtet handelt. Denn sie bringen ihre Jungen nicht lebendig zur Welt, sondern brüten sie aus, wodurch sie eine Seele erhalten. Wie und warum dies so eingerichtet ist, das weiß nur die φύσις allein: πεπαίδευται γὰρ αὐταύτα ὕπο. Damit ist zum ersten Mal die Vorstellung von einer allwissenden φύσις formuliert, die alles Leben in der Welt auf ein Ziel hin eingerichtet hat.

---

[87] O. Gigon, Die Theologie der Vorsokratiker, Genf, 127 ff. (Entretiens sur l'antiquité classique 1: La notion du divin depuis Homère jusqu'à Platon), bejaht die Auffassung, daß erst die ›Rationalität‹ im Kosmosablauf zum ›Gottesbeweis‹ wird. Vgl. im *Corpus Hippocraticum: De morbo sacro* 18,2 (S. 102); *De victu* 1,11 (S. 208); vgl. *De victu* 1,15,2 (S. 210); zur Datierung von *De victu*: (S. 438); *De aeribus* 22,3: (S. 56).

Auch wenn die Formulierung bei Epicharm eine »metaphorische Personalisierung« ist, so kann sie doch nicht allein auf den poetischen Kontext zurückgeführt werden.[88] Die zugrundeliegende teleologische Naturkonzeption weist auf ein philosophisches Umfeld mit langer Tradition.[89] Die Richtung, die das metaphysische Denken der Naturphilosophie von Anfang an eingeschlagen hat, kreiste um das grundsätzliche Problem des Anfangs. Die sprachliche Eigenheit der substantivierten Eigenschaftswörter im Griechischen hat dabei die Hinwendung zur Abstraktion erleichtert. Wenn man anfangs Wasser oder Luft als den Beginn definierte, so ist darin nur eine erste Stufe zu erkennen, der die Benennung des alle Gestaltung Bedingenden als *Apeiron* (Ungestaltetes und Unbegrenztes) folgte (Anaximander B 1, s. o.). Dem *Apeiron* kommt keine stoffliche Qualität zu, nach ihr wurde in diesem Zusammenhang auch nicht gesucht.[90] Möglicherweise hat diese Vorstellung ihren Ursprung in der Tradition des orientalischen Denkens. Die Abstraktion dieser Vorstellung vom Ursprungsphänomen steht jedoch in engem Zusammenhang mit dem Streben nach einer metaphysischen Grundlegung dieses Prinzips. Das *Apeiron*, ebenso wie später die φύσις, ist eine Abstraktion, die die Entstehung der Welt aus bestimmten Stoffen und Elementen und ihre kausal daraus entwickelten Strukturen ermöglicht. Die Erklärung der Kausalstruktur wiederum, d. h. die Ursache, αἰτία, des Anfangs, der ἀρχή, ist wohl erst relativ spät in diese Konzepte eingegangen. Platon und Aristoteles stimmen nicht darin überein, wem diese Erkenntnis in der Entwicklung der Naturphilosophie zuzuschreiben sei.[91] Platon streitet der Naturphilo-

---

[88] Vgl. dazu ausführlich Schubert (1993) a.a.O.
[89] Das Ausbrüten der Eier ist hier als zielgerichteter Vorgang zu verstehen: vgl. Xenophon, *Mem.* 1,4,57; Aristoteles, *part. anim.* 658b 14–26.
[90] U. Hölscher, Anfängliches Fragen. Studien zur frühen griechischen Philosophie Göttingen, 1968, 89.
[91] Platon, *Phaid.* 97b 8 ff.; Aristoteles, *Metaph.* 983a 24 ff. und 984b 15 ff.

sophie diese Erkenntnis ganz ab, Aristoteles sieht schon im Nous (νοῦς) des Anaxagoras die αἰτία τοῦ κόσμου καὶ τῆς τάξεως πάσης (*Die Ursache des Kosmos und der gesamten Ordnung* ...).

Entscheidend für die weitere Entwicklung sind dabei die Gedanken von Gesetzmäßigkeit und Regelhaftigkeit in der alles umfassenden φύσις. Daraus wiederum leitet man die Vorstellung ab, daß allen zu beobachtenden Erscheinungen eine Kausalität zugrunde liegt, die gesehen, erklärt und nachvollzogen werden kann. Dabei ist die Betrachtung der Meteora, der Dinge über der Erde, das Mittel, mit dessen Hilfe die kosmologischen und meteorologischen Kausalitäten erschlossen werden können.

Eine Schwäche dieser in engem Bezug zu Beobachtung und Erfahrung entwickelten Naturphilosophie ist jedoch von Anaxagoras deutlich benannt worden. Die von Simplikios überlieferte Formulierung ὥστε τῶν ἀποκρινομένων μὴ εἰδέναι τὸ πλῆθος μήτε λόγῳ μήτε ἔργῳ (*so daß die Zahl der sich ausscheidenden Stoffe weder durch die Vernunft noch durch praktische Wahrnehmung erkennbar ist*) äußert einen merklichen Vorbehalt gegenüber der Möglichkeit, die Wahrheit seiner Erkenntnisse auf irgendeine Weise zu belegen (Anaxagoras, DK 59 B 7). Die Wendung μήτε λόγῳ μήτε ἔργῳ kommt hier, wie schon mehrfach bemerkt wurde, zum ersten Mal in der griechischen Literatur vor.[92]

---

[92] Heinimann (1980) 43; Sider (1981) 84; bei Diels/Kranz wird sie mit »weder durch Rechnen noch durch *praktisches* Handeln« übersetzt, von Mansfeld (1983) 189 mit »weder vermeintlich noch in Wirklichkeit«. R. Schottlaender, Drei vorsokratische Topoi, Hermes 62 (1927) 445 f., vergleicht diese Stelle mit Parmenides, B 2,7 f.: οὔτε γὰρ ἂν γνοίης τό γε μὴ ἐόν (οὐ γὰρ ἀνυστόν) οὔτε φράσαις (»Denn was eben nicht ist, kannst du wohl weder wahrnehmen – denn das ist unvollziehbar – noch aufzeigen«, Übersetzung Hölscher). Diesen Vergleich bezeichnet Sider, a.a.O., hingegen als »overly precise«. Zwar erscheint die Formulierung hier in der später weit verbreiteten Form des adverbialen Dativs, doch ist sie ganz und gar nicht als Gegensatzpaar wie beispielsweise νόμος – φύσις zu verstehen (so Heinimann [1980] 44 f.).

Weder auf dem Weg der λόγοι noch dem der ἔργα ist demnach eine exakte Bestimmung der Zahl des Abgeschiedenen, d.h. eine quantitative Berechnung der Dinge im Sinne der ἀκρίβεια möglich (vgl. dazu: *De vetere medicina*, S. 272ff.). Die Mischung der Spermata, die in allen Dingen sind und durch deren Mischung und Trennung für Anaxagoras alle physischen Phänomene erst entstehen, bedingt eine unendliche Vielfalt der Dinge und Erscheinungen, daher kann die begrenzte Erkenntnisfähigkeit des Menschen diese weder durch λόγοι, die rationale Einsicht, noch durch Erga, die praktische Tätigkeit, d.h. durch die sinnliche Wahrnehmung (αἴσθεσις) erfassen. Trotz der für ihn immerhin zu erkennenden Zweckmäßigkeit und Zielstrebigkeit muß der Mensch die Erscheinung der Dinge so nehmen, wie die Natur sie ihm vorgibt. Anaxagoras selbst hat offensichtlich die Grenze dessen, was die Rationalität an Erkenntnissen über die Natur erreichen kann, klar formuliert.[93]

In gleicher Weise ist dieser Zusammenhang in den medizinischen Schriften zu beobachten. Eine allgemeine, generelle Natur des Menschen wird postuliert, die wie die Gesamtnatur einer geregelten, gesetzmäßigen Ordnung unterliegt, welche nach dem Kausalprinzip alles beherrscht. Diese Natur bedingt nicht nur die Ursachen der von Menschen wahrzunehmenden Phänomene, sondern auch die Formen, in der diese erscheinen. Damit liegt auch die Bestimmung vor, wie die entsprechende Form zu benennen ist. Nach dieser Vorstellung ergeben sich aus der Natur Form und Namen, denn die von der Natur bedingte Namengebung verweist auf den zugrundeliegenden Entwicklungsprozeß.[94]

Besonders deutlich zeigt sich dies in der Argumentation des Verfassers von *De arte*, der z.B. die Rolle des Zufalls beim Ent-

---

[93] Schottländers Vergleich, a.a.O., 445f., von B 7 mit Parmenides B 2,7 scheint von daher gerechtfertigt (anders Sider [1981] 84).
[94] *De arte* 2,3 (S. 108); vgl. *De arte* 6 (S. 112f.); dazu S. 412f.

wicklungsprozeß grundsätzlich ablehnt, da dieser das beschriebene Prinzip und vor allem den richtigen Nachvollzug durch die Medizin (s.u. zu τέχνη) in Frage stellen würde.

Ein weiteres Problem stellte sich den medizinischen Autoren im Hinblick auf das Verhältnis von Medizin und Philosophie. Einige Autoren (*De natura hominis* 1, S. 174; *De vetere medicina* 1, S. 272, 20, S. 304) lehnen die Einbettung der Medizin bzw. der den ärztlichen Tätigkeiten zugrundeliegenden Prinzipien und der damit verbundenen Konzeption der menschlichen Natur in die Vorstellung von der philosophisch begründeten Allnatur entschieden ab. Andere hingegen gründen ihre Ausführungen sehr deutlich auf einen solchen Ansatz (*De aeribus* 1; *De arte* 2,3, S. 108; *De flatibus* 2-3, S. 132). Die Annahme einer durchgängigen Kausalitätsabhängigkeit der Naturphänomene findet sich jedoch bei allen Autoren, gleichwohl unterscheiden sie sich darin sehr stark, wie und wo sie darin ihre eigene medizinische Kunst verorten.

Physis und Techne: Techne

Leitlinie des den medizinischen Schriften zugrundeliegenden τέχνη-Begriffes ist der von Anaxagoras geprägte Satz von der ὄψις τῶν ἀδήλων τὰ φαινόμενα *(Sicht des Nicht-Offenbaren: Die Phänomene,* vgl. S. 335f.). Er wird in vielen medizinischen Schriften aufgegriffen,[95] um das Konzept einer τέχνη ἰατρική zu begründen. Sind die Kausalitäten, die die Phänomene von Krankheit und Gesundheit bedingen, bekannt, so können aus einzelnen Zeichen, die Aufschluß über die zugrundeliegenden Vorgänge geben, Prognose und Therapie einer Krankheit entwickelt

---

[95] Anaxagoras, DK 59 B 21a: vgl. o., S. 336; Alkmaion, DK 24 B 1; Empedokles, DK 31 B 3; 4; *De vetere medicina* 22; *De flatibus* 3; *De arte* 12; *De victu* 1,11; auch Herodot 2,33. Vgl. dazu Jouanna (1996) 62ff.

werden. Diese Grundkonzeption ist in allen Spielarten der τέχνη
ἰατρική, der medizinischen Kunst, zu erkennen.

Vor allem die Autoren von *De arte*, *De flatibus* und *De victu* for-
mulieren das τέχνη-Konzept deutlich auf der Grundlage der
φύσις-Vorstellung der Naturphilosophie.[96] Die nichtsichtbaren
Dinge sind zwar der sinnlichen Wahrnehmung unzugänglich, je-
doch der rationalen Einsichtskraft des Verstandes offen. Aus dem
darin begründeten Wissen über die Natur ergibt sich die Methode
des Vorgehens. Zeichen und Analogien können so erst richtig ein-
geordnet werden, wenn es um die Behandlung von Krankheiten,
speziell auch des Inneren geht.[97] Prognose und Diagnose bauen
auf diesen Beobachtungen auf; die umfangreichen Krankenregister
der Epidemienbücher sind so entstanden.[98] Das hohe Niveau der
klinischen Beschreibung beruht auf dieser wechselseitigen Ergän-
zung von sinnlicher Wahrnehmung und rationaler Ordnungskraft.

Da die naturgegebene Notwendigkeit stärker und in der Regel
auch vollkommener ist als diejenige, die von Menschen geschaf-
fen wurde (νόμῳ), gilt sie als nachahmenswert. Die zahlreichen
Stellen, an denen das Verhältnis von φύσις und τέχνη berührt
oder eine Nachahmung der Natur empfohlen wird, ziehen sich
gleichermaßen nicht nur durch die medizinische, sondern durch
die gesamte philosophische, historische und rhetorische Litera-
tur des ausgehenden 5. Jahrhunderts.[99]

---

[96] *De arte* 12,1–3 (S. 126), 4–5 (S. 110), 12,3; *De flatibus* 3,3 (S. 132); *De victu*
1,5,2 (S. 200).

[97] *De arte* 12,1–3 (S. 126); *De victu* 1,2,1 (S. 192)

[98] Jouanna (1996) 63 f.

[99] *Epidemien* 1,23; zur Paralle zwischen *De vetere medicina* und Anaxago-
ras B 8: G. Gambiano, Pathologie et analogie politique (Colloque Hippocra-
tique [1983] 441–458; 455); A. Festugière, L'ancienne médicine, Paris 1948, 47;
D. Lanza, Anassagora, Testimoni e Frammenti, Florenz 196, 216 ff.; vgl. *De
vetere medicina* 20; *De arte* 1; *De morbis* 1,1; *De natura hominis* 1; *De acutis* 7;
De locis in homine 41; 42; vgl. Heraklit, DK 22 B 10; Euripides, *frg.* 920 N 2;
Platon, *Prot.* 337c ff.; *Gorg.* 483e; *Nom.* 888e 4 ff.; Thukydides 5,105,2; Gor-
gias, DK 82 B 11,6; *Dissoi Logoi*, DK 90,8,2.

Der von der Natur vorgegebene Zustand wird in *De fracturis* und *De articulis* auch als φύσις δικαίη bezeichnet.[100] Der Arzt soll daher nichts weiter tun als diesen vorgegebenen Zustand wiederherstellen bzw. die Vorgabe der Natur nachahmen.[101] Wie ein Wachsmodell gebe die gerechte Natur die Stellung der Körperglieder vor, so daß der Arzt nur ihren Richtlinien zu folgen brauche.[102] Nachzuahmende Norm einerseits und zielgerichtete Entwicklung andererseits, deren Erkenntnis zur Grundlage der ärztlichen Verhaltensweise führen, bedingen sich hier. Ziel und Methode der Einrenkungen sind daher streng an einer absoluten φύσις-Vorstellung orientiert, die auf die spezielle anatomische φύσις übertragen worden ist.

Auch in *De morbis* I hat sich die Vorstellung von der normgebenden φύσις niedergeschlagen.[103] Die Behandlung der Krankheiten erfordert die spezielle Kenntnis der Vorgaben, von denen abhängig ist, ob eine Krankheit lang oder kurz, tödlich oder nicht tödlich ist, zu bleibenden Schäden führt oder nicht. Auch die Ursachen einer Krankheit können hierdurch bestimmt werden.[104] Als Folgen, die auch die Prognose und den Verlauf der ἀνάγκη bestimmen, ergeben sich drei Möglichkeiten: Tod, bleibende

---

[100] *De fracturis* I (= 94,3 Withington); vgl. *De fracturis* 37 (= 182,6 Withington), dazu Michler (1962) 393 mit Anm. 2; *De articulis* 62 (= 348, 14 Withington), dazu Michler (1962) 398 f., der die Ausschließlichkeit dieses ›normativen‹ φύσις-Begriffes betont: Jede therapeutische Alternative war völlig ausgeschlossen. Vgl. auch Galen im Kommentar zu *De articulis* (18 A 369 K), der das δίκαιον mit Symmetrie gleichsetzt; außer *De articulis* 62 auch 70 (= 366,3 f. Withington), 10 (= 220,3 ff. Withington); vgl. dazu Michler, a.a.O., 396 f.

[101] Galen schreibt in seinem Kommentar zu *De articulis* (a.a.O.), daß der Arzt zum διδασκόμενος ὑπὸ τῆς φύσεως wird. Vgl. *De fracturis* I (= 94,8 Withington); *De articulis* 2 (= 204,23 f. Withington); 3 (= 204,1 ff. Withington); 47 (= 298,66 ff. Withington); 47 (= 300,89 Withington); 47 (= 300,99 ff. Withington); 47 (= 300,105 Withington); 73 (= 352,28 ff. Withington); vgl. Michler (1962) 392, 398.

[102] *De articulis* 62 (= 348,39) Withington); vgl. Platon, *rep.* 588d 1–2.

[103] Vgl. *De morbis* I,1 (= 2,6 Wittern); 1,3 (= 6,13 Wittern; 8,3 Wittern; 10,1 f. Wittern); 1,4 (= 10,13 Wittern).

[104] *De morbis* 1,3 = 6,13 (= Wittern).

Schäden, Langwierigkeit. Der Verlauf der Krankheiten kann da-
durch im einzelnen charakterisiert werden.[105]

Das Verhältnis von φύσις selbst und τέχνη ἰατρική bildet das
Argumentationsziel von *De arte*. Ausgangspunkt ist die ὄψις
τῶν ἀδήλων, die vom Verfasser hier in der τέχνη-Diskussion
verwandt wird, um der Heilkunst ihren erkenntnistheoretischen
Stellenwert zuzuschreiben.[106] Denn die Möglichkeit, das Nicht-
Sichtbare zu erkennen, sei ein Charakteristikum der τέχνη und
ginge über die bloße Semeiotik, d.h. reine Zeichendeutung, hin-
aus.[107] Die entscheidende Information gebe eben nur die φύσις
selbst, und nur die τέχνη verfüge über die Methode, sie zu erhal-
ten. Das bedeutet, daß nur die Erkenntnis der aus der φύσις
selbst herrührenden Gesetzmäßigkeiten die Erklärung der Zei-
chen (einer Krankheit) und somit die Heilung ermögliche.

In Kapitel 11 befaßt sich der Autor von *De arte* ausführlich mit
den ἄδηλα. Wenn man nur mit den Augen sähe, dann würde man
nichts von den Vorgängen im Inneren des Körpers erkennen kön-
nen. Aus diesem Grund nennt der Verfasser von *De arte* sie auch
δικαίη, obwohl sie durch die τέχνη zu erschließen seien. Zwar
sind sie nicht sichtbar, doch bedeutet dies nicht, daß sie die Men-
schen beherrschen. Denn die τέχνη kann sie sich unterwerfen. In
Kapitel 11 beschreibt er dann, wie man mit Hilfe einer Liste, einer
μηναχή, die Natur nicht nur dazu zwingen, Erkenntnisse preiszu-
geben, sondern sie regelrecht ›überlisten‹ kann. Wenn die Natur
nicht bereit ist, kann sie gezwungen werden ›anzuzeigen.‹[108]

---

[105] Siehe Empedokles 7,140; Aëtios 4,91; (= 396 D): von Anaxagoras und
Demokrit gebilligt; vgl. *De arte* 11; *De victu* 11; *De vetere medicina* 22.
[106] *De arte* 12; vgl. *Prognostikon* 25.
[107] Konkret bedeutet dies, daß durch bestimmte, künstlich herbeigeführte
Ausscheidungen die Art der Erkrankung erkannt werden kann.
[108] Vgl. *De articulis* 58 (= 336,55 Withington); 72 (= 374,41 ff. Withington);
vgl. auch 11 (= 226,60 ff. Withington); 42 (= 284,14 f. Withington); *De fracturis*
30 (= 164,6 ff. Withington); 30 (= 166,51 ff. Withington); 31 (= 172,61 Withing-
ton); 15 (= 134,38 Withington); 20 (= 144,8 Withington); vgl. auch *De morbo
sacro* 1,10 f. (S. 68 f.)

Diese Möglichkeit der Überlistung der φύσις als Teil der τέχνη wird auch in den knochenchirurgischen Schriften *De fracturis* und *De articulis* erwähnt, allerdings hier in distanzierter und kritischer Sicht.[109] Wenn man in der Behandlung unnötigerweise solche Listen einsetze, so sei dies σόλοικον, also nicht nur fehlerhaft, sondern direkt barbarisch und ungesittet. Das Ziel, nämlich die Wiederherstellung des von der Natur vorgegebenen Zustandes, erreiche man nur über das richtige Verständnis der τέχνη in ihrem Verhältnis zur Natur. Es bestehe darin, sich solcher künstlicher Listen und Machenschaften zu enthalten wie etwa der unnötigen Streckung von Gliedern und des überflüssigen Einsatzes von mechanischen Hilfsmitteln. Letzteres wird besonders kritisiert, wenn es nur dazu diene, die Menge (ὄχλος) zu beeindrucken.[110] Dann sei der Einsatz der μηναχαί sogar Betrug und Täuschung.[111] Dieser Kritik ist sich auch der Autor von *De arte* bewußt, der sagt, daß jemand, der eine Wirkung von der τέχνη oder der φύσις verlange, die nicht zur τέχνη bzw. φύσις gehöre, sich eher durch μανία als Unwissen auszeichne.[112]

Die Ambivalenz dieser Überlegungen für das τέχνη-Konzept zeigt sich augenfällig in der Schrift, die den Erkenntniszweifel in seiner radikalen Form vertritt. Der Autor von *De vetere medicina* hält es generell für unmöglich, Aussagen über die nicht-sichtbaren Bereiche der Natur zu machen (1,3: οἷον περὶ τῶν μετεώρων ἢ τῶν ὑπὸ γῆν). Die Meteorologie als Grundlage der τέχνη wird konsequent abgelehnt. Dagegen vertritt er die Ansicht, daß mit Hilfe der τέχνη ἰατρική sichere Erkenntnisse über die Natur des Menschen gewonnen werden können. Als Konsequenz wären dann sogar allgemeine Aussagen über die Physis möglich. Davon sei man jedoch noch weit entfernt (Kapitel 9),

---

[109] *De fracturis* 30 (= 168,69ff. Withington).
[110] *De articulis* 42 (= 284,18ff. Withington)
[111] *De arte* 8,2 (S. 116).
[112] Vgl. Jouanna, a.a.O.

und so solle sich die τέχνη ἰατρική auf die empirisch erworbe-
nen Erfahrungen stützen (Kapitel 20), dabei vor allem auf die
αἴσθεσις τοῦ σώματος.[113] Auch er trennt die τέχνη ἰατρική als
eigenen Bereich mit eigener Erkenntnismethode ab von der
φύσις-Philosophie und deren allgemeiner τέχνη. Nur in dem
eng umschriebenen Gebiet der Medizin kann τέχνη nach
ἀκρίβεια streben, dem Richtigen zumindest nahekommen und
Zufallserfolge vermeiden (Kapitel 12).

Als Grundlage der ἀκρίβεια sieht er die αἴσθεσις des Arztes.
Dessen sinnliche Wahrnehmung, obwohl den Anforderungen
der ἀκρίβεια eigentlich nicht entsprechend, sondern nur zu ihr
hinstrebend, ist die Grundlage der τέχνη. Es ist ihm durchaus
bewußt, daß er damit die rationale Stringenz des τέχνη-Begriffes
schwächt. Sein Gedanke, daß es für die αἴσθεσις τοῦ σώματος
im Grunde kein rational nachvollziehbares Maß gibt, nämlich
kein in Zahl und Gewicht ausdrückbares μέτρον, zeigt dies in al-
ler Deutlichkeit.[114] Ein in Zahlen und Gewicht ausdrückbares
Maß hat auch den Stellenwert eines λόγος, die αἴσθεσις da-
gegen nie. Sehr klar ist dieser Sachverhalt in der aus dieser
Zeit überlieferten Diskussion um die Inkommensurabilität, die
ἀσυμμετρία.[115] Den Gedanken, daß es für das Verhältnis be-
stimmter Faktoren zueinander keinen λόγος gibt, versucht der
Autor von *De vetere medicina* mit der αἴσθεσις zu überbrücken.
So sieht auch er sich mit einer Aporie konfrontiert, wie er sie an-
fangs am Beispiel derjenigen beschrieben hatte, die von einer
τέχνη-Vorstellung mit universaler Erklärungskompetenz ausge-

---

[113] *De vetere medicina* 9,3 (S. 284).
[114] Ch. Triebel-Schubert, Medizin und Symmetrie. Zur Verwendung eines
mathematischen Begriffes in den frühen Schriften des Corpus Hippocrati-
cum, in: Sudhoffs Archiv 73 (1989) 190–199. Die Tatsache, daß für das Ver-
hältnis von Quadratseite und Quadratdiagonale auf der Basis des griechischen
Zahlbegriffes kein gemeinsames Maß zu finden war, hat diese Vorstellung von
ἀσυμμετρία begründet, die sich auch in den *De vetere medicina* niederge-
schlagen hat.
[115] Vgl. *De vetere medicina* 9,3 (S. 285).

hen.[116] Deren τέχνη-Konzept beruhte jedoch auf der nicht befriedigend und schon gar nicht sicher überprüfbaren Hypothese von den vier Grundqualitäten, die alles in der Natur ohne Ausnahme charakterisieren und so die vielfältigsten Analogien in verschiedenen Bereichen wie z.B. Medizin und Philosophie erlauben, die sich aber gleichwohl ständig in Widersprüche verwikkeln. Der Autor von *De vetere medicina* ist der Meinung, durch die Abtrennung der τέχνη ἰατρική von den allgemeinen und grundsätzlichen Fragestellungen dem Problem des Erkenntniszweifels ausweichen zu können. Damit wird deutlich, daß der ursprüngliche Anspruch der τέχνη-Konzeption, ein auf alle Bereiche übertragbares Modell von Gesetzmäßigkeiten zu sein, im Bereich der Medizin ganz oder teilweise aufgegeben wird.

[116] *De aeribus* 1; 11; 12.

IV

KRANKHEIT UND GESUNDHEIT: VON DER VORSTELLUNG »STÖRUNG DES GLEICHGEWICHTES« ZUM KONZEPT DER »DYNAMISCHEN WECHSELWIRKUNG«

Ein Modell für Wandel und Umschlag in Krankheitskonzeption und Therapie: *Metabole*

Der Umschlag des einen in sein Gegenteil ist eine Vorstellung, die in der antiken Medizin häufig verwendet wird. Sie weist auf die dahinter stehende Vorstellung vom dynamischen, veränderlichen und veränderbaren Verhältnis der Gegensätze. Die Frage nach der Entstehung und Anwendung dieses Modelles steht in Verbindung mit dem Begriff der τέχνη und der Naturphilosophie. Wie bereits dargelegt wurde, ist das τέχνη-Konzept auf ein engumgrenztes, empirisch faßbares Tätigkeitsfeld wie den hier beschriebenen Bereich der Medizin beschränkt worden.

Speziell die Gegensatzlehre mit ihren verschiedenen Ausprägungen ist ein Modell, in dem sich die Vorstellungen von Bewegung und Veränderung, von Werden und Vergehen der φύσις niedergeschlagen haben. Die Verbindung der Gegensatzlehre mit Vorstellungen von Teilung und Mischung in der ionischen Naturphilosophie ist vor allem von Aristoteles ausführlich gewürdigt worden.

Die Übertragung politischer Phänomene wie Gerechtigkeit (Anaximander, B 1, s.o. S. 330) und Ausgleich der Teile bzw. Kräfte (Alkmaion, B 4, s.o. S. 333f.) zeigt, wie politische Entwicklungen in modellartiger Form in die Kosmogonie durchschlagen und dabei zu Metaphern werden. Eine dieser elementaren Modellvorstellungen, diejenige der Veränderung, des Umschlages (μεταβολή) findet sich wohl in ihrer frühesten Form bei dem

milesischen Naturphilosophen Anaximenes, der das Kalte und
Warme nicht als Substanzen betrachtete, sondern als Eigenschaf-
ten der Materie und somit als Folgen von deren Wandlungen.
Das ›Zusammentretende‹ und sich Verfestigende der Materie sei
das Kalte, das Dünne und Lockere dagegen sei das Warme (B 1).
Hier ist die Grundstruktur des Modelles ganz deutlich: Zu-
sammenziehung (= kalt) und Ausdehnung (= warm) beschreiben
das Phänomen der Bewegung, die in verschiedene und gegen-
sätzliche Richtungen stattfindet. Der Umschlag bzw. Wechsel in
das Gegenteil ist das metaphorische Modell, das in dem Begriff
der μεταβολή liegt und wohl aus der menschlichen, veränder-
lichen Erfahrungswelt von Bewegung als organischem Phänomen
abgeleitet ist.[117] Anaxagoras soll sich nach der antiken Überliefe-
rung die Ausdifferenzierung von Wachstum und Entwicklung
aus der grundlegenden Mischung so erklärt haben, daß in ein
und derselben Samenflüssigkeit Haare genauso enthalten seien
wie Nägel, Venen, Arterien, Nerven und Knochen. Nichts da-
von sei wahrnehmbar, weil es nur in kleinen Teilchen vorhanden
ist. Während des Wachstumsprozesses bilde es sich allmählich
entsprechend einem Prozeß der Differenzierung durch Tren-
nung. Seine berühmte Frage soll gelautet haben, wie aus Nicht-
Haar Haar und aus Nicht-Fleisch Fleisch entstehen könne?[118]
Anaxagoras hat hier die Konzeption einer unbegrenzten Teilbar-
keit weiterentwickelt, Demokrit demgegenüber den Gedanken
des begrenzt in kleinste Einheiten teilbaren Seins (Atome).

Die unendliche Teilbarkeit der Dinge verbindet Anaxagoras
mit der Ansicht, daß es weder Werden noch Vergehen gibt, son-
dern nur Absonderung und Mischung. Sie basiert auf seiner
These von den in allem enthaltenen σπέρματα. Damit kann
Anaxagoras, obwohl er die Einheit der Dinge bewahrt, die Mög-

[117] Classen (1975) 89 ff.
[118] Anaxagoras, D K 59 B 10.

lichkeit unbegrenzter Veränderung integrieren.[119] Anaxagoras' Auffassung von Veränderung, im eigentlichen Sinne eine μετα-βολή, d.h. ein Umschlag, hat ihren Grund zwar letztlich auch in einem einheitlichen Seins-Begriff, dieser wird jedoch mit der Lehre der unendlichen Teilbarkeit und der Gegensatzlehre kombiniert. Die μεταβολή ist die Grundlage, um die Wahrnehmung zu erklären. Die Struktur der Wirklichkeit, die in ihrer Gegensätzlichkeit den menschlichen Körper prägt, bildet damit auch den Ausgangspunkt der menschlichen Fähigkeit zur sinnlichen Wahrnehmung.[120] Gleiches kann nicht durch Gleiches, also sich selbst, sondern das Kalte nur durch das Warme, das Süße durch das Bittere etc. erkannt werden. Voraussetzung ist hier das dynamische Verhältnis zwischen den Gegensätzen, denn erst wenn im Körper die Qualität z.B. des Kalten in schwächerer Form vorhanden ist oder sogar fehlt, kann dann durch das Warme etwas Kaltes wahrgenommen werden. Nach Anaxagoras wird immer der stärkere Teil wahrgenommen,[121] so daß die menschliche αἴσθεσις nicht nur selbst auf einer μεταβολή beruht, sondern zusätzlich noch mit dem Gedanken der ungleichgewichtigen Verteilung der entsprechenden Gegensätze verbunden wird.

Die Gegensatzlehre in der Struktur der μεταβολή wird dabei zum ersten Mal auch mit dem affektiven Bereich verbunden. Jede dieser Formen von αἴσθεσις sei mit Schmerz verbunden, zitiert Theophrast aus Anaxagoras:[122] πᾶν γὰρ τὸ ἀνόμοιον ἁπτόμε-νον πόνον παρέχει.

---

[119] Anaxagoras, frg. B 6 (Sider): ἀλλὰ πάντα παντὸς μοῖραν μετέχει (»sondern alles hat an allem Anteil«).

[120] Anaxagoras, DK 59 A 92; vgl. zu dem Gedanken der Mischung aller Elemente und Qualitäten (von allem ist etwas in allem enthalten) B 4, B 6, B 11, B 12.

[121] Anaxagoras, DK 59 A 92, am Beispiel der Wahrnehmung von Farben.

[122] Anaxagoras, DK 59 A 92 (= Theophr., *De sens.* 29): »Denn jedes Ungleiche, das in Kontakt kommt, bewirkt Schmerz« (Übersetzung Mansfeld).

Die Anwendung des *Metabole*-Modelles in der Medizin

Im Dialog ›Symposion‹ läßt Platon den Arzt Eryximachos eine Rede über das Wesen des Eros halten (185e 6ff.). Eryximachos will am Beispiel der ἰατρικὴ τέχνη zeigen, daß die doppelte Natur des Eros auf ein Prinzip hinweist, das die gesamte Natur einschließlich aller Lebens- und Seelenäußerungen des Menschen durchdringt (186a 7ff). So vergleicht er auch die Entstehung von Gesundheit und Krankheit mit dem guten und schlechten Eros. Die Verschiedenheit der beiden Arten des Eros entspricht derjenigen von Krankheit und Gesundheit. Dem nachzukommen, was der Gesundheit dient, ist genauso gut wie demjenigen zu widerstehen, was krankhaft ist, wobei das erste der Tätigkeit des Arztes entspricht, hier zusammengefaßt als Wissen von der Anfüllung und Ausleerung des Körpers (186c 6–8). Dahinter steht das Wissen um die Wirkungen des Eros auf den Körper. Eryximachos vergleicht den Arzt sogar mit einem Demiurgen, wenn er entsprechend der Wirkung des guten Eros (Gesundheit) und des schlechten (Krankheit) den Körper eines Patienten zu einer μεταβολή anregen kann. Der Arzt bewirke so, daß der gute gegen den schlechten Eros getauscht oder, wenn überhaupt kein Eros vorhanden sei, der gute Eros angenommen werde.[123] Diese ärztliche τέχνη basiert darauf, daß der Arzt die Gegensätzlichkeiten der Qualitäten (kalt – warm, bitter – süß, trocken – naß etc.) im Körper miteinander versöhnen kann. Eine solche ›Versöhnung‹ bedeutet die Hervorbringung des guten Eros, d.h. die μεταβολή zur Gesundheit.

Die hier angesprochene Gegensatzlehre ist ein wichtiger Bestandteil der frühen Schriften des Corpus Hippocraticum. Für die Formulierung von *De flatibus 1,5*: »Kurz in einem Wort gesagt: Das Gegenteil ist das Heilmittel des Gegenteils« lassen sich

---

[123] Zur μεταβολή als einer »Technik« s.u., S. 356f.

genügend Parallelen aus anderen Schriften anführen.[124] Von der
Struktur her ist es das μεταβολή-Modell, wie Anaxagoras es
zum allgemeinen Gesetz von Bewegung und Veränderung ent-
wickelt hat. In den medizinischen Schriften findet sich das μετα-
βολή-Modell allerdings unter einem erweiterten Aspekt darge-
stellt. Die μεταβολή an sich ist negativ,[125] da sie Krankheit
bedeutet und für den Prozeß der Krankheit den entscheidenden
Ablauf vorgibt: »Denn es ist sowohl bei dieser als auch bei allen
anderen Krankheiten notwendig, die Leiden nicht zu vermehren,
sondern sie zu schädigen, indem man das, was jeder Krankheit
am feindlichsten ist, verabreicht und nicht das ihr Vertrauteste.
Denn von dem, was ihr vertraut ist, blüht sie auf und wächst,
durch das aber, was ihr feindlich ist, schwindet sie und wird ge-
schwächt«.[126]

Die negative Bewertung der μεταβολή ist nicht zu trennen
von der negativen Einstellung zu der Krankheit selbst.[127] Da
Krankheit mit dem Modell der μεταβολή in Begriffen von Be-
wegung und Veränderung gedacht wird, muß nun notwendig
auch der Umschlag selbst als Ursache der Bewegung negativ be-
wertet werden. Auf der anderen Seite ermöglicht jedoch das με-

---

[124] *De flatibus* 1,5 (S. 132); vgl. *Anonymus Londinensis* 6,4 ff., 6, 7–41; *De na-
tura hominis* 9,1 ff.; *De morbo sacro* 18,5 (S. 104); vgl. *De morbo sacro* 10,9; 13,1
und 10,7–8 (S. 90); *De acutis* 29; vgl. *De acutis* 15; *De victu* 1,13–24 (S. 210 f.);
De morbis 1 (S. 154); *De vetere medicina* 13 (S. 288), spiegelt die Kritik an der
Gegensatzlehre in der Medizin; vgl. dazu Jouanna, Réflexions sur l'imaginaire
de la thérapeutique (Colloque Hippocratique, 1999) 13–42, bes. 27 f., der in
den an der Gegensatzlehre orientierten therapeutischen Konzepten auch eine
Erklärung für die oft verwendete Kampfmetaphorik in den medizinischen
Schriften sieht.
[125] *De morbo sacro* 18,5; vgl. *De affectionibus* 37, dazu Kudlien (1967) 63,
128 ff.; vgl. *De natura hominis* 3,1: προέξει; anders G. Cambiano (1983)
441–458, bes. 456.
[126] *De morbo sacro* 18,5 (S. 104); zu der Vorgabe des Ablaufes: *De vetere
medicina* 19,3–4 (S. 300 f.).
[127] Vgl. Alkmaion, DK 24 B 4; *De morbo sacro* 18,4; eine Ausnahme bildet
De aeribus, dazu unten ausführlicher.

ταβολή-Modell die Anwendbarkeit der so erkannten bzw. im Fall der Medizin postulierten Gesetzmäßigkeiten des Verlaufes (Umschlag in das Gegenteil / Bewegung) und deren Entwicklung zu einem therapeutischen Modell.[128]

Für dieses therapeutische Modell, das mit der μεταβολή arbeitet, können zwei verschiedene Stufen in den frühen Schriften des Corpus Hippocraticum rekonstruiert werden. Die erste läßt sich gut am Beispiel von *De aeribus* 2, 3–6 erläutern. Ein Arzt, der in eine ihm unbekannte Stadt kommt, sollte möglichst nach kurzer Zeit wissen, welche Krankheiten je nach Jahreszeit bzw. durch den Wechsel (μεταβολή) der Jahreszeiten bedingt sowie durch entsprechende Veränderungen (μεταβολαί) der Lebensweise bei den Einwohnern auftreten. Der Wechsel der Jahreszeiten bewirkt einen Umschwung im Inneren des menschlichen Körpers. Hierbei besteht die μεταβολή im Umschlag der Jahreszeiten, d.h. derjenigen der meteorologischen Erscheinungen.[129] Gerade in *De aeribus* ist die Verbindung zwischen dem μεταβολή-Modell und der Meteorologie gut zu erkennen. Aus den Forschungen über die Meteora ergeben sich die allgemeinen Gesetzmäßigkeiten, nach denen μεταβολή allgemein und speziell, d.h. in Bezug auf den Menschen, beschrieben werden kann. Ableitung von Entstehung und Verlauf der Krankheiten durch die allgemeinen meteorologischen Gesetzmäßigkeiten ist ein wesentlicher Teil der τέχνη ἰατρική. *De aeribus* 12 hebt den positiven Einfluß des ausgeglichenen asiatischen Klimas (Asia Minor) hervor, der κρῆσις τῶν ὡρέων, die keinen Raum für plötzliche Umschläge mit negativen Einflüssen läßt. In Europa dagegen herrscht ein unausgeglichenes Klima, das einen deutlichen Ein-

---

[128] Zu der Rolle von Hypothesen generell im *Corpus Hippocraticum*: Kühn (1956); zu den hier besprochenen Stellen im einzelnen: ebd., 57 ff., 70 ff., 75 ff.; vgl. Michler (1962); vgl. auch M. Vegetti, Metafora politica e immagine del corpo negli scritti Ippocratici (Colloque Hippocratique, 1983) 459–470; vgl. Cambiano (1983) 441 ff.

[129] *De aeribus* 2,3–6; vgl. 10; 12; *Epidemien* 3,15; *De natura hominis* 7,8 ff.

fluß auf seine Bewohner hat.[130] Der Nachteil, der sich aus den negativen Konsequenzen der vielen μεταβολαί der Jahreszeiten ergibt, ist gleichzeitig auch eine Herausforderung: »Deswegen, glaube ich, sind die in Europa Lebenden mutiger als diejenigen, die in Asien wohnen.«[131]

Die Antwort auf die Herausforderung ist die Beherrschung und Steuerung der μεταβολαί. Dazu dient die τέχνη des Arztes bzw. die grundsätzliche Vorbedingung des durch Klima und politische Bedingungen geprägten Charakters, zu dem dann auch der Sinn für die τέχναι gehört.[132]

Der Autor von De aeribus folgt im Aufbau- und Argumentationsschema seiner Schrift deutlich der Gegensatzlehre, indem er Europa und Asien nach klimatischen, geographischen, psychologischen und politischen Umständen einander gegenüberstellt. Er schließt seine Arbeit mit dem Satz: »Dies sind also die stärksten Gegensätze in Natur und Gestalt. Davon ist auszugehen, wenn man Schlußfolgerungen ziehen will, um das übrige zu bedenken; dann wird man keine Fehler begehen.«[133]

Allerdings weicht er in zwei wesentlichen Punkten von dem üblichen Gegensatz-Schema ab. Er verbindet die Gegensatzlehre mit der Mischungsmetapher, doch nur der Teil der Welt, in dem er die Mitte lokalisiert,[134] zeichnet sich durch die richtige Mi-

---

[130] De aeribus 23–24; vgl. H. Grensemann, Das 24. Kapitel von De aeribus aquis locis und die Einheit der Schrift, Hermes 107 (1979) 423–436, zu den μεταβολαί als dem Leitgedanken, der beide Teile der Schrift miteinander verbindet. Im übrigen zeigen gerade 23 und 24, daß man die positive Darstellung der χρῆσις τῶν ὡρέων in 2 nicht überbewerten darf. Anders: Wehrli (1951) 42,18, der von einer ›medizinischen Metaphorik‹ des Aristoteles ausgeht und dieses Modell auf die früheren Schriften überträgt.

[131] De aeribus 23,5.

[132] De aeribus 2,5; 24,9 und 24,10.

[133] De aeribus 24,11.

[134] Allgemein nimmt man an, daß der Autor hier Ionien meint; vgl. W. Backhaus, Der Hellenen-Barbaren Gegensatz in περὶ ἀέρων, Historia 25 (1974) 170–185; anders: Ch. Schubert, Konstruktionsprinzipien des Weltbil-

schung des Klimas zwischen Warmem und Kaltem aus (12,4). Eine μεταβολή der Jahreszeiten gibt es dort nicht und damit begründet er die Ansicht, daß Wachstum und milde Kultiviertheit vor allem dann entstehen, ὁκόταν μηδὲν ᾖ ἐπικρατέον βιαίως, ἀλλὰ παντὸς ἰσομοιρίη δυναστεύῃ.[135] Daraus folgt allerdings nicht etwa, daß der dort lebende, von der ausgeglichenen Mischung geprägte Menschentypus der beste sei, sondern das Gegenteil: Dieser Menschenschlag ist dem durch die ständigen μεταβολαί des Klimas geprägten Europäer in jeder Hinsicht unterlegen (23; 24). Die in Europa lebenden Menschen seien mutiger, kriegerischer, ziehen eine freie politische Ordnung vor und haben vor allem einen ausgeprägteren Sinn für die τέχναι.

Damit weicht der Autor in der letztendlich negativen Bewertung der ausgewogenen Mischung sowohl wie der positiven Sicht der μεταβολή von den anderen aus seiner Epoche überlieferten Vorstellungen ab.[136] Neben dem Versuch, die zu dieser Zeit noch nicht in ein System integrierten Vorstellungen von Mitte, Mischung und Gleichgewicht zu verwenden, steht hier vor allem das politische Anliegen im Vordergrund.[137] Der Autor will den Nachweis der kulturellen, politischen und moralischen Überlegenheit der Griechen gegenüber den Asiaten führen.

Der Zusammenhang zwischen μεταβολή und τέχνη wird auch in *De victu* behandelt.[138] Die Natur im Ganzen und das Leben des Menschen sind durch die Gegensätze sowie das Umschlagen von dem einen in das andere geprägt. Die Erkenntnis dieser Naturvorgänge und auch derjenigen im menschlichen

---

des. Die hippokratische Schrift De aeribus und die Suche nach der Mitte der Welt, Medizinhistorisches Journal 35 (2000) 201–218.

[135] *De aeribus* 12,3.

[136] Allerdings ist hier auch zu berücksichtigen, daß er das μεταβολή-Konzept nicht mit den τέχναι in Verbindung bringt.

[137] Vgl. dazu Schubert, a.a.O.

[138] *De victu* 1,12–24.

Körper sind mit Hilfe rationaler Fähigkeiten möglich. Ebenso wie die menschliche φύσις auf den Konsequenzen der Gegensatzlehre basiert, gilt dies für die τέχνη, speziell für die τέχνη ἰατρική.[139] Sie muß den Umschlag von Krankheit zur Gesundheit bewirken, etwas, das die Natur aus sich heraus erreicht, während es der Mensch durch Nachahmung der naturgegebenen Gesetzmäßigkeiten herbeiführen kann. Der Autor führt den Nachweis, daß alle τέχναι nach diesem Muster angelegt sind, nämlich dem Bewirken der μεταβολή durch Anwendung des entgegengesetzten Prinzips: Wenn der Sitzende Schmerzen hat, so steht er auf usw. Dies wird der φύσις αὐτομάτη zugeschrieben. Der Arzt soll es erkennen und nachahmen, indem er entfernt, woran der Patient leidet. Entsprechend seiner Konstitution, die durch eine Mischung aus Feuer und Wasser bedingt ist, und gemäß den jeweiligen Jahreszeiten soll er die Lebensweise und Therapie nach dem Gegensatzprinzip steuern.[140]

Der Autor von *De natura hominis* vertritt zwar, wie oben beschrieben, die Abtrennung der τέχνη ἰατρική von grundsätzlichen Fragestellungen. Andererseits legt er jedoch einen Naturbegriff zugrunde,[141] der die grundsätzliche Einheit der Natur mit der Möglichkeit der Veränderung kombiniert.[142] Er verwendet dabei die stereotypen Formulierungen von der Natur in allen Dingen, die sich aus allem zusammensetze, und von der Verschiedenheit der in die Mischung eingegangenen Teile.[143] Das μεταβολή-Modell benutzt er allerdings mit deutlichen Abweichungen. Die plötzliche μεταβολή lehnt er ganz ab, sie sei gefährlich für den Körper.[144] Einzig eine Umstellung der Lebens-

---

[139] *De victu* 1,15 (S. 210 f.).
[140] *De victu* 1,15,2; *De victu* 1,32 (S. 222 f.).
[141] *De natura hominis* 2; 3 und 6.
[142] *De natura hominis* 2,5.
[143] *De natura hominis* 3,4; 5,2; 7,8 (S. 188).
[144] *De natura hominis* 9,4–5; 11,6; 16,2.

weise, die, wie aus dem Zusammenhang zu erkennen ist, langsam durchgeführt werden soll, akzeptiert er.[145]

In *De natura hominis* ist andeutungsweise der Gedanke zu erkennen, daß das μεταβολή-Modell unterschiedliche Phasen hat, die für die τέχνη ἰατρική nutzbar gemacht werden können. Ausführlich behandelt nur der Autor der Schrift *De acutis* eine solche Variante. Er wendet sich nicht gegen ein allgemeines Konzept, sondern grundsätzlich gegen falsche oder überhaupt fehlende Konzepte.[146]

Er empfiehlt eine langsame und behutsame μεταβολή. Doch trotz allem bleibt auch in einem langsamen und behutsamen Herbeiführen der μεταβολή noch die antinomische Struktur enthalten, die sich an den Gegensatzpaaren orientiert.[147] Bei akuten Erkrankungen, um die es dem Autor geht, findet eine plötzliche μεταβολή statt, die Ursache der Erkrankung ist. Um diese plötzliche μεταβολή auszugleichen, empfiehlt der Autor eine langsame μεταβολή, d.h. eine behutsame und langsame Anwendung der entsprechenden Heilmittel, die ihrerseits an der Gegensatzlehre ausgerichtet sind (Kap. 29). Diese Gestaltung des μεταβολή-Modelles, d.h. die Herbeiführung der Gesundung durch eine langsame μεταβολή als Heilmethode zeigt ein gewissermaßen ›dialektisches‹ Verständnis.[148] Da es sich um ein schon differenziertes Modell handelt, kann sicher in diesem Fall auch von einer jüngeren Stufe im Verhältnis zu den zitierten Schriften des Corpus Hippocraticum (*De aeribus*, *De natura hominis*) gesprochen werden.

Die variantenreichsten Ausführungen über die μεταβολή finden sich in der Schrift *De vetere medicina*. Ihr Ausgangs-

[145] *De natura hominis* 11,6.
[146] *De acutis* 41,2 (= 53, 22 ff. Joly); vgl. *De acutis* 65 (= 65,4 ff. Joly); 29,1 f. (= 48,14 ff. Joly); 27 (= 47,14 ff. Joly).
[147] *De acutis* 29 (= 48,14 ff. Joly).
[148] *De acutis* 35 (= 50,9 ff. Joly).

punkt ist vielleicht weniger die so oft hervorgehobene Hypothesendiskussion als die Frage nach der Wahrheit und Überprüfbarkeit einer Aussage.[149] Ἀκρίβεια und μέτρον wären zwar der Ansicht des Autors nach ideale Maßstäbe für ärztliches Vorgehen, doch ist dazu noch ein weiter Weg zu gehen (9,20). Bis dieses Ziel erreicht werden kann, muß der Arzt sich Erfahrung und Beobachtung als Grundlage seiner ärztlichen τέχνη nehmen. Doch ebenso wie die vom Autor heftig kritisierten Naturphilosophen (1,20) kann er nicht darauf verzichten, eine modellartige Konzeption von Krankheit und Gesundheit zu entwickeln. Gesundheit ist die harmonische Herrschaft der φύσις im menschlichen Körper. Wenn allerdings einer der beteiligten Faktoren (es gibt seiner Ansicht nach unzählige davon im Körper)[150] zu stark werde, dann scheide er sich ab und stehe außerhalb der harmonischen Ordnung. Die so entstandene, willkürliche Unordnung (ταραχή) führe im Körper zur Krankheit.[151] Eine mögliche Form, die sie annehmen könne, sei die μεταβολή.[152]

Das Heraustreten eines Faktors aus der harmonischen Mischung ist gleichbedeutend mit dem Erreichen einer Akme des entsprechenden Elementes. Μεταβολή und Mischung werden hier jedoch nicht mit der Gegensatzlehre verbunden, sondern mit dem Prinzip der Stufenfolge (24). Das hervortretende Element schlägt um in ein anderes, nach Meinung des Autors in das ihm ähnlichste. Die Akme muß dann wiederum durch eine Mischung, Kochung, Verdünnung oder Verdickung verändert, gereinigt, beruhigt und vermischt werden.[153]

---

[149] De vetere medicina 1,3 (S. 272).
[150] De vetere medicina 14. Darin ist eventuell ein Nachklang der anaxagoreischen Vorstellung zu sehen, daß die Zahl der Spermata unendlich ist.
[151] De vetere medicina 14,5–6.
[152] De vetere medicina 22,7; vgl. 10,2; 13,2; 19,3; 24,1.
[153] De vetere medicina 19,4–7.

Es gebe wohl als allgemeines Prinzip der Natur eine μετα-βολή, die auf dem Gegensatz zweier Faktoren, der beiden Grundqualitäten kalt und warm, beruhe.[154]

Die μεταβολή, die der Autor als ein Mittel der ärztlichen τέχνη empfiehlt, um die für den Körper beste Form der Mischung aller Elemente wiederherzustellen, trennt er von dem Konzept der Gegensatzlehre streng ab.[155] Die gesamte, mit der allgemeinen μεταβολή verbundene Dynamik wird in dieser Schrift als Erkenntnisprinzip für die Gesundheits- und Krankheitslehre abgelehnt. Zwar wird in Kapitel 20 einzig der Medizin zugestanden, daß sie ein Mittel zur fortschreitenden Erkenntnis in Naturgeschichte und Evolution des menschlichen Geschlechtes sein kann. Aber der Autor betont die stufenweise Entwicklung, in der eine klare Abkehr von dem dynamischen Gegensatzprinzip zu erkennen ist.

---

[154] *De vetere medicina* 19,3–4.

[155] *De vetere medicina* 19. Der Autor bezieht sich hierbei vor allem auf seine Erklärungen von Kapitel 14,3–6 (S. 290); dort hat er dargelegt, daß es nicht die Wirkung der Gegensätzlichkeit ist, die Störungen verursacht, sondern die extreme Ausprägung einer einzelnen Qualität wie beispielsweise das Bitterste vom Bitteren, das Sauerste vom Sauren. Die darin zum Ausdruck kommende Absonderung verursacht eine Störung, die durch die verschiedenen Techniken der Mischung, Kochung etc. beseitigt werden kann.

V

PHYSIOLOGISCHE UND PATHOLOGISCHE KONZEPTE

Die komplizierte und längst nicht abschließend geklärte Überlieferungs- und Entstehungsgeschichte der Schriftensammlung, die ca. 60 Werke umfaßt, legt es nahe, die Autorschaft einzelner Texte als anonym zu betrachten. Dies schließt jedoch nicht aus, daß zwischen einzelnen Werken Gemeinsamkeiten in Methodik, Inhalt und Zielrichtung existieren, die durch gesellschaftliche, politische und sozio-kulturelle Felder und Abhängigkeiten bewirkt wurden. Damit soll nicht das Schema der Gegenüberstellung einer sog. Hippokratischen Schule und anderer, z. B. der knidischen, wiederholt werden, aber doch der Blick auf bestimmte Richtungen gelenkt werden, die innerhalb des Corpus die Charakterisierung von einzelnen Textgruppen erlaubt.

Für diese lockere Gruppierung spricht vor allem, daß im 5. Jahrhundert aber sicher auch noch in der ersten Hälfte des 4. Jahrhunderts die Spezialisierung auf bestimmte Disziplinen die Ausnahme war. Vielmehr war die Erforschung und Beschreibung der Natur als Ganzer selbstverständliche Voraussetzung fast aller Wissensgebiete wie etwa der Politik, der Philosophie, der Physik, der Kosmologie und eben auch der Medizin.[156] Daher finden sich unter den Texten des Corpus Hippocraticum, die dieser Zeit zuzuordnen sind, Werke, die sich in ihrer kosmologischen, physikalischen und philosophischen Breite (z. B. *De arte, De victu, De natura pueri*) nicht von den Werken der zeitgenössischen Philosophen (z. B. Empedokles, Demokrit, Anaxagoras, Diogenes von Apollonia) unterscheiden. Hierbei überwiegt das

---

[156] *Dissoi Logoi*, DK 90,8,2.

theoretische Interesse an der Natur und den in Abhängigkeit von ihr verlaufenden Prozessen.

Tritt in diesen Schriften (*De natura hominis, De arte, De flatibus, De morbo sacro*) das klinisch-therapeutische Interesse zwar deutlich zurück, so ist jedoch auch in den eher klinisch orientierten Schriften der konzeptionell-theoretische Ansatz deutlich die Grundlage, nach der Beobachtungen strukturiert werden: In den sog. Epidemienbüchern sind Krankengeschichten gesammelt, in denen der Verlauf einer Krankheit bei einem Patienten beschrieben wird.[157] Direkte Äußerungen zu grundsätzlichen Fragen der Natur, der Entstehung des Menschen oder den Grundlagen der medizinischen Erkenntnis fehlen. Nichtsdestoweniger erkennt man an der immer gleichen Auswahl und Deutung der Symptome, der Verwendung des physiologischen Konzeptes der Säfte (hier Galle und Phlegma) sowie einer ausgefeilten Vorstellung von zeitlich fest strukturierten Abläufen der Krankheiten nach kritischen Tagen und Phasen (Krisenlehre) das theoretische Gerüst.[158] Auch die betonte Berücksichtigung der Umwelteinflüsse, besonders der klimatischen Bedingungen, verweist auf die zugrundeliegende Vorstellung der Abhängigkeit einer individuellen φύσις von einer allgemeinen Natur wie sie für die in Ionien seit dem 6. Jahrhundert entwickelte Naturphilosophie charakteristisch geworden war. Besonders eindrücklich ist dies in der Schrift *De aeribus* dargelegt, die die Dynamik in der Beziehung zwischen Umwelt und Individuum beschreibt: Aus Umweltfaktoren wie der geographischen Lage einer Stadt (Ausrichtung der Stadtanlage nach Himmelsrichtungen, naturräumlichen Bedingungen wie Gewässer und Bodenbeschaffenheit) und den Wetterverhältnissen je nach Jahreszeit sowie den Lebensgewohnheiten zieht der

[157] Ph. van der Eijk, Hippokratische Beiträge zur antiken Biologie, in: G. Wöhrle (Hrsg.), Geschichte der Mathematik und der Naturwissenschaften in der Antike, Bd. 1: Biologie, Stuttgart 1999, 50–73, bes. 60; Jouanna (1999) 262 ff.

[158] Van der Eijk, a.a.O., 60; Jouanna (1999) 262 ff.

Autor Schlüsse auf Konstitution und Gesundheitszustand, aber auch auf zu erwartende Krankheiten. Hier liegt durchgängig die Annahme einer Analogie zwischen dem Mikrokosmos des Individuums und dem Makrokosmos der gesamten Natur zugrunde. Allerdings konstruiert der Autor hier kein einseitiges Abhängigkeitsverhältnis zwischen einer alles beherrschenden Natur (φύσις) und dem ihr untergeordneten Menschen, sondern zeigt anhand von Beispielen wie umgekehrt auch menschliche Gewohnheiten und Ordnungen (νόμοι) die Natur nachhaltig prägen bzw. verändern können. (s. u., S. 379 ff.).

Demgegenüber polemisieren jedoch auch einige Autoren ausdrücklich gegen die Verwendung und aus ihrer Sicht sogar als Abhängigkeit zu bewertende Orientierung an naturphilosophischen Begriffen und Konzepten. Der Autor der Schrift *De vetere medicina* wendet sich gegen die spekulative Grundlegung der Medizin in Hypothesen. Unter solchen versteht er etwa die Annahme, daß Grundqualitäten wie das »Warme«, das »Kalte«, das »Feuchte«, das »Trockene« die Ursache von Krankheiten seien. Damit würde sich die Medizin auf die Ebene der Naturphilosophie begeben. Er vertritt einen Ansatz, der – wie er in Anspruch nimmt – streng empirisch vorgeht und die Medizin als uralte Kulturtechnik der Ernährungslehre und Diätetik versteht. Allerdings stützt auch er sich auf die grundlegenden Elemente des naturphilosophischen Ansatzes, der als bestimmende Faktoren im menschlichen Körper Säfte ansieht, die unterschiedliche Eigenschaften besitzen.

Dieses hochspekulative Konstrukt geht davon aus, daß der menschliche Körper durch das Verhalten von Säften (χύμοι) und Flüssigkeiten (ὑγρά) wie Blut (αἷμα), Schleim (φλέγμα), Galle (χολή), schwarze Galle (μελαίνη χολή), Wasser (ὕδωρ), Milch (γάλα), Samen (γονή) etc. bestimmt wird.[159] Findet sich in den älteren Schriften noch die Vorstellung, daß Phlegma und Galle,

[159] Vgl. van der Eijk (1999) 66.

besonders die schwarze Galle, an sich Krankheitsstoffe seien, deren Vorhandensein als Anzeichen oder auch Ursache für eine Krankheit gesehen wird, so sind in anderen Werken (*De natura hominis, De flatibus, De morbo sacro, De aeribus*) die Säfte physiologische Bestandteile des Körpers.[160] Es fällt allerdings auf, daß insbesondere in *De natura hominis*, der ersten konsequenten Ausarbeitung der Viersäftelehre, ein spezieller Ausdruck für ›Saft‹ nicht enthalten ist: Es findet sich statt dessen der Ausdruck τὰ ἐν τῷ σώματι ἐνεόντα.[161] Ihr Verhalten zueinander und gleichzeitig zu den Umwelteinflüssen bestimmen Krankheit und Gesundheit. Mischungsverhältnisse, Gleichgewicht, Ausgewogenheit und demgegenüber Unausgewogenheiten, Dominanz bzw. Schwäche sind Ursachen von Wohlbefinden und Störungen.

In der Schrift *De natura hominis* wird zum ersten Mal die Konzeption der sog. Viersäftelehre dargestellt, die Blut, Schleim, gelbe und schwarze Galle als Grundlage aller körperlichen Vorgänge definiert. Jeder dieser vier Säfte ist geprägt von je zwei einander entgegengesetzten Qualitäten, von denen wiederum vier angenommen werden (warm, kalt, flüssig, fest). Dem Kreislauf der vier Jahreszeiten folgt ein Kreislauf der aufeinander folgenden vier Säfte im Körperhaushalt, der jedoch durchaus von individuellen Konstitutionen bestimmt sein kann.[162] Diese vom Autor der Schrift *De natura hominis* vertretene Viersäftelehre ist später ka-

---

[160] Hier kommt es teilweise zu sehr unterschiedlichen Zuordnungen: Meist wird ein Zweierschema aus Phlegma und Blut verwendet. Nur in *De natura hominis* und *De genitura* findet sich das später klassisch gewordene Viererschema. Vgl. dazu H. Schöner, Das Viererschema in der antiken Humoralpathologie, Sudhoffs Archiv für Geschichte der Medizin und der Naturwissenschaften, Beiheft 4, 1964.

[161] *De natura hominis*, Kapitel 6; vgl. *De morbis* 1,2; dazu Jouanna (1975) XXIX; Wittern (1974) XCVIII.

[162] Ch. Schubert, Mischverfassung und Gleichgewichtssystem: Polybios und seine Vorgänger, in: Ch. Schubert / K. Brodersen, Rom und der griechische Osten, Festschrift für H. H. Schmitt zum 65. Geburtstag, Stuttgart 1995, 225–235.

nonisch geworden, ohne daß sich jedoch sagen läßt, daß sie von prägendem oder bestimmendem Einfluß in den Schriften des *Corpus Hippocraticum* gewesen wäre.

Auf der Säftelehre aufbauend – jedoch ohne die Ausrichtung an der Vierzahl – wurde im 5. Jahrhundert eine Diätetik entwickelt, die nicht nur die Vorstellung von Diät umfaßt, sondern auch ein umfassendes Konzept der Lebensführung. Nach dieser Konzeption resultiert das Übermaß eines Saftes im Körper aus einer Ansammlung an einer bestimmten Stelle. Dort führt er zu Schmerzen, Druck und anderen Symptomen.[163] Die Therapie soll nun die Überfüllung beseitigen und wieder ein Gleichgewicht herstellen, indem sie diätetische Maßnahmen oder auch bestimmte Medikamente einsetzt, die zur Entleerung und Ausscheidung führen. Hierbei werden eine ausgefeilte Diätetik und Pharmakologie entwickelt, die für jedes Nahrungsmittel, Gewürz oder Heilkraut bestimmt, in welcher Form es anzuwenden sei (gekocht, zerstampft oder gemischt, in Dampf- oder Rauchform). Die äußeren Bedingungen müssen berücksichtigt werden, d.h. zu welcher Tages- und Jahreszeit die Medikamente zu verabreichen sind, Geschlecht und Alter sind zu bestimmen sowie die Frage zu klären, wie die Wirkung der vier Qualitäten bei welchen Krankheiten erzeugt werden könne. So erklärt der Autor von *De natura hominis*, daß ein und dasselbe Brechmittel, viermal im Jahr demselben Menschen gegeben, im Winter zum Erbrechen von Schleim, im Frühjahr zu einem feuchten, im Sommer zu einem galligen und im Herbst zu einem schwarzen Erbrechen führen werde.[164]

Der Autor von *De victu* untersucht die Wirkungen einzelner Nahrungsmittel, wobei er natürliche, aber auch durch Zu- oder Aufbereitung erzeugte Wirkungen unterscheidet.[165] Hafer soll demnach eine feuchte und kalte Wirkung auf die Säfte des Kör-

---

[163] *De natura hominis* 4.
[164] *De natura hominis* 7.
[165] *De victu* 2,40 ff.

pers haben, reiner Honig wirke wärmend und trocknend, mit Wasser gemischter Honig jedoch feucht und bei Menschen mit galliger Konstitution (Dominanz der Galle im Körper) nicht abführend, jedoch bei Menschen mit schleimiger Konstitution verstopfend.

Gleichzeitig mit den Vorstellungen über die Regelung der Lebensweise entwickelt sich auch die auf den Säften und ihren Qualitäten beruhende Pharmakotherapie. Dabei wird sicher das über viele Generationen hin überlieferte Wissen zur Schmerz- und Heiltherapie bestimmter Pflanzen integriert.[166] Die Schriften des *Corpus Hippocraticum* enthalten zahlreiche unterschiedliche Rezepte, deren Bestandteile nach der Intensität ihrer Wirkungen – immer auf der Grundlage der Säfte- und Qualitätenlehre – klassifiziert werden.

Das Ziel der diätetischen Konzepte ist eine Wiederherstellung des Gleichgewichtes der Säfte, das im ausgewogenen Verhältnis zu den äußeren, z.B. klimatischen Bedingungen und den inneren, individuell-körperlichen Gegebenheiten stehen soll. Die teilweise schon sehr detailliert ausgearbeiteten Empfehlungen werden später immer weiter verfeinert.

In gleicher Weise orientieren sich auch die chirurgischen Maßnahmen an der Vorstellung von einem Gleichgewicht bzw. dessen Störung im Säftehaushalt des Menschen. Man erkennt eine Beschränkung auf Aderlaß, Schröpfen und die Eröffnung von Abszessen, durch die entsprechend in diesen Haushalt eingegriffen werden konnte.

Dahinter steht die Vorstellung, daß sich das Blut im Körper hin und her bewegt (nicht jedoch zirkuliert), aber Ansammlungen von Blut zu Schmerzen, Eiter oder weiteren schädlichen Prozessen führen:

De natura hominis 11,6: »*Den Aderlaß muß man also diesen Ausführungen entsprechend einrichten. Man hat dafür Sorge zu tra-*

---

[166] Vgl. z.B. Homer, *Il.* 4,210ff. 11,822–836.

gen, daß die Schnitte möglichst fern von denjenigen Stellen erfolgen, wo die Schmerzen gewöhnlich entstehen und das Blut sich ansammelt. Denn so erfolgt wohl am wenigsten die große Veränderung (μεταβολή) plötzlich, und du wirst den bisher gewohnten (Krankheits-)Zustand so abändern, daß keine Ansammlung an der gleichen Stelle mehr entsteht.«

Anders als bei den schädlichen Ansammlungen von Blut stellt man sich im Zusammenhang des Saftes Phlegma einen differenzierteren Prozeß vor. Er tritt sowohl in einer gefährlichen Form als Eiter auf wie auch in einer den Gesundungsprozeß fördernden Form. Dabei hat er einen Reifungsprozeß (πέψις) innerhalb des Körpers durchlaufen.[167] Eine Gruppe der Schriften definiert diesen Prozeß als *coctio* (Kochung: *Epidemien, De humoribus, Prognostikon, Prorrhetikon* 1 und 2, *Koische Sentenzen, Aphorismen, De acutis* und *Appendix*).[168] Die bei Krankheitsprozessen auftretenden Abscheidungen (ἀποκρίσεις) werden nicht nur generell als Ausscheidung verdorbener oder im Übermaß angesammelter Säfte wie Blut, Eiter, Harn, Schweiß etc. angesehen,[169] sondern auch in ihrem zeitlichen Ablauf in ein festes Schema eingeordnet. Im Hinblick auf das Eintreten einer Wendung zum Besseren oder Schlechteren ist der Ablauf nach Krisen gegliedert. Besonders bei fiebrigen Erkrankungen nahm man sog. Krisentage an, die in einem durch Zahlverhältnisse festgelegten Rhythmus (z. B. 4. Tag, 7. Tag oder auch 21. Tag) nach dem Ausbruch einer Krankheit eintraten. Das Beobachten der Ausscheidungen und die Kenntnis der zeitlichen Abläufe bestimmen im wesentlichen die Diagnose, Prognose und Therapie.

Der in der Säftelehre zum Ausdruck kommende, konzeptionelle Ansatz findet sich gleichermaßen in den spekulativen Vor-

---

[167] Vgl. *Aphorismen* 1,22.23.

[168] Jouanna (1990) 62 mit Anm. 4 und dem Hinweis, daß das Substantiv πεπασμός in dieser Gruppe achtmal erscheint, hingegen in den anderen Schriften des *Corpus Hippocraticum* nicht.

[169] Vgl. *Aphorismen* 2,12.

stellungen vom Inneren des Körpers. Da anatomische Sektionen am Menschen tabuisiert waren, haben sich hier das Analogiedenken, aber auch die Übertragung der aus der Tieranatomie gewonnenen Erkenntnisse hemmend ausgewirkt. Eine Ausnahme stellen die knochenchirurgischen Schriften dar (*De fracturis*, *De articulis*, *De natura ossium*), die sich allerdings im Unterschied zu dem Wissen über die Vorgänge im Inneren des Körpers auf ein ganz anderes anatomisches Wissen und durchaus auch auf die aus der Behandlung von Kriegs- und Sportverletzungen gewonnene Erfahrung stützen konnten.

Prinzipiell stehen bei den Überlegungen zum Aufbau und zur Struktur der inneren Organe Funktionsüberlegungen im Vordergrund, nicht Untersuchungen der morphologischen Beschaffenheit.[170] Physische Strukturen wie Herz, Gehirn, Gefäße etc. sind bekannt und werden in einigen Schriften ausführlich beschrieben (*De morbo sacro*, *De morbis* 1,3 [vgl. S. 156ff.], *De natura hominis*, *Epidemien* 2, *De natura ossium*, *De locis in homine*, *De carnibus*). Eine Unterscheidung von Venen und Arterien wird nicht gemacht, beide werden mit dem Ausdruck φλέψ bezeichnet. Ihr Unterschied ist erst von Praxagoras von Kos beschrieben worden. Allerdings findet sich auch die Beschreibung der *vena cava* als »hohle Ader« (κοίλη φλέψ), und manche Adern werden nach dem Organ oder Körperteil benannt, mit dem sie in Verbindung stehen (Schulteradern, Leberadern).[171] Die Bezeichnung *Arterie* (ἀρτηρίη) bezeichnete hingegen in dieser Zeit noch die Luftröhre.

Die Funktion des Herzens wird in diesem Zusammenhang je nach Autor ganz unterschiedlich beschrieben: In *De morbo sacro* und *De natura hominis* ist der Anfang des Adernsystems im

---

[170] Kollesch/Nickel (1994) 27.
[171] Vgl. *De morbis* 1,3 und 8: φλὲψ αἱμόρρος (blutführende Ader); für Wittern (1974) LXXVII ist hier schon eine Vorstellung von der Differenzierung der Blutgefäße zu erkennen.

Kopf, in *De natura hominis* findet sich nicht einmal eine Erwähnung des Herzens im Kontext seiner Gefäßbeschreibung (vgl. dazu Anm. zu *De morbis* 1,3, S. 156, 158, 169 u. 435). Dies läßt sich auf dem Hintergrund des funktionalen Verständnisses erklären.[172] Es existiert nicht die geringste Vorstellung vom Blutkreislauf, sondern man nimmt an, daß die Adern sowohl Blut als auch Luft transportieren, darüber hinaus auch die Vermittlung und Verteilung der Säfte im Körper besorgen.

Auch das Bewußtsein wird in unterschiedlichen Körperzentren angesiedelt. Der Autor von *De morbis* 2 lokalisiert es im Herzen, gemäß *De morbis* 1 und *De flatibus* befindet es sich im Blut und in *De morbo sacro* sowie *De locis in homine* im Gehirn. Bereits im 5. Jahrhundert scheint man hierüber kontrovers diskutiert zu haben, denn der Autor von *De morbo sacro* polemisiert gegen eine ältere Auffassung, die das Zwerchfell (φρήν) als Zentrum des Bewußtseins, insbesondere des Denkens ausgemacht hat.[173] Aber auch diejenigen, für die das Herz diese Rolle wahrnimmt, kritisiert der Autor scharf.

Weniger große Differenzen sind im Bereich der Zeugungsphysiologie zu erkennen. Ähnlich wie die Philosophen Demokrit und Empedokles vertreten verschiedene Autoren des *Corpus Hippocraticum* eine sog. Zweisamenlehre, d.h., sowohl männlicher als auch weiblicher Samen leisten einen Beitrag zur Zeugung. Bei der Frage, wie daraus das Geschlecht entsteht, sind allerdings größere Unterschiede zu erkennen. Der Autor der Schrift *De genitura* sieht in dem männlichen Samen den stärkeren, der, wenn er in der Menge überwiege, auch das Geschlecht bestimme. Andererseits war von dem Philosophen Parmenides die sehr einflußreiche Überlegung entwickelt worden, daß die Geschlechtsentstehung von der Plazierung des Samens im Uterus abhinge, den er – ausgehend von der Analogie zur tierischen

---

[172] Dazu van der Eijk, a.a.O., 65, Anm. 181.
[173] *De morbo sacro* 16–17; van der Eijk, a.a.O., 66.

Anatomie – als zweikammerig beschrieb: Durch die Lokalisierung des Samens in der rechten Uterusseite entstehe ein männliches Wesen, durch diejenige im linken Abschnitt ein weibliches. In der Folge wird diese Ansicht mit der Vorstellung verknüpft, daß auch Wärme bzw. Kälte einen Einfluß auf die Geschlechtsentstehung nehmen können. Das männliche Geschlecht wird mit der wärmeren Natur, das weibliche mit der kälteren gleichgesetzt.[174] *De victu* 1,34 erweitert dies: Der Autor meint, daß Männer aufgrund ihrer anstrengenderen Lebensweise ihren Leib stärker erwärmen und trocknen, Frauen den ihren jedoch durch ein bequemeres Leben feuchter halten sowie wegen der monatlichen Menstruation weniger Wärme haben. Die Autoren von *De muliebribus* und *De natura pueri* ordnen Wärme hingegen der Frau und Kälte dem Mann zu.[175]

---

[174] Empedokles B 65; *De victu* 1,34: vgl. Schubert/Huttner (1999) 464.
[175] *De muliebribus* C 1 (I 1): vgl. Schubert/Huttner (1999) 152 ff., 464, 521. *De natura pueri* 15,4: vgl. Schubert/Huttner (1999) 464, 520. Bei den Autoren von *De muliebribus* C und *De natura hominis* handelt es sich möglicherweise um ein und denselben Verfasser; zur Einteilung von *De muliebribus* in verschiedene, auch zeitlich nachgeordnete Schichten: Grensemann (1987) 1 ff; vgl. Schubert/Huttner (1999) 427, 529.

VI

AUSBLICK

Die in den Werken des *Corpus Hippocraticum* zum Ausdruck kommende Verbindung zwischen Medizin und Philosophie ist im Laufe der Antike zur Grundlage einer immer enger werdenden Verknüpfung mit dem Aristotelismus geworden.[176] Die durch Galen geprägte Hippokrates-Auffassung ist, insbesondere durch seine zahlreichen Kommentare zu den Schriften des *Corpus Hippocraticum*, zur entscheidenden Autorität für ein idealisiertes Hippokrates-Bild geworden.[177] Hippokrates hat für Galen eine überragende Bedeutung gewonnen, weil er dessen humoralpathologische Konzeption in ihren Grundzügen teilte, dessen methodisches Vorgehen, dessen Einstellung zum Kranken und zu den Pflichten des Arztes als vorbildlich erklären konnte, aber dabei die dazwischen liegenden 600 Jahre mit ihrem beträchtlichen Erkenntniszuwachs in der Medizin durchaus nicht ignorieren mußte, sondern sich vielmehr in einer besonderen historischen Tradition sehen konnte. Dieser sog. galenische Hippokratismus wird in der Spätantike die Grundlage der wissenschaftlichen Medizin. Nach dem Vorbild Galens wird Hippokrates ausgelegt und auf dieser Basis eine theoretische Medizin betrieben.

Die philosophisch orientierten christlichen Theologen haben sich schon früh mit Galen und Hippokrates beschäftigt. Chalcidius (4. Jh.) und Nemesius von Emesa (5. Jh.) nennen Hippokra-

---

[176] O. Temkin, Geschichte des Hippokratismus im ausgehenden Altertum, Kyklos 4 (1932) 1–80, bes. 43; vgl. zur Entwicklung des sog. Hippokratismus Smith (1979).

[177] Vgl. dazu G. Harig / J. Kollesch, Galen und Hippocrates (Colloque Hippocratique, 1975) 257 ff.

tes als den Begründer der Humoralpathologie,[178] aber auch in der Medizin beschäftigt man sich mit dem galenischen Hippokratismus (Oribasius, Magnus). Für Oribasius hat der Name des Hippokrates noch den symbolischen Wert einer empirisch fundierten und darauf aufbauenden wissenschaftlichen Medizin, demgegenüber zeichnet sich der Hippokratismus des Bischofs Nemesius durch die reine Übernahme der naturphilosophischen Konzepte und Kenntnisse aus.[179]

Zentrum dieser Entwicklung ist Alexandria, und dort findet seit dem 4. Jahrhundert im Zusammenhang mit der intensiv betriebenen Kommentatorentätigkeit zu Aristoteles die kompendienartige Zusammenstellung der Werke Galens und des Hippokrates statt. Daneben werden auch Hippokrates-Kommentare verfaßt. Wie schon Galen schreiben Palladius, Gesius, Stephanus und Damaskius einzelne Sätze aus den Werken des *Corpus Hippocraticum* aus und fügen ihnen Kommentare hinzu, die diejenigen Galens kürzen und schematisieren.[180] Insgesamt ist dabei ein Prozeß der kompendiösen Zusammenfassung antiker Medizin in der lateinischen Literatur zu beobachten. Solche Kompendien werden zur Fieber-, Puls- und Urinlehre geschrieben.[181]

---

[178] Chalcidius: Platonis Timaeus interprete Chalcidio cum eiusdem commentario ed. J. Wrobel, Leipzig 1876, Kap. 37, 102,21; 246,7; vgl. Temkin (1932) 44; Gregor von Nazianz: *Orat.* 7, c. 20 (Migne, Patrol. graec., Bd. 35, 1857, 780); Nemesius Emesenus, *De natura hominis* 53 (hrsg. von C. F. Matthaei, Magdeburg 1802, 123,5); vgl. Temkin, a.a.O., 45.

[179] Temkin, a.a.O., 45.

[180] Vgl. Kroll, RE IV (1901) 2039–2042; D. Irmer, Palladius. Kommentar zu Hippokrates ›De fracturis‹ und seine Parallelversion unter dem Namen Stephanus von Alexandria, Hamburg 1977, V ff., zur Datierung (6. Jh. n. Chr.) bzw. Identifizierung des Palladius.

[181] J. L. Ideler, Physici et medici Graeci minores, Berlin 1841/1842, Bd. 1, 107–120, schreibt das Werk Περὶ πυρετῶν Palladius zu; vgl. dazu Temkin, a.a.O., 47 A. 2; das Puls-Kompendium des Pseudo-Rufus: Daremberg/Ruelle (1879) 219–232; die pseudo-soranischen Pulsabschnitte: Rose, Anecdota Graeca et Graecolatina, Heft 2, Berlin 1870, 263ff. und 275–280; K. Sudhoff, Fragment eines Pulstraktates aus dem Codex Laureshamensis Caelii,

Eines dieser Kompendien über die Pulslehre ist von Theophilus, wahrscheinlich nicht vor dem 6. Jahrhundert, verfaßt worden.[182] Zwar stellt er Hippokrates dem fortschrittlicheren Galen gegenüber, aber dabei zitiert er Hippokrates schon nach Galen, nicht mehr nach den Originalschriften. Diese Kanalisierung der Hippokrates-Tradition ist als Konzentrationsprozeß sicher ein längerer Prozeß gewesen, der sich allmählich vom 4. bis zum 7. Jahrhundert entwickelte.

Später ist in der arabischen Tradition an der Ansicht festgehalten worden, es gehörte eine exakt bestimmbare Zahl von Werken des Hippokrates (10 oder 12 Titel) und 16 des Galen zu einem festen Kanon.[183] Obwohl der Kanon angeblicher Hippokrates-Schriften keineswegs einheitlich ist, wird deutlich, daß die Auswahl den Kriterien und dem Vorbild Galens folgt,[184] so daß es sich in der Regel eher um Bearbeitungen Galens als um originäre hippokratischen Schriften gehandelt haben dürfte. Es läßt sich zeigen, daß die als kanonisch betrachteten hippokratischen Schriften wohl nur als Kommentar-Lemmata in der arabischen Welt tradiert wurden, und selbst wenn sie eine wesentliche Grundlage darstellten, hat eindeutig die indirekte Rezeptionsweise überwogen.[185]

Archiv für Geschichte der Medizin 14 (1923) 126. Zu den Urintraktaten: Ideler, a.a.O., und Henschel, Janus 2 (1847) 273–297, zu Magnus von Emesus.

[182] Temkin, a.a.O., 47.

[183] Im einzelnen: U. Weisser, Das Corpus Hippocraticum in der arabischen Medizin (Colloque Hippocratique, 1989) 377–408, bes. 385 mit einer tabellarischen Übersicht; vgl. M. Ullmann, Die Medizin im Islam (= Handbuch der Orientalistik, Abt. 1, Erg. Bd. VI 1), Leiden/Köln 1970, 229 ff.; Temkin, a.a.O., 51 ff.

[184] Weisser, a.a.O., 394, 396.

[185] Weisser, a.a.O., 397. Zu den Editionen des Hippocrates arabus vgl. M. C. Lyons und J. N. Mattock (Hrsg.), Arabic Scientific and Technical Texts, Cambridge 1966 ff.; grundsätzlich hierzu G. Strohmaier, Der arabische Hippokrates. Bemerkungen zu einem Aufsatz von Dieter Irmer, Sudhoffs Archiv 64 (1980) 234–249.

Diese alexandrinische Entwicklung setzte sich zunächst in Syrien, später im arabischen Kulturbereich fort. Nach dem Bericht eines späteren syrischen Schriftstellers, Bar Hebraeus, sollen bereits im 3. Jahrhundert, zur Zeit der Gründung Gondesapurs durch die Sassaniden, griechische Ärzte dorthin gezogen sein. Im 5. Jahrhundert erst, unter den Nestorianern, ist Gondesapur zum eigentlichen Zentrum der griechischen Medizin geworden.[186] Auch hier spielt wieder die Verbindung zwischen Aristotelismus und galenischem Hippokratismus die entscheidende Rolle: Zu Anfang des 6. Jahrhunderts übersetzte Sergius aus Rés'ainá sowohl die Werke Galens als auch des Aristoteles ins Syrische.[187] Die spätere arabische Medizin knüpfte an diese nestorianische Tradition an. In Bagdad gründete der Kalif Màmûn etwa 830 eine regelrechte Übersetzerschule, das sog. Haus der Weisheit, geleitet von dem Nestorianer Yūhannā Ibn Másawaih aus Gondesapur. Dessen Schüler Johannitius (Hunain Ibn Ishāq, † 873) übertrug zusammen mit seinem Sohn und einem Neffen 129 Werke Galens ins Arabische bzw. Syrisch-Aramäische. In diesem Kontext bezieht sich Johannitius auf die »Summaria Alexandrinorum«, eben jenes Kompendium aus Galen- und Hippokrates-Schriften. In der Folge wurde die alexandrinische Tradition des galenischen Hippokratismus von den großen arabischen Ärzten und Philosophen Rhazes († 925), Isaac Judaeus († 955), Ibn al-Gazzâr († 979), Haly Abbas († 994), Avicenna († 1037), Averroes († 1198) und Maimonides († 1204) weiter zu Kompendien, Lehrbüchern, Enzyklopädien verdichtet, aber auch mit eigenen Krankengeschichten und Methoden bereichert. Für die Ausbil-

[186] Vgl. dazu R. Degen, Galen im Syrischen. Eine Übersicht, in: Galen, Problems and Prospects. A Collection of Papers Submitted at the 1979 Cambridge Conference, hrsg. von V. Nutton, London 1981, 131–166; ders., Ein Corpus Medicorum Syriacorum, Medizinhistorisches Journal 7 (1972) 114–122.

[187] Temkin, a.a.O., 57.

dung der in das Mittelalter weiterreichenden Überlieferung ist
dabei der Anschluß an die aristotelische Tradition in Verbindung
mit dem durch Galen geprägten Hippokrates-Ideal entscheidend
gewesen. Ein besonderer Zug der islamischen Traditionswissen-
schaft ist das hohe Interesse an der Geschichte der Medizin, das
sich auf die Persönlichkeit und moralische Integrität der Traden-
ten als Garanten der Zuverlässigkeit konzentrierte. Das dabei
hervortretende Interesse an den Biographien Galens und des
Hippokrates weist sie als moralische Vorbilder ärztlichen Verhal-
tens aus. Besonders die dentologischen Schriften des *Corpus Hip-
pocraticum*, darunter natürlich der Eid, wurden herausgehoben
und der Eid erstmals in der Geschichte mit offizieller Autorität
als verbindlich für den Beginn der Berufstätigkeit muslimischer
Ärzte festgeschrieben.

Seit dem 12. Jahrhundert wurde auch im christlichen Abend-
land die Tradition der antiken Medizin wiederbelebt. In den
Schulen von Salerno und Toledo übersetzte man Aristoteles,
aber auch die medizinischen Lehrbücher etwa des Avicenna, des
Rhazes und Abulcasis aus dem Arabischen ins Lateinische.[188]
Erst in der Renaissance begann man, unter Umgehung der arabi-
schen Überlieferung, mit der Sichtung und Herausgabe griechi-
scher und lateinischer Handschriften aus den mittelalterlichen
Klosterbibliotheken.[189] Die quellen- und rezeptionskritische Ar-
beit beeinflußte auch die medizinische Wissenschaft.[190] Zwar
prägte die Lehre Galens die europäische Medizin noch stark,

[188] G. Baader, Die Tradition des Corpus Hippocraticum im europäischen
Mittelalter (Colloque Hippocratique, 1989) 409–419; ders., Die Schule von
Salerno, Medizinhistorisches Journal 13 (1978) 128–132; G. Baader / G. Keil,
Medizin im mittelalterlichen Abendland, Darmstadt 1982 (Wege der For-
schung 363).
[189] V. Nutton, Hippocrates in the Renaissance (Colloque Hippocratique,
1989) 420–439.
[190] G. Baader, Handschrift und Frühdruck als Überlieferungsinstrumente
der Wissenschaften, Berichte zur Wissenschaftsgeschichte 3 (1980) 14 ff.

doch führten Experimente, Entdeckungen und Beobachtungen zu ganz neuen Konzepten. Mit der Entdeckung des Blutkreislaufs im Jahr 1628 auf der Grundlage eines mechanistisch-mathematischen Modelles hatte die Abwendung von der hippokratischen Säftelehre begonnen, die dann im 17. Jahrhundert endgültig vollzogen wurde. Die Person des Hippokrates hat sich aber in dieser langen Tradition zu dem Ideal eines Arztes verfestigt, das auch der modernen Medizin noch als Leitbild dient.

ERLÄUTERUNGEN

DE AERIBUS

Die Schrift über die Umwelt – mit zum Teil ganz unterschiedlichen Titeln: statt »Über die Umwelt« wird sie auch »Über Luft, Wasser, Ortslage« genannt – zerfällt in zwei auf den ersten Blick recht unterschiedliche Teile. Im ersten Teil werden nach dem Konzept einer klimatologisch orientierten Medizin verschiedene Lage-Schemata für den von Stadt zu Stadt ziehenden Arzt dargelegt (Kap. 1–11). In den Kapiteln 3–6 werden dabei nach den vier Himmelsrichtungen vier verschiedene Kombinationen beschrieben (vgl. Schema 1, S. 393, für das Beispiel der nach Osten orientierten Stadt in Kap. 5). Insbesondere in Kap. 10 faßt der Autor dann die grundlegende Einteilung nach Jahreszeiten zusammen (vgl. Schema 2, S. 395).

Im zweiten Teil der Schrift (Kap. 12–24) legt er eine auf ethnographischen Überlegungen basierende Gegenüberstellung Asiens und Europas dar. Auch dieser Teil ist stark an schematischen Modellen ausgerichtet: Zum einen verbindet er mit dem jeweiligen Kontinent ganz spezielle äußere und innere, charakterliche und politische Prägungen (vgl. Schema 3, S. 396). Er folgt hierbei einer vor allem aus der politischen Konstellation – der Auseinandersetzung zwischen den Griechen und Persern – entwickelten Vorstellung vom Gegensatz dieser beiden Völker. Die Perser werden im Verlauf der sog. Perserkriege, die mit dem Ionischen Aufstand 500 v. Chr. beginnen und ein vorläufiges Ende in den 60er Jahren des 5. Jahrhunderts finden,[1] zunehmend als asiatische Barbaren charakterisiert, die weibisch und feige einem tyrannischen Despoten folgen. Zum anderen verwendet der Autor hier ein Modell der Erdeinteilung, das diese in die drei Teile Europa, Asien, Libyen (Afrika) gliedert,[2] wobei er selbst sich aber offenbar dafür entscheidet, Libyen (Afrika) zu Asien

---

[1] Vgl. dazu ausführlich Schubert (1994) 19 ff.

[2] Vgl. dazu ausführlich Schubert, Konstruktionsprinzipien des Weltbildes. Die Hippokratische Schrift »De aeribus« und die Suche nach der Mitte der Welt, Medizinhistorisches Journal 35 (2000) 201–201.

zu rechnen, um so wiederum ein zweigeteiltes Weltbild präsentieren zu können.

Diesen ethnographischen Ansatz verbindet er nun weiterhin mit der aus der klimatologisch- meteorologisch ausgerichteten Medizin und Philosophie entwickelten Überlegung, daß die räumliche Mitte als Ort des Ausgleich zwischen den Extremen im Hinblick auf das Klima auch für Krankheit und Gesundheit von Bedeutung ist. Einerseits beschreibt er ein durch die geographische Mittellage herausgehobenes Land, das aus diesem Grund auch ein ausgeglichenes Klima aufweist (12,4: κρῆσις τῶν ὡρέων) und in dem die Menschen besonders schön und ebenmäßig gestaltet sind (Kap. 12). Diese Mischung ist offenbar als diejenige der quantitativ gleichwertigen Anteile der Jahreszeiten (ἰσομοιρίη) gedacht und entspricht derjenigen eines Gleichgewichtes aus den gleichstarken und gleichwertigen Teilen. Andererseits hebt der Autor aber hervor, daß in Europa, ohne die Vorteile der Mittellage und mit wechselhaftem Klima ausgestattet, ausgesprochen tapfere, kreative, kriegerische und daher auch sehr freiheitsliebende Menschen leben. Die Stärke von Sitten und Charakter in Europa werden sogar ausdrücklich und ursächlich mit dem vielfältigen Wechsel (μεταβολή) des Klimas begründet.

Das Auffälligste ist hier jedoch, daß der Autor die Mitte der Welt nicht geographisch verortet: Außer der unbestimmten Angabe über die Mittellage, die keine exakte räumliche Bestimmung zuläßt, wie ja gerade die Verwendung dieser Positionsbestimmung (Mitte zwischen den Sonnenaufgängen) auch für ganz andere Gebiete wie beispielsweise Italien belegt ist, wird nichts Genaueres gesagt. Man hat hier immer wieder einen Bezug auf Ionien vermutet, da bestimmte Ähnlichkeiten mit vergleichbaren Beschreibungen bei Herodot (1, 142) vorliegen.[3] Auch Galen bemängelt in seinem Kommentar, daß in der ihm vorliegenden Fassung der Schrift der Autor – Galen geht hier davon aus, daß es sich um Hippokrates handelt – die Region nicht benannt habe.[4] Galen meint jedoch, die Region identifizieren zu können: Die Angabe des Autors, daß die mangelnde Tapferkeit der Bewohner dieser Mitte durch die richtigen Nomoi ausge-

[3] Vgl. W. Backhaus, Der Hellenen-Barbaren-Gegensatz und die Hippokratische Schrift »peri aeron hydaton topon«, Historia 25 (1976) 170–185; Desautels, 64.

[4] Galens Kommentar zu De aeribus 16,7 (= fol. 83 r 15 sq. Strohmaier).

glichen werden könne,[5] versteht Galen so, daß er die Region in den Gebieten Mysiens und Pisidiens verortet. Es sei dahingestellt, wie korrekt diese Vermutung Galens ist. Es ist unverkennbar, daß auch Galen spekulieren mußte, welche Region gemeint sein könnte.

Diese besondere Kombination von Mischung und Mitte findet sich in der Schrift *De aeribus* zum ersten Mal. Dabei kombiniert der Autor aber offenbar sein geographisch-klimatisches Schema von Mitte und Ausgleich mit einem anderen Konzept, das die Aussage des räumlichen Schemas außer Kraft setzt. Nicht das Volk, das in einem ausgewogenen, gemischten Klima in Asien lebt, ist auch moralisch herausragend und hat eine gute politische Ordnung, sondern gerade diejenigen Menschen sind es, die in der von starker μεταβολή des Klimas geprägten kargen Landschaft Europas leben.[6] Die ständige μεταβολή wird als ausgesprochen positives Element bei der moralischen Entwicklung sowie auch derjenigen der politischen Ordnungen beschrieben.

Bei der Hervorhebung und Bewertung der räumlichen Mitte sowie der sich daraus ergebenden klimatischen Mischung tritt ein innerer Widerspruch in der Konzeption von *De aeribus* zutage. Auf der einen Seite hebt der Autor die Dynamik von Wechsel und Veränderungen als ein die menschliche Entwicklung antreibendes und auch die Politik prägendes Strukturmerkmal hervor, auf der anderen Seite verwendet er wohl die Konzeption einer Klima- und Mischungstheorie, die er wahrscheinlich schon vorgefunden hat und die bestimmte klimatische und geographische Elemente mit Verortungen von Mitte und Extremen kombinierte.

Die in der Schrift *De aeribus* im Hinblick auf die räumliche Mitte der Welt und die ideale Mischung der Jahreszeiten formulierten Konzepte geben daher einen Einblick in die Vorstufen dieser später in der Medizin, Philosophie und politischen Theorie des 4. Jahrhunderts systematisch entwickelten Lehren.

Diese verschiedenen Schemata führen zwar nicht zu einem einheitlichen Gefüge, zeigen aber doch, daß die Grundgedanken in beiden Teilen der Schrift zusammengehören. Die damit verbundene Frage nach der Einheit der Schrift ist sehr unterschiedlich beantwortet worden. Es ist nicht nur die Einheit des Werkes in Frage gestellt, sondern grundsätzlich

---

[5] Erwähnung von Mysien und Pisidien in Galens Kommentar (= fol. 83 r 16–19 und fol. 83 v 5–7 sq. Strohmaier).
[6] De aeribus 1,6,2.

bezweifelt worden, daß beide Teile von demselben Autor stammen.[7]
Heute hingegen wird weder die Einheit des Werkes noch die Identität des
Autors infrage gestellt.[8]
Innerhalb des *Corpus Hippocraticum* verweist die Schrift *De aeribus* in
vielen Parallelen auf die *Aphorismen*. Die in Kap. 10 von *De aeribus* be-
schriebenen fünf Konstitutionen (vgl. Schema 2, S. 394) lassen sich bis auf
die dritte Konstitution in den *Aphorismen* 3,11–14 fast wortgleich finden.
Daher wird hier eine gemeinsame Vorlage angenommen.[9] Die Parallelen
zu den *Problemata* des Aristoteles, in denen diese Konstitutionen eben-
falls beschrieben werden (vgl. Schema 2, S. 394), lassen sich durch eine
Benutzung der Schrift *De aeribus* erklären.[10] Das Werk *De aeribus* galt Ga-
len als eine echte Schrift des Hippokrates, die er auch eines ausführlichen
Kommentars würdigte. Dieser, in der arabischen Übersetzung erhalten,[11]
ist neben dem Vergleich der mittelalterlichen griechischen (im 12. Jahrhun-
dert einsetzend, Vaticanus graecus 276 = V) und frühmittelalterlichen la-
teinischen Handschriften (im 9. Jahrhundert einsetzend) eine wertvolle
Grundlage für den Text des Werkes.[12]

---

[7] L. Edelstein, ΠΕΡΙ ΑΕΡΩΝ und die Sammlung der hippokratischen
Schriften, Berlin 1931, 57–59; vgl. H. Diller, Wanderarzt und Aitiologie. Stu-
dien zur hippokratischen Schrift ΠΕΡΙ ΑΕΡΩΝ ΥΔΑΤΩΝ ΤΟΠΩΝ,
Leipzig 1934; vgl. ders., Rez. zu M. Pohlenz, Hippokrates und die Begrün-
dung der wissenschaftlichen Medizin, Berlin 1938, Gnomon 18 (1942) 65 ff.
(= Kleine Schriften 188 ff.); anders hingegen ders., Hippokrates, Hamburg
1962, 99.
[8] Jouanna (1996) 21; vgl. H. Grensemann, Das 24. Kapitel von De aeribus,
aquis, locis und die Einheit der Schrift, Hermes 107 (1979) 423–441.
[9] Jouanna (1996) 150 f.
[10] Jouanna (1996) 153.
[11] Galeni In Hippocratis De aere aquis locis commentariorum versionem
Arabicam ed. G. Strohmaier, Berlin o. J.; (Corpus Medicorum Graecorum.
Supplementum Orientale V). Für die Einsicht in das Manuskript der Über-
setzung bin ich G. Strohmaier zu herzlichem Dank verpflichtet. Für die sich
aus diesem Text ergebenden Varianten vgl. Jouanna (1996) 145.
[12] Eine Übersicht der Handschriften einschließlich des von Jouanna 1991
beschriebenen Parisinus graecus 2047 A (= P) und der von K.-D. Fischer ent-
deckten lateinischen Übersetzung aus dem 12. Jahrhundert (Monacensis
23535) bei Jouanna (1996) 83–184.

Schema 1:

1. Die nach Süden orientierte Stadt (De aeribus 3)

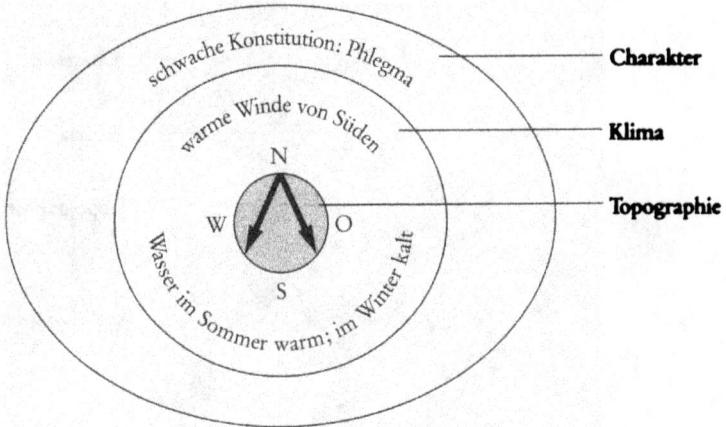

schwache Konstitution: Phlegma — Charakter

warme Winde von Süden — Klima

N
W O
S
Wasser im Sommer warm; im Winter kalt — Topographie

2. Die nach Norden orientierte Stadt (De aeribus 4)

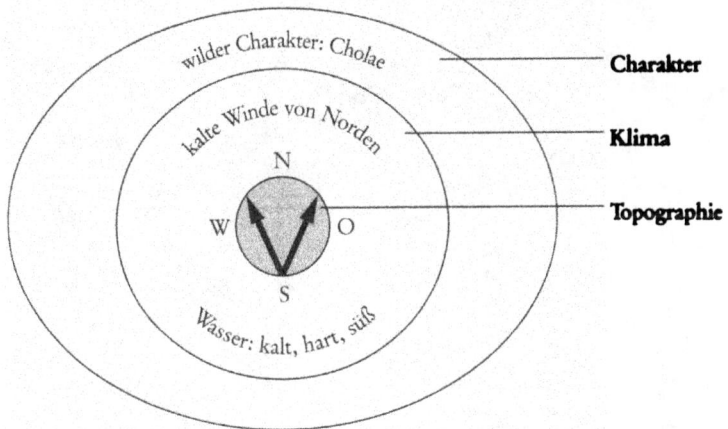

wilder Charakter: Cholae — Charakter

kalte Winde von Norden — Klima

N
W O
S
Wasser: kalt, hart, süß — Topographie

3. Die nach Osten orientierte Stadt (De aeribus 5)

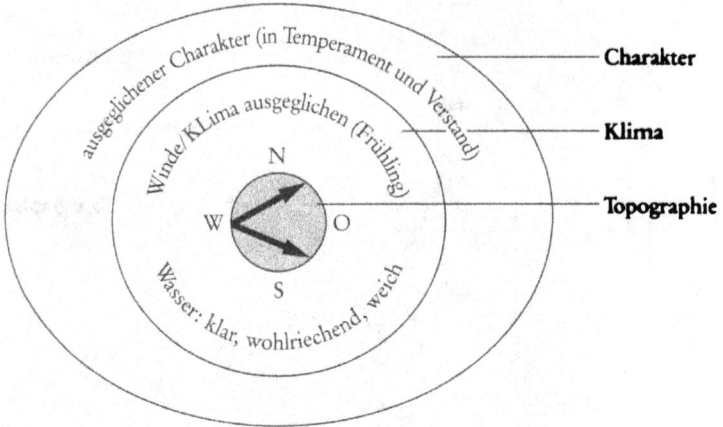

ausgeglichener Charakter (in Temperament und Verstand) — Charakter

Winde/KLima ausgeglichen (Frühling) — Klima

N
W O
S
— Topographie

Wasser: klar, wohlriechend, weich

4. Die nach Norden orientierte Stadt (De aeribus 6)

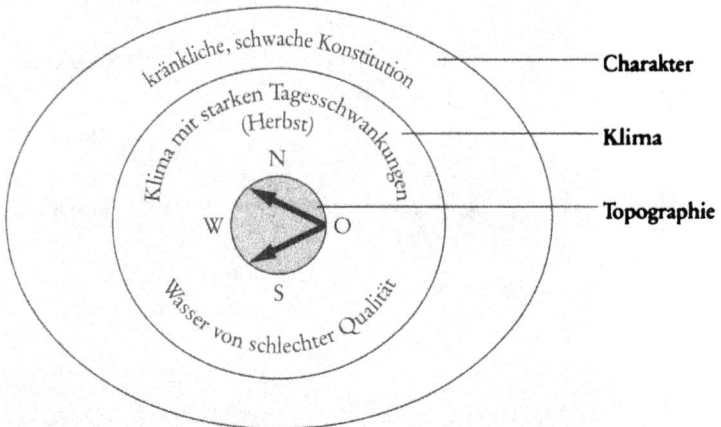

kränkliche, schwache Konstitution — Charakter

Klima mit starken Tagesschwankungen (Herbst) — Klima

N
W O
S
— Topographie

Wasser von schlechter Qualität

Schema 2:

Hauptjahreszeit	Klima	Folgejahreszeit	Klima	Krankheiten
WINTER Aer. 10,3–4 Problemata 1,1,8,9 Aphorism. 3,11	trocken + Nordwind	Frühjahr	regenreich / Südwind	Fiebererkrankungen, Augenerkrankungen, Ruhr, insb. bei viel Phlegma
		Sommer	heiß	Gesundheit vorwieg. / Todesfälle, Quartanafieber, Wassersucht
		Herbst	Regen / Etesien	Fehlgeburten
WINTER Aer. 10,5–7 Problemata 1,9 Aphorism. 3,12	regenreich / Südwind	Frühjahr		Geburt behinderter/kranker Kinder
				Gehirnkrankheiten
			kalt / trocken / Nordwind	Schnelles Ende der Krankheiten
		Sommer	trocken	Geschwüre, Durchfall, Wassersucht
SOMMER Aer. 10,10 Problemata 1,20	regenreich / Südwind	Herbst	regenreich	
		Winter	regenreich / Südwind	insb. bei Phlegma geprägten Menschen: Fieber Bei von Galle geprägten: Rippenfell- und Lungenentzündungen
SOMMER Aer. 10,11 Problemata 1,10 Aphorism. 3,13	trocken / Südwind	Herbst		
		Winter		Kopfschmerzen, Gehirnentzündungen, Husten, Heiserkeit, Schnupfen, Schwindsucht
SOMMER Aer. 10,12 Problemata 1,11,12 Aphorism. 3,14	trocken / Nordwind	Herbst	trocken	Für Phlegma geprägte, feuchte Naturen, Frauen vorteilhaft, da austrocknend; für von Galle geprägte austrocknend, gefährlich; trockene Augenkrankheiten; langwierige Fieber, Schwermut

Schema 3:

Europa	Asien
wild zornig mutig kriegerisch arbeitsam kreativ (*Techne*) (12,9–10. 23,3–5. 24,10)	schön groß gleichmäßig gewachsen sanfte, kultivierte Sitten (12, 3–9)
Heftige, zahlreiche Veränderungen prägen Körper und Seele ermöglichen den physischen und psychischen Widerstand gegen Tyrannis und Sklaverei (23,4–8)	Gleichmäßigkeit der Topographie und des Klimas führen zu physischer und psychischer Schwäche (schlaff, feige) (12,9. 16,2–3 – 23,5)
Die politischen Ordnungen richtet sich am Ideal der Isonomie und Autonomie aus (16,4. 23,8)	Die politischen Ordnungen sind geprägt von Tyrannis und Sklaverei (16,4–8.23,7)

Zu Kapitel 1:
Der Titel des Werkes war offenbar schon zu Zeiten Galens nicht genau feststellbar: Nach der arabischen Übersetzung seines Kommentars kannte Galen verschiedene Varianten des Titels »Über Orte, die Luft und das Wasser«. Statt der Luft hatten manche »die Zeiten« (Dioskurides, Artemidoros und Rufus von Ephesos). Weitere nennen nur zwei Faktoren im Titel, nämlich die Luft und die Orte (Strohmaier, a. a. O). Der heute gebräuchliche Titel ΠΕΡΙ ΑΕΡΩΝ ΥΔΑΤΩΝ ΤΟΠΩΝ stammt aus dem Vaticanus graecus 276 (= V).

Das Werk richtet sich ausdrücklich an Mediziner, d. h. ein Fachpublikum, vgl. *De morbis* 1. Der Autor beschreibt hier sein klimatologisches Schema, das sich an den Jahreszeiten, den Winden (Boreas = trockener und kalter Nordwind / Notos = feuchtwarmer Südwind, vgl. *Aphorismen* 3,5.11–14), dem Wasser und der Lage zur Sonne (Himmelsrichtung) orientiert.

Hiervon zu unterscheiden sind die Bedingungen der individuellen, menschlichen Lebensweise wie Essen, Trinken, Leibesübungen.

In *De aeribus* wird die τέχνη ἰατρική in einen umfassenden Erkenntnisprozeß eingebettet, der sowohl den medizinischen als auch den psychologischen und politischen Bereich umfaßt (Kap. 1; 11; 12). Diese τέχνη ermöglicht es, die Unterschiede zwischen den einzelnen Poleis und ihren jeweiligen Einwohnern in Bezug auf φύσις und νόμος einzuordnen, wobei *De aeribus* die politischen Einrichtungen ebenso nennt wie die kulturell und psychologisch geprägten Konstitutionen. Die gewonnenen Erkenntnisse geben dann das Raster ab, vor dessen Hintergrund erst die eigentliche τέχνη ἰατρική zum Einsatz kommt. Ähnlich unproblematisch ist für den Autor von *De aeribus* das Verhältnis zwischen der τέχνη, dem θεῖον und der φύσις. Obwohl er in Kap. 22,3 eine Formulierung benutzt, die der des Autors von *De morbo sacro* sehr ähnlich ist, liegt bei ihm doch eine grundsätzlich andere Gottesvorstellung zugrunde. *De aeribus* 22,3 (S. 56): »Ich selbst glaube auch, daß diese Krankheit göttlich ist wie alle anderen und keine göttlicher oder menschlicher ist als die andere, sondern daß alle ähnlich und alle göttlich sind.«

De morbo sacro 18,2 (S. 102f.): »Diese Dinge aber sind göttlich, so daß man nicht die Krankheit abtrennen und für göttlicher als die übrigen halten darf, sondern alle Krankheiten als göttlich und alle als menschlich beurteilen muß; jede hat ihre eigene natürliche Beschaffenheit und ihre besondere Stärke, und keine ist unheilbar, keine unüberwindbar.« Für den Autor von *De aeribus* ist, wie er in Kap. 2 ausführt, die Meteorologie gerade die entscheidende Methode, um die Unsicherheit in den Fragen der Erkenntnis zu überwinden.[13] Die Meteorologie, für ihn mit der Astronomie identisch, bildet die Grundlage der medizinischen τέχνη. Diese Anschauung basiert auf einem durchweg rational konzipierten Naturbegriff. In Kap. 22 identifiziert er die Natur mit dem Göttlichen (22,3.10), sie ist die Ursache von Verlauf und Entwicklung eines jeden Phänomens.[14] So kann die jeweils zugrundeliegende αἰτία durch die rational und kausal bestimmte τέχνη nachvollzogen werden.[15]

---

[13] *De aeribus* 2,1 (S. 10): μὴ ἀπορεῖσθαι.

[14] Vgl. *De aeribus* 14; 23; am Beispiel der Makrokephalen und des Autonomie-Status führt der Autor seine Vorstellungen über das Verhältnis von νόμος und φύσις aus. Die φύσις gibt einen Rahmen vor, innerhalb dessen für prägende Einflüsse des νόμος Spielraum herrscht.

[15] Vgl. *Prognostikon* 1; *De flatibus*; dazu Kudlien (1977). Jedoch deutet der Autor des *Prognostikon* die Grenzen seiner ärztlichen τέχνη in einer Weise an, die mit derjenigen des Autors von *De arte* vergleichbar ist: Die Grenze der Heilkunst ist bestimmt und erkennbar, wenn die Krankheit stärker und wenn

Zu Kapitel 2:

Der Autor unterscheidet hier zwischen den – durch das klimatologische Raster geprägten – einheimischen Krankheiten und den Zuständen des Körperinneren (τῶν κοιλιῶν Lesart Jouannas und Dillers nach der lateinischen und arabischen Überlieferung und nicht κοινῶν V), die wiederum individuell zu bestimmen sind. Vgl. *De natura hominis* 9; dazu A. Thivel, L'explication des maladies dans le traité hippocratique Des airs, des eaux et des lieux, AFL Nice 49/50, 1985, 129–138; Jouanna (1996) 255.

Die Erwähnung der Meteorologie ist hier in mehrfacher Hinsicht vor dem zeitgenössischen Hintergrund zu sehen: Hierzu gehört die Verspottung dieser Wissenschaft bei Aristophanes in den Wolken (5,332f.; 360; vgl. Euripides, *frg.* 913 N²; Platon, *Prot.* 315c; 318e; *De vetere medicina* 1). Die Differenzierung zwischen Meteorologie und Astronomie ist nur im Zusammenhang der spektakulären Asebie-Anklagen in Athen zu verstehen (433/432 gegen Anaxagoras, 399 gegen Sokrates, möglicherweise auch gegen weitere Philosophen: vgl. dazu Schubert [1993] 46ff.; K. Raaflaub, Den Olympier herausfordern? Prozesse im Umkreis des Perikles, in: L. Burckhardt / J. v. Ungern-Sternberg, Große Prozesse im antiken Athen, München 2000, 96–113; Der Prozeß gegen Sokrates, 157–173). Die Reden von »Dingen über der Erde« wurden in Athen 433/432 verboten (Plut., *Per.* 32,1). Inwiefern sich dieses Verbot, kurz vor dem Ausbruch des Peloponnesischen Krieges (431–404 v. Chr.) beschlossen, auswirkte, ist – mit Ausnahme der Anklage gegen Anaxagoras – nicht weiter bekannt. Doch findet sich äußerste Zurückhaltung gegenüber der Meteorologie eben auch bei Platon (*Euthphr.* 5c 4; *Apol.* 18a 6ff.; 19b 4ff.; 23d 3ff.; 24b 8f f.; *Phaid.* 97b 8f f.; 99d 4ff.; *Phil.* 28c ff.) und Xenophon (*Mem.* 1 1,2ff.; 4 7,4–7); vgl. dazu Schubert (1993) 92ff.

Ἀστρονομία ist hier zusammen mit Aristoph., *Nub.* 5. 201 der früheste Beleg für den Ausdruck; möglicherweise ist dies die medizinische Richtung, auf die sich Platon, *Phaidr.* 270c bezieht; vgl. J. Jouanna, La Collection hippocratique et Platon (Phèdre 269c – 272a), REG 90 (1977) 15–28; ders. (1996) 27ff.

das θεῖον in ihr ist. Damit klammert er das Göttliche aus dem von ihm diskutierten Gebiet aus. In dem so abgegrenzten Bereich gilt dann das Kausalprinzip von nachvollziehbarer Ursache und Wirkung. Vgl. auch *De flatibus* 2–5.

Zu Kapitel 3:
Beschreibung der nach Süden gelegenen Stadt (vgl. Schema 1); mit Bezug
auf die arabische Übersetzung des Galen-Kommentars zieht Jouanna hier
τὸ παιδίον nach V dem von Diller und früheren Editoren nach Zwinger
(1579) und Mercurialis (1588) gewählten τό τε θεῖον vor, wodurch der
Sinn erheblich verändert wird; vgl. Diller (1970) 29: »Die Kinder werden
von Krämpfen ... befallen, die man auf göttliche Einwirkung zurückzu-
führen und als heilige Krankheit zu bezeichnen pflegt ...« Vgl. *De morbo
sacro* 8.
  Zur Hemiplegie: vgl. Kap. 10 und *De morbo sacro* 9.

Zu Kapitel 4–6:
Kapitel 4: Beschreibung der nach Norden gelegenen Stadt (vgl. Schema 1;
vergleichbare klimatologische Einteilung bei *Aphorismen* 3,17; Aristoteles,
gen. an. 767a 32.
  Kapitel 5: Beschreibung der nach Osten gelegenen Stadt (vgl. Schema 1).
  Kapitel 6: Beschreibung der nach Westen gelegenen Stadt (vgl. Schema 1).

Zu Kapitel 7:
Beschreibung des Wassers, seiner unterschiedlichen Qualitäten und Aus-
wirkungen auf die Gesundheit; vgl. dazu die nach *De aeribus* 10 erstellte
Tabelle (Schema 2). Vgl. zu den Frauenkrankheiten: *De muliebribus* 1,59
und Schubert/Huttner (1999) 326ff. Vgl. zur *coctio*: S. 380.

Zu Kapitel 8:
Die hier beschriebenen Versuchsanordnungen kommen experimentellen
Versuchen sehr nahe. Vom methodischen Ansatz her werden sie wie etwa
auch *De morbis* 4,17 als analogisches Vorgehen eingeschätzt: vgl. Jouanna
(1996) 71f.; M. Grmek, La Première Revolution biologique, Paris, 1990;
O. Regenbogen (1930) 131–182.
  Als Erklärungsmodell hat der Autor hier offenbar die Spermata-Theo-
rie des Anaxagoras vor Augen: Anaxagoras, DK 59 A 90; B4; vgl. Dio-
genes von Apollonia, DK 64 A 17; Xenophanes, DK 21 A 46; Aristoteles,
probl. 2,9; dazu ausführlich Jouanna (1996) 275 a.a.O.

Zu Kapitel 9:
Zur Metaphorik von Macht und Herrschaft: vgl. Jouanna (1996) 280
a.a.O. und 295; vgl. *De flatibus* 7. Zur Lithiasis: E. Lesky, Zur Lithiasis-
Beschreibung in Περὶ ἀέρων ὑδάτων τόπων, Wiener Studien 63 (1948)

69–83; die Blase wird hier mit einem Kochtopf verglichen und die Prozesse, die sich dabei abspielen, laufen nach den gleichen Regeln ab wie diejenigen der äußeren Natur, die der Autor im vorangegangenen Kapitel im Hinblick auf das Wasser beschrieben hat. Zur Natur der Frau als kältere und feuchtere vgl. Schubert/Huttner (1999) 150ff., 436ff.

Zu Kapitel 10:
Vgl. Schema 2; nach der Überlieferung von V sowie der lateinischen Tradition folgt auf die fünfte Variante noch eine sechste, die jedoch eine Wiederholung der ersten ist. Galen hat diesen Befund ebenfalls in den ihm vorliegenden Hippokrates-Ausgaben gefunden, denn er stellt fest, daß er »in einer anderen Handschrift« (Strohmaier 3,9 [10,12: 52,2–12]) zumindest einen teilweise gleichlautenden Satz gefunden habe, den jedoch Dioskurides aus der Handschrift gestrichen habe, da es sich um eine Doppelung handele. Die hier dargelegten Schemata finden sich teilweise oder vollständig auch in den *Aphorismen* (3,11–14) und in den aristotelischen *Problemata* (1,8–12; 19–20); dazu Jouanna, Hippocrate et les Problemata d'Aristote: Essai de comparaison entre Airs, eaux, lieux, Kap. 10; Aphorismes 3,11–14 et Problemata I 8–12 et 19–20, (Colloque Hippocratique, 1996) 273–293.

Zu Kapitel 11:
Hier wird eindeutig die negative Auswirkung der μεταβολή festgehalten, die der Autor in Kap. 24 jedoch ganz anders beurteilt (s.u.). Vgl. *De morbis* 1,6; *De natura hominis* 8.
   Zu den Tag- und Nachtgleichen: R. Dicks, Solstices, Equinoxes and the Presocratics, JHS 86 (1966) 33, und ders., More Astronomical Misconceptions, JHS 92 (1972) 175: Offenbar war der Ausdruck noch nicht geläufig und selbstverständlich.

Zu Kapitel 12:
Mit Kap. 12 beginnt der ethnographische Teil der Schrift, in dem jedoch nicht etwa eine einfache Übertragung der bisher dargelegten Schemata auf die verschiedenen Völker erfolgt, sondern das politisch begründete Gegensatzmodell Asien – Europa noch zusätzlich eingeführt wird (zu den Gegensätzen im einzelnen siehe Schema 3). Hier bekennt sich der Autor noch zur negativen Bewertung der μεταβολή, bzw. zur positiven der χρῆσις τῶν ὡρέων. Diese bewirkt Gesundheit, d.h., aufgrund dieser ausgeglichenen Balance wird die gewaltsame »Herrschaft« – das Her-

austreten des Einzelfaktors – verhindert. Vgl. Platon, *Phaid.* 111b; Strabon 6,4,1 (aber für die Region Italiens!).
Zur Mischung: vgl. oben, S. 351 ff., 381.
12,3: Vgl. Meier (1980) 294 f. zur grundsätzlich politischen Bedeutung von Isomoiria, die hier gut mit der Isonomie verglichen werden kann (vgl. dazu oben, S. 331 ff.); vgl. K. Raaflaub, Die Entdeckung der Freiheit, München 1985, 55.
Am Ende des Kapitels ist eine größere Lücke, in der offenbar die Gebiete Ägyptens und Libyens abgehandelt wurden. Da der Autor hier noch von der asiatischen Hemisphäre spricht, hat er diese beiden Länder zu Asien gerechnet (vgl. oben, S. 380).

Zu Kapitel 13–15:
Der Autor wendet sich nun den Völkern im nördlichen Teil der asiatischen Hemisphäre zu: Die Maiotische See (Asowsches Meer) gilt ihm als Grenze, die dann ihre Fortsetzung im Fluß Tanaïs (heute: Don) findet. Eine andere Version nennt Herodot 4,45 mit dem Phasis (heute: Rion), der in das Schwarze Meer mündet, als der Grenze zwischen Asien und Europa.
Die Makrokephalen sind ihm ein Beispiel dafür, daß der νόμος auch die ungünstige φύσις prägen kann. Dies gilt zwar als die älteste Belegstelle für die sog. Nomos-Physis-Antithese, doch weist das Beispiel eher auf ein dynamisches Verhältnis hin als auf eine starre Antithese (anders Heinimann [1980] 15 mit Anm. 4). Jouanna (1996) 224 a.a.O. sieht hier eine Stufenfolge, die sich von der Prägung der Physis durch den Nomos zu einem Miteinander beider bis hin in einen Zustand des abgeschwächten Nomos entwickelt.
Zur Pangenesis-Theorie, nach der zur Fortpflanzung Samen aus allen Teilen des Körpers kommt, vgl. oben, S. 370 f., und Schubert/Huttner (1999) 98 ff. und 461.
Zum Klima am Phasis vgl. oben, Kap. 3 und 6; zu den Pfahlbauten vgl. Herodot 5,16. Ansonsten gibt es keinerlei Parallelen für den Bericht des Autors über das Volk am Phasis.
Zur negativen Konnotation von »weiblich« (eigentlich »verweiblicht«) vgl. Aristoteles, *gen. an.* 737a 28; 775a 16.

Zu Kapitel 16:
Hier verwendet der Autor zum ersten Mal die positive Ausdeutung der μεταβολή; vgl. dazu P. Demont, La cité grecque archaïque et classique et

l'idéal de tranquillité, Paris 1990, 268 ff; Schubert (1993) 160; Jouanna (1996) 315.

Zur Entwicklung des Begriffs der Autonomia: M. H. Hansen, The »Autonomous City-State«. Ancient Fact or Modern Fiction, in: M. H. Hansen / K. Raaflaub (Hrsg.), Studies in the Ancient Greek *Polis*, Stuttgart 1995, 21–43 (Historia Einzelschriften 95). Im Unterschied zu früheren Untersuchungen zur Bedeutung von Autonomia, insbesondere in der klassischen Zeit (vgl. Hansen, a.a.O., 25 ff.), besteht Hansen darauf, daß Autonomia nicht nur innere Selbstbestimmung bedeute, sondern auch mit dem Unterworfensein unter Phoros-Zahlungen nicht vereinbar sei.

Wendet man diese konkrete politische Bedeutung auf die Verwendung von Autonomia in *De Aeribus* an und unterstellt (so jüngst noch Jouanna [1996] 296), daß sich der Autor hier bei seinem Beweisbeleg auf Kleinasien bezieht, so bedeutet dies, daß die griechischen und barbarischen Poleis in Asien, für die Autonomie als Ursache ihrer vom Schema abweichenden Tapferkeit unterstellt wird, phorosfrei gewesen sein müssen. So unabhängig war diese Region jedoch nur in der Zeit des ionischen Aufstandes: Vor 500 wurden Abgaben an die Perser gezahlt, nach 494 ebenfalls wieder an die Perser und nach Gründung des Seebundes 478 an die Athener. Wenn die Identifizierung mit Ionien stimmt, dann verwendet der Autor hier Vorstellungen, die diese für das ionische Selbstverständnis wichtige Zeit als Legitimationsgrundlage benutzen. Das würde den Schluß nahelegen, daß der Autor hier eine spezifisch ionische Position vertritt, die in der Zeit des ionischen Aufstandes entwickelt wurde. Identifiziert man diese Region der Mitte und Mischung jedoch mit einem anderen geographischen Bezirk in der Hemisphäre Asien, z.B. Ägypten, bieten sich andere chronologische Anhaltspunkte wie etwa der Abfall der Region von Persien in den 60er Jahren des 5. Jahrhunderts oder ihre Kämpfe gegen die Perser an der Seite Athens in den 50er Jahren (vgl. zu den chronologischen und historischen Einzelheiten Schubert [1993] 38 ff.). Da der Autor von *De aeribus* jedoch anscheinend bewußt keinen geographischen Bezugspunkt für diese Region nennt (vgl. dazu Schubert, a.a.O. wie Anm. 2, S. 389), läßt sich hier bestenfalls spekulieren. Nichtsdestoweniger bleibt die Verwendung dieses spezifisch politischen Begriffs hier doch erstaunlich und verweist auf das große Interesse des Autors am aktuellen politischen Geschehen. Immerhin war die Verletzung der Autonomie-Klausel einer der Hauptvorwürfe der Spartaner gegenüber den Athenern und damit auch Anlaß für den Ausbruch des Peloponnesischen Krieges (Thukydides 1,67,2 [Aigina]; 1,40,5. 41,2. 43,1 [Potideia]).

Zu Kapitel 17-22:
Der Autor setzt seine ethnographische Reihe nun mit nördlichen Völkern der europäischen Hemisphäre fort. Mit Sauromaten und anderen Skythen beschreibt er Völker aus der großen Gruppe der Skythen, die sowohl zu seiner Zeit bei Herodot (Sauromaten: 4,110–117; Skythen: 4,47) als auch später etwa bei Strabon ausführlich dargestellt werden (Strabon 7, 4,6 zu den Skythen). Der Bericht ist voll von Gegensatzpaaren: Skythien im Norden als Gegensatz zu Ägypten im Süden (18,1; 19,1; 20,2), Amazonenriten bei den Sauromaten (Kap. 17; vgl. Diodor 2,45,3 [am Thermodon]; 3,53,3 [in Libyen]; Strabon 11,5,1 mit vergleichbaren Beschreibungen der Amazonen), Impotenz (Kap. 21; vgl. Herodot 1,105 und 4,67 zu Enarieis), Eunuchie und Transvestismus (Kap. 22) bei den übrigen Skythen charakterisieren diese ebenso wie ihre nomadische Lebensweise zum Inbegriff des Gegenbildes griechischer Zivilisation; vgl. dazu ausführlich Schubert (1990) 90ff., bes. 99 zu der Symmetrie der Umkehrung von Kap. 17 (Frau zu Mann) und Kap. 22 (Mann zu Frau); Jouanna (1996) 321ff.; E. Lieber, The Hippocratic ›Airs, Waters, Places‹ on cross-dressing eunuchs: »natural« yet also »divine,« (Colloque Hippocratique, 1996) 451ff.; Ch. Schubert Konstruktionsprinzipien des Weltbildes. Die Hippokratische Schrift »De aeribus« und die Suche nach der Mitte der Welt, Medizinhistorisches Journal (2000) 5ff. Zum Phänomen des religiös begründeten Transvestismus, wie er trotz der rationalisierenden Darstellung des Autors noch gut in Kap. 22,2 zu erkennen ist: K. E. Müller, Geschichte der antiken Ethnographie und Theoriebildung, Teil 1: Studien zur Kulturkunde 29, Wiesbaden 1972, 244.

Zu dem Skythenexkurs vgl. J. Pigeaud, Remarques sur l'inné et l'acquis dans le Corpus Hippocraticum, in: F. Lassere / Ph. Mudry (ed.), Formes de pensée dans la Collection hippocratique (Actes du IVe Colloque hippocratique, Lausanne 1981) Genf 1983, 41–55; A. Ballabriga, Les eunuques scythes et leurs femmes. Stérilité des femmes et impuissance des hommes en Scythie selon le traité hippocratique Des airs, Métis 1 (1986) 121–138; M. Donat, Skythische Schamanen? Die Nachrichten über Enarees-Anarieis bei Herodot und Hippokrates, Diss., Zürich 1993.

Zur Unfruchtbarkeit der Frauen in Kap. 21,2 vgl. Schubert/Huttner (1999) 316.

Zu Kapitel 23-24:
Europa ist nun gekennzeichnet durch große Schwankungen des Klimas (μεταβολαί), die Psyche und Soma prägen: Der Autor nennt als Cha-

rakteristika des von diesen Schwankungen geprägten Menschentyps das wilde Temperament, Leidenschaft und Tollkühnheit, Arbeitsamkeit und besonders ausgeprägte Fähigkeiten in Bezug auf die τέχναι.[16] Damit beschreibt er den Typus sowohl von seinen rationalen als auch seinen irrationalen Anteilen her. Besonders wichtig ist ihm eine ausgeprägte Leidenschaftlichkeit,[17] deren Bedeutung in Kap. 24,9–10 ausführlich dargelegt wird: Die derart geprägten Menschen haben eben nicht nur einen scharfen Sinn für die τέχναι, ihre σύνεσις ist ausgeprägter als bei anderen Menschentypen (24,9 = 250,5ff. Jouanna = 24,10 [82,11–12] Diller: ἔς τε τὰς τέχνας ὀξυτέρους τε καὶ συνετωτέρους). Der Arbeitseifer, auch ein Gebiet, in dem die Fähigkeit zur τέχνη sich auswirkt, ist gekennzeichnet von Heftigkeit.[18] Die gleiche Struktur legt der Autor nun aber auch bei ethischen Verhaltensweisen zugrunde: In ihren Sitten stechen die Einwohner Europas durch anmaßende, rücksichtslose und eigensinnige Leidenschaftlichkeit hervor, auch sind sie eher wild als kultiviert und schließlich kriegerischer (23,3 und 16,2).[19] Entscheidend ist hier ein Gedanke, der erst im 5. Jahrhundert entwickelt wurde. Wenn die νόμοι die φύσις verändern können, dann bedeutet dies, daß die sich gesellschaftlichen Veränderungen und Entwicklungen vom politischen Handlungsbereich her gesteuerte werden können (vgl. dazu Ch. Meier, Entstehung des Politischen, Frankfurt 1980, 275ff.).

Zum Begriff der Autonomie in 23,4 vgl. oben S. 392.

Neben diesen Kernaussagen, die natürlich auch an Kap. 12 und 16 anknüpfen, faßt der Autor in Kap. 24 seine verschiedenen Schemata - diesmal unabhängig von dem politisch orientierten Gegensatzmodell Asien–Europa - ausschließlich für die Verschiedenheiten der europäischen Hemisphäre zusammen: Er unterscheidet vier Gliederungsmuster, die in sich zu zwei Gegensatzpaaren geordnet sind:

---

[16] Eine Parallele hierzu etwa bei Antiphon, *frg.* B 1 Maidment: Über den Tribut von Samothrake, 421 v. Chr.: ὑψηλὸς τραχύς verbunden mit dem Topos der relativen Armut, der ionischen Abstammung und dem Tyrannenhaß.

[17] ὀξύθυμος: *De victu* 1, 36,2 (= 156,24 Joly); *De aeribus* 24,9-10: ὀξύς in 24,9 (= 82,10 Diller).

[18] 82,8–9 Diller: τό τε ἐργατικόν ὀξὺ ἐνεὸν ἐν τῇ φύσει τῇ τοιαύτῃ.

[19] ἀγρυπνία: *De aeribus* 24,10 (= 82,10 Diller): τὸ ἄγρυπνον τά τε ἤθεα: vgl. *De morbo sacro* 14,3 (= 82,43 Grensemann); rücksichtslose und eigensinnige Leidenschaftlichkeit: *De aeribus* 24,10 (= 82,10-11 Diller): τὰς ὀργὰς αὐθάδεας καὶ ἰδιογνώμονας.

Schema 4:

1. (24,2)	Lage: gebirgig / hoch	wasserreich	groß/kraftvoll	mutiger, wilder Charakter	**viel Metabole**
2. (24,3)	Lage: tief / stickig	wasserreich a) gute Flüsse b) keine Flüsse	klein / breit Gesundheit Krankheit	wenig Mut (Galle)	
3. (24,5)	Lage: hoch/eben ἐν εὐκρήτῳ	wasserreich windreich	große Gestalten groß / ähnlich	wenig Mut	**wenig Metabole**
4. (24,6)	Lage: kahl / mager οὐκ εὔκρητα	wenig Wasser	dürr / straff	stolz / selbstbewußt	**viel Metabole**

Hieran anschließend macht der Autor noch einmal klar, worin er die entscheidenden Faktoren sieht: In den Unterschieden menschlicher Naturen, des Landes und des Wassers sowie der Jahreszeiten, wobei die größten Gegensätze, d. h. auch eine ausgeprägte Metabole, den besten Charakter hervorbringt.

DE MORBO SACRO

Als Zeugnis des »immerwährenden Kampfes wissenschaftlich denkender
Menschen gegen Aberglauben, Dummheit und freche Scharlatanerie«
gilt *De morbo sacro* den heutigen Interpreten.[20]

In der Schrift *De morbo sacro* ist der vielleicht ehrgeizigste Versuch des
5. Jahrhunderts zu sehen, eine ›Geste der Zurückweisung‹,[21] d.h. den
Ausschluß des Wahnsinns aus der Gesellschaft theoretisch zu untermau-
ern. Obwohl die Schrift im ersten Teil als eine Abhandlung über die Epi-
lepsie zu verstehen ist, ist stellt der zweite Teil eine eher allgemeine Theo-
rie über den Ursprung von Erscheinungen des Wahnsinns dar. Im ersten
Teil (Kap. 1–12) belegt der Autor seine These vom Gehirn als dem Zen-
trum des menschlichen Körpers und des Bewußtseins. Das Gehirn ist der
Ausgangspunkt für das Krankheitsbild der Epilepsie, daher ist sie keines-
wegs eine sog. Heilige Krankheit. Im zweiten Teil (Kap. 13–17) geht es
dem Autor darum, Verhaltensweisen der μανίη zu differenzieren und sie
auf rational nachvollziehbare Ursachen zurückzuführen.[22] Er nennt bei-
spielsweise den Einfluß der Umwelt (Kälte, Sonne, Winde 18,1 [= 88,13–15
Grensemann]) auf die Körpersäfte φλέγμα und χολή. Wenn Störungen
solcher Art das Gehirn betreffen,[23] dann werden die Verstandes- und Ein-
sichtskraft des Gehirns gemindert und dadurch die Erscheinungen der
μανίη hervorgerufen.

Der Versuch, die μανίη so in ein rationales Konzept zu integrieren,
läßt sich vergleichen mit dem, was Foucault für den Übergang vom 16.
zum 17. Jahrhundert als die Umzingelung und Einkreisung des Wahn-
sinns beschrieben hat.[24] Auch die bei Xenophon zu findende Denunzie-
rung der meteorologisch forschenden Naturphilosphie als μανίη findet
hier ihren Standort: Ein sich selbst überschätzendes Verhalten wird zum

---

[20] Grensemann (1968) 5.

[21] M. Foucault, Wahnsinn und Gesellschaft: eine Geschichte des Wahns im
Zeitalter der Vernunft, Frankfurt a. M. ³1978, 8 f.

[22] *De morbo sacro* 14,4 (= 82,41–44 Grensemann); 15,1–2 (= 84,52–57 Gren-
semann); vgl. Mattes (1970) 83 zu einer ähnlichen Kombination von einander –
nach modernen Vorstellungen von diesen Krankheitsbildern – ausschließen-
den Symptomen bei Euripides, *Herakl.* 822–1162: nach Mattes handelt es sich
um eine Mischung aus ›Epilepsie‹ und ›Tobsucht‹.

[23] Simon (1980) 224 f. interpretiert den so festgeschriebenen Vorrang des
Gehirns vor den anderen Körperregionen als »imperialistic«.

[24] Foucault, a.a.O., 58.

Wahnsinn, weil es außerhalb der Regeln steht.[25] Ursache dafür ist eine abnorme, krankhafte Verwirrung, Umkehrung oder sogar ein Fehlen der φρένες bzw. des νοῦς.[26]

Dies alles berechtigt zu der Annahme, daß mit μανίη auch im 5. Jahrhundert nicht eindeutig ein festes Krankheitsbild gemeint war, sondern vielmehr ein bestimmtes Verhalten beschrieben wird. Es wurde durch die hier charakterisierte Vorstellung definiert, die das Verhältnis von Vernunft und Unvernunft zu bestimmen versuchte. Die Unvernunft, die Irrationalität, sollte erklärt, in ihren Ursprüngen rationalisiert,[27] und damit wissenschaftlich bewältigt werden.

Der sicher am heftigsten umstrittene Punkt ist die Autorschaft. An der Frage, ob es sich um denselben Autor handelt wie bei der Schrift *De aeribus* und ob die zugrundeliegenden Vorstellungen über die naturphilosophische Medizin, über die Rolle der τέχνη, über die Säfte- und Zeugungslehre dieselben seien, scheiden sich die Meinungen. Seit Wilamowitz werden immer wieder Argumente zusammengetragen, die die Identität der Autorschaft belegen sollen.[28] H. Grensemann hat zwar ebenfalls viele dieser Gemeinsamkeiten betont, jedoch wertet er sie nicht als abschließenden Beweis.[29] Der schärfste Gegner der Identitätstheorie

---

[25] Vgl. Mattes, a.a.O., 64 und 104 ff., mit zahlreichen Belegen für die Vorstellung, daß der Wahnsinn ein »Abirren vom geraden Weg« der Vernunft sei.

[26] Mattes, a.a.O., 103 f., zu den im Epos dafür zu findenden Ausdrucksweisen: z. B. Aischylos, *Cheph.* 1056 ταραγμὸς ἐς φρένας πιτνεῖ; Euripides, *Heraklid.* 836 φρενῶν ταραγμοί; vgl. auch Sophokles, *Ai.* 447; Aischylos, *Prom.* 673; Euripides, *Or.* 297 τὸ διαφθάρεν φρενῶν; ›Fehlen des Verstandes‹: Euripides, *Hipp.* 163; Aischylos, *Eum.* 377.

[27] Zu einem vergleichbaren Prozeß der Entdeckung der Inkommensurabilität und dem Versuch, sie mathematisch zu bewältigen: Triebel-Schubert (1989a).

[28] U. v. Wilamowitz-Moellendorff, Die hippokratische Schrift περὶ ἱρῆς νούσου (SPrAW, 1901) 2–23; vgl. O. Regenbogen, Symbola Hippocratea, Diss. phil. Berlin 1914, 24 ff.; M. Wellmann, Die Schrift περὶ ἱρῆς νούσου des Corpus Hippocraticum, Sudhoffs Archiv 22 (1929) 290–312; K. Deichgräber, Die Epidemien und das Corpus Hippocraticum. Voruntersuchungen zu einer Geschichte der koischen Ärzteschule (APrAW Phil. Hist. Kl.-Nr. 3 1933) 122 ff.; H. Diller, Wanderarzt und Aitiologie (Philolog. Suppl. 26,3, Leipzig 1934) 94 ff.; M. Pohlenz, Hippokrates und die Begründung der wissenschaftlichen Medizin, Berlin 1938, 104 ff.; Ph. van der Eijk, Airs, Waters, Places, and on the Sacred Disease: Two Different Religiosities, Hermes 199 (1991) 168–176; neuerdings H. Brunn, *De morbo sacro* and *De Aere Aquis Locis*, Classica et Mediaevalia 48 (1997) 115–148.

[29] Ihm folgt Jouanna (1996) 73 in seiner Edition von *De aeribus*.

hingegen ist F. Heinimann gewesen.[30] Seinen Argumenten gegen die Identität lassen sich durchaus noch weitere hinzufügen, insbesondere die sehr unterschiedliche Einschätzung der μεταβολή in *De morbo sacro* und *De aeribus* (s. dazu Einf., S. 354 ff. und unten S. 400) oder des αὐτόματον sowie der τέχνη (vgl. dazu Einf., S. 343 ff., unten S. 405 f.).

Diese Uneinigkeit in der Bewertung und Einordnung der Schrift findet sich bereits in der Antike. Galen hat das Werk als unecht, d. h. nicht aus der Feder des Hippokrates stammend bezeichnet. Stil und Gedanken seien zwar durchaus bedeutend, aber eben doch nicht des großen Meisters würdig.[31] Im Glossar des Erotian taucht die Schrift unter der Rubrik der ätiologischen und physiologischen Werke des Hippokrates auf.[32]

Auch das Verhältnis von *De morbo sacro* zu den inhaltlich nahestehenden philosophischen Schriften bietet kaum sichere Anhaltspunkte. Oft wird der Vergleich zu Alkmaion gesucht, der einerseits offenbar auch schon die Zentralstellung des Gehirns vertreten hat (DK B 24), andererseits aber eine auf Ausgleich und Gleichgewicht hin ausgerichtete Vorstellung von Gesundheit und Krankheit (vgl. dazu Einf., S. 333 f.).

Auch der Bezug zu Diogenes von Apollonia, der wie der Autor von *De morbo sacro* und derjenige von *De flatibus* dem Prinzip der Luft eine herausragende Funktion zugesprochen hatte, liegt nahe. Allerdings unterscheidet sich *De morbo sacro* in seiner These von der Zentralstellung des Gehirns deutlich von Diogenes, der dies für die linke Kammer des Herzens in Anspruch nimmt (DK 64 A 20).[33]

Der Anonymus Londinensis kennt einen Autor, der eine vergleichbare Rolle des Gehirns beschrieben hat, allerdings nennt er ihn Abas (oder Aias), und somit fällt er für die Frage nach der Identifizierung aus.[34]

---

[30] F. Heinimann, Nomos und Physis, Basel 1945 (= Darmstadt 1965) 181 ff. Vgl. zu dieser Position: C. Fredrich, Hippokratische Untersuchungen (Phil. 15, Berlin 1899) 32 mit Anm. 2; L. Edelstein, Περὶ ἀέρων und die Sammlung der hippokratischen Schriften, Problemata 4, Berlin 1931, 181 mit Anm. 1; Jones im Vorwort zu seiner Edition von *De morbo sacro* (2,131 f.); L. Bourgey, Observation et experience chez les medecins de la Collection hippocratique, Paris 1953, 76; J. Ducatillon, Polemiques dans la Collection hippocratique, Paris 1977, 197 ff.

[31] Marcianus Venetus 269 fol. 84v erste Spalte; ausführlich zitiert bei Grensemann (1968) 48 mit weiteren Testimonien.

[32] Grensemann (1968) 46 ff. mit ausführlicher Übersicht der Lemmata.

[33] Grensemann (1968) 30.

[34] Grensemann (1968) 30 f.

Zu Kapitel 1:
Jones, Hippocrates II, LCL, (1981) 132f., wies bereits daraufhin, daß der Terminus selbst (ἐπίληψις) nur in Kap. 13 (Jones) (= 10,1–11 = 76,46 – 78,71 Grensemann) zu finden sei. Andererseits ist die Klassifizierung der Krankheitssymptome in 1,29–46 (= 64,61 – 66,5 Grensemann) klassisch für die Epilepsie (vgl. dazu Temkin [1971]).

Hauptthema in Kap. 1 ist die Problematik des Göttlichen: Was ist das Göttliche, wie und woran ist es zu erkennen, d.h., worin äußert es sich (z.B. in bestimmten Krankheiten oder in Naturerscheinungen wie Sturm, Regen, Dürre). Vor allem aber kritisiert der Autor diejenigen, die seiner Meinung nach das Göttliche instrumentalisieren, um eigene Ratlosigkeit (zur Lesart ἀπορίης statt ἀπειρίης Grensemann [1968] 105 zu 1,3) zu kompensieren oder sogar, um andere Menschen zu täuschen. Hier sind deutliche Anklänge an die These von der Erfindung der Religion zum Zwecke der Kontrolle zu erkennen, wie sie bei Kritias (DK 88 B 25) formuliert sind (vgl. dazu G. B. Kerferd / H. Flashar, § 9. Kritias aus Athen, in: H. Flashar (Hrsg.), Die Philosophie der Antike 2/1, Basel 1998, 81–84).

Zu der Diskussion um die religiösen Vorstellungen des Autors vgl. Ph. van der Eijk, Airs, Waters, Places, and on the Sacred Disease: Two Different Religiosities, Hermes 199 (1991) 168–176.

In seiner Kritik an diesem Umgang mit der Religion verwendet er Schlagworte aus der seit den 430er Jahren in Athen sehr heftig geführten Asebie-Diskussion (καὶ ὡς θεοὶ οὐκ εἰσί = 64,60 Grensemann, s.o., S. 72, und καὶ θεοὺς οὔτ' εἶναι νομίζειν = 64,66 Grensemannn, s.o., S. 74), in der verschiedenen Philosophen vor Gericht der Vorwurf gemacht werde, sie glaubten nicht an die Götter (so etwa einer der Anklagepunkte gegen Sokrates 399 v.Chr.: θεοὺς μὴ νομίζειν). Zu der Anklage gegen Anaxagoras vgl. Ch. Schubert, Perikles, Darmstadt 1994, 105ff.; neuerdings zu diesen Prozessen K. Raaflaub, Den Olympier herausfordern? Prozesse im Umkreis des Perikles, in: L. Burckhardt / J. v. Ungern-Sternberg, Große Prozesse im antiken Athen, München 2000, 96–113; der sie mit Ausnahme des Prozesses gegen Sokrates für wenig historisch gesichert hält.

Auffällig an der Position des Autors ist seine Tendenz, das Göttliche als einen Bereich des Reinen, nicht durch Menschliches Kontaminierten von dem Bereich der Natur, den Alltag, Umwelt, Leiden und Krankheit prägen, abzugrenzen (vgl. dazu Schubert (1993) 122f., Grensemann (1968) 5.

Zu τὶ κωλύει, das sonst nur in De aeribus begegnet: Grensemann (1968) 6, 105; Bruun (1997) 146.

Zu Kapitel 2:
Zu dem Begriff des Göttlichen: A. Thivel, Le divin dans la Collection hip-
pocratique, (Colloque Hippocratique, 1975) 57–76; Thivel vertritt die An-
sicht, daß der Kap. 2 einleitende Satz ironisch gemeint sei. Vgl. dagegen
J. Ducatillon, Le facteur divin dans les maladies d'après le Prognostic
(Colloque Hippocratique, 1990) 61–73.

Der Autor von *De morbo sacro* vertritt, trotz der zweifelsohne vorhan-
denen stilistischen und inhaltlichen Ähnlichkeiten mit *De aeribus* sowie
der positiven Einstellung zur Meteorologie, eine kompliziertere Version.[35]
Er erklärt das Göttliche als einen isoliert für sich stehenden Bereich. Da-
mit wird allerdings Begriff der αἰτία problematisch. Aus diesem Grund
trennt er die τέχνη ἰατρική als eine eigenständige Methode ab, jedoch
ohne es explizit zuzugeben. Die Grundlagen seiner τέχνη-Konzeption
sind aus seinen Äußerungen nicht direkt zu erkennen, im Gegensatz bei-
spielsweise zu der Schrift *De vetere medicina*. In der Beschreibung der
epileptischen Symptomatik stützt sich der Autor von *De morbo sacro* auf
die sinnliche Wahrnehmung.[36] Durch die Beobachtung dieser Zusam-
menhänge ist auch die αἴσθεσις des Arztes, die den Kernbereich seiner
τέχνη ἰατρική darstellt, in der Lage, im richtigen Moment das Nützliche
für den Kranken zu tun (18,6).

Der Gedankengang aus Kap. 1 wird fortgesetzt: Die Epilepsie hat wie
jede Krankheit eine Ursache (αἰτία), die dem Bereich der φύσις ent-
stammt und daher streng von der Sphäre des Göttlichen zu trennen ist
(vgl. Kap. 18, wo der Satz fast wortgleich wiederholt wird). Daher ist sie
auch mit den Mitteln der τέχνη zu heilen, es sei denn, sie ist schon zu
weit fortgeschritten. Dann wiederum zählt sie zu den unheilbaren Krank-
heiten (vgl. *De morbo sacro* 11), deren Behandlung der Arzt als aussichts-
und damit erfolglos besser ablehnt. So deutlich wie der Verfasser von *De
arte* (Kap. 8) spricht der Autor die Zurückweisung nicht aus, aber der Zu-
sammenhang zwischen der Stärke der Krankheit und der Aussichtslosig-
keit der Therapie ist der gleiche.

Die kurze Erwähnung der Vererbungskonzeption erlaubt einen Rück-
schluß auf die Ansicht des Autors: Fast gleichlautend zu *De aeribus* 14
(= 58,20–25 Diller) bekennt er sich hier zur Pangenesis, d. h. zu der Über-

---

[35] Meteorologie in *De morbo sacro*: 13; 18,1; zu den Ähnlichkeiten zwischen
De aeribus und *De morbo sacro*: Heinimann (1980) 181ff.; Grensemann (1968)
7ff. mit Übersicht der verschiedenen Positionen zu dieser Thematik.

[36] *De vetere medicina* 1,7.8; 7; 8; 9; 11; 12: S. 286f.

legung, daß der Samen aus allen Teilen des Körpers stammt, von den gesunden Körperteilen gesunder Samen, von den kranken dann entsprechend kranker Samen. Vgl. *De natura pueri* 1; *De genitura* 3; dazu Lesky (1950) 1300ff.; Stein (1994) 89ff.; A. Thivel, die Zeugungslehren bei Hippokrates und den Vorsokratikern, in: R. Wittern / P. Pellegrin, Hippokratische Medizin und antike Philosophie, Verhandlungen des VIII. Hippokrates-Kolloquiums, Medizin der Antike 1, Hildesheim 1996, 3-13; H. Brunn, *De morbo sacro* und *De aere aquis locis*, Classica et Mediaevalia 48 (1997) 121; Schubert/Huttner (1999) 459ff.

Zu Kapitel 3:

Hier beginnt die Beschreibung der eigentlichen Krankheit, der der Autor eine anatomische Beschreibung des Gehirns und des von ihm postulierten Adernsystems, unterschieden nach rechter und linker Körperhälfte, vorausschickt. Vgl. Grensemann (1968) 94, der mit *De aeribus* 10 vergleicht, wo seiner Ansicht nach die gleiche Aderntheorie vorausgesetzt sei; das paarige Adernsystem wird auf Diogenes von Apollonia, DK 64 B 6, zurückgeführt; vgl. *De morbis* 1,3 (S. 156). Andere vergleichbare Aderntheorien: *De affectionibus interioribus* 18-19; eine jüngere Adertheorie, die den Ausgangspunkt der Adern im Herzen sehen: *De carnibus* 5.

Zur Rolle der Leber als Ausgangspunkt des Adernsystems: N. Mani, Die historischen Grundlagen der Leberforschung, T. 1: Die Vorstellungen über Anatomie, Physiologie und Pathologie der Leber in der Antike, Basel 1959.

Zu Kapitel 4:

Beschreibung einer Art von Luftkreislauf, in der die Funktion der Adern für die Atmung dargelegt wird. Die Funktion der Luft und des Adernsystems sind die Grundlagen, die der Autor braucht, um die von ihm für ursächlich gehaltene Rolle des Phlegmas zu erläutern.

Die Konstruktion οὐχ οἷόν τε … ἀλλά mit Infinitiv erscheint im *Corpus Hippocraticum* nur in *De morbo sacro* und *De aeribus* (Grensemann [1968] 106; vgl. Bruun [1997] 146).

Zu Kapitel 5:

Die Epilepsie befällt nach Ansicht des Autors von *De morbo sacro* nur diejenigen, die eine vom Phlegma geprägte Konstitution haben. Entscheidend ist die pränatale Reinigung: Sie hat καλῶς καὶ μετρίως zu erfolgen, andernfalls ist die Krankheitsentstehung nicht zu verhindern. Mit dieser

Formulierung spricht er den Gedanken der guten und ausgewogenen Mischung an, den Alkmaion bereits mit seinem Begriff der Symmetrie (auf Maßgleichheit beruhender Ausgleich / beruhendes Gleichgewicht im Verhältnis der Kräfte und Faktoren, die Umwelt und Mensch prägen) eingeführt hatte. Vgl. hierzu *Aphorismen* 5,62 (= 4,554 f. L); *De vetere medicina* 9 (= 41,19 Heinimann); *De natura hominis* 3,1 (= 170,8 Jouanna); 4,2 (= 172,15 ff. Jouanna); *De victu* 1,2,3 (= 124,17 ff. Joly); 1,32,4 (= 148,31 Joly); 2,66,8 (= 190,26 Joly); 3,67,1 ff. (= 194,1 ff. Joly); 3,81,3 (= 214,4 Joly); 3,82,3 (= 214,27 Joly); 3,83,1 (= 216,4 Joly); 4,88,3 (= 220,13 Joly); 4,89,13 (= 224,20 Joly). Dazu ausführlich Ch. Schubert, Medizin und Symmetrie, Sudhoffs Archiv 73 (1989) 190–199. – Zur Katharsis des Gehirns: Grensemann (1968) 94; vgl. *De aeribus* 22 und Anonymus Londinensis 8,35 (Abas).

Zu Kapitel 6:
Hier und in Kap. 7 die Beschreibung eines Anfalles, vgl. Kap. 14.

Zur Rolle des Herzens: Grensemann (1968) 95 weist daraufhin, daß dem Herzen zwar Empfindung im Hinblick auf körperliche Vorgänge zukommt, alle Erkenntnisfähigkeiten und geistige Reaktionen aber dem Gehirn vorbehalten sind.

Zu Kapitel 7:
Speziell 7,1 (= 72,76–89 Grensemann) gibt nun die Symptombeschreibungen eines epileptischen Anfalls: Verlust von Sprache und Bewußtsein, Zucken der Hände, Verdrehen der Augen, Schaum vor dem Mund, Abgehen von Exkrementen, Bauchkrämpfe. Solche Anfälle beschreibt der Autor je nach Stärke als unmittelbar tödlich oder vorübergehend. Ein kurzer prognostischer Ausblick rundet das Kapitel ab.

Wichtig im Unterschied zu Kap. 1 ist, daß dort die Aphonie als Symptom noch nicht erwähnt wird; die Symptome von Angst und Flucht bringt der Autor erst in Kap. 1 – vielleicht waren sie seiner Ansicht nach keine typischen Symptome; Kap. 7 ist als »medizinisches Kernstück« (so Grensemann [1968] 24) der Schrift zu betrachten, daher auch die Mittelstellung. Den in Kap. 1 schon kritisch bewerteten Erklärungen der Magier, Entsühner, Bettelpriester werden nun der Reihe nach – auf der Basis des in den vorangegangenen Kapitel dargelegten Systems von Adertheorie, Luft und Phlegma – seine eigenen gegenübergestellt.

Vgl. zu den κοιλίαι: *De arte* 10 (S. 120); *De flatibus* 7,2 (S. 138); 12,2–3 (S. 146) *De carnibus*: τρῶγλαι (= VIII 596,4 L); Anononymus Londinensis 23,20: καιλώματα.

Zu Kapitel 8–11:
Bis zum Anfang von Kap. 10 wird für die jeweiligen Stufen des Lebensalters angegeben, wie und aufgrund welcher anatomischer Gegebenheiten sich der übermäßige Phlegmafluß im Verhältnis zur Luft auswirkt: Auf der Grundlage seiner Ausführungen in Kap. 3 (Adertheorie) geht der Autor davon aus, daß Jahreszeiten und insbesondere Süd- und Nordwind zusammen mit den anatomischen Bedingungen des Lebensalters den Verlauf der Epilepsie bestimmen.

Aus der Mittelstellung des Sommers (der Herbst als vierte Jahreszeit wird hier nicht erwähnt) und auch der Erwachsenenphase im Hinblick auf Kindheit und Alter ist die Hervorhebung der Mitte als eines Ausgleiches zwischen den Extremen deutlich (vgl. Grensemann [1968] 96f.). Der Autor verbindet diese Betonung des Sommers, hier also der mittleren Jahreszeit, mit der Begründung, daß dann die wenigsten plötzlichen μεταβολαί aufträten. Die negative Bewertung des schnellen Wetterumschwunges ist zu unterscheiden von derjenigen in *De aeribus*; zwar wird dort in Kap. 12 die ausgeglichene Mischung der Jahreszeiten hervorgehoben, aber in Kap. 24 eindeutig festgehalten, daß Menschen, die in einem von starkem Wetterwechsel geprägten Landstrich leben, widerstandsfähiger, charakterlich gefestigter und insbesondere geeigneter für die τέχναι seien! *De aeribus* bewertet die μεταβολή ausgesprochen positiv und unterscheidet sich in diesem grundsätzlichen Punkt deutlich von *De morbo sacro* (anders: H. Brunn, a.a.O. [1997] 123ff.; vgl. dazu Einf., S. 353ff.).

Zu dem in Kap. 11 als Beleg angeführten τεκμήριον und der Frage, inwiefern hier experimentell vorgegangen wird: Regenbogen (1930).

πολυπληθίη: im *Corpus Hippocraticum* nur hier und in *De aeribus* (= 69,3 Diller).

Zu Kapitel 12:
Auch das 12,1–4 (= 78,89–80,4 Grensemann) beschriebene Verhalten vor dem Auftreten eines Anfalles (schamhafte Flucht an einen möglichst einsamen Ort, damit der Fall nicht von anderen beobachtet werden kann – vgl. dagegen Simon [1980] 316 Anm. 16, der irrtümlich davon ausgeht, daß das Fallen als Symptom in *De morbo sacro* nicht erwähnt würde) sowie die den Angaben in 8–10 (= 74,17–78,71 Grensemann) zugrundeliegenden epidemiologischen Studien weisen auf eine intensive und langjährige Beschäftigung mit der Epilepsie hin.

Zu Kapitel 13:

Wilamowitz (s.o.) und Regenbogen (s.o.) haben den Abschnitt 14–17 als unecht athetiert, Grensemann (1968) 98f. widerlegte dies unter Hinzufügung des Kap. 13, da es mit den genannten Kapiteln eine inhaltliche Einheit bildet und an dessen Echtheit noch niemand gezweifelt hat. Thema von Kap. 13 sind die Winde Boreas (Nordwind), der gesündeste, und Notos (Südwind), der ungesündeste von allen Winden, der auch für die Entstehung des epileptischen Anfalls eine große Rolle spielt. Vgl. Bruun (a.a.O. 1997) 122f.

νοτῶδες: im nur in *De morbo sacro* und *De aeribus* (= 70,3 Diller)

Zu Kapitel 14–17:

Ebenso wie normale Regungen der Psyche vom Gehirn ausgehen, werden auch anormale wie μαίνεσθαι und παραφρονεῖν von dort ausgelöst. Vgl. *De morbis* 2 (= 7,108,25 L) zu φροντίς: Dazu gehören die Flucht, Angst, Furcht (Grensemann [1968] 100).

In Kap. 15 trifft der Autor eine grundsätzliche Unterscheidung zwischen zwei Typen der μανίη: Diejenigen, bei denen sie durch das φλέγμα hervorgerufen wird, sind still und gedämpft in ihrem Verhalten; dagegen sind diejenigen, bei denen die Ursache in der Galle liegt, aggressiv, unruhig und zeichnen sich durch unpassendes Tun aus. Der Autor zählt einzelne Symptome auf, die sich entsprechend der verschiedenen Ursachen unterscheiden. Vor allem aber leiden diejenigen, deren μανίη von der Galle verursacht worden ist, nicht an der mit den epileptischen Anfällen verbundenen Amnesie. Interessant ist hier, daß er offensichtlich die Epilepsie als Teil eines allgemeinen Krankheitsbildes der μανίη faßt. Im Gegensatz zur Epilepsie erklärt er die aggressiven Verhaltensweisen der μανίη, deren Nicht-Einfühlbarkeit er betont,[37] aus Störungen der Wahrnehmungsfähigkeit des Gehirns, verursacht durch die Galle. Beiden Formen der μανίη gemeinsam ist nach Ansicht des Autors von *De morbo sacro* die rein organische Ursache dieser Erkrankungen.

Neben den Auswirkungen von Phlegma und Galle beschreibt der Autor einen nächtlichen Zustand, in dem das Blut statt der Galle zur Erwärmung des Gehirns mit entsprechenden Folgen führt. Grensemann (1968) 100 erklärt dies mit Bezug auf Alkmaion, DK 24 A 18, der den Schlaf auf eine ἀναχώρησις des Blutes in die Blutadern, das Erwachen hingegen auf die διάχυσις zurückgeführt habe.

[37] *De morbo sacro* 15,2 (= 84,54–57 Grensemann).

In Kap. 16 wird noch einmal die zentrale Rolle des Gehirns betont, das über die Luft auch die φρόνησις vermittelt. Aus diesem Grund ist es auch zwingend anzunehmen, daß die Luft, wenn sie in den menschlichen Körper eintritt, zuerst ins Gehirn gelangt. In Kap. 17 wird dementsprechend ausgeführt, daß weder Zwerchfell noch Herz, die nicht mit der Luft im Körper in Berührung kommen, Anteil an der φρόνησις haben können.

Zu Kapitel 18:

Im letzten Kapitel wiederholt der Autor seine grundsätzliche Position, u. a., daß es für keine Krankheit eine richtige τέχνη gibt, die jede Form dieser Krankheit heilen und überwinden könnte. Dies ist allerdings vor dem Hintergrund des Folgenden einzuschränken, in dem er ausdrücklich καιρός, den rechten Augenblick, als Maßgabe bezeichnet. Damit ist die grundlegende Einschränkung gemeint, daß der Arzt zu erkennen habe, ob eine Krankheit schon zu weit fortgeschritten sei, so daß eine Behandlung gar nicht mehr möglich sei. In diesem Fall wäre es eher ein Kunstfehler, noch eine Therapie zu versuchen. Bedenkt man diese Grenze der τέχνη ἰατρική, dann erklärt sich die Aussage. Mit dieser Problematik setzen sich sowohl die Autoren von *De morbo sacro* als auch *De natura hominis* auseinander. Der Autor von *De natura hominis* lehnt eine φύσις-Konzeption mit universaler Erklärungskompetenz ab und will sich ganz auf den Bereich der τέχνη ἰατρική beschränken, die seiner Ansicht nach unabhängig von diesen grundsätzlichen Fragen existiere. Andererseits hält er eine Heilung auf Grund eines αὐτόματον durchaus für möglich.[38] Dieses Phänomen der »Spontanheilungen« erklärt er so, daß auch dem αὐτόματον eine entsprechende αἰτία zugrunde liege, also eine rational nachvollziehbare Kausalität.[39] Der Autor von *De morbo sacro* geht noch weiter, indem er direkt das Element des Göttlichen in diesem Kontext anspricht: das Göttliche, die Gesamtheit des Naturgeschehens, abgegrenzt gegen den Bereich der menschlichen τεχνήματα, Praktiken und Hilfsmittel.[40] Mit solchen menschlichen γνῶμαι ist das Göttliche nicht zu

---

[38] *De natura hominis* 12,7 (= 200,8–12 Jouanna).

[39] Vgl. *De flatibus* 10,5 (S. 130) mit einem ähnlichen Gedanken. Auch in *De flatibus* ist die Konzeption einer absolut herrschenden φύσις zugrunde gelegt: 3,2 f. (S. 132 f.). Deren alles durchwaltendes Prinzip ist die Luft, die die Ursache aller Krankheiten und aller Phänomene über der Erde ist.

[40] *De morbo sacro* 18,1–2 (S. 102) und 1,31 (S. 74).

erfassen und auch nicht zu beeinflussen.[41] Die Aporie, die sich aus der
ἀμηχανία dem Göttlichen gegenüber ergibt und die der Autor den
μάγοι und Banausen vorwirft, löst er selbst jedoch auch nicht widerspruchsfrei.[42] Einerseits bekennt er sich zu der göttlichen φύσις, andererseits trennt er aber doch das Feld der τέχνη ἰατρική von diesem Bereich
ab, in dem das Göttliche wirkt. Das Göttliche sei das reinste, heiligste (τὸ
ἀγνότατον), dagegen das Menschliche das hinfälligste (τὸ ἐπικηρότα
τον).[43] Der Bereich der Menschen ist derjenige der τεχνήματα und der
ἐπιστήμη, wobei richtig angewandte ἐπιστήμη in bestimmten Grenzen
Krankheiten heilen kann. Die Grenze ist jedoch auch hier wieder durch
die Unheilbarkeit einer Krankheit gegeben. Dies ist der Moment innerhalb eines Krankheitsprozesses, in dem die Krankheit stärker als die Mittel der τέχνη wird. Zwar basiert die Heilkunst auf der richtigen Erkenntnis der Ursache und einer entsprechenden kausalen Therapie (18,4), doch
ist sich der Autor der beschränkten Reichweite seines Erklärungs- und
Handlungskonzeptes so sehr bewußt, daß er den Bereich des Göttlichen
aus diesem kausal und rational konstruierten Modell ausschließt. Krankheiten und ihre Ursachen seien zu bekämpfen wie ein Feind (18,5) und
könnten keinesfalls in einem kausalen Zusammenhang mit der Sphäre
des Reinsten stehen. Ihre αἰτίαι sind der menschlichen Erkenntnis zugänglich, weil sie dem menschlichen Bereich zuzurechnen sind.

[41] 8,7; 11,6.
[42] 1,3–4; 1,11; 18,2.
[43] 1,44 (S. 76); Ph. van der Eijk, The theology of the hippocratic treatise
On the Sacred Disease, Apeiron 23 (1990) 87–119, bes. 90 mit Anm. 9, 92 ff.,
116 ff., will zwei Bereiche bzw. zwei unterschiedliche Vorstellungen von θεῖον
in De morbo sacro abgrenzen. In 1,45 (u. a.) sieht er den traditionellen Gottesglauben, der seiner Ansicht nach in 18 dann einer Vorstellung von φύσις gegenüber steht, die auf einem »constant and regular pattern of origin and development« basiert. Diese an G. E. R. Lloyd angelehnte Erklärung der
naturphilosophischen φύσις-Konzeption erfaßt, wahrscheinlich auf Grund
ihrer Abstraktheit, nicht mehr die von van der Eijk festgestellten, inhärenten
Widersprüche.

DE ARTE

Die Schrift *De arte* »Über die Kunst« ist eine für den öffentlichen Vortrag gedachte, teilweise stark polemisch ausgerichtete Rede, die, wie der Autor selbst am Ende seiner Ausführungen betont (Kap. 13), als rhetorisch überzeugend gedacht ist. Sein Ziel sieht er darin, seinen Zuhörern die Existenz der Medizin als Fachwissenschaft plausibel zu machen und die Verunglimpfer der Medizin zurückzuweisen. Dabei argumentiert er zuerst auf einer allgemeinen Ebene, die alle τέχναι betrifft, (Kap. 2) und schließt daran seine Überlegungen zur Medizin an (Kap. 3–13).

Die schriftliche Fassung dieser Rede, wie sie aus den Manuskripten (deren ältestes, Marcianus graecus 269 = M, aus dem 10. Jahrhundert stammt) erhalten ist, wird im allgemeinen in die Jahre zwischen 430 und 400 v. Chr. datiert.[44] In den antiken Glossaren findet sich die erste Erwähnung zusammen mit anderen dem Hippokrates zugeschriebenen Werken wie dem *Eid* und der Schrift über die *Alte Medizin* bei Erotian (ein Zeitgenosse Neros),[45] eine spätere bei Galen (19 107,8 K); möglicherweise lassen sich sogar Spuren dieser Tradition bis in das 1. Jahrhundert v. Chr. zurückverfolgen.[46] Allerdings ist dies wenig im Vergleich zu anderen Schriften des *Corpus Hippocraticum*, und *De arte* findet erst mit der Edition Littrés (6, 1849, 1–27) verstärkt Aufmerksamkeit.

Sie wird im allgemeinen in den Kontext der Sophistik eingeordnet, wenngleich die Meinungen über Einzelheiten der Zuordnung weit auseinandergehen. Seit Emerins und später Th. Gomperz ist diskutiert worden, ob der Autor neben seiner sophistisch-rhetorischen Kompetenz auch über entsprechende medizinische Kenntnisse als Arzt verfügt habe.[47] Von Protagoras oder einem seiner Schüler über Hippias bis hin zu Herodikos von Selymbria sind mögliche Autorenschaften genannt wor-

---

[44] Jouanna (1988) 194 f.; die zweite Haupthandschrift ist Parisinus graecus 2253 (= A) aus dem Ende des 11. bzw. Beginn des 12. Jh.s.

[45] Nachmannson 9,18 f.; dazu Jouanna (1988) 203.

[46] Jouanna (1988) 203, 208 ff.

[47] F. Z. Emerins, Hippocratis et aliorum medicorum veterum reliquiae, II, Traiecti ad Rhenum, 1862, 5–19, und Th. Gomperz, Die Apologie der Heilkunst, Leipzig ²1910, 2, vertraten die Ansicht, der Autor sei keinesfalls ein Mediziner gewesen; vgl. zu einer Übersicht derjenigen, die in der Folge diese Ansicht vertreten haben: P. Fabrini / A. Lami, Il problema della lingua nello scritto ippocratico *De arte*, Rivista critica di storia della filosofia, 34, 1979, 123–133, hier 129 Anm. 21, und Jouanna (1988) 179.

den.[48] Auch H. Diller hat noch die Ansicht vertreten, *De arte* sei keines-falls von einem Mediziner geschrieben worden.[49] Dagegen hat Jouanna in seiner Edition der Schrift dafür plädiert, hier die Meinungsäußerung eines Mediziners zu sehen, der durchaus versiert in der rhetorischen Kunst der Sophisten ist, aber in dieser Schrift seine Disziplin legitimiert. Da er für ein Publikum von Laien schreibt, werden Fachtermini möglichst vermie-den oder vereinfacht.[50]

Im Zusammenhang mit der Autorenschaft steht auch die Frage der Abhängigkeit bestimmter hier dargelegter Gedanken von Platon. Sehr deutlich hat sich hierbei H. Diller dafür ausgesprochen, daß sowohl in *De arte* als auch in *De vetere medicina* bestimmte Stufen in der Entwicklung der attischen Philosophie vorausgesetzt seien. Dabei wird insbesondere der τέχνη-Begriff in *De arte* mit demjenigen Platons verglichen: Der Ge-gensatz von τέχνη und ἀτεχνία in *De arte* 5 entspricht der Vorstellung, die Platon im *Phaidros* 274 b3 äußert; eine grundlegende Bestimmung zur Abgrenzung der τέχνη von der ἐμπειρία, wie sie Platon im *Gorgias* (465 a und 501 a) definiert, nämlich die Kenntnis der jeweiligen Ursache (αἰτία), ist auch in *De arte* bestimmend für die Charakterisierung der τέχνη ἰατρική.[51] Demgegenüber ist schon von Jouanna darauf hingewie-sen geworden, daß der Unterschied zwischen τέχνη und ἐμπειρία in *De arte* gar nicht gemacht wird und daß schließlich die berühmte Erwähnung des Hippokrates in Platons *Phaidros* 270 eine gewisse Kenntnis des medi-zinischen Theoriestandes voraussetzt.[52] Demnach ist sowohl ein umge-kehrtes Verhältnis denkbar als auch eine Prägung beider durch eine weiter verbreitete Strömung.[53] Insgesamt läßt sich *De arte* gut in den Kontext der von den Ioniern initiierten Naturphilosophie einordnen, die sich nicht nur mit dem Umfeld der φύσις-Konzeption, sondern genauso mit den daraus abgeleiteten Begriffen τέχνη und μεταβολή befaßte (s.o., S. 343ff.).

[48] Gomperz, a.a.O., 27: Protagoras; E. Dupréel, Les sophistes, Neuchâtel 1948, 242ff.: Hippias; J. Ducatillon, Polémiques dans la Collection hippocra-tique, 76ff.: Herodikos.

[49] Diller (1962) 187f.

[50] Jouanna (1988) 180–183.

[51] So vor allem Diller (1962) 188; ders., Das Selbstverständnis der griechi-schen Medizin in der Zeit des Hippokrates (Colloque Hippocratique, 1975) 85–87; dazu Jouanna (1988) 189 und Anm. 3.

[52] Jouanna (1988) 189f.

[53] So F. Heinimann, Eine vorplatonische Theorie der τέχνη, Museum Hel-veticum 18 (1961) 105–130, bes. 107.

Zu Kapitel 1:
Die Übersetzung folgt hier der Edition von Jouanna, der das ἤ nicht im
Sinn von *vel*, sondern als *quam* versteht.[54] Denn die Verunglimpfer der
τέχνη ἰατρική zeigen nach Ansicht des Autors vielmehr einen deutlichen
Defekt (*mania*) und nicht nur eine bloße Ignoranz der τέχνη ἰατρική ge-
genüber. Der Autor unterscheidet drei verschiedene Arten des Wissens
und Verhaltens: Die Gruppe der kenntnisreichen Fachleute, die Gruppe
derjenigen, die sich aus bloßer Unwissenheit gegen die τέχνη instrumen-
talisieren lassen und schließlich die letzte Gruppe, die nicht nur inkompe-
tent, sondern auch übel veranlagt ist. Dem stellt der Autor die Kompe-
tenz seines Logos und seiner Weisheit gegenüber.

Zu Kapitel 2:
Im Unterschied zu dem Autor von *De vetere medicina* (s. u., S. 450ff.), der
die τέχνη ἰατρική auf dem Weg einer fortschreitenden, aber noch lange
nicht zum Ziel gekommenen und daher noch offenen Entwicklung sieht,
geht der Autor von *De arte* offenbar davon aus, mit dem Status einer
τέχνη sei ein in gewisser Beziehung fest umrissener, auch abschließend
beurteilbarer Wissensstand erreicht.[55] Das zeigt sich deutlich darin, daß
der Autor in der Schrift εὑρίσκω bzw. ἐξευρίσκω (vgl. Kap. 1, 9, 12) ent-
weder im Aorist oder im Perfekt verwendet, wenn es um die Entdeckun-
gen der τέχνη ἰατρική geht. Die große Rolle von Entdeckungen im
Sinne einer Wissenserweiterung spielt insgesamt in der Literatur der
2. Hälfte des 5. Jahrhunderts eine wichtige Rolle (vgl. z.B. Aischylos,
Prom. 442–506, Thukydides 1,1f.).[56]
Dieselbe Zuversicht kommt in seiner Verwendung des Begriffs οὐσίη
zum Ausdruck. Es geht dem Autor um die Realität (so versteht Jouanna
[1988] 246 οὐσίη), die dem ὄνομα entgegengesetzt ist. An ihr erweist
sich die Existenz einer τέχνη, insbesondere diejenige der Medizin. In sei-
nem »Realitätsnachweis« für die τέχνη in allgemeiner Hinsicht verwen-
det der Autor Argumente, die die berühmte ontologische Gegenüberstel-
lung des Parmenides widerspiegeln: Nach Parmenides gibt es nur zwei
Möglichkeiten des Erkennens, »daß es ist und daß nicht ist, daß es nicht
ist« (DK 28 B 2). Die verwendeten Subjekte (τὸ ἐόν und τὸ μὴ ἐόν) be-
gegnen in der gleichen Art der Schlußfolgerung auch in *De arte* 2, wobei

[54] Jouanna (1988) 244–246.
[55] Vgl. Jouanna (1988) 185.
[56] Grundlegend dazu Ch. Meier (1980).

aber der Autor durch Einführung des Sehens und in Fortführung dessen auch des gedanklichen Erfassens als Prüfstein der Realität von der eleatischen Philosophie abweicht. Diese Position des Autors ist ganz unterschiedlich eingeschätzt worden: War noch Gomperz der Ansicht, hier handele es sich um einen klaren Gegensatz zu dem Eleaten Melissos (DK 30 B 8), so sieht Jouanna darin eine gewisse Ambivalenz. Der Autor bediene sich der eleatischen Argumentationsweise, um damit seinen eigenen Realismus gegenüber den Verunglimpfern und Leugnern der τέχνη zu begründen.[57]

In Kap. 2,3 hat Jouanna, dem hier zu folgen ist, sich für den Genitiv φύσιος zu νομοθετήματα entschieden, statt ihn zu athetieren (wie Diels, gefolgt von Heiberg und Heinimann): Dadurch erhält die Diskussion um den Zusammenhang von φύσις und νόμος, bzw. um das Verhältnis von naturgegebenen Normen und menschlichen Satzungen eine andere Richtung, als es die lange Zeit richtungsweisende Arbeit von F. Heinimann (νόμος und φύσις, Darmstadt [²1980]) in ihrer klaren, aber nicht als dynamisch zu verstehenden Gegenüberstellung von νόμος und φύσις vorgab. In den älteren Übersetzungen wird νόμος als ›convention‹ (Jones in der Loeb-Übersetzung) verstanden, im Sinne derjenigen Regeln, die von Menschen geschaffen wurden im Gegensatz zu den unveränderlichen Normen der Natur (φύσις, vgl. dazu unten zu Kap. 6).

Der Autor erklärt, daß ein ὄνομα immer der εἰδέα entspricht, die von der Natur geschaffen sei. Das heißt, daß die Benennungen sich auf eine äußere Erscheinung beziehen, also auf etwas, das zu sehen ist. Die Benennung und die sichtbaren Erscheinungen sind somit durch die Natur vorgegeben. Mit der Formulierung νομοθετήματα φύσιος ist diese Stelle als Beleg für die Antithese νόμος-φύσις hinfällig, jedoch dafür eine tiefere Einsicht in die φύσις-Konzeption des Autors möglich.

Die Entwicklung dieser Antithese bewegt sich von der Gegenüberstellung zwischen den von Menschen aufgestellten, damit auch veränderbaren Regeln, und den unverbrüchlichen der Natur zu einem Spannungsverhältnis zwischen einem Wort in seinem allgemein üblichen Sprachgebrauch und der Realität, die es dann tatsächlich bezeichnet. Νόμος und φύσις in der linearen Gegenüberstellung im älteren Sinn meint mit νόμος auch eine deutliche Abwertung desselben gegenüber der Natur. In der jüngeren Stufe ist der menschliche νόμος im Sinne von ›Sprachgebrauch‹ jedoch deutlich positiver bewertet und damit auch die

[57] Jouanna (1988) 175f.; vgl. Mansfeld (1983) 290f.; Gomperz, a.a.O., 6.

strenge Gegenüberstellung durch eine Beziehung gegenseitiger Abhängigkeit abgelöst worden.[58]

Vgl. zu der allmählichen Relativierung der νόμος-φύσις-Antithese: F. Lasserre, Nomos et Physis: A propos d'une réimpression, Helikon 6 (1966) 716–722.

Vgl. dazu auch Komm. zu Kap. 8 und Kap. 11, S. 415f., S. 418.

Zu εἶδος als Form: vgl. Komm. zu Kap. 4

Zu Kapitel 3:
Der Existenzbeweis für die Medizin als τέχνη schließt die Definition ihres Handlungsbereiches mit ein: Beseitigung oder Abschwächung der Krankheiten einerseits – worin eine Erkenntis der Relativität von Gesundheit zu erkennen ist (vgl. dazu F. Kudlien, The old Greek concept of relative health, Journal of the History of Behavioral Sciences 9 [1973] 53-59, und ders., Der Beginn des medizinischen Denkens bei den Griechen, Zürich/Stuttgart 1967, 117, sowie Jouanna [1988] 248f.) – und klare Abgrenzung der nicht-behandelbaren Krankheiten, d.h. Zurückweisung der als unheilbar betrachteten andererseits. Eben gerade in Letzterem äußert sich das Wissen eines Arztes um die Grenzen der τέχνη, und damit ist nicht nur ein weiterer Existenzbeweis gegeben, sondern auch der Beleg der besten Beherrschung dieser Kunst. Zu einer anderen Einschätzung der hier klar geforderten Zurückweisung und nicht etwa Linderung oder Schmerzbehandlung bei als erfolglos betrachteten Fällen: R. Wittern, Die Unterlassung ärztlicher Hilfeleistung in der griechischen Medizin der klassischen Zeit, in: Münchner Medizinische Wochenschrift 121 (1979).

Zu Kapitel 4:
Zu dem Schwanken der Manuskripte zwischen Formen von ὑγιάζομαι und ὑγιαίνομαι: Jouanna a.a.O. gegen N. van Brock, Recherches sur le vocabulaire médical du Grec ancien, Paris 1961, 150ff. und 269ff. (fordert an allen Stellen ὑγιάζομαι).

Zum Ausschluß des Zufalls durch die τέχνη; vgl. Einf. S. 348.

Zur Übersetzung von εἶδος mit »Form« (Diller: Art im Sinn von Gattung in Kap. 2, Wirkung in Kap. 4): Jouanna (1988) 228 auch mit Bezug auf die Gegenüberstellung Sehen und Erfassen wie in Kap. 2. Damit ist der Gegensatz zwischen dem Sehen des Äußeren und dem Erfassen des

---

[58] Jouanna, Hippocrate, La nature de l'homme, Berlin 1975 [CMG I 1,3] 259-260; vgl. Jouanna (1988) 226 zu De arte 2,2 (Coll. Budé).

Inneren, Verborgenen gemeint. Das richtige Erfassen der Form gewähr-
leistet die den Vorgaben der Natur entsprechende Erkenntnis und damit
auch den Erfolg der τέχνη. Der Gegensatz zur τέχνη, nämlich die τύχη,
verliert damit seine Bedeutung: Nicht daß der Autor den Einfluß von
Zufällen ganz ausschließt (vgl. Kap. 5 sowie Kap. 6 zur Problematik
des αὐτόματον), aber er wehrt sich gegen Fehlinterpretationen. Eine
schlechte Behandlung, d. h. eine schlechte oder unzureichende τέχνη
führt zu schlechten Ergebnissen und umgekehrt. Diese Kausalität und
ihre Begründung in der τέχνη-Konzeption stellt er hier in den Vorder-
grund (vgl. *De flatibus* 1 und *De vetere medicina* 20).

Zu Kapitel 5:
Hier zählt der Autor die therapeutischen Maßnahmen auf, die Ärzten sei-
ner Zeit mit Ausnahme von Medikamenten und chirurgischen Eingrif-
fen zur Verfügung standen. Jouanna (1988) 251 weist hier darauf hin, daß
ταραχῇ nicht wie sonst mit negativer Bedeutung als Unordnung, Un-
ruhe verwendet wird (vgl. Pindar, *Oden* 7,30; Isokrates 2,6 oder im poli-
tischen Kontext: Herodot 4,162; Thukydides 5,25), sondern im positiven
Sinn von Mischung (vgl. Aristoph., *Ritter* 214).

Der Bezug auf den Gegensatz zwischen Nutzen und Schaden bezieht
sich auf den bekannten Grundsatz der griechischen medizinischen Tradi-
tion ὠφελεῖν ἢ μὴ βλάπτειν (*Epidemiden* 1,5; vgl. dazu H. Flashar,
Ethik und Medizin – Moderne Probleme und alte Wurzeln, in: H. Flas-
har / J. Jouanna, Médecine et morale dans l'antiquité [Entretiens sur l'an-
tiquité classique XLIII, Genf 1997] 13ff.). Dieser Grundsatz widerspricht
der allgemeinen, populär-ethischen Tradition, die vielmehr auf dem Ge-
danken basiert, daß man Freunden zu helfen, Feinden zu schaden habe.
Der medizinische Ansatz hat sich jedoch ganz offensichtlich durchgesetzt
(vgl. Platon, *polit.* 332d). Andererseits findet sich in den Hippokrates-
Briefen (vgl. dazu Einf., S. 312ff.) wiederum die Weigerung, Barbaren,
Feinden also, durch medizinisches Wissen beizustehen. Flashar (a.a.O.,
15) beurteilt dies als Rückfall und Pervertierung der hippokratischen
Ethik. Darüber hinaus kann man darin auch ein weiteres Indiz für das
hohe Maß an Fiktionalem in den Briefe erkennen.

Zu Kapitel 6:
Zum Unterschied bzw. zur Abgrenzung zwischen τέχνη und ἀτεχνίη
vgl. *De morbis* 1,1; *De vetere medicina* 9, aber auch Platon, *Phaid.* 90d 3;
Phaidr. 274b 3; *Soph.* 253b 5; dazu Jouanna (1988) 252f.

Zum Verhältnis zwischen Pharmakologie und Diätetik vgl. *De acutis* 1.
Zu dem Begriff des αὐτόματον: Ein αὐτόματον gibt es weder in der
Medizin noch sonst (6,4). Denn mit dem richtigen λόγος finde man im-
mer auch die entsprechende αἰτία. Daher hat das αὐτόματον auch keine
Existenz (οὐσία), sondern ist nur ein Name (ὄνομα). Namen haben je-
doch nur Phänomene, die von der Natur geschaffen sind.[19] Ὀνόματα
sind Satzungen der Natur, εἴδεια dagegen nicht. Sie sind βλαστήματα,
also Sprößlinge. Hier ist die φύσις der Ursprung sowohl des νόμος als
auch der natürlichen Umwelt. Diese Theorie des Autors leitet sich direkt
aus seinem Begriff von Natur ab: Namen (Bezeichnungen) sind auf von
der Natur bedingte Ursachen zurückzuführen – womit sie einen ganz an-
deren Charakter entwickeln als den der reinen Konvention – und sie ge-
ben das Wesen der Dinge wieder (vgl. zu 2,3).
Zu dem Verhältnis οὐσίη – ὄνομα: Ebenso wie Nomos und Physis
sich nicht als ausschließende Gegensätze verhalten, sind auch Name und
Realität keine unbedingten Antithesen. Dem αὐτόματον kommt zwar
keine Realität im Sinn einer auf die Ursache zurückführbaren, damit kau-
sal bedingten Existenz zu, aber immerhin existieren Wort und Bezeich-
nung (daher ἀλλ᾽ ἦ· Jones, Jouanna; hingegen ἀλλά· Littré). Dies ist aber
nicht deshalb so, weil dahinter tatsächlich keine Realität stehen würde,
sondern weil dieser Zusammenhang ein ganz anderer ist: Über die τέχνη
läßt sich immer der von der Natur vorgegebene, essentielle Zusammen-
hang der Phänomene erklären. Insofern gibt es kein echtes αὐτόματον.
Die Bezeichnung αὐτόματον hier in Kapitel 6 als ὄνομα wird offen-
sichtlich anders verwendet als in 2,3: Dort ist sie Ausdruck der Natur, hier
ist sie in der Bedeutung »Konvention« verwendet. Dies führt auch zu
Konsequenzen in der menschlichen Erkenntnis. Sichtbarkeit von Natur
versteht der Autor von *De arte* sowohl in der eigentlichen Bedeutung – als
der sinnlichen Anschauung zugänglich – als auch in der übertragenen.
Denn wie er in 11,2 sagt, wird das dem Blick der Augen Entfliehende dem
Blick des Verstandes unterworfen (237,22 ff., Jouanna). Daher ist jedes
Phänomen, das eine αἰτία hat, entweder durch die αἴσθεσις oder durch
den λόγος bzw. durch beide zugänglich. Da es nun keine Erscheinung
geben kann, die keine αἰτία hat, ist die Erkenntnis eines αὐτόματον aus-
zuschließen.[60] Also dürfte es auch keine Phänomene geben, die der
menschlichen Einsicht, die von der richtigen τέχνη unterstützt wird, ver-

[19] *De arte* 2,3; vgl. S. 108.
[60] *De arte* 6,3.

schlossen sind. Diesen Gedankengang wendet der Autor in der Schrift nicht ganz so stringent an, wie es zu erwarten wäre. Denn auch er kennt Bereiche, die den menschlichen Blick im eigentlichen wie im übertragenen Sinn begrenzen. In Kap. 8 äußert sich der Autor über die Behandlung von unheilbar oder sehr schwer Erkrankten. Sie sollen nicht behandelt werden, da sie schon von der Krankheit überwältigt seien. Die Krankheit ist dann stärker als die τέχνη und gehört somit gar nicht in deren Bereich. Die Mittel der menschlichen ὄψις seien in diesem Fall nicht ausreichend. Obwohl es sich dabei immer noch um Phänomene der Natur handelt, trifft das in den Abschnitten 2 und 6 beschriebene Verhältnis von αἰτία, ὄνομα und ὄψις doch nicht mehr zu. In Abschnitt 12, wo es um die Methoden der Erkennung des Nicht-Sichtbaren bei Krankheitsprozessen des Inneren geht, schlägt er vor, die Natur durch Anwendung der τέχνη zu zwingen, dem Arzt die Zeichen in solchen Fällen zu geben, in denen er ἀμήχανος ist und seine ὄψις versagt. In weniger gravierenden Fällen sei es möglich, die ἀμηχανία der Natur gegenüber durch Hilfsmittel, ἀναγκαί, zu überwinden (12,3). Solche Eingriffe sind eigentlich gegen die Natur gerichtet und entsprechen nicht dem vorher behaupteten Zusammenhang (6) von der durch die Natur eingerichteten Kausalität und der τέχνη.[61] Der Begriff des αὐτόματον hat zu Widersprüchen in der φύσις-Konzeption geführt.[62] Einerseits wird die Ansicht vertreten, daß die Natur alles geschaffen hat – so auch in De arte 2,3 – und damit ein umfassendes ursprüngliches Prinzip sei. Andererseits zeigt der Begriff des αὐτόματον, daß das Modell nicht oder nicht immer konsequent handhabbar war. Aristoteles diskutiert diesen Widerspruch, um ihn dann in seinem teleologisch ausgerichteten System dahingehend aufzulösen, daß

---

[61] De arte 12,3: »Wenn aber die Natur nicht von selbst diese Zeichen preisgibt, hat die Kunst Zwangsmittel gefunden, mit denen sie die Natur, ohne Schaden anzurichten, zwingen kann, diese Zeichen freizulassen.«

[62] Vgl. dazu Kudlien (1977) 271f. Kudlien hat (a.a.O., 268ff.) schon auf die verschiedenen Widersprüche in den Erklärungen des θεῖον in den frühen Schriften des Corpus Hippocraticum hingewiesen. Wichtig ist vor allem sein Hinweis geworden, daß in dem Begriff des θεῖον weniger der Aspekt des Irrationalen liegt (so die These von H.-W. Nörenberg, Das Göttliche und die Natur in der Schrift über die heilige Krankheit, Diss. Bonn 1968, auf der Basis von De morbo sacro), sondern ein aus der naturphilosophischen φύσις-Konzeption stammender Versuch zu sehen ist, die Unzulänglichkeiten des verwendeten Modells zu rationalisieren. Vgl. dazu auch sein Hinweis auf De natura muliebri 1 (274).

auch einem αὐτόματον immer eine αἰτία zugrunde liegen muß, auch wenn sie aus dem Ereignis selbst nicht zu erkennen ist (*phys.* 198a 1–10). In *De morbo sacro* und *De natura hominis* wird das αὐτόματον nicht derart strikt abgelehnt: Beide Autoren halten »Spontanheilungen« für möglich, jedoch setzen sie eine zugrundeliegende, nachvollziehbare Kausalität voraus (vgl. oben S. 405). Ein weiteres Charakteristikum der τέχνη sieht der Autor in der Fähigkeit zur πρόνοια (vgl. *Prognostikon* 1 = Alexanderson 193,1 = Littré II 110,1).

Vgl. Heinimann (1980) 156 ff; R. Joly, Notes hippocrates (II. Les théories de langage dans le Corpus), REA 58 (1956) 200ff.; P. Fabrini / A. Lami, Il problema della lingua nello scritto ippocratico *De arte*, Rivista critica di storia della filosofia 34 (1979) 123ff.; Jouanna (1988) 176f. und 254.

Zu Kapitel 7:
Die beiden Haupthandschriften (M, A) weichen in der Bezeichnung der Ursache des Sterbens in den genannten Fällen voneinander ab: ἀκρασίην M: ἀτυχίην A. Lesart M: Littré, Ermerins, Gomperz, Heiberg; Lesart A: Daremberg, Jones, Jouanna. Littré übersetzt mit »indocilité«, Diller mit »Unvernunft«, Jouanna mit »manque de fermeté« und Bezug auf Demokrit, DK 68 B 234, und Platon, *Eryx.* 397a–b.

Zu Kapitel 8:
Hier greift der Autor wiederum die Thematik einer Behandlung unheilbar Kranker auf (vgl. Erläuterungen zu Kapitel 3). Er zieht eine klare Grenze zwischen den Möglichkeiten der τέχνη und den Kräften einer Krankheit. Übersteigen die Kräfte einer Krankheit die Möglichkeiten der τέχνη, dann ist es Ausdruck der fachlichen Qualität eines Arztes, wenn er die Behandlung von vornherein ablehnt oder bei erfolgloser Behandlung die Ursache für das Scheitern in der Krankheit und nicht in der τέχνη ἰατρική sieht. Diejenigen, die das nicht einsehen, sind nicht einfach nur unwissend, sondern Opfer einer Sinnesverwirrung. Sie erkennen die Verursachungsprinzipien der Natur nicht, also muß bei ihnen nach Ansicht des Autors auch schon ein Defekt vorliegen, und sie scheinen selbst Kranke zu sein. Vgl. dazu Jouanna (1988) 256f.

Doch mußt es dazu innerhalb der Ärzteschaft unterschiedliche Positionen gegeben zu haben, denn ein Teil hat offenbar die Empfehlung, auch unheilbar Erkrankte zu behandeln, für gut befunden. Der Autor nennt diese Ärzte »dem Namen nach« und vergleicht sie mit denjenigen »von der Kunst (τέχνη) … her.« Auch hier ist nicht der Gegensatz zwi-

schen ὄνομα und τέχνη gemeint, sondern die Höherrangigkeit derjenigen Ärzte, die eben über die Kenntnisse in der τέχνη ἰατρική verfügen. Anders Diller (1962), vgl. dagegen Jouanna (1988) 234.

Zu Kapitel 9:
Nur die τέχνη ermöglicht die Erkenntnis sowohl der sichtbaren (vgl. dazu unten) als auch der unsichtbaren, verborgenen Krankheiten (vgl. dazu Kap. 10–11). Damit greift der Autor eine offenbar alte Vorstellung auf: Ilioupersis *frg.* 2 Bethe; Cato, *De agricultura* 141; vgl. dazu Jouanna (1988) 258 mit Bezug auf V. Langholf.

Mit ἔστιν δὲ τὰ μὲν (A: Gomperz, Jones, Jouanna) beginnt der Abschnitt über sichtbare Krankheitserscheinungen. Anders Littré, Daremberg, Ermerins, Heiberg, die ἔστι nach M zum vorhergehenden Satz gezogen haben. Zur Satzstellung vgl. Kap. 9 (234,13 Jouanna), Kap. 12 (241,2 Jouanna) und Kap. 4 (227,6 Jouanna).

Zu dem Verhältnis von Wollen und Können vgl. Gorgias, DK 82 B 8 (Olymp.); Antiphon 5,73; Demokrit, DK 68 B 248, wobei darauf zu achten ist, daß der Autor hier keine einfache Antithese beschreibt, sondern die Höherrangigkeit desjenigen Arztes, der Wollen und Können in sich vereint, während der andere nur das Wollen vorzuweisen hat.

Zu der Diskussion, wie natürliche Veranlagung und Ausbildung zusammenwirken müssen: Protagoras, DK 80 B 3; Demokrit, DK 68 B 33. Das Kap. 9 der Schrift wird in der Regel als Hauptbeleg dafür betrachtet, daß die Rede bzw. Schrift nicht von einem Mediziner, sondern von einem Nicht-Mediziner, eventuell einem Philosophen, geschrieben wurde, der über unterschiedliche Disziplinen gearbeitet habe. Der Autor begründet hier und in Kap. 10 den Anspruch des wissenschaftlichen Vorgehens in der Kunst der Heilkunde. So sei grundsätzlich eine entsprechende Ausbildung notwendig, die aber ergänzt werden müsse durch geeignete Anlagen. Der Gedanke, auf den er sich hier bezieht, ist im 5. Jahrhundert v. Chr. weit verbreitet gewesen: Wie ist das Verhältnis zwischen Natur (Anlage) und Kultur (Ausbildung/Erziehung), und können durch letztere auch Schwächen in der Natur, d. h. in den Anlagen ergänzt oder ausgeglichen werden?

Nach der Edition von Jouanna ist hier der Lesart von A (μὴ ἀταλαίπωρα) zu folgen mit Bezug auf *De aeribus* 1 (= 26,3 Diller = Π 12,20 Littré); vgl. demgegenüber zum Gebrauch von ταλαίπορος *De natura hominis* 12 (198,5 f. Jouanna = VI 62,5 Littré), *De aeribus* 24 (= Jouanna = 78,15 Diller = II 86,13 Littré).

Zu Kapitel 10:
Μῦς bedeutet sowohl Maus als auch, im übertragenen Sinn, Muskel (lat.: *musculus* = »kleine Maus« stammt aus diesem metaphorischen Gebrauch, vgl. Jouanna [1988] 236 Anm. 1).

Ἰχώρ (Götterblut, Lymphe, Serum): ebenso wie μῦς hier zur Verständlichkeit des Textes im übertragenen Sinne für Serum gebraucht, das einer Verletzung oder einem Geschwür entstammt – im Unterschied zu Blut und Eiter (vgl. Jouanna [1988] 236 Anm. 2).

Θώραξ: eigentlich »Panzer«; mit dem *Corpus Hippocraticum* (vgl. Eurip., *Herc.* 1095) bürgert sich der Gebrauch für den gesamten Bereich des Rumpfes ein (vgl. Aristoteles, *part. an.* 686b 5); καλεῖσθαι weist hier auf den technischen Gebrauch des Wortes hin; dazu A. J. Festugière, Hippocrate, L'ancienne médicine, Paris 1948, 68 f.

Die Möglichkeiten (Kap. 10 und 11), das nicht mit den Augen Sichtbare zu erkennen, ist das Charakteristikum einer wirklichen Kunst als Wissenschaft. Für die Heilkunst bedeutet dies, daß ihre spezielle τέχνη (vgl. dazu Einführung, S. 343 f.) sich auch die nicht-sichtbaren Vorgänge unterwerfen muß.

Vgl. zu den Vorstellungen über Aufbau und Struktur der inneren Organe: Schubert/Huttner (1999) 436 ff.

Zu Kapitel 11:
Vgl. zur Sichtbarmachung des Nicht-Offenbaren: Einführung, S. 343 f.
Zum Verhältnis von ὄψις und γνώμη vgl. oben, S. 347 f.

Hier geht der Autor offenbar auf einen wiederholt der Medizin zum Vorwurf gemachten Aspekt ein: Sie sei zu langsam. Vielleicht wurde auch der Grund für mangelnden Erfolg oder die – nicht von allen akzeptierte – Weigerung, unheilbar oder schwer Erkrankte zu behandeln, damit verbunden. Die Medizin nimmt eine Sonderstellung unter den τέχναι ein, weil sie es mit der besonderen Schwierigkeit des Nicht-Sichtbaren im Körperinneren zu tun hat. Insgesamt ist der Sinn des Abschnittes unklar, da der Text viele Schwierigkeiten bietet. Im einzelnen dazu Jouanna ad loc.

Vor χαλκῷ haben die Handschriften γραφῇ: vgl. *De vetere medicina* 20 zum Vergleich mit der Malerei; allerdings wäre sie im Zusammenhang der hier aufgezählten verarbeitenden τέχναι ein Fremdkörper.

Zu Kapitel 12:
Zur τέχνη des Offenlegens des Nichtsichtbaren aus Zeichen: vgl. Einführung, S. 347.

Τὰ μηνύοντα: vgl. Antiphon, *Chor.* 25; der Text verwendet hier deutlich das Vokabular aus dem Prozeßbereich.

Der Text folgt hier der Edition von Jouanna, der A den Vorzug gegeben hat: βιάζεται δὲ τοῦτο μὲν πύου τὸ σύντροφον φλέγμα διαχεῖν … Jones hat πῦρ τὸ σύντροφον M als Glosse betrachtet.

Der physiologische Prozeß, den der Autor sich hier vorstellt, basiert auf dem auch in anderen Schriften des *Corpus Hippocraticum* zu findenden Konzept der angeborenen Wärme (vgl. auch das Folgende in Kap. 12). So kann aus dem Phlegma Eiter erzwungen werden: vgl. *De victu* 2,62 (τὸ συμφύτου θερμοῦ), dazu Joly (1984) 280 mit Verweis auf *De morbis* 1,11; *Aphorismen* 1,14.15 und *De corde* 6 (ἔμφυτον πῦρ). Dazu Jouanna (1988) 266f.

Zu Kapitel 13:
Zu dem Gegensatzpaar λόγῳ – ἔργῳ vgl. R. Schottlaender, Drei vorsokratische Topoi, Hermes 62 (1927) 443ff.

Die Schrift schließt mit einem Verweis auf die πίστις, offenbar ein Gemeinplatz (vgl. dazu Jouanna [1988] 269): vgl. Heraklit, DK 22 B 101a; Herodot 1,8; Thukydides 1,73,2; Dion von Prusa 12,71.

DE FLATIBUS

Die Schrift *De flatibus* wird in der antiken Überlieferung zusammen mit anderen, den Ursachen der Krankheiten nachgehenden Werken wie *De natura hominis*, *De morbo sacro*, *De natura pueri* und *De aeribus* unter den Werken des Hippokrates genannt.[63] Auch Galen zitiert unter dem Namen des Hippokrates Passagen aus der Einleitung, so daß davon auszugehen ist, daß es sich bei der Schrift um eines der bekannteren Werke gehandelt hat, das in der Antike Hippokrates zugeschrieben wurde. Wie *De arte* hat es sich ursprünglich um eine Rede gehandelt, die für den öffentlichen Vortrag konzipiert war (Kap. 14 = 121,7–9 Jouanna).

Die Textüberlieferung stützt sich hauptsächlich auf zwei Handschriften, deren ältere (Marcianus graecus 269 [M]) auf die zweite Hälfte des 10. oder sogar die Mitte des 10. Jahrhunderts zurückweist, während die jüngere (Parisinus graecus 2253 [A]) an das Ende des 11. oder den Beginn des 12. Jahrhunderts zu rücken ist.[64]

Aus einem 1893 publizierten Papyrus, dem sog. Anonymus Londinensis, der eine Doxographie aristotelischer Zeit zu Hippokrates und seinen Vorstellungen über Krankheitsentstehung enthält, ergeben sich interessante Parallelen zu *De flatibus*. Die Erklärung der Krankheiten aus dem verursachenden Prinzip der Luft und auch die Einzelheiten der Luftbewegungen im Körper wie sie der Papyrustext beschreibt, ähneln *De flatibus*. Allerdings gibt es auch Unterschiede wie etwa die im Papyrustext herausgehobene Rolle der περισσώματα,[65] die in *De flatibus* nicht bekannt ist. Letztlich läßt sich aus dem Papyrustext kein verläßlicher Anhaltspunkt dafür gewinnen, daß *De flatibus* tatsächlich ein Text des Hippokrates ist. Andererseits ist es durchaus möglich, daß die in *De flatibus* vertretenen Thesen den Ausgangspunkt für die in aristotelischer Zeit verfaßte Doxographie darstellten, wobei dann zusätzlich mit dem Konzentrationsprozeß auf die Person des Hippokrates zu rechnen wäre. In der Schule des Aristoteles hat man offenbar die Schrift schon in einem festen Werkzusammenhang gesehen.[66]

---

[63] Nachmanson, Erotiani vocum hippocraticarum collectio, Uppsala 1918, 9; vgl. hierzu und für das Folgende ausführlich Jouanna (1988) 9 ff.
[64] Jouanna (1988) 51 f.
[65] Schubert/Huttner (1999) 380 f.
[66] Jouanna (1988) 47.

Die stilistischen, sprachlichen und inhaltlichen Charakteristika erlauben die zeitliche Einordnung in das letzte Drittel des 5. Jahrhunderts. Hervorstechendstes Merkmal ist das Anliegen des Autors, alle Krankheiten auf eine einzige Ursache zurückzuführen, nämlich das sowohl abstrakte als auch physisch faßbare Prinzip der Luft. Mit diesem Monismus steht er in auffälliger Nähe zu Diogenes von Apollonia. Allerdings ist dabei auch die lange Tradition monistischer Kosmologien der ionischen Naturphilosophie zu berücksichtigen, die mit Thales begann und über Anaximenes fortgesetzt wurde.[67]

Neben dieser allgemeinen Tradition sind die stilistischen und sprachlichen Ähnlichkeiten zu Gorgias hervorgehoben worden.[68] Der epideiktische Charakter zeigt sich deutlich an der Klassifikation der Argumente und ihrem antithetischen Aufbau. Eine reiche Metaphorik (z.B.: Gewohnheit ist eine gute Schule für die Hände, die Luft ist wie ein Herrscher, sie ist ein Wagen für die Erde etc.)[69] läßt die Ähnlichkeiten zu dem *Enkomion auf Helena* noch deutlicher hervortreten. Nichtsdestoweniger ist die Schrift doch ein origineller und sehr eigenständiger Beitrag zur Spekulation und Diskussion um die Ursachen von Krankheiten.

Zu Kapitel 1:

Der Anfang der Schrift ist demjenigen von *De arte* vergleichbar, eine Ähnlichkeit, die sich aus dem epideiktischen Charakter beider ableiten läßt. Ebenso wie in *De arte* werden in dem Anfangskapitel die grundlegenden Begriffe und Konzeptionen eingeführt, die Medizin als τέχνη dargestellt und die Gegensätze bzw. Gegenpositionen kurz berührt. Der Autor bezeichnet diesen Vorspann selbst als ein Parergon (am Ende von Kap. 1). Hier wird jedoch, anders als in *De arte*, der Medizin gleich im ersten Satz eine ganz besondere Stellung in ihrer Bedeutung für die menschliche Gemeinschaft beigemessen: Sie sei ein ξυνὸν ἀγαθόν, also ein gemeinsames Gut. Vgl. zu dieser Formulierung Heraklit, DK B 80.

Der Text folgt der Edition Jouannas, der bei ὀνήϊττοι auf die Korrektur der maskulinen Form des ionischen Superlativs verzichtet hat, da

---

[67] Parallelen zwischen *De flatibus* und Anaximenes: *De flatibus* 3 (106,10 Jouanna): Anaximenes DK 13 B 2; 3 (107,8 Jouanna): A 20; A 7 (4); 3 (106,14 Jouanna): B 1; A 5; c. 3 (106,15 ff.): A 15; dazu Jouanna (1988) 26.

[68] Jouanna (1988) 10–24.

[69] Übersicht bei Jouanna (1988) 18 f.

(wenngleich in der Prosa seltener) Feminina auch im Superlativ masku-
line Endungen behalten können (Jouanna [1988] 102). Vgl. Homer, *Od.*
4,442; *Demeter-Hymnos* 157; Hesiod, *theog.* 408; Pindar, *frg.* 152; Nikan-
dros, *Ther.* 120; Thukydides 3,101; 5,110; Platon, *polit.* 424e.

Die zwei ersten Glieder der Phrase, die durch τε miteinander verbun-
den sind (ὁρεῖ - ἀνδέων) bilden einen iambischen Trimeter. Zu der Ein-
schätzung der ärztlichen Tätigkeit vgl. auch Aristophanes, *Nub.* 706;
Euripides, *Hipp.* 188; genau umgekehrt bei dem Autor der *Dissoi Logoi*,
DK 90 1 (3): Krankheit ist schlecht für den Kranken, aber gut für den
Arzt. Jouanna (1988) 128 vermutet hier den Widerhall einer sophistischen
Diskussion und vergleicht die Position des Autors von *De flatibus* mit der-
jenigen von *Epidemien* 1,11 (»nützen und nicht schaden,« vgl. dazu Flas-
har [1997]). Darin ist auch eine weitere Überlegung zu erkennen, die
ebenfalls im *Corpus Hippocraticum* ihren Niederschlag gefunden hat: Wel-
che Vor- oder Nachteile ergeben sich für den Einzelnen aus dem Leiden
des Nächsten? Vgl. dazu *De aeribus* 16 (= Diller 62,20ff. = 2,64,14ff. L)
und Gorgias, *Enkomion auf Helena*, DK 82 B 11 (9).

Die hier verwendete Antithese σῶμα - γνώμη bezieht sich auf die Er-
kenntnismöglichkeiten, die sich aus dem somatischen wie dem rational-
intellektuellen Bereich ergeben. Vgl. *De medici officina* 1 (2,30,5 K =
3,272,3 ff. L); Galen, *comm. in. Hipp. De medici officina comm.* (18 B 656 ff.
Kühn); *Epidemien* 4,43 (V 184,7 ff. L); Kritias, DK 88 B 39; Antiphon,
Soph., DK 87 B 2; *De arte* 7; *De vetere medicina* 1 (1,572,1 ff. L. = 36,15 Hei-
nimann). Dazu ausführlich Jouanna (1988) 129. Vergleichbar ist auch die
Vorstellung des Autors von *De vetere medicina*, der die αἴσθεσις τοῦ
σώματος als die privilegierte Erkenntnismöglichkeit der Medizin hervor-
hebt (vgl. dazu Ch. Schubert, Symmetrie und Medizin: Zur Verwendung
eines mathematischen Begriffes in den frühen Schriften des Corpus Hip-
pocraticum, Sudhoffs Archiv 73 [1989] 190–199).

Das Begriffspaar δόξη - τέχνη bezieht sich auf eine frühere, vorplato-
nische Vorstellung, in der τέχνη nicht als Kunst und Wissenschaft der ἐμ-
πειρία gegenübergestellt wird, sondern als Wissen mit dieser fast gleich-
bedeutend ist. Ebenso ist die δόξα hier, vergleichbar mit γνώμη, als
Urteilskraft anders als im übrigen Corpus Hippocraticium und im späte-
ren Verständnis eben noch nicht die subjektive Meinung oder die Repu-
tation. Vgl. Euripides, *Bacch.* 311; *Hipp.* 1414; Gorgias, *Hel.*, DK 82 B 11
(9), (11) und (13): hier eher in der Bedeutung von Meinung; ausführlich
dazu Jouanna (1988) 130; Heinimann, Eine vorplatonische Theorie, Mu-
seum Helveticum 18 (1961) 119 ff.

Auch in der Gegenüberstellung von πεῖρα / ἀπειρίη findet sich hier
noch eine frühere Stufe: Die πεῖρα ist im Sinne von Kompetenz eine Qua-
lität des der τέχνη Mächtigen, aber noch nicht wie später ἐμπειρία der
τέχνη entgegengesetzt. Vgl. Gorgias, *Palam.*, DK 82 B 11 a (34). Aber eben
gerade diese Kompetenz ist das entscheidende Kriterium, um die zu dieser
Zeit noch in Frage gestellte Existenz der medizinischen τέχνη zu beweisen.

Ἐκ τῶν ἐναντίων ἐπιστάμενος τῷ νοσήματι fehlt in A, ist aber ge-
sichert durch M Vat. Ἐπιστάμενος ist hier nicht als Partizip Präsens von
ἐπίστασθαι, sondern als ionische Form mit Psilose (ἐφ-ίστασθαι) zu
verstehen (Jouanna [1988] 104). Zur Konstruktion vgl. *De natura hominis*
9 (188,7 Jouanna = VI 52,8 L) gegen Diller (1962) 177: »denn dann kennt
man das, was der Krankheit entgegengesetzt ist.«

Contraria contrariis: einer der berühmtesten Sätze des *Corpus Hippo-
craticum*, der das therapeutische Grundprinzip beschreibt: vgl. *De natura
hominis* 9; *Aphorismen* 2,22 (= 4,476,7 L); *De vetere medicina* 13 (1,598,16
L); *De locis in homine* 42 (72,1 Joly = 6,334,8 L); Platon, *Phileb.* 31e, 34e –
35a. Vgl. Jouanna, Réflexions sur l'imaginaire de la thérapeutique (Collo-
que Hippocratique, 1999) 13–42, bes. 27f., der das Denken in Gegensät-
zen mit der Metaphorik des Kampfes vergleicht, und M. F. Ferrini, Un
aspetto del rapporto tra Corpus Hippocraticum e filosofia (Colloque
Hippocratique, 1996) 15–36.

Zum methodischen Vorgehen bezieht sich der Autor auf die
ἀφαίρεσις und die πρόσθεσις: Möglicherweise ist die Beschreibung
dieses Verfahren vergleichbar mit einem Vorgehen, das man in der Mathe-
matik auch als Wechselwegnahme (ἀντυφαίρεσις) bezeichnet hat und
das im mathematischen Beweisverfahren eine große Rolle spielte: Vgl.
dazu Schubert, Symmetrie und Medizin, Sudhoffs Archiv 73 (1989),
190–199.

Zu Kapitel 2:

Die Bedeutung von ἰδέη kommt hier der Vorstellung von einer ab-
strakten Einheit schon sehr nahe: Sie geht über die sonst nachweisbare
Bedeutung von »Form« als äußerer Form (vgl. *De arte*, 2,3; Diogenes von
Apollonia, DK 64 B 5) hinaus. Wird sonst eine Form der Krankheit bzw.
werden die Formen der Krankheiten angesprochen, meint der Autor hier
ein und dieselbe Form (μία … ἡ αὐτή), die allen Krankheitsphänomenen
zugrunde liegt, in allen auch zu erkennen ist und damit durchaus den
Charakter einer Entität besitzt. Anders hierzu Jouanna (1988) 132f.; vgl.
auch H. Diller, Zum Gebrauch von εἶδος und ἰδέα in vorplatonischer

Zeit, in: Medizingeschichte in unserer Zeit, FS E. Heischkel und W. Artelt, Stuttgart 1971, 23–30; H.-J. Kühn, System- und Methodenprobleme im Corpus Hippocraticum (Hermes Einzelschriften 11, 1956) 62–65.

Zu Kapitel 3:
Vgl. Cicero, *nat. deor.* 2 54: *Nam cum tribus rebus animantium vita teneatur, cibo, potione, spiritu.*

Φῦσα und ἀήρ: Zwar handelt es sich trotz der unterschiedlichen Bezeichnungen um Formen der Luft, aber nichtsdestoweniger ist es ein und dasselbe Prinzip, auf das sie zurückgehen, nämlich die abstrakte Entität. Ihr kommt Allmachts- und Ewigkeitscharakter zu. Vgl. Diogenes von Apollonia, DK 64 B 5, Gorgias, *Helen.* DK 82 B 11, und Einf., S. 328ff., zur Personifizierung und Ausstattung mit deifizierenden Attributen des höchsten Prinzips in der Naturphilosophie.

Zu den verschiedenen äußeren Formen der Luft: vgl. z. B. Anaximander, DK 12 A 24; Anaximenes, DK 13 A 5; B 1; Anaxagoras, DK 59 A 70.

V. Langholf, L'air (pneuma) et les maladies (Colloque Hippocratique, 1990) 339–359, bes. 341f., hat nachgewiesen, daß diese beherrschende Rolle der Luft aus den pneumatischen Konzepten keineswegs unvereinbar mit den Säftelehren ist.

Zur Einschätzung des Nicht-Sichtbaren: vgl. Einf., S. 343ff., und *De arte* 11. Vgl. Demokrit, DK 68 B 187, B 290; B 302; *Epidemien* 6,8; 17 (5,350,3 L = Manetti-Roselli 180, 3ff.); vgl. J. Jouanna, Rhétorique et médecine dans la Collection hippocratique, REG 97 (1984) 44.

ζώειν: ionische Form in M, demgegenüber hat A ζῆν; vgl. *De aeribus* 10 und *De muliebribus* 1; 27 (8,70,21 L), wo ebenfalls die ionischen Formen erhalten sind.

Zur Atmung der Fische: Anaxagoras, DK 59 A 115; Diogenes von Apollonia DK 64 a 31; vgl. Aristoteles, *resp.* 470b 30ff., dazu Jouanna (1988) 135.

Zu den Funktionsmetaphern für das Verhältnis zwischen Erde und Luft: Euripides, *Tro.* 884; Anaximenes, DK 13 A 6; Diogenes von Apollonia DK 64 A 16a; Aristophanes, *Nub.* 264; Platon, *Phaid.* 99b 8ff.; Aristoteles, *cal.* 2,13, 294 a–b.

Zu Kapitel 6:
Λοίμος (Seuche) wird oft mit »Pest« gleichgesetzt, obwohl die erste tatsächliche Pest (ausgelöst von Yersinia pestis) 634 n. Chr. in antiker Zeit auftrat. Auch die berühmteste Seuchenbeschreibung, die bei Thukydides 2,47–53 erhaltene, ist sicher keine Beschreibung einer Pesterkrankung,

sondern vielmehr eine Synopse verschiedener Epidemien, die in Athen zu Beginn des Peloponnesischen Krieges (431–404 v. Chr.) grassierten. Vgl. hierzu P. Demont, Notes sur le récit de la pestilence athénienne chez Thucydide et sur ses rapports avec la médecine grecque de l'époque classique, in: Formes de pensée dans la Collection hippocratique (Actes du IVᵉ colloque international hippocratique, Lausanne 1983), 341–347; Jouanna (1988) 137f.; K. Weidauer, Thukydides und die Hippokratischen Schriften. Der Einfluß der Medizin auf Zielsetzung und Darstellung des Geschichtswerkes, Heidelberg 1954; G. Rechenauer, Thukydides und die hippokratische Medizin, Zürich / New York 1991; K. H. Leven, Thukydides und die »Pest« in Athen, Medizinhistorisches Journal 26 (1992) 128–160.

Der Autor unterscheidet bei den Fiebern zwei Formen: die Seuchen, die durch das Einatmen verunreinigter Luft entstehen (vgl. *De natura hominis* 9: νοσερὴν ... ἀπόκρισιν: krankmachende Abscheidung der Luft [VI 54,19ff. L = 190,15 Jouanna] und die Fieber, die aus einer individuell schlechten Lebensweise resultieren (vgl. dazu unten zu Kap. 7). Dies läßt sich durchaus mit dem aerogenen Übertragungsweg humanpathogener Keime nach der modernen Infektiologie vergleichen.

Vgl. *De natura hominis* 9 (6,52,1ff. L = 188,10ff. Jouanna), wo ebenfalls zwischen den allgemeinen Krankheiten unterschieden wird, die aufgrund des Klimas entstehen und den speziellen, individuell bedingten, die sich aufgrund eines Wechsels in der Lebensweise ergeben. Allerdings macht der Autor nicht deutlich, wieso sich bei diesen Umständen jeweils Körper, Natur und Nahrung unterscheiden, die Einflüsse der Luft jedoch trotz der individualisierten φύσις immer zu denselben Erscheinungen führen. Jouanna (1988) 110 weist daraufhin, daß es sich bei dem Satz Διότι διαφέρει ... um einen Standardsatz handele, der sich in den verschiedensten Schriften des *Corpus Hippocraticum* wiederholt: *De morbis* 1,22 (6,184,2–4 L = 62,19 Wittern); *De fracturis* 7 (3,440,3–4 L = 2,57,5ff. Kühlewein); 35 (3,536,21–538,1 L = 2,99,22–100,1 Kühlewein); *De articulatis* 8 (4,94,2 = 2,20,15 Kühlewein).

Zu Kapitel 7:

Gleichgewicht und Ausgleich sind grundlegende methodologische Prinzipien des therapeutischen Konzeptes der naturphilosophischen Medizin. Sie basieren auf dem Gedanken, daß Gesundheit und Krankheit des Menschen in Abhängigkeit von dem Verhältnis der das Innere des Körpers zu den die Umwelt bestimmenden Faktoren entstehen (vgl. *De victu* 69 [6,606,7–9 L = 200,31–202,2 Joly]). Vgl. dazu Einf., S. 355ff., und Schu-

bert (1993); dies., Der Begriff der Isonomie bei Alkmaion, Klio 66 (1984), 40–50; dies., Mischverfassung und Gleichgewichtssystem, FS H. H. Schmidt, Stuttgart, 225–235.

Die Verwendung der sonst eher dem politischen Bereich zuzurechnenden Begriffe στασιάζειν und κρατεῖν weist auf die enge Verbindung zwischen politischer und medizinischer Theorie (vgl. dazu Einf., S. 328 ff.).

Zur Abkühlung des Körpers und dem Entstehen des Schauders vgl. *De morbis* 1,24 (6, 188,14 L = 70,12 Wittern und 6,190,6–13 L = 72,12–17 Wittern und *De flatibus* 8 unten): In beiden Schriften wird zwar ein ähnlicher Mechanismus postuliert, die angenommene Ursache jedoch unterschiedlich beschrieben: *De morbis* 1 sieht in einem der Körpersäfte den Grund der Abkühlung des Blutes, *De flatibus* hingegen in der Luft. Aber beide Autoren stellen sich den Prozeß so vor, daß das erhitzte Blut die krankmachende Ursache (Körpersaft oder Luft), die das Blut abgekühlt hatte, wiederum erhitzt und so ein Fieber auslöst.

Zu Kapitel 8:
Ἐξεμόχλευσεν: vgl. zu μοχλός Euripides, *Herakl.* 999; zu dem verschwenderischen Gebrauch von Metaphern: Jouanna (1988) 113.

Νεῦρα: Bänder; vgl. *De arte* 10 (236,14 f. Jouanna); *De locis in homine* 7 (6,290,15 L = 47,6 f. Joly). Vgl. Schubert/Huttner (1999).

Zu Kapitel 10:
Der mögliche Einwand wird in der gleichen Weise eingeführt wie es für Gorgias bekannt ist: vgl. Gorgias, *Palamedes*, DK 82 B 11 a (15); vgl. dazu ausführlich Jouanna (1988) 15 f.

Βράγχος: Jouanna (1988) 117 lehnt die Übersetzung »Bronchitis« ab, da der Autor hier nicht von den Bronchien spricht. Mit Bezug auf *De morbis* 2,50 und *Epidemien* 7,7 schlägt er »Rauheit« vor.

Zu αὐτόματον vgl. S. 405. Anders als der Autor von *De arte* (vgl. S. 415) hält dieser Autor ein αὐτόματον für möglich.

Διὰ τί δὲ δήποτε τὸ αἷμα τὸ ἄνευ ῥεύματος …· Jouanna hat hier in Anlehnung an M die Lesart von A: ῥεῦμα durch αἷμα und ἄνευ πνεύματος durch ἄνευ ῥεύματος ersetzt. Es geht im Text nicht um die Eruption des Pneumaflusses, sondern um diejenige des Blutes.

Πόνοι wird hier nach Jouanna mit Anstrengung übersetzt (vgl. *De flatibus* 1 [104,9 Jouanna] und *De affectionibus interioribus* 1 (7,166,1 L) und nicht mit »Schmerzen« (so Diller).

Zu Kapitel 11:

Αἱ σάρκες M: αἱ φλέβες A: Diller kombiniert in seiner Übersetzung die beiden Lesungen (»die Adern oder die Muskeln«), dagegen ist Jouanna der Ansicht (mit Bezug auf *De morbis* 1,20 [6,176,18-20 L = 54,1-3 Wittern]), daß ἀπ' ἀλλήλων nicht zu φλέβες paßt. Ῥήγματα (Rupturen) werden als Risse der inneren Gewebe im *Corpus Hippocraticum* beschrieben: *De aeribus* 4 (2,22,9L = 32,2 Diller).

Zu Kapitel 12:

Ἀποπληξίη: plötzlich eintretende lokale oder generalisierte Lähmung; vgl. *Koische Sentenzen* 353 (5,658,19 L); 490 (5,696,6 L); zum Zusammenhang mit Kälte: *Aphorismen* 3,23 (4,494,11 L = 4,130,11 Jones); *De morbis* 2 (137 Jouanna).

Zu Kapitel 14:

Vgl. *De morbo sacro* 4 (6,368,4 ff. L = 70,3 Grensemann).

Jouanna (1988) 34-37 stellt *De flatibus* und *De morbo sacro* in ihren wesentlichen Aussagen zur Epilepsie synoptische nebeneinander und zeigt überzeugend sowohl die Gemeinsamkeiten als auch die Divergenzen: Die wesentlichste dürfte wohl darin liegen, daß in *De flatibus* 14 (123,14 ff. Jouanna) die Luft als Ursache des austretenden Schaums gesehen wird, in *De morbo sacro* 7 (6,374,4-6 = 72,26-28 Grensemann) dagegen das Fehlen der Luft als Ursache angegeben wird.

Φρόνησις: vgl. dazu F. Hüffmeier, Phronesis in den Schriften des Corpus Hippocraticum, Hermes 89 (1961) 61-68.

Zur Vorstellung, daß das Blut Quelle der Intelligenz sei: Empedokles, DK 31 B 105; vgl. dazu Jouanna (1988) 28.

Unter dem Eintreten des Schlafes wird hier nach einer alten Vorstellung eine Kraft verstanden, die von außen herkommend in den menschlichen Körper »einfällt.« Vgl. Homer, *Od.* 5,472; 12,311; zur Vorstellung, daß damit eine Abkühlung einhergeht: vgl. Empedokles, DK 31 A 85; Parmenides, DK 28 A 46b; *Epidemien* 6,4,12 (5, 310,6 ff. L = Manetti-Roselli 92,3 f.); dazu C. Marelli, Place de la Collection hippocratique dans les théories biologiques sur le sommeil, in: F. Lassere / Ph. Mudry, Formes de pensée dans la Collection hippocratique (Actes du IVe Colloque international hippocratique, Genf 1983) 334 ff.; Jouanna (1988) 148.

Ἀνομοιότητες: Dies ist einer der ersten Nachweise für den Begriff, wahrscheinlich sogar der älteste; vgl. *Epidemien* 6,3; 12 (5,298,6-7 L); ὁμοιότης dagegen schon bei Demokrit, DK 68 B 164

Διαστρέφω: Findet sich nicht nur in den medizinischen Schriften zur Beschreibung der Augenbewegung während eines epileptischen Anfalls: *De morbo sacro* 7 (vgl. S. 402), sondern auch bei den Tragikern: Aischylos, *Prom.* 673; Sophokles, *Ai.* 447; *Trach.* 794; Euripides, *Herc.* 868; *Bacch.* 1122f., 1166; *Med.* 1174f.

Zur Symptomatik epileptischer Anfälle wie Schaum vor dem Mund etc.: vgl. *De morbo sacro* 7; in der Tragödie als Symptom der Demenz: Euripides, *Med.* 1173-1175; *Herc.* 932-934; *Iph. T.* 308-311; *Or.* 220; *Bacch.* 1122.

Zur Metaphorik: vgl. Jouanna (1988).

Zu Kapitel 15:
ὑπόθεσις M: ὑπόσχεσις A
Vgl. zu dem Begriff *De vetere medicina* 1 (s.u., S. 457f.) und Gorgias, *Helena*, DK 82 B 11 (21); dazu ausführlich Kühn (1956).

DE MORBIS I

Die Schrift *De morbis* 1, wahrscheinlich um 380 v.Chr. abgefaßt,[70] ist Teil einer Schriftengruppe, die *De morbis* 1-4 überschrieben wurde, obwohl sie nicht als inhaltlich zusammengehörig bezeichnet werden kann. *De mobis* 1 ist Galen bekannt gewesen,[71] allerdings scheint er die Schrift unter dem Titel περὶ ἐμπύων (Über die Empyeme) zu zitieren. Erotian kannte nur zwei Bücher *De morbis*, und auf einem Papyrus aus dem 2. Jahrhundert n.Chr. ist der Titel speziell des ersten Buches erhalten.[72] Der Anonymus Londinensis (6,43f.) scheint sich mit dem durch ὡς δὲ αὐτὸς Ἱπποκράτης λέγει eingeleiteten Abschnitt auch auf *De morbis* 1 zu beziehen.

Inhaltlich zerfällt auch *De morbis* 1 deutlich in zwei Teile: Kap. 1-10 und Kap. 11-22. In Kap. 1-10 werden grundsätzliche Aspekte zur Darbietung der medizinischen Heilkunst (τέχνη ἰατρική) erläutert, in Kap. 11-22 innere Krankheiten behandelt, vor allem Eiterungsprozesse. In Kap. 23-34 sind akute Erkrankungen beschrieben wie Brustfellentzündung, Lungenentzündung, Fiebererkrankungen und Phrenitis (Enzepha-

---

[70] Jouanna (1999) 382.
[71] Galen, *Comm. in Hipp. Epid.* 3, CMG V 10,1,138.
[72] Pap. gr. 26 Strasb. col. III 16-19: dazu Jouanna, ZPE 8 (1971) 147ff.

litis, Verwirrungs- und Wahnzustände).[73] Gerade die in Kap. 1–10 gegebe-
nen allgemeinen Aussagen werden nicht, wie sonst bei den für die
rhetorischen Auseinandersetzungen gedachten Thesen begründet oder
argumentativ untersetzt, sondern in »apodiktischer Form« vorgetragen.[74]
Dies ist für Wittern ein deutlicher Beleg dafür, daß die Schrift nicht als
τέχνη-Verteidigung bzw. Begründung gedacht war, sondern als »Abriß
einer Lehre zu verstehen [ist], auf den sich die Ärzte in Besprechungen
konkreter Fälle berufen und mit dessen Hilfe sie in zweifelhaften Fällen
eine gültige, für alle verbindliche Entscheidung herbeiführen konnten«.[75]
Allerdings deutet der gegliederte Aufbau von Kap. 1 doch eher auf den
durch eine einfache, klare Struktur zu erreichenden Vorteil in der Debat-
tenrede (s.u. zu Kap. 1).

Die vielen Brüche innerhalb von De morbis 1 haben dazu geführt, die
Einheit der Schrift in Frage zu stellen,[76] obwohl sie durchaus auch als all-
gemeiner (De morbis 1,1–10) und spezieller Teil eines größeren Werkes
über Pathologie (Kap. 11–34) gelten könnte.[77] Wittern hält es für durchaus
möglich, daß zwischen den beiden Teilen ein Stück des Werkes verloren
gegangen ist, so wie in De aeribus.[78] Die großen Ähnlichkeiten zu De af-
fectionibus, insbesondere die auf der Zweisäftelehre (Galle und Schleim)
basierende Krankheitsätiologie sowie parallel auftretende sprachliche
Eigenheiten (z.B. der Terminus φλὲψ σπληνῖτις in De affectionibus 20
und De morbis 1,26) haben die Editorin Renate Wittern zu der Vermutung
veranlaßt, daß es sich bei De affectionibus um eine »vulgarisierte Form der
in De morbis 1 für Fachleute niedergelegten Lehre« handele (1974, XCV).

Ähnlich wie der Autor von De natura hominis ist auch dieser Autor ein
strikter Gegner des Monismus. Er legt, ganz im Stil der von den Pytha-
goreern eingeführten Gegensatzpaare, eine durch jeweils verschiedene
Gruppen von Gegensätzen strukturierte Einleitung vor.

In Kapitel 1 beschreibt er zusammenfassend sein Konzept. Der Aus-
gangspunkt von Krankheiten wird durch folgende Gegensatzpaare be-
stimmt:

---

[73] Vgl. dazu G. E. R. Lloyd, Magic, Reason and Experience (1984) 92f.
[74] Wittern (1974) LXXIII.
[75] Wittern, a.a.O.
[76] Fuchs II 377; Ermerins II LVIf.
[77] Littré VI 138; Wittern (1974) LXXIV; Potter (1980) 96.
[78] Wittern (1974) LXXV.

Länge / Kürze (vgl. Kap. 3) - tödlicher Ausgang / nicht-tödlicher Ausgang - klarer Ausgang / unklarer Ausgang (vgl. Kap. 3) - lange Dauer / schnelle Krise.

Die Abfolge der Krankheiten wird durch zwei Gegensatzpaare bestimmt:

Tyche / Heilkunst (vgl. Kap. 8) - Patient und Arzt / Arzt und Patient.

Die Heilkunst (τέχνη) und ihre Genauigkeit (ἀκρίβεια) werden durch diese Gegensatzpaare bestimmt:

Richtig / falsch - Existenz / Nicht-Existenz - klein / groß - viel / wenig - Sein / Nicht-Sein - Wahrnehmung / Nicht-Wahrnehmung - Geschicklichkeit (vgl. Kap. 10) / Ungeschicklichkeit - richtiger Augenblick / falscher Augenblick - Ähnlichkeiten mit anderen τέχναι / Unterschiede zu anderen τέχναι.

Für die Qualitäten gibt der Autor folgende Gegensatzpaare an:

Kalt / heiß - stark / schwach - fest / locker - feucht / trocken.

Veränderungen beschreibt er durch die Dynamik von viel zu wenig - schlimmer zu besser - langsam zu schnell - richtig zu unpassend - gut zu schlecht und schlecht zu gut.

In Kapitel 2 fügt er diesen Gegensatzpaaren noch den Gedanken hinzu, daß alles auf den beiden Säften Galle und Schleim in ihren unterschiedlichen Mengenverhältnissen beruht. Darauf aufbauend wendet der Autor ab Kap. 3 sein Schema der Gegensatzpaare an, allerdings nicht in der Reihenfolge, die sich aus den Gegenüberstellungen von Kap. 1 ergibt. Auch andere Widersprüchlichkeiten zeigen sich: So kennt er offenbar als dritten Saft auch das Blut (Kap. 7) oder stellt, in klarem Gegensatz zu Kap. 1, fest, daß es für die Heilkunst keinen Anfangs-, Mittel- oder Endpunkt gäbe.

Der Autor hat bei seinen Unterteilungen vor allem den Vorteil in der Debattenrede vor Augen, in der nicht nur das Fachwissen, sondern offensichtlich auch die klar gegliederte Argumentationsweise die rhetorische Überlegenheit sichern. Hierbei ist gerade in dem schematischen Aufbau der Argumente eine klare Beziehung zu der sophistischen ἀντιλογικὴ τέχνη zu erkennen.[79] Vergleichbar ist dies mit der, aus dem 5. Jahrhundert v. Chr. stammenden, anonymen sophistischen Schrift *Dissoi Logoi* (DK 90),

---

[79] Platon, *Phaid.* 90b9–c6; 101e1–102a2; *rep.* 537e1–539d7; *Soph.* 231e1–2; 232b1–233d2; 268c8–d5; Aristoteles, *Soph. el.* 164a20–165a14; 171b3–172a18; dazu Kerferd/Flashar (1998) 22.

die ebenfalls diesen antithetischen Aufbau hat, bzw. auch den von Protagoras entwickelten Gedanken des antithetischen Widersprechens.[80] Der Autor von *De morbis* 1 verwendet die antithetische Struktur, um damit ein klassifikatorisches Begriffsgebäude zu entwickeln, mit dessen Hilfe das allgemeine Wesen der medizinischen τέχνη beurteilt werden kann.[81]

Zu Kapitel 3:
Σπληνῖτις und ἡπατῖτις: Diese beiden Termini begegnen im *Corpus Hippocraticum* sonst nur zusammen mit ἡ φλέψ; vgl. *De morbis* 1,26; 28; *De affectionibus* 20; Diogenes von Apollonia (DK 64 B6,11) beschreibt ein paariges Adernsystem des menschlichen Körpers mit einer Milzader (σπληνῖτις) und einer Leberader (ἡπατῖτις), daher wird dieses Adernsystem auf ihn zurückgeführt. Galen hat in seinem Aphorismenkommentar die σπληνῖτις jedoch auch als Krankheitsbezeichnung den Hippokratikern zugeschrieben (*comm. in. Hipp. aph. comm.* = 18 A 145,14–16 K.); Wittern (1974) LXXVIII; 101 vergleicht diese Adernbeschreibung mit *De morbo sacro* 3. Im Unterschied hierzu beschreibt der Autor von *De natura hominis* 11 ein vierpaariges Gefäßsystem, das seinen Ursprung auch nicht aus dem Bauchraum hat, sondern vom Kopf ausgeht.

Die Krankheitsbenennungen und auch die späteren Krankheitsbeschreibungen lassen kein einheitliches Ordnungssystem erkennen (Wittern [1974] LXXXIII).

Die genannte schwarze Galle ist noch nicht als eigenständiger Saft gedacht, sondern als krankhafte Veränderung. Die krankhafte Veränderung, die hier zugrunde liegt, ist eine Veränderung des Blutes durch Galle und Schleim (vgl. Kap. 30 und *De affectionibus* 19,29,30; Wittern [1974] LXXXVI; XCVI). Zur schwarzen Galle als dem vierten Saft: *De natura hominis* 4.

Zu Kapitel 6:
Zum Umgang mit unheilbaren Krankheiten vgl. H. v. Staden, Incurability and hopelessness: The Hippocratic Corpus (Colloque Hippocratique, 1990) 75–112; bes. 79, 83 f., der den explanatorischen Charakter in der antithetischen Struktur als kennzeichnend für den Umgang mit den un-

---

[80] Kerferd/Flashar (1998) 98 f.
[81] Vgl. dazu E. García Novo, Analysis and Synthesis of Reality (Colloque Hippocratique, 1996) 37–51; G. E. R. Lloyd, Polarity and Analogy, Cambridge 1966.

heilbaren Krankheiten u. a. in *De morbis* 1 bezeichnet; Wittern (1974) LXXXVIII betont den Gegensatz zu *De arte* 8: Nach *De morbis* 1 soll der Arzt helfen, soweit es möglich ist, nach *De arte* jedoch bei erkannter Unheilbarkeit die Behandlung ablehnen. Die Ablehnung ist zwar in *De morbis* 1 nicht ganz so eindeutig wie in *De arte*, jedoch deutet die Ausrichtung an der ὀρθότης daraufhin, daß es hier um den korrekten Einsatz der τέχνη geht und nicht um ein – in moderner Terminologie – Hilfegebot des Arztes. Somit läuft die Argumentation, wenngleich verkürzt, auf eine im Vergleich zu *De arte* 8 ganz ähnliche Position hinaus.

Zu Kapitel 7:
Das Blut ist für den Autor von *De morbis* 1 der Träger des denkenden, menschlichen Bewußtseins (vgl. dazu Empedokles, DK 31 B 105; *De morbis* 2,3; *De flatibus* 14). Die Entstehung der Phrenitis (vgl. dazu S. 445f.) leitet er von einer Schädigung des Blutes ab. Im Unterschied jedoch zu dem Autor von *De flatibus* (Kap. 14) geschieht die Schädigung nicht über eine Einwirkung des Pneumas. Diese Nichtberücksichtigung des Pneumas unterscheidet *De morbis* 1 auch von *De morbo sacro*, dem die Schrift ansonsten in der Annahme des paarigen Adernsystems durchaus ähnelt; dazu Wittern (1974) LXXXI.

DE NATURA HOMINIS

Die Schrift *De natura hominis*, wohl in den Jahren 420–400 v. Chr. geschrieben,[82] ist schon seit der Antike als ein aus zwei Teilen bestehendes Werk betrachtet worden. Zwar weisen die lateinischen Handschriften, deren Übersetzung in das 6., möglicherweise auch 5. Jahrhundert n. Chr. zu datieren ist und die neben der griechischen Überlieferung im Marcianus graecus 269 (M) aus dem 11. (eventuell 10.) Jahrhundert und im Parisinus graecus 2253 (A) aus dem Ende des 11. Jahrhunderts einen wichtigen Überlieferungsstrang darstellen, das Werk komplett Hippokrates zu.[83] Demgegenüber läßt aber der Parisinus graecus 2142 (H), gekennzeichnet durch die Überschrift περὶ διαίτης, ab Kap. 16 eine neue Schrift begin-

---

[82] Jouanna (1975) 60.
[83] Jouanna (1975) 125 ff.

nen, die dem Arzt Polybos zugeschrieben wird.[84] Die Zuschreibung an Polybos gründet sich plausibel auf Aristoteles *Historia animalium* 512b–513a, wo ein großer Teil der Gefäßbeschreibung aus *De natura hominis* zitiert und als ein Werk des Polybos bezeichnet wird.[85] Der anonyme Papyrus-Text aus London zitiert unter dem Namen des Polybos Ansichten,[86] die dem Inhalt der Kap. 3 und 4 von *De natura hominis* genau entsprechen. Eine andere Paraphrase (Kap. 9) wird allerdings im Papyrus-Text dem Autor Hippokrates selbst zugeschrieben, woraus auch wiederum Zweifel an der Einheit des Werkes *De natura hominis* begründet wurden.[87] Galen berichtet, daß Polybos sein Leben auf Kos verbrachte und dort nach der Abreise des Hippokrates die Leitung der Schule übernahm.[88] Genauere Hinweise sind nicht erhalten, so daß diese Frage letztendlich offen bleiben muß.[89]

Auch ohne die Problematik der unterschiedlichen Zuschreibungen zu vertiefen, erscheint *De natura hominis* nicht als ein homogenes Werk: Kap. 1–8 präsentieren eine klare und konsequent ausgeführte Theorie, Kap. 9–15 geben Ausführungen zur Pathologie ohne größeren inneren Zusammenhang, darunter auch die eingeschobene Beschreibung der Blutgefäße, Kap. 16–24 widmen sich der Lebensweise. Die genaue Analyse, die Jouanna in seiner Edition durchgeführt hat, läßt ihn zu dem Ergebnis kommen, daß die Einheit der Schrift auf einer durchgehenden Systematik beruht.[90]

[84] Die Überschrift περὶ διαίτης ὑγιεινῆς in der Ausgabe von Littré stammt vom Herausgeber. Im Parisinus graecus 2142 (H) steht als Ergänzung einer zweiten Hand περὶ διαίτης ὑγιεινῆς ὁ Πολύβου λέγεται τοῦ Ἱπποκράτους μαθητοῦ. Sie stammt wahrscheinlich aus dem Kommentar Galens zu *De natura hominis* (J. Mewaldt, Galeni In Hippocratis De natura hominis comentaria tria [CMG V 9,1, Leipzig/Berlin 1914] 57,11-12); ausführlich dazu Jouanna (1975) 20 mit Anm.1.

[85] Jouanna (1975) 55.

[86] H. Diels, Anonymus Londinensis ex Aristotelis Iatricis Menoniis et aliis medicis eclogae, Suppl. Aristotel. III 1, Berlin 1893, 137: D. h., daß die im Papyrus zusammengefaßte Doxographie des Menon, eines Aristoteles-Schülers, dies dem Polybos zuschrieb.

[87] So Jones in der Loeb Edition, Bd. IV, xxvi. Vgl. Joly (1984) 43.

[88] Galen, Kommentar (Mewaldt 8, 24; vgl. 1,58,10-12 K.).

[89] Jouanna (1975) 59.

[90] Jouanna (1975) 24-238.

Zu Kapitel 1:
Die Anfangskapitel dieser Schrift sind eine grundlegende Einführung und Darlegung des von dieser Zeit an für die gesamte Pathologie und Physiologie der antiken Medizin prägend gewordenen Systems der Vier-Säfte-Lehre.

In Kap. 1 wendet sich der Autor gegen eine simple Übertragung des Vier-Elemente-Modells (Luft, Feuer, Wasser, Erde) auf die Medizin. Er bezieht sich dabei offenbar auf Vorträge und Streitdiskussionen, die zu diesem Thema in seiner Zeit des öfteren geführt wurden (vgl. *De vetere medicina*, *De flatibus* 3), u. a. nennt er namentlich die These des Melissos (B 7) und verwendet die Konzeption des Erschließens des Sichtbaren aus dem Nicht-Sichtbaren (Einf., S. 343 ff.).

Zu Kapitel 2:
In Kap. 2 kritisiert der Autor, sich ganz offensichtlich einer Zuhörerschaft zuwendend, speziell jene Mediziner, die dem philosophischen Monismus als Erklärungsmodell folgen. Er dagegen betont die Dauerhaftigkeit und Permanenz aller Substanzen, aus denen der Mensch besteht (vgl. dazu Empedokles B 17,35, dazu s. u., S. 434) und die durch die vier Qualitäten der Hitze, der Kälte sowie der Trockenheit bzw. der Feuchtigkeit charakterisiert seien. Die hier angegriffenen Thesen sind oft mit Positionen identifiziert worden, die auch im Papyrus-Text des Anonymus Londinensis genannt werden: Der Blut-Monismus entspräche demnach der Position des Thrasymachos von Sardes (11,43–12, 8).

In seinen Vorstellungen von νόμος und φύσις bezieht er sich auf ein Argumentationsmuster, das in der Literatur und Gedankenwelt seit dem letzten Drittel des 5. Jahrhunderts sehr verbreitet war (vgl. Heinimann [1980]). In den älteren Übersetzungen wird νόμος als ›convention‹ (Jones in der Loeb-Übersetzung) verstanden, im Sinne derjenigen Regeln, die von Menschen geschaffen wurden (und damit veränderbar sind) im Gegensatz zu den unveränderlichen Normen der Natur (φύσις). Heute betont man sehr viel stärker die Entwicklung dieser Antithese hin zu einer Analyse des Spannungsverhältnisses zwischen einem Wort in seinem allgemein üblichen Sprachgebrauch und der Realität, die es tatsächlich bezeichnet. Bei der einfachen Gegenüberstellung von νόμος und φύσις im älteren Sinn ist mit dem Gebrauch von νόμος eine deutliche Abwertung desselben gegenüber der Natur verbunden. Hingegen ist bei der jüngeren Stufe der menschliche νόμος im Sinne von ›Sprachgebrauch‹ deutlich positiver bewertet (Jouanna [1975] 259–260; vgl. Jouanna [1988] 226 zu *De*

arte 2,2f.; vgl. dazu S. 409ff.) und die strenge Gegenüberstellung durch
die Vorstellung von gegenseitiger Abhängigkeit abgelöst worden.

Zu Kapitel 3:

Auch in Kap. 3 wendet sich der Autor gegen den Monismus, der alles in
der Natur Entstandene auf nur eines der Elemente zurückführt (vgl.
dazu auch Empedokles, B 17, 1-20; anders *De vetere medicina*, wo sich der Au-
tor generell gegen jede philosophisch ausgerichtete Medizin wendet): Der
Mensch konstituiert sich nicht aus einer einzigen Substanz, sondern aus
verschiedenen Elementen. Die Zeugung setzt die Vereinigung von Ver-
schiedenem und deren richtiges Mischungsverhältnis voraus. Hier be-
zieht der Autor sich auf ein Grundmuster griechischen Denkens: Glei-
ches zu Gleichem. Seinen besonders nachdrücklichen Ausdruck fand es
zum ersten Mal bei Parmenides. Ursprünglich stammt dieser Gedanke
aus der Freundschaftsethik der vorsokratischen Zeit und ist dann von
Empedokles zu einem kosmischen Ordnungsprinzip weiterentwickelt
worden (Aristoteles, *an.* 404b 11; *Eth. Eu.* 1235a 11; *Eth. Nic.* 1155b 7; *m.
mor.* 1208b 11). In den Schriften des *Corpus Hippocraticum* findet er sich in
der Abwandlung *contraria contrariis* (vgl. dazu Müller [1965] 112ff.).

Zu Kapitel 4:

In Kap. 4 wird Gesundheit als Gleichgewicht der Säfte definiert (vgl. dazu
Alkmaion, B 4, und Einleitung). Zum ersten Mal werden hier die vier
Säfte in Analogie zu den vier Elementen in ihrer dann klassisch geworde-
nen Form definiert: Blut, Schleim (Phlegma), gelbe und schwarze Galle.
Bis dahin wurde teilweise mit zwei Säften in unterschiedlicher Kombina-
tion oder auch mit drei Säften argumentiert. Das Neue liegt hier in dem
Saft »schwarze Galle«. In den Texten des 5. Jahrhunderts v. Chr. kommen
schon andeutungsweise bei der Verwendung von μελαγχολᾶν (o.ä.) pa-
thologische Bedeutungen zum Ausdruck, die sich auf Blut oder Galle be-
ziehen. In der Schrift *De natura hominis* wird jedoch nun ein physiolo-
gisch konstitutiver Körpersaft ›schwarze Galle‹ definiert (vgl. Ps.
Aristoteles, *probl.* 31), der von besonderer Bedeutung nicht nur in der Me-
dizin der Antike geworden ist, sondern auch in den Geistes- und Kultur-
wissenschaften in seiner Verbindung mit der Melancholie bis in die Neu-
zeit nachgewirkt hat.[91]

[91] Zu dem Viererschema allgemein in der antiken Medizin: Schöner
(1964); zur Melancholie: H. Flashar, Melancholie und Melancholiker in den

Die Mischungsvorstellung in der Schrift basiert bereits auf dem voll ausgeprägten Vier-Säfte-System.[92] Wie schon die älteste in diesem Zusammenhang relevante Stelle bei Alkmaion zeigt, ist die Frage nach dem Verhältnis der Teile zueinander nicht von dem Gedanken der Mischung zu trennen. Der Autor von *De natura hominis* sagt dazu, daß nur dann eine schöne Mischung zustande käme, wenn diese μετρίως καὶ ἴσως erfolge.[93] Mit ἴσως ist hier der quantitative Aspekt beschrieben, d. h. das numerische Gleichgewicht, mit μετρίως das qualitative Gleichgewicht.[94] Die Faktoren, die die qualitative Bestimmung der Mischung ausmachen, sind: die δυνάμεις – d. h. die Qualitäten feucht, trocken, heiß, kalt –, die Masse (πλῆθος) und die Mischung (μάλιστα μεμιγμένα ᾖ). Die Mischung ist hier ein Element in der Bestimmung des qualitativen Maßes, das zusammen mit dem quantitativen Maß das Gleichgewicht bildet.

Die mit der Mischung verbundene Vorstellung von Abscheidung (ἀπόκρισις) ist ein genuin medizinischer Terminus, der von der Medizin aus in andere Bereiche übertragen wurde. In der hier verwendeten Bedeutung von »Abscheidung/Separierung« findet er sich nur bei Anaxagoras (DK 59 B 4). Für Jouanna ist dies ein Beleg dafür, daß auch Anaxagoras diese Bedeutung aus der Medizin übernommen hat, um damit seine Kosmologie zu verdeutlichen.[95]

medizinischen Theorien der Antike, Berlin 1966; W. Müri, Melancholie und schwarze Galle, Museum Helveticum 10 (1953) 21–38; zu den Nachwirkungen der Vorstellungen von Melancholie in den Geistes- und Kulturwissenschaften: R. Klibanski / E. Panofski / F. Saxl, Saturn und Melancholie, Frankfurt a. M. 1990.

[92] Ausführlich dazu Jouanna (1975) 25ff. Allgemein zu der Entwicklung dieser Konzepte in der Medizin des 5. Jahrhunderts: J. Kollesch, Vorstellungen vom Menschen in der hippokratischen Medizin, in: R. Müller, Der Mensch als Maß der Dinge, Berlin 1976, 269ff. Zur Säfte- und Elementenlehre unter dem Aspekt der Mischung in Naturphilosophie und Medizin der Vorsokratik vgl. C. W. Müller, Gleiches zu Gleichem, Wiesbaden 1965, 122ff. (Klass.-Phil. Studien 31).

[93] *De natura hominis* 3,1 (= 170,12–172,2 Jouanna): Καὶ πάλιν, εἰ μὴ τὸ θερμὸν τῷ ψυχρῷ καὶ τὸ ξηρὸν τῷ ὑγρῷ μετρίως πρὸς ἄλληλα ἕξει καὶ ἴσως, ἀλλὰ τὸ ἕτερον τοῦ ἑτέρου πολλὸν προέξει καὶ τὸ ἰσχυρότερον τοῦ ἀσθενεστέρου, ἡ γένεσις οὐκ ἂν γένοιτο.

[94] Zu dem Zusammenhang des qualitativen Gleichgewichtes mit dem mathematischen Symmetriebegriff: Schubert, Medizin und Symmetrie, a.a.O.

[95] Jouanna (1975) 257f.

Zu Kapitel 5:
In Kap. 5 beginnt der Autor seine Ausführungen über die Charakterisierung der vier Säfte durch die vier Qualitäten, die er dann in späteren Kapiteln auch mit der Vorstellung, daß zu unterschiedlichen Jahreszeiten jeweils ein Saft bestimmte Krankheiten im Körper hervorrufen kann, nach folgendem Schema kombiniert:

Blut	warm/feucht	Frühjahr
gelbe Galle	warm/trocken	Sommer
schwarze Galle	kalt/trocken	Herbst
Schleim (Phlegma)	kalt/feucht	Winter

Entsprechend dem Muster ›Gleiches zu Gleichem‹ können die Säfte, beispielsweise wenn sie im Überschuß vorhanden sind, auch entfernt werden: Bestimmte Purganzien wirken auf einzelne Körpersäfte. Ihre Wirkung beruht auf einer Verwandtschaftsbeziehung zu den auszuscheidenden Säften, durch welche sie nach dem Prinzip ›Gleiches zu Gleichem‹ die krankheitsbildenden Säfte an sich ziehen und deren Ausscheiden bewirken (Müller [1965] 146).

Der Autor verwendet hier mit der Formulierung κατὰ νόμον – κατὰ φύσιν eine Ausdrucksform für die Gegenüberstellung, die den ersten Beleg darstellt für den Ausdruck der Beziehung zwischen dem Wort und der Realität, die es benennt.[96] Damit ist jedoch keine Antithese gemeint (vgl. dazu oben, S. 433), sondern eher eine Komplementarität, die die dynamische Beziehung beider beschreibt. Der Name (ὄνομα) ist ein Aspekt der Konvention (νόμος), das Aussehen (ἰδέα) ein Aspekt der Natur (φύσις). Beide zeigen in ihrer Vielfalt, daß die monistische These verfehlt ist.

Die Säfte, anhand derer in diesem Kapitel die These exemplifiziert wird, sind Schleim, Blut und Galle. Der vierte Saft wird nicht erwähnt, möglicherweise ist die schwarze Galle als Bestandteil des Konzeptes noch so neu gewesen, daß sie nicht harmonisch in die seit langem entwickelte Säftelehre eingepaßt werden konnte.

Zu Kapitel 6–8:
Die Dynamik dieses Konzeptes liegt in der Kombination mit dem Kreislauf-Gedanken in der Natur, wobei hier immer mehrere Zyklen im Blick-

---

[96] Jouanna (1975) 259.

feld stehen (Lebensalter, Jahreszeiten, Krankheitsbilder etc.). Den vier Jahreszeiten werden die vier Säfte zugeordnet, deren Proportion innerhalb des Körpers u.a. von den Mischungsverhältnissen bestimmt wird, die sich in klar definierten Phasen nacheinander einstellen und am Ende des Zyklus wieder von neuem in den Zyklus eintreten. Wie stark das Bemühen um ein stringentes Modell hierbei war, zeigt gerade diese Schrift, da hier der Zyklus der vier Jahreszeiten mit der Säftelehre zu einem geschlossenen Kreislauf konstruiert wird:[97] Danach wächst im Winter das Phlegma an, im Frühling bleibt es noch stark, gleichzeitig erhöht sich die Kraft des Blutes,[98] im Sommer bleibt das Blut noch stark, die Galle wächst an, das Phlegma wird schwächer, im Herbst wird das Blut schwach, die schwarze Galle ist stark, während sie im Winter schwächer wird und das Phlegma im Herbst anwächst und im Winter zur vollen Kraft kommt, womit sich der Kreis schließt.

Zum Verhältnis zwischen dieser Kreislaufkonzeption und der sogenannten Metabole-Reihe (3 Höhepunkte / 3 Niedergänge), mit der in der Antike die zyklische Entwicklung von Verfassungen beschrieben wurde und die schon bei Herodot in der Verfassungsdebatte (3, 80–82) und auch in Platons *Politeia* (Buch 8) zu erkennen ist, vgl. Ch. Schubert, Mischverfassung und Gleichgewichtssystem. Polybios und seine Vorläufer, in: Ch. Schubert / K. Brodersen, Rom und der Griechische Osten, FS H. H. Schmitt, Stuttgart 1995, 225 ff.[99]

Zur Dysenterie in Kap. 7 vgl. *De aeribus* 7 und *Aphorismen* 3,22: Dysenterie tritt vor allem im Sommer und Herbst auf.

[97] *De natura hominis* 7,1–10 (= 183,4–187,12 Jouanna); vgl. Jouannas Kommentar, a.a.O., 272–274, der auf die Parallelen bei den Naturphilosophen des 5. Jahrhunderts hinweist; vgl. auch *De natura hominis* 3; *De victu* 1, 5 (Kreislauf in Phasen eingeteilt); 33.

[98] Vgl. zur Rolle des Blutes: M.-P. Duminil, Le sang, les vaisseaux, le coeur dans la Collection Hippocratique, Paris 1983.

[99] Zur Entstehung dieses Dreier- bzw. Sechser-Schemas vgl. Ryffel, a.a.O., 22 ff.; der zwar sehr ausführlich den allgemeinen Gedanken des Zyklus in verschiedensten Bereichen (Philosophie, Poesie, Kosmologie, Biologie) von der archaischen Zeit bis hin zu Polybios verfolgt, jedoch in der Auswertung des Quellenmaterials weit hinter Ryffel zurückbleibt.

DE VICTU

Für die vier Bücher *De victu* ist bereits von Galen eine Autorschaft des Hippokrates ausgeschlossen worden, und auch Erotian erwähnt die Schrift nicht.[100] Der heute übliche Titel περὶ διαίτης (*De victu*) galt in der Antike auch nur als Titel des Buches 2, das Buch 4 wiederum war möglicherweise eine ganz eigenständige Schrift. Der Text, insbesondere des ersten Buches ist in verschiedenen griechischen Handschriften erhalten, von denen die wichtigste (Marcianus graecus 269) aus dem 10. Jahrhundert stammt. Die lateinische Textüberlieferung des ersten Buches von *De victu*, die auf eine Übersetzung aus dem 6. Jahrhundert n. Chr. zurückgeht, ist in einer Handschrift aus der Mitte des 9. Jahrhunderts erhalten.[101] Die Einheit der Schrift gilt heute als gesichert, und als Abfassungszeit werden im allgemeinen die Jahrzehnte um das Jahr 400 v. Chr. angenommen.[102]

De victu zeigt die Einflüsse verschiedener Naturphilosophen, einerseits des Heraklit (Kap. 4–5), andererseits aber auch diejenigen des Empedokles (Kap. 4) und des Anaxagoras (Kap. 4,6–7). In seinen der Musiktheorie entnommenen Beispielen (Kap. 8) sind Bezüge zur pythagoreischen Lehre zu erkennen.[103] Auch Verwandtschaften innerhalb des *Corpus Hippocraticum* lassen sich feststellen: So entsprechen sich verschiedene Kapitel aus *De natura hominis* (16; 22,3) und *De victu* (1,68.79). Im Hinblick auf das zeitliche Verhältnis zu *De natura hominis* ergibt sich daraus die Frage, ob hier auch eine Abhängigkeit zu konstatieren ist. Joly plädiert in seiner Edition von *De victu* für eine engere Beziehung zwischen beiden Werken, die er vor allem an die Person des Polybos (vgl. dazu S. 319 ff.) bindet. Demnach habe dieser als jüngerer Mann noch unter dem Eindruck der Debatten seiner Jugend die Schrift *De natura hominis* verfaßt (etwa um 410 v. Chr.) und später, vielleicht um 390 v. Chr., den in die Überlieferung als περὶ διαίτης ὑγιεινῆς eingegangenen Mittelteil noch

---

[100] Galen, *De alim. fac.* 1,13,3 (= CMG 5,4,2, 235,4–7); dazu Joly (1984) 21 f. mit den weiteren Testimonien. Anders zuletzt W. D. Smith, The Genuine Hippocrates and His Theory of Therapy (Colloque Hippocratique, 1999) 107–118.

[101] Parisinus latinus 7027; dazu Joly (1984) 81 f.

[102] Joly (1984) 23 ff.; vgl. auch Diller, Der innere Zusammenhang der hippokratischen Schrift *De victu*, Hermes 87 (1959) 39–56. Zur Datierung: Joly (1984) 45.

[103] Vgl. W. Burkert, Weisheit und Wissenschaft, Nürnberg 1962.

einmal überarbeitet. Diese überarbeitete Fassung sei von der Schrift *De victu*, insbesondere deren drittem Buch, inspiriert worden.[104]

Zu Kapitel 1–2:

In Kap. 1 kündigt der Autor vor allem die Besonderheit und Neuheit seiner Überlegungen an. In Kap. 2 beschreibt er diese dann als eine Diätetik, die auf einer philosophischen Anthropologie und Kosmologie typisch vorsokratischen Stils wie etwa auch in *De flatibus* basiert. Der hier formulierte Grundsatz, zuerst die menschliche Natur von ihrem Ursprung an zu analysieren, wird von W. D. Smith mit der berühmten Äußerung bei Platon, *Phaidr.* 270 b–c, in Verbindung gebracht: Dort schreibt Platon dem Arzt Hippokrates eine vergleichbare Auffassung zu, so daß teilweise gefolgert wird,[105] Platon habe in Hippokrates den Autor von *De victu* gesehen. Die gegenteilige Position ist jedoch auch vertreten worden.[106] Dort heißt es, daß nach Hippokrates als Voraussetzung einer Heilung die Natur des Körpers erkannt werden müsse. Dies könne jedoch nicht ohne Erkenntnis der Natur im Ganzen geschehen. Hier bezieht sich Platon auf eine medizinische Position, die Erkenntnis und Nachahmung der absoluten Natur und ihrer Ordnung als Weg zu den Gesetzmäßigkeiten des menschlichen Körpers sieht. Dasselbe gilt nach Platon auch für Perikles und den Bereich der Politik (*Phaidr.* 269e–270a). Perikles habe durch Anaxagoras eben jenes Wissen über das Ganze der Natur erworben. Es ermöglichte ihm auf der politischen Ebene den erfolgreichen Einsatz seiner rhetorischen Kunst. Im Hinblick auf die Methode der ὄψις τῶν ἀδήλων bedeutete dies, daß in der Medizin die Zusammenhänge im Inneren des Körpers erschlossen werden konnten, für die Politik lag darin die Möglichkeit, die Zusammenhänge von Stimmung und Reaktion im Innern der Psyche erkennen und auch manipulieren zu können.

Zur Rolle der τέχναι in *De victu* vgl. Einl., S. 343 ff., und zum hier verwendeten Begriff von Symmetrie S. 348. Vgl. dazu *De affectionibus interioribus* 21; 43; 44; *De flatibus* 7; *Prorrhetikon* 2,1.

Zur Forderung nach Genauigkeit vgl. *De vetere medicina* 20; *De acutis* 20; *De morbis* 1,1; 16.

---

[104] Joly (1984) 44.
[105] W. D. Smith, a.a.O. (Colloque Hippocratique, 1999) 107 ff.
[106] Vgl. dazu G. E. R. Lloyd, The Hippocratic Question, Classical Quarterly 25 (1975) 171–192.

Die große Entdeckung, die sich der Autor zuschreibt, ist ein System der Prodiagnose, die er mit der aus seinem Symmetrie-Begriff abgeleiteten Konzeption einer präventiv wirkenden Medizin verbindet. Der Ausdruck selbst (προδιάγνωσις) ist singulär und offenbar auch ein Neologismus.[107]

Zu Kapitel 3–5:

In Kap. 3 werden die Elemente und ihre Dynamik beschrieben. Als Ursprung von allem Seienden nimmt der Autor zwei Elemente (Feuer und Wasser) an, also nicht eine Einheit oder ein einheitliches Prinzip. Er kombiniert diese beiden ganz ähnlich wie Empedokles seine vier Elemente, indem er jedem Element zwei Qualitäten zuordnet. Somit verfügt er mit Hilfe der vier Qualitäten über weitere Kombinationsmöglichkeiten.[108] Darüber hinaus verbindet er die Zwei-Elementen-Lehre mit der anaxagoreischen Vorstellung von der Abscheidung sowie davon, daß jedes Element an jedem anderen Anteil hat. Dies gilt auch für die Seele, die die Teile des Körpers in einem auf ganz bestimmte Weise strukturierten Verhältnis in sich trägt.

Zu Kapitel 6:

Hier wendet sich der Autor dem Menschen speziell zu. Allerdings scheint hier zwischen ψυχὴ ἀνθρώπου und καὶ σῶμα eine längere Textpassage ausgefallen zu sein.[109] In der Lücke müssen allgemeine Aussagen über die Seele und ihre Natur gestanden haben. Die Seele ist das spezifische Merkmal des Menschen, daher wird zuerst auf sie eingegangen und am Ende des Kapitels dieser Gedanke auch abgeschlossen. »Die Seele ist gleichsam das Ordnungs- und Aufbauprinzip ihres Körpers.«[110] Sie ist von dem Mischungsprinzip her bestimmt und ihr bester Zustand ist – wie in Kap. 35 festgehalten – die μέση κρᾶσις. Sie wandert im Körper umher, verteilt das Hinzukommende nach dem Prinzip »Gleiches zu Gleichem« und stößt Ungleiches ab. Der Autor verbindet hier physikalische Naturvorstellungen, Erkenntnislehre und Psychologie in dem Prinzip »Gleiches zu Gleichem,« nach dessen Antithese Ungleiches ohne Erkenntnis ziellos umherirrt, kämpft und streitet. Joly sieht hier einen Entfaltungsprozeß analog zur σπέρματα-Theorie des Anaxagoras (vgl. Einl., S. 351ff.).

[107] Joly (1984) 234.
[108] Müller (1965) 123 mit Anm. 53.
[109] Müller (1965) 124.
[110] Müller (1965) 124.

Zu Kapitel 7–8:
Auf der Basis der anaxagoreischen Theorie und dem Prinzip »Gleiches zu Gleichem« wird eine Theorie des menschlichen Ernährungsprozesses vorgestellt. Die Elemente Feuer und Wasser sind in allen Nahrungsbestandteilen enthalten ebenso wie im gesamten menschlichen Körper. Durch diese ›Artverwandtschaft‹ ist die Ernährung überhaupt erst möglich. Die Dynamik liegt ausschließlich in der Bewegung, eine qualitative Veränderung ist ausgeschlossen (vgl. Einleitung zur μεταβολή, S. 350ff.). Zu den Vergleichen aus der pythagoreischen Harmonielehre: Burkert (1962) 255; Joly (1984) 239.

Zu Kapitel 9–10:
Zur prominenten Rolle des Feuers als des aktiven Elementes, gegenüber dem das Wasser als eigentlich gleichrangiges Element stark zurücktritt: Joly (1984) 240ff.

Kap. 10 ist teilweise als Einschub betrachtet worden, der nicht vom gleichen Autor wie Kap. 9 stammen könne, da hier das Wasser im Unterschied zu Kap. 9 als Element zu stark hervorträte.[111]

In der Nachahmung des Kosmos (ἀπομίμησις τοῦ ὅλου), die das Element Feuer im Körper bewirkt, drückt sich das Verhältnis von Mikro- und Makrokosmos aus, verbunden mit dem alles beherrschenden Verstand (νοῦς) aus der anaxagoreischen Philosophie.

Zur Abscheidung/Separierung (ἀπόκρισις) vgl. *De natura hominis* 4,3; 9,5; *De vetere medicina* 14; *Gland.* 11; *Aliment.* 17; dazu Joly (1984) 242 und Jouanna (1975) 258.

Zu Kapitel 11–15; 20–24:
Zur ὄψις τῶν ἀδήλων … Einl., S. 343ff.

Zu τέχνη: Einl., S. 344ff.

Am Ende von Kap. 11 kann anders punktiert werden: statt ὅσα δὲ θεοὶ διέθεσαν, αἰεὶ ὀρθῶς ἔχει. καὶ τὰ ὀρθὰ καὶ τὰ μὴ ὀρθὰ τοσοῦτον διαφέρει. auch ὅσα δὲ θεοὶ διέθεσαν αἰεί ὀρθῶς ἔχει καὶ τὰ ὀρθὰ καὶ τὰ μὴ ὀρθὰ τοσοῦτον διαφέρει.

Die auch von Joly befürwortete erste Variante drückt die Gegenüberstellung zwischen menschlichem Nomos und göttlicher Physis bzw. der Wertigkeit der dadurch geschaffenen Regeln und Ordnung deutlicher aus.

---

[111] Fredrich (1899) 100, 115ff.; anders Joly, a.a.O.

Wird jedoch die in M (Marcianus graecus 269) und θ (Vindobonensis medicus graecus 4) erhaltene Punktierung gewählt, dann steht τοσοῦτον διαφέρει stärker für sich. Insgesamt wäre dann hier auch ein schon deutlicher relativierter φύσις-Begriff zu erkennen, wie er z.B. auch in *De arte* (vgl. Einl., S. 343) verwendet wird. Es würde auch besser zu den vom Autor als Erläuterung der Bedeutung von φύσις ausgewählten Beispielen passen, die zeigen sollen, daß mit der τέχνη eben doch auch im menschlichen Bereich das Richtige zu erkennen ist: Eben nicht, wie Heinimann (1980, 155) meint, das »unerkannte göttliche Vorbild« verbirgt sich dem Menschen, sondern gerade diejenigen, die über die Erkenntnis der τέχνη verfügen, können »erkennen.« Wenn aber auf der einen Seite menschliche Erkenntnis sich die unsichtbare Ordnung, d.h. das Richtige, erschließen kann, dann ist der strikte Gegensatz schon aufgehoben (anders Joly, a.a.O.).

In Kap. 12–24 beschreibt der Autor seine Beispiele, die dieses Verhältnis zwischen φύσις und νόμος anhand verschiedenster τέχναι erläutern sollen:

Kap. 12: Seherkunst

Kap. 13: Schmiedekunst, Turnkunst

Kap. 14: Tuchwalker

Kap. 15: Schuster, Ärzte

Kap. 16: Sägen; Atmen

Kap. 17: Bauen

Kap. 18: Musik; Kochkunst

Kap. 19: Gerben; Flechten

Kap. 20: Goldschmiedekunst; Getreideverarbeitung

Kap. 21: Bildhauerei

Kap. 22: Töpferei

Kap. 23: Schreiben; Sinneswahrnehmungen

Kap. 24: Sportwettbewerbe; Schauspielerei

Zu Kapitel 24:
Hier äußert sich der Autor ausgesprochen kritisch über die Auswirkungen der sonst in der Antike so beliebten Wettbewerbe. Die von ihm konstatierten Ausuferungen stellt er in einen massenpsychologischen Zusammenhang: Wenn ein Wettbewerb durch die Zustimmung der Zuschauer bzw. der zuschauenden Menge gewonnen wird, dann führt das seiner Ansicht nach zu Täuschung, Manipulation und Gewalt. Einerseits wird deutlich die Verachtung für die Menge geäußert, andererseits wird das-

selbe Phänomen kritisiert, das z.B. von Platon (*Gorg.* 515e 1–5) oder dem Verfasser der pseudo-aristotelischen *Verfassung der Athener* (Kap. 41) im Zusammenhang der Kritik an der Demokratie formuliert wurde, nämlich das diese korrumpierende Nachgeben (der Politiker) gegenüber den Gelüsten und Trieben der Volksmenge.

Kranz (1967) 175 hielt das Kapitel für möglicherweise interpoliert, von Joly, a.a.O. (249), wird es dagegen für authentisch gehalten.

Zu Kapitel 25:
'Οποῖα πλείστας δύναται ψυχὰς τρέφειν ... Joly bezieht die Pluralform auf den Zusammenhang zwischen Seele und σπέρματα-Theorie: vgl. dazu S. 351f.; auch die weitere Argumentation in Kap. 26ff. stützt dies.

Zu Kapitel 26–29:
Vgl. dazu Schubert/Huttner (1999) 454ff., 464ff.; A. Thivel, Die Zeugungslehren bei Hippokrates und den Vorsokratikern (Colloque Hippocratique, 1996) 3–13; J. Jouanna, La naissance de la science de l'homme chez les médecins et les savants de l'epoque d'Hippocratique: problèmes de méthode (Colloque Hippocratique, 1992) 91–111; grundlegend immer noch: E. Lesky, Die Zeugungs- und Vererbungslehren der Antike und ihr Nachwirken, Mainz 1950, 1224–1348.

Das Männliche, entsprechend dem Element Feuer, wird mit den Qualitäten warm und trocken verbunden, das Weibliche, dem Element Wasser entsprechend, mit den Qualitäten kalt und feucht. Das gilt auch für den Samen, den Mann und Frau gleichermaßen produzieren. Über das Geschlecht eines Kindes entscheiden sowohl die Lebensweise des Mannes als auch der Frau. Hier liegt die sog. Pangenesis-Theorie zugrunde, nach der sich der Samen aus dem gesamten Körper rekrutiert. Entscheidend ist weiterhin die Qualität der Stelle im Uterus, an der sich der Samen festsetzt. Die dabei möglichen unterschiedlichen Kombinationen erläutert der Autor in Kap. 28 und 29. Er ist Anhänger der Zwei-Samen-Theorie (vgl. Schubert/Huttner [1999] 461ff.) und mißt der Frau einen gleichberechtigten Anteil am Prozeß der Geschlechtsdifferenzierung bei.

Zu Kapitel 30:
Darlegung der sog. Epikrateia-Theorie: Die Geschlechtsdifferenzierung entsteht mit der Überwindung des schwächeren Samens durch den stärkeren. Zum zweikammerigen Uterus, der hier noch vorausgesetzt wird: Schubert/Huttner (1999) 455.

Zu Kapitel 31:
Superfetation: In der Antike weit verbreitete Ansicht, daß in einem bereits graviden Uterus zu einem späteren Zeitpunkt eine zweite Frucht entstehen könne.

Zu Kapitel 32:
Hier beschreibt der Autor die verschiedenen Konstitutionstypen nach ihren Mischungsverhältnissen. Die beste Mischung, gleichzeitig das Höchstmaß an Gesundheit, ergibt sich aus dem leichtesten Wasser und dem lockersten Feuer, obwohl der Autor sich darunter offenbar ein ganzes Spektrum von verschiedenen Verhältnissen vorstellen kann. Die in diesem und den folgenden Kapiteln dargestellten Mischungsverhältnisse weichen deutlich ab von den mit der Elementenlehre verbundenen Qualitätenmischungen. Statt feucht/trocken und kalt/warm werden folgende Paare verwendet, die als Ausdruck einer bestimmten Konstitution zu verstehen bzw. zu erkennen sind:

Feuer	*Wasser*
leicht	locker
stark	dicht
dick	leicht / entsprechend einer kalt-feuchten Natur
feucht	dicht / entsprechend einer kalt-warmen Natur
stark	leicht / entsprechend einer trocken-warmen Natur
locker	trocken / entsprechend einer kalt-trockenen Natur

Zu Kapitel 33–34:
Das Qualitätenschema, diesmal jedoch in der üblichen, der Vier-Elementenlehre entsprechenden Form, wird auf die Altersstufen und auch die Unterschiede der Geschlechter übertragen:

Kindheit	feucht/warm
Jugend	warm/trocken
Erwachsenenenalter	trocken/kalt
Alter	kalt/feucht.

Zur Bedeutung der Menstruation vgl. Schubert/Huttner (1999) 463 ff.

Zu den Kapiteln 35–36:
Die in Kap. 32 genannten Kombinationen werden weiter ausgeführt und auf Grade von Vernunft und Unvernunft bezogen: Die Mischung aus dem feuchtesten Feuer und dem trockensten Wasser entspricht der höchsten Vernunft.

Feuer – Wasser
feucht – trocken
rein – rein verbunden mit einer Schwäche des Feuers gegenüber dem Wasser
schwach – stark
rein – schwach

Diese festgestellten Unterschiede und Ausprägungen können durch eine am Prinzip des Ausgleichs (Stärkung der jeweils besseren Qualität bis zum Erreichen der bestmöglichen Mischung für das jeweilige Gegensatzpaar) orientierte Lebensweise erhöht werden. Die Dynamik des Ausgleichs ist nicht schematisch am Prinzip *contraria contrariis* ausgerichtet, sondern an einer differenzierter, phänomenologisch orientierten Vorstellung von bewußt induzierter Beschleunigung und Verlangsamung der Wahrnehmung über Nahrungsaufnahme und Bewegung. Dahinter steht die Ansicht, daß Wahrnehmung und Erkenntnis, Fähigkeiten der Seele, an eine materielle Grundlage gebunden und auch beeinflußbar sind.

Vgl. Kap. 11: Wiederum wird deutlich, daß die φύσις in keiner Weise dem relativierenden Einfluß der τέχνη entzogen sein kann.

Zu dem Begriff φρόνησις in Kap. 35: Joly (1984) 258; J. Jouanna, La théorie de l'intelligence et de l'âme dans le traité hippocratique du Régime, REG 79 (1966) XV–XVIII.

Zu ἀγγείων (Gefäß) vgl. *De morbis* 4,37; *Epidemien* 6,3,1 und 11; *De arte* 10 (vgl. S. 120ff.).

DE ACUTIS

Dieses Werk, das wohl noch in das 5. Jahrhundert v. Chr. gehört, ist schon von Galen als Angriff auf die sog. Knidische Schule verstanden worden (vgl. Einf., S. 321). Dies ist auch an den Titelüberschriften zu erkennen, die die Handschriften geben: Im Vaticanus Nr. 276 heißt es

Πρὸς τὰ Κνιδίας γνώμας ἢ περὶ πτισάνης, im Marcianus Nr. 269 heißt der erste Teil περὶ διαίτης ὀξέων, gefolgt von einer im weiteren Text genannten Überschrift: οἱ δὲ περὶ πτισάνης, οἱ δὲ πρὸς τὰς Κνιδίας γνώμας, und der Parisinus Nr. 2253 nennt die Schrift nur περὶ πτισάνης. Galen wiederum zitiert sie nur unter dem Titel περὶ διαίτης ὀξέων, kennt aber die anderen auch (10,544 K.)

Bekannt ist vor allem die Polemik gegen die Autoren der »Knidischen Sentenzen« und die spätere, jedoch noch vor der Abfassung von *De acutis* erfolgte, Überarbeitung dieser Sentenzen. Die Knidier würden vor allem die Kunst der Prognose nicht kennen, sie hätten einen verfehlten Ansatz in der Medikation, da sie im wesentlichen nur auf Abführung durch Milch und Molke setzten. Ebenso kritisiert der Autor die knidische Konzeption der Diätetik und daß die einzelnen Krankheiten durch ein Numerierungsverfahren in zu viele Unterarten aufteilen würden.

Seine eigenen Vorstellungen legt er in Bezug auf die akuten Krankheiten am Beispiel der Pleuritis (Rippenfellentzündung), der Lungenentzündung, der Phrenitis und des Kausus dar. Dazu beschreibt er den therapeutischen Einsatz von Ptisane (Suppe aus Gerstenschleim), Getränken (Wein, Hydromel [Honig und Wasser], Oxymel [Honig und Essig], Wasser) und Bädern.

In Kap. 26–48 beschreibt er in einem längeren Abschnitt die Auswirkungen des Diätwechsels, wobei er eine originelle μεταβολή-Konzeption vorlegt (vgl. Einf., S. 353ff.). Seine Konzeption läuft auf eine individualisierte, am Stadium der Krankheit und der speziellen Situation des Patienten ausgerichtete Diät hinaus.

Auch bei diesem Werk ist die Einheit der Schrift infrage gestellt worden. Insgesamt besteht die Schrift *De acutis* aus verschiedenen, nicht direkt miteinander verbundenen Teilen, die aber meist jedoch demselben Autor zugeschrieben werden.[112]

Zu dem Werk gehört ein Anhang aus Notizen, der heute als »Appendix« bezeichnet wird und den schon von Galen als nicht authentisch betrachtete (*comm. in Hipp. De victu acutorum comm.* 4, CMG V 9,1 (1914) 271f.), während Erotian *De acutis* und den Anhang als ein Werk ansah. Allerdings erkennt er einigen Passagen dieser Notizen doch so viel Niveau zu, daß sie durchaus Hippokrates zugeschrieben werden könnten,

---

[112] Joly (1972) 13. So auch W. D. Smith, Hippocrates' Acut and Later Therapy (Colloque Hippocratique, 1996) 477–489.

wenngleich er darauf hinweist, daß man darüber bis zu seiner Zeit schon geteilter Auffassung gewesen sei.

Zu Kapitel 1:
In ganz ähnlicher Weise wie der Autor von *De fracturis* 1–3 wird hier gegen Laien und Arztkollegen polemisiert: Die Knidischen Gnomen und die Behandlungsweisen der ἰατροὶ σοφιζόμενοι (Ärzte, die als weise gelten) werden als Auswüchse einer spekulierenden Theorie kritisiert.[113] Der Autor nimmt allerdings auch die Ärzte ganz allgemein ins Visier (vgl. Kap. 26).

Zu Kapitel 25–35; 38:
Zur Kritik an Ärzten s. o. In Kap. 26 wendet er sich schärfstens gegen die Methode des Austrocknens; der dabei verwendete Ausdruck προταρι-χεύσαντες τοὺς ἀνθρώπους wird von Knutzen folgendermaßen ver-deutlicht: »Die Ärzte pökeln ihre Leute erst einmal ein, um dann mit der Diät zu beginnen.«[114]
Der Gegensatz zwischen dem Einnehmen von zwei oder nur einer Mahlzeit in Kap. 28 wird auch in anderen Werken des Corpus thematisiert: *De victu* 3,81,4; *De affectionibus interioribus* 20; vor allem die Ähnlichkeiten mit *De vetere medicina* 10 waren Anlaß für Littré, für *De acutis* und *De vetere medicina* den gleichen Autor zu vermuten (Joly [1972] 23, 48 f.)

In Kap. 33 wird eine abgestufte, langsame Veränderung über die diätetische Therapie empfohlen (vgl. dazu Einf., S. 353 ff.).

In Kap. 38 faßt der Autor die wesentlichen Punkte seiner Diätetik zusammen, die vor allem auf den Begriffen der individualisierten φύσις und der Gewohnheit (ἔθος) basieren.
Zur »Kochung« (lat. *coctio*) vgl. Schubert/Huttner (1999) 441.

---

[113] Vgl. dazu ausführlich G. Knutzen, Technologie in den hippokratischen Schriften περὶ διαίτης ὀξέων, περὶ ἀγμῶν, περὶ ἄρθρων ἐμβολῆς, Frankfurt a. M. 1964, 1317 f.
[114] Knutzen, a.a.O., 1318.

DE AFFECTIONIBUS

Das Werk, das in einer vergleichbaren handschriftlichen Überlieferung erhalten ist wie *De morbis* 1, wird teilweise als Schrift aus der sog. Knidischen Schule betrachtet.[115] Die Abfassungszeit dürfte etwa um 380 v. Chr. gelegen haben.[116] Allerdings deuten die auf einer Zwei-Säfte-Konzeption beruhende Systematik ebenso wie die daran anknüpfende Diätetik eher auf ein früheres Datum.

Das Werk richtet sich nicht an Ärzte, sondern an Laien. Der Autor erläutert kurz die Grundlagen seiner Zwei-Säftelehre (Galle und Schleim, denen die vier Qualitäten feucht/trocken – warm/kalt zugeordnet sind) und daran anschließend (*a capite ad calcem*) die Krankheiten des Kopfes (Kap. 2–5), der Leibeshöhlungen des Brustraumes (Kap. 6–27), des Bauchraumes, schließlich die Krankheiten der unteren Extremitäten. Er berücksichtigt jahreszeitliche Abhängigkeiten (Winter/Sommer) und gibt im zweiten Teil (Kap. 39–61) entsprechende Diätratschläge. Möglicherweise handelt es sich um einen Auszug oder die Kurzfassung eines längeren Werkes, da sich an einigen Stellen Verweise auf ein – nicht erhaltenes – Buch mit dem Titel *Pharmakitis* finden, in dem ausführlichere Informationen niedergelegt seien.

Der Ausrichtung auf ein Laienpublikum ist es wohl zuzuschreiben, daß der Autor sich nicht mit der Frage auseinandersetzt, welchen Anteil der Arzt an Todesfällen bei akuten Erkrankungen hat (Kap. 13). Es wird im Fall dieser Krankheiten zu großer Zurückhaltung in der Anwendung therapeutischer Mittel geraten.

Zu Kapitel 45:

Zu ἀπὸ τύχης: Vgl. zu diesem im *Corpus Hippocraticum* nur zweimal belegten Ausdruck O. Wenskus, Die Rolle des Zufalls bei der Gewinnung neuer Erkenntnisse. *De vetere medicina* 12 gegen *De affectionibus* 45 (Colloque Hippocratique, 1996) 413–418; in beiden Schriften wird, wenngleich von verschiedenen Positionen aus, die Rolle des Zufalls bei Entdeckungen in der Heilkunst thematisiert.

In Kap. 45 werden die Laien wiederum direkt angesprochen, um die Aufmerksamkeit darauf zu lenken, daß das Wissen um Medikationen (φάρμακα) sich eher dem Zufall verdankt (vgl. dazu *De vetere medi-*

---

[115] Dazu ausführlich Jouanna (1974).
[116] Jouanna (1999) 374.

cina 3) und nicht einer systematisch forschenden τέχνη. Allerdings gibt der Autor zu verstehen, daß das Wissen und der Erfahrungsschatz von allen, Laien und Ärzten, erworben werden muß, d.h., Ausbildung und Training sind nötig, um eine ausreichende Urteilsfähigkeit zu erwerben. Auch auf dieser Basis sind die Entdeckungen möglich, die dann jedoch eher in den Bereich der τέχνη gehören. Die Singularität dieser Position, nicht nur innerhalb des *Corpus Hippocraticum*, sondern auch insgesamt in der Philosophie des 5. und 4. Jahrhunderts, ist von Wenskus, a.a.O., betont worden.

DE FRACTURIS / DE ARTICULIS

Die beiden knochenchirurgischen Schriften bilden zusammen ein größeres Werk, in dem chirurgische Techniken, Behandlung von Verrenkungen, Brüchen und Verletzungen mit Ausnahme der Kopfwunden dargestellt werden. Beide Teile werden von Erotian erwähnt. Wie Galen in seinem Kommentar zu *De articulis* hervorhebt (4,40), hat bereits Ktesias von Knidos, ebenfalls ein Asklepiade (vgl. Einf., S. 316f., Lebenszeit 5./4. Jahrhundert) die von der hippokratischen Schrift vorgeschlagene Methode zur Einrenkung des Hüftgelenks kritisch erwähnt. Dies würde sich auf *De articulis* 70f. beziehen.[117] Damit ergibt sich ein sicherer Anhaltspunkt für eine Datierung in das 5. Jahrhundert v.Chr. G. Knutzen hat auf die engen Beziehungen zwischen *De acutis* und den beiden chirurgischen Schriften hingewiesen.

De fracturis:
Der Autor beschreibt zuerst einfache Arm- und Beinfrakturen (Kap. 1–23), in Anschluß daran komplizierte Brüche (Kap. 24–29) und Fälle, in denen die empfohlenen Handlungsanweisungen nicht greifen (Kap. 30–36). Im letzten Teil werden Verrenkungen sowie Frakturen von Ellenbogen und Knie abgehandelt (Kap. 37–48).

Zu Kapitel 1:
Zur Kritik an Ärzten und Laien vgl. *De acutis* 1, dazu S. 447.

[117] Knutzen, a.a.O., 1379.

Zu Kapitel 30:
Zu dem normativen φύσις-Begriff in *De fracturis*, der in der Formulierung διχαίη φύσις zu erkennen ist: Vgl. Einf., S. 345; aus der Verwendung eines solchen φύσις-Begriff ergibt sich auch, daß hier der φύσις ein Wille zugeschrieben werden kann, der dem Arzt in einem Zeichen der Natur entgegentritt.[118]

Zu der Antithese Nutzen – Schaden: vgl. H. Flashar / J. Jouanna (Hrsg.), Médecine et morale dans l'antiquité, Vandœuvres-Genf 1996. Vgl. dazu Ch. Schubert, Der hippokratische Eid, Darmstadt 2005.

De articulis:
In den ersten Kapiteln beschreibt der Autor Verrenkungen des Schultergelenks zusammen mit unterschiedlichen Behandlungen. Brüche und Verrenkungen der *clavicula* (Kap. 13–16), des Kiefers (Kap. 30–34), der Nase (Kap. 35–39), des Ohrs (Kap. 40), der Wirbelsäule (Kap. 41–48), Frakturen und Kontusionen der Brust (Kap. 49–50), Verrenkungen der Hüfte (Kap. 51–78) und der Finger (Kap. 80). Die Kap. 17–29 und 82–87 werden als nicht zugehörig betrachtet.

Zu Kapitel 42:
Der Autor kritisiert die Schaulust der Menge und diejenigen seiner Kollegen, die sich daran orientieren (vgl. oben, Einl. zu Kap. 11). Vgl. dazu J. Jouanna, Réflexions sur l'imaginaire de la thérapeutique (Colloque Hippocratique, 1999) 13–42, bes. 23.

DE VETERE MEDICINA

Ganz anders als die Traktate über die »Heilige Krankheit« oder die »Umwelt« ist diese Schrift in der Antike, obwohl im 1. Jahrhundert n. Chr. von Erotian als eine authentische Schrift des Hippokrates bezeichnet, offenbar wenig diskutiert worden.[119] Galen scheint sie gekannt zu haben, aber die deutliche Distanz zu den Konzeptionen, die Galen für genuin hippokratisch hielt, ließ sie ihm wohl wenig interessant erscheinen. Darüber hinaus

---

[118] Knutzen, a.a.O., 1348.
[119] Nachmannson 9,18 ff.; vgl. dazu Jouanna (1990) 7,5.

äußert sich der Autor von *De vetere medicina* gegen eine philosophische Ausrichtung der Medizin, und dies widersprach der Position Galens, nach dessen Ansicht ein Arzt auch Philosoph sein sollte.[120] So fand das Werk, dessen wichtigste Überlieferung auf zwei Handschriften aus dem 10. Jahrhundert beruht,[121] erst mit den modernen Editionen seit Littré größere Aufmerksamkeit. Littré stellte es an den Anfang seiner Edition, da er darin eine authentische Meinungsäußerung des Hippokrates selbst sah.[122] Heute gilt die Schrift als eine der bedeutenden Positionen in der Auseinandersetzung um Methoden und theoretische Ausrichtung der sog. Hippokratischen Medizin.[123]

Die als Rede mit epideiktischem Charakter konzipierte Schrift spricht sowohl die Fachleute (δημιουργοί, χειροτεχνίται [Kap. 1], ἰητροί [Kap. 7]) als auch die Laien (δημότης, ἰδιώτης [Kap. 2]) an. Das Thema ist die Entwicklung der Methode und Theorie der Medizin, wobei die Abgrenzung zur Philosophie, insbesondere der Naturphilosophie, das Hauptanliegen ist. Am Anfang steht der scharfe Angriff auf die Methode der sog. Neuerer (Kap. 1–2, vgl. 13–19), die völlig ohne Grund und in simplifizierender Weise ein oder mehrere Grundprinzipien postulieren, aus deren Reaktionen alle Phänomene von Krankheit und Gesundheit abgeleitet werden sollen. Die vom Autor so heftig kritisierte Einführung von »Hypothesen« (ὑποθέσεις, vgl. dazu unten zu Kap. 1) stellt er einer altbewährten Heiltradition der Medizin gegenüber, die sich auf Erfahrungswissen gründet. Den Neuerern wirft er insbesondere vor, mit ihren Hypothesen die schon seit langem existierende und erfolgreich praktizierte Medizin in Frage zu stellen bzw. ihre Wirksamkeit zu negieren. In den Kap. 20–24 belegt er diese Konzeption der Erfahrungsmedizin anhand der Funktion einer αἴσθεσις του σώματος (vgl. dazu unten). Der Versuch, die hier präsentierten Positionen mit einzelnen Schriften im *Corpus Hippocraticum* zu identifizieren, führt zu keinem schlüssigen Ergebnis.[124] Die früher angenommene Identität mit dem Autor von *De acutis* wird

---

[120] Galen, *Quod optimus medicus sit quoque philosophus*; vgl. Jouanna (1990) 7 mit Anm. 4.

[121] Marcianus graecus 26 (M) und Parisinus graecus 2253 (A). Ausführlich dazu Jouanna (1990) 87 ff.

[122] Littré I 570–637.

[123] Vgl. dazu ausführlich Jouanna (1990) 7 ff.

[124] Vgl. dazu G. E. R. Lloyd, Who is Attacked in on Ancient Medicine, Phronesis 8 (1963) 108–126; Jouanna (1990) 25 ff.

heute nicht mehr vertreten, allerdings sind Parallelen in den Passagen zu erkennen, in denen es um die Auswirkung eines Diätwechsels geht.[125]

In den Schriften *De flatibus*, *De carnibus* und *De victu* (hier finden sich große Ähnlichkeiten zwischen dem in *De vetere medicina* 20 kritisierten Vorgehen und der Position von *De victu* 2),[126] aber auch *De natura hominis* findet sich derselbe methodische Ansatz kritisiert, wenngleich nicht in der überspitzten Form wie ihn der Autor von *De vetere medicina*, vielleicht um der argumentativen Klarheit willen, darstellt. Der Autor von *De natura hominis* greift auch die Naturphilosophen an und besteht auf der Unabhängigkeit der Medizin als Wissenschaft. Die Grundfrage war, ob und wie die Medizin in einer naturphilosophisch geprägten philosophischen Tradition zu verankern sei.

Der Autor von *De vetere medicina* fragt dabei speziell nach einem gemeinsamen Verhältnis von Krankheit und Gesundheit einerseits und dem Verhältnis von Nahrung und individueller Verfassung andererseits.[127] Man müsse ein Maß für diese Verhältnisse finden.[128] Dies sei jedoch nicht mit Hilfe einer arithmetischen Berechnung möglich.[129] Eine Grundlage für die verschiedenen Verhältnisse, über die Krankheit und Gesundheit zu bestimmen sind, sieht er in der αἴσθεσις τοῦ σώματος, die jedoch selbst noch kein Maß sei, sondern aus dem Verhältnis der δυνάμεις und σχήματα (Kap. 22) besteht. Die Kenntnis solcher Verhältnisse der αἴσθεσις τοῦ σώματος bezeichnet der Autor an anderer Stelle als eine ἱστορία, ein mit empirisch-praktischen Mitteln gewonnenes Wissen.[130]

---

[125] Jouanna (1990) 64–74.

[126] *De victu* 1 (= 122, 22–27 Joly); vgl. Joly, a.a.O., 36ff.; Jouanna (1990) 30; Schubert (1993).

[127] *De vetere medicina* 9 (= 41,19ff. Heiberg); 20 (= 51,6ff. Heiberg); vgl. 7 (= 40,12ff. Heiberg).

[128] *De vetere medicina* 9 (= 41,19ff. Heiberg): στοχάσασθαι; vgl. hierzu: Louis Bourgey, Observation et experience chez les médecins de la collection hippocratique, Paris 1953, 201, 202; H. Diller, Hippokratische Medizin und attische Philosophie, Hermes 80 (1952) 399–401; anders: G. Bratescu, Le problème de la mesure dans la collection hippocratique, in: Lassere/Mudry, a.a.O., 137–144. Vgl. auch H. G. Ingenkamp, Das στοχάσασθαι des Arztes, in: Lassere/Mudry, a.a.O., 257–262. Vgl. zu diesem Zusammenhang ausführlich Triebel-Schubert, Symmetrie und Medizin: Zur Verwendung eines mathematischen Begriffes in den frühen Schriften des Corpus Hippocraticum, Sudhoffs Archiv 73 (1989) 190–199.

[129] Zu der Bedeutung der Formel ›Maß, Zahl, Gewicht‹: Heinimann, a.a.O.

[130] *De vetere medicina* 20 (= 51,6ff. Heiberg).

Er trifft hier den Unterschied zwischen einer, auf arithmetischen Verhältnissen gewonnenen Proportion und einer, auf völlig anderen, in keinem Fall, wie er sagt, arithmetisch bestimmbaren Faktoren beruhenden Proportion. Sie sei ein Verhältnis von Größen, für die noch kein gemeinsames Maß gefunden wurde. In Zukunft könne dies mit Hilfe der αἴσθεσις τοῦ σώματος möglich sein. Hier zeigt sich, daß dem Autor der mathematische Begriff der Inkommensurabilität bekannt ist: Er will ein gemeinsames Maß für die verschiedenen Größen finden, für die kein gemeinsames, arithmetisch bestimmbares Maß vorhanden ist. Er sucht nach einem qualitativ bestimmbaren Maß, das durch einen gemeinsamen λόγος für auf andere Weise nicht vergleichbare Größen definiert sein soll.[131]

Der Vergleich der menschlichen Ernährungsweise mit der speziellen δίαιτα für Kranke zeigt, wie er sich an der mathematischen Vorstellung orientiert: Beide Ernährungsweisen haben nach seiner Auffassung denselben λόγος. Dieser mathematische Fachausdruck bedeutet hier die Verhältnisgleichheit beider Ernährungsweisen. Beide sind auf das gemeinsame Maß der αἴσθεσις τοῦ σώματος zu beziehen.

Die entschiedene Ablehnung der Hypothese,[132] auch dies eine ursprünglich mathematische Methode, zugunsten eines empirisch-praktischen Vorgehens spricht dafür, daß der Autor nicht nur den mathematischen Begriff der Inkommensurabilität kennt, sondern ihn ersetzen möchte durch ein anschauliches Vorgehen, das eine Kommensurabilität aller Verhältnisse in Hinsicht auf die Definition von Krankheit und Gesundheit ermöglicht.[133] Die Kritik an dem methodischen Vorgehen, das auf einer ὑπόθεσις aufbaut, belegt den Zusammenhang mit mathematischen Theoremen.[134]

[131] Euklid 10, Def. 1: Σύμμετρα μεγέθη λέγεται τὰ τῷ αὐτῷ μέτρῳ μετρούμενα, ἀσύμμετρα δέ, ὧν μηδὲν ἐνδέχεται κοινὸν μέτρον γενέσθαι. »Kommensurabel heißen Größen, die von demselben Maß gemessen werden, und inkommensurabel solche, für die es kein gemeinsames Maß gibt.«

[132] Zu dem Begriff der ὑπόθεσις: A. Szabó, Anfänge der griechischen Mathematik, München 1969, 310ff.; J. Mittelstrass, Die Rettung der Phänomene, Berlin 1962, 2ff.

[133] Vgl. Szabo 287ff. zu der mit der Entwicklung der Inkommensurabilität verbundenen Wendung der Mathematik zum Anti-Empirismus und zur Anschauungsfeindlichkeit

[134] Zu dieser Methodendiskussion, speziell zur Hypothesis-Kritik des Autors: J.-H. Kühn, System- und Methodenprobleme im Corpus Hippocraticum, Hermes Einzelschriften, Heft 11, Wiesbaden (1956) 57ff. Kühn disku-

Die ursprüngliche Herkunft des ὑπόθεσις-Begriffes aus der Mathematik erläutert Platon:[135] Eine Hypothese ist eine mathematische Methode, die sog. ›Voraussetzungen‹ annimmt, ἀρχαί, die selbst nicht weiter hinterfragt werden. An diesem Punkt setzt dann allerdings auch die platonische Kritik des mathematischen Hypothesen-Begriffes ein, die ganz anders ausgerichtet ist als die Kritik des Autors von De vetere medicina. Platon setzt dem mathematischen Begriff ein dialektisches Verständnis der ὑπόθεσις entgegen, wie es die Eleaten entwickelt haben: Danach sind die ἀρχαί keine gesetzten, nicht mehr hinterfragten Anfänge, sondern echte ›Voraussetzungen‹, die mit Hilfe des dialektischen Vorgehens auch überprüft werden können.[136] Von der platonischen Kritik bleibt die Tatsache unberührt, daß es sich bei dem Begriff der ὑπόθεσις um ein ursprünglich mathematisches Verfahren gehandelt hat.[137] Welchen Hypothesen-Begriff der Autor von De vetere medicina im Sinn hat, beschreibt er deutlich:[138] Hypothesen sind nicht überprüfbar, da es kein sicheres Mittel der Erkenntnis gibt, mit dessen Hilfe dies möglich wäre. Diese Vorstellung von Hypothesen entspricht also den gesetzten ἀρχαί der Mathematik, so wie sie bei Platon beschrieben sind.[139] Die in De vetere medicina 20 formulierte Kritik an der bisher geübten Methode in Naturphilosophie und Medizin kann in diesem Kon-

tiert die Übernahme der Hypothesen-Methode bei Platon speziell unter dem Aspekt einer Entwicklung aus der Medizin. Eine Verbindung zur Entwicklung in der Mathematik lehnt er ab (a.a.O., 62 ff., 66). Vgl. auch A.-J. Festugière, Hippocrate, L'Ancienne Médecine, Introduction, Traduction et Commentaire, Paris 1948, 25 f.

[135] Platon, Menon 86e 3 – 87b 1; Pol. 510c, d; 511a; Kratylos 436d; vgl. Mittelstrass, a.a.O., 38 ff.; Szabó, a.a.O., 310 ff.

[136] Platon, Parm. 135e 1 ff.; vgl. v.a. Szabó, a.a.O., 324 ff., zu der Entwicklung des dialektischen Hypothesen-Begriffes bei den Eleaten und seiner Verwendung bei Platon. Szabó, a.a.O., 338, betont vor allem den der Hypothese und der sinnlichen Wahrnehmung zugrundeliegenden Widerspruch.

[137] So auch Szabó, a.a.O., 342 ff., immer mit Hinweis auf das Menon-Zitat.

[138] De vetere medicina 1 (= 36,18–21 Heiberg).

[139] Vgl. auch den Begriff der ὑπόθεσις in De flatibus 15 (= 101,21 Heiberg): Auch hier ist die Verwendung des mathematischen Hypothesen-Begriffes deutlich. Der Autor beginnt mit der Hypothese (nicht erfaßbar für die sinnliche Wahrnehmung, sondern nur der reinen Erkenntnis zugänglich: De flatibus 3 [= 93,5 Heiberg]), indem er eine ἀρχή setzt, führt sie aus und sieht dann dadurch sein methodisches Vorgehen bestätigt (15 = 101,21 Heiberg). Auch seine Definition der Medizin (1 = 104,11–1051 Jouanna = 92,8 ff. Heiberg) zeigt sie als eine mathematische Kunst: ἰητρικὴ γάρ ἐστιν ἀφαίρεσις καὶ πρόσθεσις ...

text verstanden werden: Die mit der Hypothesen-Methode gewonnenen Erkenntnisse betreffen weniger die Medizin als die γραφικὴ τέχνη, d.h. die ›Kunst der Konstruktion‹, die allgemein als Schreibkunst, speziell aber als die mathematische Kunst der Geometrie zu verstehen ist.[140]

Ebenso wie der Autor von *De vetere medicina* setzt sich der Autor von *De victu*, einer sicher um einige Jahrzehnte jüngeren Schrift des *Corpus Hippocraticum*,[141] mit dem Verhältnis der Lebensführung zu Krankheit und Gesundheit auseinander. Auch er ist der Ansicht, daß eine arithmetische, auf Zahlen beruhende Berechnung des Verhältnisses von Nahrung und körperlicher Anstrengung für die φύσις eines jeden Individuums nicht möglich sei. Diese kommensurable Proportion von Zahlen bezeichnet er als einen ἀριθμὸς σύμμετρος.[142] Andererseits, da dieser ἀριθμὸς σύμμετρος nicht erfaßbar ist, legt er seinen Ausführungen eine andere Proportion zugrunde, die ebenfalls symmetrisch oder kommensurabel sein muß, wenn daraus Gesundheit folgen soll: das Verhältnis von körperlichen Anstrengungen zu Nahrung, individueller Konstitution, Alter, Jahreszeit, Winden, Aufenthaltsort und meteorologischen Bedingungen. Hier wird für ganz verschiedene Größen eine Proportion aufgestellt, die nach der Vorstellung des Autors symmetrisch sein muß. Erreicht wird die Kommensurabilität dieser verschiedenen Größen, deren Verhältnis, wie er ganz deutlich sagt, nicht quantitativ arithmetisch bestimmbar ist, auch bei ihm durch die αἴσθησις (zeigt sie als eine mathematische Kunst: ἰητρικὴ γάρ ἐστιν ἀφαίρεσις καὶ πρόσθεσις ...)

Die interne Auseinandersetzung, die sich in den Schriften des *Corpus Hippocraticum* erhalten hat und für die *De vetere medicina* der eindrücklichste Beleg ist, wird auch als erste ›Querelle des Anciens et des Modernes‹ bezeichnet.[143] Platon scheint auf diese Differenz anzuspielen, wenn er in seinem Dialog *Phaidros* (270e) ausdrücklich den Arzt Hippokrates als

---

[140] Zur Bedeutung von γραφικὴ τέχνη in *De vetere medicina* 20 (= 51,31f. Heiberg) in diesem Sinn vgl. Iambl., *De communi mathem. scientia* 25 (= 77 Festa); *V. P.* 18,88 (= 52 Deubner); dazu v. Fritz, a.a.O., 550 A 23; die Bedeutung der zeichnerischen Konstruktion, allerdings ohne ihren mathematischen Hintergrund vgl. auch bei Festugière, a.a.O., 60f.

[141] Zur Datierung von *De victu*: Joly, a.a.O., 44ff., vgl. dazu Jouanna (1991/1992) 408f.

[142] *De victu* 1,2,3 (= 124,17ff. Joly); vgl. 3,67,1ff. (= 194,1ff. Joly); 2,66,8 (= 190,26 Joly).

[143] So L. Edelstein, The Idea of Progress in Classical Antiquity, Baltimore 1967, 35; vgl. Jouanna (1990) 33.

Vertreter derjenigen Richtung bezeichnet, die das Wissen um die Natur als Ganzes zur Grundlage der medizinischen Wissenschaft erklärt.[144] Im *Gorgias* (465a) wird zum ersten Mal die Unterscheidung zwischen τέχνη und ἐμπειρία eingeführt, die der Autor von *De vetera medicina* noch nicht kennt, der vielmehr Erfahrung und methodisches Wissen in einer nicht aufzulösenden Beziehung verbinden will. Der Bezug auf Platon hat Anlaß zu größeren Kontroversen gegeben. H. Diller hat 1952 in einer vertieften Analyse des Textes die These aufgestellt, daß die Verwendung der Begriffe τέχνη, ὁδός und ὑπόθεσις die Kenntnis der platonischen Dialoge, insbesondere der späten nach dem *Philebos* voraussetze.[145] Diese extreme Position hat Diller später dahingehend relativiert, daß er den Autor zwar immer noch im Umkreis der attischen Sophistik des 4. Jahrhunderts lokalisieren wollte, jedoch nicht mehr ausdrücklich im Kontext des platonischen Spätwerkes.[146] Die Datierungen der Schrift weichen daher erheblich voneinander ab und liegen zwischen 440/430 und 355 v. Chr.[147] Jouanna hat eine Datierung in die Jahre um 420/410 vorgeschlagen, die den Autor noch in das 5. Jahrhundert rückt, jedoch auch seiner Nähe zu den Schriften *De acutis* und *De natura hominis* Rechnung trägt.[148]

Trotz seiner Kritik daran orientiert sich der Autor von *De vetere medicina* selbst an grundlegenden Positionen des philosophischen Denkens

---

[144] Auch dieser Bezug ist kontrovers diskutiert worden: Prominentester Vertreter der These, daß Platon mit dem Bezug auf Hippokrates hier den Verfasser von *De vetere medicina* meint, war Th. Gomperz, Die hippokratische Frage und der Ausgangspunkt zu ihrer Lösung, Philologus, N. F. 24 (1911) 213–241; anders Jouanna (1990) 78; eine Übersicht der Diskussion bei R. Joly, Platon, Phèdre et Hippocrate vingt ans après, in: F. Lasserre / Ph. Mudry, Formes de pensée dans la Collection hippocratique (Colloque hippocratique de Lausanne 1981) Genf 1983, 407–421, und ders., La question hippocratique et le témoignage du Phèdre, REG 74 (1961) 69–82.

[145] H. Diller, Hippokratische Medizin, 385–409 (= Kleine Schriften zur antiken Medizin, 1973, 46–70). Vgl. dagegen A. Festugière, a.a.O., 60, der in seiner bereits davor erschienen Edition eine solche Position zurückgewiesen hatte; ebenfalls ablehnend: H.-J. Kühn, System- und Methodenprobleme im Corpus Hippocraticum, Hermes Einzelschriften 11, Wiesbaden (1956) 46–56; H. Herter, Die Treffkunst des Arztes in hippokratischer und platonischer Sicht, Sudhoffs Archiv 47 (1963) 262 ff; Jouanna (1990) 75.

[146] H. Diller, Das Selbstverständnis der griechischen Medizin (Colloque Hippocratique, 1977) 92 ff.

[147] Die frühe Datierung bei Festugière (1948), die späte bei Diller (1952).

[148] Jouanna (1990) 84.

seiner Zeit: Die Entwicklung der sog. Alten Medizin wird im Kontext einer Evolutionslehre dargestellt, die charakteristisch für viele der Philosophen des 5. Jahrhunderts ist.[149] Ebenso verwendet er eine Gleichgewichtskonzeption, die nicht nur den gleichen Mechanismus zugrunde legt,o wie er in anderen Schriften des *Corpus Hippocraticum*, aber auch z.B. bei Alkmaion überliefert ist,[150] sondern auch eine Diätetik, die dem Stand seiner Zeit entspricht.[151]

Insgesamt kann die Schrift zu den interessantesten wissenschaftshistorischen Zeugnissen der medizinischen Methodendiskussion gezählt werden; vgl. Kühn (1956) 1–56.

Zu Kapitel 1:

Λέγειν ἢ γράφειν· Die Formulierung zeigt, daß sowohl der schriftliche als auch der mündliche Diskurs geläufig waren. Vgl. dazu Thomas, a.a.O. (wie S. 319)

Ὑπόθεσις: Diese Formulierung findet sich in *De vetere medicina* insgesamt sechs Mal, ansonsten im *Corpus Hippocraticum* nur in *De flatibus* 15; der übertragene Sinn von »Prinzip« ist hier schon zu erkennen; vgl. Platon, *Men.* 86e und *polit.* 510b–c, wo die Methode ἐξ ὑποθέσεως dem Bereich der Geometrie und Mathematik zugerechnet wird. Vgl. oben, S. 348; Jouanna (1990) 118 mit Literatur.

[149] Kritias, DK 88 B 25, 13; Anon. Iamblichos, DK 89, 6(1); Xenophanes, DK 21 B 18; vgl. dazu W. K. C. Guthrie, In the Beginning: Some Greek Views on the Origins of Life and the Early State of Man, London 1957, 95 ff; H. Herter, Die kulturhistorische Theorie der hippokratischen Schrift von der Alten Medizin, Maia 15 (1963) 464–483; J. Pigeaud, Qu'est-ce qu'être malade? Quelques réflexions sur le sens de la maladie dans Ancienne médecine, in: R. Joly (Colloque Hippocratique, 1977) 205–212; im Kontext einer Fortschrittskonzeption, die sich im 5. Jahrhundert v. Chr. entwickelt hat: J. de Romilly, Thucydide et l'idée de progrès, Annali della scuola normale superiore di Pisa 35 (1966) 143–191; Edelstein, a.a.O., 25 ff.; E. R. Dodds, The Ancient Concept of Progress, 1973, 11 ff.; W. den Boer, Progress in the Greece of Thukydides, in: Mededelingen de Koninklijke Nederlandse Akademie van Wetenschappn, Afd. Letterkunde, N. R. 40 (1977) 7, 48 ff.; Ch. Meier, Die Entstehung des Politischen bei den Griechen, München 1980: »Könnens-Bewußtsein«; Jouanna (1990) 34 ff.

[150] Vgl. dazu Einf., S. 353 f., und Jouanna (1990) 56 f.

[151] Vgl. dazu H.-D. Kunstmann, Die Diät bei akuten Krankheiten. Eine Untersuchung zweier Schriften des Corpus Hippocraticum, Diss. med. Hamburg 1976.

Ἀπειροί τε καὶ ἀνεπιστήμονες: Entsprechung zu den beiden Tätigkeiten des Arztes, der intellektuellen und der manuellen (χεῖρα / γνώμη; vgl. *De flatibus* 1; *De morbis* 1,6; 1,150,13 ff. L = 16,11 Wittern), aber noch nicht mit der platonischen Gegenüberstellung von ἐμπειρία und τέχνη zu vergleichen: Jouanna (1990) 157.

Zum Gegensatz zwischen τέχνη und τύχη vgl. Erläut. zu *De arte* 4. Vgl. auch *De locis in homine* 46 (6,342,4–344,2 L = 76,6–77,4 Joly).

Zu der Formulierung περὶ τῶν μετεώρων ἢ τῶν ὑπὸ γῆν vgl. Schubert (1993) 92 ff. Sie hat den Charakter eines Schlagwortes und bezeichnet mit kritischer Perspektive diejenigen, die aus den Beobachtungen der meteorologischen Phänomene grundsätzliche Erkenntnisse ableiten (vgl. dazu Platon, *Phaidr.* 269e 4 ff.; *Prot.* 315c; *Apol.* 18b; 19b 5; Aristoph., *Nub.* 188. 228; Euripides, *frg.* 913 N; anders Gorgias, *Helen.* DK 82 B 11 (13); dazu Jouanna (1990) 158. Zu den Anklagen gegen Anaxagoras und Sokrates, in denen diese Art von Forschungen Grundlage der Asebie-Vorwürfe sind: Schubert (1993) 92 ff. und oben S. 393.

Zu dem im 5. Jahrhundert bei vielen Autoren geäußerten, grundlegenden Erkenntniszweifel vgl. Schubert (1993) 89 ff. mit Bezug auf Anaxagoras, DK 59 B 21; Xenophanes, DK 21 B 34; Gorgias, DK 82 B 3 (65).

Zu Kapitel 2:
Zu den zahlreichen Formen und Formulierungen mit εὑρίσκειν vgl. *De arte* 9; 12; *De locis in homine* 46; (Jouanna 38 ff.); zu dem Entdeckungs- und Könnens-Bewußtsein dieser Zeit: Meier (1980) 435 ff.

Jouanna hat sich hier für die Lesart ὅτι ἐστίν (in dem Sinn, daß die τέχνη tatsächlich existiert) entschieden; anders Littré, Jones, Festugière ὅ τι ἐστίν (um zu zeigen, daß dies die Kunst ist). Auch Diller hat sich für die erste Variante entschieden.

Littré, Ermerins, Heiberg, Jones haben das zweite ταῦτα entsprechend der Lesart von M ausgelassen, Jouanna (dazu ausführlich [1990] 161) folgt jedoch wie Kuehlewein A mit Bezug auf *De natura hominis* 2 (= 170,1 Jouanna) und Platon, *Gorg.* 518a; *rep.* 329b. Die Gründe, die die Existenz der τέχνη beweisen, zeigen auch, daß sie keine Hypothesen benötigt.

Zu Kapitel 3:
Zu der hier zugrundeliegenden Vorstellung von Evolution vgl. Ch. Triebel-Schubert, Evolution und politische Anthropologie im 5. Jh. v. Chr.: Bemerkungen zu der hippokratischen Schrift *De vetere medicina*, in: Medizinhistorisches Journal 24 (1989) 203–213, mit Literatur; der Autor be-

kennt sich hier dazu, daß der Motor des Fortschritts in Erkenntnis und
Praxis für die Menschheit Notwendigkeit und Not, aber auch Interesse
gewesen sind. In der Differenzierung zwischen richtiger, Gesundheit be-
dingender, und falscher, Krankheit verursachender Ernährung im Sinne
anthropologischer Konstanten sieht der Autor ein Charakteristikum des
Menschen im Unterschied zum Tier. Zu den Begriffen ἄγριος und θηρ-
ιώδης vgl. J. Jouanna, La maladie comme agression dans la Collection
hippocratique et la tragédie grecque: la maladie sauvage et dévorante
(Colloque Hippocratique, 1990) 39–60.

Zur Rolle der Gewohnheit für Prognose und Therapie vgl. *De acutis* 28
und J. Longrigg, Presocratic philosophy and Hippocratic dietic therapy
(Colloque Hippocratique, 1999) 43–50, der die Auffassung vertritt, daß ge-
rade die Diätetik eine spätere Entwicklung der antiken Medizin darstellt,
da sie in jedem Fall die vorsokratische Naturphilosophie voraussetze.

Hier wie auch in zahlreichen anderen Schriften des *Corpus Hippocrati-
cum* sind die Vorstellungen über die Mechanismen, die zu Krankheit und
Gesundheit führen, von einem Vokabular der Herrschaft und Gewalttä-
tigkeit geprägt: Jouanna (1990) 51, 164 zu δύναμις, κρατεῖν und
δυνάστης. Zur Kampfmetaphorik vgl. Jouanna, Réflexions sur l'imagi-
naire de la thérapeutique (Colloque Hippocratique, 1999) 13–42, bes. 27f.
Vgl. *De vetere medicina* 14; *De flatibus* 3,2. Krankheit ist eine Störung der
Ordnung im Körper. Das Heraustreten des einzelnen Faktors, die
ἀπόκρισις, d.h. die Abscheidung, stellt einen Schaden für die mensch-
liche Natur dar. Demgegenüber kann die τέχνη ἰατρική, indem sie das in
einem langen Zeitraum erworbene Wissen über die Natur einsetzt, den
Schaden vermeiden oder beseitigen und damit auch die Ordnung der Na-
tur wiederherstellen. Diese Vorstellung ist zu vergleichen mit derjenigen
der gestifteten Regulierung von Gewalt, wie sie im Mythos des Protago-
ras bei Platon, *Prot.* 320c 8 - 322d 5 (= DK 80 C 1) beschrieben wird: Alles
das, was aus der Ordnung herausragt, stört und wird beseitigt. Ob hier
von einer direkten Abhängigkeit zu sprechen ist, muß jedoch offen blei-
ben (D. Nickel, Zur Methodologie in *De prisca medicina* [Colloque Hip-
pocratique, 1996] 58).

Zu Kapitel 9:
Zur Genauigkeit der ärztlichen τέχνη, die sowohl über den Begriff der
ἀκρίβεια als auch über στοχάζεσθαι hier eingeführt wird: Ingenkamp
(Colloque Hippocratique, 1983) 257ff.; D. Kurz, Ἀκρίβεια. Das Ideal der
Exaktheit bei den Griechen bis Aristoteles, Göppingen 1970.

Die hier vorgestellte Konzeption des Maßes bewegt sich in einem in der 2. Hälfte des 5. Jahrhunderts sehr aktuellen Kontext: Nicht nur in der Mathematik wird gerade in dieser Zeit das Problem der Inkommensurabilität entdeckt, sondern auch im politischen Bereich spielt die Frage eines einheitlichen Maßes eine eminente Rolle: ATL T69 = D14; ML 45; vgl. dazu Schubert (1994) 82f.

Zur μεταβολή vgl. Einf., S. 350ff.; zu der Bedeutung von μέτρον und dem Kontext des Begriffes vgl. De victu 1,2 (= 124,18ff. Joly) und Jouanna (1990) a.a.O.

Die Vorstellung von αἴσθεσις τοῦ σώματος kann entweder auf die Wahrnehmung der körperlichen Phänomene des Patienten durch den Arzt bezogen werden oder auf die Wahrnehmung der dsie Krankheit verursachenden, körperlichen Phänomene durch den Patienten. Vgl. im Sinne der ersten Möglichkeit: P. Lain-Entralgo, Quaestiones hippocraticae disputatae tres, in: L. Bourgey / J. Jouanna, La Collection hippocratique, Leiden 1975, 305–310; G. Bratescu, Le problème de la mesure, a.a.O., 139; M. Grmek, La spermentazione, a.a.O., 20; Schubert (1993); dies., Symmetrie und Medizin, Sudhoffs Archiv (1989) 190–199; anders im Sinn der zweiten Möglichkeit: W. Müri, ΠΕΡΙ ΑΡΧΑΙΗΣ ΙΗΤΡΙΚΗΣ, Kap. 9, Hermes 71 (1936) 467–469; K. Deichgräber, Zu Hippokrates ΠΕΡΙ ΑΡΧΑΙΗΣ ΙΗΤΡΙΚΗΣ 9, Hermes 68 (1933) 356–358; J. Pigeaud, Qu'est-ce qu'être malade?, a.a.O., 213–218; ähnlich auch Jouanna (1990) 174.

Zu Kapitel 12:
Zum καιρός im Sinn von rechtem Maß (den richtigen Moment treffen): M. Trédé, Kairos: l'à-propos et l'occasion. Le mot et la notion d'Homère à la fin du IVᵉ siècle avant J.-C., Paris 1992, 149–188.

Hier faßt der Autor seine These noch einmal zusammen in den Punkten: Existenz der Methode und damit Existenz der Heilkunst, Verneinung des Zufalls auf der Basis des Fortschrittsdenkens.

Vgl. zur Rolle des Zufalls: oben zu *De affectionibus* 45.

Zu Kapitel 13:
Zur Methode *contraria contrariis*: vgl. S. 353ff.

Auch hier wird deutlich gesagt, daß es eine Grenze der Behandlungsfähigkeit gibt: Sobald die Krankheit zu weit fortgeschritten ist, kann und soll die Therapie nichts mehr ausrichten. Vgl. unten Kap. 14 und *De arte* 8.

Zu Kapitel 14:
Zur Evolutionstheorie vgl. Erläut. zu Kap. 3; zum Verhältnis zwischen τέχνη ἰατρική und der Religion vgl. oben S. 393; vgl. Aischylos, *Prom.* 442-506; Sophokles, *Ant.* 363-364.

Im klaren Gegensatz zu den vom Autor kritisierten Medizinern sieht er selbst eine unbegrenzte Vielfalt von Substanzen, die die Phänomene der menschlichen Natur bestimmen (vgl. Alkaios, DK 24 B 4, dazu Einf., S. 333ff.).

Jouanna will hier eine doppelte Kausalität erkennen: eine innere (Substanzen, die sich im Inneren des Körpers absondern) und eine äußere (unvermischte bzw. im falschen Verhältnis gemischte Substanzen, die über die von außen kommende Ernährung Schaden verursachen).

Zu Kapitel 15:
Zu αὐτὸ ἐφ' ἑωυτοῦ und μηδενὶ ἄλλῳ εἴδει κοινωνέον: Für Diller, a.a.O., setzen diese Formulierungen die Kenntnis Platons voraus, anders Festugière ad. loc. und Jouanna (1990) a.a.O., 187, sowie Jouanna (1975) 247-249. Vgl. dazu *De arte* 2 und *De flatibus* 2; Jouanna (1990) 187 verweist hier auf die Parallele zu Anaxagoras, DK 59 B 6 und 8, wonach keine der Grundsubstanzen für sich existiert (mit Ausnahme des von ganz anderer qualitativer Art verstandenen Nous), sondern alle miteinander vermischt sind (vgl. dazu Einf., S. 351ff.). Dazu ausführlich J. Longrigg, Philosophy and Medicine, Harvard Studies in Classical Philology 67 (1963) 147-175, und ders., [Hippocrates] Ancient Medicine and its intellectual context, in: F. Lassere / Ph. Mudry, Formes de pensée dans la Collection hippocratique, Genf 1983, 249ff.

Zu Kapitel 16:
Diese Abwertung des Kalten und Warmen als entscheidenden Qualitäten ist singulär im *Corpus Hippocraticum*. Nichtsdestoweniger verwendet der Autor ebenso wie die anderen die grundlegende Konzeption der Säfte- und Qualitätenlehre.

Zu Kapitel 17-19:
Hier führt der Autor zusätzlich zu der Mischungskonzeption den Gedanken ein, daß die Säfte gekocht werden (πέπον, πέψιος), ein. Zu der Dynamik der Abläufe von Mischung, Abscheidung und Regulierung vgl. oben, S. 351ff.

Zu Kapitel 20:

Zu der Formulierung ὅ τι ἐστὶν ἄνθρωπος καὶ ὅπως ἐγένετο πρῶτον καὶ ὁπόθεν συνεπάγη: Schmalzriedt (1970); zugleich findet sich hier die erste Verwendung von φιλοσοφίη im Sinn von »Philosophie« bzw. Naturphilosophie. Zur αἴσθεσις τοῦ σώματος – den Vorstellungen von Maß, Verhältnis und Proportion, die der Autor hier formuliert im Zusammmhang mit περὶ φύτις und *De arte* 6 – vgl. D. Nickel, Zur Methodologie in *De prisca medicina* (Colloque Hippocratique, 1996) 53ff.

LITERATURHINWEISE

Abkürzungen:
CH   Corpus Hippocraticum
CMG   Corpus Medicorum Graecorum
DK   Diels, H. / Kranz, W., Die Fragmente der Vorsokratiker, Zürich
        / Hildesheim ⁶1951; ¹⁸1989
IG   Inscriptiones Graecae
LCL   The Loeb Classical Library. London / New York / Cambridge,
        (Mass.) 1912ff.
LSCG   Lois sacrées des cités grecques
MH   Museum Helveticum
ML   Meigss, R. / Lewis, D., A Selection of Greek Historical Inscrip-
        tions

Weiterführende Literaturhinweise und abgekürzt zitierte Literatur:
Bourgey (1953): Bourgey, L., Observation et Experience chez les Méde-
    cins de la Collection Hippocratique, Paris 1953.
Brock (1961): Brock, N. v., Recherches sur le Vocabulaire médical du
    Grec ancien, Paris 1961.
Burkert (1962): Burkert, W., Weisheit und Wissenschaft. Studien zu
    Pythagoras, Philolaos und Platon, Nürnberg 1962.
Cambiano (1983): Cambiano, G., Pathologie et Analogie politique, in:
    Colloque de Lausanne (1983) 441–458.
Classen (1975): Classen, C. J., Anaximander and Anaximenes. The ear-
    liest Greek Theory of Change?, Phronesis 20 (1975) 88–102.
Colloque Hippocratique (1975): La Collection Hippocratique et son Rôle
    dans l'Histoire de la Médecine ed. par L. Bourgey / J. Jouanna, Collo-
    que de Strasbourg (23.–27. Oct. 1972), Leiden 1975.
Colloque Hippocratique (1977): Corpus Hippocraticum. Actes du Col-
    loque Hippocratique du Mons (22.–26. Sept. 1975) ed. par R. Joly,
    Mons 1977.
Colloque Hippocratique (1980): Hippocratica ed. par M. D. Grmek, Actes
    du Colloque Hippocratique de Paris (4.–9. Sept. 1978), Paris 1980.
Colloque Hippocratique (1983): Formes de pensée dans la Collection

Hippocratique ed. par F. Lassere / Ph. Mudry, Actes du IVᶜ Collo-que International Hippocratique (Lausanne, 2l.–26. Sept. 1981) Genf 1983.

Colloque Hippocratique (1989): Die Hippokratischen Epidemien. Theo-rie – Praxis – Tradition. Verhandlungen des 5. Colloque International Hippocratique, veranstaltet von der Berliner Gesellschaft für Ge-schichte der Medizin in Verbindung mit dem Institut für Geschichte der Medizin der FU Berlin, 10.–15.9.1984, hrsg. von G. Baader / R. Wi-nau, Stuttgart 1989.

Colloque Hippocratique (1990): La Maladie et les Malades dans la Col-lection Hippocratique. Actes du Colloque International Hippocrati-que (Québec, du 28 Septembre au 3 Octobre 1987), ed. prep. par P. Potter / G. Maloney / J. Desautels, Québec 1990.

Colloque Hippocratique (1996): Hippokratische Medizin und antike Phi-losophie. Verhandlungen des 8. Internationalen Hippokrates-Kollo-quiums in Kloster Banz / Staffelstein vom 23. bis 28. September 1993, hrsg. von R. Wittern und P. Pellegrin, Hildesheim / Zürich / New York 1996.

Colloque Hippocratique (1999): Aspetti della Terapia nel Corpus Hippo-craticum. Atti del IXᶜ Colloque International Hippocratique, a Cura di I. Garofalo / A. Lami / D. Manetti / A. Roselli, Pisa 25–29 settembre 1996, Florenz 1999.

Daremberg/Ruelle (1879): Œuvres de Rufus d' Éphèse. Texte collationné sur les Manuscrits, traduit pour la première fois en français, avec une introduction, publiée commencée par Ch. Daremberg, continuée et terminée par Ch. Émile Ruelle, Paris 1879.

Diller (1939): Diller, H., Der griechische Naturbegriff, Neue Jahrbücher für Antike und deutsche Bildung 2 (1939) 241–257.

Diller (1962): Diller, H., Hippokrates, Schriften, Hamburg 1962.

Diller (1964): Diller, H., Ausdrucksformen des methodischen Bewußt-seins in den hippokratischen Epidemien, Archiv für Begriffsge-schichte 9 (1964) 133–150.

Diller (1970): Diller, H., ΟΨΙΣ ΤΩΝ ΑΔΗΛΩΝ ΤΑ ΦΑΙΝΟΜΕΝΑ, Hermes 67 (1970) 14–42.

Diller (1970): Diller, H., Hippocratis De aere aquis locis (Über die Um-welt), Berlin (CMG 1 1,2) [De aeribus] 1970.

Flashar/Jouanna (1997): Flashar, H. / Jouanna, J. (Hrsg.), Médecine et Morale dans l'Antiquité, Fondation Hardt, Vandœuvres-Genf 1997 (= Entretiens sur l'Antiquité classique XLIII).

Fredrich (1899): Fredrich, C., Hippokratische Untersuchungen, Berlin 1899.

Grensemann (1968): Grensemann, H., Die hippocratische Schrift »Über die heilige Krankheit«, herausgegeben, übersetzt und erläutert, Berlin 1968 (= Ars medica. Texte und Untersuchungen zur Quellenkunde der Alten Medizin. Schriftenreihe des Instituts für Geschichte der Medizin der Freien Universität Berlin, Abt. 2, hrsg. von K. Deichgräber, H. Diller, H. Goerke, Bd. 1).

Grensemann (1975): Grensemann, H., Knidische Medizin, Teil 1: Die Testimonien zur ältesten knidischen Lehre und Analyse knidischer Schriften im Corpus Hippocraticum, Berlin 1975.

Grensemann (1987): Grensemann, H., Knidische Medizin, Teil 2 (= Hermes Einzelschriften 51), Stuttgart 1987.

Grmek (1996): Grmek, M. D., Die Geschichte des medizinischen Denkens. Antike und Mittelalter, München 1996.

Guthrie (1965): Guthrie, W. K. C., A History of Greek Philosophy II, Cambridge 1965.

Heinimann (1980): Heinimann, F., Nomos und Physis, Darmstadt 1980 (2. Aufl. Basel 1945).

Joly (1984): Joly, R., Hippocrate: Du Régime, édité, traduit et commenté par Robert Joly, Berlin 1984 (= CMG 1,2,4).

Jouanna (1974): Jouanna, J., Hippocrate. Pour une Archéologie de l'École de Cnide, Paris 1974.

Jouanna (1975): Jouanna, J., Hippocrate. La Nature de l'Homme, édité, traduit et commenté par Jacques Jouanna, Berlin 1975 (= CMG 1,1,3).

Jouanna (1988): Hippocrate. Des vents – De l'art, text établi et traduit par Jacques Jouanna, Paris 1988.

Jouanna (1990): Jouanna, J., Hippocrate. Tome II, 1ère partie: De l'Ancienne Médicine, Texte établi et traduit par Jacques Jouanna, Paris 1990.

Jouanna (1996): Jouanna, J., Die Entstehung der Heilkunst im Westen, in: Grmek, M. D., Die Geschichte des medizinischen Denkens, München 1996, 28–80.

Jouanna (1999): Jouanna, J., Hippocrate. L'Art de la médecine, Paris 1999.

Jouanna (1991/1992): Jouanna, J., Hippocrates, Baltimore 1999.

Kerferd/Flashar (1998): Flashar, H. (Hrsg.), Die Philosophie der Antike 2/1. Sophistik, Sokrates, Sokratik, Basel 1998.

Kirk/Raven/Schofield (1994): Kirk, G. S. / Raven, J. E. / Schofield, M., Die vorsokratischen Philosophen, Stuttgart/Weimar 1994.

Kollesch/Nickel (1994): Kollesch, J. / Nickel, D., Antike Heilkunst. Aus-
gewählte Texte, Stuttgart 1994.

Kranz (1967): Kranz, W., Kosmos und Mensch in der Vorstellung des frü-
hen Griechentums (= Studien zur antiken Literatur und ihrem Nach-
leben) Heidelberg 1967, 165-198.

Kudlien (1967): Kudlien, F., Medizinisches Denken bei den Griechen,
Zürich/Stuttgart 1967.

Kudlien (1977): Kudlien, F., Das Göttliche und die Natur im hippokrati-
schen Prognostikon, Hermes 105 (1977) 268-274.

Kühn (1956): Kühn, H., System und Methodenprobleme im Corpus
Hippocraticum, Wiesbaden 1956.

Langholf (1990): Langholf, V., Medical Theories in Hippocrates, Berlin /
New York 1990 (Untersuchungen zur antiken Literatur und Ge-
schichte 34).

Lesky (1950): Lesky, E., Die Zeugungs- und Vererbungslehren der Antike
und ihr Nachwirken, Mainz 1951 (= Akademie der Wissenschaften
und Literatur, Abh. geistes- und sozialwiss. Klasse, 1950, Nr. 19).

Lloyd (1984): Lloyd, G. E. R., Magic, Reason and Experience, London 1984.

Mansfeld (1983): Mansfeld, J., Die Vorsokratiker I, Stuttgart 1983.

Mattes (1970): Mattes, J., Der Wahnsinn im griechischen Mythos und in
der Dichtung bis zum Drama des fünften Jahrhunderts, Diss. Phil.
Mainz, 1970.

Meier (1980): Meier, Ch., Die Entstehung des Politischen bei den Grie-
chen, Frankfurt a. M. 1980.

Michler (1962): Michler, M., Die praktische Bedeutung des normativen
Physis-Begriffes in der hippokratischen Schrift De fracturis – De arti-
culis, Hermes 90 (1962) 392ff.

Müller (1965): Müller, C. W., Gleiches zu Gleichem, Wiesbaden 1965.

Regenbogen (1930): Regenbogen, E., Eine Forschungsmethode antiker
Naturwissenschaften. Quellen und Studien zur Geschichte der Ma-
thematik I 2, Berlin 1930, 131-182 (= Kleine Schriften, München 1961,
141-194).

Ryffel (1949): Ryffel, H., Metabole politeion. Der Wandel der Staatsver-
fassungen, Bern 1949.

Schadewaldt (1979): Schadewaldt, W., Die Anfänge der Philosophie bei
den Griechen. Die Vorsokratiker und ihre Voraussetzungen, Bd. l,
Frankfurt a. M. ²1979.

Schmalzriedt (1970): Schmalzriedt, E., ΠΕΡΙ ΦΥΣΕΩΣ. Zur Früh-
schichte der Buchtitel, München 1970.

Schöner (1964): Schöner, E., Das Viererschema in der antiken Humoralpathologie, Wiesbaden 1964 (= Sudhoffs Archiv für Geschichte der Medizin und der Naturwissenschaften, Beihefte, H. 4).

Schubert (1990): Triebel-Schubert, Ch., Anthropologie und Norm. Der Skythenabschnitt in der hippokratischen Schrift: Über die Umwelt, Medizinhistorisches Journal 25 (1990) 90–103.

Schubert (1993): Schubert, Ch., Die Macht des Volkes und die Ohnmacht des Denkens. Studien zum Verhältnis von Mentalität und Wissenschaft, Stuttgart 1993 (= Historia Einzelschriften Nr. 77).

Schubert (1994): Schubert, Ch., Perikles, Darmstadt 1994.

Schubert/Huttner (1999): Schubert, Ch. / Huttner, U., Frauenmedizin in der Antike, Düsseldorf /Zürich 1999.

Schumacher (1940): Schumacher, J., Antike Medizin I. Die naturphilosophischen Grundlagen der Medizin, Berlin 1940.

Sider (1981): Sider, D., The Fragments of Anaxagoras, Meisenheim a. d. Glan 1981 (Beiträge zur klassischen Philologie 118).

Simon (1980): Simon, B., Mind and Madness in Ancient Greece. The classical Roots of modern Psychiatry, Ithaca 1980.

Smith (1979): Smith, W. D., The Hippocratic Tradition, Ithaca/London 1979.

Smith (1990): Smith, W. D., Hippocrates. Pseudepigraphic Writings, Leiden 1990.

Stokes (1971): Stokes, M. C., One and Many in Presocratic Philosophy, Cambridge (Mass.) 1971.

Strohmaier (1993): Strohmaier, G., Hellenistische Wissenschaft im neugefundenen Galenkommentar zur hippokratischen Schrift »Über die Umwelt«, in: Galen und das hellenistische Erbe, hrsg. von J. Kollesch und D. Nickel. Verhandlungen des IV. internationalen Galen-Symposiums veranstaltet vom Institut für Geschichte der Medizin am Bereich Medizin (Charité) der Humboldt-Universität zu Berlin, 18.–20. September 1989, Stuttgart 1993 (= Sudhoffs Archiv, Beihefte 32).

Wehrli (1951): Wehrli, F., Der Arztvergleich bei Plato, Museum Helveticum 8 (1951) 36–62.

Wehrli (1952): Wehrli, F., Ethik und Medizin. Zur Vorgeschichte der aristotelischen Meson-Lehre, Museum Helveticum 9 (1952) 36–62.

Withington (1928): Hippocrates. Select texts, 8 vols. (1923–95), Volume 3: On Wounds in the Head. In the Surgery. On Fractures. On Joints. Mochlicon., translated by E. T. Withington, London / Cambridge (Mass.) ⁵1968 (¹1928) (= Loeb Classical Library).

QUELLENNACHWEIS

De acutis: (*De diaeta in morbis acutis* = *De victus ratione in acutis*): R. Joly, Hippocrate, Tome 6, 2ᵉʳᵉ Partie: Du Régime des Maladies Aiguës, Appendice; De l'Aliment; De l'Usage des Liquides, Paris 1972 (Collection Budé) [zitiert: Joly (1972)]

De affectionibus [1; 13; 45]: E. Littré, Œuvres d'Hippocrate, 10 vols., Paris 1839–1861: Bd. 6, 208 ff.

De aeribus: J. Jouanna, Hippocrate, Tome 2, 2ᵉʳᵉ Partie: Airs, Eaux, Lieux, Paris 1996 (Collection Budé) [zitiert: Jouanna (1996)]

De arte: J. Jouanna, Hippocrate, Tome 5: Des Vents – De l'Art, Paris 1988 (Collection Budé) [zitiert: Jouanna (1988)]

De articulis [11. 42]: H. Kühlewein, Hippocratis Opera, 2 vol., Leipzig 1894 / 1902: Bd. 2, 111 ff.

De flatibus: J. Jouanna, Hippocrate, Tome 5: Des Vents – De l'Art, Paris 1988 (Collection Budé) [zitiert: Jouanna (1988)]

De fracturis [1. 30]: H. Kühlewein, Hippocratis Opera, 2 vol., Leipzig 1894/1902: Bd. 2, 46 ff.

De morbo sacro: H. Grensemann, Die hippokratische Schrift »Über die heilige Krankheit,« Berlin 1968 (Ars Medica, 2. Abt., Bd. 1) (zitiert Grensemann [1968]), mit Abweichungen: zahlreiche Athetesen Grensemanns werden von mir nicht übernommen, ohne daß dies hier im einzelnen aufgeführt würde.

De morbis 1: R. Wittern, Die hippokratische Schrift De morbis 1, Hildesheim / New York 1974 (Altertumswissenschaftliche Texte und Studien, Bd. 3) mit folgenden Abweichungen unter Berücksichtigung der Edition von Paul Potter, Hippocrates, vol. 5, London / Cambridge (Mass.) 1988 (The Loeb Classical Library); erwähnt sind die wichtigsten Handschriften M: Marcianus graecus 269 (10. Jh.) und θ: Vindobonensis medicus graecus 4 (10. oder 11. Jh.):

6. ἐκπεπτωκότα θ, Potter: ἐκπτώματα M, Wittern

8. ῥήγνυται τε ὁ ὀφθαλμὸς καὶ ἀμαυροῦται θ, Potter: ῥήγνυνταί τε οἱ ὀφθαλμοὶ καὶ ἀμαυροῦνται M, Wittern

De natura hominis: J. Jouanna, Hippocrate, La nature de l'homme, Berlin 1975 (CMG 1 1,3) [zitiert: Jouanna (1975)]; folgende Abweichungen

unter Berücksichtigung der Edition von W. H. S. Jones, Hippocrates, vol. 4, London / Cambridge (Mass.) 1953 (The Loeb Classical Library); erwähnt sind die wichtigsten Handschriften (zur Überlieferung siehe Jouanna [1975] 61–133): M: Marcianus graecus 269 (10. Jh.). A: Parisinus graecus 2253 (11. Jh.), V: Vaticanus graecus 276 (12. Jh.), Galen: Sekundärüberlieferung bei Galen (siehe dazu den Testimonienapparat bei Jouanna):

1. (2) φασὶ γὰϱ ἕν τι εἶναι M V Galen, Jones: φασί τε γὰϱ ἕν τε εἶναι A, Jouanna

1. (2) ὁ δὲ πῦϱ, ὁ δὲ ὕδωϱ M V Galen, Jones ὁ δὲ ὕδωϱ, ὁ δὲ πῦϱ A, Jouanna

1. (2) ὅτι οὐδε γινώσκουσιν αὐτά M V, ed. Jones: ὅτι οὐδέ⟨ν⟩ γινώσκουσι A, Jouanna (οὐδὲ⟨ν⟩ coni. Wilamowitz)

1. (3) τόδε A ³ V, Jones: τῷδέ A M, Jouanna

2. (3) ὑφ' ὅτου Galen, Jones ὑπ' ὅτευ coni. Jouanna

2. (4) ἔγωγε a ᶜᵒʳʳ· M V Galen (teilweise), Jones: ἐγὼ Galen (andernteils), Jouanna

2. (5) κατὰ τὸν νόμον καὶ κατὰ τὴν φύσιν codd., Jones: τὸν ετ τὴν athet. Villaret, van der Linden, Jouanna

5. (1) εἶπον δὴ M V Galen, Jones: εἰπὼν δὲ A, Jouanna

6. (3) θεϱμότατόν τε καὶ ἐϱυθϱότατον M V Galen, Jones: τε om. A, Jouanna

De vetere medicina: J. Jouanna, Hippocrate, Tome 2, 1ᵉʳᵉ Partie: De l'Ancienne Médicine, Paris 1990 (Collection Budé) [zitiert: Jouanna (1990)]

De victu: R. Joly, Hippocrate, Du régime, Paris 1967 [abgekürzt: Joly[I]]; folgende Abweichungen unter Berücksichtigung der Edition von R. Joly unter Mitarbeit von S. Byl, Hippocrate, Du régime, Berlin 1984 (CMG - 2,4) [abgekürzt Joly[II]]. Erwähnt sind nur die wichtigsten Handschriften (zur Überlieferung siehe Joly[II], 49–107): M. Marcianus graecus 269 (10. Jh.), θ Vindobonensis medicus graecus 4 (vor 1050); P Parisinus latinus 7027 (Handschrift des 9. Jh.s; lat. Übersetzung wohl aus dem 4. Jh.).

2. (2) ἀλλήλησιν θ, Joly[II]: ἀλλήλοισιν M, Joly[I]

4. (3) δηλώσω coni. Joly[II]: δηλῶ codd., Joly[I]

8. (1) πάντα δὲ ταῦτα M, Joly[II]: πϱῶτα, ἅμα δὲ καὶ θ, Joly[I]

10. (2) πάντα M, Joly[II]: om. θ, Joly[I]

10. (2) ἔχουσι add. Joly[II]

10. (3) κίνησις post φϱόνησις P, Joly[II]: post αὔξησις M: post μείωσις Joly[I]

24. (3) εἰδότας θ, M Joly[II]: ἰδόντας Joly[I]
30. (1) ὅδε M, Joly[II]: ὧδε codd. rel., Joly[I]
30. (1) κρῆσιν coni. Joly[II]: γένεσιν codd., Joly[I]
32. (1) πρεσβύτατοι θ, Joly[II]: πρεσβύτεροι M, Joly[I]
33. (1) αὐταὶ corr. Joly[II]: αὗται codd., Joly[I]
35. (1) γὰρ om. M, Joly[I]
35. (5) τι θ, Joly[II]: τινι M, Joly[I]
35. (11) καλέουσιν, οἱ δὲ ὑπομαίνεσθαι M, Joly[II]: ἀνάγκη· καλέουσι δὲ αὐτοὺς ὑπομαινομένους Joly[I] secundum codd. varios (vide app. crit.)
35. (11) ἔστι δὲ M, Joly[II] ἔστι γὰρ Joly[I]

NACHWORT

Angesichts der Bedeutung, die mit dem Namen des Hippo-
krates, insbesondere aber den ihm zugeschriebenen Werken
zukommt, rechtfertigt sich eine Neuausgabe der wichtigsten
Schriften, vor allem, da eine zweisprachige Ausgabe in der hier
zusammengestellten Form bisher im deutschen Sprachbereich
fehlte. Es wurden die maßgeblichen Editionen zugrunde gelegt,
wobei sich vereinzelt die Notwendigkeit gewisser Korrekturen
ergab, die im Quellennachweis verzeichnet sind.

Bei der Gestaltung von Einführung und Erläuterungen stand
der Gedanke im Vordergrund, die Verankerung der Schriften in
ihrem historisch-kulturellen Umfeld darzustellen.

Peter Rudolf, M. A. (Leipzig) und Dr. Sabine Vogt (Berlin) ha-
ben uns bei der philologischen Korrektur und Überarbeitung des
Manuskriptes unterstützt. Ihnen und M. Fuhrmann (†), der auch
bei diesem Buch mit kritischem Rat zur Seite stand, gilt unser
herzlicher Dank ebenso wie Franz Schorsch, Roxana Katt und
André Bünte für die engagierte Mithilfe bei der Korrektur des
Manuskripts.

Da die Arbeiten am Manuskript im Sommer 2002 abgeschlos-
sen waren, konnte später erschienene Literatur nicht mehr be-
rücksichtigt werden.

Der Fritz-Thyssen-Stiftung danken wir für einen finanziellen
Zuschuß, ohne den das Werk nicht hätte entstehen können.

Leipzig   *Ch. Schubert*
                                                            W. Leschhorn